2014

中国第三产业统计年鉴

CHINA STATISTICAL YEARBOOK OF THE TERTIARY INDUSTRY

中华人民共和国国家统计局 编
Compiled by National Bureau of Statistics of China

中国统计出版社
China Statistics Press

图书在版编目（CIP）数据

中国第三产业统计年鉴．2014 / 中华人民共和国国家统计局编．-- 北京：中国统计出版社，2015.1
ISBN 978-7-5037-7374-7

Ⅰ．①中… Ⅱ．①中… Ⅲ．①第三产业－经济统计－统计资料－中国－2014－年鉴 Ⅳ．①F719-54

中国版本图书馆 CIP 数据核字（2014）第 306027 号

中国第三产业统计年鉴-2014

作　　者 / 中华人民共和国国家统计局
责任编辑 / 佘竞雄
封面设计 / 李雪燕
出版发行 / 中国统计出版社
通信地址 / 北京市丰台区西三环南路甲 6 号　邮政编码 /100073
电　　话 / 邮购（010）63376909　书店（010）68783171
网　　址 /http://csp.stats.gov.cn
印　　刷 / 河北天普润印刷厂
经　　销 / 新华书店
开　　本 /880×1230 毫米　1/16
字　　数 /1532 千字
印　　张 /48.25
版　　别 /2015 年 1 月第 1 版
版　　次 /2015 年 1 月第 1 次印刷
定　　价 /320.00 元

本书附同版本 CD-ROM 一张，光盘内容以书面文字为准。
如有印装差错，由本社发行部调换。

《中国第三产业统计年鉴—2014》

编委会和编辑出版人员

编者说明

一、《中国第三产业统计年鉴—2014》收录了全国和各省、自治区、直辖市2013年第三产业方面的统计数据以及部分历史数据，是一部反映中华人民共和国第三产业发展情况的资料性年刊。

二、本年鉴正文内容分为8个篇章：1. 第三产业单位数；2. 第三产业就业人员数；3. 第三产业增加值；4. 第三产业固定资产投资；5. 第三产业部分行业主要财务指标；6. 第三产业部分行业主要业务指标；7. 第三产业复合性行业情况；8. 港澳台第三产业情况。同时附录2个篇章：1. 世界及主要国家第三产业主要统计资料；2. 中国服务业采购经理指数及国外情况。各篇章前设有《简要说明》，对本篇章的主要内容、资料来源、统计范围、统计方法以及历史变动情况予以简要概述，篇末附有《主要统计指标解释》。

三、本年鉴所涉及的全国性统计数据，除森林面积和森林覆盖率外，均未包括香港、澳门特别行政区和台湾省数据。

四、香港、澳门特别行政区的统计是构成国家统计总体的一部分。但根据《中华人民共和国香港特别行政区基本法》和《中华人民共和国澳门特别行政区基本法》的有关原则，香港、澳门与内地是相对独立的统计区域，根据各自不同的统计制度和法律规定，独立进行统计工作。本年鉴中香港、澳门特别行政区统计资料分别由香港特别行政区政府统计处、澳门特别行政区政府统计暨普查局提供，国家统计局国际统计信息中心负责整理、编辑。

五、台湾省数据来自台湾省行政院主计处统计资料，国家统计局国际统计信息中心负责整理、编辑。

六、与2013年版《中国第三产业统计年鉴》相比较，本年鉴内容主要做了如下修订：

1. 新《国民经济行业分类（GB/T 4754-2011）》已于2011年11月1日正式实施，本年鉴中的数据指标按照新国民经济行业整理提供，但有个别章节和数据表仍沿用旧行业分类标准，具体情况详见篇章前的简要说明和数据表的表底注解。

2. 将原附录三“中国企业信息化情况”调整到第7篇“第三产业复合性行业情况”中，改为“企业信息化和电子商务”。

3. 鉴于“十二五”环境统计报表制度扩展了调查范围，调整完善了相关统计指标，为此对第6篇中的“水利、环境和公共设施管理业”部分统计指标进行了增删修改。

4. 在第 5 篇“第三产业部分行业主要财务指标”中，对“信息传输、软件和计算机服务”、“教育”、“卫生和社会工作”、“文化、体育和娱乐业”和“公共管理、社会保障和社会组织”等行业中增加了部分统计资料。将“服务业企业”改为“服务业法人单位”。

5. 在第 6 篇的部分行业中增加了有关内容，并调整了个别数据表的所属章节。

七、本年鉴中凡未注明年份的数据，均指 2013 年的数据。

八、本年鉴所使用的度量衡单位，均采用国际统一标准计量单位。

九、本年鉴中部分数据合计数或相对数由于计量单位取舍不同而产生的计算误差，均未做机械调整。

十、符号使用说明：年鉴各表中的“空格”表示该项统计指标数据不足本表最小单位数、数据不详或无该项数据“#”表示其中的主要项。港澳台部分的符号使用方法具体见其篇章说明。

目录

一、第三产业单位数

二、第三产业就业人员数

三、第三产业增加值

四、第三产业固定资产投资

五、第三产业部分行业主要财务指标

六、第三产业部分行业主要业务指标

七、第三产业复合性行业情况

八、港澳台第三产业情况

附录一、世界及主要国家第三产业主要统计资料

附录二、中国服务业采购经理指数及国外情况

1 第三产业单位数

简要说明

一、主要内容

本篇资料通过对一定时期第三产业法人单位数量上的描述，反映报告期内第三产业法人单位的数量变化。

二、统计范围与统计口径

第三产业基本单位统计范围包括：我国境内从事社会经济第三产业活动的法人单位，未包括香港、澳门特别行政区和台湾省。

三、资料来源

第三产业基本单位统计2004年、2008年和2013年的数据，来源于第一次、第二次和第三次全国经济普查数据，其余年份来源于基本单位统计年报数据。

社会组织法人单位数和自治组织单位数由民政部提供。

1-1 第三产业法人单位数及所占比重

单位：个

年 份	全部法人单位数	第一产业	第二产业	第三产业	
					比重(%)
1997	4344278	65307	1492302	2786669	64.1
1998	4417508	59692	1567816	2790000	63.2
1999	4221995	57177	1442405	2722413	64.5
2000	4366141	57542	1500106	2808493	64.3
2001	5107015	59104	1467937	3579974	70.1
2002	5170852	59522	1492241	3619089	70.0
2003	5214144	156033	1537037	3521074	67.5
2004	5168303	1835	1579340	3587128	69.4
2005	5647823	68800	1733605	3845418	68.1
2006	6068912	78205	1889475	4101232	67.6
2007	6495064	98546	2039702	4356816	67.1
2008	7098765	2023	2200376	4896366	69.0
2009	8003868	184764	2386389	5432715	67.9
2010	8754588	242429	2568818	5943341	67.9
2011	9593729	321086	2758483	6514160	67.9
2012	10616530	440853	2949694	7225983	68.1
2013	10856568	1815	2743796	8110957	74.7

注：2004年、2008年和2013年第一产业法人单位数仅包括兼营第二、三产业的第一产业法人单位。

1-2 第三产业按行业、东中西部以及东北地区分组的法人单位数

单位：个

行业	法人单位数	东部地区	中部地区	西部地区	东北地区
第三产业总计	**8110957**	**4254170**	**1672415**	**1631297**	**553075**
农、林、牧、渔服务业	160009	52344	46395	33372	27898
开采辅助活动	2533	304	386	1520	323
金属制品、机械和设备修理业	13391	8352	1935	1630	1474
批发和零售业	**2810531**	**1702122**	**483077**	**441524**	**183808**
批发业	1745877	1142258	251037	234080	118502
零售业	1064654	559864	232040	207444	65306
交通运输、仓储和邮政业	**262364**	**150504**	**49453**	**42814**	**19593**
铁路运输业	316	123	57	103	33
道路运输业	139394	71526	30850	26279	10739
水上运输业	10604	6588	2312	1219	485
航空运输业	1481	729	174	433	145
管道运输业	319	138	76	84	21
装卸搬运和运输代理业	71034	51481	7396	7770	4387
仓储业	26312	13766	5390	4327	2829
邮政业	12904	6153	3198	2599	954
住宿和餐饮业	**199592**	**100057**	**43154**	**45620**	**10761**
住宿业	73465	35831	15207	17592	4835
餐饮业	126127	64226	27947	28028	5926
信息传输、软件和信息技术服务业	**226107**	**156369**	**28589**	**27323**	**13826**
电信、广播电视和卫星传输服务	15145	5887	3995	3744	1519
互联网和相关服务	25789	16368	4526	3586	1309
软件和信息技术服务业	185173	134114	20068	19993	10998
金融业	**30186**	**13278**	**6291**	**7667**	**2950**
货币金融服务	15590	6461	3232	4299	1598
资本市场服务	789	614	63	76	36
保险业	12345	5445	2759	2893	1248
其他金融业	1462	758	237	399	68
房地产业	**343924**	**183259**	**68059**	**66884**	**25722**
房地产业	343924	183259	68059	66884	25722
租赁和商务服务业	**916953**	**600814**	**133612**	**131853**	**50674**
租赁业	54103	28270	11487	10530	3816
商务服务业	862850	572544	122125	121323	46858
科学研究和技术服务业	**455778**	**272329**	**84264**	**70825**	**28360**
研究和试验发展	42532	27459	7338	4606	3129
专业技术服务业	220146	127777	36897	41946	13526
科技推广和应用服务业	193100	117093	40029	24273	11705
水利、环境和公共设施管理业	**84803**	**37687**	**20760**	**19568**	**6788**
水利管理业	24515	7272	7396	7540	2307
生态保护和环境治理业	9481	4163	2186	2444	688
公共设施管理业	50807	26252	11178	9584	3793
居民服务、修理和其他服务业	**190692**	**106362**	**36310**	**34859**	**13161**
居民服务业	77854	42387	15297	13974	6196
机动车、电子产品和日用产品修理业	75839	41911	13934	15136	4858
其他服务业	36999	22064	7079	5749	2107
教育	**413908**	**156918**	**117336**	**113055**	**26599**
教育	413908	156918	117336	113055	26599
卫生和社会工作	**249567**	**76938**	**85222**	**66373**	**21034**
卫生	205691	58116	74144	56665	16766
社会工作	43876	18822	11078	9708	4268
文化、体育和娱乐业	**230544**	**107905**	**57201**	**50747**	**14691**
新闻和出版业	8172	4265	1693	1556	658
广播、电视、电影和影视录音制作业	18993	9815	3670	4336	1172
文化艺术业	69975	35240	16902	14140	3693
体育	17568	11378	2617	2288	1285
娱乐业	115836	47207	32319	28427	7883
公共管理、社会保障和社会组织	**1520075**	**528628**	**410371**	**475663**	**105413**
中国共产党机关	35017	8991	8985	13816	3225
国家机构	445506	130032	128020	146407	41047
人民政协、民主党派	6681	2214	1720	2082	665
社会保障	15767	3875	4705	5774	1413
群众团体、社会团体和其他成员组织	333729	132278	70784	110504	20163
基层群众自治组织	683375	251238	196157	197080	38900

注：东部地区包括北京、天津、河北、上海、江苏、浙江、福建、山东、广东、海南；中部地区包括山西、安徽、江西、河南、湖北、湖南；西部地区包括内蒙古、广西、重庆、四川、贵州、云南、西藏、陕西、甘肃、青海、宁夏、新疆；东北地区包括辽宁、吉林、黑龙江。

1-3 各地区第三产业法人单位数

单位：个

地 区	2006	2007	2008	2009	2010	2011	2012	2013
全 国	**4101232**	**4356816**	**4896366**	**5432715**	**5943341**	**6514160**	**7225983**	**8110957**
北 京	263513	269987	229389	326070	333119	339930	352507	576634
天 津	64945	73215	98185	99464	115642	129983	146761	158130
河 北	157775	164897	186396	214124	226856	238171	253885	320694
山 西	115662	123459	125381	136363	142929	152719	167686	171812
内蒙古	66923	72388	89959	98756	105566	111756	117284	133085
辽 宁	165102	178286	210793	227113	242397	255177	315733	308077
吉 林	66135	68672	92475	95522	85508	89507	94269	104444
黑龙江	86166	89162	111957	121344	130178	136219	140072	140554
上 海	265885	269674	260136	259954	289813	308687	336372	315200
江 苏	267939	292981	336147	386037	479293	556722	636540	657050
浙 江	239312	265194	298851	328369	364092	417817	472890	570774
安 徽	130233	135710	138043	150844	162753	193694	217851	259496
福 建	127690	140569	156314	178045	201768	232899	259971	270572
江 西	85933	88429	102964	113261	124181	133364	166966	183671
山 东	284328	304705	397970	441614	505592	547125	600099	607597
河 南	190390	198698	227803	241904	249744	256627	267180	391220
湖 北	139130	153270	218863	241083	253804	279162	317929	342473
湖 南	137102	139855	184994	194537	209186	224218	245616	323743
广 东	337402	373128	401828	459624	522154	596147	667820	738021
广 西	110849	118180	127997	147604	166446	189951	211760	203069
海 南	22308	23796	24778	25822	30322	34123	38842	39498
重 庆	75490	82382	99975	108699	121050	149740	181851	201560
四 川	227621	235118	242396	256626	267267	275697	302400	306688
贵 州	72624	75697	78319	83325	88095	91544	98388	114743
云 南	79024	84756	98542	114897	130783	149743	160897	158749
西 藏	12912	13053	14582	14940	15244	15428	15553	17929
陕 西	128793	132944	141049	156630	160258	178409	193674	201219
甘 肃	73158	75899	79055	83061	87505	91216	97644	112374
青 海	18924	19533	20686	21533	22915	23900	25467	29035
宁 夏	23466	25353	23903	26354	28000	30801	33250	36076
新 疆	64498	67826	76636	79196	80881	83684	88826	116770

1-4 各地区第三产业法人单位数及所占比重

单位：个

地区	全部法人单位数	第一产业	第二产业	第三产业	
					比重(%)
全国	**10856568**	**1815**	**2743796**	**8110957**	**74.7**
北京	628469	60	51775	576634	91.8
天津	212067	1	53936	158130	74.6
河北	436092	38	115360	320694	73.5
山西	206024	34	34178	171812	83.4
内蒙古	158775	70	25620	133085	83.8
辽宁	416932	48	108807	308077	73.9
吉林	130913	34	26435	104444	79.8
黑龙江	174230	183	33493	140554	80.7
上海	410287	10	95077	315200	76.8
江苏	1048827	28	391749	657050	62.6
浙江	964004	152	393078	570774	59.2
安徽	351537	86	91955	259496	73.8
福建	374758	72	104113	270573	72.2
江西	242145	28	58446	183671	75.9
山东	825706	27	218082	607597	73.6
河南	511903	13	120670	391220	76.4
湖北	425512	79	82960	342473	80.5
湖南	404108	43	80323	323742	80.1
广东	1072648	87	334540	738021	68.8
广西	237580	129	34382	203069	85.5
海南	45939	68	6373	39498	86.0
重庆	255254	89	53605	201560	79.0
四川	374853	47	68118	306688	81.8
贵州	147114	17	32354	114743	78.0
云南	191661	89	32823	158749	82.8
西藏	21232	1	3302	17929	84.4
陕西	244074	17	42838	201219	82.4
甘肃	130875	33	18468	112374	85.9
青海	34377	20	5322	29035	84.5
宁夏	43316	20	7220	36076	83.3
新疆	135356	192	18394	116770	86.3

1-5 第三产业按行业、机构类型分组的法人单位数

单位：个

行业	法人单位数	企业法人	事业法人	机关法人	社会团体法人	其他法人
第三产业总计	**8110957**	**5465749**	**785283**	**250585**	**262742**	**1346598**
农、林、牧、渔服务业	160009	54657	9769			95583
开采辅助活动	2533	2531				2
金属制品、机械和设备修理业	13391	13346	3			42
批发和零售业	**2810531**	**2797725**	**107**			**12699**
批发业	1745877	1734269	72			11536
零售业	1064654	1063456	35			1163
交通运输、仓储和邮政业	**262364**	**252005**	**7243**			**3116**
铁路运输业	316	313	2			1
道路运输业	139394	132414	5700			1280
水上运输业	10604	10015	466			123
航空运输业	1481	1378	84			19
管道运输业	319	309	3			7
装卸搬运和运输代理业	71034	70370	72			592
仓储业	26312	24781	713			818
邮政业	12904	12425	203			276
住宿和餐饮业	**199592**	**196337**	**687**			**2568**
住宿业	73465	72040	520			905
餐饮业	126127	124297	167			1663
信息传输、软件和信息技术服务业	**226107**	**218157**	**5332**			**2618**
电信、广播电视和卫星传输服务	15145	11180	3403			562
互联网和相关服务	25789	24774	486			529
软件和信息技术服务业	185173	182203	1443			1527
金融业	**30186**	**29183**	**474**	**14**	**81**	**434**
货币金融服务	15590	15056	334	14		186
资本市场服务	789	653	44		81	11
保险业	12345	12188	49			108
其他金融业	1462	1286	47			129
房地产业	**343924**	**335998**	**4063**			**3863**
房地产业	343924	335998	4063			3863
租赁和商务服务业	**916953**	**788037**	**29756**			**99160**
租赁业	54103	51565	152			2386
商务服务业	862850	736472	29604			96774
科学研究和技术服务业	**455778**	**328024**	**68308**			**59446**
研究和试验发展	42532	33326	5728			3478
专业技术服务业	220146	178391	37251			4504
科技推广和应用服务业	193100	116307	25329			51464
水利、环境和公共设施管理业	**84803**	**44493**	**36099**			**4211**
水利管理业	24515	3894	18597			2024
生态保护和环境治理业	9481	5821	3288			372
公共设施管理业	50807	34778	14214			1815
居民服务、修理和其他服务业	**190692**	**172285**	**6008**			**12399**
居民服务业	77854	63688	4887			9279
机动车、电子产品和日用产品修理业	75839	74416	254			1169
其他服务业	36999	34181	867			1951
教育	**413908**	**40470**	**228201**			**145237**
教育	413908	40470	228201			145237
卫生和社会工作	**249567**	**23492**	**99448**		**2598**	**124029**
卫生	205691	22041	84207			99443
社会工作	43876	1451	15241		2598	24586
文化、体育和娱乐业	**230544**	**168951**	**38386**		**1813**	**21394**
新闻和出版业	8172	4354	3482			336
广播、电视、电影和影视录音制作业	18993	12618	6007			368
文化艺术业	69975	32160	25910			11905
体育	17568	10020	2097		1813	3638
娱乐业	115836	109799	890			5147
公共管理、社会保障和社会组织	**1520075**	**58**	**251399**	**250571**	**258250**	**759797**
中国共产党机关	35017		2544	32473		
国家机构	445506		233596	211910		
人民政协、民主党派	6681		493	6188		
社会保障	15767	58	14766			943
群众团体、社会团体和其他成员组织	333729				258250	75479
基层群众自治组织	683375					683375

1-6 第三产业按地区、机构类型分组的法人单位数

单位：个

地区	法人单位数	企业法人	事业法人	机关法人	社会团体法人	其他法人
全 国	**8110957**	**5465749**	**785283**	**250585**	**262742**	**1346598**
北 京	576634	537838	11809	2153	5759	19075
天 津	158130	138435	6374	1944	1778	9599
河 北	320694	192027	34762	12514	8145	73246
山 西	171812	85397	27357	9069	7175	42814
内蒙古	133085	74224	17479	7572	8225	25585
辽 宁	308077	219498	28817	9308	8358	42096
吉 林	104444	56593	17226	5452	3596	21577
黑龙江	140554	75077	20576	9589	5570	29742
上 海	315200	289652	7436	1618	3125	13369
江 苏	657050	518354	37232	10111	19158	72195
浙 江	570774	440433	30351	8372	18216	73402
安 徽	259496	172259	21870	9034	10258	46075
福 建	270572	180073	26097	8566	16617	39219
江 西	183671	92812	32093	9645	10009	39112
山 东	607597	398645	41334	12431	15553	139634
河 南	391220	198585	64379	13670	5706	108880
湖 北	342473	223453	39403	9357	10919	59341
湖 南	323743	181563	43878	12885	11097	74320
广 东	738021	565343	43717	10904	19771	98286
广 西	203069	114802	41346	10474	9443	27004
海 南	39498	26786	3845	1542	1339	5986
重 庆	201560	152159	17236	3832	6398	21935
四 川	306688	131064	57928	18976	16119	82601
贵 州	114743	61764	18453	6851	4643	23032
云 南	158749	86683	21469	11073	11269	28255
西 藏	17929	4302	1758	4777	449	6643
陕 西	201219	106652	29423	9758	6353	49033
甘 肃	112374	49026	18435	6651	8936	29326
青 海	29035	12057	4038	2848	1701	8391
宁 夏	36076	19767	3210	1471	1628	10000
新 疆	116770	60426	15952	8138	5429	26825

1-7 第三产业按行业、控股情况分组的企业法人单位数

单位：个

行业	企业法人单位数	国有控股	集体控股	私人控股	港澳台商控股	外商控股	其他
第三产业总计	**5465749**	**165337**	**143089**	**4668624**	**35036**	**39294**	**414369**
农、林、牧、渔服务业	54657	1203	2691	36712	72	37	13942
开采辅助活动	2531	190	65	2095	10	10	161
金属制品、机械和设备修理业	13346	368	722	11271	84	102	799
批发和零售业	**2797725**	**45482**	**56456**	**2472218**	**12874**	**17110**	**193585**
批发业	1734269	27853	29802	1534011	10211	14729	117663
零售业	1063456	17629	26654	938207	2663	2381	75922
交通运输、仓储和邮政业	**252005**	**15682**	**8532**	**206161**	**2032**	**1429**	**18169**
铁路运输业	313	236	22	42	1	1	11
道路运输业	132414	5869	4601	111477	490	257	9720
水上运输业	10015	966	727	7341	89	62	830
航空运输业	1378	313	23	863	15	23	141
管道运输业	309	83	9	184	6	9	18
装卸搬运和运输代理业	70370	2039	1948	60239	954	606	4584
仓储业	24781	5060	1078	15875	461	455	1852
邮政业	12425	1116	124	10140	16	16	1013
住宿和餐饮业	**196337**	**8404**	**6143**	**164296**	**1879**	**1790**	**13825**
住宿业	72040	6387	3660	55487	651	467	5388
餐饮业	124297	2017	2483	108809	1228	1323	8437
信息传输、软件和信息技术服务业	**218157**	**5771**	**1963**	**189601**	**2928**	**4281**	**13613**
电信、广播电视和卫星传输服务	11180	3141	372	6333	214	135	985
互联网和相关服务	24774	431	181	22277	138	160	1587
软件和信息技术服务业	182203	2199	1410	160991	2576	3986	11041
金融业	**29183**	**9539**	**3010**	**10737**	**238**	**664**	**4995**
货币金融服务	15056	4439	1909	5803	169	316	2420
资本市场服务	653	337	17	125		3	171
保险业	12188	4531	1064	3926	59	338	2270
其他金融业	1286	232	20	883	10	7	134
房地产业	**335998**	**19224**	**15166**	**263120**	**5648**	**2870**	**29970**
房地产业	335998	19224	15166	263120	5648	2870	29970
租赁和商务服务业	**788037**	**28221**	**27854**	**660449**	**5574**	**6455**	**59484**
租赁业	51565	752	754	45606	175	183	4095
商务服务业	736472	27469	27100	614843	5399	6272	55389
科学研究和技术服务业	**328024**	**14607**	**8369**	**268586**	**2249**	**3277**	**30936**
研究和试验发展	33326	1279	764	27559	468	819	2437
专业技术服务业	178391	10846	4468	147353	1234	1568	12922
科技推广和应用服务业	116307	2482	3137	93674	547	890	15577
水利、环境和公共设施管理业	**44493**	**4942**	**2288**	**32761**	**281**	**179**	**4042**
水利管理业	3894	1016	404	2011	13	12	438
生态保护和环境治理业	5821	535	153	4378	69	75	611
公共设施管理业	34778	3391	1731	26372	199	92	2993
居民服务、修理和其他服务业	**172285**	**2916**	**5147**	**151227**	**467**	**524**	**12004**
居民服务业	63688	990	1953	55676	219	231	4619
机动车、电子产品和日用产品修理业	74416	1177	2232	66040	165	160	4642
其他服务业	34181	749	962	29511	83	133	2743
教育	**40470**	**1392**	**1170**	**33096**	**116**	**137**	**4559**
教育	40470	1392	1170	33096	116	137	4559
卫生和社会工作	**23492**	**1180**	**1163**	**17508**	**65**	**65**	**3511**
卫生	22041	1063	1050	16531	50	60	3287
社会工作	1451	117	113	977	15	5	224
文化、体育和娱乐业	**168951**	**6192**	**2340**	**148771**	**519**	**364**	**10765**
新闻和出版业	4354	2116	244	1631	11	13	339
广播、电视、电影和影视录音制作业	12618	2038	428	9087	103	39	923
文化艺术业	32160	1277	735	27832	73	47	2196
体育	10020	309	231	8478	170	149	683
娱乐业	109799	452	702	101743	162	116	6624
公共管理、社会保障和社会组织	**58**	**24**	**10**	**15**			**9**
中国共产党机关	58	24	10	15			9
国家机构							
人民政协、民主党派							
社会保障							
群众团体、社会团体和其他成员组织							
基层群众自治组织							

1-8 第三产业按地区、控股情况分组的企业法人单位数

单位：个

地区	企业法人单位数	国有控股	集体控股	私人控股	港澳台商控股	外商控股	其他
全　国	**5465749**	**165337**	**143089**	**4668624**	**35036**	**39294**	**414369**
北　京	537838	14236	14541	484357	4107	6092	14505
天　津	138435	4879	3302	108477	873	1641	19263
河　北	192027	5303	5802	161005	176	193	19548
山　西	85397	5409	3615	72385	56	67	3865
内蒙古	74224	2651	1424	61068	57	70	8954
辽　宁	219498	7764	7322	184559	867	1869	17117
吉　林	56593	2445	1400	45366	76	113	7193
黑龙江	75077	4131	2498	55433	126	136	12753
上　海	289652	8075	6795	250365	7362	11897	5158
江　苏	518354	10446	10662	472095	2843	3520	18788
浙　江	440433	9210	13117	404938	1720	3264	8184
安　徽	172259	6558	3784	149328	284	297	12008
福　建	180073	6318	4121	150932	1863	1021	15818
江　西	92812	4810	2528	74288	231	157	10798
山　东	398645	8472	8982	349705	922	1768	28796
河　南	198585	6314	6071	147362	205	169	38464
湖　北	223453	6047	4702	181909	421	334	30040
湖　南	181563	5279	3408	154534	331	233	17778
广　东	565343	13073	16474	465680	10806	4686	54624
广　西	114802	4452	3327	97475	261	206	9081
海　南	26786	1308	757	20579	179	95	3868
重　庆	152159	3271	2353	131829	346	302	14058
四　川	131064	5027	3669	108160	329	424	13455
贵　州	61764	3188	1810	51528	85	61	5092
云　南	86683	3647	2938	69977	215	229	9677
西　藏	4302	465	206	3446	15	7	163
陕　西	106652	4872	3828	94378	163	284	3127
甘　肃	49026	2351	1783	38835	49	46	5962
青　海	12057	931	417	9783	9	26	891
宁　夏	19767	608	325	17374	9	16	1435
新　疆	60426	3797	1128	51474	50	71	3906

1-9 第三产业按行业、登记注册类型分组的企业法人单位数

单位：个

行业	企业法人单位数	内资					
			国有	集体	股份合作	国有联营	集体联营
第三产业总计	**5465749**	**5380857**	**87402**	**84029**	**39674**	**1554**	**4166**
农、林、牧、渔服务业	54657	54515	846	771	241	14	66
开采辅助活动	2531	2505	108	32	11	5	3
金属制品、机械和设备修理业	13346	13103	211	554	170	1	15
批发和零售业	**2797725**	**2764066**	**27332**	**36497**	**16082**	**702**	**2105**
批发业	1734269	1706754	16599	17691	7709	347	971
零售业	1063456	1057312	10733	18806	8373	355	1134
交通运输、仓储和邮政业	**252005**	**247579**	**8914**	**5362**	**1824**	**151**	**300**
铁路运输业	313	310	43	19			
道路运输业	132414	131351	2853	2623	1069	60	171
水上运输业	10015	9711	332	542	80	11	16
航空运输业	1378	1314	112	6	4	2	
管道运输业	309	290	25	5	1	1	
装卸搬运和运输代理业	70370	68529	824	1428	431	29	56
仓储业	24781	23690	3794	691	155	40	48
邮政业	12425	12384	931	48	84	8	9
住宿和餐饮业	**196337**	**191925**	**5847**	**4090**	**2129**	**67**	**231**
住宿业	72040	70576	4548	2522	919	51	131
餐饮业	124297	121349	1299	1568	1210	16	100
信息传输、软件和信息技术服务业	**218157**	**210064**	**2047**	**646**	**1033**	**48**	**57**
电信、广播电视和卫星传输服务	11180	10646	1206	163	94	31	17
互联网和相关服务	24774	24452	163	46	106	5	4
软件和信息技术服务业	182203	174966	678	437	833	12	36
金融业	**29183**	**27704**	**2087**	**598**	**1751**	**21**	**9**
货币金融服务	15056	14495	1305	574	1494	7	5
资本市场服务	653	583	62		1	3	
保险业	12188	11365	670	21	241	11	4
其他金融业	1286	1261	50	3	15		
房地产业	**335998**	**326701**	**7813**	**7451**	**2660**	**100**	**210**
房地产业	335998	326701	7813	7451	2660	100	210
租赁和商务服务业	**788037**	**774794**	**13328**	**16405**	**5837**	**176**	**516**
租赁业	51565	51177	350	376	315	9	15
商务服务业	736472	723617	12978	16029	5522	167	501
科学研究和技术服务业	**328024**	**321505**	**8752**	**3900**	**2861**	**112**	**203**
研究和试验发展	33326	31766	728	370	600	9	29
专业技术服务业	178391	175128	6686	2362	1500	77	107
科技推广和应用服务业	116307	114611	1338	1168	761	26	67
水利、环境和公共设施管理业	**44493**	**43924**	**2461**	**1296**	**291**	**29**	**53**
水利管理业	3894	3860	642	264	27	7	20
生态保护和环境治理业	5821	5647	304	79	43	8	4
公共设施管理业	34778	34417	1515	953	221	14	29
居民服务、修理和其他服务业	**172285**	**171087**	**1936**	**3606**	**2280**	**44**	**189**
居民服务业	63688	63149	675	1376	901	21	72
机动车、电子产品和日用产品修理业	74416	74012	821	1608	1124	17	83
其他服务业	34181	33926	440	622	255	6	34
教育	**40470**	**40154**	**1019**	**709**	**647**	**20**	**53**
教育	40470	40154	1019	709	647	20	53
卫生和社会工作	**23492**	**23349**	**995**	**793**	**567**	**11**	**56**
卫生	22041	21921	891	701	547	11	52
社会工作	1451	1428	104	92	20		4
文化、体育和娱乐业	**168951**	**167824**	**3686**	**1310**	**1289**	**53**	**100**
新闻和出版业	4354	4321	1296	162	35	9	6
广播、电视、电影和影视录音制作业	12618	12441	1313	250	94	20	18
文化艺术业	32160	32015	694	411	409	9	24
体育	10020	9642	150	112	147	1	9
娱乐业	109799	109405	233	375	604	14	43
公共管理、社会保障和社会组织	**58**	**58**	**20**	**9**	**1**		
中国共产党机关	58	58	20	9	1		
国家机构							
人民政协、民主党派							
社会保障							
群众团体、社会团体和其他成员组织							
基层群众自治组织							

1-9 续表 1

单位：个

行业	国有与集体联营	其他联营	国有独资公司	其他有限责任公司	股份有限公司	私营独资	私营合伙
第三产业总计	**959**	**7394**	**18611**	**1068260**	**86015**	**827965**	**102110**
农、林、牧、渔服务业	5	42	76	3655	482	7959	881
开采辅助活动		4	15	920	53	357	91
金属制品、机械和设备修理业	5	22	23	2128	153	2479	309
批发和零售业	**407**	**3690**	**3522**	**486111**	**31965**	**470862**	**39673**
批发业	196	2143	2369	293251	17939	201262	20387
零售业	211	1547	1153	192860	14026	269600	19286
交通运输、仓储和邮政业	**82**	**428**	**1657**	**53942**	**4814**	**26858**	**5151**
铁路运输业			25	179	20		
道路运输业	33	197	762	30207	2962	15452	2846
水上运输业	4	15	114	2322	292	705	358
航空运输业		2	60	435	51	49	11
管道运输业			5	91	20	38	4
装卸搬运和运输代理业	15	149	213	13427	832	5948	1308
仓储业	26	26	443	4701	379	3155	421
邮政业	4	39	35	2580	258	1511	203
住宿和餐饮业	**43**	**231**	**581**	**32377**	**2956**	**60290**	**6232**
住宿业	26	82	416	13519	1468	18746	2731
餐饮业	17	149	165	18858	1488	41544	3501
信息传输、软件和信息技术服务业	**27**	**307**	**572**	**51506**	**3796**	**12342**	**2590**
电信、广播电视和卫星传输服务	10	30	361	2503	916	1034	129
互联网和相关服务	5	47	41	5171	448	3687	538
软件和信息技术服务业	12	230	170	43832	2432	7621	1923
金融业	**6**	**16**	**185**	**5986**	**11098**	**658**	**125**
货币金融服务	2	11	47	3146	4318	542	85
资本市场服务	1		13	354	59	3	2
保险业	3	3	71	2103	6625	30	14
其他金融业		2	54	383	96	83	24
房地产业	**78**	**358**	**2841**	**107358**	**8833**	**22330**	**3990**
房地产业	78	358	2841	107358	8833	22330	3990
租赁和商务服务业	**127**	**1149**	**5709**	**182863**	**11713**	**61225**	**23522**
租赁业	5	66	73	11394	719	7436	1042
商务服务业	122	1083	5636	171469	10994	53789	22480
科学研究和技术服务业	**59**	**475**	**1274**	**72176**	**4584**	**22816**	**4001**
研究和试验发展	8	45	94	7400	507	2054	479
专业技术服务业	33	294	991	41820	2960	13750	2490
科技推广和应用服务业	18	136	189	22956	1117	7012	1032
水利、环境和公共设施管理业	**16**	**60**	**1035**	**11236**	**998**	**4173**	**595**
水利管理业	3	6	169	909	101	357	47
生态保护和环境治理业	3	10	94	1359	102	585	84
公共设施管理业	10	44	772	8968	795	3231	464
居民服务、修理和其他服务业	**53**	**250**	**213**	**28336**	**2085**	**46077**	**4625**
居民服务业	25	96	74	9549	697	19918	1945
机动车、电子产品和日用产品修理业	23	104	63	11927	916	21485	2002
其他服务业	5	50	76	6860	472	4674	678
教育	**17**	**83**	**82**	**6812**	**644**	**8340**	**1674**
教育	17	83	82	6812	644	8340	1674
卫生和社会工作	**13**	**45**	**27**	**2003**	**261**	**8346**	**1594**
卫生	11	42	22	1805	247	8033	1551
社会工作	2	3	5	198	14	313	43
文化、体育和娱乐业	**20**	**232**	**797**	**20845**	**1579**	**72849**	**7057**
新闻和出版业	5	8	291	1161	98	208	27
广播、电视、电影和影视录音制作业	5	24	178	3274	268	863	135
文化艺术业	2	54	256	7609	387	3949	907
体育	2	11	40	1818	132	1939	278
娱乐业	6	135	32	6983	694	65890	5710
公共管理、社会保障和社会组织	**1**	**2**	**2**	**6**	**1**	**4**	
中国共产党机关	1	2	2	6	1	4	
国家机构							
人民政协、民主党派							
社会保障							
群众团体、社会团体和其他成员组织							
基层群众自治组织							

1-9 续表 2

单位：个

行业	私营有限责任公司	私营股份有限公司	其他内资企业	港澳台商投资	合资经营	合作经营	独资
第三产业总计	**2618216**	**79153**	**355349**	**39056**	**7661**	**1556**	**26830**
农、林、牧、渔服务业	7497	508	31472	82	19	4	51
开采辅助活动	739	54	113	12	4	1	7
金属制品、机械和设备修理业	6280	144	609	103	33	6	55
批发和零售业	**1420902**	**38379**	**185837**	**14795**	**1973**	**213**	**10949**
批发业	979581	23393	122916	11796	1382	124	8892
零售业	441321	14986	62921	2999	591	89	2057
交通运输、仓储和邮政业	**123660**	**4367**	**10069**	**2398**	**691**	**287**	**1262**
铁路运输业	23	1		2	2		
道路运输业	64249	2610	5257	609	161	231	159
水上运输业	4374	183	363	155	107	6	31
航空运输业	532	11	39	24	15		5
管道运输业	76	5	19	6	3		2
装卸搬运和运输代理业	40756	1038	2075	1069	241	32	734
仓储业	7924	266	1621	515	156	18	321
邮政业	5726	253	695	18	6		10
住宿和餐饮业	**63286**	**3017**	**10548**	**2126**	**586**	**140**	**1302**
住宿业	20835	1239	3343	790	308	77	359
餐饮业	42451	1778	7205	1336	278	63	943
信息传输、软件和信息技术服务业	**126634**	**3027**	**5432**	**3171**	**450**	**41**	**2463**
电信、广播电视和卫星传输服务	3375	114	663	315	47	1	186
互联网和相关服务	12652	435	1104	145	18	2	113
软件和信息技术服务业	110607	2478	3665	2711	385	38	2164
金融业	**4286**	**340**	**538**	**271**	**72**	**4**	**180**
货币金融服务	2516	149	294	163	8	1	143
资本市场服务	69	2	14	17	16		
保险业	1227	160	182	80	45	3	29
其他金融业	474	29	48	11	3		8
房地产业	**146473**	**7256**	**8950**	**6075**	**2012**	**513**	**3361**
房地产业	146473	7256	8950	6075	2012	513	3361
租赁和商务服务业	**405406**	**11817**	**35001**	**5923**	**865**	**136**	**4558**
租赁业	25559	852	2966	190	79	4	99
商务服务业	379847	10965	32035	5733	786	132	4459
科学研究和技术服务业	**163579**	**4489**	**32224**	**2462**	**464**	**54**	**1768**
研究和试验发展	17756	551	1136	513	119	8	368
专业技术服务业	93318	2683	6057	1331	225	28	967
科技推广和应用服务业	52505	1255	25031	618	120	18	433
水利、环境和公共设施管理业	**18352**	**754**	**2575**	**309**	**96**	**28**	**166**
水利管理业	931	52	325	16	6		10
生态保护和环境治理业	2401	96	475	80	32	5	40
公共设施管理业	15020	606	1775	213	58	23	116
居民服务、修理和其他服务业	**69269**	**2461**	**9663**	**522**	**112**	**35**	**331**
居民服务业	22800	892	4108	253	53	21	158
机动车、电子产品和日用产品修理业	29126	1074	3639	175	46	12	104
其他服务业	17343	495	1916	94	13	2	69
教育	**13969**	**651**	**5434**	**137**	**32**	**17**	**80**
教育	13969	651	5434	137	32	17	80
卫生和社会工作	**3763**	**292**	**4583**	**63**	**27**	**6**	**27**
卫生	3434	273	4301	47	22	6	16
社会工作	329	19	282	16	5		11
文化、体育和娱乐业	**44115**	**1597**	**12295**	**607**	**225**	**71**	**270**
新闻和出版业	809	31	175	15	4	2	7
广播、电视、电影和影视录音制作业	5433	197	369	117	46	6	57
文化艺术业	15646	442	1216	78	14	5	50
体育	4399	155	449	187	54	35	90
娱乐业	17828	772	10086	210	107	23	66
公共管理、社会保障和社会组织	**6**		**6**				
中国共产党机关	6		6				
国家机构							
人民政协、民主党派							
社会保障							
群众团体、社会团体和其他成员组织							
基层群众自治组织							

1-9 续表 3

单位：个

行　　业								
	股份有限	其他	外商投资	合资经营	合作经营	独资	股份有限	其他
第三产业总计	**928**	**2081**	**45836**	**9999**	**1233**	**31327**	**1323**	**1954**
农、林、牧、渔服务业	6	2	60	28	3	24	1	4
开采辅助活动			14	6	1	6	1	
金属制品、机械和设备修理业	1	8	140	58	8	68	3	3
批发和零售业	**330**	**1330**	**18864**	**2963**	**240**	**14314**	**434**	**913**
批发业	204	1194	15719	2167	151	12442	315	644
零售业	126	136	3145	796	89	1872	119	269
交通运输、仓储和邮政业	**73**	**85**	**2028**	**760**	**190**	**948**	**54**	**76**
铁路运输业			1	1				
道路运输业	19	39	454	154	147	114	16	23
水上运输业	10	1	149	108	4	32	3	2
航空运输业	4		40	24	1	11	3	1
管道运输业		1	13	9		4		
装卸搬运和运输代理业	27	35	772	246	22	451	18	35
仓储业	12	8	576	208	16	328	14	10
邮政业	1	1	23	10		8		5
住宿和餐饮业	**60**	**38**	**2286**	**612**	**115**	**1395**	**88**	**76**
住宿业	34	12	674	259	75	295	23	22
餐饮业	26	26	1612	353	40	1100	65	54
信息传输、软件和信息技术服务业	**144**	**73**	**4922**	**956**	**64**	**3626**	**169**	**107**
电信、广播电视和卫星传输服务	70	11	219	30	3	126	49	11
互联网和相关服务	6	6	177	35	5	131	1	5
软件和信息技术服务业	68	56	4526	891	56	3369	119	91
金融业	**10**	**5**	**1208**	**625**	**10**	**426**	**123**	**24**
货币金融服务	7	4	398	75	2	301	14	6
资本市场服务	1		53	51		2		
保险业	2	1	743	493	8	117	109	16
其他金融业			14	6		6		2
房地产业	**106**	**83**	**3222**	**1166**	**230**	**1616**	**108**	**102**
房地产业	106	83	3222	1166	230	1616	108	102
租赁和商务服务业	**105**	**259**	**7320**	**1116**	**132**	**5478**	**190**	**404**
租赁业	3	5	198	58	7	113	5	15
商务服务业	102	254	7122	1058	125	5365	185	389
科学研究和技术服务业	**47**	**129**	**4057**	**1191**	**80**	**2565**	**95**	**126**
研究和试验发展	10	8	1047	372	14	613	27	21
专业技术服务业	23	88	1932	478	47	1294	46	67
科技推广和应用服务业	14	33	1078	341	19	658	22	38
水利、环境和公共设施管理业	**11**	**8**	**260**	**95**	**28**	**112**	**11**	**14**
水利管理业			18	7	1	8	1	1
生态保护和环境治理业	1	2	94	35	7	48	2	2
公共设施管理业	10	6	148	53	20	56	8	11
居民服务、修理和其他服务业	**15**	**29**	**676**	**166**	**30**	**415**	**19**	**46**
居民服务业	10	11	286	65	7	181	10	23
机动车、电子产品和日用产品修理业	4	9	229	64	14	128	6	17
其他服务业	1	9	161	37	9	106	3	6
教育	**2**	**6**	**179**	**46**	**9**	**108**	**4**	**12**
教育	2	6	179	46	9	108	4	12
卫生和社会工作	**1**	**2**	**80**	**35**	**26**	**11**	**4**	**4**
卫生	1	2	73	32	25	9	3	4
社会工作			7	3	1	2	1	
文化、体育和娱乐业	**17**	**24**	**520**	**176**	**67**	**215**	**19**	**43**
新闻和出版业	1	1	18	7	2	7		2
广播、电视、电影和影视录音制作业	3	5	60	24	2	24	2	8
文化艺术业	5	4	67	13	3	36	4	11
体育	4	4	191	51	35	87	10	8
娱乐业	4	10	184	81	25	61	3	14
公共管理、社会保障和社会组织								
中国共产党机关								
国家机构								
人民政协、民主党派								
社会保障								
群众团体、社会团体和其他成员组织								
基层群众自治组织								

1-10 第三产业按地区、登记注册类型分组的企业法人单位数

单位：个

地区	企业法人单位数	内资	国有	集体	股份合作	国有联营	集体联营
全国	**5465749**	**5380857**	**87402**	**84029**	**39674**	**1554**	**4166**
北京	537838	526897	5831	7700	12076	66	274
天津	138435	135381	2361	2409	429	49	141
河北	192027	191481	3285	3936	1274	34	129
山西	85397	85234	3372	2702	219	61	61
内蒙古	74224	74038	1617	555	455	17	49
辽宁	219498	216197	4732	5106	1206	46	141
吉林	56593	56252	1695	736	328	19	66
黑龙江	75077	74683	2829	1322	870	51	92
上海	289652	269721	2104	3945	948	63	114
江苏	518354	511070	5416	6511	1644	93	236
浙江	440433	433923	2519	7400	2753	25	89
安徽	172259	171516	3776	2341	1147	50	107
福建	180073	176710	3649	2779	814	70	148
江西	92812	92319	3427	1446	1236	64	204
山东	398645	395446	4966	4683	1590	63	161
河南	198585	198075	4114	3229	1305	200	415
湖北	223453	222435	3569	2249	906	81	213
湖南	181563	180838	2248	1556	419	26	151
广东	565343	547661	6900	10717	5470	157	387
广西	114802	114181	2414	2310	254	24	75
海南	26786	26434	758	446	210	11	29
重庆	152159	151309	1424	1180	652	27	99
四川	131064	130125	2515	1854	1064	30	166
贵州	61764	61588	1827	872	535	46	134
云南	86683	86104	2047	1789	564	52	128
西藏	4302	4268	329	100	34	10	19
陕西	106652	106151	3198	2250	418	49	199
甘肃	49026	48885	1396	1039	421	17	42
青海	12057	12000	607	239	87	9	9
宁夏	19767	19696	350	150	72	6	16
新疆	60426	60239	2127	478	274	38	72

1-10 续表 1

单位：个

地 区	国有与集体联营	其他联营	国有独资公司	其他有限责任公司	股份有限公司	私营独资	私营合伙
全 国	**959**	**7394**	**18611**	**1068260**	**86015**	**827965**	**102110**
北 京	91	702	1211	135109	4389	33302	7528
天 津	24	498	384	33113	1710	5897	1722
河 北	20	87	468	49778	3751	29981	4380
山 西	10	12	400	11758	1341	11278	1113
内蒙古	9	47	251	20997	1866	8418	1218
辽 宁	32	203	571	48001	4715	31008	1339
吉 林	5	43	224	14555	1787	8656	640
黑龙江	15	98	249	23753	2435	12740	1199
上 海	122	95	902	20242	1384	22990	3391
江 苏	77	739	1087	48794	6736	75686	7764
浙 江	33	74	2667	27177	2635	59740	7789
安 徽	33	460	754	30234	3442	22079	4854
福 建	33	111	857	40648	3471	19279	4547
江 西	31	142	284	19402	3155	19615	6273
山 东	53	91	691	54428	5058	73450	6115
河 南	65	583	427	60460	4864	51769	3416
湖 北	38	117	497	53549	3162	62687	4864
湖 南	24	85	982	30754	4632	45753	5353
广 东	94	2648	1338	128252	8244	57578	12009
广 西	9	37	574	20552	2919	23384	1298
海 南	9	21	125	9256	641	1765	571
重 庆	14	76	619	23620	2005	57262	3755
四 川	25	109	727	41372	3220	24135	3425
贵 州	23	72	506	22227	1267	18578	1608
云 南	18	64	545	23287	2024	12882	1642
西 藏	1	3	46	715	149	828	186
陕 西	23	97	419	46356	2087	19379	1684
甘 肃	7	33	177	12523	1409	6763	1036
青 海	6	7	98	1610	249	1763	295
宁 夏	4	11	94	3608	347	2624	218
新 疆	11	29	437	12130	921	6696	878

1-10 续表 2

单位：个

地区	私营有限责任公司	私营股份有限公司	其他内资企业	港澳台商投资	合资经营	合作经营	独资
全国	**2618216**	**79153**	**355349**	**39056**	**7661**	**1556**	**26830**
北京	310815	5334	2469	4265	814	180	3163
天津	76397	1061	9186	1006	311	25	610
河北	73581	3761	17016	234	85	21	107
山西	48318	1551	3038	68	26	2	32
内蒙古	29601	1230	7708	71	25	1	38
辽宁	100779	3798	14520	1006	382	38	543
吉林	19659	1142	6697	101	43	5	46
黑龙江	18137	899	9994	166	53	14	78
上海	210596	1342	1483	7555	943	159	6352
江苏	323913	10877	21497	3097	755	62	2131
浙江	304462	2170	14390	3014	681	31	1326
安徽	83920	3314	15005	324	104	14	176
福建	83984	2500	13820	2058	503	68	1383
江西	22947	2739	11354	264	94	8	135
山东	193206	6295	44596	1026	325	47	602
河南	26502	1740	38986	260	89	18	143
湖北	63306	3066	24131	504	175	22	275
湖南	67173	5135	16547	397	183	20	163
广东	277892	5603	30372	11647	1446	741	8419
广西	52157	3471	4703	321	117	26	158
海南	10956	439	1197	205	51	8	132
重庆	46791	3064	10721	409	106	9	255
四川	40707	2302	8474	369	97	17	227
贵州	9582	858	3453	99	49	1	44
云南	33220	1824	6018	242	94	6	113
西藏	1531	49	268	18	3	1	8
陕西	24079	1245	4668	172	53	9	98
甘肃	15573	1104	7345	59	19	1	37
青海	5939	364	718	20	6		9
宁夏	10174	300	1722	17	6		3
新疆	32319	576	3253	62	23	2	24

1-10 续表 3

单位: 个

地区			外商投资					
	股份有限	其 他		合资经营	合作经营	独 资	股份有限	其 他
全 国	**928**	**2081**	**45836**	**9999**	**1233**	**31327**	**1323**	**1954**
北 京	69	39	6676	1460	162	4756	149	149
天 津	36	24	2048	576	53	1291	64	64
河 北	12	9	312	94	28	124	31	35
山 西	5	3	95	36	12	29	9	9
内蒙古	5	2	115	33	2	66	6	8
辽 宁	29	14	2295	680	56	1395	82	82
吉 林	3	4	240	65	11	130	11	23
黑龙江	14	7	228	70	10	95	27	26
上 海	74	27	12376	1441	165	10612	105	53
江 苏	97	52	4187	1034	77	2772	148	156
浙 江	28	948	3496	1061	58	2128	66	183
安 徽	22	8	419	106	16	208	27	62
福 建	67	37	1305	354	29	752	78	92
江 西	18	9	229	65	7	95	26	36
山 东	28	24	2173	626	58	1328	56	105
河 南	6	4	250	108	10	104	12	16
湖 北	27	5	514	182	18	253	14	47
湖 南	22	9	328	121	20	142	16	29
广 东	244	797	6035	1137	332	3775	211	580
广 西	11	9	300	91	27	120	26	36
海 南	12	2	147	51	6	79	8	3
重 庆	23	16	441	112	13	261	26	29
四 川	22	6	570	194	23	285	38	30
贵 州	4	1	77	22	11	32	8	4
云 南	18	11	337	62	5	190	30	50
西 藏	5	1	16	6	1	6	1	2
陕 西	9	3	329	98	10	177	25	19
甘 肃	2		82	28	3	38	8	5
青 海	3	2	37	11	3	13	9	1
宁 夏	5	3	54	38	1	12	2	1
新 疆	8	5	125	37	6	59	4	19

1-11 按地区、机构类型分组的社会组织法人单位数

地区	社会组织法人单位数(个)	社会团体	#行业性社团	#专业性社团	基金会	公募基金会	非公募基金会	涉外基金会和境外基金会代表机构	民办非企业单位	法人	合伙	个体
全国合计	**547245**	**289026**	**38088**	**29341**	**3549**	**1378**	**2137**	**34**	**254670**	**194827**	**6951**	**52892**
部本级	2190	1908	397	864	216	90	92	34	66	64	1	1
北京	8560	3573	144	464	275	41	234		4712	4178	15	519
天津	4516	2156	244	133	56	19	37		2304	2218	11	75
河北	16530	9536	1627	791	49	9	40		6945	4112	317	2516
山西	11611	6789	759	288	55	23	32		4767	4278	115	374
内蒙古	10685	6697	1880	885	91	91			3897	2465	171	1261
辽宁	19494	8859	1503	1056	63	41	22		10572	7721	232	2619
吉林	9193	5785	207	37	66	23	43		3342	1909	15	1418
黑龙江	12672	5683	345	68	66	34	32		6923	3620	179	3124
上海	11626	3791	312	2134	152	51	101		7683	7614	41	28
江苏	56234	26164	3396	2895	444	149	295		29626	24967	794	3865
浙江	36426	18108	1640	1423	326	134	192		17992	14368	657	2967
安徽	20705	11671	1323	1106	71	23	48		8963	6155	489	2319
福建	19372	12787	2073	1431	141	31	110		6444	5317	302	825
江西	13375	7783	314	340	45	17	28		5547	3504	211	1832
山东	38976	17807	7113	1772	86	36	50		21083	15696	437	4950
河南	23577	10896	901	501	98	37	61		12583	8948	319	3316
湖北	25778	11564	1142	914	73	21	52		14141	11367	456	2318
湖南	21663	11498	1723	1758	174	102	72		9991	6529	346	3116
广东	41317	19000	1593	1723	434	112	322		21883	19420	110	2353
广西	17370	10940	683	318	37	18	19		6393	4049	169	2175
海南	4338	2155	425	432	46	15	31		2137	1840	30	267
重庆	13154	6693	876	2551	47	27	20		6414	5529	91	794
四川	35050	18866	2333	1961	109	52	57		16075	12261	553	3261
贵州	8295	5141	881	464	32	29	3		3122	1537	197	1388
云南	16954	11595	919	1143	62	34	28		5297	3552	144	1601
西藏	589	560	195	39	10	8	2		19	7	3	9
陕西	17360	9623	750	290	79	30	49		7658	5072	209	2377
甘肃	13335	10206	380	1058	40	24	16		3089	2089	198	802
青海	3039	2022	399	230	22	12	10		995	842	23	130
宁夏	4002	2958	267	3	51	25	26		993	783	82	128
新疆	9259	6212	1344	269	33	20	13		3014	2816	34	164

1-12 按地区、机构类型分组的自治组织单位数

地区	自治组织单位数(个)	村委会				居委会			
			1000户居民及以下	1000户-3000户居民	3000户居民及以上		1000户居民及以下	1000户-3000户居民	3000户居民及以上
全国合计	**683167**	**588547**	**453615**	**114638**	**20294**	**94620**	**37462**	**42274**	**14884**
北京	6797	3938	3655	272	11	2859	634	1749	476
天津	5261	3707	3477	218	12	1554	363	946	245
河北	52365	48703	40758	6963	982	3662	1500	1746	416
山西	30403	28273	24417	3259	597	2130	602	1258	270
内蒙古	13407	11173	8781	2118	274	2234	621	1273	340
辽宁	15628	11609	7012	3954	643	4019	659	2083	1277
吉林	11238	9224	6095	2322	807	2014	605	1078	331
黑龙江	11768	8906	5102	3311	493	2862	785	1438	639
上海	5634	1610	1008	562	40	4024	1126	2704	194
江苏	21355	14538	6841	6222	1475	6817	2094	3481	1242
浙江	32568	28339	22966	4956	417	4229	1914	1739	576
安徽	18107	14925	7180	5919	1826	3182	978	1548	656
福建	16722	14441	11240	2920	281	2281	1131	942	208
江西	20251	16918	10920	5397	601	3333	1699	1417	217
山东	81285	74798	63607	9459	1732	6487	3878	2006	603
河南	51284	46997	32451	12531	2015	4287	2017	1701	569
湖北	29660	25452	19229	5484	739	4208	1589	1744	875
湖南	46888	41922	33372	7019	1531	4966	2535	1843	588
广东	25829	19257	13347	4933	977	6572	2366	2884	1322
广西	16148	14313	10353	3555	405	1835	702	779	354
海南	3051	2570	2358	169	43	481	266	120	95
重庆	11039	8318	5290	2729	299	2721	843	1175	703
四川	53115	46492	36451	8145	1896	6623	3245	2201	1177
贵州	18815	16859	14486	1876	497	1956	1140	647	169
云南	14209	12137	8581	3288	268	2072	752	856	464
西藏	5438	5255	5217	36	2	183	144	38	1
陕西	28823	26751	23378	2786	587	2072	997	781	294
甘肃	17250	16022	13069	2510	443	1228	495	579	154
青海	4630	4170	3757	168	245	460	265	163	32
宁夏	2745	2269	1791	414	64	476	153	176	147
新疆	11454	8661	7426	1143	92	2793	1364	1179	250

【主要统计指标解释】

法人单位 指有权拥有资产、承担负债，并独立从事社会经济活动（或与其他单位进行交易）的组织。法人单位应同时具备以下条件：（1）依法成立，有自己的名称、组织机构和场所，能够独立承担民事责任；（2）独立拥有（或授权使用）资产或者经费，承担负债，有权与其他单位签订合同；（3）具有包括资产负债表在内的账户，或者能够根据需要编制账户。法人单位包括五种类型：企业法人、事业单位法人、机关法人、社会团体法人和其他法人。

多产业法人单位 法人单位从事多种经济活动，或者位于多个地点，称为多产业法人。多产业法人由两个或两个以上产业活动单位组成。

企业法人 指依据《中华人民共和国公司登记管理条例》、《中华人民共和国企业法人登记管理条例》等国家法律和法规，经各级工商行政管理机关登记注册，领取《企业法人营业执照》的企业。包括：1．公司制企业法人；2．非公司制企业法人；3.个人独资企业、合伙企业。

事业单位法人 指经国务院或地方县级以上机构编制管理部门批准，经国家或地方县级以上事业单位登记管理部门登记或备案，领取《事业单位法人证书》，取得法人资格的事业单位。包括：1．各级党委、政府直属事业单位；2．中共中央、国务院直属事业单位举办的事业单位；3．各级人大、政协机关，人民法院、人民检察院和各民主党派机关举办的事业单位；4．各级党委部门和政府部门举办的事业单位；5．使用财政性经费的群众团体举办的事业单位；6．国有企业及其他组织利用国有资产举办的事业单位；7．依照法律或有关规定，应当由各级登记管理机关登记的其他事业单位。

机关法人 指各级政党机关和国家机关。包括：1．县级以上各级中国共产党委员会及其所属各工作部门；2．县级以上各级人民代表大会机关；3．县级以上各级人民政府及其所属各工作部门，以及地区行政公署；4．县级以上各级政治协商会议机关；5．县级以上各级人民法院、检察院机关；6．县级以上各民主党派机关；7．乡、镇中国共产党委员会和人民政府。

社会团体法人 指依据《社会团体登记管理条例》，经国家或县级以上民政部门登记注册或备案，领取《社会团体法人登记证书》的各类社会团体，以及由机构编制管理部门管理其编制的群众团体。包括：1．社会团体法人；2．群众团体法人。

其他法人 指除上述类型以外的法人，是依据《中华人民共和国居民委员会组织法》、《中华人民共和国村民委员会组织法》、《民办非企业单位登记管理暂行条例》、《基金会管理条例》、《农民专业合作社登记管理条例》及其他法律、法规，依法成立，具备法人条件的单位。包括：1．居民委员会和村民委员会；2．基金会；3．领取《民办非企业单位（法人）登记证书》的民办非企业单位；4．宗教组织和活动场所；5．农民专业合作社；6．其他未列明法人单位。

国有企业 指企业全部资产归国家所有，并按《中华人民共和国企业法人登记管理条例》规定登记注册的非公司制的经济组织。不包括有限责任公司中的国有独资公司。

集体企业 指企业资产归集体所有，并按《中华人民共和国企业法人登记管理条例》规定登记注册的经济组织。

股份合作企业 指以合作制为基础，由企业职工共同出资入股，吸收一定比例的社会资产投资组建，实行自主经营，自负盈亏，共同劳动，民主管理，按劳分配与按股分红相结合的一种集体经济组织。

联营企业 指两个及两个以上相同或不同所有制性质的企业法人或事业单位法人，按自愿、平等、互利的原则，共同投资组成的经济组织。

国有独资公司 指国家授权的投资机构或者国家授权的部门单独投资设立的有限责任公司。

其他有限责任公司 指国有独资公司以外的其他有限责任公司。

股份有限公司 指根据《中华人民共和国公司登记管理条例》规定登记注册，其全部注册资本由等额股份构成并通过发行股票筹集资本，股东以其认购的股份对公司承担有限责任，公司以其全部资产对其债务承担责任的经济组织。

私营企业 指由自然人投资设立或由自然人控股，以雇佣劳动为基础的营利性经济组织。包括按照《公司法》、《合伙企业法》、《私营企业暂行条例》以及《个人独资企业法》规定登记注册的私营有限责任公司、私营股份有限公司、私营合伙企业、私营独资企业和个人独资企业。

私营独资企业 指按《私营企业暂行条例》的规定，由一名自然人投资经营，以雇佣劳动为基础，投资者对企业债务承担无限责任的企业。

私营合伙企业 指按《合伙企业法》或《私营企业暂行条例》的规定，由两个以上自然人按照协议共同投资、共同经营、共负盈亏，以雇佣劳动为基础，对债务承担无限责任的企业。

私营有限责任公司 指按《公司法》、《私营企业暂行条例》的规定，由两个以上自然人投资或由单个自然人控股的有限责任公司。

私营股份有限公司 指按《公司法》的规定，由五个以上自然人投资，或由单个自然人控股的股份有限公司。

个人独资企业 指按《个人独资企业法》、《个人独资企业登记管理办法》的规定，由一个自然人投资，财产为投资人个人所有，投资人以其个人财产对企业债务承担无限责任的经营实体。个人独资企业填表时归入私营独资企业。

其他内资企业 指上述企业之外的其他内资经济组织。

与港澳台商合资经营企业 指港澳台地区投资者与内地企业依照《中华人民共和国中外合资经营企业法》及有关法律的规定，依照合作合同的约定进行投资或提供条件设立，分配利润、分担风险和亏损的企业。

与港澳台商合作经营企业 指港澳台地区投资者与内地企业依照《中华人民共和国中外合作经营企业法》及有关法律的规定，依照合作合同的约定进行投资或提供条件设立、分配利润和分担风险的企业。

港澳台商独资经营企业 指依照《中华人民共和国外资企业法》及有关法律的规定，在内地由港澳台地区投资者全额投资设立的企业。

港澳台商投资股份有限公司 指根据国家有关规定，经商务部（原外经贸部）批准设立，并且其中港、澳、台商的股本占公司注册资本的比例达25%以上的股份有限公司。凡其中港、澳、台商的股本占公司注册资本的比例小于25%的，属于内资中的股份有限公司。

其他港、澳、台商投资企业 指在中国境内参照《外国企业或个人在中国境内设立合伙企业管理办法》和《外商投资合伙企业登记管理规定》，依法设立的港、澳、台商投资合伙企业。

中外合资经营企业 指外国企业或外国人与中国内地企业依照《中华人民共和国中外合

资经营企业法》及有关法律的规定，按合同规定的比例投资设立、分享利润和分担风险的企业。

中外合作经营企业 指外国企业或外国人与中国内地企业依照《中华人民共和国中外合作经营企业法》及有关法律的规定，依照合作合同的约定进行投资或提供条件设立、分配利润、分担风险和亏损的企业。

外资企业 指依照《中华人民共和国外资企业法》及有关法律的规定，在中国内地由外国投资者全额投资设立的企业。

外商投资股份有限公司 指根据国家有关规定，经商务部（原外经贸部）依法批准设立，并且其中外资的股本占公司注册资本的比例达25% 以上的股份有限公司。凡其中外资股本占公司注册资本的比例小于25%的，属于内资中的股份有限公司。

其他外商投资企业 指在中国境内依照《外国企业或个人在中国境内设立合伙企业管理办法》和《外商投资合伙企业登记管理规定》，依法设立的外商投资合伙企业。

2 第三产业就业人员数

简要说明

一、主要内容

本篇资料主要包括经济活动人口、就业人员、私营企业和个体就业人数等。

二、统计范围与统计口径

《劳动统计报表制度》的调查范围为城镇地区全部法人单位 ；《人口变动情况抽样调查方案》的调查范围为全国人口，本篇资料的统计范围为16岁及以上人口；《培训、就业统计报表制度》的调查范围为全国的城镇人口；私营企业及个体工商户统计范围为全社会。1990年及以后的经济活动人口、就业人员数据根据劳动力调查、人口普查推算，2001年及以后数据根据第六次人口普查数据重新修订，因此，相应年份的分地区、分类型、分行业的资料相加不等于总计。1998年及以后城镇单位就业人员等指标中不再包括离开本单位仍保留劳动关系的职工。

本篇 “城镇单位”均指”城镇非私营单位”。

三、资料来源

1.就业基本情况资料，是国家统计局人口和就业统计司根据《劳动统计报表制度》、《人口变动情况抽样调查方案》及《劳动力调查制度》搜集资料，加工整理。

2.私营企业及个体工商户就业人员资料，由国家工商行政管理总局提供。

2-1 第三产业就业人员数及比重

单位：万人

年 份	经济活动人口	就业人员合计	第一产业	第二产业	第三产业	
						比重(%)
1952	21106	20729	17317	1531	1881	9.1
1957	23971	23771	19309	2142	2320	9.8
1962		25910	21276	2059	2575	9.9
1965		28670	23396	2408	2866	10.0
1970		34432	27811	3518	3103	9.0
1975		38168	29456	5152	3560	9.3
1978	40682	40152	28318	6945	4890	12.2
1979	41592	41024	28634	7214	5177	12.6
1980	42903	42361	29122	7707	5532	13.1
1981	44165	43725	29777	8003	5945	13.6
1982	45674	45295	30859	8346	6090	13.5
1983	46707	46436	31151	8679	6606	14.2
1984	48433	48197	30868	9590	7739	16.1
1985	50112	49873	31130	10384	8359	16.8
1986	51546	51282	31254	11216	8811	17.2
1987	53060	52783	31663	11726	9395	17.8
1988	54630	54334	32249	12152	9933	18.3
1989	55707	55329	33225	11976	10129	18.3
1990	65323	64749	38914	13856	11979	18.5
1991	66091	65491	39098	14015	12378	18.9
1992	66782	66152	38699	14355	13098	19.8
1993	67468	66808	37680	14965	14163	21.2
1994	68135	67455	36628	15312	15515	23.0
1995	68855	68065	35530	15655	16880	24.8
1996	69765	68950	34820	16203	17927	26.0
1997	70800	69820	34840	16547	18432	26.4
1998	72087	70637	35177	16600	18860	26.7
1999	72791	71394	35768	16421	19205	26.9
2000	73992	72085	36043	16219	19823	27.5
2001	73884	72797	36399	16234	20165	27.7
2002	74492	73280	36640	15682	20958	28.6
2003	74911	73736	36204	15927	21605	29.3
2004	75290	74264	34830	16709	22725	30.6
2005	76120	74647	33442	17766	23439	31.4
2006	76315	74978	31941	18894	24143	32.2
2007	76531	75321	30731	20186	24404	32.4
2008	77046	75564	29923	20553	25087	33.2
2009	77510	75828	28890	21080	25857	34.1
2010	78388	76105	27931	21842	26332	34.6
2011	78579	76420	26594	22544	27282	35.7
2012	78894	76704	25773	23241	27690	36.1
2013	79300	76977	24171	23170	29636	38.5

2-2 按登记注册类型分第三产业城镇单位就业人员数(2013年底)

单位：万人

行　　业	合　计	国有单位	城镇集体单位	其他单位
批发和零售业	**890.8**	**110.1**	**38.3**	**742.4**
批发业	400.7	79.8	15.1	307.8
零售业	490.1	30.3	23.2	437.3
交通运输、仓储和邮政业	**846.2**	**410.3**	**19.0**	**417.0**
铁路运输业	179.6	167.7	1.0	11.0
道路运输业	380.6	118.1	10.3	253.4
水上运输业	48.3	12.0	2.6	34.0
航空运输业	49.4	8.3	0.1	41.3
管道运输业	3.8	0.9		2.9
装卸搬运和运输代理业	44.3	4.7	3.9	35.7
仓储业	32.5	14.1	0.8	17.9
邮政业	107.7	84.5	0.2	22.9
住宿和餐饮业	**304.4**	**45.7**	**10.0**	**248.7**
住宿业	162.5	39.0	6.5	117.2
餐饮业	141.9	6.7	3.5	131.9
信息传输、软件和信息技术服务业	**327.3**	**49.5**	**0.9**	**276.9**
电信、广播电视和卫星传输服务	188.6	44.8	0.5	143.3
互联网和相关服务	18.6	1.3		17.3
软件和信息技术服务业	120.1	3.4	0.3	116.4
金融业	**537.9**	**147.9**	**48.7**	**341.3**
货币金融服务	338.5	117.0	47.7	173.8
资本市场服务	19.9	3.7		16.1
保险业	172.9	26.0	0.8	146.1
其他金融业	6.7	1.2	0.2	5.3
房地产业	**373.7**	**37.1**	**8.3**	**328.3**
租赁和商务服务业	**421.9**	**123.6**	**38.1**	**260.2**
租赁业	**8.9**	1.1	0.5	7.4
商务服务业	413.0	122.5	37.6	253.2
科学研究和技术服务业	**387.8**	**223.7**	**5.5**	**158.5**
研究和试验发展	82.2	65.2	0.6	16.5
专业技术服务业	249.9	127.6	4.1	118.3
科技推广和应用服务业	55.7	31.0	0.8	26.4
水利、环境和公共设施管理业	**259.2**	**207.7**	**10.7**	**40.8**
水利管理业	50.0	47.1	1.0	2.0
生态保护和环境治理业	12.6	8.8	0.1	3.8
公共设施管理业	196.5	151.9	9.5	35.6
居民服务、修理和其他服务业	**72.3**	**22.9**	**5.4**	**44.1**
居民服务业	28.1	12.1	2.7	13.2
机动车 、电子产品和日用产品修理业	11.9	2.2	0.9	8.8
其他服务业	32.3	8.5	1.7	22.1
教育	**1687.2**	**1573.8**	**21.8**	**91.6**
卫生和社会工作	**770.0**	**672.7**	**54.0**	**43.3**
卫生	749.5	654.8	53.1	41.6
社会工作	20.5	17.9	0.8	1.8
文化、体育和娱乐业	**147.0**	**109.9**	**2.0**	**35.0**
新闻和出版业	35.6	25.9	0.3	9.4
广播、电视、电影和影视录音制作业	43.5	35.8	0.4	7.3
文化艺术业	44.9	38.9	1.1	5.0
体育	13.8	6.7	0.1	7.0
娱乐业	9.2	2.6	0.2	6.5
公共管理、社会保障和社会组织	**1567.0**	**1553.6**	**2.1**	**11.3**
#中国共产党机关	57.9	57.8		
国家机构	1440.0	1437.2		
人民政协、民主党派	10.2	10.2		
社会保障	15.6	15.3		
群众团体、社会团体和其他成员组织	34.6	31.3	0.4	2.9

2-3 按第三产业行业门类分城镇单位就业人员数

单位：万人

行业门类	2003	2004	2005	2006	2007	2008	2009	2010	2011	2012	2013
批发和零售业	628.1	586.7	544.0	515.7	506.9	514.4	520.8	535.1	647.5	711.8	890.8
交通运输、仓储和邮政业	636.5	631.8	613.9	612.7	623.1	627.3	634.4	631.1	662.8	667.5	846.2
住宿和餐饮业	172.1	177.1	181.2	183.9	185.8	193.2	202.1	209.2	242.7	265.1	304.4
信息传输、软件和信息技术服务业	116.8	123.7	130.1	138.2	150.2	159.5	173.8	185.8	212.8	222.8	327.3
金融业	353.3	356.0	359.3	367.4	389.7	417.6	449.0	470.1	505.3	527.8	537.9
房地产业	120.2	133.4	146.5	153.9	166.5	172.7	190.9	211.6	248.6	273.7	373.7
租赁和商务服务业	183.5	194.4	218.5	236.7	247.2	274.7	290.5	310.1	286.6	292.3	421.9
科学研究和技术服务业	221.9	222.1	227.7	235.5	243.4	257.0	272.6	292.3	298.5	330.7	387.8
水利、环境和公共设施管理业	172.5	176.1	180.4	187.0	193.5	197.3	205.7	218.9	230.3	243.8	259.2
居民服务、修理和其他服务业	52.8	54.2	53.9	56.6	57.4	56.5	58.8	60.2	59.9	62.1	72.3
教育	1442.8	1466.8	1483.2	1504.4	1520.9	1534.0	1550.4	1581.8	1617.8	1653.4	1687.2
卫生和社会工作	485.8	494.7	508.9	525.4	542.8	563.6	595.8	632.5	679.1	719.3	770.0
文化、体育和娱乐业	127.8	123.4	122.5	122.4	125.0	126.0	129.5	131.4	135.0	137.7	147.0
公共管理、社会保障和社会组织	1171.0	1199.0	1240.8	1265.6	1291.2	1335.0	1394.3	1428.5	1467.6	1541.5	1567.0

2-4 按第三产业行业门类分国有单位就业人员数

单位：万人

行业门类	2003	2004	2005	2006	2007	2008	2009	2010	2011	2012	2013
批发和零售业	301.0	259.6	214.7	186.7	174.1	160.7	144.2	137.3	145.7	148.5	110.1
交通运输、仓储和邮政业	492.8	473.4	443.3	433.0	432.0	424.5	413.9	403.3	415.9	419.5	410.3
住宿和餐饮业	73.4	70.5	67.5	63.8	58.6	56.6	55.2	54.6	56.3	57.6	45.7
信息传输、软件和信息技术服务业	72.0	74.1	65.8	65.6	62.5	63.0	64.6	62.5	67.0	65.8	49.5
金融业	208.1	196.4	177.5	165.1	161.4	155.4	146.0	144.3	146.3	151.9	147.9
房地产业	52.2	50.9	47.5	45.0	45.2	43.5	43.5	45.4	47.6	46.7	37.1
租赁和商务服务业	106.0	107.9	114.6	121.0	120.5	125.9	125.4	131.5	127.9	116.7	123.6
科学研究和技术服务业	185.1	188.6	188.5	193.0	197.5	201.6	209.4	219.6	218.2	232.5	223.7
水利、环境和公共设施管理业	155.3	158.0	161.0	165.4	169.8	172.8	178.3	189.9	198.0	208.9	207.7
居民服务、修理和其他服务业	22.1	24.2	24.9	27.7	28.7	28.8	28.3	28.9	30.7	30.4	22.9
教育	1378.3	1409.7	1424.9	1448.0	1462.9	1481.9	1490.6	1517.4	1540.9	1567.2	1573.8
卫生和社会工作	430.9	437.9	452.4	466.8	483.2	501.2	529.9	562.6	606.0	639.5	672.7
文化、体育和娱乐业	117.0	111.9	110.5	110.1	111.3	110.9	111.9	113.1	113.8	115.0	109.9
公共管理、社会保障和社会组织	1165.1	1191.8	1234.3	1257.5	1285.0	1328.8	1380.0	1415.6	1452.7	1528.6	1553.6

2-5 按第三产业行业门类分城镇集体单位就业人员数

单位：万人

行业门类	2003	2004	2005	2006	2007	2008	2009	2010	2011	2012	2013
批发和零售业	128.6	108.9	89.9	77.4	69.0	58.6	52.5	48.0	46.8	40.9	38.3
交通运输、仓储和邮政业	38.7	34.1	30.6	27.2	24.6	22.2	20.6	19.8	17.5	17.7	19.0
住宿和餐饮业	16.2	15.0	13.7	12.7	11.6	11.0	10.4	9.6	10.0	9.3	10.0
信息传输、软件和信息技术服务业	1.8	1.3	1.4	1.1	0.9	0.8	1.1	1.0	1.3	1.3	0.9
金融业	67.0	66.6	63.8	62.1	61.3	60.1	53.1	52.1	50.2	50.1	48.7
房地产业	7.4	7.8	8.2	8.0	7.7	7.4	8.7	9.2	8.6	8.7	8.3
租赁和商务服务业	30.2	30.7	35.2	34.1	34.4	33.1	36.7	37.6	31.8	33.7	38.1
科学研究和技术服务业	4.8	4.5	3.8	3.5	3.4	3.4	4.2	4.2	3.7	5.4	5.5
水利、环境和公共设施管理业	10.7	10.2	9.6	10.0	10.2	10.8	10.5	10.5	10.8	10.6	10.7
居民服务、修理和其他服务业	15.2	13.5	10.3	9.8	8.9	8.8	8.2	7.8	6.0	6.1	5.4
教育	57.1	43.1	40.2	36.0	34.3	24.6	17.4	17.5	19.1	19.0	21.8
卫生和社会工作	51.2	50.0	48.3	48.8	48.7	49.8	49.9	51.4	51.5	52.6	54.0
文化、体育和娱乐业	3.2	2.8	2.5	2.3	2.3	2.3	2.2	2.2	2.0	2.5	2.0
公共管理、社会保障和社会组织	5.0	4.8	3.5	3.6	2.9	2.4	2.7	2.2	2.4	2.3	2.1

2-6 按第三产业行业门类分其他单位就业人员数

单位：万人

行业门类	2003	2004	2005	2006	2007	2008	2009	2010	2011	2012	2013
批发和零售业	198.6	218.3	239.4	251.6	263.8	295.0	324.2	349.9	455.0	522.4	742.4
交通运输、仓储和邮政业	105.0	124.4	140.0	152.6	166.4	180.6	199.9	208.0	229.4	230.3	417.0
住宿和餐饮业	82.5	91.6	100.1	107.3	115.7	125.6	136.5	145.1	176.5	198.1	248.7
信息传输、软件和信息技术服务业	43.0	48.3	62.8	71.5	86.8	95.7	108.1	122.3	144.5	155.7	276.9
金融业	78.3	93.1	117.9	140.2	167.0	202.0	249.9	273.7	308.9	325.7	341.3
房地产业	60.6	74.7	90.9	101.0	113.6	121.8	138.7	157.1	192.4	218.3	328.3
租赁和商务服务业	47.3	55.8	68.7	81.6	92.3	115.7	128.4	140.9	126.9	141.8	260.2
科学研究和技术服务业	32.0	29.0	35.5	38.9	42.5	52.0	59.0	68.6	76.5	92.8	158.5
水利、环境和公共设施管理业	6.5	7.9	9.8	11.6	13.5	13.7	16.8	18.5	21.5	24.3	40.8
居民服务、修理和其他服务业	15.6	16.5	18.7	19.0	19.8	19.0	22.3	23.5	23.1	25.7	44.1
教育	7.4	14.0	18.1	20.4	23.7	27.5	42.3	46.8	57.7	67.2	91.6
卫生和社会工作	3.6	6.8	8.2	9.8	11.0	12.6	16.0	18.6	21.6	27.3	43.3
文化、体育和娱乐业	7.5	8.7	9.6	10.0	11.5	12.7	15.4	16.2	19.2	20.2	35.0
公共管理、社会保障和社会组织	0.8	2.5	3.0	4.4	3.3	3.8	11.6	10.7	12.5	10.6	11.3

2-7 各地区按第三产业行业门类分城镇单位就业人员数(2013年底)

单位：万人

地区	批发和零售业	交通运输、仓储和邮政业	住宿和餐饮业	信息传输、软件和信息技术服务业	金融业	房地产业	租赁和商务服务业
全国	**890.8**	**846.2**	**304.4**	**327.3**	**537.9**	**373.7**	**421.9**
北京	68.8	59.2	31.0	58.2	39.1	40.6	66.2
天津	17.2	14.3	6.6	3.6	8.1	9.1	5.8
河北	28.9	27.6	6.9	8.6	25.6	9.1	11.5
山西	21.2	23.6	5.6	6.0	15.6	3.2	7.3
内蒙古	11.4	21.7	4.6	5.9	11.1	4.8	4.4
辽宁	27.7	37.7	8.1	12.7	23.2	14.0	13.3
吉林	12.9	17.2	3.3	6.7	11.0	5.7	5.5
黑龙江	19.7	28.1	4.9	7.1	15.9	6.0	5.9
上海	66.9	49.2	21.1	21.7	30.0	24.0	42.1
江苏	61.4	48.4	19.2	30.5	30.8	21.2	31.9
浙江	40.2	31.4	14.7	15.4	36.3	17.9	28.8
安徽	22.6	22.0	5.8	6.2	17.2	9.4	7.1
福建	26.4	24.3	9.8	7.0	15.1	12.6	11.4
江西	15.6	21.2	4.7	6.3	11.3	5.4	5.5
山东	67.3	50.6	19.3	17.5	34.8	23.7	20.8
河南	52.7	43.6	11.8	9.5	24.1	15.8	12.5
湖北	41.7	33.2	12.2	9.1	17.3	12.0	9.0
湖南	23.3	24.5	9.5	7.3	21.2	11.2	9.0
广东	95.5	83.3	39.3	33.3	43.3	52.5	55.8
广西	14.1	21.2	5.4	5.2	11.6	7.8	9.8
海南	12.8	5.4	6.8	1.3	2.8	5.8	2.0
重庆	22.1	26.1	7.1	4.9	13.1	10.1	10.9
四川	33.2	39.4	12.5	15.6	24.1	15.7	12.2
贵州	14.0	11.3	4.1	3.4	8.0	6.9	4.6
云南	25.5	16.8	9.6	6.6	9.9	10.1	9.4
西藏	0.9	0.7	0.6	0.5	1.0	0.1	0.5
陕西	26.0	25.0	12.6	9.5	15.0	8.7	7.6
甘肃	7.7	12.7	3.5	3.1	7.2	3.9	2.7
青海	2.4	4.8	0.6	1.0	2.2	0.8	0.7
宁夏	2.7	4.0	0.6	0.8	3.1	1.4	2.0
新疆	8.3	17.5	2.8	2.9	8.7	4.0	5.9

注：城镇单位就业人员数不含私营企业和个体。

2-7 续表 单位：万人

地区	科学研究和技术服务业	水利、环境和公共设施管理业	居民服务、修理和其他服务业	教育	卫生和社会工作	文化、体育和娱乐业	公共管理、社会保障和社会组织
全国	**387.8**	**259.2**	**72.3**	**1687.2**	**770.0**	**147.0**	**1567.0**
北京	59.7	9.8	9.1	46.1	24.8	18.1	45.5
天津	10.7	4.1	10.8	18.9	9.3	2.3	15.5
河北	14.0	11.5	1.4	89.7	33.7	5.3	85.4
山西	7.0	8.8	1.5	52.4	18.8	4.7	60.1
内蒙古	6.1	8.2	1.0	35.1	13.9	3.5	40.3
辽宁	16.9	15.9	2.8	59.1	33.4	5.5	53.5
吉林	8.0	8.3	1.3	37.1	17.4	3.6	35.1
黑龙江	11.2	10.2	4.7	45.2	22.3	4.6	43.3
上海	20.4	8.1	5.1	29.5	18.8	5.9	20.5
江苏	19.2	14.0	3.6	89.5	43.9	7.7	67.7
浙江	16.0	11.7	2.2	68.4	39.4	7.2	65.6
安徽	8.3	7.8	0.9	63.7	27.2	3.4	48.1
福建	7.7	5.5	1.4	48.2	19.8	4.0	35.9
江西	5.7	7.4	0.6	45.8	19.7	3.3	48.3
山东	16.9	14.9	3.3	120.1	56.2	7.2	112.1
河南	14.8	12.4	2.0	116.9	48.4	8.5	108.5
湖北	15.1	9.3	1.7	68.1	37.2	5.6	57.5
湖南	12.4	9.6	1.9	72.2	36.4	5.1	81.5
广东	29.5	16.3	7.3	118.6	55.9	10.9	101.7
广西	9.4	9.6	0.6	61.8	28.0	3.3	45.2
海南	2.0	3.1	0.4	12.5	5.3	1.3	11.3
重庆	6.4	5.0	1.3	39.1	16.2	2.6	28.9
四川	19.9	12.1	1.7	90.9	42.7	5.9	83.9
贵州	6.5	4.6	1.3	47.6	16.7	1.9	46.4
云南	9.2	7.8	1.4	58.0	22.2	3.5	50.2
西藏	1.1	0.2	0.1	4.4	1.7	0.7	13.2
陕西	16.7	8.9	2.0	58.5	23.4	4.6	55.7
甘肃	6.9	5.4	0.3	36.5	12.8	2.5	40.4
青海	2.3	1.0	0.1	7.6	3.7	0.8	9.4
宁夏	1.4	2.1	0.1	8.8	4.1	0.8	9.3
新疆	6.5	5.5	0.7	37.0	16.7	3.0	47.2

2-8 各地区按第三产业行业门类分国有单位就业人员数(2013年底)

单位：万人

地区	批发和零售业	交通运输、仓储和邮政业	住宿和餐饮业	信息传输、软件和信息技术服务业	金融业	房地产业	租赁和商务服务业
全国	**110.1**	**410.3**	**45.7**	**49.5**	**147.9**	**37.1**	**123.6**
北京	2.9	11.3	4.2	1.3	1.0	3.2	17.2
天津	1.2	5.5	0.7	0.1	1.1	1.3	0.7
河北	4.4	16.7	2.2	2.3	4.1	1.0	6.0
山西	7.0	18.1	1.8	1.1	5.3	0.8	3.8
内蒙古	3.3	16.1	1.0	2.4	4.6	0.7	2.1
辽宁	3.8	23.2	2.3	1.8	8.2	2.1	6.4
吉林	2.6	12.8	1.1	2.2	4.7	1.0	2.5
黑龙江	5.3	25.4	2.3	2.2	5.1	1.5	2.7
上海	1.8	9.7	1.9	0.3	3.5	1.7	5.8
江苏	4.4	16.5	2.2	2.9	9.9	1.5	9.1
浙江	1.9	8.9	1.2	1.3	5.1	1.1	6.8
安徽	3.5	9.8	0.8	1.6	5.9	1.1	2.4
福建	3.6	10.9	1.1	1.3	5.3	2.1	3.4
江西	3.7	13.2	1.0	1.7	4.8	0.9	3.4
山东	6.6	23.0	3.9	3.9	8.8	2.2	9.3
河南	11.6	23.0	2.6	2.7	6.7	0.9	3.9
湖北	4.5	19.8	1.1	1.7	7.1	1.0	3.7
湖南	3.6	15.4	1.4	1.3	3.9	1.2	2.9
广东	8.1	22.9	3.1	4.2	10.8	4.1	11.9
广西	3.2	12.1	1.3	1.5	5.4	1.2	3.5
海南	0.7	1.4	0.6	0.1	0.9	0.5	0.7
重庆	1.8	10.8	0.6	0.3	3.9	0.9	2.2
四川	4.8	21.1	1.3	5.2	11.1	1.0	4.3
贵州	3.3	6.1	0.6	0.3	2.1	0.5	0.9
云南	4.5	8.4	1.1	2.2	4.6	0.4	1.7
西藏	0.4	0.6	0.4	0.4	0.8		
陕西	3.8	18.0	1.3	0.6	4.1	1.7	1.5
甘肃	1.4	9.0	1.0	1.2	3.1	0.8	1.4
青海	0.3	3.6	0.2	0.3	1.6	0.1	0.1
宁夏	0.4	2.7	0.1	0.3	1.3	0.3	0.7
新疆	1.6	14.1	1.2	0.9	3.1	0.4	2.4

2-8 续表

单位：万人

地　区	科学研究和技术服务业	水利、环境和公共设施管理业	居民服务、修理和其他服务业	教　育	卫生和社会工作	文化、体育和娱乐业	公共管理、社会保障和社会组织
全　国	**223.7**	**207.7**	**22.9**	**1573.8**	**672.7**	**109.9**	**1553.6**
北　京	22.0	6.1	1.5	35.1	20.3	11.3	40.1
天　津	4.2	3.6	4.5	18.1	8.6	1.5	15.5
河　北	7.6	10.5	0.6	88.1	30.9	4.6	85.3
山　西	6.0	7.8	0.4	50.6	16.5	4.2	60.1
内蒙古	4.6	7.2	0.4	34.7	12.5	3.4	40.3
辽　宁	11.8	14.4	1.6	56.5	30.3	4.4	53.1
吉　林	5.9	6.9	0.4	36.1	15.8	3.0	35.1
黑龙江	9.9	9.5	3.8	44.7	21.4	4.0	43.2
上　海	8.3	2.8	0.9	26.9	16.3	3.0	20.0
江　苏	8.6	8.9	0.5	83.2	32.2	4.7	67.0
浙　江	7.3	6.7	0.6	57.4	32.2	5.5	62.6
安　徽	5.8	6.9	0.3	59.7	19.7	2.8	47.9
福　建	4.4	4.5	0.7	45.0	15.6	2.9	35.9
江　西	4.7	6.4	0.4	44.6	18.1	3.0	48.2
山　东	9.4	12.3	0.8	110.7	48.2	5.7	111.7
河　南	8.9	10.6	0.6	101.7	42.4	6.5	106.8
湖　北	8.6	7.7	0.6	64.1	33.5	4.6	57.5
湖　南	7.8	8.7	0.3	66.6	32.2	3.7	81.1
广　东	8.8	11.4	1.5	105.8	49.8	6.3	101.4
广　西	7.5	9.0	0.2	59.7	27.0	2.7	45.2
海　南	1.3	2.3		11.1	4.5	0.6	11.2
重　庆	4.0	3.6	0.2	36.5	13.7	1.8	28.9
四　川	15.9	9.7	0.5	86.5	35.9	4.9	83.8
贵　州	5.0	4.0	0.3	46.2	15.8	1.5	46.4
云　南	7.2	5.5	0.2	54.6	19.8	2.6	50.2
西　藏	1.1	0.2		4.4	1.6	0.6	13.2
陕　西	13.0	7.6	0.4	56.2	21.5	3.6	55.7
甘　肃	5.9	5.3	0.2	36.4	12.3	2.3	40.4
青　海	2.0	1.0		7.4	3.5	0.7	9.4
宁　夏	1.0	1.9		8.5	4.0	0.7	9.3
新　疆	5.2	5.0	0.5	36.8	16.5	2.9	47.2

2-9 各地区按第三产业行业门类分城镇集体单位就业人员数(2013年底)

单位：人

地区	批发和零售业	交通运输、仓储和邮政业	住宿和餐饮业	信息传输、软件和信息技术服务业	金融业	房地产业	租赁和商务服务业
全 国	**383042**	**189524**	**99896**	**8775**	**487228**	**82784**	**381169**
北 京	9102	7366	9356	633	6	15884	35822
天 津	6776	7112	1333	116	27	1013	7404
河 北	23511	5274	2240	336	25777	1296	13402
山 西	32538	3694	3519	242	43433	1664	8002
内蒙古	2605	2636	1306	26	26393	59	2081
辽 宁	12993	16521	3924	258	23634	2079	21292
吉 林	2511	1000	842	57	16809	195	1946
黑龙江	12299	2115	3684	193	19208	1412	6314
上 海	4721	5012	3165	9	68	4999	27027
江 苏	15699	17064	3512	830	21853	4344	33312
浙 江	5604	5402	2835	1083	4474	2959	24206
安 徽	5468	10912	997	221	18027	1160	7041
福 建	11669	3713	1327	80	10743	2203	18902
江 西	4022	4193	292	392	16355	1127	3165
山 东	43913	14688	30305	273	35829	10489	16264
河 南	71430	18987	7244	1636	31744	3837	16609
湖 北	17741	5912	2074	105	12781	1349	2794
湖 南	7206	10658	1219	96	12528	851	5788
广 东	31953	10847	7278	879	40958	16762	75426
广 西	9905	7196	1420	794	15005	1583	7817
海 南	1931	357	194	43	3473	831	442
重 庆	4358	2648	2103	31	11	768	986
四 川	10161	12710	2313	181	26604	1259	11480
贵 州	4674	1565	798	37	11409	1331	5784
云 南	7743	4062	2401	71	19342	419	7506
西 藏	178	11	90				11
陕 西	12785	4773	1830	84	21184	1403	11050
甘 肃	4956	2034	971	48	13036	561	4233
青 海	675	308	419		2246	27	933
宁 夏	355		121	14	3773	373	306
新 疆	3560	754	784	7	10498	547	3824

2-9 续表 单位：人

地区	科学研究和技术服务业	水利、环境和公共设施管理业	居民服务、修理和其他服务业	教育	卫生和社会工作	文化、体育和娱乐业	公共管理、社会保障和社会组织
全国	**55374**	**106723**	**53765**	**217924**	**539621**	**20343**	**20918**
北京	7936	4230	8920	10999	11864	1601	2074
天津	1112	734	1995	614	3620	328	
河北	1215	2154	1136	7590	22253	1315	1051
山西	613	6322	1598	4484	18490	1692	89
内蒙古	909	2851	3074	221	10766		
辽宁	6213	4145	2245	3919	15169	555	1047
吉林	476	8517	1616	384	8044	108	212
黑龙江	1677	3493	2863	2483	5820	678	297
上海	1163	2878	3697	2725	17788	1183	4045
江苏	3688	23499	4153	17207	73106	2952	3102
浙江	4172	8984	2695	25267	43626	756	992
安徽	1035	1518	610	2543	49414	703	1902
福建	1102	1262	354	2440	31745	242	16
江西	67	2778	384	330	5770	21	70
山东	3487	4508	3393	34048	54556	1023	2156
河南	3724	2003	2261	65218	20565	1779	2982
湖北	1229	6455	1808	3085	19758	615	44
湖南	984	1480	471	7196	21153	522	195
广东	6789	7507	1928	7263	17801	872	140
广西	1218	784	750	1105	2159	119	74
海南	688	114	52	672	6127	439	42
重庆	760	2896	712	1708	12572	131	
四川	1420	3994	1864	6089	48426	902	51
贵州	311	862	492	691	1329	22	8
云南	1349	1887	544	8148	3813	94	137
西藏		10	20			24	
陕西	1432	674	3370	971	9418	676	180
甘肃	217		361	290	2481	171	
青海	177	107	90	8	213	452	
宁夏		75	19	109	303	368	12
新疆	211	2	290	117	1472		

2-10 各地区按第三产业行业门类分其他单位就业人员数(2013年底)

单位：万人

地 区	批发和零售业	交通运输、仓储和邮政业	住宿和餐饮业	信息传输、软件和信息技术服务业	金融业	房地产业	租赁和商务服务业
全 国	**742.4**	**417.0**	**248.7**	**276.9**	**341.3**	**328.3**	**260.2**
北 京	65.0	47.2	25.8	56.9	38.1	35.8	45.4
天 津	15.3	8.1	5.7	3.5	7.0	7.8	4.3
河 北	22.2	10.3	4.5	6.2	18.9	8.0	4.1
山 西	11.0	5.2	3.4	4.9	6.0	2.2	2.7
内蒙古	7.8	5.3	3.5	3.5	3.8	4.2	2.0
辽 宁	22.6	12.8	5.3	10.9	12.6	11.7	4.7
吉 林	10.0	4.3	2.1	4.5	4.6	4.7	2.8
黑龙江	13.1	2.5	2.2	4.9	8.9	4.4	2.6
上 海	64.7	38.9	18.9	21.4	26.5	21.8	33.5
江 苏	55.4	30.2	16.6	27.5	18.7	19.2	19.4
浙 江	37.8	22.0	13.3	13.9	30.8	16.5	19.6
安 徽	18.6	11.1	4.9	4.6	9.5	8.1	4.0
福 建	21.6	13.0	8.6	5.7	8.8	10.3	6.1
江 西	11.5	7.6	3.7	4.6	4.8	4.4	1.8
山 东	56.2	26.2	12.3	13.6	22.4	20.4	9.9
河 南	33.9	18.7	8.5	6.6	14.3	14.5	7.0
湖 北	35.5	12.8	10.9	7.4	9.0	10.8	5.0
湖 南	19.0	8.0	8.0	6.0	16.1	9.9	5.5
广 东	84.2	59.3	35.5	29.0	28.5	46.7	36.4
广 西	9.9	8.4	4.0	3.7	4.7	6.4	5.6
海 南	11.9	4.0	6.2	1.2	1.5	5.3	1.2
重 庆	19.8	15.0	6.3	4.6	9.2	9.1	8.6
四 川	27.4	17.0	10.9	10.4	10.3	14.7	6.7
贵 州	10.2	5.0	3.4	3.0	4.8	6.3	3.1
云 南	20.3	8.0	8.2	4.4	3.4	9.6	7.0
西 藏	0.5	0.1	0.2	0.1	0.2	0.1	0.4
陕 西	20.9	6.6	11.1	8.8	8.8	6.9	4.9
甘 肃	5.8	3.4	2.4	1.9	2.8	3.0	0.9
青 海	2.0	1.1	0.4	0.7	0.4	0.7	0.5
宁 夏	2.3	1.3	0.5	0.5	1.4	1.1	1.2
新 疆	6.3	3.3	1.5	2.0	4.6	3.5	3.1

2-10 续表 单位：万人

地 区	科学研究和技术服务业	水利、环境和公共设施管理业	居民服务、修理和其他服务业	教 育	卫生和社会工作	文化、体育和娱乐业	公共管理、社会保障和社会组织
全 国	**158.5**	**40.8**	**44.1**	**91.6**	**43.3**	**35.0**	**11.3**
北 京	36.9	3.3	6.7	9.9	3.3	6.6	5.2
天 津	6.4	0.5	6.1	0.8	0.3	0.8	0.1
河 北	6.3	0.8	0.8	0.8	0.5	0.6	
山 西	0.9	0.4	0.9	1.3	0.5	0.3	
内蒙古	1.4	0.7	0.3	0.4	0.3	0.1	
辽 宁	4.5	1.1	1.0	2.1	1.6	1.1	0.3
吉 林	2.1	0.5	0.7	1.0	0.8	0.6	
黑龙江	1.1	0.3	0.6	0.2	0.3	0.5	
上 海	12.0	5.1	3.8	2.4	0.8	2.8	
江 苏	10.3	2.8	2.7	4.6	4.4	2.7	0.4
浙 江	8.3	4.1	1.3	8.5	2.9	1.6	2.9
安 徽	2.4	0.7	0.5	3.7	2.5	0.5	
福 建	3.2	0.9	0.6	3.0	1.0	1.0	
江 西	1.0	0.7	0.1	1.1	1.0	0.3	
山 东	7.2	2.2	2.1	5.9	2.5	1.4	0.1
河 南	5.5	1.7	1.2	8.7	4.0	1.8	1.4
湖 北	6.4	1.0	0.9	3.7	1.7	0.9	
湖 南	4.4	0.7	1.5	4.8	2.0	1.3	0.4
广 东	20.0	4.2	5.6	12.1	4.3	4.5	0.2
广 西	1.7	0.6	0.3	2.0	0.8	0.6	0.0
海 南	0.7	0.8	0.3	1.3	0.2	0.6	0.1
重 庆	2.3	1.1	1.1	2.4	1.3	0.8	
四 川	3.8	2.0	1.0	3.7	1.9	1.0	
贵 州	1.5	0.5	0.9	1.3	0.8	0.4	0.1
云 南	1.8	2.1	1.1	2.6	2.0	0.8	
西 藏			0.1				
陕 西	3.6	1.3	1.2	2.2	1.0	0.9	
甘 肃	0.9	0.1	0.1	0.1	0.2	0.2	
青 海	0.3	0.1		0.3	0.1	0.1	
宁 夏	0.4	0.2		0.3	0.1	0.1	
新 疆	1.2	0.4	0.2	0.3	0.1	0.1	

2-11 各地区按第三产业行业门类分私营企业和个体就业人员数(2013年底)

单位：万人

地 区	第三产业合计	批发和零售业	交通运输、仓储和邮政业	住宿和餐饮业	信息传输、软件和信息技术服务业	金融业	房地产业	租赁和商务服务业
全 国	**15172.48**	**8749.38**	**599.22**	**1346.16**	**383.12**	**108.61**	**469.13**	**1272.55**
北 京	561.50	173.03	15.90	29.52	13.67	0.85	15.09	99.32
天 津	103.22	29.45	2.76	29.70	1.31	3.84	2.43	10.77
河 北	410.66	278.95	20.01	33.58	5.00	2.10	7.40	15.99
山 西	318.70	195.47	14.23	29.23	15.44	4.18	6.08	13.68
内蒙古	368.25	203.63	31.93	46.60	6.02	3.23	7.21	16.20
辽 宁	606.54	330.97	64.37	37.78	13.14	2.79	23.11	42.01
吉 林	336.57	173.78	15.94	37.05	4.78	1.97	33.89	13.52
黑龙江	430.06	251.90	21.54	46.00	9.09	1.28	10.43	26.34
上 海	593.69	288.49	27.61	17.81	14.81	1.34	16.45	117.96
江 苏	1271.09	748.39	51.09	79.54	28.29	5.03	48.92	111.47
浙 江	825.67	488.86	28.41	60.16	20.41	3.09	21.60	87.28
安 徽	487.19	313.97	12.09	41.32	10.65	4.84	13.49	29.89
福 建	436.12	267.30	10.94	30.71	12.80	2.13	11.01	46.36
江 西	469.52	300.61	20.18	35.96	9.73	1.55	14.38	33.17
山 东	1042.40	663.94	51.09	79.20	21.59	9.97	34.72	68.46
河 南	527.05	353.29	11.13	44.04	6.28	1.76	17.43	27.69
湖 北	873.69	481.25	42.48	123.67	14.86	2.83	18.90	44.66
湖 南	638.40	343.94	14.40	39.98	23.25	19.53	20.74	95.15
广 东	1480.58	910.38	33.68	113.49	51.06	15.90	43.55	121.17
广 西	397.96	252.76	21.53	35.02	5.86	1.05	10.58	25.81
海 南	111.81	51.00	5.11	14.73	4.12	1.07	7.73	13.22
重 庆	483.00	265.98	12.35	43.20	32.48	8.01	16.53	48.70
四 川	751.12	434.93	24.65	84.41	18.35	2.11	18.43	60.18
贵 州	267.85	158.19	8.54	33.75	5.25	1.71	7.93	17.41
云 南	443.54	254.24	12.62	50.35	12.78	2.30	15.67	29.47
西 藏	41.42	21.65	0.92	8.35	0.74	0.03	0.31	2.68
陕 西	383.08	217.29	9.75	47.33	12.76	1.12	10.64	21.87
甘 肃	208.29	132.42	4.27	28.65	3.42	0.94	5.13	7.70
青 海	49.74	25.31	0.74	14.13	0.38	0.13	1.16	1.58
宁 夏	77.44	44.29	1.80	8.45	1.48	0.81	1.92	6.00
新 疆	176.32	93.69	7.17	22.43	3.31	1.11	6.29	16.81

2-11 续表

单位：万人

地区	科学研究和技术服务业	水利、环境和公共设施管理业	居民服务、修理和其他服务业	教育	卫生和社会工作	文化、体育和娱乐业	其他
全国	**633.56**	**56.78**	**1216.77**	**23.32**	**46.36**	**193.54**	**73.99**
北京	147.10	3.85	19.44	0.57	1.36	38.14	3.66
天津	14.14	0.55	6.07	0.02	0.55	1.53	0.10
河北	6.91	0.84	35.04	0.81	0.93	2.54	0.56
山西	3.95	3.31	27.84	0.34	1.53	2.89	0.54
内蒙古	4.38	0.92	41.02	1.00	1.27	2.51	2.34
辽宁	21.35	1.81	58.65	0.43	2.69	7.38	0.05
吉林	6.47	0.86	40.10	0.68	1.76	2.02	3.75
黑龙江	10.95	0.89	41.63	0.33	0.84	4.27	4.56
上海	77.89	4.08	17.80	0.33	1.16	7.95	0.00
江苏	82.86	6.97	90.72	2.11	3.54	12.10	0.07
浙江	34.11	3.04	63.20	1.47	1.88	10.94	1.22
安徽	8.98	1.68	43.55	0.72	0.53	5.44	0.04
福建	15.06	1.59	31.10	0.53	1.15	5.38	0.07
江西	5.14	1.31	40.83	0.65	1.39	3.96	0.67
山东	18.90	3.78	80.94	0.84	2.39	6.57	
河南	8.30	1.16	51.12	0.54	0.72	3.57	0.02
湖北	11.09	4.46	91.67	1.91	2.12	9.01	24.78
湖南	25.82	1.80	40.66	1.13	2.17	9.82	0.00
广东	68.66	4.07	98.50	2.97	1.37	13.61	2.16
广西	8.54	0.86	28.06	0.57	0.96	4.43	1.92
海南	1.80	0.50	9.85	0.18	0.46	2.02	0.02
重庆	10.98	2.37	34.50	1.00	1.07	5.84	
四川	16.75	1.47	65.84	1.11	4.19	9.77	8.94
贵州	2.76	0.91	22.65	0.67	1.97	2.57	3.51
云南	8.94	1.61	37.07	0.93	3.46	5.88	8.22
西藏	0.24	0.04	4.00	0.04	0.15	1.36	0.88
陕西	4.01	0.80	46.86	0.65	1.26	6.33	2.39
甘肃	1.79	0.41	18.75	0.43	1.27	2.34	0.76
青海	0.41	0.11	4.21	0.03	0.22	0.42	0.92
宁夏	1.23	0.23	8.80	0.10	0.39	0.74	1.21
新疆	4.07	0.51	16.31	0.24	1.61	2.18	0.60

2-12 各地区按第三产业行业门类分城镇私营企业和个体就业人员数(2013年底)

单位：万人

地区	第三产业合计	批发和零售业	交通运输、仓储和邮政业	住宿和餐饮业	信息传输、软件和信息技术服务业	金融业	房地产业	租赁和商务服务业
全国	**10890.04**	**6134.46**	**385.06**	**971.87**	**301.95**	**80.98**	**367.05**	**1004.59**
北京	395.36	111.52	6.74	21.63	11.51	0.78	9.58	77.64
天津	92.33	24.36	2.47	27.63	1.19	2.81	2.29	10.13
河北	317.33	215.82	15.19	28.06	3.00	0.98	5.06	11.43
山西	186.69	113.74	8.28	16.18	9.00	3.32	4.45	8.99
内蒙古	295.31	170.10	17.94	34.39	4.86	1.58	5.99	13.06
辽宁	468.51	254.29	46.44	31.50	11.28	2.47	20.56	36.57
吉林	274.08	136.61	12.67	28.94	4.00	1.28	32.96	11.42
黑龙江	328.77	191.11	16.61	35.16	6.69	0.84	8.66	19.44
上海	344.90	156.07	15.35	15.01	8.32	0.94	11.85	72.69
江苏	968.07	529.23	38.23	71.02	25.70	3.92	40.80	96.46
浙江	614.97	355.95	18.63	43.61	17.05	1.83	17.14	73.59
安徽	381.38	240.05	8.58	37.42	8.16	2.09	9.53	23.75
福建	356.17	209.72	9.56	24.74	11.84	1.98	9.95	43.54
江西	291.11	178.29	10.89	25.79	6.42	0.95	9.37	22.46
山东	582.65	361.33	21.70	44.72	14.78	6.17	19.99	48.09
河南	367.43	244.66	6.08	34.81	3.47	1.22	10.25	18.56
湖北	500.20	295.37	19.39	57.74	8.64	0.78	10.39	23.85
湖南	548.85	290.39	11.44	37.17	18.92	16.29	18.46	83.85
广东	1284.96	777.81	29.50	97.36	47.88	14.81	39.06	110.76
广西	248.01	155.03	12.71	22.88	2.83	0.76	7.18	17.72
海南	96.87	42.96	4.24	12.58	3.69	0.96	7.03	12.37
重庆	422.47	225.67	10.57	37.20	30.68	6.88	15.69	46.15
四川	419.78	236.27	14.47	44.82	11.10	1.28	12.92	37.28
贵州	140.66	80.01	3.56	17.60	3.34	0.84	5.31	11.32
云南	293.52	155.87	9.60	28.61	11.22	2.20	14.64	26.16
西藏	35.99	18.42	0.85	7.02	0.72	0.03	0.31	2.57
陕西	259.72	149.42	3.14	32.72	9.33	0.81	7.21	19.12
甘肃	138.40	87.67	2.48	19.48	2.55	0.65	3.05	5.73
青海	42.70	21.72	0.54	13.36	0.23	0.10	0.78	1.12
宁夏	48.48	28.53	1.18	4.97	0.98	0.46	1.26	4.03
新疆	144.35	76.46	6.02	17.75	2.56	0.99	5.34	14.75

2-12 续表 单位：万人

地 区	科学研究和技术服务业	水利、环境和公共设施管理业	居民服务、修理和其他服务业	教育	卫生和社会工作	文化、体育和娱乐业	其他
全 国	**492.43**	**36.10**	**874.42**	**15.74**	**35.51**	**150.45**	**39.43**
北 京	110.37	1.85	12.82	0.39	0.99	29.13	0.41
天 津	13.74	0.46	5.22	0.02	0.52	1.40	0.10
河 北	4.80	0.60	29.01	0.56	0.75	1.98	0.07
山 西	2.43	2.01	14.92	0.20	1.01	1.82	0.34
内蒙古	3.51	0.70	37.28	0.77	1.05	2.10	1.97
辽 宁	18.43	1.38	36.40	0.30	2.43	6.45	0.02
吉 林	5.83	0.75	34.52	0.53	1.57	1.67	1.34
黑龙江	9.25	0.60	32.18	0.24	0.70	3.48	3.81
上 海	43.50	2.01	12.47	0.19	1.04	5.45	0.00
江 苏	69.88	5.18	71.97	1.74	3.13	10.78	0.06
浙 江	26.63	2.14	46.94	1.12	1.47	8.57	0.29
安 徽	7.16	1.17	37.83	0.48	0.46	4.68	0.03
福 建	13.80	1.38	23.89	0.45	0.99	4.26	0.05
江 西	3.22	0.62	28.18	0.45	1.04	2.95	0.47
山 东	13.11	2.04	44.09	0.39	1.71	4.54	
河 南	5.18	0.56	38.85	0.38	0.63	2.76	0.01
湖 北	7.56	0.65	57.10	0.34	1.19	5.31	11.90
湖 南	22.89	1.34	36.71	0.93	2.06	8.40	0.00
广 东	64.11	3.42	82.32	2.62	1.10	12.20	2.00
广 西	5.01	0.54	18.71	0.34	0.64	2.55	1.11
海 南	1.61	0.45	8.50	0.16	0.42	1.89	0.02
重 庆	9.84	2.02	30.50	0.91	1.02	5.36	
四 川	10.54	0.83	35.62	0.60	2.58	6.51	4.96
贵 州	1.91	0.64	11.55	0.28	1.15	1.60	1.54
云 南	8.40	1.39	23.37	0.75	2.49	4.14	4.67
西 藏	0.24	0.04	3.60	0.03	0.14	1.26	0.77
陕 西	3.35	0.44	27.34	0.12	0.67	4.91	1.16
甘 肃	1.35	0.30	11.92	0.19	0.83	1.72	0.48
青 海	0.27	0.06	3.51	0.03	0.16	0.35	0.47
宁 夏	0.80	0.15	4.40	0.04	0.23	0.43	1.02
新 疆	3.70	0.39	12.72	0.19	1.32	1.80	0.39

【主要统计指标解释】

经济活动人口　指在16周岁及以上，有劳动能力，参加或要求参加社会经济活动的人口。包括就业人员和失业人员。

就业人员　指在一定年龄以上，有劳动能力，为取得劳动报酬或经营收入而从事一定社会劳动的人员。具体指年满16周岁，为取得报酬或经营利润，在调查周内从事了1小时（含1小时）以上的劳动或由于学习、休假等原因在调查周内暂时处于未工作状态，但有工作单位或场所的人口。

单位就业人员　指报告期末最后一日24时在本单位中工作，并取得工资或其他形式劳动报酬的人员数。该指标为时点指标，不包括最后一日当天及以前已经与单位解除劳动合同关系的人员，是在岗职工、劳务派遣人员及其他就业人员之和。就业人员不包括：

(1)离开本单位仍保留劳动关系，并定期领取生活费的人员；

(2)利用课余时间打工的学生及在本单位实习的各类在校学生；

(3)本单位因劳务外包而使用的人员。

城镇私营和个体就业人员　城镇私营就业人员指在工商管理部门注册登记，其经营地址设在县城关镇(含县城关镇)以上的私营企业就业人员，包括私营企业投资者和雇工。城镇个体就业人员指在工商管理部门注册登记，并持有城镇户口或在城镇长期居住，经批准从事个体工商经营的就业人员，包括个体经营者和在个体工商户劳动的家庭帮工和雇工。

3 第三产业增加值

简要说明

国内生产总值数据是由国家统计局国民经济核算司根据不同产业部门、不同支出构成的特点和资料来源情况计算的。

本年鉴公布的国内生产总值以及与之有关的指标数据，最后一年数据不是最终数，还会在获得更多的财务和行政记录等资料后发生变动。如果遇到普查，在能够获得更详细的基础资料的情况下，国内生产总值的历史数据还会发生变动。

国内生产总值是一个价值量指标，其价值的变化受价格变化和物量变化两大因素影响。不变价国内生产总值是把按当期价格计算的国内生产总值换算成按某个固定期（基期）价格计算的价值，从而使两个不同时期的价值进行比较时，能够剔除价格变化的影响，以反映物量变化，反映生产活动成果的实际变动。国内生产总值指数就是根据两个时期不变价国内生产总值计算得到的。随着经济的不断发展，各行业的价格结构也会不断发生变化，为了更好地反映这种变化对于经济的影响，计算不变价国内生产总值需要每隔若干年调整一次基期。我国自开始核算国内生产总值以来，共有 1952 年、1957 年、1970 年、1980 年、1990 年、2000 年、2005 年、2010 年 8 个不变价基期，目前的基期是 2010 年。也就是说，2012 年的不变价国内生产总值是按照 2010 年价格计算的。由于计算不变价国内生产总值采用按不同基期分段计算，因此本年鉴中的不变价国内生产总值数据也按分段方式公布。

本篇中的数据基于《国民经济行业分类（GB/T 4754-2002)》和 2003 年制定的《三次产业划分规定》。

本篇所列分地区的数据来自各省、自治区、直辖市统计局的国民经济核算资料。由于采取分级核算，各地区数据相加不等于全国总计。

3-1 第三产业增加值及所占比重

单位：亿元

年份	国内生产总值	第一产业	第二产业	第三产业	
					比重(%)
1978	3645.2	1027.5	1745.2	872.5	23.9
1979	4062.6	1270.2	1913.5	878.9	21.6
1980	4545.6	1371.6	2192.0	982.0	21.6
1981	4891.6	1559.5	2255.5	1076.6	22.0
1982	5323.4	1777.4	2383.0	1163.0	21.8
1983	5962.7	1978.4	2646.2	1338.1	22.4
1984	7208.1	2316.1	3105.7	1786.3	24.8
1985	9016.0	2564.4	3866.6	2585.0	28.7
1986	10275.2	2788.7	4492.7	2993.8	29.1
1987	12058.6	3233.0	5251.6	3574.0	29.6
1988	15042.8	3865.4	6587.2	4590.3	30.5
1989	16992.3	4265.9	7278.0	5448.4	32.1
1990	18667.8	5062.0	7717.4	5888.4	31.5
1991	21781.5	5342.2	9102.2	7337.1	33.7
1992	26923.5	5866.6	11699.5	9357.4	34.8
1993	35333.9	6963.8	16454.4	11915.7	33.7
1994	48197.9	9572.7	22445.4	16179.8	33.6
1995	60793.7	12135.8	28679.5	19978.5	32.9
1996	71176.6	14015.4	33835.0	23326.2	32.8
1997	78973.0	14441.9	37543.0	26988.1	34.2
1998	84402.3	14817.6	39004.2	30580.5	36.2
1999	89677.1	14770.0	41033.6	33873.4	37.8
2000	99214.6	14944.7	45555.9	38714.0	39.0
2001	109655.2	15781.3	49512.3	44361.6	40.5
2002	120332.7	16537.0	53896.8	49898.9	41.5
2003	135822.8	17381.7	62436.3	56004.7	41.2
2004	159878.3	21412.7	73904.3	64561.3	40.4
2005	184937.4	22420.0	87598.1	74919.3	40.5
2006	216314.4	24040.0	103719.5	88554.9	40.9
2007	265810.3	28627.0	125831.4	111351.9	41.9
2008	314045.4	33702.0	149003.4	131340.0	41.8
2009	340902.8	35226.0	157638.8	148038.0	43.4
2010	401512.8	40533.6	187383.2	173596.0	43.2
2011	473104.0	47486.2	220412.8	205205.0	43.4
2012	519470.1	52373.6	235162.0	231934.5	44.6
2013	568845.2	56957.0	249684.4	262203.8	46.1

注：本表按当年价格计算。

3-2 第三产业分行业增加值

单位：亿元

年 份	第三产业	交通运输、仓储和邮政业	批发和零售业	住宿和餐饮业	金融业	房地产业	其他
1978	872.5	182.0	242.3	44.6	68.2	79.9	255.6
1979	878.9	193.7	200.9	44.0	66.9	86.3	287.1
1980	982.0	213.4	193.8	47.4	75.0	96.4	356.0
1981	1076.6	220.7	231.1	54.1	79.8	99.9	390.9
1982	1163.0	246.9	171.4	62.3	114.8	110.8	456.8
1983	1338.1	274.9	198.7	72.5	149.0	121.8	521.2
1984	1786.3	338.5	363.5	96.8	203.9	162.3	621.2
1985	2585.0	421.7	802.4	138.3	259.9	215.2	747.5
1986	2993.8	498.8	852.6	163.2	356.4	298.1	824.6
1987	3574.0	568.3	1059.6	187.1	450.0	382.6	926.3
1988	4590.3	685.7	1483.4	241.4	585.4	473.8	1120.6
1989	5448.4	812.7	1536.2	277.4	964.3	566.2	1291.6
1990	5888.4	1167.0	1268.9	301.9	1017.5	662.2	1470.9
1991	7337.1	1420.3	1834.6	442.3	1056.3	763.7	1819.9
1992	9357.4	1689.0	2405.0	584.6	1306.2	1101.3	2271.3
1993	11915.7	2174.0	2816.6	712.1	1669.7	1379.6	3163.7
1994	16179.8	2787.9	3773.4	1008.5	2234.8	1909.3	4465.8
1995	19978.5	3244.3	4778.6	1200.1	2798.5	2354.0	5602.9
1996	23326.2	3782.2	5599.7	1336.8	3211.7	2617.6	6778.3
1997	26988.1	4148.6	6327.4	1561.3	3606.8	2921.1	8423.0
1998	30580.5	4660.9	6913.2	1786.9	3697.7	3434.5	10087.3
1999	33873.4	5175.2	7491.1	1941.2	3816.5	3681.8	11767.7
2000	38714.0	6161.0	8158.6	2146.3	4086.7	4149.1	14012.4
2001	44361.6	6870.3	9119.4	2400.1	4353.5	4715.1	16903.3
2002	49898.9	7492.9	9995.4	2724.8	4612.8	5346.4	19726.7
2003	56004.7	7913.2	11169.5	3126.1	4989.4	6172.7	22633.9
2004	64561.3	9304.4	12453.8	3664.8	5393.0	7174.1	26571.2
2005	74919.3	10666.2	13966.2	4195.7	6086.8	8516.4	31488.0
2006	88554.9	12183.0	16530.7	4792.6	8099.1	10370.5	36579.1
2007	111351.9	14601.0	20937.8	5548.1	12337.5	13809.7	44117.7
2008	131340.0	16362.5	26182.3	6616.1	14863.3	14738.7	52577.1
2009	148038.0	16727.1	28984.5	7118.2	17767.5	18654.9	58785.9
2010	173596.0	19132.2	35746.1	8068.5	20980.6	22782.0	66886.6
2011	205205.0	22432.8	43445.2	9172.8	24958.3	26783.9	78412.0
2012	231934.5	24660.0	49394.4	10464.2	28722.7	29359.7	89333.5
2013	262203.8	27282.9	55671.9	11494.1	33534.8	33294.8	100925.4

注：本表按当年价格计算。

3-3 第三产业分行业增加值构成

单位：%

年 份	第三产业	交通运输、仓储和邮政业	批发和零售业	住宿和餐饮业	金融业	房地产业	其他
1978	100.0	20.9	27.8	5.1	7.8	9.2	29.3
1979	100.0	22.0	22.9	5.0	7.6	9.8	32.7
1980	100.0	21.7	19.7	4.8	7.6	9.8	36.3
1981	100.0	20.5	21.5	5.0	7.4	9.3	36.3
1982	100.0	21.2	14.7	5.4	9.9	9.5	39.3
1983	100.0	20.5	14.8	5.4	11.1	9.1	38.9
1984	100.0	19.0	20.3	5.4	11.4	9.1	34.8
1985	100.0	16.3	31.0	5.3	10.1	8.3	28.9
1986	100.0	16.7	28.5	5.5	11.9	10.0	27.5
1987	100.0	15.9	29.6	5.2	12.6	10.7	25.9
1988	100.0	14.9	32.3	5.3	12.8	10.3	24.4
1989	100.0	14.9	28.2	5.1	17.7	10.4	23.7
1990	100.0	19.8	21.5	5.1	17.3	11.2	25.0
1991	100.0	19.4	25.0	6.0	14.4	10.4	24.8
1992	100.0	18.0	25.7	6.2	14.0	11.8	24.3
1993	100.0	18.2	23.6	6.0	14.0	11.6	26.6
1994	100.0	17.2	23.3	6.2	13.8	11.8	27.6
1995	100.0	16.2	23.9	6.0	14.0	11.8	28.0
1996	100.0	16.2	24.0	5.7	13.8	11.2	29.1
1997	100.0	15.4	23.4	5.8	13.4	10.8	31.2
1998	100.0	15.2	22.6	5.8	12.1	11.2	33.0
1999	100.0	15.3	22.1	5.7	11.3	10.9	34.7
2000	100.0	15.9	21.1	5.5	10.6	10.7	36.2
2001	100.0	15.5	20.6	5.4	9.8	10.6	38.1
2002	100.0	15.0	20.0	5.5	9.2	10.7	39.5
2003	100.0	14.1	19.9	5.6	8.9	11.0	40.4
2004	100.0	14.4	19.3	5.7	8.4	11.1	41.2
2005	100.0	14.2	18.6	5.6	8.1	11.4	42.0
2006	100.0	13.8	18.7	5.4	9.1	11.7	41.3
2007	100.0	13.1	18.8	5.0	11.1	12.4	39.6
2008	100.0	12.5	19.9	5.0	11.3	11.2	40.0
2009	100.0	11.3	19.6	4.8	12.0	12.6	39.7
2010	100.0	11.0	20.6	4.6	12.1	13.1	38.5
2011	100.0	10.9	21.2	4.5	12.2	13.1	38.2
2012	100.0	10.6	21.3	4.5	12.4	12.7	38.5
2013	100.0	10.4	21.2	4.4	12.8	12.7	38.5

注：本表按当年价格计算。

3-4 第三产业不变价增加值

单位：亿元

年份	第三产业	交通运输、仓储和邮政业	批发和零售业	住宿和餐饮业	金融业	房地产业	其他
				按1970年价格计算			
1978	846.0	180.9	253.2	44.8	75.2	46.4	245.4
1979	912.4	195.9	275.3	49.8	73.1	48.3	270.1
1980	967.2	204.3	270.2	51.7	77.9	52.1	311.0
				按1980年价格计算			
1980	982.9	214.0	201.9	48.3	86.6	57.1	375.0
1981	1085.3	218.0	261.6	56.7	90.3	55.1	403.7
1982	1226.2	242.8	259.6	74.6	130.6	60.1	458.5
1983	1412.2	265.8	314.7	89.1	165.8	63.2	513.6
1984	1685.5	305.4	392.6	96.3	217.3	80.7	593.3
1985	1991.6	347.5	524.2	102.3	254.1	100.9	662.5
1986	2231.4	395.7	573.7	118.3	334.4	127.0	682.3
1987	2551.8	433.7	658.2	129.8	412.3	164.2	753.6
1988	2887.6	488.0	735.6	162.4	492.5	185.0	824.1
1989	3042.4	508.5	656.8	178.4	620.0	214.5	864.0
1990	3113.4	551.0	622.2	184.7	631.5	227.9	896.1
				按1990年价格计算			
1990	5768.5	1167.0	1268.9	301.9	1234.5	325.3	1470.9
1991	6280.3	1290.2	1334.6	326.5	1263.0	364.2	1701.7
1992	7061.8	1420.0	1474.9	414.7	1364.0	490.6	1897.5
1993	7922.3	1598.0	1601.5	448.9	1512.0	543.4	2218.6
1994	8801.0	1734.2	1732.6	570.7	1653.7	608.4	2501.3
1995	9667.0	1924.6	1875.2	629.1	1794.3	684.1	2759.6
1996	10578.2	2137.0	2018.4	672.1	1928.9	711.7	3110.1
1997	11711.9	2333.7	2195.4	745.7	2092.0	741.1	3604.1
1998	12692.4	2580.8	2338.3	828.2	2194.8	798.0	3952.4
1999	13876.6	2894.9	2541.9	892.1	2300.0	845.4	4402.3
2000	15229.4	3143.3	2781.3	975.4	2449.3	905.5	4974.6
				按2000年价格计算			
2000	38714.0	6161.0	8158.6	2146.3	4086.7	4149.1	14012.4
2001	42685.0	6703.6	8900.6	2310.4	4350.2	4605.1	15815.2
2002	47142.3	7181.3	9684.7	2590.9	4651.3	5061.4	17972.7
2003	51622.2	7621.2	10647.2	2911.0	4975.3	5557.6	19910.0
2004	56813.6	8724.5	11346.4	3270.2	5159.4	5885.5	22427.6
2005	63761.8	9702.0	12824.4	3671.2	5870.0	6605.7	25088.6
				按2005年价格计算			
2005	74919.3	10666.2	13966.2	4195.7	6086.8	8516.4	31488.0
2006	85511.6	11729.4	16684.6	4723.0	7662.9	9834.8	34876.8
2007	99179.7	13113.6	20057.5	5177.3	9777.1	12230.1	38824.2
2008	109497.4	14074.1	23236.6	5674.3	11080.8	12347.3	43084.3
2009	119969.4	14661.9	26048.9	5985.1	13099.9	13740.4	46433.3
2010	131668.9	16097.5	29772.2	6584.1	14414.6	14700.6	50099.9
				按2010年价格计算			
2010	173596.0	19132.2	35746.1	8068.5	20980.6	22782.0	66886.6
2011	189941.4	21020.5	40253.3	8600.5	22491.3	24312.0	73263.8
2012	205243.3	22451.7	44443.5	9286.1	24739.2	25306.6	79016.3

注：1.更换基期的年份有两个不变价数据，一个按上一基期价格计算，一个按新基期价格计算。
2.有关不变价国内生产总值的解释见简要说明。

3-5 第三产业分行业增加值及占GDP的比重

行业	2011		2012	
	增加值（亿元）	占GDP的比重（%）	增加值（亿元）	占GDP的比重（%）
第三产业总计	**205205.0**	**43.4**	**231934.5**	**44.6**
交通运输、仓储和邮政业	22432.8	4.7	24660.0	4.7
信息传输、计算机服务和软件业	9780.3	2.1	10974.1	2.1
批发和零售业	43445.2	9.2	49394.4	9.5
住宿和餐饮业	9172.8	1.9	10464.2	2.0
金融业	24958.3	5.3	28722.7	5.5
房地产业	26783.9	5.7	29359.7	5.7
租赁和商务服务业	9407.1	2.0	10837.7	2.1
科学研究、技术服务和地质勘查业	6965.8	1.5	8241.1	1.6
水利、环境和公共设施管理业	2039.5	0.4	2405.3	0.5
居民服务和其他服务业	7280.5	1.5	8039.6	1.5
教育	14429.4	3.0	16282.7	3.1
卫生、社会保障和社会福利业	7495.9	1.6	8989.7	1.7
文化、体育和娱乐业	3007.1	0.6	3446.6	0.7
公共管理和社会组织	18006.4	3.8	20116.5	3.9

注：本表按当年价格计算。

3-6 第三产业分行业增加值指数

上年＝100

年 份	第三产业	交通运输、仓储和邮政业	批发和零售业	住宿和餐饮业	金融业	房地产业	其他
1978	113.8	108.9	123.1	118.1	109.8	105.7	111.0
1979	107.9	108.3	108.7	111.1	97.2	104.1	110.1
1980	106.0	104.3	98.1	103.9	106.6	107.9	115.1
1981	110.4	101.9	129.5	117.5	104.3	96.5	107.6
1982	113.0	111.4	99.3	131.6	144.6	109.1	113.6
1983	115.2	109.5	121.2	119.4	127.0	105.2	112.0
1984	119.3	114.9	124.7	108.1	131.1	127.7	115.5
1985	118.2	113.8	133.5	106.3	116.9	125.0	111.7
1986	112.0	113.9	109.4	115.6	131.6	125.9	103.0
1987	114.4	109.6	114.7	109.7	123.3	129.3	110.4
1988	113.2	112.5	111.8	125.1	119.5	112.7	109.4
1989	105.4	104.2	89.3	109.9	125.9	115.9	104.9
1990	102.3	108.3	94.7	103.5	101.9	106.2	103.7
1991	108.9	110.6	105.2	108.2	102.3	112.0	115.7
1992	112.4	110.1	110.5	127.0	108.0	134.7	111.5
1993	112.2	112.5	108.6	108.2	110.9	110.8	116.9
1994	111.1	108.5	108.2	127.1	109.4	112.0	112.7
1995	109.8	111.0	108.2	110.2	108.5	112.4	110.3
1996	109.4	111.0	107.6	106.8	107.5	104.0	112.7
1997	110.7	109.2	108.8	110.9	108.5	104.1	115.9
1998	108.4	110.6	106.5	111.1	104.9	107.7	109.7
1999	109.3	112.2	108.7	107.7	104.8	105.9	111.4
2000	109.7	108.6	109.4	109.3	106.5	107.1	113.0
2001	110.3	108.8	109.1	107.6	106.4	111.0	112.9
2002	110.4	107.1	108.8	112.1	106.9	109.9	113.6
2003	109.5	106.1	109.9	112.4	107.0	109.8	110.8
2004	110.1	114.5	106.6	112.3	103.7	105.9	112.6
2005	112.2	111.2	113.0	112.3	113.8	112.2	111.9
2006	114.1	110.0	119.5	112.6	125.9	115.5	110.8
2007	116.0	111.8	120.2	109.6	127.6	124.4	111.3
2008	110.4	107.3	115.9	109.6	113.3	101.0	111.0
2009	109.6	104.2	112.1	105.5	118.2	111.3	107.8
2010	109.8	109.8	114.3	110.0	110.0	107.0	107.9
2011	109.4	109.9	112.6	106.6	107.2	106.7	109.5
2012	108.1	106.8	110.4	108.0	110.0	104.1	107.9
2013	108.3	107.2	110.3	105.3	110.1	106.6	107.7

注：本表按不变价格计算。

3-7 第三产业分行业增加值指数

1978年=100

年 份	第三产业	交通运输、仓储和邮政业	批发和零售业	住宿和餐饮业	金融业	房地产业	其他
1978	100.0	100.0	100.0	100.0	100.0	100.0	100.0
1979	107.9	108.3	108.7	111.1	97.2	104.1	110.1
1980	114.3	112.9	106.7	115.5	103.6	112.3	126.7
1981	126.2	115.0	138.2	135.6	108.0	108.4	136.4
1982	142.6	128.1	137.2	178.5	156.2	118.2	154.9
1983	164.3	140.2	166.3	213.1	198.3	124.3	173.5
1984	196.0	161.1	207.4	230.3	259.9	158.7	200.4
1985	231.7	183.3	277.0	244.8	304.0	198.4	223.8
1986	259.6	208.8	303.2	283.1	400.0	249.7	230.5
1987	296.8	228.9	347.8	310.5	493.2	322.9	254.6
1988	335.9	257.5	388.7	388.5	589.1	363.8	278.4
1989	353.9	268.3	347.1	426.9	741.6	421.8	291.9
1990	362.1	290.7	328.8	441.8	755.4	448.2	302.8
1991	394.3	321.4	345.8	477.9	772.8	501.7	350.3
1992	443.3	353.7	382.2	607.0	834.6	675.9	390.6
1993	497.4	398.1	414.9	657.0	925.2	748.6	456.7
1994	552.5	432.0	448.9	835.3	1011.9	838.2	514.9
1995	606.9	479.4	485.9	920.8	1097.9	942.5	568.1
1996	664.1	532.4	523.0	983.8	1180.3	980.5	640.2
1997	735.3	581.3	568.8	1091.4	1280.1	1021.0	741.9
1998	796.8	642.9	605.9	1212.2	1343.0	1099.4	813.6
1999	871.2	721.2	658.6	1305.7	1407.4	1164.7	906.2
2000	956.1	783.0	720.7	1427.7	1498.7	1247.5	1024.0
2001	1054.2	852.0	786.2	1536.8	1595.4	1384.6	1155.7
2002	1164.2	912.7	855.5	1723.4	1705.8	1521.8	1313.4
2003	1274.9	968.6	940.5	1936.4	1824.6	1671.0	1455.0
2004	1403.1	1108.9	1002.2	2175.3	1892.1	1769.6	1639.0
2005	1574.7	1233.1	1132.8	2442.0	2152.7	1986.1	1833.4
2006	1797.3	1356.0	1353.3	2748.9	2710.2	2293.5	2030.7
2007	2084.6	1516.0	1626.9	3013.3	3457.9	2852.1	2260.6
2008	2301.4	1627.1	1884.7	3302.6	3919.0	2879.5	2508.6
2009	2521.5	1695.0	2112.8	3483.5	4633.1	3204.4	2703.6
2010	2767.5	1861.0	2414.8	3832.1	5098.1	3428.3	2917.1
2011	3028.0	2044.7	2719.3	4084.8	5465.1	3658.5	3195.3
2012	3272.0	2183.9	3002.4	4410.4	6011.3	3808.2	3446.1
2013	3542.6	2341.6	3312.9	4645.9	6620.9	4060.9	3711.0

注：本表按不变价格计算。

3-8 三次产业贡献率

单位：%

年 份	国内生产总值	第一产业	第二产业	第三产业
1990	100.0	41.6	41.0	17.3
1991	100.0	7.1	62.8	30.1
1992	100.0	8.4	64.5	27.1
1993	100.0	7.9	65.5	26.6
1994	100.0	6.6	67.9	25.5
1995	100.0	9.1	64.3	26.6
1996	100.0	9.6	62.9	27.5
1997	100.0	6.7	59.7	33.5
1998	100.0	7.6	60.9	31.5
1999	100.0	6.0	57.8	36.2
2000	100.0	4.4	60.8	34.8
2001	100.0	5.1	46.7	48.2
2002	100.0	4.6	49.8	45.7
2003	100.0	3.4	58.5	38.1
2004	100.0	7.8	52.2	39.9
2005	100.0	5.6	51.1	43.3
2006	100.0	4.8	50.0	45.2
2007	100.0	3.0	50.7	46.3
2008	100.0	5.7	49.3	45.0
2009	100.0	4.5	51.9	43.6
2010	100.0	3.8	56.8	39.3
2011	100.0	4.6	51.6	43.8
2012	100.0	5.7	48.7	45.6
2013	100.0	4.9	48.3	46.8

注：1.产业贡献率指各产业增加值增量与GDP增量之比。
2.本表按不变价格计算。

3-9 三次产业对国内生产总值增长的拉动

单位：百分点

年 份	国内生产总值	第一产业	第二产业	第三产业
1990	3.8	1.6	1.6	0.7
1991	9.2	0.7	5.8	2.8
1992	14.2	1.2	9.2	3.9
1993	14.0	1.1	9.1	3.7
1994	13.1	0.9	8.9	3.3
1995	10.9	1.0	7.0	2.9
1996	10.0	1.0	6.3	2.8
1997	9.3	0.6	5.6	3.1
1998	7.8	0.6	4.8	2.5
1999	7.6	0.5	4.4	2.8
2000	8.4	0.4	5.1	2.9
2001	8.3	0.4	3.9	4.0
2002	9.1	0.4	4.5	4.1
2003	10.0	0.3	5.9	3.8
2004	10.1	0.8	5.3	4.0
2005	11.3	0.6	5.8	4.9
2006	12.7	0.6	6.3	5.7
2007	14.2	0.4	7.2	6.6
2008	9.6	0.6	4.7	4.3
2009	9.2	0.4	4.8	4.0
2010	10.4	0.4	5.9	4.1
2011	9.3	0.4	4.8	4.1
2012	7.7	0.4	3.7	3.5
2013	7.7	0.4	3.7	3.6

注：1.产业拉动指GDP增长速度与各产业贡献率之乘积。
2.本表按不变价格计算。

3-10 各地区第三产业增加值

单位：亿元

地 区	1994	1995	1996	1997	1998	1999	2000	2001	2002	2003
北 京	560.97	789.72	1001.19	1218.06	1458.75	1693.13	2049.12	2484.83	2982.57	3435.95
天 津	271.39	352.62	445.16	519.10	602.47	671.30	764.36	881.30	997.47	1150.81
河 北	682.46	895.41	1087.42	1257.64	1381.08	1519.63	1704.45	1906.31	2149.75	2439.68
山 西	306.25	412.89	493.62	576.58	642.58	721.67	807.49	902.43	992.69	1176.65
内蒙古	232.01	288.10	345.50	408.60	462.06	525.93	605.74	699.24	811.47	1000.79
辽 宁	883.78	1011.20	1145.92	1364.20	1495.05	1649.41	1821.22	2048.09	2258.17	2487.85
吉 林	281.42	358.02	433.73	529.21	561.90	594.96	783.89	858.74	958.88	1075.48
黑龙江	449.33	571.60	655.80	774.40	863.00	932.40	1036.55	1181.20	1319.40	1467.90
上 海	794.80	1020.20	1292.11	1592.74	1855.36	2129.60	2486.86	2728.94	3038.90	3404.19
江 苏	1186.64	1573.75	1940.91	2232.68	2512.69	2740.30	3069.46	3454.90	3891.92	4493.31
浙 江	852.51	1153.07	1361.43	1512.64	1676.38	1862.87	2236.12	2665.68	3227.99	3890.79
安 徽	439.23	566.45	682.79	782.21	878.38	991.30	1103.54	1231.06	1399.02	1638.42
福 建	560.52	747.74	920.23	1079.46	1214.82	1351.03	1495.52	1618.24	1765.80	1949.91
江 西	295.58	391.35	488.44	581.75	661.21	740.43	817.17	883.56	972.73	1043.08
山 东	1178.04	1587.44	1899.54	2194.70	2397.49	2628.52	2904.45	3279.53	3700.52	4112.43
河 南	611.26	830.40	1019.43	1171.26	1299.02	1413.73	1597.26	1788.22	1978.37	2358.86
湖 北	541.85	709.43	859.75	1016.69	1136.72	1260.86	1445.71	1613.97	1795.93	2003.08
湖 南	527.41	676.16	826.09	951.73	1074.14	1243.30	1473.39	1593.35	1780.79	1995.78
广 东	1673.52	2168.34	2592.22	3091.81	3469.21	3882.66	4755.42	5544.35	6343.94	7178.94
广 西	394.69	508.55	575.65	620.44	657.31	721.35	789.90	931.82	1074.85	1178.25
海 南	142.54	155.87	167.01	179.51	194.66	208.04	230.85	248.56	270.96	293.85
重 庆	260.66	366.20	458.57	552.14	625.85	679.23	746.10	840.01	956.12	1081.35
四 川	621.27	799.84	945.62	1095.87	1237.84	1373.46	1549.51	1739.81	1943.68	2189.68
贵 州	146.10	176.56	213.56	244.84	273.95	319.34	367.52	425.34	480.37	558.28
云 南	318.85	384.68	488.15	545.33	609.64	681.05	746.14	825.83	914.50	1013.76
西 藏	16.97	19.39	26.46	31.13	39.99	47.86	54.37	69.65	89.56	96.76
陕 西	302.82	377.91	450.99	540.93	583.66	656.64	763.20	868.17	963.62	1063.89
甘 肃	151.07	190.28	222.42	265.58	311.48	354.42	437.13	459.34	514.83	589.91
青 海	48.22	63.60	73.76	84.36	92.54	103.32	114.73	130.30	148.83	169.81
宁 夏	50.31	65.10	79.09	91.05	101.58	112.67	127.56	151.89	171.14	195.46
新 疆	225.52	290.17	337.92	374.75	420.15	474.18	537.80	629.57	704.50	753.91

3-10 续表 单位：亿元

地 区	2004	2004	2005	2006	2007	2008	2009	2010	2011	2012	2013
北 京	4113.26	4092.27	4854.33	5837.55	7236.15	8375.76	9179.19	10600.84	12363.18	13669.93	14986.43
天 津	1322.40	1319.76	1658.19	1902.31	2250.04	2886.65	3405.16	4238.65	5219.24	6058.46	6905.03
河 北	2842.33	2805.47	3340.54	3895.36	4600.72	5276.04	6068.31	7123.77	8483.17	9384.78	10038.89
山 西	1375.67	1375.67	1611.07	1846.18	2257.99	2759.46	2886.92	3412.38	3960.87	4682.95	5035.75
内蒙古	1270.00	1270.00	1542.26	1934.35	2467.41	3212.06	3696.65	4209.03	5015.89	5630.50	6148.78
辽 宁	2811.95	2811.95	3295.45	3798.26	4486.74	5207.72	5891.25	6849.37	8158.98	9460.12	10486.56
吉 林	1223.64	1223.64	1413.83	1687.07	2025.44	2412.26	2756.26	3111.12	3679.91	4150.36	4613.89
黑龙江	1670.30	1657.77	1857.42	2096.35	2493.04	2905.68	3371.95	4040.55	4918.09	5540.31	5947.92
上 海	4097.26	4097.26	4776.20	5508.48	6821.11	7872.23	8930.85	9833.51	11142.86	12199.15	13445.07
江 苏	5198.03	5198.03	6612.22	7914.11	9730.91	11888.53	13629.07	17131.45	20842.21	23517.98	26421.64
浙 江	4594.72	4584.22	5360.10	6281.86	7613.46	8799.31	9918.78	12063.82	14180.23	15681.13	17337.22
安 徽	1963.92	1963.90	2137.77	2390.29	2789.78	3234.64	3662.15	4193.69	4975.96	5628.48	6286.82
福 建	2206.02	2206.02	2551.41	3022.83	3770.00	4346.40	5048.49	5850.62	6878.74	7737.13	8508.03
江 西	1225.80	1225.80	1411.92	1614.65	1918.95	2355.86	2637.07	3121.40	3921.20	4486.06	5030.63
山 东	4764.70	4732.60	5924.74	7187.26	8620.24	10358.64	11768.18	14343.14	17370.89	19995.81	22519.23
河 南	2722.40	2722.40	3181.27	3721.44	4511.97	5099.76	5700.91	6607.89	7991.72	9157.57	10290.49
湖 北	2292.55	2292.55	2655.94	3111.98	3812.34	4466.85	5127.12	6053.37	7247.02	8208.58	9398.77
湖 南	2294.60	2428.95	2882.88	3229.42	3835.40	4633.67	5402.81	6369.27	7539.54	8643.60	9885.09
广 东	8364.05	8335.30	9772.50	11585.82	14076.83	16321.46	18052.59	20711.55	24097.70	26519.69	29688.97
广 西	1369.60	1361.92	1560.92	1835.12	2156.76	2529.51	2919.13	3383.11	3998.33	4615.30	5171.39
海 南	335.30	335.30	377.17	433.57	528.84	643.47	748.59	953.67	1148.93	1339.53	1518.70
重 庆	1151.96	1229.62	1440.32	1649.20	1825.21	2160.48	2474.44	2881.08	3623.81	4494.41	5242.03
四 川	2510.30	2510.30	2836.73	3319.62	3881.60	4561.69	5198.80	6030.41	7014.04	8242.31	9256.13
贵 州	661.80	661.80	815.32	989.38	1312.94	1652.34	1885.79	2177.07	2781.29	3282.75	3734.04
云 南	1206.69	1192.53	1374.62	1557.91	1896.78	2218.81	2519.62	2892.31	3701.79	4235.72	4897.75
西 藏	123.30	123.30	137.24	159.76	188.06	218.67	240.85	274.82	322.57	377.80	427.93
陕 西	1250.20	1234.60	1546.59	1806.36	2178.20	2699.74	3143.74	3688.93	4355.81	5009.65	5607.52
甘 肃	692.09	688.41	787.36	900.16	1037.11	1234.21	1363.27	1536.50	1963.79	2269.61	2567.60
青 海	193.70	193.70	213.37	249.04	294.91	355.93	398.54	470.88	540.18	624.29	689.15
宁 夏	227.73	227.73	259.49	294.78	366.18	475.00	563.74	702.45	861.92	982.52	1077.12
新 疆	848.41	833.36	929.41	1058.16	1246.89	1421.38	1587.72	1766.69	2245.12	2703.18	3125.98

注：本表按当年价格计算。1994-2004年数据基于《国民经济行业分类》(GB/T 4754-1994)，2004-2013年数据基于《国民经济行业分类》(GB/T 4754-2002)。2013年为初步核算数。

3-11 各地区第三产业增加值占地区生产总值的比重

地区生产总值=100

地　区	1994	1995	1996	1997	1998	1999	2000	2001	2002	2003
北　京	49.0	52.4	56.0	58.6	61.4	63.2	64.8	67.0	69.1	68.6
天　津	37.0	37.8	39.7	41.0	43.8	44.7	44.9	45.9	46.4	44.6
河　北	31.2	31.4	31.5	31.8	32.5	33.7	33.8	34.6	35.7	35.2
山　西	37.0	38.4	38.2	39.1	39.9	43.3	43.7	44.5	42.7	41.2
内蒙古	33.4	33.6	33.8	35.4	36.6	38.1	39.4	40.8	41.8	41.9
辽　宁	35.9	36.2	36.3	38.1	38.5	39.5	39.0	40.7	41.4	41.4
吉　林	30.0	31.5	32.2	36.1	35.6	35.6	40.2	40.5	40.8	40.4
黑龙江	28.0	28.7	27.7	29.0	31.1	32.5	32.9	34.8	36.3	36.2
上　海	39.9	40.8	43.7	46.3	48.8	50.8	52.1	52.4	52.9	50.9
江　苏	29.2	30.5	32.3	33.4	34.9	35.6	35.9	36.5	36.7	36.1
浙　江	31.7	32.4	32.5	32.3	33.2	34.2	36.4	38.6	40.3	40.1
安　徽	33.3	31.3	32.6	33.3	34.5	36.5	38.0	37.9	39.7	41.8
福　建	34.1	35.7	37.0	37.6	38.4	39.6	39.7	39.7	39.5	39.1
江　西	31.2	33.5	34.6	36.2	38.4	39.9	40.8	40.6	39.7	37.2
山　东	30.6	32.0	32.3	33.6	34.1	35.1	34.8	35.7	36.0	34.0
河　南	27.6	27.8	28.0	29.0	30.2	31.3	31.6	32.3	32.8	34.3
湖　北	31.9	33.6	34.4	35.6	36.5	39.0	40.8	41.6	42.6	42.1
湖　南	32.0	31.7	32.5	33.4	35.5	38.7	41.5	41.6	42.9	42.8
广　东	36.2	36.5	37.9	39.8	40.7	42.0	44.3	46.1	47.0	45.3
广　西	32.9	34.0	33.9	34.1	34.4	36.6	38.0	40.9	42.6	41.8
海　南	42.9	42.9	42.9	43.7	44.0	43.6	43.8	42.9	42.2	41.2
重　庆	31.3	32.6	34.9	36.6	39.1	40.8	41.7	42.5	42.8	42.3
四　川	31.0	32.7	32.9	33.8	35.6	37.6	39.4	40.5	41.1	41.1
贵　州	27.9	27.8	29.5	30.4	31.9	34.1	35.7	37.5	38.6	39.1
云　南	32.4	31.5	32.2	32.5	33.3	35.8	37.1	38.6	39.5	39.7
西　藏	36.9	34.6	40.7	40.3	43.7	45.2	46.2	50.1	55.3	52.3
陕　西	36.1	36.4	37.1	39.7	40.0	41.2	42.3	43.2	42.8	41.1
甘　肃	33.3	34.1	30.8	33.5	35.1	37.1	41.5	40.8	41.8	42.1
青　海	34.8	37.9	40.0	41.6	41.9	43.2	43.5	43.4	43.7	43.5
宁　夏	36.9	37.2	39.0	40.5	41.4	42.6	43.2	45.0	45.4	43.9
新　疆	34.1	35.6	37.5	36.0	38.0	40.8	39.4	42.2	43.7	40.0

3-11 续表

地区生产总值=100

地 区	2004	2004	2005	2006	2007	2008	2009	2010	2011	2012	2013
北 京	67.9	67.8	69.7	71.9	73.5	75.4	75.5	75.1	76.1	76.5	76.9
天 津	42.5	42.4	42.5	42.6	42.8	43.0	45.3	46.0	46.2	47.0	48.1
河 北	33.5	33.1	33.4	34.0	33.8	33.0	35.2	34.9	34.6	35.3	35.5
山 西	38.6	38.5	38.1	37.8	37.5	37.7	39.2	37.1	35.2	38.7	40.0
内蒙古	41.8	41.8	39.5	39.1	38.4	37.8	38.0	36.1	34.9	35.5	36.5
辽 宁	42.1	42.1	41.0	40.8	40.2	38.1	38.7	37.1	36.7	38.1	38.7
吉 林	39.2	39.2	39.1	39.5	38.3	37.5	37.9	35.9	34.8	34.8	35.5
黑龙江	35.2	34.9	33.7	33.7	35.1	34.9	39.3	39.0	39.1	40.5	41.4
上 海	50.8	50.8	51.6	52.1	54.6	56.0	59.4	57.3	58.0	60.4	62.2
江 苏	34.7	34.6	35.6	36.4	37.4	38.4	39.6	41.4	42.4	43.5	44.7
浙 江	39.4	39.4	39.9	40.0	40.6	41.0	43.1	43.5	43.9	45.2	46.1
安 徽	41.2	41.3	40.0	39.1	37.9	36.5	36.4	33.9	32.5	32.7	33.0
福 建	38.3	38.3	38.9	39.9	40.8	40.2	41.3	39.7	39.2	39.3	39.1
江 西	35.5	35.5	34.8	33.5	33.1	33.8	34.4	33.0	33.5	34.6	35.1
山 东	31.7	31.5	32.3	32.8	33.4	33.5	34.7	36.6	38.3	40.0	41.2
河 南	31.8	31.8	30.0	30.1	30.1	28.3	29.3	28.6	29.7	30.9	32.0
湖 北	40.7	40.7	40.3	40.9	40.8	39.4	39.6	37.9	36.9	36.9	38.1
湖 南	40.7	43.1	43.7	42.0	40.6	40.1	41.4	39.7	38.3	39.0	40.3
广 东	44.3	44.2	43.3	43.6	44.3	44.4	45.7	45.0	45.3	46.5	47.8
广 西	39.9	39.7	39.2	38.7	37.0	36.0	37.6	35.4	34.1	35.4	36.0
海 南	42.0	40.9	41.1	40.7	42.2	42.8	45.3	46.2	45.5	46.9	48.3
重 庆	42.8	40.5	41.5	42.2	39.0	37.3	37.9	36.4	36.2	39.4	41.4
四 川	39.4	39.3	38.4	38.2	36.7	36.2	36.7	35.1	33.4	34.5	35.2
贵 州	39.4	39.4	40.7	42.3	45.5	46.4	48.2	47.3	48.8	47.9	46.6
云 南	39.1	38.7	39.7	39.1	39.7	39.0	40.8	40.0	41.6	41.1	41.8
西 藏	56.0	56.0	55.2	54.9	55.1	55.4	54.6	54.2	53.2	53.9	53.0
陕 西	39.4	38.9	39.3	38.1	37.8	36.9	38.5	36.4	34.8	34.7	34.9
甘 肃	41.0	40.8	40.7	39.5	38.4	39.0	40.2	37.3	39.1	40.2	41.0
青 海	41.6	41.6	39.3	38.4	37.0	34.9	36.9	34.9	32.3	33.0	32.8
宁 夏	42.4	42.4	42.4	40.6	39.8	39.5	41.7	41.6	41.0	42.0	42.0
新 疆	38.4	37.7	35.7	34.7	35.4	34.0	37.1	32.5	34.0	36.0	37.4

注：本表按当年价格计算。1994-2004年数据基于《国民经济行业分类》(GB/T 4754-1994)，2004-2013年数据基于《国民经济行业分类》(GB/T 4754-2002)。2013年为初步核算数。

3-12 各地区第三产业增加值指数

上年=100

地 区	1994	1995	1996	1997	1998	1999	2000	2001	2002
北 京	115.0	120.5	113.4	113.2	110.1	110.6	112.9	113.1	113.3
天 津	115.6	117.9	115.4	113.4	113.0	108.9	110.5	111.7	111.4
河 北	113.7	114.6	113.0	112.5	110.6	109.0	110.4	111.0	110.2
山 西	110.2	112.5	111.9	113.5	110.2	109.6	110.0	112.6	111.2
内蒙古	116.1	114.1	112.3	114.3	114.7	112.7	114.5	115.5	115.3
辽 宁	111.1	107.8	108.4	109.2	107.9	108.9	109.6	111.5	111.3
吉 林	115.6	110.9	111.8	116.7	108.1	109.6	110.4	109.9	110.1
黑龙江	108.6	109.0	109.3	112.7	111.5	109.9	111.8	108.8	110.2
上 海	116.2	113.7	118.1	117.9	114.8	113.4	113.5	109.4	110.9
江 苏	111.4	114.9	114.3	114.1	112.9	110.0	111.2	111.5	111.6
浙 江	115.8	118.3	111.1	110.5	111.7	109.9	111.8	111.7	113.7
安 徽	122.0	116.7	114.5	112.1	110.8	112.5	111.5	112.3	113.0
福 建	113.0	114.2	114.6	114.5	110.8	109.9	110.0	109.2	109.2
江 西	115.0	113.7	113.2	114.0	112.5	110.7	110.4	107.9	106.9
山 东	120.7	117.0	112.5	114.5	111.2	109.3	110.4	111.2	110.9
河 南	113.1	113.1	112.4	111.8	109.4	109.3	109.2	110.3	109.9
湖 北	112.4	112.5	111.3	113.5	111.5	111.0	111.5	110.8	111.4
湖 南	111.0	110.6	112.9	111.6	111.5	111.4	110.9	110.6	110.5
广 东	118.4	114.6	111.5	110.7	110.4	111.2	113.2	112.0	112.5
广 西	110.7	111.1	108.2	107.3	109.8	109.8	113.4	111.8	112.0
海 南	106.9	104.0	105.5	106.9	108.3	107.0	108.8	108.7	108.5
重 庆	117.6	115.0	114.5	114.1	114.0	107.6	109.1	109.0	108.9
四 川	110.7	114.7	115.4	112.8	112.2	108.6	113.1	109.8	111.5
贵 州	109.8	109.3	109.2	109.3	110.5	107.3	113.7	116.3	109.4
云 南	114.7	115.2	115.1	112.3	110.3	109.3	110.4	111.7	111.4
西 藏	125.5	113.2	134.9	116.7	115.6	113.2	112.6	116.0	113.9
陕 西	106.9	108.0	108.9	114.8	110.7	113.7	112.1	111.2	111.0
甘 肃	114.0	115.9	115.1	114.5	113.1	114.2	112.7	111.0	111.3
青 海	111.1	111.7	109.6	110.4	109.1	110.0	111.6	110.7	110.5
宁 夏	109.7	111.0	107.9	112.2	110.6	113.5	111.6	110.3	109.4
新 疆	115.3	110.9	108.0	109.7	109.6	112.3	112.1	112.1	110.4

3-12 续表 上年=100

地　区	2003	2004	2005	2006	2007	2008	2009	2010	2011	2012	2013
北　京	111.2	113.1	113.4	114.3	115.4	112.5	110.2	109.3	108.7	107.9	107.6
天　津	111.9	111.9	112.1	113.6	115.0	115.2	115.2	114.2	114.7	112.6	112.5
河　北	110.0	112.6	113.2	114.3	114.1	111.1	111.4	113.1	110.5	108.6	108.4
山　西	115.5	115.9	113.3	110.0	116.3	112.6	110.5	109.4	108.7	109.7	107.5
内蒙古	114.5	122.0	118.1	115.9	116.0	115.8	115.0	112.4	112.4	110.0	107.1
辽　宁	111.7	110.7	112.1	112.9	114.5	111.6	112.1	112.5	111.0	110.1	109.2
吉　林	108.3	110.4	113.6	117.4	116.4	115.3	113.0	110.7	111.0	111.3	108.7
黑龙江	110.1	109.3	110.8	112.4	114.8	112.6	110.7	111.8	113.4	110.8	110.4
上　海	109.0	114.1	112.8	113.6	118.8	111.7	112.2	105.7	109.6	110.6	108.8
江　苏	112.4	113.4	114.9	115.5	116.4	113.4	113.6	113.3	111.1	109.7	109.8
浙　江	114.4	113.7	115.2	115.1	115.3	111.7	112.5	112.3	109.5	109.4	108.7
安　徽	114.3	114.2	108.2	109.6	112.4	111.1	111.0	110.1	110.6	111.0	109.5
福　建	109.7	110.8	113.7	117.1	114.6	112.3	112.3	110.6	109.1	109.1	109.6
江　西	107.4	109.8	110.8	109.9	111.7	111.5	110.7	111.2	111.1	109.5	109.1
山　东	111.4	112.3	114.4	114.5	114.6	113.9	111.2	113.5	111.3	109.8	109.2
河　南	110.1	110.4	112.8	112.9	114.1	110.7	111.1	111.4	113.4	110.2	108.8
湖　北	110.8	110.6	111.8	113.5	115.9	112.4	112.3	111.3	112.0	110.8	110.0
湖　南	109.7	110.5	113.8	112.0	115.7	115.5	111.3	111.7	111.0	112.2	111.4
广　东	111.3	112.0	114.3	113.8	113.8	109.8	110.8	110.6	110.0	109.5	109.9
广　西	110.0	110.7	111.3	112.1	114.6	111.8	113.8	111.1	110.5	109.8	110.2
海　南	107.8	110.3	110.8	112.6	116.4	115.5	114.1	120.1	113.3	109.5	112.1
重　庆	109.0	109.8	112.1	113.2	112.1	112.2	113.5	112.4	110.8	112.0	112.0
四　川	111.2	110.9	110.7	114.2	112.5	112.1	112.4	110.2	111.2	111.6	109.9
贵　州	110.1	112.0	117.6	116.0	121.1	115.8	113.1	112.1	116.5	112.1	112.6
云　南	109.1	112.8	111.7	109.0	112.5	110.7	113.1	111.5	112.0	110.9	112.4
西　藏	115.2	115.1	109.7	112.4	116.0	112.4	110.4	113.7	111.6	112.0	108.7
陕　西	109.8	109.7	112.5	114.9	116.5	115.8	115.3	112.1	112.5	111.6	109.9
甘　肃	112.0	113.0	112.8	111.1	110.5	113.2	111.2	109.9	111.6	112.5	111.5
青　海	109.8	110.3	110.2	113.1	114.2	112.2	109.8	112.1	109.7	111.1	109.8
宁　夏	110.4	109.8	108.9	110.2	110.3	111.5	110.0	111.6	107.2	109.7	107.5
新　疆	112.3	109.8	109.4	113.6	114.3	109.2	109.2	110.8	115.2	112.3	109.3

注：本表按不变价格计算。1994-2004年数据基于《国民经济行业分类》(GB/T 4754-1994)，2004-2013年数据基于《国民经济行业分类》(GB/T 4754-2002)。2013年为初步核算数。

3-13 各地区第三产业分行业增加值(2012年)

单位：亿元

地　区	第三产业	交通运输、仓储和邮政业	批发和零售业	住宿和餐饮业	金融业	房地产业	其他
北　京	13669.93	816.31	2229.77	373.06	2536.91	1244.17	6469.71
天　津	6058.46	683.56	1680.33	222.18	1001.59	449.65	2021.15
河　北	9384.78	2212.93	2024.29	388.87	913.66	982.05	2862.98
山　西	4682.95	847.44	991.08	299.67	639.61	301.88	1603.27
内蒙古	5630.50	1185.30	1415.47	433.94	502.01	385.22	1708.56
辽　宁	9460.12	1297.18	2191.19	487.49	969.37	1050.03	3464.86
吉　林	4150.36	462.13	986.46	240.70	244.63	240.86	1975.58
黑龙江	5540.31	598.78	1339.05	367.40	485.11	522.27	2227.70
上　海	12199.15	895.31	3291.93	298.40	2450.36	1147.04	4116.11
江　苏	23517.98	2352.40	5704.66	1045.21	3136.51	2992.82	8286.38
浙　江	15681.13	1278.91	3684.34	655.74	2762.24	1927.93	5371.97
安　徽	5628.48	650.21	1223.97	268.95	617.62	665.76	2201.97
福　建	7737.13	1090.07	1670.26	337.48	1015.37	1039.71	2584.24
江　西	4486.06	630.56	935.94	310.84	413.07	421.83	1773.82
山　东	19995.81	2516.19	6507.40	1059.47	1936.11	1984.49	5992.16
河　南	9157.57	1151.91	1877.82	898.36	1013.60	1040.70	3175.18
湖　北	8208.58	934.96	1687.52	512.02	870.36	692.82	3510.90
湖　南	8643.60	1077.65	1849.04	460.70	579.76	568.52	4107.93
广　东	26519.69	2367.46	6333.62	1308.40	3171.96	3643.87	9694.37
广　西	4615.30	625.57	982.18	364.46	573.05	489.43	1580.59
海　南	1339.53	133.40	300.52	98.96	130.69	238.11	437.85
重　庆	4494.41	515.15	847.99	189.98	915.65	620.17	1405.47
四　川	8242.31	707.19	1342.25	621.72	1303.56	703.51	3564.08
贵　州	3282.75	687.45	514.49	266.58	365.87	176.75	1271.61
云　南	4235.72	247.53	1039.64	330.67	541.18	243.03	1833.67
西　藏	377.80	26.23	42.75	23.78	32.04	20.77	232.23
陕　西	5009.65	617.39	1166.90	312.27	551.20	450.12	1911.77
甘　肃	2269.61	319.66	398.52	141.68	184.43	146.32	1079.00
青　海	624.29	71.87	109.44	21.39	83.73	31.41	306.45
宁　夏	982.52	196.49	124.66	42.67	167.48	87.51	363.71
新　疆	2703.18	357.90	426.65	108.39	360.40	194.38	1255.46

3-14 各地区第三产业分行业增加值构成(2012年)

第三产业增加值=100

地 区	交通运输、仓储和邮政业	批发和零售业	住宿和餐饮业	金融业	房地产业	其他
北 京	6.0	16.3	2.7	18.6	9.1	47.3
天 津	5.0	12.3	1.6	7.3	3.3	14.8
河 北	16.2	14.8	2.8	6.7	7.2	20.9
山 西	6.2	7.3	2.2	4.7	2.2	11.7
内蒙古	8.7	10.4	3.2	3.7	2.8	12.5
辽 宁	9.5	16.0	3.6	7.1	7.7	25.3
吉 林	3.4	7.2	1.8	1.8	1.8	14.5
黑龙江	4.4	9.8	2.7	3.5	3.8	16.3
上 海	6.5	24.1	2.2	17.9	8.4	30.1
江 苏	17.2	41.7	7.6	22.9	21.9	60.6
浙 江	9.4	27.0	4.8	20.2	14.1	39.3
安 徽	4.8	9.0	2.0	4.5	4.9	16.1
福 建	8.0	12.2	2.5	7.4	7.6	18.9
江 西	4.6	6.8	2.3	3.0	3.1	13.0
山 东	18.4	47.6	7.8	14.2	14.5	43.8
河 南	8.4	13.7	6.6	7.4	7.6	23.2
湖 北	6.8	12.3	3.7	6.4	5.1	25.7
湖 南	7.9	13.5	3.4	4.2	4.2	30.1
广 东	17.3	46.3	9.6	23.2	26.7	70.9
广 西	4.6	7.2	2.7	4.2	3.6	11.6
海 南	1.0	2.2	0.7	1.0	1.7	3.2
重 庆	3.8	6.2	1.4	6.7	4.5	10.3
四 川	5.2	9.8	4.5	9.5	5.1	26.1
贵 州	5.0	3.8	2.0	2.7	1.3	9.3
云 南	1.8	7.6	2.4	4.0	1.8	13.4
西 藏	0.2	0.3	0.2	0.2	0.2	1.7
陕 西	4.5	8.5	2.3	4.0	3.3	14.0
甘 肃	2.3	2.9	1.0	1.3	1.1	7.9
青 海	0.5	0.8	0.2	0.6	0.2	2.2
宁 夏	1.4	0.9	0.3	1.2	0.6	2.7
新 疆	2.6	3.1	0.8	2.6	1.4	9.2

注：本表按当年价格计算。

3-15 各地区第三产业分行业增加值指数(2012年)

上年=100

地 区	第三产业	交通运输、仓储和邮政业	批发和零售业	住宿和餐饮业	金融业	房地产业	其他
北 京	107.9	106.9	104.0	99.7	112.7	113.7	107.1
天 津	112.6	112.5	111.3	106.6	125.1	104.9	111.0
河 北	108.6	107.5	111.2	109.1	118.7	105.5	106.0
山 西	109.7	107.0	113.8	105.0	116.6	109.1	106.9
内蒙古	110.0	111.2	115.1	107.6	113.4	98.6	107.6
辽 宁	110.1	108.0	109.0	107.0	114.5	109.5	111.2
吉 林	111.3	107.3	112.5	111.6	115.6	107.0	111.8
黑龙江	110.8	108.6	110.3	112.7	126.6	101.9	110.7
上 海	110.6	105.0	111.5	102.6	112.6	104.7	112.3
江 苏	109.7	110.2	104.2	108.7	114.7	108.6	112.9
浙 江	109.4	106.7	109.9	103.2	105.9	109.3	112.6
安 徽	111.0	108.2	112.0	109.6	116.8	105.8	111.6
福 建	109.1	107.5	107.9	108.6	115.1	110.1	108.1
江 西	109.5	108.6	111.4	105.4	110.7	103.6	110.7
山 东	109.8	106.2	111.5	109.0	116.3	106.6	109.0
河 南	110.2	106.1	115.7	106.4	114.7	101.9	110.8
湖 北	110.8	109.5	108.7	107.2	126.1	105.0	110.5
湖 南	112.2	111.4	108.0	108.3	113.6	106.9	115.5
广 东	109.5	113.5	109.6	107.7	108.6	109.0	109.3
广 西	109.8	102.0	117.7	106.6	124.2	101.2	107.3
海 南	109.5	108.7	107.5	103.2	120.8	104.7	112.3
重 庆	112.0	109.1	111.7	108.1	120.8	107.0	112.0
四 川	111.6	107.6	111.3	105.7	125.9	109.5	110.0
贵 州	112.1	113.8	110.9	107.8	114.3	108.4	112.5
云 南	110.9	108.9	107.4	112.2	127.6	100.6	109.8
西 藏	112.0	105.6	121.3	115.4	97.8	115.8	112.9
陕 西	111.6	107.8	109.9	111.2	122.9	109.9	111.3
甘 肃	112.5	110.6	110.4	108.6	124.2	106.5	113.6
青 海	111.1	105.5	114.4	100.8	117.1	105.2	111.4
宁 夏	109.7	108.7	111.6	105.9	121.1	103.2	107.6
新 疆	112.3	124.1	107.8	105.9	123.9	96.7	110.6

注：本表按不变价格计算。

【主要统计指标解释】

国内生产总值（GDP） 指按市场价格计算的一个国家（或地区）所有常住单位在一定时期内生产活动的最终成果。国内生产总值有三种表现形态，即价值形态、收入形态和产品形态。从价值形态看，它是所有常住单位在一定时期内生产的全部货物和服务价值超过同期投入的全部非固定资产货物和服务价值的差额，即所有常住单位的增加值之和；从收入形态看，它是所有常住单位在一定时期内创造并分配给常住单位和非常住单位的初次收入之和；从产品形态看，它是所有常住单位在一定时期内最终使用的货物和服务价值与货物和服务进出口价值之和。在实际核算中，国内生产总值有三种计算方法，即生产法、收入法和支出法。三种方法分别从不同的方面反映国内生产总值及其构成。生产法GDP等于国民经济各行业增加值之和。

对地区而言，该指标称为“地区生产总值”。

4 第三产业固定资产投资

简要说明

一、主要内容

固定资产投资资料通过对一定时期第三产业建造和购置固定资产活动的数量方面的描述，反映报告期内第三产业固定资产投资的规模和速度、结构和比例关系、资金来源及投资效果等。

二、统计范围

第三产业固定资产投资统计的范围包括：城乡建设项目投资、房地产开发投资，国防、人防建设项目投资及农户投资。

三、资料来源

跨省、自治区、直辖市项目资料来自国务院各部门；农户固定资产投资资料来自国家统计局住户调查办公室的住户调查；除此以外的固定资产投资统计资料均来自国家统计局固定资产投资统计司统计调查。

四、统计调查方法

除农户固定资产投资统计采用抽样调查方法外，其他均为全面调查。

五、统计口径变化

自1997年起，除房地产开发投资、非农户投资、农户投资及城镇和工矿区私人建房投资外，固定资产投资的统计起点由5万元提高到50万元。

自2006年起，非农户固定资产投资统计改为按项目统计，调查方法由抽样调查改为全面统计报表，起点提高到50万元。

自2006年起，城镇和工矿区私人建房投资改为按项目统计，起点为50万元。

自2011年起，除房地产开发投资、农村农户投资外，固定资产投资项目统计起点由50万元提高到500万元。

2011年起，城镇固定资产投资数据发布口径改为固定资产投资（不含农户），等于原口径的城镇固定资产投资加上农村企事业组织项目投资。

4-1 按行业门类分第三产业全社会固定资产投资

位：亿元

行业门类	2005	2006	2007	2008	2009	2010	2011	2012	2013
第三产业合计	**47613.2**	**58769.2**	**72766.7**	**90802.7**	**121453.1**	**152096.7**	**170250.6**	**205435.8**	**250293.1**
农、林、牧、渔业									**2292.2**
采矿业									**517.6**
制造业									**328.3**
批发和零售业	1716.4	2265.3	2880.3	3741.8	5132.8	6032.2	7439.4	9810.7	12720.5
交通运输、仓储和邮政业	9614.0	12138.1	14154.0	17024.4	24974.7	30074.5	28291.7	31444.9	36790.1
住宿和餐饮业	808.8	1095.7	1519.4	1959.2	2625.4	3366.8	3956.6	5153.5	6041.1
信息传输、软件和信息技术服务业	1581.8	1875.9	1848.1	2162.6	2589.0	2454.5	2174.4	2692.0	3084.9
金融业	109.5	121.4	157.6	260.6	360.2	489.4	638.7	923.9	1242.0
房地产业	19505.3	24524.4	32438.9	40441.8	49358.5	64877.3	81686.1	99159.3	118809.4
租赁和商务服务业	549.6	725.6	949.3	1355.9	2036.2	2692.6	3382.8	4700.4	5893.2
科学研究和技术服务业	435.1	495.3	560.0	782.0	1200.8	1379.3	1679.8	2475.8	3133.2
水利、环境和公共设施管理业	6274.3	8152.7	10154.3	13534.3	19874.4	24827.6	24523.1	29621.6	37663.9
居民服务、修理和其他服务业	363.5	389.5	434.7	522.0	801.9	1114.1	1443.3	1905.0	2099.3
教育	2209.2	2270.2	2375.6	2523.8	3521.2	4033.6	3894.6	4613.0	5433.0
卫生和社会工作	661.8	769.0	885.0	1155.6	1858.6	2119.0	2330.3	2617.1	3139.3
文化、体育和娱乐业	857.0	955.4	1243.4	1589.9	2383.4	2959.4	3162.0	4271.3	5231.1
公共管理、社会保障和社会组织	2926.8	2990.5	3166.1	3748.5	4735.9	5676.6	5647.8	6047.4	5874.1
国际组织	0.2	0.1		0.3	0.2				

注：自2013年起，三产划分按《国家统计局关于印发<三次产业划分规定>的通知》(国统字[2012]108号)执行，农林牧渔业、采矿业和制造业仅包括该门类下的第三产业投资。

4-2 按行业门类分第三产业投资占全社会投资比重

单位：%

行业门类	2005	2006	2007	2008	2009	2010	2011	2012	2013
第三产业合计	**53.6**	**53.4**	**53.0**	**52.5**	**54.1**	**54.7**	**54.7**	**54.8**	**56.1**
农、林、牧、渔业									**0.5**
采矿业									**0.1**
制造业									**0.1**
批发和零售业	1.9	2.1	2.1	2.2	2.3	2.2	2.4	2.6	2.9
交通运输、仓储和邮政业	10.8	11.0	10.3	9.9	11.1	10.8	9.1	8.4	8.2
住宿和餐饮业	0.9	1.0	1.1	1.1	1.2	1.2	1.3	1.4	1.4
信息传输、软件和信息技术服务业	1.8	1.7	1.3	1.3	1.2	0.9	0.7	0.7	0.7
金融业	0.1	0.1	0.1	0.2	0.2	0.2	0.2	0.2	0.3
房地产业	22.0	22.3	23.6	23.4	22.0	23.3	26.2	26.5	26.6
租赁和商务服务业	0.6	0.7	0.7	0.8	0.9	1.0	1.1	1.3	1.3
科学研究和技术服务业	0.5	0.5	0.4	0.5	0.5	0.5	0.5	0.7	0.7
水利、环境和公共设施管理业	7.1	7.4	7.4	7.8	8.8	8.9	7.9	7.9	8.4
居民服务、修理和其他服务业	0.4	0.4	0.3	0.3	0.4	0.4	0.5	0.5	0.5
教育	2.5	2.1	1.7	1.5	1.6	1.5	1.3	1.2	1.2
卫生和社会工作	0.7	0.7	0.6	0.7	0.8	0.8	0.7	0.7	0.7
文化、体育和娱乐业	1.0	0.9	0.9	0.9	1.1	1.1	1.0	1.1	1.2
公共管理、社会保障和社会组织	3.3	2.7	2.3	2.2	2.1	2.0	1.8	1.6	1.3
国际组织									

4-3 各地区按登记注册类型分第三产业全社会固定资产投资

单位：亿元

地区	总计	内资	国有	集体	股份合作	联营
全国总计	**250293.1**	**239777.3**	**82669.2**	**10921.9**	**766.9**	**750.2**
北京	5952.6	5384.1	1450.4	101.2	5.0	1.7
天津	5663.9	5404.1	2055.2	491.4	35.9	18.4
河北	11364.9	11099.6	2604.0	954.7	86.2	24.7
山西	5660.0	5616.5	2479.8	484.8	9.4	9.3
内蒙古	6166.5	6158.0	3012.3	69.3	6.7	1.7
辽宁	14277.6	12883.8	3521.4	150.6	33.0	17.7
吉林	4228.3	4164.8	1568.9	28.2	0.5	6.0
黑龙江	5807.7	5766.1	2165.3	54.3	3.1	16.8
上海	4398.3	3882.8	1106.1	59.2	2.1	28.5
江苏	17764.0	16524.3	4937.9	1361.0	32.7	66.8
浙江	13511.4	12617.5	3887.6	615.5	27.7	13.0
安徽	9952.4	9716.1	3282.4	195.2	14.0	41.3
福建	9364.2	8816.8	3226.6	324.8	4.0	36.9
江西	5336.7	5209.0	1901.2	78.9	33.7	56.4
山东	18654.3	18135.3	3108.3	2483.5	76.6	40.1
河南	12126.1	11945.5	2604.3	934.1	73.5	76.8
湖北	9965.7	9720.9	3189.0	444.7	23.7	36.1
湖南	9780.9	9617.6	3936.1	261.1	60.2	20.9
广东	15079.1	13597.1	3242.5	826.2	96.1	26.8
广西	6651.0	6495.7	2220.2	134.6	20.9	62.4
海南	2255.7	2003.1	483.7	0.7	18.6	1.5
重庆	6781.2	6325.0	2359.3	79.0	10.9	49.5
四川	13129.6	12660.3	5281.2	104.9	37.5	46.2
贵州	5563.0	5504.2	2517.8	3.5	4.1	2.6
云南	6848.5	6747.8	2815.7	185.0	5.8	5.8
西藏	573.4	573.3	429.2	2.1	3.2	2.5
陕西	9352.6	9162.1	3855.4	361.7	26.6	25.0
甘肃	3163.5	3159.9	1560.2	102.6	9.5	9.3
青海	1176.9	1175.9	708.1	8.6	0.4	0.3
宁夏	1354.2	1339.1	515.3	6.5		0.5
新疆	3698.0	3680.2	1952.8	14.1	5.3	4.5
不分地区	4691.0	4691.0	4691.0			

4-3 续表

单位：亿元

地　区						港澳台商投资	外商投资
	有限责任公司	股份有限公司	私　营	个　体	其　他		
全国总计	**69743.9**	**8876.8**	**47753.0**	**9080.0**	**9215.4**	**6698.5**	**3817.4**
北　京	3291.9	253.7	210.9	45.7	23.5	421.8	146.7
天　津	1749.7	219.0	661.7	33.5	139.2	136.1	123.7
河　北	3304.3	465.8	2750.9	469.7	439.4	92.3	173.0
山　西	824.0	188.5	1165.6	242.3	212.7	24.7	18.8
内蒙古	1643.1	166.6	1062.1	91.2	105.0	5.9	2.6
辽　宁	4027.8	595.1	4019.5	249.6	269.2	956.1	437.8
吉　林	1284.9	160.1	813.4	147.4	155.5	55.5	7.9
黑龙江	1754.2	183.5	1201.6	151.7	235.6	29.0	12.6
上　海	1856.7	55.0	768.5	3.2	3.4	250.2	265.3
江　苏	4166.9	561.4	4592.8	362.5	442.3	747.9	491.8
浙　江	4474.7	236.4	2677.0	522.2	163.5	659.4	234.6
安　徽	2783.5	308.9	2327.2	413.9	349.7	146.8	89.5
福　建	2829.5	204.8	1666.0	253.1	271.1	394.2	153.2
江　西	1111.8	197.3	1110.2	474.6	244.9	89.5	38.2
山　东	4846.9	785.0	4391.0	649.5	1754.6	370.2	148.8
河　南	3417.6	602.7	2165.8	841.6	1229.0	102.2	78.5
湖　北	2538.7	572.7	2040.0	421.4	454.6	147.5	97.4
湖　南	2480.3	347.2	1566.4	564.4	380.8	113.4	50.0
广　东	5036.0	855.2	2642.3	485.0	387.1	975.9	506.2
广　西	1572.8	262.9	1423.5	487.4	310.9	99.4	55.9
海　南	960.4	143.4	228.0	69.3	97.4	194.9	57.7
重　庆	1808.3	142.8	1516.1	155.3	203.8	280.7	175.5
四　川	3740.2	485.6	1908.4	508.3	548.0	206.1	263.1
贵　州	1935.6	109.9	631.6	229.6	69.5	54.9	3.9
云　南	1860.2	318.4	1163.9	319.1	74.0	56.1	44.7
西　藏	14.5	12.7	28.6	29.4	51.1		0.1
陕　西	2578.9	257.0	1297.5	372.3	387.7	72.5	118.0
甘　肃	656.2	86.8	509.4	97.4	128.5	1.2	2.3
青　海	168.5	25.7	170.2	72.8	21.4	0.4	0.6
宁　夏	237.6	23.0	492.7	60.3	3.2	7.5	7.7
新　疆	788.4	49.7	550.2	256.4	58.9	6.3	11.4
不分地区							

4-4 各地区按行业门类分第三产业全社会固定资产投资

单位：亿元

地　区	第三产业合　计	农、林、牧、渔业	采矿业	制造业	批发和零售业	交通运输、仓储和邮政业	住宿和餐饮业	信息传输、软件和信息技术服务业	金融业	房地产业
全国合计	**250293.1**	**2292.2**	**517.6**	**328.3**	**12720.5**	**36790.1**	**6041.1**	**3084.9**	**1242.0**	**118809.4**
北　京	5952.6	9.5		0.0	51.4	656.8	78.2	191.4	48.2	3880.6
天　津	5663.9	59.1	38.9	5.3	299.5	603.1	72.8	70.8	41.2	2207.9
河　北	11364.9	82.0	23.8	26.9	848.7	2123.6	273.0	115.6	44.7	4888.5
山　西	5660.0	52.2	51.5	3.0	248.9	956.3	82.2	63.3	3.9	2480.7
内蒙古	6166.5	156.2	60.0	26.0	388.6	1272.3	123.9	110.9	28.3	2043.2
辽　宁	14277.6	48.7	27.2	28.5	1040.5	1582.4	498.3	122.5	159.5	6910.3
吉　林	4228.3	83.6	24.8	3.3	424.1	586.7	82.6	60.2	20.9	1507.2
黑龙江	5807.7	229.0	30.3	4.8	620.1	544.8	138.1	136.0	26.2	2136.6
上　海	4398.3	9.5	0.2	1.3	52.0	499.0	34.1	112.4	15.2	2835.1
江　苏	17764.0	39.1	1.5	19.7	836.3	1685.9	508.4	381.6	116.6	9165.9
浙　江	13511.4	61.5	0.1	16.4	413.9	1454.7	229.3	136.0	94.8	8003.9
安　徽	9952.4	50.5	6.2	9.1	470.7	830.2	273.3	114.9	90.1	5360.4
福　建	9364.2	51.6	15.5	8.0	295.1	1572.6	219.9	136.5	55.1	4656.7
江　西	5336.7	25.7	4.2	11.2	502.3	488.9	271.8	48.4	31.4	2086.7
山　东	18654.3	186.2	23.7	49.1	1624.2	2055.8	384.2	107.5	61.7	8418.7
河　南	12126.1	134.8	9.4	11.4	724.3	1201.5	286.0	74.7	21.3	6719.4
湖　北	9965.7	117.6	22.8	13.4	434.7	1634.9	215.1	96.4	75.9	4498.8
湖　南	9780.9	95.6	11.5	27.7	546.8	1251.2	223.1	84.6	51.9	3796.2
广　东	15079.1	65.7	1.8	15.3	615.5	2444.4	440.7	301.8	75.2	8180.0
广　西	6651.0	119.0	4.3	9.2	381.6	1121.2	233.0	109.7	39.1	2450.9
海　南	2255.7	7.5	9.0	2.8	32.8	278.7	175.7	28.1	5.5	1405.3
重　庆	6781.2	71.0	9.3	1.6	177.9	1012.7	106.2	87.0	3.5	3708.7
四　川	13129.6	85.3	12.1	10.9	449.1	2131.7	356.4	103.3	62.5	6479.1
贵　州	5563.0	1.9	5.7		90.0	1020.0	73.9	8.0	2.1	2518.3
云　南	6848.5	86.0	5.7	1.8	253.7	1135.2	182.2	76.3	6.3	3530.0
西　藏	573.4	17.8	0.0	0.1	18.8	165.0	25.0	4.5	9.2	79.9
陕　西	9352.6	116.1	43.0	13.4	449.2	900.8	266.3	85.6	34.4	4655.0
甘　肃	3163.5	82.5	13.0	3.2	219.9	434.2	78.9	49.8	9.6	1176.6
青　海	1176.9	49.9	18.9	1.3	17.4	290.4	20.1	3.5	3.2	385.5
宁　夏	1354.2	16.1	2.0	1.2	51.2	154.2	19.9	12.4	1.7	789.2
新　疆	3698.0	80.9	41.4	2.7	141.1	551.6	68.6	50.9	2.9	1854.0
不分地区	4691.0					4149.6				

4-4 续表

单位：亿元

地 区	租赁和商务服务业	科学研究和技术服务业	水利、环境和公共设施管理业	居民服务、修理和其他服务业	教 育	卫生和社会工作	文化、体育和娱乐业	公共管理、社会保障和社会组织	国际组织
全国合计	**5893.2**	**3133.2**	**37663.9**	**2099.3**	**5433.0**	**3139.3**	**5231.1**	**5874.1**	
北 京	50.5	108.0	463.8	14.7	142.7	60.9	111.6	84.2	
天 津	590.1	74.8	1146.2	109.2	98.0	62.9	103.4	80.7	
河 北	339.0	150.6	1496.4	56.8	206.1	149.6	342.9	196.8	
山 西	58.3	39.3	1246.6	23.3	152.2	56.2	87.3	54.8	
内蒙古	57.4	61.3	1216.9	36.3	93.9	70.2	127.6	293.5	
辽 宁	400.5	194.9	2233.4	208.1	236.2	144.8	280.7	161.2	
吉 林	69.8	80.4	826.0	55.5	76.0	71.7	92.8	162.9	
黑龙江	165.6	122.6	949.9	76.6	186.0	130.9	114.6	195.3	
上 海	161.1	41.5	421.5	4.9	71.9	39.9	86.8	12.0	
江 苏	691.9	369.2	2571.4	140.3	330.1	207.3	424.4	274.4	
浙 江	340.1	86.7	1759.2	30.6	253.3	148.2	270.1	212.5	
安 徽	201.1	149.8	1539.7	65.0	229.9	130.8	185.7	244.8	
福 建	180.9	37.0	1356.1	38.2	185.9	109.3	207.1	238.8	
江 西	160.2	51.3	1028.9	70.4	176.4	86.9	143.3	148.8	
山 东	533.7	663.8	1837.1	416.7	452.9	244.6	699.4	895.0	
河 南	179.1	109.8	1688.8	167.7	290.4	167.0	262.2	78.4	
湖 北	276.4	85.0	1593.9	93.5	136.7	144.7	177.0	348.7	
湖 南	342.1	129.3	1984.7	81.3	262.9	151.3	189.6	551.1	
广 东	252.1	155.6	1688.5	45.7	308.8	169.9	226.2	91.9	
广 西	151.8	50.3	1237.9	72.1	251.0	116.6	127.7	175.7	
海 南	8.6	8.2	186.3	1.6	23.1	13.3	60.6	8.7	
重 庆	91.9	17.5	1033.4	44.5	134.6	71.8	91.5	118.0	
四 川	135.6	38.2	2361.6	37.2	301.9	167.3	194.4	203.2	
贵 州	36.9	20.5	1526.0	7.0	123.6	20.0	74.6	34.6	
云 南	58.6	36.3	847.1	41.2	208.8	83.9	147.8	147.6	
西 藏	10.2	9.6	81.8	4.2	30.6	6.9	21.4	88.2	
陕 西	174.9	162.1	1640.4	54.2	201.8	181.4	146.7	227.2	
甘 肃	58.0	39.1	481.0	72.1	92.6	52.4	121.0	179.8	
青 海	71.1	3.5	112.0	2.8	49.6	10.9	36.2	100.6	
宁 夏	12.5	5.9	179.1	13.2	28.9	16.9	16.3	33.7	
新 疆	33.5	8.5	523.3	14.5	96.3	50.9	60.2	116.6	
不分地区		22.3	404.9					114.2	

4-5 按行业分第三产业固定资产投资(不含农户)

单位：亿元

行业	投资额	新建	扩建	改建和技术改造	建筑安装工程投资	设备工器具购置	其他费用
第三产业合计	**242089.8**	**198309.4**	**18480.9**	**17045.4**	**184489.3**	**17242.5**	**40358.1**
农、林、牧、渔服务业	**2292.2**	**1448.2**	**366.5**	**402.6**	**1723.1**	**365.1**	**203.9**
开采辅助活动	**517.6**	**235.4**	**31.2**	**188.9**	**301.8**	**185.5**	**30.3**
金属制品、机械和设备修理业	**328.3**	**166.1**	**55.8**	**90.2**	**194.6**	**110.4**	**23.3**
批发和零售业	**12601.1**	**9054.6**	**1569.1**	**1525.9**	**9207.9**	**1926.9**	**1466.3**
批发业	5966.7	4084.6	793.0	802.8	4223.5	1082.5	660.8
零售业	6634.4	4970.0	776.1	723.1	4984.4	844.4	805.6
交通运输、仓储和邮政业	**36329.4**	**25988.3**	**3700.8**	**3906.2**	**25694.6**	**5124.6**	**5510.1**
铁路运输业	6690.7	4982.0	475.2	180.9	4173.6	1306.8	1210.2
道路运输业	20502.9	14881.4	2137.9	2943.0	15790.3	1319.0	3393.7
水上运输业	2123.3	1359.0	210.3	216.3	1328.7	608.4	186.2
航空运输业	1314.1	356.0	128.6	105.6	410.9	842.1	61.1
管道运输业	374.0	310.0	26.9	35.2	239.2	79.6	55.2
装卸搬运和运输代理业	993.4	768.1	133.0	58.4	666.8	213.7	113.0
仓储业	4235.7	3264.9	582.7	353.4	3019.1	730.9	485.7
邮政业	95.2	66.9	6.1	13.4	66.0	24.1	5.1
住宿和餐饮业	**6012.4**	**4587.2**	**754.8**	**574.9**	**4681.1**	**656.3**	**675.0**
住宿业	4473.3	3564.1	511.1	339.0	3524.4	432.9	516.1
餐饮业	1539.1	1023.1	243.7	235.9	1156.7	223.4	159.0
信息传输、软件和信息技术服务业	**3084.9**	**1589.8**	**668.4**	**528.8**	**1666.8**	**1209.5**	**208.6**
电信、广播电视和卫星传输服务	1696.1	696.2	503.6	348.4	837.8	793.6	64.8
互联网和相关服务	284.9	136.3	28.3	59.4	137.8	131.5	15.6
软件和信息技术服务业	1103.9	757.3	136.5	120.9	691.2	284.4	128.3
金融业	**1242.0**	**886.3**	**106.7**	**141.8**	**879.5**	**212.5**	**150.0**
货币金融服务	792.4	536.3	67.7	103.3	561.0	157.3	74.1
资本市场服务	198.3	153.8	17.3	20.3	144.0	27.8	26.5
保险业	101.0	74.8	6.7	13.1	73.2	9.5	18.3
其他金融业	150.2	121.4	15.0	5.2	101.3	17.9	31.0
房地产业	**111379.6**	**105740.0**	**1834.6**	**1748.6**	**85763.3**	**1958.6**	**23657.8**
租赁和商务服务业	**5874.6**	**4481.1**	**601.6**	**465.4**	**4354.7**	**676.4**	**843.5**
租赁业	299.6	106.5	21.1	20.2	97.9	187.8	14.0
商务服务业	5575.1	4374.6	580.5	445.2	4256.8	488.7	829.6
科学研究和技术服务业	**3133.2**	**2008.7**	**314.6**	**601.7**	**2033.7**	**743.0**	**356.6**
研究和试验发展	1054.3	764.9	125.2	125.7	747.4	201.0	105.9
专业技术服务业	1064.8	637.9	90.0	234.7	664.6	272.7	127.4
科技推广和应用服务业	1014.2	605.9	99.4	241.3	621.7	269.2	123.3
水利、环境和公共设施管理业	**37662.7**	**26992.9**	**5291.1**	**4927.8**	**30753.2**	**1844.1**	**5065.5**
水利管理业	5118.8	3285.7	832.6	924.0	4187.4	272.3	659.2
生态保护和环境治理业	1425.7	847.7	202.7	322.5	1030.8	185.5	209.3
公共设施管理业	31118.2	22859.5	4255.8	3681.3	25534.9	1386.3	4197.0
居民服务、修理和其他服务业	**1994.4**	**1396.1**	**282.2**	**221.9**	**1497.7**	**287.1**	**209.6**
居民服务业	1121.1	831.5	148.2	120.6	893.1	100.3	127.7
机动车、电子产品和日用产品修理业	421.9	234.6	60.8	62.5	267.5	124.6	29.8
其他服务业	451.3	330.1	73.3	38.8	337.2	62.2	52.0
教育	**5399.9**	**3722.7**	**939.4**	**415.6**	**4479.7**	**408.7**	**511.5**
卫生和社会工作	**3138.3**	**1856.8**	**559.0**	**264.9**	**2347.1**	**561.1**	**230.0**
卫生	2591.5	1420.7	489.4	234.1	1895.5	520.2	175.7
社会工作	546.8	436.1	69.6	30.8	451.6	40.9	54.3
文化、体育和娱乐业	**5225.5**	**4069.5**	**609.8**	**411.4**	**3980.9**	**534.8**	**709.8**
新闻和出版业	103.8	66.9	17.1	5.2	80.8	12.0	10.9
广播、电视、电影和影视录音制作业	311.1	224.0	22.6	32.4	180.0	75.0	56.1
文化艺术业	2381.7	1788.9	337.0	199.5	1859.3	194.8	327.5
体育	1041.0	868.7	96.0	68.6	852.3	78.2	110.5
娱乐业	1388.0	1121.0	137.1	105.7	1008.4	174.8	204.8
公共管理、社会保障和社会组织	**5873.7**	**4085.8**	**795.5**	**628.6**	**4929.6**	**437.8**	**506.3**
中国共产党机关	56.1	32.5	6.9	11.7	47.0	6.0	3.1
国家机构	4086.1	2882.3	531.1	436.0	3437.8	324.7	323.6
人民政协、民主党派	13.1	3.7645	1.84	6.7019	11.0	1.296	0.7755
社会保障	217.0	150.3	33.9	30.3	171.4	8.4	37.2
群众团体、社会团体和其他成员组织	571.0	378.5	121.8	34.9	460.6	50.9	59.4
基层群众自治组织	930.5	638.4	100.0	108.9	801.9	46.4	82.2
国际组织							

4-6 按行业门类分第三产业固定资产投资(不含农户)

单位：亿元

行业门类	2005	2006	2007	2008	2009	2010	2011	2012	2013
第三产业合计	**42660.6**	**52705.6**	**65190.2**	**81588.0**	**108572.5**	**136491.7**	**163364.6**	**198021.8**	**242089.8**
农、林、牧、渔业									2292.2
采矿业									517.6
制造业									328.3
批发和零售业	1532.1	1896.5	2450.6	3193.0	4491.0	5233.4	7379.7	9762.9	12601.1
交通运输、仓储和邮政业	8860.4	11224.5	12997.1	15700.5	23271.3	27883.1	27765.9	30881.4	36329.4
住宿和餐饮业	675.9	938.7	1329.9	1735.0	2328.6	2980.2	3918.8	5107.6	6012.4
信息传输、软件和信息技术服务业	1561.6	1772.0	1819.4	2131.3	2543.5	2392.9	2174.2	2691.3	3084.9
金融业	105.6	118.7	151.9	252.8	348.5	477.7	638.7	923.9	1242.0
房地产业	17098.2	21586.2	28619.2	35914.2	43127.6	57633.1	75663.7	92639.4	111379.6
租赁和商务服务业	486.2	662.6	860.7	1255.1	1880.4	2486.4	3379.9	4694.7	5874.6
科学研究和技术服务业	424.5	465.1	521.2	717.6	1084.0	1269.2	1679.8	2475.8	3133.2
水利、环境和公共设施管理业	6097.9	7506.7	9276.0	12279.1	17878.9	22333.7	24520.7	29618.4	37662.7
居民服务、修理和其他服务业	135.5	183.6	235.8	312.7	518.6	757.1	1219.1	1685.8	1994.4
教育	1966.9	2128.8	2220.9	2355.4	3242.5	3718.1	3890.4	4608.2	5399.9
卫生和社会工作	591.8	708.0	809.4	1065.9	1698.0	1959.5	2330.2	2617.0	3138.3
文化、体育和娱乐业	685.8	858.2	1129.8	1436.5	2125.4	2605.9	3155.6	4268.1	5225.5
公共管理、社会保障和社会组织	2438.1	2655.8	2768.4	3239.0	4034.2	4761.6	5647.8	6047.4	5873.7
国际组织		0.1							

4-7 按行业、登记注册类型和控股情况分第三产业固定资产投资(不含农户)

单位：亿元

行业	投资额	内资	港澳台商投资	外商投资	国有控股	集体控股	私人控股
第三产业合计	**242089.8**	**231573.9**	**6698.5**	**3817.4**	**105788.7**	**15801.9**	**89060.7**
农、林、牧、渔服务业	**2292.2**	**2287.7**	**3.0**	**1.5**	**1191.8**	**251.7**	**668.8**
开采辅助活动	**517.6**	**507.6**	**9.8**	**0.2**	**248.8**	**31.7**	**190.7**
金属制品、机械和设备修理业	**328.3**	**300.5**	**5.8**	**22.0**	**90.2**	**19.2**	**163.4**
批发和零售业	**12601.1**	**12210.7**	**198.1**	**192.3**	**1444.0**	**878.3**	**8698.5**
批发业	5966.7	5835.1	59.3	72.3	644.8	325.8	4321.9
零售业	6634.4	6375.6	138.8	120.0	799.2	552.5	4376.6
交通运输、仓储和邮政业	**36329.4**	**35637.5**	**448.6**	**243.3**	**27948.3**	**1002.9**	**5671.4**
铁路运输业	6690.7	6662.5	28.2		6479.6	53.2	138.0
道路运输业	20502.9	20420.7	33.3	48.9	17814.1	592.8	1482.8
水上运输业	2123.3	1993.8	79.3	50.2	1247.4	98.1	571.2
航空运输业	1314.1	1150.8	163.2	0.1	1109.2	31.3	80.7
管道运输业	374.0	339.1	30.8	4.2	249.5	12.6	82.8
装卸搬运和运输代理业	993.4	956.9	23.9	12.6	113.2	27.1	736.4
仓储业	4235.7	4019.6	89.5	126.7	897.2	185.1	2532.0
邮政业	95.2	94.1	0.3	0.7	38.1	2.5	47.5
住宿和餐饮业	**6012.4**	**5702.1**	**179.7**	**130.6**	**778.2**	**275.8**	**4125.0**
住宿业	4473.3	4197.0	173.4	103.0	629.2	185.7	2996.0
餐饮业	1539.1	1505.1	6.3	27.7	149.1	90.1	1129.0
信息传输、软件和信息技术服务业	**3084.9**	**2716.9**	**156.7**	**211.3**	**1724.3**	**68.9**	**742.5**
电信、广播电视和卫星传输服务	1696.1	1472.3	63.4	160.4	1325.7	19.2	48.8
互联网和相关服务	284.9	211.3	55.5	18.0	108.5	7.2	109.4
软件和信息技术服务业	1103.9	1033.2	37.7	32.9	290.2	42.5	584.3
金融业	**1242.0**	**1210.7**	**21.4**	**9.9**	**621.0**	**118.2**	**311.1**
货币金融服务	792.4	778.1	9.4	5.0	435.5	90.9	115.1
资本市场服务	198.3	197.4	0.5	0.4	60.1	11.4	110.7
保险业	101.0	98.6		2.4	76.4	2.0	15.1
其他金融业	150.2	136.6	11.5	2.2	49.0	14.0	70.2
房地产业	**111379.6**	**103357.4**	**5358.8**	**2663.4**	**26051.2**	**7533.1**	**56239.7**
租赁和商务服务业	**5874.6**	**5676.1**	**115.8**	**82.7**	**1733.9**	**588.7**	**2724.7**
租赁业	299.6	289.1	5.0	5.5	39.7	5.9	123.0
商务服务业	5575.1	5387.0	110.8	77.3	1694.3	582.8	2601.7
科学研究和技术服务业	**3133.2**	**3047.1**	**19.9**	**66.1**	**1213.8**	**237.7**	**1319.8**
研究和试验发展	1054.3	1008.6	14.1	31.6	451.7	58.1	393.7
专业技术服务业	1064.8	1050.2	3.2	11.3	481.6	108.8	377.6
科技推广和应用服务业	1014.2	988.3	2.6	23.3	280.4	70.8	548.5
水利、环境和公共设施管理业	**37662.7**	**37499.5**	**96.1**	**67.1**	**29260.1**	**2558.8**	**3925.7**
水利管理业	5118.8	5103.0	1.6	14.2	4485.1	329.2	162.3
生态保护和环境治理业	1425.7	1411.8	3.1	10.8	892.1	139.9	291.8
公共设施管理业	31118.2	30984.8	91.4	42.0	23882.8	2089.8	3471.6
居民服务、修理和其他服务业	**1994.4**	**1979.0**	**9.1**	**6.3**	**589.0**	**349.4**	**834.7**
居民服务业	1121.1	1115.4	3.2	2.5	352.1	241.2	408.5
机动车、电子产品和日用产品修理业	421.9	420.9	0.9	0.1	89.3	18.0	259.9
其他服务业	451.3	442.7	5.0	3.7	147.6	90.2	166.3
教育	**5399.9**	**5369.4**	**15.7**	**14.7**	**4000.4**	**375.6**	**696.6**
卫生和社会工作	**3138.3**	**3125.4**	**7.7**	**5.2**	**2258.1**	**232.3**	**473.6**
卫生	2591.5	2580.3	6.3	4.9	1972.7	176.8	317.2
社会工作	546.8	545.2	1.4	0.3	285.4	55.4	156.4
文化、体育和娱乐业	**5225.5**	**5087.8**	**42.5**	**95.2**	**2372.7**	**393.3**	**1934.0**
新闻和出版业	103.8	103.8			68.3	2.0	15.1
广播、电视、电影和影视录音制作业	311.1	308.9	0.9	1.3	165.5	14.0	107.7
文化艺术业	2381.7	2359.5	9.3	12.9	1225.6	213.1	712.7
体育	1041.0	1020.5	10.7	9.8	610.3	65.8	278.3
娱乐业	1388.0	1295.2	21.6	71.1	302.9	98.4	820.3
公共管理、社会保障和社会组织	**5873.7**	**5858.4**	**9.6**	**5.7**	**4262.8**	**886.1**	**340.6**
中国共产党机关	56.1	56.1			46.6	5.6	0.2
国家机构	4086.1	4082.4	0.0	3.7	3588.0	210.4	140.7
人民政协、民主党派	13.1	13.1			4.2	0.1	7.8
社会保障	217.0	217.0			125.1	40.9	38.3
群众团体、社会团体和其他成员组织	571.0	567.2	2.7	1.1	332.7	55.0	71.5
基层群众自治组织	930.5	922.7	6.8	1.0	166.2	574.0	82.0
国际组织							

4-8 按行业分第三产业固定资产投资(不含农户)资金来源和新增固定资产

单位：亿元

行　业	本年资金来源合　计	国家预算资金	国内贷款	利用外资
第三产业合计	**281469.1**	**18926.6**	**39249.5**	**1413.8**
农、林、牧、渔服务业	**2335.4**	**526.6**	**71.7**	**3.9**
开采辅助活动	**577.6**	**4.6**	**40.2**	**10.6**
金属制品、机械和设备修理业	**328.4**	**2.7**	**16.3**	**2.1**
批发和零售业	**13146.1**	**111.4**	**861.0**	**88.2**
批发业	6152.6	52.6	413.7	23.9
零售业	6993.5	58.8	447.3	64.3
交通运输、仓储和邮政业	**36875.2**	**4612.5**	**9507.0**	**340.9**
铁路运输业	6303.5	691.1	2540.8	24.1
道路运输业	19853.2	3486.3	5180.1	66.8
水上运输业	2224.0	216.9	504.9	9.2
航空运输业	2596.8	76.5	611.6	189.7
管道运输业	420.1	35.7	116.6	0.3
装卸搬运和运输代理业	1010.4	6.8	86.6	9.9
仓储业	4368.3	97.5	463.1	40.6
邮政业	98.9	1.7	3.1	0.2
住宿和餐饮业	**6420.0**	**74.6**	**492.9**	**78.9**
住宿业	4833.4	55.7	390.6	70.1
餐饮业	1586.5	18.9	102.3	8.8
信息传输、软件和信息技术服务业	**3238.6**	**81.2**	**128.6**	**20.3**
电信、广播电视和卫星传输服务	1732.8	47.4	47.5	5.7
互联网和相关服务	295.0	4.8	9.1	2.4
软件和信息技术服务业	1210.8	29.0	72.0	12.3
金融业	**1310.2**	**17.8**	**29.1**	**4.4**
货币金融服务	829.5	14.1	20.1	2.8
资本市场服务	223.4	3.0	6.0	
保险业	115.1	0.6	0.2	
其他金融业	142.2	0.1	2.8	1.6
房地产业	**148100.5**	**2353.8**	**21692.9**	**565.3**
租赁和商务服务业	**6153.6**	**184.8**	**588.1**	**44.5**
租赁业	293.2	2.6	27.3	3.2
商务服务业	5860.4	182.2	560.8	41.3
科学研究和技术服务业	**3291.2**	**227.1**	**253.9**	**28.7**
研究和试验发展	1107.0	91.8	85.4	16.0
专业技术服务业	1096.7	86.8	61.8	4.0
科技推广和应用服务业	1087.5	48.5	106.7	8.7
水利、环境和公共设施管理业	**37472.9**	**6650.8**	**4222.3**	**92.2**
水利管理业	4918.9	1627.7	424.1	5.0
生态保护和环境治理业	1407.3	245.8	112.1	2.7
公共设施管理业	31146.6	4777.3	3686.1	84.5
居民服务、修理和其他服务业	**2044.1**	**173.4**	**101.6**	**13.3**
居民服务业	1139.7	74.7	50.7	11.4
机动车、电子产品和日用产品修理业	429.2	42.4	17.3	0.3
其他服务业	475.2	56.2	33.6	1.7
教育	**5461.5**	**1428.5**	**360.8**	**33.5**
卫生和社会工作	**3208.8**	**554.2**	**237.6**	**5.3**
卫生	2644.1	459.6	216.2	4.4
社会工作	564.7	94.6	21.4	0.9
文化、体育和娱乐业	**5526.0**	**565.3**	**467.0**	**71.6**
新闻和出版业	106.6	5.2	12.1	
广播、电视、电影和影视录音制作业	347.3	16.9	47.7	0.7
文化艺术业	2571.2	368.7	224.6	11.5
体育	1008.4	136.6	81.8	9.7
娱乐业	1492.5	37.9	100.7	49.6
公共管理、社会保障和社会组织	**5979.1**	**1357.3**	**178.5**	**10.2**
中国共产党机关	58.1	29.5	1.0	
国家机构	4123.4	1144.4	117.9	8.7
人民政协、民主党派	14.1	2.4	0.3	
社会保障	218.8	38.7	10.6	
群众团体、社会团体和其他成员组织	603.8	86.6	20.5	0.6
基层群众自治组织	960.9	55.7	28.1	0.9
国际组织				

4-8 续表

单位：亿元

行　业	自筹资金	其他资金	投资额	新增固定资产
第三产业合计	**155724.2**	**66155.0**	**242089.8**	**134381.4**
农、林、牧、渔服务业	**1545.3**	**188.0**	**2292.2**	**1939.5**
开采辅助活动	**506.5**	**15.7**	**517.6**	**337.3**
金属制品、机械和设备修理业	**298.3**	**9.0**	**328.3**	**211.9**
批发和零售业	**11671.0**	**414.4**	**12601.1**	**8308.2**
批发业	5478.0	184.4	5966.7	3930.7
零售业	6193.0	230.1	6634.4	4377.4
交通运输、仓储和邮政业	**18498.0**	**3916.9**	**36329.4**	**20080.7**
铁路运输业	1677.6	1370.0	6690.7	1814.7
道路运输业	9582.4	1537.6	20502.9	12573.3
水上运输业	1415.3	77.6	2123.3	1194.0
航空运输业	924.7	794.2	1314.1	1034.3
管道运输业	262.4	5.1	374.0	245.3
装卸搬运和运输代理业	891.6	15.4	993.4	573.6
仓储业	3651.2	115.9	4235.7	2567.9
邮政业	92.7	1.1	95.2	77.5
住宿和餐饮业	**5613.5**	**160.1**	**6012.4**	**3925.8**
住宿业	4207.8	109.2	4473.3	2728.9
餐饮业	1405.7	50.8	1539.1	1196.9
信息传输、软件和信息技术服务业	**2961.0**	**47.6**	**3084.9**	**2030.6**
电信、广播电视和卫星传输服务	1616.2	15.9	1696.1	1235.4
互联网和相关服务	265.3	13.4	284.9	149.0
软件和信息技术服务业	1079.4	18.2	1103.9	646.1
金融业	**1216.9**	**42.1**	**1242.0**	**688.8**
货币金融服务	777.2	15.3	792.4	491.1
资本市场服务	211.1	3.4	198.3	93.5
保险业	113.0	1.3	101.0	39.1
其他金融业	115.6	22.1	150.2	65.1
房地产业	**66791.3**	**56697.2**	**111379.6**	**53134.0**
租赁和商务服务业	**5029.7**	**306.4**	**5874.6**	**3208.8**
租赁业	187.9	72.2	299.6	180.7
商务服务业	4841.8	234.2	5575.1	3028.1
科学研究和技术服务业	**2684.4**	**97.1**	**3133.2**	**2198.0**
研究和试验发展	889.2	24.6	1054.3	614.5
专业技术服务业	903.0	41.0	1064.8	819.5
科技推广和应用服务业	892.2	31.5	1014.2	764.0
水利、环境和公共设施管理业	**23678.6**	**2829.0**	**37662.7**	**23344.2**
水利管理业	2219.4	642.7	5118.8	2947.6
生态保护和环境治理业	963.3	83.5	1425.7	950.1
公共设施管理业	20495.8	2102.8	31118.2	19446.5
居民服务、修理和其他服务业	**1639.3**	**116.5**	**1994.4**	**1414.0**
居民服务业	913.7	89.2	1121.1	748.5
机动车、电子产品和日用产品修理业	358.1	11.1	421.9	315.4
其他服务业	367.5	16.2	451.3	350.1
教育	**3322.7**	**316.0**	**5399.9**	**3831.9**
卫生和社会工作	**2261.1**	**150.6**	**3138.3**	**2157.4**
卫生	1840.9	123.0	2591.5	1724.7
社会工作	420.2	27.6	546.8	432.7
文化、体育和娱乐业	**4149.0**	**273.1**	**5225.5**	**3347.2**
新闻和出版业	87.6	1.7	103.8	47.4
广播、电视、电影和影视录音制作业	267.2	14.7	311.1	198.9
文化艺术业	1790.2	176.1	2381.7	1534.8
体育	736.3	44.0	1041.0	755.9
娱乐业	1267.7	36.6	1388.0	810.1
公共管理、社会保障和社会组织	**3857.7**	**575.3**	**5873.7**	**4223.2**
中国共产党机关	21.3	6.3	56.1	38.3
国家机构	2464.0	388.4	4086.1	2903.0
人民政协、民主党派	11.3	0.1	13.1	8.9
社会保障	143.4	26.1	217.0	154.0
群众团体、社会团体和其他成员组织	423.8	72.3	571.0	404.6
基层群众自治组织	794.1	82.1	930.5	714.5
国际组织				

4-9 各地区按行业门类分第三产业固定资产投资(不含农户)

单位：亿元

地 区	第三产业合 计	农、林、牧、渔业	采矿业	制造业	批发和零售业	交通运输、仓储和邮政业	住宿和餐饮业	信息传输、软件和信息技术服务业	金融业	房地产业
全国合计	**242089.8**	**2292.2**	**517.6**	**328.3**	**12601.1**	**36329.4**	**6012.4**	**3084.9**	**1242.0**	**111379.6**
北 京	5907.0	9.5		0.0	50.7	653.0	78.1	191.4	48.2	3839.5
天 津	5648.8	59.1	38.9	5.3	298.6	602.0	72.8	70.8	41.2	2194.9
河 北	10910.0	82.0	23.8	26.9	842.4	2109.8	272.5	115.6	44.7	4463.1
山 西	5428.6	52.2	51.5	3.0	244.5	928.7	80.2	63.3	3.9	2290.0
内 蒙 古	6091.1	156.2	60.0	26.0	388.5	1272.0	123.9	110.9	28.3	1969.1
辽 宁	14055.7	48.7	27.2	28.5	1014.5	1577.1	498.3	122.5	159.5	6728.2
吉 林	4161.8	83.6	24.8	3.3	420.3	584.8	82.4	60.2	20.9	1447.4
黑 龙 江	5676.9	229.0	30.3	4.8	615.8	542.5	137.6	136.0	26.2	2045.8
上 海	4395.1	9.5	0.2	1.3	51.9	499.0	34.1	112.4	15.2	2831.9
江 苏	17434.6	39.1	1.5	19.7	816.2	1685.9	502.1	381.6	116.6	8864.6
浙 江	13009.5	61.5	0.1	16.4	405.2	1450.3	228.2	136.0	94.8	7518.3
安 徽	9568.0	50.5	6.2	9.1	468.1	804.0	273.1	114.9	90.1	5007.8
福 建	9117.5	51.6	15.5	8.0	289.3	1559.7	218.9	136.5	55.1	4433.2
江 西	4965.8	25.7	4.2	11.2	500.6	484.1	271.7	48.4	31.4	1724.3
山 东	18027.0	186.2	23.7	49.1	1620.8	1983.2	380.7	107.5	61.7	7885.1
河 南	11326.9	134.8	9.4	11.4	720.4	1168.6	285.8	74.7	21.3	5985.2
湖 北	9557.4	117.6	22.8	13.4	433.9	1586.6	215.0	96.4	75.9	4140.6
湖 南	9248.5	95.6	11.5	27.7	542.0	1230.1	221.5	84.6	51.9	3298.3
广 东	14673.0	65.7	1.8	15.3	615.4	2425.2	439.4	301.8	75.2	7801.2
广 西	6233.2	119.0	4.3	9.2	379.7	1097.8	232.6	109.7	39.1	2079.6
海 南	2188.5	7.5	9.0	2.8	32.7	277.8	175.7	28.1	5.5	1339.2
重 庆	6658.2	71.0	9.3	1.6	173.8	1010.1	106.2	87.0	3.5	3594.1
四 川	12657.2	85.3	12.1	10.9	449.1	2096.6	351.9	103.3	62.5	6050.5
贵 州	5333.4	1.9	5.7		86.4	1003.7	70.6	8.0	2.1	2313.2
云 南	6592.3	86.0	5.7	1.8	246.1	1112.7	182.0	76.3	6.3	3305.5
西 藏	573.4	17.8	0.0	0.1	18.8	165.0	25.0	4.5	9.2	79.9
陕 西	9044.6	116.1	43.0	13.4	448.5	868.9	265.6	85.6	34.4	4381.2
甘 肃	3066.3	82.5	13.0	3.2	219.9	428.5	78.7	49.8	9.6	1090.5
青 海	1107.8	49.9	18.9	1.3	17.1	283.0	20.1	3.5	3.2	324.6
宁 夏	1294.0	16.1	2.0	1.2	51.2	139.0	19.9	12.4	1.7	744.2
新 疆	3446.8	80.9	41.4	2.7	138.9	550.0	68.3	50.9	2.9	1608.4
不分地区	4691.0					4149.6				

4-9 续表

单位：亿元

地区	租赁和商务服务业	科学研究和技术服务业	水利、环境和公共设施管理业	居民服务、修理和其他服务业	教育	卫生和社会工作	文化、体育和娱乐业	公共管理、社会保障和社会组织	国际组织
全国合计	**5874.6**	**3133.2**	**37662.7**	**1994.4**	**5399.9**	**3138.3**	**5225.5**	**5873.7**	
北京	50.5	108.0	463.8	14.6	142.7	60.9	111.6	84.2	
天津	590.1	74.8	1146.2	109.2	98.0	62.9	103.4	80.7	
河北	335.7	150.6	1496.4	51.2	206.1	149.6	342.9	196.8	
山西	56.3	39.3	1246.6	20.5	152.2	55.2	86.4	54.8	
内蒙古	57.4	61.3	1216.9	35.4	93.9	70.2	127.6	293.5	
辽宁	400.5	194.9	2233.4	199.9	236.2	144.8	280.4	161.2	
吉林	69.8	80.4	826.0	54.6	76.0	71.7	92.8	162.9	
黑龙江	162.3	122.6	949.9	76.5	156.7	130.9	114.6	195.3	
上海	161.1	41.5	421.5	4.9	71.9	39.9	86.8	12.0	
江苏	691.8	369.2	2571.4	138.6	330.1	207.3	424.4	274.4	
浙江	340.1	86.7	1759.2	29.7	253.3	148.2	269.0	212.5	
安徽	201.1	149.8	1539.7	62.8	229.9	130.8	185.7	244.4	
福建	178.7	37.0	1355.5	38.1	185.9	109.2	206.6	238.8	
江西	160.1	51.3	1028.9	68.6	176.4	86.9	143.3	148.8	
山东	531.6	663.8	1837.1	410.1	449.6	244.6	697.0	895.0	
河南	176.3	109.8	1688.3	143.1	290.4	167.0	262.2	78.4	
湖北	276.4	85.0	1593.9	92.6	136.7	144.7	177.0	348.7	
湖南	341.7	129.3	1984.7	75.2	262.4	151.3	189.6	551.1	
广东	251.9	155.6	1688.5	39.0	308.8	169.9	226.2	91.9	
广西	151.5	50.3	1237.9	51.7	251.0	116.6	127.7	175.7	
海南	8.6	8.2	186.3	1.5	23.1	13.3	60.6	8.7	
重庆	91.1	17.5	1033.4	43.5	134.6	71.8	91.5	118.0	
四川	135.5	38.2	2361.6	33.1	301.9	167.3	194.4	203.2	
贵州	36.9	20.5	1526.0	5.7	123.6	20.0	74.6	34.6	
云南	58.4	36.3	847.1	39.8	208.8	83.9	147.8	147.6	
西藏	10.2	9.6	81.8	4.2	30.6	6.9	21.4	88.2	
陕西	174.6	162.1	1640.4	53.9	201.8	181.4	146.5	227.2	
甘肃	58.0	39.1	481.0	67.0	92.6	52.4	120.9	179.8	
青海	71.1	3.5	112.0	2.3	49.6	10.9	36.2	100.6	
宁夏	12.5	5.9	179.1	13.2	28.9	16.9	16.3	33.7	
新疆	33.0	8.5	523.3	13.7	96.3	50.9	60.1	116.6	
不分地区		22.3	404.9					114.2	

【主要统计指标解释】

全社会固定资产投资 以货币形式表现的在一定时期内全社会建造和购置固定资产的工作量以及与此有关的费用的总称。该指标是反映固定资产投资规模、结构和发展速度的综合性指标，又是观察工程进度和考核投资效果的重要依据。全社会固定资产投资按登记注册类型可分为国有、集体、个体、联营、股份制、私营和个体、港澳台商、外商、其他等。

城镇固定资产投资 指城镇各种登记注册类型的企业、事业、行政单位及个体户进行的计划总投资50万元及50万元以上的建设项目投资和房地产开发投资。县城及以上区域内发生的投资，县及县以上各级政府及主管部门直接领导、管理的建设项目和企业事业单位的投资均为城镇固定资产投资。

固定资产投资（不含农户） 包含原口径的城镇固定资产投资加上农村企事业组织项目投资，该口径自2011年起开始使用。之前年份统计数据为城镇固定资产投资口径。

建设总规模 指在报告期内所有施工项目的计划总投资。

在建总规模 指在报告期末所有在建项目的计划总投资。

固定资产投资的资金来源 根据固定资产投资的资金来源不同，分为国家预算内资金、国内贷款、利用外资、自筹资金和其他资金。

（1）国家预算资金：国家预算包括一般预算、政府性基金预算、国有资本经营预算和社保基金预算。各类预算中用于固定资产投资的资金全部作为国家预算资金填报，其中一般预算中用于固定资产投资的部分包括基建投资、车购税、灾后恢复重建基金和其他财政投资。各级政府债券也应归入国家预算资金。

（2）国内贷款：指报告期内向银行及非银行金融机构借入的各种国内借款，包括银行利用自有资金及吸收的存款发放的贷款、上级主管部门拨入的国内贷款、国家专项贷款（包括煤代油贷款、劳改煤矿专项贷款等），地方财政专项资金安排的贷款、国内储备贷款、周转贷款等。

（3）利用外资：指报告期收到的用于固定资产建造和购置的境外资金（包括设备、材料、技术在内）。包括对外借款（外国政府贷款、国际金融组织贷款、出口信贷、外国银行商业贷款、对外发行债券和股票）、外商直接投资及外商其他投资（包括利用外商投资收益在国内进行固定资产在投资活动的资金）。不包括我国自有外汇资金（国家外汇、地方外汇、留成外汇、调剂外汇和国内银行自有资金发放的外汇贷款等）。计算利用外资时，需要折算成人民币，折算时所使用的外汇汇率按现汇计算，即按报告期末的汇率计算。

（4）自筹资金：指固定资产投资单位在报告期收到的，由各企、事业单位筹集用于固定资产投资的预算外资金，包括各类企事业单位的自有资金和从其他单位筹集的用于固定资产投资的资金，但不包括各类财政性资金、从各类金融机构借入资金和国外资金。

（5）其他资金：在报告期收到的除以上各种资金之外的用于固定资产投资的资金，包括社会集资、个人资金、无偿捐赠的资金及其他单位拨入的资金等。

固定资产投资按国民经济行业分 根据建设项目建成投产后的主要产品种类或主要用途及社会经济活动中类来划分，不能根据项目单位本身的行业类别来划分。如果项目投产后有几种产品，应根据主要产品来确定行业类别。一般情况下，一个建设项目只能属于一种国民经济行业。

新增固定资产 指已经完成建造和购置过程，并已交付生产或使用单位的固定资产的价值，包括已经建成投入生产或交付使用的工程投资和达到固定资产标准的设备、工具、器具的投资及有关应摊入的费用。该指标是表示固定资产投资成果的价值指标，也是反映建设进度，计算固定资产投资效果的重要指标。

5 第三产业部分行业主要财务指标

5-1 批发和零售业

简要说明

一、主要内容

批发和零售业企业主要财务状况。

二、统计范围

限额以上批发和零售业企业。

三、统计调查方法

对限额以上批发和零售业法人企业采用全面调查的方法。

四、限额标准

批发业企业，年主营业务收入2000万元及以上。

零售业企业，年主营业务收入500万元及以上。

五、资料来源

本部分资料是国家统计局贸易外经统计司根据《批发和零售业统计报表制度》搜集的资料进行加工整理而得。

5-1-1 限额以上批发和零售业企业年末资产负债

单位：万元

项目	资产总计	#流动资产合计	#固定资产合计	负债合计	所有者权益合计
总计	**2011320106**	**1535565039**	**146827704**	**1478533777**	**534220564**
一、批发业	**1566935689**	**1240327093**	**78806134**	**1158244738**	**409800719**
#国有控股	604273724	443343705	35404116	419968269	185415728
(一)按登记注册类型分					
内资企业	**1369389975**	**1078272613**	**73368302**	**1025600145**	**344899259**
国有企业	139898760	109425017	12431416	80760331	59159988
集体企业	6926296	5171710	590712	5683685	1242611
股份合作企业	1897444	1565650	123843	1701320	196125
联营企业	613719	469750	44548	500034	113685
国有联营企业	214953	177404	16112	169634	45319
集体联营企业	63849	35480	12690	53503	10345
国有与集体联营企业	264630	207117	5919	211800	52831
其他联营企业	70287	49748	9827	65097	5190
有限责任公司	647103120	518799377	25482905	509029985	138121343
国有独资公司	104278925	68852265	5198152	73584374	30743538
其他有限责任公司	542824195	449947112	20284753	435445612	107377805
股份有限公司	163316118	101400239	12750304	106701744	57654101
私营企业	405614133	338750888	21125543	318741733	86872336
私营独资企业	1944453	1301960	427581	1193352	751101
私营合伙企业	319578	278917	28632	234539	85039
私营有限责任公司	387756045	324592681	19808766	305173982	82581998
私营股份有限公司	15594057	12577330	860564	12139859	3454198
其他企业	4020386	2689981	819032	2481314	1539071
港、澳、台商投资企业	**63261166**	**51565622**	**2157667**	**43008002**	**20253503**
合资经营企业	8856710	6855601	363336	6331030	2526019
合作经营企业	396883	347415	21991	225831	171052
独资经营企业	52625009	43249202	1696910	35399643	17225365
投资股份有限公司	1298094	1035165	75086	971438	326656
其他港澳台商投资企业	84471	78239	344	80060	4411
外商投资企业	**134284548**	**110488858**	**3280166**	**89636591**	**44647957**
中外合资经营企业	24280101	20969039	611120	19001583	5278518
中外合作经营企业	967064	795506	18158	663267	303797
外资企业	107372429	87502117	2490384	69106462	38265968
外商投资股份有限公司	911443	519712	130812	516874	394569
其他外商投资企业	753510	702485	29692	348407	405104

5-1-1 续表 1 单位：万元

项 目	资产总计	#流动资产合计	#固定资产合计	负债合计	所有者权益合计
(二)按国民经济行业分					
农、林、牧产品批发	58161490	40839379	5252225	41904650	16256840
食品、饮料及烟草制品批发	156160649	120772573	14337302	82591271	73569378
#米、面制品及食用油批发	31388220	25565470	2002916	26897878	4490342
肉、禽、蛋、奶及水产品批发	8431008	5273617	2024852	5452111	2978897
酒、饮料及茶叶批发	28855054	22390442	1097633	17876796	10978258
烟草制品批发	56914416	46442903	5931241	11242044	45672372
纺织、服装及家庭用品批发	145124300	121207454	7165303	107905290	37219010
#服装批发	38452617	30619168	2467730	25999347	12453270
鞋帽批发	9280085	7836959	409678	6529427	2750658
家用电器批发	42504026	36872764	2135705	33376249	9127777
文化、体育用品及器材批发	35864485	27576702	1600708	24784501	11079984
#文具用品批发	7278192	6484750	308289	5845002	1433191
体育用品及器材批发	1367112	1152403	91205	1071496	295617
图书批发	8767000	5592064	682863	4914294	3852706
医药及医疗器材批发	72512506	62038995	3186048	55687227	16825279
#西药批发	46165868	39695232	1774994	36203963	9961904
中药批发	15563455	13495097	631418	12125812	3437643
矿产品、建材及化工产品批发	790713899	611298666	38050465	612092281	179731048
#煤炭及制品批发	134854016	98292657	5225632	100409304	34444580
石油及制品批发	161275776	108093785	19550579	115805377	46580443
金属及金属矿批发	315072981	262755403	6630365	259511730	55561251
建材批发	55571405	43303663	2415190	42207491	13363914
化肥批发	27883191	21386097	1296081	22080050	5803141
农药批发	2493346	1787955	109377	1785404	707943
机械设备、五金产品及电子产品批发	226921180	188317492	6778950	167323502	59597678
#汽车批发	62666087	52724698	1252117	48175347	14490740
计算机、软件及辅助设备批发	15237334	13683562	268928	11448633	3788701
通讯及广播电视设备批发	24741889	19991443	671580	16645565	8096324
贸易经纪与代理	41742576	37243487	566766	35313682	6428894
其他批发业	39734604	31032345	1868368	30642334	9092609

5-1-1 续表 2

单位：万元

项目	资产总计	#流动资产合计	#固定资产合计	负债合计	所有者权益合计
二、零售业	**444384417**	**295237947**	**68021570**	**320289038**	**124419846**
#国有控股	88620702	49279325	16710923	55744670	33191591
(一)按登记注册类型分					
内资企业	**377847308**	**252763647**	**58830779**	**270758781**	**107412995**
国有企业	9320210	5229486	2165546	5806900	3513310
集体企业	3311956	1926631	916226	2100455	1211501
股份合作企业	545809	334421	135823	354644	191165
联营企业	230786	166262	39886	130225	100561
国有联营企业	47458	33000	10118	29075	18383
集体联营企业	81770	55464	14351	50364	31406
国有与集体联营企业	55083	41839	8387	23319	31765
其他联营企业	46475	35959	7030	27467	19008
有限责任公司	159879837	111333189	23273526	120021522	39863893
国有独资公司	5970362	2803491	1494012	3211210	2759152
其他有限责任公司	153909476	108529698	21779514	116810313	37104741
股份有限公司	72016533	38172167	13408771	45610767	26721325
私营企业	130390026	94284883	18376711	95485988	34907368
私营独资企业	3482548	1894507	1160414	1617603	1864945
私营合伙企业	480311	291652	114164	289003	191307
私营有限责任公司	118793415	86733193	16125845	88384150	30412595
私营股份有限公司	7633753	5365532	976287	5195232	2438521
其他企业	2152151	1316608	514290	1248279	903872
港、澳、台商投资企业	**35542731**	**21098733**	**4325146**	**25937935**	**9604796**
合资经营企业	8652399	6180398	983120	5802128	2850271
合作经营企业	633294	402450	124585	434397	198898
独资经营企业	23628177	13155600	2815691	18262099	5366079
投资股份有限公司	1655739	805469	305944	1016650	639089
其他港澳台商投资企业	973122	554817	95806	422662	550460
外商投资企业	**30994378**	**21375567**	**4865645**	**23592323**	**7402055**
中外合资经营企业	10409685	7115742	1785167	7824341	2585345
中外合作经营企业	1172936	971397	114599	893261	279675
外资企业	18291897	12714167	2642620	14028942	4262955
外商投资股份有限公司	935505	431954	295059	685257	250248
其他外商投资企业	184355	142307	28201	160522	23833

5-1-1 续表 3 单位：万元

项目	资产总计	#流动资产合计	#固定资产合计	负债合计	所有者权益合计
(二)按国民经济行业分					
综合零售	139156374	81486800	27178926	103291267	35870685
#百货零售	87902569	47797445	17690430	62495317	25412575
超级市场零售	47772683	31554386	8701623	38278719	9494219
食品、饮料及烟草制品专门零售	13723367	8604746	2675503	7315520	6407848
#粮油零售	1957778	1249431	403214	1286340	671438
肉、禽、蛋、奶及水产品零售	1976829	981991	568743	904648	1072180
酒、饮料及茶叶零售	4598220	3088635	682722	2572477	2025743
烟草制品零售	1381038	1014387	104619	620790	760249
纺织、服装及日用品专门零售	23465469	16496144	3380900	16183942	7284858
#服装零售	15687156	10728065	2371580	11120663	4569823
文化、体育用品及器材专门零售	19253374	13239913	3109343	11593706	7659669
#体育用品及器材零售	1014306	820725	83695	681052	333255
图书、报刊零售	8960830	5628658	1699453	4836406	4124424
医药及医疗器材专门零售	24581903	19731027	1571640	18974606	5607297
#药品零售	22633406	18004167	1431370	17523477	5109929
汽车、摩托车、燃料及零配件专门零售	160583559	111130314	21334485	117730462	43168656
#汽车零售	121352490	93657392	12701319	95546417	25806073
机动车燃料零售	35967503	14970265	8193921	19971874	16311188
家用电器及电子产品专门零售	34386475	26381395	3150781	23946061	10440414
#日用家电设备零售	19298848	14332827	1705780	13726215	5572633
计算机、软件及辅助设备零售	5440385	4494522	346328	3394402	2045983
通信设备零售	2908528	2404157	196933	2171661	736867
五金、家具及室内装饰材料专门零售	14240283	7744726	3040074	9249361	4990923
货摊、无店铺及其他零售业	14993613	10422883	2579918	12004116	2989497
#互联网零售	4308435	3909904	134378	5084530	-776094
(三)按零售业态分					
有店铺零售	434983295	286862446	67659383	311073287	124234475
#超市	14538425	9140351	3069320	10007590	4536414
大型超市	49293415	29315117	8371032	41000999	8292416
百货店	81948349	47089844	17290158	56164954	25783395
专业店	152100597	102498165	21050643	103497282	48930020
专卖店	113828810	84776754	13408860	84453998	29366995
无店铺零售	9267188	8326603	308101	9101975	165213

5-1-2 各地区限额以上批发和零售业企业年末资产负债

单位：万元

地区	资产总计	#流动资产合计	#固定资产合计	负债合计	所有者权益合计
全国	**2011320106**	**1535565039**	**146827704**	**1478533777**	**534220564**
北京	317594186	233252861	9015649	229199971	88394215
天津	94676584	75666315	4233101	74294638	20381946
河北	44895799	33663048	4923201	32927315	11968484
山西	46092285	35391342	3652580	36855135	9237150
内蒙古	22117927	15580517	2352920	16173224	5944703
辽宁	67673585	51579370	6673435	51811218	15708720
吉林	14849112	10860552	2491960	10632950	4216162
黑龙江	21646497	17180536	2212172	17469197	4177300
上海	193694276	154699180	8382717	141622266	52072010
江苏	166942640	127676092	14312745	122990523	45075184
浙江	166014321	131740942	9474975	128914073	37100248
安徽	37471976	28613427	3556988	25719623	11752352
福建	79553476	59769604	4328891	53563625	25989850
江西	12984254	9020577	1845958	8025514	4958740
山东	113289279	83065439	15451613	82805730	30483549
河南	36081136	26862395	4869826	25335829	10794293
湖北	53402215	38005011	8234028	37896239	15511554
湖南	29854053	20104823	4437997	19044291	10809763
广东	249341046	202010523	15219175	191980281	57417592
广西	22242034	16796287	1515229	16128824	6113210
海南	8643575	5975749	598974	4676486	3967089
重庆	33486561	26480031	3061648	24074541	9412019
四川	44837117	34748599	4118203	31875734	12961383
贵州	19525582	12023207	1239572	12904014	6621568
云南	42678257	32607344	3099005	29440211	13238047
西藏	686399	478700	137509	365489	320910
陕西	26609660	18624323	2867746	18981627	7696445
甘肃	9905517	7596812	1180317	5833236	4064464
青海	4603661	3243904	474648	3017355	1586306
宁夏	4179400	2803299	554586	3066096	1113304
新疆	25747697	19444229	2310338	20908522	5132004

5-1-3 各地区限额以上批发业企业年末资产负债

单位：万元

地区	资产总计	#流动资产合计	#固定资产合计	负债合计	所有者权益合计
全国	**1566935689**	**1240327093**	**78806134**	**1158244738**	**409800719**
北京	279330467	203998636	5972540	199314685	80015782
天津	83875288	69573703	2251358	66770929	17104360
河北	34378757	26606919	2922142	24586825	9791932
山西	35696229	28353217	1837736	28921044	6775185
内蒙古	13967888	10044014	1135468	9887683	4080204
辽宁	49177923	40476234	3125810	38480805	10560621
吉林	8535177	7265119	745808	5888831	2646346
黑龙江	15816708	13326336	1034981	13132162	2684546
上海	163603213	136087237	4884354	118040001	45563212
江苏	124659986	101165595	7408935	92466299	32976228
浙江	136108309	110717724	5387401	105972010	30136299
安徽	23013285	18519625	1402283	15865749	7147536
福建	66737134	50685363	2744484	45463454	21273679
江西	7300561	5369802	884374	4346396	2954165
山东	77104644	59626176	8023498	56821808	20282836
河南	22023701	16959086	2518194	14998061	7074627
湖北	32735970	25225530	3822042	23576464	9159506
湖南	16537424	12290342	1827410	10538687	5998737
广东	204762043	169971229	10846747	161200039	43615501
广西	16900863	12774381	862122	12273078	4627785
海南	6577923	4534046	192268	3336971	3240952
重庆	24011794	20207943	1515936	17764097	6247697
四川	27584798	23981454	1434045	20397751	7187047
贵州	14544283	8963346	631473	9098144	5446139
云南	32059423	25581770	1672193	22390329	9669094
西藏	416899	323106	52982	209441	207457
陕西	15560032	11508967	982478	11481458	4146986
甘肃	6815634	5722608	587972	3759758	3055876
青海	3795706	2741342	260584	2428957	1366748
宁夏	2691720	1752635	319082	1912586	779135
新疆	20611906	15973610	1519438	16920235	3984500

5-1-4 各地区限额以上零售业企业年末资产负债

单位：万元

地 区	资产总计	#流动资产合计	#固定资产合计	负债合计	所有者权益合计
全 国	**444384417**	**295237947**	**68021570**	**320289038**	**124419846**
北 京	38263719	29254226	3043109	29885287	8378432
天 津	10801296	6092612	1981744	7523709	3277586
河 北	10517042	7056129	2001060	8340490	2176552
山 西	10396056	7038125	1814844	7934091	2461965
内蒙古	8150040	5536503	1217452	6285541	1864499
辽 宁	18495662	11103137	3547626	13330413	5148099
吉 林	6313935	3595433	1746152	4744118	1569816
黑龙江	5829789	3854200	1177191	4337035	1492753
上 海	30091063	18611943	3498363	23582265	6508798
江 苏	42282654	26510497	6903810	30524223	12098957
浙 江	29906012	21023218	4087575	22942063	6963949
安 徽	14458690	10093802	2154705	9853874	4604816
福 建	12816342	9084242	1584407	8100171	4716171
江 西	5683693	3650776	961583	3679118	2004575
山 东	36184635	23439263	7428115	25983922	10200713
河 南	14057435	9903309	2351632	10337768	3719666
湖 北	20666245	12779481	4411987	14319775	6352048
湖 南	13316629	7814480	2610587	8505603	4811026
广 东	44579003	32039294	4372428	30780242	13802091
广 西	5341171	4021906	653106	3855746	1485425
海 南	2065652	1441703	406707	1339514	726138
重 庆	9474767	6272089	1545712	6310444	3164322
四 川	17252319	10767145	2684158	11477983	5774336
贵 州	4981299	3059861	608100	3805870	1175429
云 南	10618835	7025574	1426812	7049882	3568953
西 藏	269500	155595	84527	156048	113452
陕 西	11049627	7115357	1885268	7500168	3549459
甘 肃	3089884	1874205	592345	2073478	1008589
青 海	807956	502562	214064	588398	219558
宁 夏	1487680	1050664	235504	1153511	334169
新 疆	5135791	3470618	790900	3988287	1147504

5-1-5 限额以上批发和零售业企业损益及分配

单位：万元

项　　目	主营业务收入	主营业务成本	销售费用	管理费用	财务费用	利润总额
总　　计	**4438865567**	**4095585070**	**133876461**	**73435887**	**18969809**	**112317345**
一、批发业	**3576617652**	**3337317086**	**84971219**	**46791330**	**12995593**	**86751703**
#国有控股	1544775445	1460093705	21945926	15189065	3133793	37026276
(一)按登记注册类型分						
内资企业	**3140879434**	**2956356877**	**54899922**	**35958100**	**13209591**	**69815510**
国有企业	372731277	331022914	5759696	7207883	237145	18512618
集体企业	13865850	12682545	364446	309423	74476	409425
股份合作企业	4182390	3986536	66510	48514	34362	26357
联营企业	2072077	1957319	50390	13278	10006	18575
国有联营企业	1377208	1344193	4023	4067	5077	4028
集体联营企业	173020	166283	1603	1943	1497	-180
国有与集体联营企业	435774	387314	41491	4062	3406	7332
其他联营企业	86075	59528	3273	3206	25	7395
有限责任公司	1469171115	1402693029	22766677	12911059	5627745	25988872
国有独资公司	280598506	269867658	2914058	2084090	809544	6334114
其他有限责任公司	1188572609	1132825372	19852618	10826969	4818200	19654759
股份有限公司	384308741	367474904	7262120	3152125	1277966	6127715
私营企业	881776665	825376094	18352889	12096600	5876445	17848616
私营独资企业	6355532	5366594	181188	135043	42104	483227
私营合伙企业	1229704	1085838	41643	22172	9120	52755
私营有限责任公司	845771586	793115103	17458142	11506255	5628324	16167367
私营股份有限公司	28419842	25808559	671916	433130	196898	1145267
其他企业	12771319	11163537	277194	219219	71446	883330
港、澳、台商投资企业	**118800395**	**103428988**	**8101065**	**3290114**	**298960**	**4934582**
合资经营企业	15622000	14664595	527387	221982	48920	252741
合作经营企业	1057008	929648	52674	23429	1473	49932
独资经营企业	99586156	85712231	7312160	2975652	229140	4492978
投资股份有限公司	2459031	2057369	195551	65303	19385	138721
其他港澳台商投资企业	76200	65146	13293	3749	42	210
外商投资企业	**316937823**	**277531221**	**21970232**	**7543116**	**-512958**	**12001611**
中外合资经营企业	85587569	78442607	4309070	533772	147333	2193570
中外合作经营企业	6628496	6411850	69965	16218	-1104	128873
外资企业	218035338	186672369	17208191	6886615	-665378	9482776
外商投资股份有限公司	3279593	2805934	316299	76762	4948	82500
其他外商投资企业	3406827	3198461	66708	29749	1243	113892

5-1-5 续表 1 单位：万元

项　　目	主营业务收入	主营业务成本	销售费用	管理费用	财务费用	利润总额
(二)按国民经济行业分						
农、林、牧产品批发	76137379	70388043	1459331	1558686	928370	2991150
食品、饮料及烟草制品批发	308565913	251576724	14070225	10195495	101829	26508739
#米、面制品及食用油批发	44426473	41755324	1596604	664410	364041	654745
肉、禽、蛋、奶及水产品批发	21675914	19077645	798999	472303	241323	988816
酒、饮料及茶叶批发	45159379	33758208	5070507	1082086	80318	5166393
烟草制品批发	139357518	107104468	3167663	6228309	-587848	17390578
纺织、服装及家庭用品批发	286316033	251530366	17148983	7178052	809717	10127669
#服装批发	73059697	62011857	4152375	2958869	284858	3746175
鞋帽批发	16203929	13839331	811604	784252	74653	734088
家用电器批发	84410539	76951568	4259470	1042258	-24614	2246128
文化、体育用品及器材批发	58630598	53964530	1980828	1215091	220935	1566917
#文具用品批发	15018504	14029704	333424	243275	60224	324879
体育用品及器材批发	2249189	1929560	207150	88284	18369	21514
图书批发	5955262	5100935	381010	351364	-4281	341066
医药及医疗器材批发	134987141	121062228	6940918	3181780	661841	3561463
#西药批发	87590187	80643659	3290431	1595826	494284	1834722
中药批发	28405284	25450067	1532415	545370	150992	660327
矿产品、建材及化工产品批发	2150107340	2073163954	23754377	13278043	8555691	25677294
#煤炭及制品批发	298315503	284669742	4478466	2344014	1735833	4584175
石油及制品批发	640994849	616656463	7466181	2884183	1024254	6944525
金属及金属矿批发	767161465	747941894	5335998	3686794	3925577	6740749
建材批发	105729449	100362686	1363411	1134268	653549	2604104
化肥批发	50780265	48562810	857028	459933	411817	576518
农药批发	3364267	3076974	111208	72995	27223	127200
机械设备、五金产品及电子产品批发	436928012	398493810	17031676	8366540	1130965	13406610
#汽车批发	153895162	139080508	7242162	1311266	208952	5483971
计算机、软件及辅助设备批发	38840989	36716959	923061	577113	80148	651020
通讯及广播电视设备批发	54399184	50801867	1651931	1329877	-7242	1524486
贸易经纪与代理	44873336	42506703	1043748	617696	-28548	988727
其他批发业	80071899	74630727	1541133	1199946	614794	1923135

5-1-5 续表 2 单位：万元

项　　目	主营业务收入	主营业务成本	销售费用	管理费用	财务费用	利润总额
二、零售业	**862247916**	**758267984**	**48905242**	**26644557**	**5974217**	**25565643**
#国有控股	188149574	169117396	8995147	4422470	539830	6143659
(一)按登记注册类型分						
内资企业	**765244587**	**677903749**	**38007748**	**21908345**	**5565153**	**22766638**
国有企业	22661459	20016921	938123	679393	76895	799165
集体企业	13377962	11531954	443658	392647	76185	734758
股份合作企业	1638257	1424729	69137	58676	7177	54705
联营企业	1096160	967834	43577	23895	3180	48684
国有联营企业	267627	243107	7416	6994	425	9036
集体联营企业	244991	206235	11458	5346	1268	14576
国有与集体联营企业	348002	316382	10799	3611	481	14457
其他联营企业	235541	202110	13904	7944	1007	10616
有限责任公司	317870438	282304442	17763296	9175771	2263606	8092562
国有独资公司	13463445	12032667	578012	409624	24122	527663
其他有限责任公司	304406994	270271775	17185284	8766146	2239484	7564899
股份有限公司	133405062	120241497	6268264	3019655	534772	4373566
私营企业	269433941	236544721	12216983	8388026	2565837	8331227
私营独资企业	12227803	9976044	420133	389398	118308	964096
私营合伙企业	1541437	1289501	70949	47487	11492	85728
私营有限责任公司	241103307	212694593	10897550	7540319	2328148	6661255
私营股份有限公司	14561394	12584583	828351	410823	107889	620149
其他企业	5761309	4871652	264709	170282	37501	331972
港、澳、台商投资企业	**44804221**	**36619659**	**5189399**	**2306761**	**238661**	**1509939**
合资经营企业	11846985	9801398	1196255	463925	100413	618572
合作经营企业	740438	636983	55935	42214	1200	15549
独资经营企业	30320556	24835046	3695818	1578496	108791	724536
投资股份有限公司	927205	602925	92199	160951	19420	80553
其他港澳台商投资企业	969037	743307	149194	61176	8837	70730
外商投资企业	**52199108**	**43744576**	**5708096**	**2429452**	**170403**	**1289066**
中外合资经营企业	22510076	19424230	2029058	817977	42374	646157
中外合作经营企业	2412230	2081493	223626	87676	1046	80073
外资企业	25696754	20874541	3355073	1410333	107347	537541
外商投资股份有限公司	1222231	1048374	75639	102548	17640	20304
其他外商投资企业	357816	315938	24700	10917	1996	4991

5-1-5 续表 3

单位：万元

项 目	主营业务收入	主营业务成本	销售费用	管理费用	财务费用	利润总额
（二）按国民经济行业分						
综合零售	206035197	174450847	18207877	9387504	1342025	7550330
#百货零售	112096940	94351116	7993167	5753968	963468	5415001
超级市场零售	83579909	71491164	9394009	3192895	329850	1818355
食品、饮料及烟草制品专门零售	25285616	20398098	1706587	1004101	192964	1749816
#粮油零售	3293175	2869114	145945	97484	28710	176110
肉、禽、蛋、奶及水产品零售	4735094	3905347	220629	160185	40813	287794
酒、饮料及茶叶零售	6439442	5061297	521554	281088	63642	422721
烟草制品零售	2320479	1895164	118370	116879	2201	232730
纺织、服装及日用品专门零售	36248289	26540764	5295830	2433782	230249	1682785
#服装零售	23290447	16802409	3538210	1700433	161536	1020904
文化、体育用品及器材专门零售	27120370	22153285	2122360	1509389	160122	1185652
#体育用品及器材零售	1793742	1525777	137811	84902	6592	32718
图书、报刊零售	8649831	6708516	820884	762582	-1225	455685
医药及医疗器材专门零售	41886802	36364583	2463227	1376106	361474	1262126
#药品零售	38780955	33887311	2190330	1185793	345807	1143476
汽车、摩托车、燃料及零配件专门零售	400360051	369980037	11769345	7212496	3004812	7849819
#汽车零售	272204870	252070660	7661422	5811679	2693547	4193217
机动车燃料零售	119608149	110470414	3815764	1167475	254585	3246924
家用电器及电子产品专门零售	68773833	60771768	4056143	1781276	283928	1856794
#日用家电设备零售	29283117	25516774	2094251	846433	123731	708719
计算机、软件及辅助设备零售	17587888	16149444	584151	345323	42105	362132
通信设备零售	7380339	6633110	492095	215863	46311	183208
五金、家具及室内装饰材料专门零售	25119186	20003970	1312619	1005994	274754	1789029
货摊、无店铺及其他零售业	31418572	27604631	1971256	933911	123889	639291
#互联网零售	13810123	12862514	1075840	227313	-889	-337544
（三）按零售业态分						
有店铺零售	833207419	731648239	46788090	25999807	5962648	25752769
#超市	27238795	22762158	2140048	1075245	221022	1058414
大型超市	76975050	66260993	8745974	2892733	259051	1431368
百货店	110135934	91778230	7991675	5870904	961209	5645982
专业店	326094039	290991365	13826928	7864967	2053382	10122667
专卖店	246297644	220867869	11200551	6590566	2111425	5368137
无店铺零售	28994305	26580249	2102513	642325	13009	-179273

5-1-6 各地区限额以上批发和零售业企业损益及分配

单位：万元

地 区	主营业务收入	主营业务成本	销售费用	管理费用	财务费用	利润总额
全 国	**4438865567**	**4095585070**	**133876461**	**73435887**	**18969809**	**112317345**
北 京	481018693	451495908	16773679	8331820	1002923	10465003
天 津	243521335	232104384	4066900	1989744	1310172	2728137
河 北	102017612	96471512	2237151	1392795	686822	1219101
山 西	108680799	104024682	2085691	1371336	544284	739878
内蒙古	41137096	37314189	1280674	754693	250285	928604
辽 宁	158495680	149083885	3279256	2725726	797784	2596167
吉 林	31844555	28986344	1121446	783392	222071	715647
黑龙江	52207265	47835248	1309718	916878	283714	962669
上 海	524985196	480781217	24959904	9686972	407200	11706978
江 苏	402423625	366956164	10896837	6901815	1979137	14741223
浙 江	342383697	324030212	8315425	4663224	1964254	4928329
安 徽	76383749	68939350	3145923	1511533	330809	2091742
福 建	138838985	129257870	3818314	2104536	682057	3200653
江 西	30666798	27327363	980366	607324	113646	1237409
山 东	291061687	260417593	7483087	5213906	1731444	13715649
河 南	92213710	82581113	2569373	2000028	502466	3799377
湖 北	132623219	118710323	4585171	2642643	665999	4730937
湖 南	69605946	61179535	2738012	1945350	415947	2387762
广 东	562290786	520230221	15402325	8615569	2395967	11917207
广 西	43504050	40380582	1294502	764532	324147	735482
海 南	24801713	23061570	536659	275937	55007	930929
重 庆	87528312	78762407	3054334	1455193	335084	3190758
四 川	98809770	89367477	3829359	1995853	652375	2514086
贵 州	31781646	25860464	1267054	744663	121002	3419497
云 南	69213417	61961507	2403070	1535194	431150	3037040
西 藏	1688508	1277113	210258	57039	2757	120061
陕 西	70287181	64150767	1923062	1158511	289264	2006412
甘 肃	34883100	33245378	608114	358565	116753	335846
青 海	12634277	11881160	225237	120376	33782	152494
宁 夏	9578667	8995437	279797	135543	58748	150020
新 疆	71754497	68914096	1195763	675199	262760	912247

5-1-7 各地区限额以上批发业企业损益及分配

单位：万元

地 区	主营业务收入	主营业务成本	销售费用	管理费用	财务费用	利润总额
全 国	**3576617652**	**3337317086**	**84971219**	**46791330**	**12995593**	**86751703**
北 京	415163136	392592571	11803715	6183731	688225	9341808
天 津	224695900	215003904	2971773	1429667	1180469	2595035
河 北	82380311	78642463	1307560	735207	527365	958685
山 西	89032920	85982046	1254641	862109	389635	649228
内蒙古	26745966	24559058	653312	374463	128349	660245
辽 宁	126079030	120310789	1785658	1388741	489711	1783486
吉 林	19409926	18130526	532624	251301	107078	389724
黑龙江	39382463	36588957	783444	465093	188533	594807
上 海	478401222	441641398	19912148	7306553	232948	10908122
江 苏	320491608	295079012	6686566	4295615	1346923	12066760
浙 江	287473952	274224830	5348502	3072329	1510436	4219709
安 徽	50402486	45841941	1863552	804179	164571	1394711
福 建	112864739	106324371	2254974	1366419	509455	2604968
江 西	19581295	17536821	466153	313777	38181	902624
山 东	208640296	189245816	4124207	2980870	1085847	9078900
河 南	60356994	54678585	1243427	1098472	252320	2396264
湖 北	90090881	82533416	2292311	1299021	336552	2757738
湖 南	37181590	32644262	1079477	1024759	224481	1517818
广 东	477168566	445509406	9579783	6157096	1924220	9338316
广 西	33325333	31303412	676813	449335	257568	543142
海 南	21077327	19822512	316411	141817	30441	799141
重 庆	63789749	58444785	1766071	853922	190921	2010133
四 川	59469635	54369820	1657361	982257	390103	1588987
贵 州	21577617	16972030	802784	523066	55840	2925083
云 南	52056804	46829183	1466219	1077625	288450	2353367
西 藏	805088	511443	179729	37812	1977	65435
陕 西	49131856	45936811	862304	557714	121592	1162664
甘 肃	27324520	26470935	299548	211723	69674	172809
青 海	11130440	10537375	142173	73042	19768	129961
宁 夏	7045695	6716752	109979	62622	34926	110479
新 疆	64340308	62331857	748000	410994	209035	731553

5-1-8 各地区限额以上零售业企业损益及分配

单位：万元

地 区	主营业务收入	主营业务成本	销售费用	管理费用	财务费用	利润总额
全 国	**862247916**	**758267984**	**48905242**	**26644557**	**5974217**	**25565643**
北 京	65855557	58903336	4969964	2148090	314698	1123194
天 津	18825436	17100480	1095127	560077	129702	133102
河 北	19637300	17829049	929591	657588	159457	260417
山 西	19647879	18042636	831049	509227	154648	90650
内蒙古	14391131	12755131	627362	380230	121936	268359
辽 宁	32416650	28773096	1493598	1336986	308073	812681
吉 林	12434629	10855818	588822	532091	114993	325923
黑龙江	12824802	11246291	526274	451785	95182	367862
上 海	46583974	39139819	5047756	2380419	174252	798855
江 苏	81932016	71877152	4210272	2606200	632214	2674463
浙 江	54909745	49805382	2966923	1590895	453818	708621
安 徽	25981263	23097409	1282371	707353	166238	697031
福 建	25974246	22933499	1563340	738117	172602	595685
江 西	11085503	9790542	514214	293547	75465	334785
山 东	82421391	71171777	3358880	2233036	645597	4636749
河 南	31856716	27902528	1325946	901555	250146	1403112
湖 北	42532338	36176907	2292860	1343621	329447	1973199
湖 南	32424356	28535273	1658535	920591	191466	869944
广 东	85122220	74720815	5822542	2458473	471747	2578891
广 西	10178717	9077170	617689	315197	66580	192340
海 南	3724387	3239058	220248	134120	24565	131787
重 庆	23738563	20317622	1288263	601271	144163	1180625
四 川	39340135	34997657	2171998	1013596	262272	925100
贵 州	10204029	8888434	464270	221597	65162	494414
云 南	17156614	15132324	936850	457569	142701	683673
西 藏	883419	765670	30529	19227	780	54626
陕 西	21155325	18213956	1060759	600796	167672	843748
甘 肃	7558581	6774444	308566	146843	47080	163037
青 海	1503837	1343786	83064	47334	14015	22532
宁 夏	2532972	2278685	169818	72921	23822	39541
新 疆	7414189	6582239	447763	264205	53726	180694

【主要统计指标解释】

资产总计 指企业过去的交易或者事项形成的、由企业拥有或者控制的、预期会给企业带来经济利益的资源。资产一般按流动性分为流动资产和非流动资产。其中流动资产可分为货币资金、交易性金融资产、应收票据、应收账款、预付款项、其他应收款、存货等；非流动资产可分为长期股权投资、固定资产、无形资产及其他非流动资产等。

流动资产合计 资产满足以下条件之一应归为流动资产：(1)预计在一个正常营业周期中变现、出售或耗用，主要包括存货、应收账款等；(2)主要为交易目的而持有；(3)预计在资产负债表日起一年内（含一年）变现；(4)自资产负债日起一年内，交换其他资产或清偿负债的能力不受限制的现金或现金等价物。包括货币资金、应收票据、应收账款、存货等项目。

固定资产合计 指企业为生产商品、提供劳务、出租或经营管理而持有的，使用寿命超过一个会计年度的有形资产。包括使用期限超过一年的房屋、建筑物、机器、机械、运输工具以及其他与生产、经营有关的设备、器具、工具等。固定资产合计是时点指标，表示固定资产经过扣减折旧、减值准备等后的期末余额。

负债合计 指企业过去的交易或者事项形成的，预期会导致经济利益流出企业的现时义务。负债一般按偿还期长短分为流动负债和非流动负债。

所有者权益合计 指企业资产扣除负债后由所有者享有的剩余权益。公司的所有者权益又称股东权益。包括实收资本、资本公积、盈余公积、未分配利润等。

主营业务收入 指企业确认的销售商品、提供劳务等主营业务的收入。

主营业务成本 指企业经营主要业务所发生的成本总额。

销售费用 指企业在销售商品和材料、提供劳务的过程中发生的各种费用，包括保险费、包装费、展览费和广告费、商品维修费、预计产品质量保证损失、运输费、装卸费等以及为销售本企业商品而专设的销售机构（含销售网点、售后服务网点等）的职工薪酬、业务费、折旧费等经营费用。

管理费用 指企业为组织和管理企业生产经营所发生的费用，包括企业在筹建期间内发生的开办费、董事会和行政管理部门在企业经营管理中发生的，或者应当由企业统一负担的公司经费等。

财务费用 指企业为筹集生产经营所需资金等而发生的筹资费用，包括企业生产经营期间发生的利息支出（减利息收入）、汇兑损失（减汇兑收益）以及相关的手续费等。

利润总额 指企业在一定会计期间的经营成果，是生产经营过程中各种收入扣除各种耗费后的盈余，反映企业在报告期内实现的盈亏总额。

5 第三产业部分行业主要财务指标

5-2 住宿和餐饮业

简要说明

一、主要内容

住宿和餐饮业企业主要财务状况。

二、统计范围

限额以上住宿和餐饮业企业。

三、统计调查方法

对限额以上住宿和餐饮业法人企业采用全面调查的方法。

四、限额标准

住宿业企业，年主营业务收入200万元及以上。

餐饮业企业，年主营业务收入200万元及以上。

五、资料来源

本部分资料是国家统计局贸易外经统计司根据《住宿和餐饮业统计报表制度》搜集的资料进行加工整理而得。

5-2-1 限额以上住宿和餐饮业企业年末资产负债

单位：万元

项目	资产总计	#流动资产合计	#固定资产合计	负债合计	所有者权益合计
总计	**149265711**	**54828228**	**57954704**	**105228026**	**44044979**
一、住宿业	**103687937**	**35155522**	**43468036**	**73567183**	**30128154**
#国有控股	29096602	7471437	14611448	16594781	12508484
(一)按登记注册类型分					
内资企业	**84070634**	**28922226**	**35185460**	**59610374**	**24467659**
国有企业	12548187	3226974	6682147	6748105	5800082
集体企业	1293032	437648	633785	894137	398895
股份合作企业	258504	113803	103702	205218	59949
联营企业	141943	43770	77428	79369	62574
国有联营企业	77257	21828	45996	37353	39904
集体联营企业	27414	10208	13254	8771	18644
国有与集体联营企业	34931	10735	17503	27873	7058
其他联营企业	2341	999	675	5372	-3031
有限责任公司	41136406	13609451	17158842	30013058	11123348
国有独资公司	3465854	841460	1721356	1999129	1466724
其他有限责任公司	37670552	12767991	15437486	28013929	9656624
股份有限公司	4109822	1539404	1600045	2791454	1318367
私营企业	24136599	9778483	8727907	18595375	5541223
私营独资企业	1628509	524352	812857	858920	769589
私营合伙企业	315875	103297	165574	159950	155925
私营有限责任公司	20572075	8483026	7173763	16384660	4187416
私营股份有限公司	1620139	667807	575714	1191846	428293
其他企业	446141	172692	201604	283657	163221
港、澳、台商投资企业	**12474186**	**3783280**	**4988529**	**8971949**	**3502237**
合资经营企业	5804777	1826714	2194354	4410325	1394452
合作经营企业	1237619	477185	558526	1086766	150853
独资经营企业	4985444	1365777	1980372	3169566	1815878
投资股份有限公司	373820	103676	211763	252230	121590
其他投资企业	72526	9927	43514	53061	19465
外商投资企业	**7143118**	**2450016**	**3294047**	**4984860**	**2158258**
中外合资经营企业	3271698	1277323	1413408	2287263	984435
中外合作经营企业	849599	325095	372771	833448	16151
外资企业	2668108	829809	1208676	1495624	1172484
外商投资股份有限公司	327336	11544	282138	353790	-26454
其他外商投资企业	26378	6245	17055	14736	11643
(二)按国民经济行业分					
旅游饭店	89387253	29607474	38483272	63931981	25461935
一般旅馆	12239235	4763578	4183952	8118361	4121610
其他住宿业	2061450	784470	800813	1516841	544609

5-2-1 续表

单位：万元

项目	资产总计	#流动资产合计	#固定资产合计	负债合计	所有者权益合计
二、餐饮业	**45577774**	**19672706**	**14486669**	**31660843**	**13916825**
#国有控股	3841082	1520386	1404873	2558460	1282622
(一)按登记注册类型分					
内资企业	**38323025**	**16944722**	**12539060**	**26780580**	**11542499**
国有企业	1231105	364093	605684	763593	467512
集体企业	277845	182335	55768	220626	57219
股份合作企业	412753	252849	55450	336127	76625
联营企业	17323	5928	9675	5034	12289
国有联营企业					
集体联营企业	17323	5928	9675	5034	12289
国有与集体联营企业					
其他联营企业					
有限责任公司	13381390	5833503	4337339	10048326	3333127
国有独资公司	521238	233497	209752	390236	131002
其他有限责任公司	12860152	5600006	4127587	9658090	3202125
股份有限公司	2508163	1133919	589007	1629100	879064
私营企业	20103318	9034306	6698696	13566480	6536829
私营独资企业	2267821	756580	1084592	928964	1338857
私营合伙企业	236192	96334	110528	100211	135981
私营有限责任公司	16477904	7682506	5201705	11768501	4709394
私营股份有限公司	1121401	498885	301871	768804	352596
其他企业	391130	137790	187441	211295	179835
港、澳、台商投资企业	**3113747**	**1508423**	**816561**	**2082428**	**1031319**
合资经营企业	720508	360377	176713	473087	247421
合作经营企业	177400	89130	54096	163981	13419
独资经营企业	2133530	991480	575283	1398987	734543
投资股份有限公司	80754	66261	10173	45259	35495
其他投资企业	1555	1175	296	1114	441
外商投资企业	**4141001**	**1219561**	**1131048**	**2797835**	**1343007**
中外合资经营企业	1063426	274980	369862	699837	363429
中外合作经营企业	62559	30993	13660	49226	13334
外资企业	2944753	893264	738947	2011623	933129
外商投资股份有限公司	63328	15759	7630	33247	30081
其他外商投资企业	6936	4565	949	3903	3033
(二)按国民经济行业分					
正餐服务	39349380	17134326	13041812	27478293	11870982
快餐服务	4494719	1616544	1125450	3032311	1462409
饮料及冷饮服务	534792	264632	105191	295533	239259
其他餐饮业	1198882	657203	214216	854706	344176

5-2-2 各地区限额以上住宿和餐饮业企业年末资产负债

单位：万元

地 区	资产总计	#流动资产合计	#固定资产合计	负债合计	所有者权益合计
全 国	**149265711**	**54828228**	**57954704**	**105228026**	**44044979**
北 京	16513325	6493855	5590436	12583663	3929662
天 津	2427182	889382	957304	1876404	550779
河 北	3526597	1290508	1527296	2705075	821522
山 西	2821467	974384	1233734	2080416	741051
内蒙古	2544144	847475	1103373	1618867	925278
辽 宁	4323491	1551629	1788534	3294876	1028458
吉 林	1247598	355691	694683	738270	509328
黑龙江	1218434	393037	656499	749803	468631
上 海	10797852	4369872	3294932	6906970	3890882
江 苏	10766454	3858117	4062526	7682079	3084435
浙 江	11570442	4104361	4767056	8953999	2616443
安 徽	4136024	1498914	1490188	2877911	1258113
福 建	4533858	1756666	1742249	2837269	1696589
江 西	2062404	649740	863598	1278063	784341
山 东	8941884	2875346	4152385	5966061	2975823
河 南	4533737	1867347	1840105	2987816	1545921
湖 北	5365881	1806250	2446616	3551610	1820934
湖 南	4431290	1346802	2113124	2931936	1499355
广 东	17832510	6943703	5966761	13381398	4451840
广 西	2241708	722947	881221	1620898	620810
海 南	2927774	1084706	1129594	2086228	841546
重 庆	3091921	1229922	1156738	2165434	926487
四 川	7647638	3197452	2660344	5451780	2195857
贵 州	1423912	546273	604581	982894	441018
云 南	4026647	1542579	1447658	2441662	1584985
西 藏	289466	58907	194219	101136	188330
陕 西	4256367	1376483	1953699	3000490	1255877
甘 肃	1344605	374955	605404	699798	644807
青 海	394200	140260	168367	177999	216201
宁 夏	645329	249949	297695	513595	131734
新 疆	1381573	430720	563789	983630	397943

5-2-3 各地区限额以上住宿业企业年末资产负债

单位：万元

地区	资产总计	#流动资产合计	#固定资产合计	负债合计	所有者权益合计
全 国	**103687937**	**35155522**	**43468036**	**73567183**	**30128154**
北 京	12284824	4149954	4970281	9052668	3232156
天 津	1472621	441548	683428	1202505	270116
河 北	2849950	1009854	1315391	2210054	639896
山 西	1336317	447737	629107	935112	401206
内蒙古	1292366	375369	643690	767224	525142
辽 宁	2929606	1024733	1314922	2292319	637288
吉 林	848448	245771	499053	535612	312836
黑龙江	992406	309335	562392	627424	364981
上 海	7562663	2535090	2650926	4356847	3205816
江 苏	6580605	2082014	2632167	4708410	1872195
浙 江	8574390	2876659	3674991	6596973	1977417
安 徽	2403450	787979	935561	1720359	683091
福 建	3552473	1292179	1454828	2222226	1330247
江 西	1626253	484858	714858	1024367	601886
山 东	4848820	1536647	2433577	3310420	1538400
河 南	3267341	1343714	1329563	2288442	978899
湖 北	3021604	952582	1520732	2055704	972563
湖 南	3501279	1071994	1704297	2377409	1123869
广 东	13579723	5029377	4718241	10344154	3236305
广 西	1927073	586074	776869	1419643	507429
海 南	2651914	949729	1038557	1903766	748148
重 庆	2004327	765648	725565	1588260	416068
四 川	4276909	1630722	1850409	3236880	1040029
贵 州	1108874	411951	507529	767958	340917
云 南	3249868	1094269	1239254	1968237	1281631
西 藏	277520	49952	191721	93477	184043
陕 西	2839101	824159	1492959	2146991	692110
甘 肃	957088	240248	443741	520344	436745
青 海	320514	115614	136183	140049	180465
宁 夏	408061	135033	224203	328950	79112
新 疆	1141549	354731	453043	824401	317148

5-2-4 各地区限额以上餐饮业企业年末资产负债

单位：万元

地 区	资产总计	#流动资产合计	#固定资产合计	负债合计	所有者权益合计
全 国	**45577774**	**19672706**	**14486669**	**31660843**	**13916825**
北 京	4228501	2343902	620155	3530995	697506
天 津	954561	447834	273876	673898	280663
河 北	676647	280654	211905	495021	181626
山 西	1485150	526647	604627	1145304	339845
内蒙古	1251778	472106	459683	851642	400136
辽 宁	1393885	526896	473612	1002558	391170
吉 林	399150	109921	195630	202658	196492
黑龙江	226028	83702	94107	122378	103650
上 海	3235189	1834782	644007	2550123	685066
江 苏	4185850	1776103	1430359	2973670	1212240
浙 江	2996051	1227702	1092065	2357025	639026
安 徽	1732574	710935	554627	1157552	575022
福 建	981385	464486	287421	615043	366343
江 西	436151	164881	148740	253696	182455
山 东	4093064	1338699	1718808	2655641	1437423
河 南	1266396	523633	510543	699374	567022
湖 北	2344277	853668	925884	1495906	848371
湖 南	930012	274808	408827	554527	375485
广 东	4252786	1914326	1248521	3037244	1215534
广 西	314636	136873	104351	201255	113381
海 南	275860	134977	91037	182462	93398
重 庆	1087594	464274	431172	577174	510420
四 川	3370729	1566729	809935	2214900	1155829
贵 州	315038	134322	97052	214936	100101
云 南	776779	448310	208403	473425	303354
西 藏	11946	8955	2498	7659	4287
陕 西	1417266	552323	460740	853499	563767
甘 肃	387517	134707	161663	179454	208063
青 海	73686	24646	32185	37950	35736
宁 夏	237267	114917	73492	184646	52622
新 疆	240024	75988	110746	159229	80795

5-2-5 限额以上住宿和餐饮业企业损益及分配

单位：万元

项目	主营业务收入	主营业务成本	销售费用	管理费用	财务费用	利润总额
总计	**79423325**	**36554024**	**21849312**	**14736706**	**2183168**	**963669**
一、住宿业	**34580471**	**13437303**	**9602210**	**9497828**	**1514729**	**-406254**
#国有控股	9646630	3526283	2833768	3029072	220423	-166387
(一)按登记注册类型分						
内资企业	**29122822**	**11801777**	**8220169**	**7710674**	**1245537**	**-678691**
国有企业	4590014	1841306	1378400	1368212	61686	-147870
集体企业	609647	274465	142283	157397	8378	-2677
股份合作企业	114766	46312	34553	28034	3656	781
联营企业	67850	26086	19802	17112	1403	-774
国有联营企业	31226	10691	10779	7568	1063	-377
集体联营企业	17575	8584	4535	3098	73	494
国有与集体联营企业	12876	3661	3609	4414	235	-657
其他联营企业	6174	3151	879	2032	33	-234
有限责任公司	12417492	4587546	3726243	3718404	617554	-503985
国有独资公司	1003814	384493	280350	346446	20378	-46505
其他有限责任公司	11413678	4203053	3445892	3371958	597175	-457480
股份有限公司	1244527	537833	310563	308744	53442	3038
私营企业	9733833	4317204	2541626	2056873	489908	-48073
私营独资企业	1069778	592170	157088	137282	30400	90431
私营合伙企业	259819	142642	45462	33573	5820	16546
私营有限责任公司	7827205	3294853	2214962	1772690	415779	-152584
私营股份有限公司	577031	287539	124114	113329	37909	-2466
其他企业	344694	171026	66699	55900	9510	20868
港、澳、台商投资企业	**3222360**	**934291**	**834830**	**1093410**	**183444**	**143179**
合资经营企业	1588429	456318	396351	538763	79693	70910
合作经营企业	373537	97186	116307	126455	24044	-11408
独资经营企业	1147899	339048	295556	399583	73661	84985
投资股份有限公司	99696	38654	24768	23378	5837	-1771
其他投资企业	12800	3085	1848	5230	209	463
外商投资企业	**2235289**	**701235**	**547211**	**693744**	**85748**	**129258**
中外合资经营企业	1063553	250617	289226	380572	55529	47121
中外合作经营企业	307594	140569	60706	71330	12076	9712
外资企业	817193	297942	178539	223610	16903	76312
外商投资股份有限公司	36198	8588	14179	14550	724	-1754
其他外商投资企业	10752	3520	4561	3682	516	-2133
(二)按国民经济行业分						
旅游饭店	28062943	10481665	8005742	8041764	1336438	-651687
一般旅馆	5752618	2621141	1420117	1263305	147649	232597
其他住宿业	764911	334497	176351	192759	30642	12836

5-2-5 续表 单位：万元

项　　目	主营业务收入	主营业务成本	销售费用	管理费用	财务费用	利润总额
二、餐饮业	**44842853**	**23116721**	**12247102**	**5238879**	**668439**	**1369923**
#国有控股	2188950	1099025	554674	407629	34611	71942
(一)按登记注册类型分						
内资企业	**33006024**	**17814323**	**7852892**	**4084248**	**601261**	**1026799**
国有企业	689577	374715	160953	120408	9137	-14
集体企业	262623	152430	43145	27506	1828	24934
股份合作企业	169941	89612	47164	19462	1994	12166
联营企业	53876	35254	2273	2325	1444	3996
国有联营企业						
集体联营企业	53876	35254	2273	2325	1444	3996
国有与集体联营企业						
其他联营企业						
有限责任公司	9326602	4748881	2660017	1345063	180832	-19883
国有独资公司	318259	156918	63629	74844	5463	7131
其他有限责任公司	9008343	4591963	2596387	1270219	175369	-27014
股份有限公司	1311889	662341	333034	189447	32781	108909
私营企业	20643239	11416747	4529274	2327695	366552	860206
私营独资企业	3779882	2275437	393990	289653	49468	504340
私营合伙企业	446858	266506	70612	43849	5572	36477
私营有限责任公司	15518117	8380331	3846510	1897270	291916	296719
私营股份有限公司	898383	494474	218162	96923	19596	22670
其他企业	548278	334344	77032	52342	6695	36484
港、澳、台商投资企业	**3600317**	**1441094**	**1519419**	**393475**	**35445**	**31083**
合资经营企业	698311	339323	240521	86621	7889	-9492
合作经营企业	212954	82785	91449	32331	2209	-5968
独资经营企业	2666438	1008987	1178551	270525	24481	49344
投资股份有限公司	19853	8423	8260	3758	853	-2981
其他投资企业	2762	1576	638	240	14	180
外商投资企业	**8236512**	**3861303**	**2874791**	**761156**	**31733**	**312042**
中外合资经营企业	1841499	860575	674965	160820	8031	38702
中外合作经营企业	126371	72823	32021	17121	1252	-3333
外资企业	6206834	2899273	2146888	577274	21677	274398
外商投资股份有限公司	43264	18381	16010	4668	721	1145
其他外商投资企业	18545	10252	4908	1273	52	1129
(二)按国民经济行业分						
正餐服务	33589730	17831762	8373632	4281139	616475	842710
快餐服务	8876075	4205985	3113094	739202	37709	339496
饮料及冷饮服务	861089	276598	391142	60536	2514	87566
其他餐饮业	1515960	802377	369233	158002	11741	100152

5-2-6 各地区限额以上住宿和餐饮业企业损益及分配

单位：万元

地 区	主营业务收入	主营业务成本	销售费用	管理费用	财务费用	利润总额
全 国	**79423325**	**36554024**	**21849312**	**14736706**	**2183168**	**963669**
北 京	8750280	3161237	3167293	1943571	188008	-13152
天 津	1426519	658367	460738	245168	26014	-10369
河 北	1172469	569562	373247	288013	56027	-155314
山 西	1204836	626878	368404	264715	43134	-140707
内蒙古	1054080	567922	272597	216307	21733	-74862
辽 宁	2469891	1252928	576583	445643	46439	58428
吉 林	543003	286495	118302	122048	18463	-21995
黑龙江	580476	271117	141531	126042	11379	-8253
上 海	6922070	2782411	2322440	1316259	137392	191441
江 苏	6031885	2872053	1530394	1084794	169162	54040
浙 江	5323405	2240598	1685433	1178177	250743	-175971
安 徽	1654814	837338	416689	290853	65428	-7791
福 建	3028761	1519694	732592	499178	84074	49093
江 西	805928	393509	174123	149479	33910	-4055
山 东	5390925	2823272	989124	776656	114950	417611
河 南	2858694	1491460	472341	386700	65584	301773
湖 北	3432440	1847512	687045	430628	79720	187206
湖 南	2551717	1308363	518503	469888	96684	5330
广 东	10687313	4610884	3345665	1866081	276910	114250
广 西	916264	386006	364532	297799	42431	-27970
海 南	1084564	312874	301380	324682	30125	67255
重 庆	2272953	1235940	418552	271108	45959	230216
四 川	3672609	1729130	984241	640946	118860	22200
贵 州	625110	308033	128622	142835	33767	-14195
云 南	1300847	655244	307795	278407	38019	-14721
西 藏	69538	23292	28216	18411	697	-1280
陕 西	2213070	1083123	603196	382867	48996	-12364
甘 肃	624746	339502	134823	94737	16753	5464
青 海	119288	52369	36190	27970	3562	-4463
宁 夏	175547	83691	61287	38188	6703	-19505
新 疆	459280	223220	127435	118558	11544	-33671

5-2-7 各地区限额以上住宿业企业损益及分配

单位：万元

地区	主营业务收入	主营业务成本	销售费用	管理费用	财务费用	利润总额
全国	**34580471**	**13437303**	**9602210**	**9497828**	**1514729**	**-406254**
北京	3543814	934335	1082226	1274112	138923	-577
天津	393089	143930	137898	133670	16956	-50364
河北	729543	330102	246891	230481	43760	-140205
山西	457192	211060	151189	129274	19165	-65112
内蒙古	404451	194234	102388	109218	9305	-24622
辽宁	1058528	497783	243043	294745	32130	-22430
吉林	339433	168464	81444	86926	15128	-17151
黑龙江	338373	132664	89749	101081	9938	-11299
上海	2261029	673280	653273	738006	87443	116051
江苏	2061507	812581	587977	597249	99924	-114975
浙江	2747539	899837	913732	828521	188212	-129089
安徽	667274	306966	179532	169622	36147	-33903
福建	1451344	585929	414481	332729	69000	-7764
江西	488148	207174	122839	116319	28657	-12089
山东	2137635	988627	467422	416928	54858	119542
河南	1389478	659197	272138	271854	44273	72967
湖北	1221160	615929	234494	222480	45790	48306
湖南	1476897	675207	294818	361592	78701	-16242
广东	4714990	1659827	1454983	1210337	210412	-404
广西	596977	217888	276162	260033	35740	-27175
海南	932341	257107	247472	298852	26839	61920
重庆	677761	296537	158666	145485	33163	21815
四川	1367330	549935	382651	365956	77114	-56129
贵州	417172	188727	84834	109891	28693	-10712
云南	811089	375683	190976	214690	25037	-13149
西藏	59616	17699	24978	17260	651	-1231
陕西	996019	434965	277226	250627	31983	-42690
甘肃	330051	167007	75405	67787	12112	-4649
青海	82002	32462	24729	23107	2825	-2716
宁夏	90137	38133	35451	23833	2787	-11579
新疆	338554	164036	93144	95164	9063	-30597

5-2-8 各地区限额以上餐饮业企业损益及分配

单位：万元

地 区	主营业务收入	主营业务成本	销售费用	管理费用	财务费用	利润总额
全 国	**44842853**	**23116721**	**12247102**	**5238879**	**668439**	**1369923**
北 京	5206467	2226902	2085067	669458	49085	-12575
天 津	1033430	514436	322839	111498	9058	39995
河 北	442927	239459	126356	57532	12267	-15109
山 西	747643	415818	217215	135441	23970	-75595
内蒙古	649629	373688	170209	107090	12428	-50240
辽 宁	1411363	755145	333540	150898	14309	80858
吉 林	203570	118031	36858	35122	3335	-4844
黑龙江	242103	138454	51782	24961	1441	3046
上 海	4661041	2109130	1669167	578253	49949	75391
江 苏	3970378	2059472	942417	487545	69238	169015
浙 江	2575866	1340761	771701	349655	62531	-46881
安 徽	987541	530372	237157	121232	29281	26112
福 建	1577418	933765	318112	166449	15074	56857
江 西	317780	186335	51285	33160	5253	8034
山 东	3253290	1834645	521702	359728	60092	298069
河 南	1469216	832263	200203	114846	21311	228806
湖 北	2211280	1231583	452551	208148	33930	138901
湖 南	1074820	633156	223685	108295	17983	21572
广 东	5972324	2951057	1890683	655745	66497	114654
广 西	319287	168118	88370	37766	6691	-795
海 南	152223	55767	53909	25830	3286	5335
重 庆	1595193	939403	259886	125624	12796	208401
四 川	2305279	1179196	601590	274990	41746	78329
贵 州	207938	119306	43789	32945	5074	-3484
云 南	489758	279562	116819	63717	12982	-1571
西 藏	9922	5593	3238	1150	46	-49
陕 西	1217051	648158	325969	132240	17013	30326
甘 肃	294695	172496	59418	26951	4641	10112
青 海	37286	19907	11462	4863	737	-1747
宁 夏	85410	45558	25836	14355	3916	-7926
新 疆	120727	59184	34291	23394	2481	-3074

【主要统计指标解释】

资产总计 指企业过去的交易或者事项形成的、由企业拥有或者控制的、预期会给企业带来经济利益的资源。资产一般按流动性分为流动资产和非流动资产。其中流动资产可分为货币资金、交易性金融资产、应收票据、应收账款、预付款项、其他应收款、存货等；非流动资产可分为长期股权投资、固定资产、无形资产及其他非流动资产等。

流动资产合计 资产满足以下条件之一应归为流动资产：(1)预计在一个正常营业周期中变现、出售或耗用，主要包括存货、应收账款等；(2)主要为交易目的而持有；(3)预计在资产负债表日起一年内（含一年）变现；(4)自资产负债日起一年内，交换其他资产或清偿负债的能力不受限制的现金或现金等价物。包括货币资金、应收票据、应收账款、存货等项目。

固定资产合计 指企业为生产商品、提供劳务、出租或经营管理而持有的，使用寿命超过一个会计年度的有形资产。包括使用期限超过一年的房屋、建筑物、机器、机械、运输工具以及其他与生产、经营有关的设备、器具、工具等。固定资产合计是时点指标，表示固定资产经过扣减折旧、减值准备等后的期末余额。

负债合计 指企业过去的交易或者事项形成的，预期会导致经济利益流出企业的现时义务。负债一般按偿还期长短分为流动负债和非流动负债。

所有者权益合计 指企业资产扣除负债后由所有者享有的剩余权益。公司的所有者权益又称股东权益。包括实收资本、资本公积、盈余公积、未分配利润等。

主营业务收入 指企业确认的销售商品、提供劳务等主营业务的收入。

主营业务成本 指企业经营主要业务所发生的成本总额。

销售费用 指企业在销售商品和材料、提供劳务的过程中发生的各种费用，包括保险费、包装费、展览费和广告费、商品维修费、预计产品质量保证损失、运输费、装卸费等以及为销售本企业商品而专设的销售机构（含销售网点、售后服务网点等）的职工薪酬、业务费、折旧费等经营费用。

管理费用 指企业为组织和管理企业生产经营所发生的费用，包括企业在筹建期间内发生的开办费、董事会和行政管理部门在企业经营管理中发生的，或者应当由企业统一负担的公司经费等。

财务费用 指企业为筹集生产经营所需资金等而发生的筹资费用，包括企业生产经营期间发生的利息支出（减利息收入）、汇兑损失（减汇兑收益）以及相关的手续费等。

利润总额 指企业在一定会计期间的经营成果，是生产经营过程中各种收入扣除各种耗费后的盈余，反映企业在报告期内实现的亏盈总额。

5 第三产业部分行业主要财务指标

5-3 信息传输、软件和信息技术服务业

简要说明

一、主要内容

1. 电信主要财务情况，主要包括电信运营企业的资产、营业收入和利润等指标。

2. 软件和信息技术服务业主要经济指标，主要包括软件业务收入等指标。

二、统计范围

1. 电信业包括从事电信运营的中国电信、中国移动、中国联通三家基础电信企业，不含专用网业务资料。业务范围分为国内业务量和国际及港澳业务量（对台业务量统计在港澳中）。

2. 软件和信息技术服务业包括主营业务收入100万元以上的软件和信息技术服务业企业。

三、资料来源

本篇资料由国家统计局服务业统计司负责整理、编辑，资料来源于工业和信息化部。

5-3-1 电信主要财务情况

单位：亿元

指标	2004	2005	2006	2007	2008	2009	2010	2011	2012	2013
主营业务收入	5275.11	5840.12	6491.80	7398.60	8148.00	8544.09	9079.14	9880.41	10758.29	11668.67
固定通信业务收入						2849.14	2795.96	2705.79	2802.46	2984.17
移动通信业务收入						5694.95	6283.17	7174.62	7955.83	8684.49
主营业务成本	2567.44	2720.45	2994.00	3422.58	3941.61	4116.29	4361.02	4980.15	5240.34	5780.65
利润总额	931.18	1265.07	1355.83	1737.22	1750.30	1730.71	1458.46	1668.26	1797.31	1774.14
资产总额	15526.89	16419.27	17462.80	18148.46	19857.43	21169.05	22194.60	23408.52	25177.34	26519.94

5-3-2 各地区电信主要财务情况

单位：亿元

地区	主营业务收入	主营业务成本	利润总额	资产总额
全国	**11668.67**	**7544.30**	**1774.14**	**26519.94**
北京	551.30	320.44	120.07	1061.11
天津	1664.63	105.27	27.05	353.63
河北	492.01	288.60	67.56	912.37
山西	270.43	176.10	23.91	508.09
内蒙古	226.50	149.92	5.34	424.14
辽宁	428.13	243.35	52.54	802.81
吉林	185.97	130.69	22.93	386.32
黑龙江	260.62	175.75	16.73	516.58
上海	548.19	324.85	106.67	1020.50
江苏	874.52	445.60	178.60	1521.67
浙江	766.82	432.73	146.30	1430.17
安徽	370.55	193.73	69.24	668.81
福建	453.57	239.46	84.80	853.56
江西	252.10	132.28	32.09	461.99
山东	662.07	363.23	122.20	1277.71
河南	532.35	316.76	72.49	1025.79
湖北	405.04	232.31	60.54	718.60
湖南	409.11	216.08	61.64	773.65
广东	1551.68	843.07	412.76	3525.68
广西	283.00	159.42	39.99	502.02
海南	91.74	61.32	10.13	186.36
重庆	218.76	137.67	22.56	376.12
四川	543.85	341.09	63.51	958.26
贵州	217.55	134.84	16.50	368.18
云南	306.10	154.59	39.93	574.19
西藏	35.27	30.06	-14.24	91.24
陕西	328.79	184.29	48.69	568.21
甘肃	162.17	97.73	12.41	311.35
青海	50.55	36.45	-3.01	118.45
宁夏	58.60	35.30	4.35	105.31
新疆	216.08	141.47	8.69	395.45
不分地区	-251.30	699.84	-138.04	3721.62

5-3-3 软件和信息技术服务业主要经济指标

年份 地区	软件业务收入(万元)	#软件产品收入	#信息系统集成服务收入	#信息技术咨询服务收入	#数据处理和存储服务收入	#嵌入式系统软件收入	#集成电路设计收入
2010	135885509.6	49305319.5	31166873.2	11998876.1	17634255.3	21283328.4	4496857.1
2011	188489906.0	61921545.6	40835066.3	18015462.3	30660054.0	30737710.2	6320067.6
2012	247937523.5	78572418.6	55832575.8	24353980.7	41560128.7	39916145.7	7702274.0
2013	305874743.1	98768380.6	65490565.1	30140910.2	54817343.5	46801021.5	9856522.2
北京	42106310.5	15544967.1	10521853.2	2986873.7	12164397.6	74747.5	813471.5
天津	7113918.4	2050110.8	892798.0	831702.3	990599.5	1126643.2	1222064.7
河北	1342256.2	358602.3	906357.6	53417.6	9722.3	12360.4	1796.0
山西	277591.7	147671.0	92655.6	10319.1	3355.7	23403.3	187.0
内蒙古	278410.7	135935.5	102911.7	31728.1	6039.6	1777.9	18.0
辽宁	27795022.5	9700131.9	6662474.7	3977156.8	3999568.8	3199471.4	256219.0
吉林	3195737.2	825656.0	905192.9	552852.0	412587.4	499138.2	310.8
黑龙江	1182164.4	504758.1	284048.2	205311.8	132315.4	55010.9	720.0
上海	25389882.1	8693380.4	4757608.8	2565003.7	5545072.3	1632298.8	2196518.1
江苏	51772720.4	16017598.5	8534653.3	3311671.2	6071391.8	15682096.6	2155309.0
浙江	18988428.1	5527447.0	3462372.2	916640.8	6582901.5	2099866.7	399200.0
安徽	995708.8	507062.3	313286.1	57337.9	50342.8	67353.0	326.7
福建	10140097.4	3303400.8	2896236.5	1297106.3	886139.3	1301203.4	456011.2
江西	650214.7	182318.2	282611.4	84825.0	40225.5	16878.8	43355.9
山东	22640508.0	7933664.4	4398113.6	3334580.1	2031915.4	4679161.3	263073.2
河南	1932503.3	716345.7	806409.6	216397.0	63913.4	108907.0	20530.6
湖北	7094477.7	3069069.7	1412348.8	544252.7	1352229.4	654307.1	62270.0
湖南	2556575.6	1115257.3	699903.3	26312.4	60862.6	653404.5	835.5
广东	49063789.7	13455542.3	8134032.8	4150936.6	8691771.4	13624010.1	1007496.6
广西	754923.9	342650.5	284394.6	53249.3	61003.1	11746.7	1879.8
海南	157957.7	45322.4	97966.8	7038.0	7277.2	353.3	
重庆	5469408.2	750026.7	1813422.9	981108.2	1384059.5	527894.3	12896.6
四川	16003085.7	5345358.9	3879166.0	2151603.1	3906156.2	76095.1	644706.5
贵州	707286.0	286687.0	380754.0	20720.0	6905.0	11772.0	448.0
云南	552840.7	80557.5	410913.0	16501.3	42225.6	2643.4	
西藏							
陕西	6883101.7	1966776.6	2050169.0	1695387.1	229289.0	645135.4	296344.5
甘肃	245034.4	81582.3	122138.0	13371.6	23358.6	4550.9	33.0
青海	8952.2	674.0	5133.8	735.7	991.2	1417.5	
宁夏	79315.2	33392.7	32781.0	4097.5	3016.8	6027.1	
新疆	496519.9	46433.1	347857.7	42673.3	57709.8	1346.0	500.1

注：本表统计口径为主营业务收入100万元以上的软件和信息技术服务业企业。

【主要统计指标解释】

主营业务收入 指电信企业经营的基础电信业务和增值电信业务所取得的资费收入，以及电信企业之间网间互联电信业务的结算收入。

主营业务成本 指电信企业在通信生产过程中实际发生的与通信生产直接有关的各项费用支出。

利润总额 指电信企业在生产经营过程中，通过销售过程将商品卖给购买方，实现收入，收入扣除当初的投入成本以及其他一系列费用，再加减非经营性质的收支及投资收益。

资产总额 指过去的交易或事项形成并由电信企业拥有或控制的所有资源，该资源预期会给企业带来经济利益，按其流动性分为流动资产和非流动资产。

软件业务收入 指企业在报告期从事软件产品、信息系统集成服务、信息技术咨询服务、数据处理和存储服务、嵌入式系统软件、集成电路设计六项业务收入的合计。

5 第三产业部分行业主要财务指标

5-4 房地产业

简要说明

一、主要内容

本篇资料主要内容是历年房地产开发企业主要财务情况。主要分组包括按地区、用途、登记注册类型、资质等级等。

二、统计范围

本篇资料仅包括房地产业中的房地产开发经营部分资料。

三、统计调查方法

调查方法为全面调查。

四、统计口径变化

2004 年财务指标为经济普查数据。

五、资料来源

房地产开发统计资料来自第三次全国经济普查联网直报房地产开发企业上报的基层库，除个别指标外，均为自年初累计数据。

5-4-1 房地产开发企业经营情况

单位：亿元

年 份 地 区	主营业务收入	土地转让收入	商品房屋销售收入	房屋出租收入	其他收入	主营业务税金及附加	营业利润
1995	1731.66	194.40	1258.28	25.79	253.19	90.30	143.41
1996	1968.79	120.34	1533.76	29.99	284.69	92.78	17.98
1997	2218.46	103.28	1755.21	38.79	321.18	104.21	-10.35
1998	2951.21	132.25	2408.41	49.32	361.23	138.81	-10.66
1999	3026.01	103.25	2555.02	62.74	305.00	145.36	-35.09
2000	4515.71	129.61	3896.82	95.32	393.96	214.57	73.28
2001	5471.66	188.99	4729.42	117.35	435.90	273.45	125.47
2002	7077.85	225.13	6145.80	144.57	562.34	370.15	252.91
2003	9137.27	279.72	8153.69	164.33	539.53	493.72	430.37
2004	13314.46	410.09	11752.20	305.58	846.59	413.04	857.97
2005	14769.35	341.43	13316.77	290.29	820.86	845.25	1109.19
2006	18046.76	300.65	16621.36	316.79	807.96	1127.12	1669.89
2007	23397.13	427.92	21604.21	386.81	978.19	1660.30	2436.61
2008	26696.84	466.85	24394.12	521.47	1314.40	1829.20	3432.23
2009	34606.23	498.05	32507.83	544.27	1056.08	2585.49	4728.58
2010	42996.48	519.19	40585.33	742.92	1149.04	3464.66	6111.48
2011	44491.28	664.66	41697.91	904.28	1224.43	3832.98	5798.58
2012	51028.41	819.39	47463.49	1151.55	1593.98	4610.87	6001.33
2013	70706.67	671.42	66697.99	1364.01	1973.25	6204.18	9562.67
北 京	3809.72	138.45	3153.49	259.16	258.61	385.08	699.42
天 津	1622.84	47.50	1416.70	23.82	134.82	132.34	174.63
河 北	1927.53	3.48	1891.52	9.55	22.98	172.19	111.56
山 西	533.37	0.81	516.14	5.34	11.09	48.24	3.86
内蒙古	1103.14	4.00	1057.71	11.74	29.70	86.31	104.45
辽 宁	2751.97	2.74	2680.22	24.00	45.00	229.68	284.83
吉 林	797.41	2.12	781.14	4.59	9.57	61.02	47.71
黑龙江	982.76	2.56	953.78	8.15	18.27	87.11	53.50
上 海	3823.62	67.02	3185.71	390.91	179.98	410.68	859.54
江 苏	9510.96	77.79	9143.55	66.64	222.98	759.81	1402.88
浙 江	4481.30	3.95	4367.21	35.68	74.46	412.82	522.80
安 徽	2757.24	37.72	2638.73	12.74	68.05	203.43	294.01
福 建	2786.27	21.71	2680.23	23.26	61.08	281.83	417.24
江 西	1335.55	6.05	1299.94	5.22	24.34	113.46	187.62
山 东	5033.30	35.17	4856.89	32.44	108.80	389.02	590.14
河 南	2625.42	17.53	2511.12	52.97	43.80	215.44	396.67
湖 北	2869.46	22.68	2725.68	35.98	85.12	235.86	486.87
湖 南	2386.74	31.70	2276.80	22.64	55.60	175.33	240.05
广 东	7277.17	47.94	6929.00	167.57	132.66	805.43	1460.22
广 西	955.70	14.25	897.42	14.71	29.32	89.63	97.47
海 南	634.22	6.97	600.10	3.32	23.82	73.49	96.05
重 庆	2655.21	40.18	2421.66	48.42	144.96	210.73	365.00
四 川	3262.72	11.75	3140.11	40.93	69.93	258.83	337.09
贵 州	668.15	5.21	630.43	8.50	24.00	54.45	14.57
云 南	1086.82	16.45	1010.83	27.03	32.51	84.63	49.46
西 藏	11.50	0.04	11.17	0.23	0.06	0.94	0.52
陕 西	1426.71	1.74	1380.83	10.30	33.84	110.73	146.26
甘 肃	393.71	1.54	373.77	5.15	13.26	26.02	17.14
青 海	106.73	0.38	104.55	1.59	0.20	7.62	-1.75
宁 夏	352.69	0.28	348.58	2.87	0.96	23.68	20.84
新 疆	736.73	1.73	712.98	8.53	13.49	58.34	82.03

5-4-2 按登记注册类型分的房地产开发企业资产总计

单位：亿元

地区	总计	内资								
			国有	集体	股份合作	国有联营	集体联营	国有与集体联营	其他联营	国有独资公司
全国	**425243.89**	**373796.15**	**16611.49**	**1175.11**	**328.49**	**99.37**	**6.43**	**3.95**	**15.27**	**36374.19**
北京	39037.44	34013.99	1334.69	140.10	9.13					1455.18
天津	18415.31	16917.13	2096.63	113.63	21.41	3.29	0.30			4509.84
河北	11120.85	10780.69	102.58		1.39					55.16
山西	4770.07	4695.20	120.34	5.34						147.51
内蒙古	5820.96	5778.82	53.92		0.80			0.22		205.62
辽宁	19214.66	15206.40	128.34	3.22	42.61					1133.60
吉林	4199.56	4008.93	0.91	0.03	0.79			1.14		90.43
黑龙江	8489.54	8278.45	90.96	0.60	0.57					2781.66
上海	36384.17	29949.83	4795.34	83.65	0.15	7.07	1.38	0.13	0.52	3016.67
江苏	37223.68	31973.32	1889.15	202.37	62.65			0.09		2894.32
浙江	31474.67	28011.14	282.92	29.74	18.79	85.11		0.87		2054.38
安徽	12871.86	12235.96	619.85	2.75		2.54				1484.83
福建	16248.21	13885.94	678.34	47.94				0.73		2211.82
江西	6018.89	5541.19	98.69	2.13	7.96		0.08			994.27
山东	23035.59	21297.99	700.88	164.02	39.12					1814.61
河南	11859.78	11001.63	187.22	15.67	3.67				0.86	511.45
湖北	12605.69	11683.36	363.35	38.79	0.02					1150.99
湖南	9387.45	8857.41	148.66	4.10	0.96				7.05	789.09
广东	41432.64	31193.60	517.99	254.24	20.36		4.68		0.33	1031.04
广西	6835.12	6380.10	164.68	10.17	1.18				0.93	1000.83
海南	5546.96	4527.12	57.71		11.56			0.61		829.69
重庆	16268.69	14237.09	593.37	2.34	1.99					3620.59
四川	16668.17	14767.69	1058.34	29.75	67.63					896.68
贵州	5609.54	5406.04	35.71	0.46	2.80					375.47
云南	9949.85	9396.86	84.31	3.44	0.86			0.09		406.38
西藏	47.60	47.60						0.07	5.60	2.95
陕西	6575.15	5948.04	263.78	6.21	8.56					341.36
甘肃	2085.51	2019.86	77.44	6.11	0.12					42.48
青海	926.18	923.53	13.13		2.27	1.36				138.80
宁夏	2019.57	1924.68	23.59	7.92						145.47
新疆	3100.52	2906.57	28.68	0.40	1.13					241.00

5-4-2 续表 1

单位：亿元

地　区								港澳台商投资		
	其他有限责任公司	股份有限公司	私营独资	私营合伙	私营有限责任公司	私营股份有限公司	其他内资企业		合资经营	合作经营
全　国	**189001.08**	**22162.39**	**694.99**	**89.44**	**100109.29**	**6563.98**	**560.68**	**33711.65**	**11780.52**	**3470.51**
北　京	25570.84	3283.42	0.40		2080.62	139.62		3116.48	806.24	883.77
天　津	6982.18	777.62	51.88	18.96	2043.81	210.98	86.59	782.01	282.13	
河　北	5775.70	733.03	8.63	0.37	3801.97	246.91	54.95	143.26	71.84	
山　西	1252.40	92.05	0.10		2951.26	125.04	1.17	31.12	7.69	
内蒙古	2392.53	403.95	8.15	0.76	2653.36	53.81	5.69	1.86	1.86	
辽　宁	6627.10	1762.86	54.51		5197.38	250.95	5.83	2536.03	1180.85	56.97
吉　林	2466.67	240.56	9.33	0.10	1127.41	71.06	0.50	128.99	46.44	0.39
黑龙江	3098.44	278.26	3.01	1.89	1904.29	113.53	5.24	118.02	80.52	
上　海	13271.85	1669.72	23.56	6.16	6679.54	393.86	0.25	3782.60	1692.46	177.33
江　苏	13792.28	1320.37	178.22	15.04	10753.81	758.46	106.55	3522.85	1260.60	91.69
浙　江	15463.31	890.26	4.29	3.38	8964.98	209.91	3.17	2138.71	938.81	14.10
安　徽	5603.48	414.39	58.87	5.63	3624.05	352.51	67.06	422.28	162.60	10.40
福　建	6784.96	457.87	4.01	1.02	3541.35	145.34	12.57	1899.92	755.95	60.75
江　西	2373.57	328.63	1.96	3.26	1567.38	157.32	5.94	367.11	189.44	2.73
山　东	11133.82	1303.08	17.15	0.75	5575.97	515.72	32.86	1269.46	619.34	101.95
河　南	6486.13	605.80	15.39	4.21	2920.42	232.67	18.15	609.49	147.15	29.87
湖　北	5726.77	872.91	14.37	2.10	3321.12	184.20	8.75	629.03	244.27	0.47
湖　南	4995.24	392.32	21.40	11.32	2228.80	248.52	9.95	389.34	134.82	0.73
广　东	16654.95	3482.85	84.02	6.23	8279.46	837.22	20.25	7047.18	1259.22	1959.71
广　西	2306.34	278.79	17.23	1.95	2472.79	99.08	26.12	307.98	125.98	48.13
海　南	2627.22	252.45	19.20		698.55	25.77	4.36	850.21	365.97	
重　庆	5016.24	443.91	2.33		4261.02	280.43	14.87	1452.90	641.19	9.69
四　川	7393.30	960.97	21.22	1.62	4162.66	156.39	19.13	932.96	218.47	3.86
贵　州	3340.27	210.67	5.09	4.29	1275.98	155.13	0.16	164.45	99.03	
云　南	5581.63	423.77	5.50	0.15	2559.66	294.53	36.55	454.17	130.75	
西　藏	14.23	0.66			24.08					
陕　西	3448.98	188.65	21.35		1527.19	132.10	9.88	337.86	52.31	17.96
甘　肃	1016.20	48.90	1.33		785.34	39.48	2.45	38.23	32.87	
青　海	211.67	13.73	10.08		499.75	32.74		1.35	0.52	
宁　夏	445.82	8.29	32.41		1207.69	53.49		42.46	42.46	
新　疆	1146.97	21.65		0.24	1417.60	47.21	1.69	193.33	188.75	

5-4-2 续表 2 单位：亿元

地 区				外商投资					
	独 资	股份有限	其 他		合资经营	合作经营	独 资	股份有限	其 他
全 国	**17696.18**	**708.13**	**56.31**	**17736.09**	**5502.83**	**1805.24**	**9142.05**	**1155.25**	**130.72**
北 京	1426.48			1906.97	719.75	444.28	416.95	325.99	
天 津	413.95	85.93		716.17	196.22	33.52	417.03	50.43	18.97
河 北	71.42			196.89	29.37	1.14	166.39		
山 西	23.43			43.76	11.50		32.26		
内蒙古				40.27	6.42		4.63		29.22
辽 宁	1284.67	13.55		1472.23	561.08	188.13	683.14	39.88	
吉 林	78.62	1.37	2.17	61.65	52.03	4.04	5.58		
黑龙江	33.83	3.50	0.17	93.07	36.71	1.24	55.12		
上 海	1903.33	9.48		2651.74	717.42	210.43	1303.63	420.27	
江 苏	2106.66	54.07	9.83	1727.51	664.36	92.60	955.10	9.47	5.98
浙 江	1132.84	52.96		1324.83	344.60	25.58	953.26	1.39	
安 徽	212.66	36.62		213.62	55.37	21.86	117.86	18.53	
福 建	1045.45	37.77		462.35	91.74	0.49	311.50	38.54	20.08
江 西	174.94			110.59	75.45		26.90	8.24	
山 东	545.26	2.92		468.15	228.79	78.52	160.84		
河 南	424.25		8.22	248.65	47.87	0.01	177.32	23.46	
湖 北	335.28	49.00		293.29	91.18	37.69	120.23	6.83	37.36
湖 南	253.59	0.20		140.71	83.18		56.98	0.55	
广 东	3672.48	127.64	28.11	3191.86	782.63	350.31	1983.55	75.37	
广 西	133.87			147.03	56.04	17.62	62.10	11.28	
海 南	290.75	191.46	2.03	169.64	20.47	11.45	114.07	23.66	
重 庆	802.02			578.70	183.43	78.49	263.91	34.41	18.46
四 川	663.18	41.67	5.77	967.52	292.81	75.22	581.95	17.54	
贵 州	65.42			39.05	21.94	15.25	1.86		
云 南	323.42			98.82	13.07	34.96	0.73	49.41	0.65
西 藏									
陕 西	267.60			289.24	76.54	82.42	130.28		
甘 肃	5.36			27.42	25.50		1.92		
青 海	0.83			1.30	1.30				
宁 夏				52.43	15.45		36.98		
新 疆	4.58			0.62	0.62				

5-4-3 按资质等级分的房地产开发企业资产总计

单位：亿元

地区	总计	一级	二级	三级	四级	暂定	其他
全国	**425243.89**	**46697.28**	**92569.80**	**80324.98**	**46141.11**	**137300.47**	**22210.25**
北京	39037.44	8390.48	5818.12	3917.28	11723.43	6112.44	3075.70
天津	18415.31	1681.02	5217.70	1616.89	5633.21	3979.68	286.80
河北	11120.85	1309.09	2215.92	2127.28	2832.20	2388.42	247.95
山西	4770.07	179.04	955.56	888.93	2017.43	706.31	22.79
内蒙古	5820.96	686.22	1417.02	889.31	2066.17	640.90	121.33
辽宁	19214.66	914.28	2285.51	5268.01	50.66	9520.28	1175.92
吉林	4199.56	89.13	1234.69	818.60	425.82	1607.99	23.33
黑龙江	8489.54	438.86	2492.17	4322.97	65.41	1012.15	157.98
上海	36384.17	6522.02	6812.48	3251.40	61.74	17068.48	2668.05
江苏	37223.68	3561.50	15441.78	3127.93	67.77	13362.86	1661.85
浙江	31474.67	3425.03	4891.25	6638.62	1441.52	11999.56	3078.69
安徽	12871.86	341.32	2772.34	3040.93	342.21	6071.78	303.27
福建	16248.21	1796.54	2429.93	3764.24	2147.20	5472.78	637.52
江西	6018.89	75.41	1426.08	1769.78	415.61	2227.61	104.40
山东	23035.59	1470.48	3425.06	3928.13	2638.69	10537.53	1035.71
河南	11859.78	1026.87	2847.33	1588.15	431.05	5715.90	250.48
湖北	12605.69	2083.75	3064.12	2242.33	928.45	3877.12	409.93
湖南	9387.45	495.80	1279.25	4405.76	437.50	2628.59	140.56
广东	41432.64	6768.73	4682.09	10109.89	5751.73	10073.14	4047.06
广西	6835.12	200.19	1130.76	1684.34	440.42	2857.30	522.11
海南	5546.96	8.70	1174.51	711.84	424.94	2678.32	548.66
重庆	16268.69	1774.51	6789.70	1726.66	68.77	5844.16	64.89
四川	16668.17	1099.37	4849.93	7028.27	194.52	2876.91	619.18
贵州	5609.54	167.86	1612.75	1020.75	963.00	1631.42	213.76
云南	9949.85	814.96	2783.04	788.16	1986.14	3188.43	389.13
西藏	47.60	0.88	5.10	28.85	9.20	3.58	
陕西	6575.15	563.09	1483.67	1603.85	1516.91	1120.79	286.83
甘肃	2085.51	51.31	519.22	704.64	302.42	490.82	17.09
青海	926.18	67.81	469.96	172.63	115.98	94.03	5.76
宁夏	2019.57	283.24	609.87	419.90	243.29	427.73	35.54
新疆	3100.52	409.81	432.91	718.65	397.75	1083.45	57.96

5-4-4 按登记注册类型分的房地产开发企业负债合计

单位：亿元

地区	总计	内资								
			国有	集体	股份合作	国有联营	集体联营	国有与集体联营	其他联营	国有独资公司
全国	**323228.24**	**289664.27**	**11231.03**	**963.29**	**237.78**	**59.08**	**5.51**	**3.06**	**15.73**	**22652.23**
北京	30649.53	27075.24	868.65	130.03	8.94					1021.58
天津	13173.26	12133.18	1513.61	82.39	12.10	2.09				3054.14
河北	9395.46	9151.15	76.88		1.34					45.99
山西	4175.03	4117.06	116.21	4.88						123.49
内蒙古	4816.49	4785.46	51.85		0.25			0.10		200.75
辽宁	14876.63	12506.99	110.49	2.97	28.59					803.79
吉林	3407.58	3275.30	0.43	0.02	0.78			1.08		72.08
黑龙江	5297.71	5144.39	48.61	0.44	0.13					910.51
上海	24607.00	21242.41	2885.58	57.01	0.07	3.42	1.18	0.12	0.66	2039.40
江苏	27375.39	24290.66	1419.90	162.33	43.40			0.02		1745.57
浙江	24697.56	22497.78	203.69	26.12	13.66	52.31		0.55		1493.90
安徽	9747.38	9276.11	351.63	2.21						850.43
福建	12085.37	10444.39	361.76	44.72				0.70		1476.53
江西	4276.92	3935.89	75.98	1.64	5.26		0.03			363.01
山东	18236.24	17032.08	584.48	130.44	32.76					1241.01
河南	9263.15	8623.38	165.32	9.46	0.67				0.43	265.90
湖北	9487.88	8857.82	274.07	36.17	0.02					834.28
湖南	7136.60	6793.11	127.51	2.63	0.32				6.86	465.04
广东	32642.22	25217.57	387.32	210.55	11.56		4.30		0.40	777.11
广西	4998.55	4668.01	119.44	6.73	0.63				0.89	539.59
海南	4383.39	3592.61	45.50		7.53			0.49		612.56
重庆	11212.21	10021.82	278.12	1.31	1.95					1993.29
四川	12602.26	11500.75	737.99	30.00	53.61					468.20
贵州	4752.45	4584.02	31.51	0.19	2.79					254.91
云南	8023.25	7648.12	67.56	3.19	0.58					290.27
西藏	35.07	35.07						0.01	6.50	2.03
陕西	5362.92	4931.75	205.36	6.40	8.06					277.42
甘肃	1663.99	1617.64	66.53	4.03	0.08					36.78
青海	771.54	769.47	8.56		2.05	1.26				122.61
宁夏	1636.62	1556.18	22.94	7.08						114.11
新疆	2438.59	2338.82	23.56	0.36	0.67					155.96

5-4-4 续表 1

单位：亿元

地区								港澳台商投资		
	其他有限责任公司	股份有限公司	私营独资	私营合伙	私营有限责任公司	私营股份有限公司	其他内资企业		合资经营	合作经营
全国	**150618.57**	**16372.26**	**496.78**	**65.75**	**81187.77**	**5310.67**	**444.76**	**21881.24**	**7750.74**	**2522.33**
北京	20884.50	2231.58	0.49		1806.67	122.80		2273.00	541.36	647.03
天津	5166.62	550.26	20.52	15.11	1473.75	169.80	72.78	547.58	192.87	
河北	4941.89	604.00	7.21	0.18	3245.49	180.54	47.63	101.12	57.42	
山西	1094.15	79.38	0.05		2594.14	103.64	1.12	19.37	5.06	
内蒙古	1905.05	323.12	7.09	0.38	2251.98	39.71	5.18	0.47	0.47	
辽宁	5532.31	1412.75	38.22		4362.82	210.42	4.63	1545.02	823.78	42.09
吉林	2047.62	193.85	5.77		897.19	56.14	0.34	95.18	34.21	0.29
黑龙江	2356.19	218.08	2.03	1.69	1515.55	87.61	3.54	84.50	52.66	
上海	9859.97	1123.66	7.89	4.98	4932.20	326.29		1923.23	778.73	100.71
江苏	10679.78	1001.39	142.75	9.90	8389.89	616.11	79.60	2058.65	799.00	45.58
浙江	12510.38	519.48	3.96	3.10	7487.72	180.80	2.13	1289.31	671.20	14.87
安徽	4429.37	311.35	48.12	3.96	2964.11	259.96	54.97	315.87	128.78	12.24
福建	5272.02	310.04	3.15	0.82	2847.85	116.37	10.45	1331.88	558.85	50.91
江西	1857.12	269.04	0.61	1.07	1242.50	114.68	4.96	271.78	149.03	1.77
山东	9099.57	997.37	9.13	0.42	4482.60	432.38	21.94	862.06	453.23	74.03
河南	5161.80	466.91	10.15	2.54	2339.17	189.04	12.00	428.98	87.78	23.19
湖北	4341.84	675.85	9.87	0.47	2546.88	133.99	4.39	408.13	175.96	0.12
湖南	3890.64	314.73	14.66	8.57	1768.41	186.16	7.57	234.59	98.91	0.57
广东	13659.09	2483.98	76.62	6.10	6923.70	656.36	20.51	4995.46	783.70	1448.25
广西	1717.99	206.21	7.42	1.12	1971.51	81.84	14.63	216.51	84.13	41.94
海南	2106.96	187.81	5.91		597.26	24.49	4.10	656.40	330.61	
重庆	3732.01	319.64	1.85		3431.02	249.69	12.95	883.21	431.65	3.41
四川	5965.96	823.85	20.08	1.11	3264.44	119.85	15.66	509.50	129.51	3.22
贵州	2916.20	170.21	3.73	3.88	1065.79	134.65	0.16	130.34	87.87	
云南	4376.94	346.18	4.47	0.12	2255.47	272.27	31.07	296.98	95.08	
西藏	10.54	0.23			15.77					
陕西	2847.26	166.64	18.50		1283.71	109.05	9.35	237.47	41.76	12.10
甘肃	797.01	37.89	0.91		640.02	32.68	1.70	31.76	28.98	
青海	180.70	11.00	9.82		413.36	20.11		0.84	0.18	
宁夏	342.36	7.54	15.81		1003.14	43.20		32.82	32.82	
新疆	934.73	8.26		0.22	1173.65	40.02	1.39	99.22	95.15	

5-4-4 续表 2 单位：亿元

地区				外商投资					
	独资	股份有限	其他		合资经营	合作经营	独资	股份有限	其他
全国	**11098.80**	**474.25**	**35.13**	**11682.73**	**3501.78**	**1162.93**	**6033.46**	**874.59**	**109.96**
北京	1084.61			1301.29	493.55	304.04	261.55	242.14	
天津	300.79	53.93		492.50	105.85	19.24	306.84	46.21	14.36
河北	43.69			143.20	27.49	0.96	114.75		
山西	14.32			38.59	11.69		26.90		
内蒙古				30.56	5.61		4.69		20.25
辽宁	672.69	6.46		824.62	335.08	86.41	387.29	15.83	
吉林	57.89	1.36	1.42	37.09	28.70	3.11	5.29		
黑龙江	29.37	2.37	0.11	68.82	29.72	0.04	39.06		
上海	1034.59	9.21		1441.36	284.64	115.65	726.19	314.88	
江苏	1186.03	23.11	4.93	1026.08	436.42	64.68	515.88	6.34	2.76
浙江	579.82	23.42		910.46	209.26	15.33	685.58	0.29	
安徽	148.90	25.95		155.40	42.81	15.78	79.33	17.48	
福建	693.69	28.43		309.10	62.18	0.34	202.61	23.21	20.75
江西	120.98			69.25	47.08		19.34	2.83	
山东	332.78	2.02		342.10	163.60	57.31	121.18		
河南	312.80		5.20	210.78	40.61		144.08	26.09	
湖北	196.87	35.18		221.93	70.43	30.35	80.71	4.18	36.25
湖南	135.01	0.10		108.90	70.56		38.13	0.21	
广东	2649.42	95.81	18.28	2429.19	585.46	261.87	1521.16	60.70	
广西	90.44			114.03	42.69	12.54	49.60	9.21	
海南	185.45	138.85	1.49	134.37	15.88	3.97	89.54	24.99	
重庆	448.15			307.18	101.40	32.13	133.12	25.34	15.18
四川	345.01	28.07	3.68	592.01	195.33	29.76	351.68	15.23	
贵州	42.47			38.09	20.10	16.39	1.60		
云南	201.90			78.14	9.59	28.42	0.32	39.41	0.40
西藏									
陕西	183.62			193.70	37.47	64.60	91.63		
甘肃	2.77			14.60	12.76		1.84		
青海	0.66			1.22	1.22				
宁夏				47.62	14.05		33.56		
新疆	4.07			0.55	0.55				

5-4-5 按资质等级分的房地产开发企业负债合计

单位：亿元

地区	总计	一级	二级	三级	四级	暂定	其他
全国	**323228.24**	**34565.08**	**69847.56**	**61128.30**	**36905.98**	**104739.00**	**16042.33**
北京	30649.53	6579.44	4510.09	3099.83	9621.62	4710.07	2128.47
天津	13173.26	1257.16	3607.66	1113.28	4130.68	2848.47	216.02
河北	9395.46	1110.68	1831.55	1806.17	2357.24	2069.65	220.17
山西	4175.03	150.86	837.95	777.90	1797.78	591.39	19.15
内蒙古	4816.49	517.83	1181.83	754.80	1720.19	539.21	102.62
辽宁	14876.63	743.78	1780.33	4334.22	39.47	7152.14	826.68
吉林	3407.58	73.52	983.03	657.27	347.88	1329.27	16.61
黑龙江	5297.71	403.68	1867.43	2218.67	42.85	677.68	87.39
上海	24607.00	4213.01	4660.45	2274.47	52.90	11795.78	1610.39
江苏	27375.39	2541.47	11541.36	2370.51	53.23	9645.24	1223.59
浙江	24697.56	2559.87	3871.98	5204.86	1142.91	9526.49	2391.45
安徽	9747.38	263.61	1940.12	2274.99	272.95	4762.62	233.08
福建	12085.37	1283.68	1829.21	2878.92	1540.68	4157.07	395.82
江西	4276.92	57.50	1013.21	1196.33	283.74	1648.03	78.11
山东	18236.24	1194.00	2675.81	3107.25	2088.90	8410.55	759.71
河南	9263.15	760.44	2290.46	1237.32	332.76	4452.49	189.69
湖北	9487.88	1596.04	2362.68	1658.27	657.34	2890.51	323.04
湖南	7136.60	425.96	1039.76	3247.72	321.30	1998.80	103.06
广东	32642.22	4899.17	3784.67	7956.15	4602.19	8329.83	3070.22
广西	4998.55	140.10	809.98	1186.57	347.94	2206.34	307.62
海南	4383.39	8.08	898.58	507.20	343.13	2214.65	411.75
重庆	11212.21	1168.64	4607.88	1292.18	59.31	4040.87	43.32
四川	12602.26	823.80	3575.14	5435.48	143.18	2155.64	469.02
贵州	4752.45	140.42	1389.43	880.02	826.83	1334.06	181.68
云南	8023.25	639.33	2088.01	665.55	1720.57	2616.17	293.61
西藏	35.07	0.91	4.07	23.38	4.16	2.55	
陕西	5362.92	440.11	1268.95	1342.53	1178.15	893.64	239.54
甘肃	1663.99	35.28	404.56	574.37	218.94	417.37	13.46
青海	771.54	60.01	389.39	144.86	101.02	71.14	5.11
宁夏	1636.62	241.27	468.22	357.14	205.28	330.49	34.21
新疆	2438.59	235.43	333.76	550.06	350.85	920.77	47.71

5-4-6 按登记注册类型分的房地产开发企业所有者权益

单位：亿元

地 区	总 计	内 资								
			国 有	集 体	股份合作	国有联营	集体联营	国有与集体联营	其他联营	国有独资公司
全 国	**102015.65**	**84131.89**	**5380.46**	**211.82**	**90.71**	**40.29**	**0.92**	**0.89**	**-0.47**	**13721.97**
北 京	8387.91	6938.74	466.03	10.07	0.19					433.60
天 津	5242.05	4783.95	583.02	31.24	9.31	1.19	0.30			1455.71
河 北	1725.39	1629.55	25.71		0.05					9.17
山 西	595.05	578.14	4.12	0.46						24.02
内蒙古	1004.47	993.36	2.08		0.55			0.12		4.87
辽 宁	4338.03	2699.41	17.86	0.25	14.02					329.81
吉 林	791.99	733.63	0.47	0.02	0.01			0.05		18.35
黑龙江	3191.83	3134.06	42.34	0.15	0.45					1871.15
上 海	11777.18	8707.42	1909.75	26.65	0.08	3.65	0.20	0.01	-0.14	977.27
江 苏	9848.29	7682.66	469.25	40.04	19.26			0.07		1148.76
浙 江	6777.11	5513.36	79.23	3.63	5.13	32.80		0.33		560.48
安 徽	3124.48	2959.85	268.22	0.53		2.54				634.40
福 建	4162.84	3441.55	316.58	3.22				0.04		735.29
江 西	1741.97	1605.29	22.71	0.49	2.70		0.04			631.26
山 东	4799.36	4265.91	116.41	33.58	6.36					573.60
河 南	2596.63	2378.25	21.90	6.21	3.00				0.43	245.55
湖 北	3117.80	2825.54	89.27	2.62						316.72
湖 南	2250.85	2064.30	21.15	1.47	0.64				0.19	324.05
广 东	8790.42	5976.03	130.67	43.69	8.81		0.38		-0.07	253.93
广 西	1836.57	1712.09	45.24	3.44	0.56				0.03	461.24
海 南	1163.58	934.50	12.21		4.03			0.12		217.13
重 庆	5056.49	4215.27	315.25	1.04	0.04					1627.30
四 川	4065.91	3266.94	320.35	-0.26	14.02					428.49
贵 州	857.08	822.02	4.20	0.27	0.01					120.56
云 南	1926.60	1748.74	16.74	0.25	0.28			0.09		116.11
西 藏	12.53	12.53						0.06	-0.90	0.93
陕 西	1212.23	1016.30	58.42	-0.19	0.49					63.94
甘 肃	421.51	402.21	10.91	2.08	0.04					5.70
青 海	154.64	154.05	4.58		0.22	0.10				16.19
宁 夏	382.95	368.50	0.65	0.84						31.36
新 疆	661.93	567.75	5.12	0.04	0.46					85.04

5-4-6 续表 1

单位：亿元

地区	其他有限责任公司	股份有限公司	私营独资	私营合伙	私营有限责任公司	私营股份有限公司	其他内资企业	港澳台商投资	合资经营	合作经营
全国	**38382.51**	**5790.13**	**198.20**	**23.69**	**18921.52**	**1253.32**	**115.92**	**11830.40**	**4029.78**	**948.18**
北京	4686.33	1051.84	-0.09		273.94	16.82		843.48	264.88	236.73
天津	1815.55	227.37	31.35	3.85	570.06	41.18	13.81	234.43	89.26	
河北	833.81	129.03	1.42	0.19	556.48	66.37	7.32	42.15	14.41	
山西	158.26	12.67	0.05		357.11	21.40	0.05	11.74	2.63	
内蒙古	487.48	80.82	1.06	0.38	401.38	14.10	0.51	1.40	1.40	
辽宁	1094.80	350.10	16.29		834.56	40.53	1.20	991.00	357.07	14.87
吉林	419.06	46.71	3.56	0.10	230.22	14.91	0.16	33.81	12.22	0.10
黑龙江	742.24	60.18	0.97	0.20	388.74	25.93	1.70	33.51	27.86	
上海	3411.88	546.05	15.67	1.18	1747.34	67.57	0.25	1859.37	913.74	76.62
江苏	3112.49	318.98	35.47	5.14	2363.92	142.34	26.94	1464.20	461.60	46.12
浙江	2952.93	370.78	0.33	0.28	1477.27	29.11	1.04	849.40	267.61	-0.77
安徽	1174.11	103.04	10.75	1.67	659.94	92.55	12.09	106.42	33.82	-1.84
福建	1512.94	147.83	0.86	0.20	693.50	28.97	2.12	568.04	197.10	9.84
江西	516.45	59.59	1.36	2.19	324.88	42.64	0.98	95.33	40.41	0.96
山东	2034.25	305.71	8.03	0.34	1093.37	83.34	10.92	407.40	166.11	27.92
河南	1324.33	138.89	5.24	1.67	581.25	43.63	6.15	180.51	59.37	6.67
湖北	1384.93	197.06	4.50	1.63	774.24	50.21	4.36	220.90	68.31	0.36
湖南	1104.60	77.59	6.73	2.75	460.39	62.36	2.38	154.74	35.90	0.16
广东	2995.86	998.86	7.40	0.13	1355.76	180.87	-0.26	2051.72	475.52	511.46
广西	588.35	72.59	9.81	0.83	501.28	17.23	11.50	91.47	41.86	6.19
海南	520.26	64.64	13.29		101.29	1.28	0.26	193.81	35.36	
重庆	1284.24	124.27	0.48		830.00	30.74	1.92	569.69	209.54	6.28
四川	1427.35	137.12	1.14	0.51	898.21	36.54	3.47	423.46	88.96	0.64
贵州	424.07	40.46	1.36	0.42	210.19	20.48		34.11	11.15	
云南	1204.68	77.59	1.04	0.04	304.19	22.26	5.48	157.19	35.67	
西藏	3.69	0.43			8.32					
陕西	601.72	22.02	2.85		243.47	23.04	0.52	100.39	10.55	5.87
甘肃	219.18	11.01	0.42		145.31	6.80	0.75	6.47	3.89	
青海	30.96	2.73	0.25		86.39	12.62		0.51	0.34	
宁夏	103.46	0.75	16.60		204.55	10.29		9.64	9.64	
新疆	212.24	13.40		0.02	243.95	7.18	0.30	94.11	93.60	

5-4-6 续表 2 单位：亿元

地区				外商投资					
	独资	股份有限	其他		合资经营	合作经营	独资	股份有限	其他
全国	**6597.38**	**233.88**	**21.19**	**6053.36**	**2001.05**	**642.31**	**3108.58**	**280.65**	**20.76**
北京	341.87			605.68	226.20	140.24	155.39	83.85	
天津	113.17	32.00		223.67	90.37	14.28	110.19	4.22	4.61
河北	27.73			53.70	1.88	0.18	51.64		
山西	9.11			5.16	-0.19		5.36		
内蒙古				9.71	0.81		-0.06		8.97
辽宁	611.98	7.08		647.62	226.00	101.72	295.85	24.05	
吉林	20.73	0.02	0.74	24.55	23.33	0.93	0.30		
黑龙江	4.46	1.13	0.06	24.25	6.99	1.20	16.06		
上海	868.74	0.27		1210.38	432.78	94.78	577.43	105.39	
江苏	920.63	30.96	4.90	701.43	227.94	27.92	439.21	3.13	3.22
浙江	553.02	29.54		414.36	135.34	10.25	267.67	1.10	
安徽	63.77	10.68		58.22	12.56	6.07	38.53	1.05	
福建	351.75	9.34		153.25	29.57	0.14	108.89	15.33	-0.67
江西	53.96			41.35	28.38		7.56	5.41	
山东	212.47	0.90		126.05	65.18	21.21	39.66		
河南	111.45		3.02	37.87	7.25	0.01	33.24	-2.63	
湖北	138.41	13.82		71.36	20.75	7.34	39.52	2.64	1.11
湖南	118.59	0.09		31.81	12.62		18.85	0.34	
广东	1023.07	31.84	9.84	762.67	197.17	88.44	462.39	14.67	
广西	43.43			33.00	13.35	5.08	12.50	2.07	
海南	105.30	52.62	0.53	35.27	4.60	7.48	24.53	-1.33	
重庆	353.87			271.52	82.03	46.37	130.79	9.06	3.28
四川	318.18	13.60	2.09	375.51	97.48	45.46	230.26	2.31	
贵州	22.95			0.96	1.84	-1.14	0.26		
云南	121.52			20.68	3.48	6.54	0.40	10.01	0.25
西藏									
陕西	83.98			95.54	39.07	17.82	38.65		
甘肃	2.59			12.82	12.74		0.09		
青海	0.17			0.08	0.08				
宁夏				4.81	1.40		3.41		
新疆	0.51			0.07	0.07				

5-4-7 按资质等级分的房地产开发企业所有者权益

单位：亿元

地区	总计	一级	二级	三级	四级	暂定	其他
全国	**102015.65**	**12132.21**	**22722.23**	**19196.68**	**9235.14**	**32561.47**	**6167.92**
北京	8387.91	1811.03	1308.03	817.44	2101.81	1402.37	947.23
天津	5242.05	423.86	1610.04	503.62	1502.53	1131.21	70.78
河北	1725.39	198.41	384.37	321.11	474.96	318.77	27.77
山西	595.05	28.18	117.60	111.04	219.65	114.93	3.65
内蒙古	1004.47	168.39	235.20	134.51	345.98	101.69	18.71
辽宁	4338.03	170.50	505.18	933.79	11.18	2368.14	349.23
吉林	791.99	15.61	251.66	161.33	77.94	278.72	6.73
黑龙江	3191.83	35.18	624.74	2104.30	22.55	334.47	70.59
上海	11777.18	2309.01	2152.03	976.93	8.84	5272.70	1057.66
江苏	9848.29	1020.03	3900.42	757.42	14.54	3717.62	438.26
浙江	6777.11	865.16	1019.27	1433.76	298.62	2473.07	687.24
安徽	3124.48	77.71	832.21	765.94	69.27	1309.16	70.18
福建	4162.84	512.86	600.72	885.32	606.53	1315.71	241.70
江西	1741.97	17.92	412.87	573.45	131.87	579.58	26.29
山东	4799.36	276.48	749.24	820.87	549.78	2126.98	275.99
河南	2596.63	266.43	556.88	350.83	98.29	1263.41	60.79
湖北	3117.80	487.71	701.43	584.06	271.10	986.61	86.88
湖南	2250.85	69.84	239.49	1158.04	116.20	629.78	37.50
广东	8790.42	1869.56	897.42	2153.74	1149.54	1743.31	976.84
广西	1836.57	60.09	320.78	497.77	92.48	650.96	214.49
海南	1163.58	0.62	275.92	204.64	81.81	463.67	136.91
重庆	5056.49	605.87	2181.82	434.48	9.46	1803.29	21.57
四川	4065.91	275.57	1274.79	1592.79	51.33	721.27	150.16
贵州	857.08	27.44	223.31	140.73	136.16	297.36	32.08
云南	1926.60	175.62	695.03	122.60	265.57	572.26	95.52
西藏	12.53	-0.03	1.03	5.47	5.03	1.03	
陕西	1212.23	122.98	214.72	261.33	338.76	227.15	47.30
甘肃	421.51	16.03	114.66	130.27	83.48	73.45	3.63
青海	154.64	7.80	80.58	27.77	14.96	22.89	0.65
宁夏	382.95	41.97	141.64	62.76	38.01	97.24	1.33
新疆	661.93	174.38	99.15	168.59	46.90	162.67	10.25

5-4-8 按登记注册类型分的房地产开发企业营业利润

地区	总计	内资	国有	集体	股份合作	国有联营	集体联营	国有与集体联营	其他联营	国有独资公司
全国	**9562.67**	**7824.92**	**215.18**	**17.15**	**10.82**	**3.55**	**-0.03**	**-0.02**	**-0.51**	**342.78**
北京	699.42	509.96	9.07	1.86	-0.17					39.04
天津	174.63	136.82	3.64	-0.27	4.97	0.63	-0.01			5.53
河北	111.56	105.43	-1.34		-0.01					1.65
山西	3.86	3.76	-0.26	0.01						1.78
内蒙古	104.45	102.16	0.46		0.06					-1.51
辽宁	284.83	220.62	1.78	-0.03	0.24					0.08
吉林	47.71	41.71	-0.02		-0.04			-0.05		0.50
黑龙江	53.50	43.70								-10.27
上海	859.54	663.95	76.86	-0.71	-0.01	0.88	0.03		-0.04	35.84
江苏	1402.88	1140.58	22.86	5.21	0.98					45.57
浙江	522.80	436.34	1.83	0.31	0.08	0.57		-0.01		4.61
安徽	294.01	268.14	15.61			1.36				23.44
福建	417.24	363.96	3.37	-0.28						45.36
江西	187.62	167.63	0.73	0.05	-0.20		0.04			3.41
山东	590.14	550.84	20.16	2.67	0.61					21.94
河南	396.67	370.65	5.01	0.66	0.83				0.09	5.73
湖北	486.87	462.81	3.80	0.23						17.79
湖南	240.05	223.13	3.74	0.14	0.05				-0.28	8.85
广东	1460.22	1072.73	10.91	7.27	1.03		-0.09		-0.01	31.98
广西	97.47	69.53	9.63	0.13	0.01				0.01	3.55
海南	96.05	56.34	0.67		1.71			-0.04		6.26
重庆	365.00	295.23	9.04	0.07						23.22
四川	337.09	266.21	4.83	0.17	-0.02					7.69
贵州	14.57	16.64	0.46	0.01	-0.02					4.44
云南	49.46	36.62	0.51	-0.16	-0.02			0.07		0.71
西藏	0.52	0.52							-0.28	0.19
陕西	146.26	96.98	10.31	-0.41	0.71					5.46
甘肃	17.14	16.66	1.08	-0.01						0.51
青海	-1.75	-1.78	0.41		0.02	0.10				-1.15
宁夏	20.84	19.25	-0.06	0.25						4.48
新疆	82.03	67.84	0.08		-0.02					6.07

5-4-8 续表 1

地区								港澳台商投资		
	其他有限责任公司	股份有限公司	私营独资	私营合伙	私营有限责任公司	私营股份有限公司	其他内资企业		合资经营	合作经营
全 国	**4327.48**	**786.12**	**15.27**	**1.29**	**1920.00**	**175.08**	**10.77**	**1164.28**	**385.58**	**121.45**
北 京	385.87	93.09			-17.00	-1.80		122.92	50.41	34.26
天 津	69.15	23.02	5.53	-0.15	26.96	-1.59	-0.60	15.94	14.12	
河 北	53.74	9.71	-0.20	0.09	36.05	3.65	2.08	2.10	-0.74	
山 西	5.11	-0.92			-4.20	2.24	-0.01	-0.69	-0.89	
内蒙古	55.64	6.66	0.12	-0.05	37.00	3.93	-0.13	0.01	0.01	
辽 宁	77.24	69.10	0.10		68.13	3.92	0.06	26.50	9.22	-1.35
吉 林	16.93	7.82	0.75		15.87	-0.04		5.57	-0.59	-0.01
黑龙江	42.69	2.71	-0.07		9.13	-0.48	-0.01	3.26	3.78	
上 海	372.10	59.42	-0.13	-0.03	105.69	14.04		145.86	76.79	5.64
江 苏	494.12	48.68	1.77	0.46	481.65	39.57	-0.29	164.66	66.69	2.93
浙 江	280.59	75.35	-0.10	-0.01	72.01	1.15	-0.05	67.71	16.18	-0.64
安 徽	135.51	6.85	0.81		77.75	7.26	-0.46	22.13	6.14	1.22
福 建	196.55	26.70		0.02	87.61	4.73	-0.10	45.66	12.51	1.30
江 西	103.85	5.98	0.09		50.47	2.15	1.06	13.49	5.78	-0.03
山 东	290.73	41.82	-0.31	0.26	158.46	12.08	2.41	23.75	10.26	4.10
河 南	225.57	23.32	1.82	0.16	98.46	8.19	0.81	26.12	3.61	1.20
湖 北	252.02	36.45	0.84	0.14	140.12	7.01	4.40	18.48	5.25	0.01
湖 南	137.98	8.45	-0.12	0.05	57.00	6.92	0.34	14.25	3.47	-0.01
广 东	651.23	195.43	2.63	-0.05	137.00	35.49	-0.08	263.15	50.41	71.67
广 西	22.61	8.29	0.68	0.20	25.83	-1.75	0.34	26.55	10.66	0.53
海 南	25.97	7.29	-0.15		14.71	-0.03	-0.04	35.84	-0.61	
重 庆	150.17	9.04	0.01		94.97	7.99	0.73	42.90	22.03	-0.18
四 川	130.80	19.89	0.63	0.27	96.00	6.29	-0.36	31.83	6.27	0.01
贵 州	10.73	2.04	0.09	-0.03	-2.80	1.72		-1.68	-1.30	
云 南	14.04	0.40	0.62	-0.03	8.98	10.76	0.74	2.02	0.12	
西 藏	0.48	0.26			-0.13					
陕 西	69.31	0.09	-0.40		10.28	1.66	-0.02	29.91	0.59	0.80
甘 肃	12.95	-0.05	0.04		2.06	0.09	-0.01	-0.07	-0.73	
青 海	-1.39	-0.27	-0.06		0.76	-0.21		0.03	0.03	
宁 夏	6.24	-0.35	0.29		8.11	0.29		1.87	1.87	
新 疆	38.95	-0.13		-0.01	23.07	-0.14	-0.04	14.19	14.24	

5-4-8 续表 2

地区				外商投资					
	独资	股份有限	其他		合资经营	合作经营	独资	股份有限	其他
全国	**616.75**	**39.59**	**0.90**	**573.47**	**233.87**	**90.84**	**232.31**	**11.12**	**5.33**
北京	38.24			66.54	13.85	31.67	16.53	4.50	
天津	1.83	-0.01		21.87	4.21	9.68	4.80	0.55	2.63
河北	2.84			4.03	-0.25	-0.01	4.29		
山西	0.20			0.80	-0.23		1.02		
内蒙古				2.27	-0.19		0.09		2.38
辽宁	20.05	-1.43		37.71	10.56	14.02	12.93	0.21	
吉林	5.17	0.87	0.13	0.42	0.31	0.11			
黑龙江	-0.35	-0.15	-0.01	6.54	1.24	0.14	5.16		
上海	63.14	0.29		49.73	34.57	-1.65	17.55	-0.74	
江苏	91.78	3.22	0.04	97.63	30.56	1.95	64.83	0.29	
浙江	51.39	0.78		18.75	9.60	-0.21	9.38	-0.01	
安徽	11.70	3.07		3.74	1.10	1.20	0.69	0.75	
福建	31.94	-0.09		7.62	2.85	-0.01	4.89	0.09	-0.20
江西	7.73			6.51	1.70		-0.01	4.82	
山东	9.36	0.03		15.55	12.42	1.58	1.54		
河南	21.18		0.14	-0.10	0.67	0.01	-1.51	0.73	
湖北	12.45	0.77		5.58	2.00	3.23	-0.64	1.20	-0.21
湖南	10.78			2.68	2.41		0.26		
广东	134.66	5.65	0.77	124.34	72.76	2.98	48.32	0.29	
广西	15.37			1.38	1.43	-0.45	0.64	-0.24	
海南	16.00	20.51	-0.06	3.87	1.16	1.08	1.96	-0.33	
重庆	21.05			26.87	10.81	9.74	6.45	-0.81	0.68
四川	19.57	6.08	-0.11	39.06	14.00	-1.27	26.42	-0.09	
贵州	-0.38			-0.39	0.13	-0.50	-0.01		
云南	1.90			10.82	-0.20	11.11	-0.04	-0.10	0.05
西藏									
陕西	28.52			19.37	6.10	6.45	6.83		
甘肃	0.66			0.56	0.59		-0.03		
青海									
宁夏				-0.28	-0.27		-0.02		
新疆	-0.05								

5-4-9 按资质等级分的房地产开发企业营业利润

单位：亿元

地区	总计	一级	二级	三级	四级	暂定	其他
全国	**9562.67**	**1565.90**	**2131.92**	**1904.76**	**818.39**	**2637.21**	**504.49**
北京	699.42	217.12	134.65	60.05	164.00	90.74	32.88
天津	174.63	10.74	17.75	27.25	50.08	67.98	0.83
河北	111.56	19.77	22.95	41.57	41.78	-16.17	1.66
山西	3.86	3.61	-2.37	0.71	1.66	0.52	-0.27
内蒙古	104.45	22.46	35.01	20.42	24.30	0.79	1.48
辽宁	284.83	-0.16	36.97	124.48	1.84	118.53	3.17
吉林	47.71	0.93	24.92	16.46	6.22	-1.12	0.30
黑龙江	53.50	-12.26	31.80	11.68	1.45	17.86	2.96
上海	859.54	156.56	157.29	101.67	0.47	368.35	75.19
江苏	1402.88	114.05	582.09	159.70	3.84	507.14	36.07
浙江	522.80	115.42	114.61	110.59	24.94	119.37	37.86
安徽	294.01	19.10	53.59	85.57	7.44	121.95	6.36
福建	417.24	60.79	69.68	118.14	51.68	97.66	19.30
江西	187.62	1.93	36.56	56.53	14.51	71.78	6.30
山东	590.14	54.50	71.64	94.77	88.95	243.46	36.82
河南	396.67	41.80	76.34	49.99	16.06	204.74	7.75
湖北	486.87	64.05	118.21	104.63	48.86	135.50	15.62
湖南	240.05	23.08	30.49	85.95	12.86	84.67	3.00
广东	1460.22	482.48	132.03	355.53	177.36	136.88	175.94
广西	97.47	0.32	24.26	23.48	6.93	27.74	14.73
海南	96.05	-0.25	-0.38	29.93	7.40	58.62	0.71
重庆	365.00	68.36	155.52	41.67	0.95	97.75	0.76
四川	337.09	43.38	104.33	124.62	-0.37	44.48	20.66
贵州	14.57	-1.09	4.33	-1.89	15.38	-1.38	-0.78
云南	49.46	2.56	19.62	9.16	10.41	5.10	2.62
西藏	0.52	-0.01	0.38	-0.10	0.08	0.16	
陕西	146.26	24.60	44.56	24.44	32.21	15.81	4.65
甘肃	17.14	0.64	8.75	4.59	3.55	-0.32	-0.07
青海	-1.75	0.73	-1.50	-0.45	1.37	-1.24	-0.67
宁夏	20.84	8.37	9.83	1.68	1.74	-0.21	-0.56
新疆	82.03	22.32	18.01	21.95	0.44	20.06	-0.76

5-4-10 按登记注册类型分的房地产开发企业利润总额

地区	总计	内资								
			国有	集体	股份合作	国有联营	集体联营	国有与集体联营	其他联营	国有独资公司
全国	**9820.60**	**8078.00**	**256.79**	**18.53**	**10.84**	**3.92**	**-0.05**	**-0.03**	**-0.51**	**403.84**
北京	731.10	541.11	13.24	2.27	-0.17					38.35
天津	202.32	163.34	5.92	-0.28	5.04	0.65	-0.01			17.18
河北	115.49	109.57	-1.14		-0.01					1.68
山西	4.42	4.38	-0.24	0.02						1.71
内蒙古	108.57	106.28	0.45		0.06					-1.43
辽宁	304.27	238.22	1.75	-0.03	0.25					3.26
吉林	48.46	42.99	-0.01		-0.01			-0.05		0.54
黑龙江	59.24	49.52	0.14							-5.50
上海	907.50	704.36	90.84	-0.17	-0.01	0.98	0.03		-0.04	38.97
江苏	1403.49	1147.92	26.06	5.19	0.97					48.22
浙江	554.55	466.80	3.52	0.35	0.08	0.94		-0.01		9.23
安徽	297.55	272.01	15.55	0.01		1.36				26.00
福建	411.25	360.35	6.46	-0.36						43.93
江西	194.47	172.71	0.69	0.05	-0.20		0.04			6.74
山东	601.21	560.72	20.15	2.66	0.63					22.28
河南	393.09	367.27	6.10	0.66	0.83				0.09	5.24
湖北	491.07	466.32	3.79	0.23						18.49
湖南	245.35	228.12	3.87	0.13	0.05				-0.28	9.94
广东	1459.47	1075.59	14.81	7.75	0.99		-0.11		-0.01	33.38
广西	101.30	73.21	9.72	0.12	0.01				0.01	5.33
海南	96.76	57.24	0.65		1.64			-0.04		7.38
重庆	393.35	322.60	13.66	0.03						38.93
四川	340.06	268.14	5.14	0.21	0.02					7.92
贵州	16.49	18.38	0.50	0.01	-0.02					4.71
云南	64.68	51.73	0.63	-0.16	-0.02			0.07		1.48
西藏	2.28	2.28							-0.28	0.19
陕西	148.37	98.28	12.93	-0.37	0.71					6.06
甘肃	17.00	16.54	1.09	-0.01						0.49
青海	1.83	1.81	0.42		0.02	-0.02				2.37
宁夏	22.09	20.59		0.24						4.69
新疆	83.49	69.61	0.12		-0.02					6.10

5-4-10 续表 1

地 区	其他有限责任公司	股份有限公司	私营独资	私营合伙	私营有限责任公司	私营股份有限公司	其他内资企业	港澳台商投资	合资经营	合作经营
全 国	**4437.38**	**793.03**	**15.53**	**2.59**	**1949.89**	**175.48**	**10.76**	**1170.05**	**382.88**	**124.39**
北 京	409.62	95.74			-16.08	-1.85		125.18	52.21	34.50
天 津	81.07	21.89	5.49	1.15	27.42	-1.56	-0.61	16.53	14.39	
河 北	58.74	9.65	-0.20	0.09	35.11	3.63	2.01	1.93	-0.88	
山 西	4.87	0.01			-4.21	2.22	-0.01	-0.74	-0.89	
内蒙古	55.55	7.12	0.12	-0.07	40.97	3.69	-0.16	0.01	0.01	
辽 宁	85.61	70.88	0.12		72.75	3.57	0.06	28.24	9.13	-1.38
吉 林	16.55	7.86	0.74		17.19	0.18		5.59	-0.59	-0.01
黑龙江	43.48	2.69	-0.07		9.31	-0.51	-0.01	3.24	3.78	
上 海	390.15	60.14	-0.20	-0.03	109.11	14.56		150.71	76.72	5.84
江 苏	481.63	49.50	1.70	0.45	495.05	39.47	-0.32	159.07	62.45	2.98
浙 江	294.79	76.39	-0.10	-0.01	80.54	1.14	-0.05	68.54	16.87	-0.54
安 徽	137.60	6.79	0.70	0.03	76.48	7.92	-0.45	21.88	6.01	1.22
福 建	195.65	27.02		0.02	83.26	4.49	-0.10	43.44	11.59	1.59
江 西	105.18	5.96	0.09	0.02	50.79	2.21	1.14	14.29	5.76	-0.03
山 东	294.01	45.31	-0.31	0.25	161.33	12.00	2.41	24.74	9.87	4.05
河 南	225.39	22.86	1.82	0.16	95.26	8.06	0.81	26.31	3.68	1.20
湖 北	260.48	30.96	0.86	0.14	139.90	7.07	4.40	18.56	5.30	0.01
湖 南	141.78	8.37	-0.21	0.05	56.96	7.13	0.33	14.57	3.48	-0.01
广 东	654.06	196.16	2.17	-0.05	130.96	35.58	-0.08	261.28	49.44	72.56
广 西	24.62	8.26	0.68	0.20	25.56	-1.68	0.38	26.96	10.68	0.81
海 南	26.21	7.27	-0.16		14.24	0.10	-0.04	36.05	-0.41	
重 庆	152.45	9.25	0.01		99.73	7.82	0.72	44.25	22.96	-0.18
四 川	131.39	20.12	0.55	0.27	96.42	6.45	-0.37	32.19	6.45	0.01
贵 州	11.81	3.12	0.09	-0.04	-3.49	1.69		-1.52	-1.15	
云 南	28.57	0.34	0.61	-0.03	9.19	10.28	0.76	2.20	0.36	
西 藏	0.62	0.26			1.49					
陕 西	68.23	-0.05	-0.43		9.68	1.53	-0.02	30.85	0.59	1.76
甘 肃	12.99	-0.06	0.04		1.95	0.06	-0.01	-0.09	-0.75	
青 海	-1.55	-0.27	-0.06		0.98	-0.08		0.03	0.03	
宁 夏	6.36	-0.36	1.48		7.71	0.48		1.88	1.88	
新 疆	39.47	-0.13		-0.01	24.31	-0.17	-0.04	13.88	13.93	

5-4-10 续表 2

地 区				外商投资					
	独 资	股份有限	其 他		合资经营	合作经营	独 资	股份有限	其 他
全 国	**622.35**	**39.52**	**0.92**	**572.55**	**236.33**	**89.90**	**229.68**	**11.31**	**5.33**
北 京	38.46			64.81	14.45	29.38	16.47	4.51	
天 津	2.11	0.04		22.44	4.52	9.69	5.05	0.55	2.64
河 北	2.82			3.99	-0.33	-0.01	4.33		
山 西	0.15			0.78	-0.23		1.01		
内蒙古				2.27	-0.19		0.09		2.38
辽 宁	21.92	-1.43		37.82	11.03	14.02	12.56	0.21	
吉 林	5.18	0.87	0.13	-0.12	-0.23	0.11			
黑龙江	-0.38	-0.15	-0.01	6.49	1.18	0.14	5.17		
上 海	67.86	0.29		52.43	35.36	-0.27	18.13	-0.78	
江 苏	90.39	3.22	0.04	96.50	30.33	1.91	63.97	0.29	
浙 江	51.43	0.78		19.21	10.28	-0.21	9.15	-0.01	
安 徽	11.58	3.06		3.66	1.08	1.20	0.63	0.75	
福 建	30.41	-0.16		7.46	2.82	0.02	4.67	0.16	-0.21
江 西	8.56			7.47	2.68		-0.01	4.80	
山 东	10.79	0.03		15.76	12.50	1.67	1.59		
河 南	21.30		0.14	-0.49	0.63	0.01	-1.86	0.73	
湖 北	12.48	0.77		6.18	2.54	3.34	-0.66	1.17	-0.21
湖 南	11.10			2.66	2.41		0.24		
广 东	132.91	5.60	0.77	122.60	72.77	2.97	46.57	0.29	
广 西	15.46			1.13	1.28	-0.71	0.62	-0.06	
海 南	16.01	20.51	-0.06	3.47	1.18	1.08	1.53	-0.32	
重 庆	21.48			26.50	10.08	9.88	6.65	-0.79	0.68
四 川	19.74	6.08	-0.10	39.73	13.99	-1.24	27.07	-0.09	
贵 州	-0.37			-0.36	0.15	-0.50	-0.01		
云 南	1.84			10.75	-0.28	11.11	-0.04	-0.10	0.05
西 藏									
陕 西	28.51			19.25	6.07	6.32	6.86		
甘 肃	0.66			0.54	0.57		-0.03		
青 海									
宁 夏				-0.39	-0.31		-0.07		
新 疆	-0.05								

5-4-11 按资质等级分的房地产开发企业利润总额

单位：亿元

地 区	总 计	一 级	二 级	三 级	四 级	暂 定	其 他
全 国	**9820.60**	**1604.17**	**2233.90**	**1929.05**	**837.25**	**2702.98**	**513.25**
北 京	731.10	222.68	145.57	61.87	167.46	97.10	36.43
天 津	202.32	14.78	26.56	30.24	59.56	70.12	1.05
河 北	115.49	18.29	29.98	40.77	41.49	-17.36	2.31
山 西	4.42	4.54	-2.37	0.72	1.75	0.07	-0.29
内蒙古	108.57	22.97	37.10	20.46	24.38	2.17	1.48
辽 宁	304.27	3.25	42.46	125.59	1.68	127.60	3.70
吉 林	48.46	0.93	25.36	17.57	7.20	-2.91	0.31
黑龙江	59.24	-12.43	36.92	12.68	0.92	18.18	2.97
上 海	907.50	159.65	171.61	106.21	0.48	385.64	83.92
江 苏	1403.49	115.86	588.88	159.42	3.78	508.33	27.24
浙 江	554.55	126.84	120.85	117.61	24.87	123.23	41.16
安 徽	297.55	19.44	54.50	84.88	7.45	125.77	5.51
福 建	411.25	62.71	67.66	113.33	51.67	96.42	19.47
江 西	194.47	2.29	41.09	56.59	14.80	73.35	6.35
山 东	601.21	59.20	73.73	98.19	88.76	244.41	36.93
河 南	393.09	40.56	77.21	49.08	15.69	202.94	7.61
湖 北	491.07	68.43	115.68	105.48	49.70	136.05	15.73
湖 南	245.35	23.33	30.97	88.35	12.98	86.43	3.30
广 东	1459.47	479.64	133.87	355.84	174.62	141.56	173.94
广 西	101.30	0.69	25.12	22.75	6.94	28.55	17.25
海 南	96.76	-0.26	-0.70	30.87	7.20	58.18	1.49
重 庆	393.35	68.84	174.01	43.12	0.92	105.68	0.77
四 川	340.06	43.44	106.31	124.31	-0.29	46.04	20.25
贵 州	16.49	-1.15	4.58	-2.60	14.79	1.79	-0.91
云 南	64.68	2.59	23.17	9.89	18.32	7.88	2.83
西 藏	2.28	-0.01	0.50	-0.07	1.67	0.20	
陕 西	148.37	24.73	43.63	27.42	31.67	16.36	4.57
甘 肃	17.00	0.59	8.50	4.96	3.30	-0.20	-0.15
青 海	1.83	0.97	1.94	-0.64	1.41	-1.18	-0.67
宁 夏	22.09	8.56	10.89	1.70	1.75	-0.30	-0.51
新 疆	83.49	22.23	18.31	22.50	0.35	20.90	-0.81

5-4-12 按登记注册类型分的房地产开发企业主营业务收入

单位：亿元

地区	总计	内资								
			国有	集体	股份合作	国有联营	集体联营	国有与集体联营	其他联营	国有独资公司
全国	**70706.67**	**62445.26**	**1221.62**	**175.23**	**92.02**	**15.13**	**0.47**	**0.92**	**3.62**	**2400.85**
北京	3809.72	3197.44	53.37	3.79						159.09
天津	1622.84	1373.30	102.57	4.54	33.16	4.09				142.82
河北	1927.53	1882.52	7.87		0.09					13.40
山西	533.37	527.03	5.31	0.22						19.69
内蒙古	1103.14	1093.27	4.57		0.50					15.39
辽宁	2751.97	2130.21	23.76	0.01	6.73					18.92
吉林	797.41	767.71	0.16		0.13					18.47
黑龙江	982.76	932.50	8.53		0.02					88.99
上海	3823.62	3137.42	80.55	5.31		0.85	0.39	0.03	0.02	174.41
江苏	9510.96	8130.41	215.69	34.38	4.22					274.73
浙江	4481.30	4002.89	26.11	11.27	3.60	4.59		0.06		100.13
安徽	2757.24	2577.56	84.88	0.09		4.97				125.46
福建	2786.27	2459.66	36.30	3.70				0.01		252.82
江西	1335.55	1207.78	16.20	1.88	0.16		0.08			24.29
山东	5033.30	4731.68	174.09	27.75	14.25					154.18
河南	2625.42	2547.42	26.16	4.34	4.21				0.43	42.55
湖北	2869.46	2710.95	31.12	5.57						81.64
湖南	2386.74	2244.27	50.43	2.03	0.33				0.70	46.66
广东	7277.17	5772.74	58.73	60.24	4.80				0.03	169.42
广西	955.70	855.16	43.65	1.77	0.29				0.80	27.24
海南	634.22	487.51	6.86		5.94			0.11		37.33
重庆	2655.21	2282.28	41.51	0.20	0.35					201.22
四川	3262.72	2914.49	16.00	1.34	7.50					70.14
贵州	668.15	659.31	4.88	0.08	0.45					19.48
云南	1086.82	1052.31	13.75	0.06	0.02			0.71		20.82
西藏	11.50	11.50							1.63	0.59
陕西	1426.71	1224.43	56.09	2.39	4.72					41.73
甘肃	393.71	374.76	28.26	1.05						9.57
青海	106.73	105.55	1.76		0.56	0.63				5.87
宁夏	352.69	340.02		3.20						24.36
新疆	736.73	711.21	2.44	0.01						19.43

5-4-12 续表 1

单位：亿元

地 区	其他有限责任公司	股份有限公司	私营独资	私营合伙	私营有限责任公司	私营股份有限公司	其他内资企业	港澳台商投资	合资经营	合作经营
全 国	**33018.65**	**3512.88**	**140.16**	**12.87**	**20210.19**	**1507.30**	**133.34**	**5646.22**	**1900.32**	**493.52**
北 京	2611.58	233.40			129.18	7.02		423.72	196.82	116.20
天 津	646.51	153.93	19.67	0.26	256.96	6.70	2.07	132.52	74.88	
河 北	1006.39	138.05	1.37	0.80	655.10	47.94	11.51	24.39	5.45	
山 西	149.92	2.83	0.01		332.52	16.43	0.08	2.25	0.13	
内蒙古	544.24	61.13	0.70		452.97	13.68	0.07	0.22	0.22	
辽 宁	943.36	109.64	5.31		962.28	57.14	3.06	386.17	152.94	1.65
吉 林	408.52	77.75	6.22	0.07	246.17	10.15	0.07	27.33	1.26	
黑龙江	486.11	57.33	0.22	0.03	282.06	9.22		19.26	15.39	
上 海	1817.20	137.95	0.14		861.56	58.98		449.99	216.61	16.03
江 苏	3406.30	342.70	28.10	4.14	3516.93	265.34	37.87	910.72	346.93	21.24
浙 江	2319.90	143.27	0.99		1364.83	28.14		383.84	104.21	1.52
安 徽	1298.72	89.82	15.60	0.51	863.66	85.33	8.51	120.52	37.01	6.61
福 建	1294.26	82.88	0.10	0.18	752.72	36.69		284.61	88.63	6.44
江 西	652.55	95.03	1.81	0.30	367.25	44.78	3.47	93.72	39.12	0.22
山 东	2484.73	332.16	1.83	1.89	1391.63	133.19	15.97	211.87	86.14	29.64
河 南	1563.05	143.90	5.76	1.19	659.30	88.06	8.46	57.71	20.69	7.36
湖 北	1415.86	195.58	4.46	0.61	905.81	53.38	16.93	117.06	50.74	0.06
湖 南	1324.16	125.23	4.21	0.71	586.24	99.77	3.80	115.05	34.19	0.02
广 东	3239.16	545.27	21.14	0.26	1517.39	154.99	1.31	1090.33	186.87	279.15
广 西	311.62	60.48	5.22	1.84	379.61	18.61	4.03	83.70	35.10	2.22
海 南	282.63	38.34			108.39	7.73	0.18	119.28	16.12	
重 庆	970.75	67.73	0.11		950.28	46.80	3.33	235.68	98.00	
四 川	1476.83	166.14	8.07	0.04	1101.77	59.49	7.17	183.60	40.01	0.28
贵 州	399.59	36.99	0.88	0.02	171.46	25.49		7.31	2.38	
云 南	576.28	29.15	3.37		345.26	57.58	5.31	21.94	6.11	
西 藏	5.07	2.33			1.88					
陕 西	743.44	34.84	2.59		315.27	23.23	0.13	102.41	6.38	4.90
甘 肃	193.81	5.28	0.21		128.35	8.22		2.90	0.67	
青 海	15.70	2.27			62.33	16.42		1.09	0.28	
宁 夏	95.87	1.06	2.06		203.40	10.08		11.51	11.51	
新 疆	334.54	0.42			337.64	16.72		25.53	25.53	

5-4-12 续表 2

单位：亿元

地 区	独 资	股份有限	其 他	外商投资	合资经营	合作经营	独 资	股份有限	其 他
全 国	**3088.66**	**153.56**	**10.17**	**2615.18**	**972.39**	**347.15**	**1206.46**	**67.90**	**21.29**
北 京	110.70			188.55	53.21	93.57	25.86	15.91	
天 津	41.15	16.49		117.03	42.21	20.03	36.84	5.94	12.00
河 北	18.94			20.62	0.48		20.14		
山 西	2.12			4.10	0.06		4.04		
内蒙古				9.66			3.05		6.61
辽 宁	227.76	3.82		235.59	91.99	55.79	80.93	6.88	
吉 林	23.43	1.05	1.59	2.37	1.63	0.73	0.01		
黑龙江	3.86	0.01		30.99	8.29	0.54	22.17		
上 海	212.09	5.28		236.21	107.79	1.88	122.85	3.69	
江 苏	527.36	14.67	0.53	469.83	194.14	18.78	253.31	3.60	
浙 江	266.10	12.00		94.57	46.29		48.24	0.04	
安 徽	66.05	10.85		59.15	20.65	10.94	21.89	5.67	
福 建	186.01	3.53		42.01	13.63		27.64	0.75	
江 西	54.39			34.04	21.84		2.14	10.06	
山 东	95.81	0.29		89.74	53.87	11.96	23.91		
河 南	29.13		0.53	20.30	9.85	0.05	7.41	2.99	
湖 北	61.42	4.83		41.45	18.56	11.52	6.63	4.74	
湖 南	80.83	0.01		27.42	20.65		6.71	0.06	
广 东	595.51	21.27	7.53	414.10	100.68	29.55	278.80	5.08	
广 西	46.39			16.84	8.82	1.32	6.70		
海 南	65.13	38.03		27.43	4.89	4.52	17.96	0.06	
重 庆	137.68			137.25	46.67	45.72	39.91	2.44	2.50
四 川	121.89	21.42		164.63	63.24	0.30	101.09		
贵 州	4.92			1.53	1.47		0.07		
云 南	15.83			12.57	0.28	12.11			0.18
西 藏									
陕 西	91.13			99.87	26.23	27.83	45.82		
甘 肃	2.22			16.06	14.86		1.20		
青 海	0.80			0.09	0.09				
宁 夏				1.16			1.15		
新 疆									

5-4-13 按资质等级分的房地产开发企业主营业务收入

单位：亿元

地区	总计	一级	二级	三级	四级	暂定	其他
全国	**70706.67**	**5688.75**	**14953.42**	**15389.35**	**8062.25**	**23934.45**	**2678.43**
北京	3809.72	693.89	579.45	439.32	1241.43	680.25	175.37
天津	1622.84	99.50	235.85	168.65	627.36	482.55	8.93
河北	1927.53	176.69	358.55	404.44	639.68	308.22	39.97
山西	533.37	26.12	114.70	108.07	222.02	61.69	0.77
内蒙古	1103.14	117.86	220.99	197.44	432.79	119.75	14.31
辽宁	2751.97	65.10	364.93	750.01	21.01	1438.12	112.80
吉林	797.41	6.50	239.07	209.18	103.94	233.05	5.66
黑龙江	982.76	100.90	315.81	372.17	39.88	141.13	12.87
上海	3823.62	186.91	614.05	448.68	7.79	2373.05	193.15
江苏	9510.96	666.54	3851.90	1031.52	33.86	3558.62	368.51
浙江	4481.30	318.61	716.98	1174.28	265.09	1665.61	340.73
安徽	2757.24	106.63	501.39	691.54	103.78	1312.43	41.47
福建	2786.27	265.34	356.97	784.22	334.76	1012.87	32.11
江西	1335.55	22.02	254.32	432.11	107.64	482.69	36.77
山东	5033.30	406.16	683.34	800.35	757.10	2167.25	219.10
河南	2625.42	144.39	547.64	420.22	142.61	1321.34	49.22
湖北	2869.46	290.44	649.36	596.84	333.54	927.75	71.52
湖南	2386.74	137.15	346.65	1010.21	135.79	716.81	40.14
广东	7277.17	970.95	628.79	2093.00	1326.02	1694.94	563.46
广西	955.70	25.62	145.29	231.31	85.31	413.96	54.21
海南	634.22	0.10	24.63	121.51	54.05	389.99	43.93
重庆	2655.21	252.49	1163.01	390.61	9.71	827.45	11.93
四川	3262.72	246.05	860.44	1509.54	25.58	501.80	119.31
贵州	668.15	17.41	119.53	129.94	173.53	213.92	13.81
云南	1086.82	47.97	301.07	134.32	304.58	272.34	26.55
西藏	11.50		2.27	6.20	1.79	1.23	
陕西	1426.71	130.45	351.61	291.19	318.43	263.12	71.90
甘肃	393.71	18.13	99.89	141.63	70.36	61.51	2.18
青海	106.73	6.92	39.42	19.05	18.21	22.73	0.39
宁夏	352.69	58.04	122.24	74.19	50.21	44.50	3.50
新疆	736.73	83.85	143.27	207.60	74.39	223.79	3.84

【主要统计指标解释】

资产总计　指企业过去的交易或者事项形成的、由企业拥有或者控制的、预期会给企业带来经济利益的资源。资产一般按流动性（资产的变现或耗用时间长短）分为流动资产和非流动资产。其中流动资产可分为货币资金、交易性金融资产、应收票据、应收账款、预付款项、其他应收款、存货等；非流动资产可分为长期股权投资、固定资产、无形资产及其他非流动资产等。根据会计“资产负债表”中“资产总计”项目的期末余额数填报。

执行2006年《企业会计准则》的企业：资产总计=流动资产合计+非流动资产合计；未执行2006年《企业会计准则》企业的资产包括流动资产、长期投资、固定资产、无形资产和其他资产等。

负债合计　指企业过去的交易或者事项形成的，预期会导致经济利益流出企业的现时义务。负债一般按偿还期长短分为流动负债和非流动负债。根据会计“资产负债表”中“负债合计”项目的期末余额数填报。

执行2006年《企业会计准则》的企业：负债合计=流动负债合计+非流动负债合计；未执行2006年《企业会计准则》企业的负债包括流动负债和长期负债。

所有者权益合计　指企业资产扣除负债后由所有者享有的剩余权益。公司的所有者权益又称股东权益。包括实收资本、资本公积、盈余公积、未分配利润等。根据会计“资产负债表”中“所有者权益合计”项目的期末余额数填报。

主营业务收入　指企业确认的销售商品、提供劳务等主营业务的收入。根据会计“主营业务收入”科目的期末贷方余额填报。执行2006年《企业会计准则》的企业，如未设置该科目，以“营业收入”代替填报。

土地转让收入　指房地产开发企业按国家规定在报告期转让已经开发的土地和未经开发的土地所得到的收入。根据会计“利润表”和相关核算资料计算填报。

商品房屋销售收入　指房地产开发企业在报告期售出商品房屋的收入，一次收款的，一次性全部计入销售收入，按合同规定分期收款的，可按合同规定的时间分次计入收入。根据会计“利润表”和相关核算资料计算填报。

房屋出租收入　指房地产开发企业在报告期内，在不改变现有财产所有权关系的条件下，将企业的全部或部分房屋出租给其他单位或个人使用所得到的租金收入。根据会计“利润表”和相关核算资料计算填报。

其他（主营业务）收入　指房地产开发企业在报告期内从事除以上收入外的其他业务活动所得到的收入，包括配套设施销售收入、代建工程结算收入等。根据会计“利润表”和相关核算资料计算填报。

营业利润　指企业从事生产经营活动所取得的利润。执行2006年《企业会计准则》的企业，营业利润为营业收入减去营业成本、营业税金及附加、销售费用、管理费用、财务费用、资产减值损失，再加上公允价值变动收益和投资收益。未执行2006年《企业会计准则》的企业，营业利润为主营业务收入减去主营业务成本、主营业务税金及附加，加上其他业务利润后，再减去销售费用、管理费用、财务费用后的金额。根据会计“利润表”中“营业利润”项目的本期金额数填报。

利润总额 指企业在一定会计期间的经营成果，是生产经营过程中各种收入扣除各种耗费后的盈余，反映企业在报告期内实现的亏盈总额。根据会计“利润表”中“利润总额”项目的本期金额数填报。执行2006年《企业会计准则》的企业，利润总额为营业利润加上营业外收入，减去营业外支出后的金额；未执行2006年《企业会计准则》的企业，利润总额为营业利润加上投资收益、补贴收入、营业外收入，再减去营业外支出后的金额。

5 第三产业部分行业主要财务指标

5-5　租赁和商务服务业

简要说明

一、主要内容

本篇资料主要反映租赁和商务服务业的总产出情况。该行业为《国民经济行业分类》（GB/T 4754-2002）的门类，本年鉴列示了2008-2012年数据。

二、资料来源

本篇资料由国家统计局国民经济核算司加工整理。

5-5-1 各地区租赁和商务服务业总产出

地区	2008		2009		2010		2011		2012	
	总量(亿元)	指数(%)	总量(亿元)	指数(%)	总量(亿元)	指数(%)	总量(亿元)	指数(%)	总量(亿元)	指数(%)
北京	3141.49	117.8	3052.36	102.5	3890.70	119.0	4600.05	114.7	4775.49	98.5
天津	319.01	123.6	393.44	132.4	543.25	115.3	709.00	126.7	903.05	111.3
河北	286.55	112.2	329.78	103.0	335.29	106.1	441.27	120.9	493.36	101.0
山西	120.09	120.8	128.05	70.8	152.17	117.1	175.97	111.0	207.22	111.8
内蒙古	188.83	84.4	211.98	113.6	285.54	99.2	371.78	126.5	429.31	108.7
辽宁	467.48	119.2	535.68	108.3	664.67	122.2	812.92	118.4	961.85	111.0
吉林	220.91	116.2	263.29	114.1	410.77	126.2	567.17	133.8	687.36	115.3
黑龙江	193.73	108.5	220.73	112.7	241.45	102.5	262.06	104.4	305.61	113.9
上海	2738.26	127.2	2999.90	109.8	3438.02	109.7	4366.52	125.2	4920.86	108.4
江苏	1684.65	121.1	1738.35	104.2	2680.42	108.4	3691.02	122.4	4386.41	115.3
浙江	1097.70	102.0	1177.76	106.7	1486.67	114.6	1899.11	113.6	2206.83	113.7
安徽	373.44	83.8	479.51	111.3	587.04	108.6	681.00	108.5	841.50	119.6
福建	389.02	106.9	454.32	120.2	523.20	107.5	753.61	106.9	831.82	95.1
江西	149.47	114.5	161.13	110.7	170.97	110.7	214.42	122.2	261.80	120.2
山东	708.93	117.6	813.40	105.9	1046.09	125.7	1314.33	104.5	1565.85	99.2
河南	251.96	61.0	307.26	126.0	370.58	118.4	466.53	121.3	549.64	115.1
湖北	420.07	99.7	497.50	111.2	748.40	124.0	915.36	104.5	1052.71	113.3
湖南	370.51	116.4	380.43	102.0	475.88	116.8	581.15	115.9	699.97	118.8
广东	2503.22	108.2	2743.53	98.5	3253.41	109.8	4019.83	112.5	4436.45	110.3
广西	192.18	97.2	206.92	109.9	268.63	106.0	344.26	133.4	425.05	120.3
海南	57.35	113.3	62.69	110.2	76.65	122.5	100.23	128.2	133.53	121.3
重庆	202.87	103.7	215.86	105.8	263.71	112.8	367.57	116.7	467.80	120.4
四川	398.98	101.5	448.45	117.3	415.36	116.9	480.70	108.3	581.84	120.4
贵州	133.13	124.9	153.44	112.1	179.87	108.8	264.40	121.2	308.71	112.0
云南	239.93	104.2	253.53	103.4	296.46	113.5	547.40	129.7	684.61	106.0
西藏	4.04	131.4	7.49	165.1	10.72	163.6	17.71	146.4	21.59	129.4
陕西	186.57	140.7	187.29	100.1	208.66	107.9	233.16	106.9	291.30	114.7
甘肃	39.96	120.5	48.82	127.3	60.92	119.7	80.64	112.9	100.57	121.4
青海	21.55	123.4	28.86	131.7	33.21	109.2	40.86	117.1	46.39	110.1
宁夏	20.77	110.6	27.57	116.0	42.49	108.7	63.66	113.0	71.88	127.1
新疆	133.18	76.3	137.27	95.5	127.64	99.6	163.30	120.3	153.46	97.8

注：总量按当年价格计算。指数按不变价格计算，以上年为100。

【主要统计指标解释】

总产出 指一定时期内一个国家（或地区）常住单位生产的所有货物和服务的价值，既包括新增价值，也包括被消耗的货物和服务价值以及固定资产的转移价值。总产出反映常住单位生产活动的总规模。

5 第三产业部分行业主要财务指标

5-6 居民服务、修理和其他服务业

简要说明

一、主要内容

本篇资料主要反映居民服务和其他服务业的总产出情况。该行业为《国民经济行业分类》（GB/T 4754-2002）的门类，本年鉴列示了2008—2012年数据。

二、资料来源

本篇资料由国家统计局国民经济核算司加工整理。

5-6-1 各地区居民服务和其他服务业总产出

地区	2008		2009		2010		2011		2012	
	总量(亿元)	指数(%)	总量(亿元)	指数(%)	总量(亿元)	指数(%)	总量(亿元)	指数(%)	总量(亿元)	指数(%)
北　京	186.42	70.9	172.50	97.6	225.88	122.3	240.41	105.9	303.87	118.8
天　津	367.76	127.1	385.13	110.1	450.63	117.1	515.46	117.3	571.67	116.3
河　北	480.49	117.4	516.91	100.7	600.46	117.8	692.31	113.2	806.78	117.1
山　西	134.38	111.9	165.00	156.6	189.06	112.9	210.01	109.6	251.61	113.7
内蒙古	182.79	102.6	205.22	113.3	276.76	133.8	355.57	124.9	439.34	116.4
辽　宁	537.60	104.3	619.48	115.5	706.20	112.3	823.59	112.9	997.78	115.6
吉　林	260.45	129.8	306.32	112.0	333.94	108.0	439.39	121.3	532.33	122.7
黑龙江	194.98	85.5	232.61	118.2	294.98	118.7	404.12	131.7	435.95	107.3
上　海	327.74	113.1	367.82	113.8	424.47	113.1	492.51	115.2	524.97	105.5
江　苏	566.31	101.4	589.58	104.4	863.15	114.9	1093.87	113.2	1320.75	117.3
浙　江	487.85	116.6	532.86	111.2	659.44	115.4	748.36	110.0	874.95	115.5
安　徽	151.21	80.4	169.99	114.1	189.74	117.3	228.72	109.6	274.97	119.1
福　建	384.82	155.7	510.72	133.7	514.54	100.3	607.53	114.4	664.73	108.4
江　西	176.57	114.3	202.39	117.7	238.86	111.0	291.98	115.1	363.58	118.2
山　东	545.53	101.7	611.76	110.8	701.17	113.6	888.18	122.4	1047.32	115.5
河　南	174.92	60.7	227.51	134.3	253.55	109.4	311.85	118.5	385.86	120.8
湖　北	162.05	62.9	201.40	115.3	254.58	110.3	365.48	138.3	424.64	114.0
湖　南	697.80	108.4	762.21	108.2	928.05	113.5	1114.01	112.3	1292.00	114.2
广　东	1177.33	119.6	1221.70	106.2	1309.02	105.6	1537.47	113.7	1622.19	107.9
广　西	154.45	144.7	132.96	87.8	162.01	121.4	172.05	104.2	187.81	106.4
海　南	37.94	113.0	43.74	115.6	54.42	124.2	64.04	115.4	75.50	114.9
重　庆	103.59	117.9	113.27	109.7	120.26	101.9	145.08	105.0	171.58	113.7
四　川	409.04	104.9	459.76	111.3	608.30	118.3	704.92	110.6	852.36	117.8
贵　州	137.76	124.9	146.59	102.6	162.96	109.6	231.23	117.1	274.23	113.0
云　南	77.55	102.5	93.66	108.0	101.39	103.3	129.60	85.1	131.78	108.1
西　藏	7.55	97.0	8.30	110.3	11.65	137.6	15.85	126.4	13.36	86.1
陕　西	94.55	79.5	94.32	101.1	101.99	105.0	119.52	114.5	135.43	111.1
甘　肃	58.58	120.5	69.28	123.3	89.15	122.7	113.57	114.9	142.39	124.2
青　海	13.48	105.3	14.47	105.6	16.65	109.3	20.49	116.9	23.26	110.4
宁　夏	41.78	105.5	54.11	132.0	75.66	138.9	101.36	129.2	113.65	109.9
新　疆	143.69	204.6	163.43	113.6	179.17	108.0	208.14	143.3	235.95	116.4

注：总量按当年价格计算。指数按不变价计算，以上年为100。

【主要统计指标解释】

总产出 指一定时期内一个国家（或地区）常住单位生产的所有货物和服务的价值，既包括新增价值，也包括被消耗的货物和服务价值以及固定资产的转移价值。总产出反映常住单位生产活动的总规模。

5 第三产业部分行业主要财务指标

5-7 教　育

简要说明

一、主要内容

教育经费资料主要反映国家教育总费用和教育支出情况。

增长经费统计资料包括教育经费总额、国家财政性教育经费、预算内教育经费、民办学校办学经费、社会捐赠经费、教育事业收入和其他增长率经费等。

二、资料来源

教育经费资料由教育部提供，详细资料见《中国教育统计年鉴》（教育部财务司编）。

5-7-1 教育经费情况

单位：亿元

年 份	全国教育经费总投入	#国家财政性教育经费	#公共财政教育支出	公共财政教育支出占公共财政支出比例(%)	国家财政性教育经费占国内生产总值比例(%)
1992	867.05	728.75	564.94	15.10	2.71
1993	1059.94	867.76	676.61	14.57	2.46
1994	1488.78	1174.74	931.13	16.07	2.44
1995	1877.95	1411.52	1092.94	16.02	2.32
1996	2262.34	1671.70	1288.08	16.23	2.35
1997	2531.73	1862.54	1441.27	15.61	2.36
1998	2949.06	2032.45	1654.02	15.32	2.41
1999	3349.04	2287.18	1911.37	14.49	2.55
2000	3849.08	2562.61	2191.77	13.80	2.58
2001	4637.66	3057.01	2705.66	14.31	2.79
2002	5480.03	3491.40	3254.94	14.76	2.90
2003	6208.27	3850.62	3619.10	14.68	2.84
2004	7242.60	4465.86	4244.42	14.90	2.79
2005	8418.84	5161.08	4946.04	14.58	2.79
2006	9815.31	6348.36	6135.35	15.18	2.93
2007	12148.07	8280.21	8094.34	16.26	3.12
2008	14500.74	10449.63	10212.97	16.32	3.33
2009	16502.71	12231.09	11974.98	15.69	3.59
2010	19561.85	14670.07	14163.90	15.76	3.65
2011	23869.29	18586.70	17821.74	16.31	3.93
2012	27695.97	22236.23	20314.17	16.13	4.28
2013	30364.72	24488.22	21405.67	15.27	4.30

注：1. 国家财政性教育经费：主要包括公共财政预算教育经费，各级政府征收用于教育的税费，企业办学中的企业拨款，校办产业和社会服务收入用于教育的经费等.

2. 2012年对部分教育经费统计指标进行了修订。"公共财政教育支出"2012年以前包括教育事业费、科研经费、基建经费、其他经费和教育费附加；2012年包括教育事业费、基建经费和教育费附加。

5-7-2 2013年公共财政教育支出增长情况

地 区	公共财政教育支出(亿元)	公共财政教育支出占公共财政支出比例(%)	公共财政教育支出本年比上年增长(%)	财政经常性收入本年比上年增长(%)	公共财政教育支出与财政经常性收入增长幅度比较(百分点)
北 京	699.14	16.75	14.25	6.61	7.64
天 津	461.51	18.1	21.85	15.3	6.55
河 北	769.33	17.45	-3.33	9.91	-13.24
山 西	511.37	16.88	4.3	8.77	-4.47
内蒙古	438.14	11.88	4.26	9.95	-5.69
辽 宁	671.01	12.91	-7.14	7.99	-15.13
吉 林	422.25	15.38	-6.39	12.76	-19.15
黑龙江	485.63	14.41	-9.66	6.57	-16.23
上 海	667.73	14.74	9.33	9.58	-0.25
江 苏	1368.86	17.55	8.35	12.43	-4.08
浙 江	918.96	19.43	9.22	9.17	0.05
安 徽	731.51	16.82	2.25	8.01	-5.76
福 建	566.56	18.46	6.36	16.23	-9.87
江 西	652.24	18.79	5.83	9.8	-3.97
山 东	1397.67	20.9	6.6	10.1	-3.5
河 南	1102.47	19.75	4.88	10.45	-5.57
湖 北	591.9	13.54	7.45	15.28	-7.83
湖 南	800.72	17.07	12.39	14.41	-2.02
广 东	1617.48	19.23	14.27	13.21	1.06
广 西	611.85	19.07	3.74	12.7	-8.96
海 南	154.16	15.25	3.27	15.88	-12.61
重 庆	406.85	13.29	-2.55	11.21	-13.76
四 川	1031.33	16.58	4.87	10.92	-6.05
贵 州	553.48	17.95	10.49	15.33	-4.84
云 南	670.87	16.38	1.02	12.72	-11.7
西 藏	110.37	10.88	20.85	20.81	0.04
陕 西	680.91	18.58	4.72	8.96	-4.24
甘 肃	376.17	16.29	3.86	14.07	-10.21
青 海	123.16	10.03	-26.29	10.13	-36.42
宁 夏	111.74	12.11	8.6	18.24	-9.64
新 疆	520.5	16.97	12.49	12.12	0.37

注：公共财政教育支出包括教育事业费、基建经费和教育费附加。

5-7-3 各级教育生均公共财政预算教育事业费增长情况

单位:元

地 区	普通小学			普通初中			普通高中		
	2012年	2013年	增长率(%)	2012年	2013年	增长率(%)	2012年	2013年	增长率(%)
全 国	**6128.99**	**6901.77**	**12.61**	**8137.00**	**9258.37**	**13.78**	**7775.94**	**8448.14**	**8.64**
北 京	20407.62	21727.88	6.47	28822.01	32544.37	12.91	31883.79	36763.03	15.30
天 津	14718.04	15447.39	4.96	20796.76	22840.57	9.83	17666.55	21103.92	19.46
河 北	4785.98	4936.80	3.15	7252.09	7470.83	3.02	7040.76	7105.34	0.92
山 西	5815.94	6517.16	12.06	6638.19	7765.15	16.98	7358.44	7121.26	-3.22
内蒙古	8896.05	9837.99	10.59	10207.12	11414.81	11.83	10068.71	10670.59	5.98
辽 宁	8067.13	8304.58	2.94	11489.26	11462.64	-0.23	8979.98	8960.43	-0.22
吉 林	8694.48	9174.47	5.52	10515.17	11451.44	8.90	7582.79	7882.03	3.95
黑龙江	7893.87	8895.02	12.68	8689.44	10334.05	18.93	7518.25	8217.32	9.30
上 海	18543.78	19518.03	5.25	23771.86	25445.47	7.04	27271.01	30593.83	12.18
江 苏	9548.08	10584.64	10.86	12479.57	15140.80	21.32	10793.22	12788.19	18.48
浙 江	8197.65	8874.54	8.26	11500.02	12617.07	9.71	9869.79	12192.62	23.53
安 徽	5587.19	6437.96	15.23	7457.25	8830.00	18.41	6685.41	7039.90	5.30
福 建	6747.47	7522.51	11.49	9231.83	10510.97	13.86	7617.38	8718.26	14.45
江 西	4848.60	5817.11	19.98	6536.06	7882.12	20.59	7269.71	8587.12	18.12
山 东	6094.82	6642.19	8.98	9308.07	10171.24	9.27	8726.34	8972.57	2.82
河 南	3458.02	3913.95	13.18	5761.78	6453.79	12.01	5312.60	5617.66	5.74
湖 北	4817.88	5408.12	12.25	7328.46	8543.48	16.58	5275.12	6277.74	19.01
湖 南	4892.59	5721.18	16.94	8145.90	8835.38	8.46	6142.89	6543.86	6.53
广 东	5681.33	6742.84	18.68	6116.61	7508.99	22.76	7253.20	8027.72	10.68
广 西	4863.70	5472.39	12.51	6361.27	6750.79	6.12	6030.98	6712.68	11.30
海 南	7358.93	8347.48	13.43	8850.70	10076.82	13.85	10901.61	10305.92	-5.46
重 庆	6378.25	6308.70	-1.09	7422.55	7606.65	2.48	6980.82	7418.09	6.26
四 川	6107.61	6822.64	11.71	7024.97	8336.83	18.67	5882.14	6252.92	6.30
贵 州	5038.12	5975.72	18.61	5403.22	6140.45	13.64	6184.97	6312.89	2.07
云 南	4979.84	6145.38	23.41	6131.55	7189.98	17.26	6474.77	6802.99	5.07
西 藏	11727.54	12820.24	9.32	10632.87	12783.54	20.23	13513.53	15315.65	13.34
陕 西	8747.40	9633.06	10.12	10502.62	11358.64	8.15	8303.28	8577.17	3.30
甘 肃	5371.52	6191.50	15.27	6411.44	7494.27	16.89	5868.51	7306.10	24.50
青 海	8037.07	8200.50	2.03	10062.21	10494.92	4.30	10634.95	11673.77	9.77
宁 夏	5312.20	6011.26	13.16	7886.81	8479.07	7.51	7771.25	8408.39	8.20
新 疆	9094.62	10463.21	15.05	12022.20	14549.15	21.02	10852.88	11771.52	8.46

5-7-3 续表

单位:元

地 区	中等职业学校			普通高等学校		
	2012年	2013年	增长率(%)	2012年	2013年	增长率(%)
全 国	**7563.95**	**8784.64**	**16.14**	**16367.21**	**15591.72**	**-4.74**
北 京	21700.90	23635.72	8.92	47623.53	47629.14	0.01
天 津	17175.20	19901.89	15.88	21873.01	23046.92	5.37
河 北	5942.47	6890.12	15.95	16374.54	12904.36	-21.19
山 西	8019.75	8383.91	4.54	14196.77	10941.96	-22.93
内蒙古	11784.04	11943.86	1.36	14678.16	15356.47	4.62
辽 宁	8027.38	9859.91	22.83	13145.78	12493.59	-4.96
吉 林	11103.10	14641.32	31.87	16992.46	12852.09	-24.37
黑龙江	9411.16	9780.26	3.92	12958.10	11594.71	-10.52
上 海	17879.89	20702.80	15.79	30116.56	30186.34	0.23
江 苏	8522.50	9736.64	14.25	14835.94	14836.89	0.01
浙 江	9555.28	12712.68	33.04	12938.29	13765.91	6.40
安 徽	6420.71	7414.91	15.48	12152.91	10102.66	-16.87
福 建	7205.94	9759.55	35.44	13426.34	11201.53	-16.57
江 西	5861.06	7218.22	23.16	17991.99	12638.40	-29.76
山 东	9493.04	9886.38	4.14	13437.80	11545.88	-14.08
河 南	5562.02	5847.00	5.12	11007.33	10681.49	-2.96
湖 北	5072.43	6483.74	27.82	11254.58	12528.95	11.32
湖 南	7493.77	8769.85	17.03	13384.89	12995.41	-2.91
广 东	5886.86	7111.91	20.81	13225.21	14186.45	7.27
广 西	5722.84	6528.29	14.07	12450.49	13382.09	7.48
海 南	7613.22	8473.26	11.30	12176.44	15164.70	24.54
重 庆	6332.86	7560.24	19.38	13976.43	12358.08	-11.58
四 川	7198.93	8146.44	13.16	12622.00	12012.40	-4.83
贵 州	6960.62	9060.32	30.17	12005.79	14957.26	24.58
云 南	5922.11	8105.25	36.86	22653.06	12825.88	-43.38
西 藏	13427.89	15822.99	17.84	25106.51	27378.79	9.05
陕 西	7405.40	8478.92	14.50	12811.57	12934.96	0.96
甘 肃	6152.75	6838.57	11.15	11235.89	10497.46	-6.57
青 海	8031.31	7674.27	-4.45	19702.95	16504.51	-16.23
宁 夏	6338.02	9067.61	43.07	20698.16	17665.66	-14.65
新 疆	11932.11	12741.22	6.78	14557.47	15372.47	5.60

5-7-4 各级教育生均公共财政预算公用经费增长情况

单位：元

地区	普通小学			普通初中			普通高中		
	2012年	2013年	增长率(%)	2012年	2013年	增长率(%)	2012年	2013年	增长率(%)
全 国	**1829.14**	**2068.47**	**13.08**	**2691.76**	**2983.75**	**10.85**	**2593.15**	**2742.01**	**5.74**
北 京	8731.79	9938.97	13.83	11268.46	13747.01	22.00	13660.11	16644.28	21.85
天 津	3353.70	3788.90	12.98	4477.88	5379.93	20.14	3748.96	5562.89	48.38
河 北	1362.87	1390.81	2.05	2049.95	2083.65	1.64	2193.12	2074.95	-5.39
山 西	1570.29	1639.27	4.39	2176.08	2402.84	10.42	2677.24	2128.11	-20.51
内蒙古	2099.11	2298.51	9.50	3014.58	3168.45	5.10	3669.76	3812.12	3.88
辽 宁	2638.00	2846.53	7.90	4211.94	3937.15	-6.52	3551.91	3228.12	-9.12
吉 林	2317.97	2294.01	-1.03	3109.61	2974.98	-4.33	2764.13	2365.27	-14.43
黑龙江	2442.87	2650.21	8.49	3427.29	3564.01	3.99	3058.82	3210.58	4.96
上 海	6021.19	6417.43	6.58	7795.08	8333.24	6.90	8958.97	9154.50	2.18
江 苏	1964.23	2664.10	35.63	2274.23	3367.92	48.09	2023.48	2792.11	37.99
浙 江	1333.16	1492.81	11.98	1981.05	2132.93	7.67	1990.31	2717.11	36.52
安 徽	2123.60	2451.32	15.43	3097.05	3618.20	16.83	3068.11	3104.81	1.20
福 建	1625.04	1849.43	13.81	2342.52	2581.42	10.20	1374.86	1658.92	20.66
江 西	1895.81	2536.23	33.78	2795.00	3769.52	34.87	3397.67	4754.64	39.94
山 东	1837.41	2019.30	9.90	3162.28	3332.70	5.39	2963.56	3000.47	1.25
河 南	1605.39	1806.61	12.53	2821.16	3046.85	8.00	2521.28	2574.33	2.10
湖 北	1451.44	1581.18	8.94	2089.54	2320.33	11.05	1574.66	1698.87	7.89
湖 南	2032.48	2221.84	9.32	3481.31	3264.91	-6.22	2292.01	1970.91	-14.01
广 东	1264.24	1481.56	17.19	1638.59	1866.58	13.91	1915.62	2050.91	7.06
广 西	1339.14	1439.85	7.52	2222.64	2238.77	0.73	2170.94	2066.20	-4.82
海 南	2398.93	3233.94	34.81	3903.29	4702.49	20.48	5765.19	5142.78	-10.80
重 庆	2219.34	2309.65	4.07	2684.50	2887.39	7.56	2739.88	3243.28	18.37
四 川	1716.83	1771.71	3.20	2125.02	2508.43	18.04	1627.82	1617.61	-0.63
贵 州	1235.95	1400.32	13.30	1739.74	1887.40	8.49	1651.06	1608.22	-2.59
云 南	1460.56	1670.26	14.36	1929.46	2119.78	9.86	2157.69	2032.22	-5.82
西 藏	3257.80	3434.75	5.43	2575.82	3727.30	44.70	3529.71	4373.18	23.90
陕 西	2934.22	3343.90	13.96	3989.34	4081.73	2.32	3451.69	3423.53	-0.82
甘 肃	1394.72	1585.10	13.65	1997.89	2271.73	13.71	1666.13	2513.14	50.84
青 海	3033.09	2741.16	-9.62	4211.74	3914.69	-7.05	4577.76	4861.56	6.20
宁 夏	1960.89	2034.80	3.77	3611.17	3181.74	-11.89	2904.07	2962.96	2.03
新 疆	2071.50	2475.17	19.49	4069.48	5293.35	30.07	3146.80	3083.87	-2.00

5-7-4 续表

单位：元

地区	中等职业学校			普通高等学校		
	2012年	2013年	增长率(%)	2012年	2013年	增长率(%)
全 国	**2977.45**	**3578.25**	**20.18**	**9040.02**	**7899.07**	**-12.62**
北 京	9149.75	11108.66	21.41	26618.30	27058.65	1.65
天 津	4054.30	5797.35	42.99	13264.04	15135.72	14.11
河 北	1539.01	2047.38	33.03	11211.86	7431.32	-33.72
山 西	2915.80	3172.49	8.80	7136.47	5123.86	-28.20
内蒙古	4773.80	4202.41	-11.97	6929.95	6759.06	-2.47
辽 宁	3315.51	4359.81	31.50	7100.87	6615.02	-6.84
吉 林	3413.93	4667.33	36.71	9630.00	5123.42	-46.80
黑龙江	3957.57	3356.87	-15.18	6346.79	5186.78	-18.28
上 海	7051.29	7912.46	12.21	23539.75	23857.38	1.35
江 苏	2698.15	3179.97	17.86	7891.87	8500.99	7.72
浙 江	2758.64	4246.30	53.93	5501.66	6006.52	9.18
安 徽	3486.04	4244.24	21.75	7974.84	5940.13	-25.51
福 建	1902.10	3066.43	61.21	8177.45	5111.43	-37.49
江 西	2877.39	3390.77	17.84	12465.36	6608.62	-46.98
山 东	4070.44	4249.90	4.41	7416.75	4826.51	-34.92
河 南	2380.14	2900.90	21.88	6571.27	5802.23	-11.70
湖 北	1590.12	1960.47	23.29	6017.02	6226.56	3.48
湖 南	3610.80	4222.49	16.94	8439.79	6798.33	-19.45
广 东	2320.70	2773.78	19.52	5231.33	6045.81	15.57
广 西	2279.14	2001.29	-12.19	7375.80	6893.75	-6.54
海 南	3507.76	4530.87	29.17	6822.72	9030.19	32.35
重 庆	3188.11	3995.18	25.32	9778.93	8106.90	-17.10
四 川	2948.12	3543.05	20.18	7507.03	6555.45	-12.68
贵 州	3173.51	5526.92	74.16	4754.65	7598.55	59.81
云 南	2471.40	3782.99	53.07	17410.44	6907.51	-60.33
西 藏	6319.65	5756.16	-8.92	12999.21	13019.87	0.16
陕 西	3112.10	3346.02	7.52	8883.51	7739.15	-12.88
甘 肃	2145.08	2405.27	12.13	6476.31	6028.09	-6.92
青 海	4423.78	3709.71	-16.14	10711.45	6064.91	-43.38
宁 夏	2969.57	4394.54	47.99	13078.81	9114.14	-30.31
新 疆	5582.81	5350.56	-4.16	6651.82	6164.47	-7.33

【主要统计指标解释】

国家财政性教育经费 主要包括公共财政预算教育经费，各级政府征收用于教育的税费，企业办学中的企业拨款，校办产业和社会服务收入用于教育的经费等。

公共财政预算教育经费 指中央、地方各级财政或上级主管部门在本年度内安排，并划拨到各级各类学校、教育行政单位、教育事业单位，列入国家预算支出科目的教育经费。包括教育事业费、基建经费和教育费附加。

5 第三产业部分行业主要财务指标

5-8 卫生和社会工作

简要说明

一、主要内容

本篇资料主要反映国家卫生经费、医疗卫生机构和社会服务机构财务情况，包括卫生总费用、政府卫生支出、社会服务事业费用和固定资产原值等。

二、资料来源

卫生部分的资料由卫生和计划生育委员会提供，详细资料见《中国卫生统计年鉴》（卫生和计划生育委员会信息中心编）。

社会服务部分的资料由民政部提供，取自社会服务财务年报统计报表制度。详细资料见《中国民政统计年鉴》（中华人民共和国民政部编）。

5-8-1 卫生总费用

年份	卫生总费用(亿元)				卫生总费用构成(%)			城乡卫生费用(亿元)		人均卫生费用(元)			卫生总费用占GDP(%)
	合计	政府卫生支出	社会卫生支出	个人卫生支出	政府卫生支出	社会卫生支出	个人卫生支出	城市	农村	合计	城市	农村	
1978	110.21	35.44	52.25	22.52	32.16	47.41	20.43			11.50			3.02
1979	126.19	40.64	59.88	25.67	32.21	47.45	20.34			12.90			3.11
1980	143.23	51.91	60.97	30.35	36.24	42.57	21.19			14.50			3.15
1981	160.12	59.67	62.43	38.02	37.27	38.99	23.74			16.00			3.27
1982	177.53	68.99	70.11	38.43	38.86	39.49	21.65			17.50			3.33
1983	207.42	77.63	64.55	65.24	37.43	31.12	31.45			20.10			3.48
1984	242.07	89.46	73.61	79.00	36.96	30.41	32.64			23.20			3.36
1985	279.00	107.65	91.96	79.39	38.58	32.96	28.46			26.40			3.09
1986	315.90	122.23	110.35	83.32	38.69	34.93	26.38			29.40			3.07
1987	379.58	127.28	137.25	115.05	33.53	36.16	30.31			34.70			3.15
1988	488.04	145.39	189.99	152.66	29.79	38.93	31.28			44.00			3.24
1989	615.50	167.83	237.84	209.83	27.27	38.64	34.09			54.60			3.62
1990	747.39	187.28	293.10	267.01	25.06	39.22	35.73	396.00	351.39	65.40	158.80	38.80	4.00
1991	893.49	204.05	354.41	335.03	22.84	39.67	37.50	482.60	410.89	77.10	187.60	45.10	4.10
1992	1096.86	228.61	431.55	436.70	20.84	39.34	39.81	597.30	499.56	93.60	222.00	54.70	4.07
1993	1377.78	272.06	524.75	580.97	19.75	38.09	42.17	760.30	617.48	116.30	268.60	67.60	3.90
1994	1761.24	342.28	644.91	774.05	19.43	36.62	43.95	991.50	769.74	146.90	332.60	86.30	3.65
1995	2155.13	387.34	767.81	999.98	17.97	35.63	46.40	1239.50	915.63	177.90	401.30	112.90	3.54
1996	2709.42	461.61	875.66	1372.15	17.04	32.32	50.64	1494.90	1214.52	221.40	467.40	150.70	3.81
1997	3196.71	523.56	984.06	1689.09	16.38	30.78	52.84	1771.40	1425.31	258.60	537.80	177.90	4.05
1998	3678.72	590.06	1071.03	2017.63	16.04	29.11	54.85	1906.92	1771.81	294.90	625.90	194.60	4.36
1999	4047.50	640.96	1145.99	2260.55	15.84	28.31	55.85	2193.12	1854.38	321.80	702.00	203.20	4.51
2000	4586.63	709.52	1171.94	2705.17	15.47	25.55	58.98	2621.69	1964.93	361.90	813.74	214.65	4.62
2001	5025.93	800.61	1211.43	3013.89	15.93	24.10	59.97	2792.95	2232.98	393.80	841.20	244.77	4.58
2002	5790.03	908.51	1539.38	3342.14	15.69	26.59	57.72	3448.24	2341.79	450.70	987.07	259.33	4.81
2003	6584.10	1116.94	1788.50	3678.66	16.96	27.16	55.87	4150.32	2433.78	509.50	1108.91	274.67	4.85
2004	7590.29	1293.58	2225.35	4071.35	17.04	29.32	53.64	4939.21	2651.08	583.90	1261.93	301.61	4.75
2005	8659.91	1552.53	2586.41	4520.98	17.93	29.87	52.21	6305.57	2354.34	662.30	1126.36	315.83	4.68
2006	9843.34	1778.86	3210.92	4853.56	18.07	32.62	49.31	7174.73	2668.61	748.80	1248.30	361.89	4.55
2007	11573.97	2581.58	3893.72	5098.66	22.31	33.64	44.05	8968.70	2605.27	875.96	1516.29	358.11	4.35
2008	14535.40	3593.94	5065.60	5875.86	24.73	34.85	40.42	11251.90	3283.50	1094.52	1861.76	455.19	4.63
2009	17541.92	4816.26	6154.49	6571.16	27.46	35.08	37.46	13535.61	4006.31	1314.26	2176.63	561.99	5.15
2010	19980.39	5732.49	7196.61	7051.29	28.69	36.02	35.29	15508.62	4471.77	1490.06	2315.48	666.30	4.98
2011	24345.91	7464.18	8416.45	8465.28	30.66	34.57	34.77	18571.87	5774.04	1806.95	2697.48	879.44	5.15
2012	28119.00	8431.98	10030.70	9656.32	29.99	35.67	34.34	21280.46	6838.54	2076.67	2999.28	1064.83	5.41
2013	31668.95	9545.81	11393.79	10729.34	30.14	35.98	33.88	23644.95	8024.00	2327.37	3234.12	1274.44	5.57

注：1.本表系核算数，2013年为初步测算数。
2.按当年价格计算。
3.2001年起卫生总费用不含高等医学教育经费,2006年起包括城乡医疗救助经费。

5-8-2 2012年各地区卫生总费用

地区	卫生总费用(亿元)				卫生总费用构成(%)			卫生总费用占GDP(%)	人均卫生总费用(元)
	合计	政府卫生支出	社会卫生支出	个人卫生支出	政府卫生支出	社会卫生支出	个人卫生支出		
全　国	**28119.00**	**8431.98**	**10030.70**	**9656.32**	**29.99**	**35.67**	**34.34**	**5.41**	**2076.67**
北　京	1190.01	320.40	600.96	268.65	26.92	50.50	22.58	6.66	5750.79
天　津	479.75	120.90	184.37	174.47	25.20	38.43	36.37	3.72	3394.90
河　北	1248.10	368.32	353.03	526.76	29.51	28.29	42.20	4.70	1712.66
山　西	665.04	206.68	222.70	235.65	31.08	33.49	35.43	5.49	1841.79
内蒙古	619.03	204.46	175.21	239.37	33.03	28.30	38.67	3.90	2486.17
辽　宁	1011.96	233.02	382.73	396.21	23.03	37.82	39.15	4.07	2305.68
吉　林	647.96	174.02	177.75	296.19	26.86	27.43	45.71	5.43	2355.87
黑龙江	823.72	191.00	279.84	352.88	23.19	33.97	42.84	6.02	2148.47
上　海	1092.35	232.49	646.51	213.35	21.28	59.19	19.53	5.41	4588.86
江　苏	1892.02	483.75	863.51	544.75	25.57	45.64	28.79	3.50	2388.92
浙　江	1543.70	342.67	689.32	511.71	22.20	44.65	33.15	4.45	2818.51
安　徽	1112.02	365.75	300.83	445.44	32.89	27.05	40.06	6.46	1857.08
福　建	678.21	222.81	263.37	192.02	32.85	38.83	28.31	3.44	1809.51
江　西	658.24	269.45	175.06	213.73	40.93	26.59	32.47	5.08	1461.47
山　东	1928.88	498.38	726.42	704.09	25.84	37.66	36.50	3.86	1991.65
河　南	1517.63	489.46	381.86	646.30	32.25	25.16	42.59	5.13	1613.47
湖　北	1093.96	305.89	335.88	452.19	27.96	30.70	41.34	4.92	1892.99
湖　南	1075.69	338.82	305.35	431.52	31.50	28.39	40.12	4.86	1620.26
广　东	2185.30	587.32	858.11	739.87	26.88	39.27	33.86	3.83	2062.77
广　西	782.47	286.69	235.55	260.23	36.64	30.10	33.26	6.00	1671.24
海　南	180.33	66.82	59.45	54.06	37.05	32.97	29.98	6.31	2034.02
重　庆	621.54	195.56	204.80	221.19	31.46	32.95	35.59	5.45	2110.50
四　川	1405.91	473.89	467.31	464.71	33.71	33.24	33.05	5.89	1740.81
贵　州	480.23	242.62	97.97	139.64	50.52	20.40	29.08	7.01	1378.38
云　南	757.67	288.23	211.84	257.60	38.04	27.96	34.00	7.35	1626.26
西藏	63.97	43.49	15.78	4.70	67.99	24.66	7.35	9.13	2079.51
陕　西	860.52	257.49	276.12	326.91	29.92	32.09	37.99	5.95	2292.88
甘　肃	444.72	168.88	113.94	161.91	37.97	25.62	36.41	7.87	1725.36
青　海	142.49	61.72	42.26	38.50	43.32	29.66	27.02	7.52	2485.95
宁　夏	135.00	51.80	36.51	46.69	38.37	27.04	34.59	5.77	2085.87
新　疆	566.30	190.00	224.26	152.03	33.55	39.60	26.85	7.55	2536.29

5-8-3 政府卫生支出

单位：亿元

年 份	政府卫生支出				
	合计	医疗卫生服务支出	医疗保障支 出	行政管理事务支出	人口与计划生育事务支出
1990	187.28	122.86	44.34	4.55	15.53
1991	204.05	132.38	50.41	5.15	16.11
1992	228.61	144.77	58.10	6.37	19.37
1993	272.06	164.81	76.33	8.04	22.89
1994	342.28	212.85	92.02	10.94	26.47
1995	387.34	230.05	112.29	13.09	31.91
1996	461.61	272.18	135.99	15.61	37.83
1997	523.56	302.51	159.77	17.06	44.23
1998	590.06	343.03	176.75	19.90	50.38
1999	640.96	368.44	191.27	22.89	58.36
2000	709.52	407.21	211.00	26.81	64.50
2001	800.61	450.11	235.75	32.96	81.79
2002	908.51	497.41	251.66	44.69	114.75
2003	1116.94	603.02	320.54	51.57	141.82
2004	1293.58	679.72	371.60	60.90	181.36
2005	1552.53	805.52	453.31	72.53	221.18
2006	1778.86	834.82	602.53	84.59	256.92
2007	2581.58	1153.30	957.02	123.95	347.32
2008	3593.94	1397.23	1577.10	194.32	425.29
2009	4816.26	2081.09	2001.51	217.88	515.78
2010	5732.49	2565.60	2331.12	247.83	587.94
2011	7464.18	3125.16	3360.78	283.86	694.38
2012	8431.98	3506.70	3789.14	323.29	812.85
2013	9545.81	3838.93	4428.82	373.15	904.92

注：1.本表按当年价格计算。
2.政府卫生支出是指各级政府用于医疗卫生服务、医疗保障补助、卫生和医疗保险行政管理事务、人口与计划生育事务支出等各项事业的经费。

5-8-4 政府卫生支出所占比重

年 份	政府卫生支出(亿元)	占财政支出比重(%)	占卫生总费用比重(%)	占国内生产总值比重(%)
1990	187.28	6.07	25.06	1.00
1991	204.05	6.03	22.84	0.94
1992	228.61	6.11	20.84	0.85
1993	272.06	5.86	19.75	0.77
1994	342.28	5.91	19.43	0.71
1995	387.34	5.68	17.97	0.64
1996	461.61	5.82	17.04	0.65
1997	523.56	5.67	16.38	0.66
1998	590.06	5.46	16.04	0.70
1999	640.96	4.86	15.84	0.71
2000	709.52	4.47	15.47	0.72
2001	800.61	4.24	15.93	0.73
2002	908.51	4.12	15.69	0.75
2003	1116.94	4.53	16.96	0.82
2004	1293.58	4.54	17.04	0.81
2005	1552.53	4.58	17.93	0.84
2006	1778.86	4.40	18.07	0.82
2007	2581.58	5.19	22.31	0.97
2008	3593.94	5.74	24.73	1.14
2009	4816.26	6.31	27.46	1.41
2010	5732.49	6.38	28.69	1.43
2011	7464.18	6.83	30.66	1.58
2012	8431.98	6.69	29.99	1.62
2013	9545.81	6.83	30.14	1.68

5-8-5 城乡居民医疗保健支出占现金消费支出情况

年份 地区	城镇居民			农村居民		
	人均年现金消费支出(元)	医疗保健支出	医疗保健支出占现金消费支出比重(%)	人均年消费支出(元)	医疗保健支出	医疗保健支出占消费支出比重(%)
1990	1278.9	25.7	2.0	584.6	19.0	3.3
1995	3537.6	110.1	3.1	1310.4	42.5	3.2
2000	4998.0	318.1	6.4	1670.1	87.6	5.2
2005	7942.9	600.9	7.6	2555.4	168.1	6.6
2009	12264.6	856.4	7.0	3993.5	287.5	7.2
2010	13471.5	871.8	6.5	4381.8	326.0	7.4
2011	15160.9	969.0	6.4	5211.1	436.8	8.4
2012	16674.3	1063.7	6.4	5908.0	513.8	8.7
2013	18022.6	1118.3	6.5	6625.5	614.2	9.3
北　京	26274.9	1717.6	6.5	13553.2	1167.1	8.6
天　津	21711.9	1694.3	7.8	10155.0	732.6	7.2
河　北	13640.6	1117.3	8.2	6134.1	696.0	11.3
山　西	13166.2	1020.6	7.8	5812.7	559.0	9.6
内蒙古	19249.1	1394.8	7.2	7268.3	831.2	11.4
辽　宁	18029.7	1343.0	7.4	7159.0	789.5	11.0
吉　林	15932.3	1692.1	10.6	7379.7	968.6	13.1
黑龙江	14161.7	1334.8	9.4	6813.6	839.2	12.3
上　海	28155.0	1350.3	4.8	14234.7	1990.9	14.0
江　苏	20371.5	1122.0	5.5	9909.8	809.9	8.2
浙　江	23257.2	1244.4	5.4	11760.2	943.9	8.0
安　徽	16285.2	869.9	5.3	5724.5	551.7	9.6
福　建	20092.7	935.5	4.7	8151.2	481.7	5.9
江　西	13850.5	672.5	4.9	5653.6	401.3	7.1
山　东	17112.2	1109.4	6.5	7392.7	738.8	10.0
河　南	14822.0	1054.5	7.1	5627.7	603.7	10.7
湖　北	15749.5	1033.5	6.6	6279.5	624.4	9.9
湖　南	15887.1	1078.8	6.8	6609.5	638.3	9.7
广　东	24133.3	1122.7	4.7	8343.5	502.0	6.0
广　西	15417.6	776.3	5.0	5205.6	413.4	7.9
海　南	15593.0	734.3	4.7	5465.6	362.2	6.6
重　庆	17813.9	1245.3	7.0	5796.4	535.9	9.2
四　川	16343.5	1019.0	6.2	6308.5	557.4	8.8
贵　州	13702.9	633.7	4.6	4740.2	302.3	6.4
云　南	15156.1	1085.5	7.2	4743.6	352.9	7.4
西　藏	12231.9	618.0	5.1	3574.0	71.5	2.0
陕　西	16679.7	1310.2	7.9	5724.2	776.4	13.6
甘　肃	14020.7	1117.4	8.0	4849.6	513.3	10.6
青　海	13539.5	813.1	6.0	6060.2	676.7	11.2
宁　夏	15321.1	1158.8	7.6	6489.7	702.0	10.8
新　疆	15206.2	1179.8	7.8	6119.1	593.4	9.7

5-8-6 社会服务事业费

单位：亿元

年份 地区	社会服务经费总支出	抚恤	退役安置	社会福利	社会救助	自然灾害生活救助	离退休人员经费	其他
2003	498.9	87.9	59.0	78.9	153.1	52.9	13.1	54.0
2004	577.4	104.1	74.1	52.1	223.6	51.1	13.9	58.5
2005	718.4	143.6	88.9	55.6	279.6	62.6	13.7	74.4
2006	915.4	178.8	115.7	65.3	372.0	79.0	14.0	90.6
2007	1215.5	210.8	165.0	87.6	509.7	79.8	24.8	137.8
2008	2146.5	253.6	180.6	103.1	806.7	609.8	26.5	166.2
2009	2181.9	310.3	225.7	124.1	1098.1	199.2	30.0	194.5
2010	2697.5	362.7	269.0	109.9	1302.0	237.2	30.4	386.3
2011	3229.1	428.3	302.3	232.2	1766.3	128.7	35.3	336.0
2012	3683.7	517.0	372.1	319.5	1866.1	163.4	39.0	406.7
2013	4276.5	618.4	435.3	397.6	2172.4	178.7	43.6	430.6
本　级	13.7	0.1				4.4	0.4	8.9
北　京	155.6	10.2	72.7	20.6	17.2	0.6	5.5	28.7
天　津	55.2	6.0	8.6	5.6	21.7	0.2	0.5	12.6
河　北	167.2	37.3	23.9	13.9	74.6	5.2	1.9	10.4
山　西	113.0	19.0	7.1	7.9	66.5	4.1	1.0	7.5
内蒙古	123.7	8.9	4.3	11.2	84.7	3.9	1.3	9.4
辽　宁	167.3	18.8	31.5	12.8	74.0	6.7	2.4	21.1
吉　林	98.6	10.8	7.5	4.9	60.4	4.9	1.0	9.2
黑龙江	159.0	11.8	6.5	6.4	112.1	14.7	0.7	6.7
上　海	83.2	7.7	14.0	12.2	29.9	0.3	0.8	18.3
江　苏	233.5	40.1	32.7	37.9	84.2	2.1	3.0	33.5
浙　江	142.9	21.8	10.3	29.4	46.1	3.3	2.2	29.8
安　徽	160.1	26.7	14.9	13.9	91.3	3.8	1.3	8.2
福　建	73.0	12.6	7.8	10.4	28.0	2.7	2.5	9.0
江　西	122.4	23.6	4.3	10.6	75.9	2.8	0.9	4.3
山　东	250.2	70.4	36.3	26.1	91.8	3.0	1.2	21.4
河　南	209.7	42.5	16.9	13.4	119.8	2.6	1.8	12.9
湖　北	184.9	33.6	15.9	15.4	98.3	6.4	1.9	13.4
湖　南	199.6	40.4	10.5	10.5	117.1	6.1	0.9	14.2
广　东	198.2	29.6	20.6	30.8	74.0	6.9	3.4	32.8
广　西	129.3	14.4	6.1	12.4	78.6	4.9	1.3	11.5
海　南	25.4	2.4	2.1	2.4	12.6	0.6	0.4	5.0
重　庆	99.9	16.3	7.8	10.7	51.5	4.2	0.9	8.5
四　川	288.1	45.3	25.2	14.2	150.8	28.8	2.1	21.6
贵　州	134.1	13.0	4.1	8.2	92.3	7.2	0.3	8.9
云　南	184.6	17.4	10.2	10.5	114.3	11.8	1.3	19.1
西　藏	15.6	0.6	0.7	0.9	8.0	3.0	0.1	2.3
陕　西	183.8	24.0	15.4	15.8	99.5	13.0	0.7	15.5
甘　肃	129.9	5.4	7.1	5.7	93.8	12.6	0.5	4.8
青　海	37.8	1.4	1.7	3.6	19.5	2.2	0.2	9.0
宁　夏	26.6	1.1	1.3	1.9	16.1	1.5	0.3	4.4
新　疆	110.1	5.1	7.3	17.2	67.7	4.3	0.7	7.7

5-8-7 社会服务机构固定资产原值

单位：亿元

年份 地区	合计	社会工作	成员组织			其他社会服务	其他	行政机关
				社会组织	自治组织			
2000	1199.3	1199.3						
2001	1317.0	1317.0						
2002	1394.9	1394.9						
2003	1644.3	1644.3						
2004	1818.4	1755.6						62.8
2005	3097.8	1858.0	1174.9		1174.9			64.9
2006	4066.7	2103.0	1869.4	423.0	1446.4			94.3
2007	3973.0	1934.3	1905.9	682.0	1223.9			132.8
2008	4592.8	2186.8	2273.1	805.8	1467.3			132.9
2009	5198.0	2326.4	2752.4	1030.0	1722.4			119.2
2010	6589.3	2671.9	3795.6	1864.1	1931.5			121.8
2011	6989.8	2790.4	3684.2	1885.0	1799.2	231.0		284.2
2012	7019.5	2898.9	3477.7	1425.4	2052.3	251.8	47.0	344.1
2013	6995.5	3030.7	3465.7	1496.6	1969.1	267.0	46.8	185.4
中央级	92.9	3.2	67.5	67.5			13.7	8.4
北 京	474.9	77.6	377.0	103.5	273.5	12.3	4.8	3.2
天 津	70.6	38.8	26.6	7.5	19.1	3.9	0.2	1.2
河 北	264.1	112.2	139.4	73.7	65.7	7.1	0.5	4.9
山 西	187.1	55.7	122.4	34.7	87.7	3.4	0.3	5.3
内蒙古	50.9	26.0	18.1	6.6	11.5	3.3	0.1	3.3
辽 宁	227.9	114.4	68.1	44.6	23.5	11.2	1.0	33.3
吉 林	58.5	36.9	9.4	1.7	7.7	9.4	0.2	2.6
黑龙江	74.3	36.7	25.0	8.1	16.9	8.7	1.3	2.6
上 海	298.2	130.7	140.0	30.4	109.6	24.5	1.2	1.7
江 苏	1012.9	537.4	448.3	206.9	241.4	19.4	1.2	6.6
浙 江	1229.6	680.2	525.2	131.2	394.0	16.9	2.0	5.4
安 徽	190.9	67.0	111.5	61.7	49.8	6.6	0.1	5.9
福 建	98.0	36.3	49.2	26.7	22.4	9.3	0.6	2.7
江 西	85.1	36.3	40.2	28.5	11.7	4.4	0.9	3.3
山 东	438.7	229.8	188.8	54.4	134.4	10.1	0.2	9.9
河 南	144.8	69.6	62.0	29.2	32.8	7.0	2.5	3.8
湖 北	190.8	75.1	95.7	50.2	45.6	10.2	1.3	8.4
湖 南	140.5	60.4	57.6	32.5	25.1	15.1	1.3	6.2
广 东	564.2	96.6	417.3	204.5	212.8	34.0	5.7	10.6
广 西	88.8	30.3	46.7	31.0	15.7	3.7	1.9	6.1
海 南	20.4	5.7	11.7	9.0	2.7	1.6	0.1	1.4
重 庆	164.5	88.8	65.4	44.9	20.4	6.5	0.2	3.6
四 川	239.2	121.4	95.0	63.5	31.5	13.0	2.3	7.5
贵 州	82.5	33.2	36.3	23.8	12.5	8.1	0.6	4.4
云 南	222.4	109.6	95.8	46.4	49.4	7.6	0.1	9.3
西 藏	10.9	5.1	2.8	0.6	2.2	0.2		2.8
陕 西	119.2	45.2	65.1	48.3	16.8	3.4	1.3	4.2
甘 肃	48.8	18.0	22.6	8.1	14.5	1.6	0.1	6.5
青 海	13.3	5.7	5.1	2.4	2.7	0.6		1.9
宁 夏	22.6	10.7	9.4	4.7	4.7	0.3		2.1
新 疆	67.9	36.0	20.6	9.6	11.0	3.8	1.1	6.4

【主要统计指标解释】

卫生总费用 是以货币形式作为综合计量手段，全面反映一个国家或地区在一定时期内（通常指一年），全社会在医疗卫生服务上所消耗的资金总额。卫生费用核算结果及其基础数据，不仅为政府调整和制定卫生经济政策提供宏观经济信息，同时也是评价全社会对人类健康的重视程度，分析卫生保健体制公平与效率的重要依据。

政府卫生支出 指各级政府用于医疗卫生服务、医疗保障补助、卫生和医疗保险行政管理、人口与计划生育事务支出等各项事业的经费。

社会卫生支出 指政府支出外的社会各界对卫生事业的资金投入。包括社会医疗保障支出、商业健康保险费、社会办医支出、社会捐赠援助、行政事业性收费收入等。

个人现金卫生支出 指城乡居民在接受各类医疗卫生服务时的现金支付，包括享受各种医疗保险制度的居民就医时自付的费用。

人均卫生费用 即某年卫生总费用与同期平均人口数之比。

卫生总费用占GDP比重 指某年卫生总费用与同期国内生产总值（GDP）之比。是用来反映一定时期，一定经济条件下，国家对卫生工作的支持程度，全社会对卫生事业的资金投入力度以及全社会对居民卫生保健的重视程度。

社会服务经费总支出 包括抚恤费、军队离退休退职费、城镇居民最低生活保障、农村居民最低生活保障及其他社会救济、社会福利、自然灾害救助、离退休人员经费等。

抚恤费 指各级列入财政部2010年政府收支分类科目中20808款预算指标，用于各类优抚和优抚事业单位的支出。

社会福利费 指各级列入财政部2010年政府收支分类科目中20810款预算指标，用于社会福利支出。

自然灾害生活救助 指各级列入财政部2010年政府收支分类科目中20815款预算指标，用于自然灾害生活救助方面的支出。

固定资产原值 指使用年限在一年以上，单位价值在规定标准以上，并在使用过程中基本保持原来物质形态的资产。包括房屋和建筑物、专用设备、一般设备、文物和陈列品、图书、其他固定资产等。

5 第三产业部分行业主要财务指标

5-9 文化、体育和娱乐业

简要说明

一、主要内容

本篇资料主要反映我国广播电视业文化部门财务情况。包括全国广播电视收入情况，全国广播电视行政事业单位财务收支、创收，文化部门经费收支等情况。

二、资料来源

本篇资料由国家广播电影电视总局、文化部提供，详细资料见《全国广播电影电视业发展指标统计》（国家广播电影电视总局编），《中国文化文物统计年鉴》。

5-9-1 各地区广播电视收入情况

单位：万元

地　区	总收入	行政事业单位总收入	企业单位总收入	事业、企业单位实际创收收入	广告收入	广播广告收入	电视广告收入
全国合计	**37348847.99**	**15058411.50**	**22290436.50**	**32427687.82**	**13870070.75**	**1399244.71**	**11192628.84**
总局直属（广电部分）	6355319.38	3709989.15	2645330.23	5572582.50	3364784.33	87674.69	3221480.81
北　京	4187070.46	701313.59	3485756.87	3609470.07	1698424.56	94394.86	804804.80
天　津	466793.82	236163.56	230630.26	392207.63	168320.82	47858.73	109081.45
河　北	574191.24	309453.17	264738.07	496934.05	224172.29	48161.62	159870.26
山　西	353458.60	267296.94	86161.66	239882.30	107462.09	22824.40	80655.68
内蒙古	373872.39	232034.39	141838.00	200979.03	49551.63	13085.16	35905.58
辽　宁	816577.55	450978.03	365599.52	698829.18	297011.53	75089.66	217553.58
吉　林	439454.98	233785.51	205669.47	341388.05	134649.32	28107.20	106148.59
黑龙江	548638.90	355666.25	192972.65	478609.39	223281.08	50184.93	167768.40
上　海	3229097.42	79670.68	3149426.74	3107050.74	720187.56	54784.79	562438.81
江　苏	2597394.71	771930.23	1825464.48	2448387.88	998275.18	128515.53	837580.45
浙　江	3045362.45	710978.03	2334384.42	2905906.51	817920.62	125617.18	649808.22
安　徽	832176.25	531321.47	300854.78	731051.14	434438.47	30340.29	392828.99
福　建	891678.88	329640.74	562038.14	607825.64	213940.37	32138.36	157608.09
江　西	529237.99	231302.02	297935.97	460933.36	181290.54	13303.21	162890.49
山　东	1453626.54	698731.26	754895.28	1356439.74	613081.56	113578.08	478215.22
河　南	636740.32	429992.66	206747.66	469794.84	239507.45	36851.27	192021.58
湖　北	820198.71	367543.24	452655.47	731245.37	266135.58	44336.54	209705.20
湖　南	1895664.93	1041748.96	853915.97	1793998.71	917294.60	38247.16	860934.42
广　东	2364525.70	1038330.05	1326195.65	2218181.23	931328.88	122302.04	783367.65
广　西	478871.13	250471.78	228399.35	368607.70	130798.33	16445.78	102497.12
海　南	139581.12	100164.17	39416.95	100283.56	59652.57	4439.87	52468.89
重　庆	389123.76	43763.17	345360.59	352510.44	124596.69	17753.93	97632.30
四　川	1157752.99	455131.09	702621.90	890341.88	310946.52	42466.15	259630.04
贵　州	545929.33	84530.08	461399.25	474239.74	128812.65	16508.82	107322.74
云　南	512362.17	309510.41	202851.76	352604.81	151177.31	22875.39	124930.27
西　藏	97694.52	97694.52		23796.69	16489.17	70.74	16302.46
陕　西	705516.11	341547.60	363968.51	575941.21	207235.73	39994.70	135376.24
甘　肃	265706.40	162482.57	103223.83	134663.44	38751.45	7177.21	31255.18
青　海	126821.12	97253.64	29567.48	37370.19	5978.10	1510.11	4411.49
宁　夏	129178.00	71840.00	57338.00	95600.00	25588.00	2479.00	21703.00
新　疆	365961.13	292883.54	73077.59	140957.00	55794.27	20127.31	35239.34
新疆兵团	23269.00	23269.00		19073.80	13191.50		13191.50

5-9-1 续表

单位：万元

地 区							
	网络收入					广播电视节目销售收入	资产总额
		有线广播电视收视费收入	付费数字电视收入	三网融合业务收入	广播电视网络互联网收入		
全国合计	**7549088.52**	**4378748.83**	**585982.21**	**501372.39**	**312659.64**	**1806244.48**	**89196672.86**
总局直属（广电部分）	255214.68	109657.57	34487.65	53657.54	50885.65	121396.32	14345302.14
北 京	442141.90	106736.40	6235.89	86996.06	21026.70	538108.77	9068049.03
天 津	98862.96	53825.84	2046.43	15927.70	15927.70	12507.57	1024297.03
河 北	197167.03	166455.17	4661.77	2106.30	2050.70	3489.60	1211409.59
山 西	111604.90	95233.88	592.00	324.80	312.80	2267.54	785146.30
内蒙古	145207.22	100038.22	12995.00			31.00	675594.50
辽 宁	259903.39	201279.53	3653.87	8275.23	8061.28	1380.18	2411090.24
吉 林	192730.91	104341.94	28892.24	5044.84	5044.84	1554.47	1935783.96
黑龙江	179057.53	151527.92	8409.58	474.63		709.80	1117237.21
上 海	307632.10	136036.08	29459.08	12941.24	7942.18	113943.55	7955751.73
江 苏	725064.72	396323.36	47061.32	44163.77	24108.99	94681.85	8550566.32
浙 江	600575.36	309492.41	38602.09	72446.20	21300.17	425509.26	6666405.66
安 徽	136445.20	43524.59	58723.03	3914.70	3914.70	29870.75	1499669.28
福 建	208821.61	102850.85	21455.63	5834.59	5825.12	33819.33	1768393.14
江 西	177156.31	131300.89	15632.98	1415.97	1415.97	3313.91	1047652.98
山 东	513089.57	337481.81	28262.38	10902.45	7828.29	27260.95	3637647.28
河 南	134216.37	99315.35	2379.88	6068.36	4444.99	5.00	1626100.00
湖 北	295126.71	221719.83	19695.46	13645.35	11643.60	40503.55	2379884.06
湖 南	288769.73	191518.66	27546.88	17931.98	13504.62	59736.35	4436831.35
广 东	759604.32	446981.43	34591.16	37810.96	36499.10	182160.92	6140788.10
广 西	181364.21	89420.21	10736.00	4208.00	1433.00	300.00	935255.89
海 南	37980.01	26004.87	849.15				276136.05
重 庆	177351.14	99240.99	13786.23	20874.42	3759.32	9386.09	1045187.20
四 川	447336.29	232850.56	49635.99	33047.50	23217.07	3836.93	2704901.12
贵 州	149462.91	78370.69	28587.30	1328.17	923.19	2084.53	883524.12
云 南	160153.29	95452.55	23336.79	12004.37	11621.00	6477.77	1743895.22
西 藏	4646.78	3999.87	107.01				159751.36
陕 西	162850.23	109295.00	28000.12	25555.11	25555.11	90812.00	1413399.43
甘 肃	67459.56	52322.82	3310.47	913.15	855.55	936.49	648739.50
青 海	24178.91	17481.91	2023.00	281.00	281.00		160382.11
宁 夏	29001.00	24800.00				160.00	253122.00
新 疆	74615.67	39571.63	225.83	3278.00	3277.00		688778.96
新疆兵团	4296.00	4296.00					

5-9-2 各地区广播电视行政事业单位财务收支情况

单位：万元

地区	总收入	#财政补助收入	#事业收入	#经营收入	总支出
全国合计	**15058411**	**4370100**	**9056792**	**816365**	**14037023**
总局直属（广电部分）	3709989	675795	2905564		3436951
北京	701314	212095	386261	4	694837
天津	236164	42871	151497	44	246705
河北	309453	87706	195122	15659	315407
山西	267297	106440	128775	6176	256862
内蒙古	232034	210268	14086	779	280735
辽宁	450978	115780	322570	3394	443001
吉林	233786	200539	29681	36	223645
黑龙江	355666	73024	229793	45569	326102
上海	79671	59891	4915		76570
江苏	771930	94847	488893	136223	774429
浙江	710978	119134	438459	92729	678398
安徽	531321	95155	426334	2205	478550
福建	329641	154598	149404	833	298556
江西	231302	164850	51143	7900	219180
山东	698731	95598	547397	30638	661272
河南	429993	154973	243084	11074	426392
湖北	367543	79838	271733	2438	359499
湖南	1041749	101831	864559	40744	753801
广东	1038330	108765	590348	284781	1007739
广西	250472	125292	86788	27258	243882
海南	100164	37794	22005	424	60586
重庆	43763	32280	4171	2972	48268
四川	455131	273009	93284	50978	418001
贵州	84530	70401	9362	814	83409
云南	309510	162574	134218	3435	289662
西藏	97695	74180	21017	1637	86884
陕西	341548	128100	162387	41122	239507
甘肃	162483	125950	28796	544	160035
青海	97254	85524	8261	4	79139
宁夏	71840	39800	26702	2151	68514
新疆	292884	261197	20182	3800	300504
新疆兵团	23269				

5-9-3 各地区广播电视行政事业单位创收情况

单位：万元

地 区	合 计	广告收入	广播广告收 入	电视广告收 入	其它广告收 入
全国合计	**10888124**	**8872233**	**1058235**	**7681892**	**132105**
总局直属（广电部分）	3010048	2761532	52435	2707021	2076
北 京	430296	389727	72867	316209	650
天 津	169449	74039	47859	25989	192
河 北	238184	199797	43520	150956	5321
山 西	155401	103431	22654	78970	1806
内 蒙 古	59141	49552	13085	35906	561
辽 宁	339821	268022	65998	201327	697
吉 林	143877	131189	28107	103056	26
黑 龙 江	285637	223099	50185	167768	5145
上 海	16664	3204	463	2424	317
江 苏	670697	401539	78826	304188	18525
浙 江	588882	257669	56452	191204	10013
安 徽	432230	406704	30340	374423	1941
福 建	155738	143195	18753	123712	730
江 西	162987	146024	13303	130940	1781
山 东	613015	537212	101652	419981	15579
河 南	267904	226740	36851	187531	2358
湖 北	292424	198905	40509	155066	3330
湖 南	945835	832891	37332	786688	8870
广 东	922152	719422	104073	609887	5463
广 西	146619	123828	16228	102184	5416
海 南	60867	59653	4440	52469	2744
重 庆	12914	7629	203	6820	607
四 川	186063	125129	26222	94788	4120
贵 州	20427	18459	6721	10948	791
云 南	151286	137673	22875	114347	450
西 藏	23797	16489	71	16302	116
陕 西	216241	200543	39995	128783	31765
甘 肃	31505	10306	2098	8068	140
青 海	8319	5978	1510	4411	57
宁 夏	41987	23667	2479	21096	92
新 疆	68643	55794	20127	35239	428
新疆兵团	19074	13192		13192	

5-9-3 续表 单位：万元

地 区	网络收入	有限广播电视收视费收入	付费数字电视收入	三网融合业务收入	其它网络收入	广播电视节目销售收入	其它创收收 入
全国合计	**1101984**	**854025**	**46219**	**19918**	**181823**	**41738**	**872172**
总局直属（广电部分）	84153	77408	6745			3136	161228
北 京						941	39629
天 津						146	95264
河 北	30604	26125	760	29	3690	311	7472
山 西	40237	34842	424	12	4959	442	11292
内 蒙 古	3400	3045	35		320		6189
辽 宁	57065	53494	7		3564		14734
吉 林	4203	3876			327		8485
黑 龙 江	13232	13212	0	19		710	48596
上 海	540				540	1177	11742
江 苏	199166	136572	8237	3270	51087	1107	68885
浙 江	263227	159091	16911	10829	76396	70	67916
安 徽	15812	14470	532	111	699		9715
福 建	64				64	72	12407
江 西	6829	5532	880		416		10134
山 东	18148	11634	3132	5	3377	18193	39462
河 南	31061	27661	390		3009		10103
湖 北	76969	68109	1063	936	6860	171	16379
湖 南	58329	46533	1734	2342	7719	9649	44967
广 东	168587	147556	3239	2363	15429	4913	29229
广 西	53	53					22738
海 南	504	492			12		710
重 庆	951	920			31	2	4332
四 川	9942	6317	1861		1764	486	50507
贵 州							1967
云 南							13613
西 藏	4647	4000	107		540		2661
陕 西	192	192				210	15296
甘 肃							21199
青 海	91	46			45		2250
宁 夏	1				1	4	18319
新 疆	9684	8550	161		974		3164
新疆兵团	4296	4296					1586

5-9-4 各地区广播电视企业单位经营情况

单位：万元

地 区	总收入	#营业收入	本年应缴税金	营业利润
全国合计	**22290436**	**21509390**	**1256048**	**2149719**
总局直属（广电部分）	2645330	2534062	205797	141834
北 京	3485757	3342876	237116	144247
天 津	230630	222758	13724	6510
河 北	264738	255236	8584	4437
山 西	86162	83942	2056	2240
内 蒙 古	141838	141838	3144	40740
辽 宁	365600	356988	25564	9233
吉 林	205669	195414	17896	36991
黑 龙 江	192973	176409	9814	13837
上 海	3149427	3074822	216443	233832
江 苏	1825464	1738539	46785	341695
浙 江	2334384	2265838	162579	464960
安 徽	300855	294710	13628	35884
福 建	562038	542938	26269	57737
江 西	297936	292430	12056	28502
山 东	754895	737348	26479	47198
河 南	206748	198284	11149	10442
湖 北	452655	431397	10506	15398
湖 南	853916	838892	22447	78432
广 东	1326196	1273064	81429	211577
广 西	228399	218329	7251	28424
海 南	39417	37476	-230	631
重 庆	345361	335821	12042	28738
四 川	702622	679691	29874	57947
贵 州	461399	452692	32532	59300
云 南	202852	182775	5118	9766
西 藏				
陕 西	363969	358904	8842	26054
甘 肃	103224	100162	461	957
青 海	29567	29052	1063	1621
宁 夏	57338	47984	1670	3810
新 疆	73078	68719	3955	6741

5-9-5 各地区广播电视企业单位创收情况

单位：万元

地　区	合　计	广告收入				网络收入	
			广播广告收入	电视广告收入	其它广告收入		有限广播电视收视费收入
全国合计	**21539564**	**4997838**	**341009**	**3510737**	**1146092**	**6447104**	**3524724**
总局直属（广电部分）	2562534	603252	35239	514460	53553	171062	32250
北　京	3179174	1308698	21527	488596	798575	442142	106736
天　津	222758	94282		83093	11189	98863	53826
河　北	258750	24375	4641	8914	10820	166563	140331
山　西	84481	4031	170	1685	2176	71368	60392
内蒙古	141838					141807	96993
辽　宁	359008	28990	9091	16227	3671	202839	147785
吉　林	197511	3460		3093	367	188528	100466
黑龙江	192973	182			182	165826	138316
上　海	3090387	716983	54322	560014	102647	307092	136036
江　苏	1777691	596736	49690	533393	13654	525899	259752
浙　江	2317024	560251	69165	458604	32482	337348	150402
安　徽	298821	27735		18406	9329	120634	29055
福　建	452088	70745	13385	33896	23464	208757	102851
江　西	297946	35266		31951	3316	170328	125769
山　东	743425	75869	11926	58234	5709	494942	325848
河　南	201891	12768		4491	8277	103156	71654
湖　北	438821	67231	3827	54639	8764	218158	153611
湖　南	848164	84404	915	74246	9243	230441	144986
广　东	1296030	211907	18229	173481	20196	591017	299425
广　西	221989	6971	218	313	6439	181311	89367
海　南	39417					37476	25513
重　庆	339597	116967	17551	90813	8604	176400	98321
四　川	704278	185817	16244	164843	4731	437395	226533
贵　州	453813	110353	9788	96375	4190	149463	78371
云　南	201319	13505		10583	2921	160153	95453
西　藏							
陕　西	359700	6693		6593	100	162658	109103
甘　肃	103158	28445	5079	23187	179	67460	52323
青　海	29052					24088	17436
宁　夏	53613	1921		607	1314	29000	24800
新　疆	72314					64931	31022

5-9-5 续表 单位：万元

地区	付费数字电视收入	三网融合业务收入	#广播电视网络互联网收入	其它网络收入	广播电视节目销售收入	其它创收收入
全国合计	**539763**	**481455**	**299408**	**1901162**	**1764506**	**8330116**
总局直属（广电部分）	27743	53658	50886	57412	118261	1669959
北京	6236	86996	21027	242174	537168	891166
天津	2046	15928	15928	27063	12362	17252
河北	3901	2077	2021	20254	3179	64633
山西	168	313	313	10495	1825	7256
内蒙古	12960			31854	31	
辽宁	3647	8275	8061	43131	1380	125800
吉林	28892	5045	5045	54125	1554	3968
黑龙江	8409	455		18645		26965
上海	29459	12941	7942	128655	112767	1953545
江苏	38825	40894	22827	186429	93575	561481
浙江	21691	61617	14160	103639	425439	993985
安徽	58191	3804	3804	29584	29871	120582
福建	21456	5835	5825	78616	33748	138838
江西	14753	1416	1416	28390	3314	89038
山东	25130	10897	7823	133066	9068	163546
河南	1990	6068	4445	23444	5	85963
湖北	18632	12709	10732	33206	40332	113100
湖南	25813	15590	11344	44053	50088	483231
广东	31352	35448	34888	224792	177248	315858
广西	10736	4208	1433	77000	300	33407
海南	849			11114		1941
重庆	13786	20874	3759	43419	9385	36845
四川	47775	33048	23217	130039	3351	77715
贵州	28587	1328	923	41177	2085	191912
云南	23337	12004	11621	29360	6478	21183
西藏						
陕西	28000	25555	25555		90602	99747
甘肃	3310	913	856	10913	936	6317
青海	2023	281	281	4348		4964
宁夏				4200	156	22536
新疆	65	3278	3277	30566		7383

5-9-6 各地区广播电视企业资产负债情况

单位：万元

地　区	资产总额	负债总额	所有者权益
全国合计	**54265881**	**26267701**	**27998180**
总局直属（广电部分）	3810769	1756753	2054017
北　京	7837870	4557187	3280684
天　津	407860	285470	122389
河　北	606438	389492	216946
山　西	313907	189388	124519
内蒙古	260221	98935	161286
辽　宁	1429920	1021266	408654
吉　林	1331673	487982	843691
黑龙江	458532	222374	236158
上　海	7775597	2828030	4947566
江　苏	5734712	2685051	3049662
浙　江	4716089	2067683	2648406
安　徽	804482	482284	322198
福　建	935216	521295	413921
江　西	691689	518755	172935
山　东	1714197	60906	1653291
河　南	891244	625728	265516
湖　北	1526933	768062	758872
湖　南	2295255	867813	1427442
广　东	3667724	1426536	2241188
广　西	476856	254212	222644
海　南	155154	71932	83222
重　庆	943112	632314	310798
四　川	1993430	1447876	545553
贵　州	630541	328004	302537
云　南	1222328	782461	439867
西　藏			
陕　西	796782	499712	297071
甘　肃	379133	166980	212153
青　海	68750	36591	32159
宁　夏	142741	69084	73656
新　疆	246726	117545	129181

5-9-7 按年份全国文化事业费基本情况

单位：亿元、%

年 份	文化事业费	国家财政总支出	文化事业费总支出占国家财政比重
1978年	4.44	1122.09	0.40
1979年	5.84	1281.79	0.46
1980年	5.61	1228.83	0.46
"六五"时期	**36.03**	**7483.18**	**0.48**
1985年	9.32	2004.25	0.47
"七五"时期	**62.45**	**12865.67**	**0.49**
1986年	10.74	2204.91	0.49
1987年	10.77	2262.18	0.48
1988年	12.18	2491.21	0.49
1989年	13.57	2823.78	0.48
1990年	15.19	3083.59	0.49
"八五"时期	**121.33**	**24387.47**	**0.50**
1991年	17.28	3386.62	0.51
1992年	19.46	3742.20	0.52
1993年	22.37	4642.30	0.48
1994年	28.83	5792.62	0.50
1995年	33.39	6823.72	0.49
"九五"时期	**254.51**	**57043.46**	**0.45**
1996年	38.77	7937.55	0.49
1997年	46.19	9233.56	0.50
1998年	50.78	10798.18	0.47
1999年	55.61	13187.67	0.42
2000年	63.16	15886.50	0.40
"十五"时期	**496.13**	**128022.85**	**0.39**
2001年	70.99	18902.58	0.38
2002年	83.66	22053.15	0.38
2003年	94.03	24649.95	0.38
2004年	113.63	28486.89	0.40
2005年	133.82	33930.28	0.39
"十一五"时期	**1220.40**	**318672.05**	**0.38**
2006年	158.03	40422.73	0.39
2007年	198.96	49781.35	0.40
2008年	248.04	62592.66	0.40
2009年	292.31	76299.93	0.38
2010年	323.06	89575.38	0.36
2011年	392.62	109247.79	0.36
2012年	480.10	125952.97	0.38
2013年	530.49	140212.10	0.38

注：1.国家财政总支出系国家财政决算数。
2.文化事业费：1953～1980年系国家财政决算数（"一五"至"四五"时期含文物、出版经费，"五五"时期不含文物、出版经费）；1981年以后系文化事业统计年报数（不含文物、出版及科学研究费；不含基本建设的财政拨款和行政运行经费，以下各表同）。

5-9-8 按年份各地区文化事业费

单位：万元

地区	1995年	2000年	2005年	2011年	2012年	2013年
全国	**333853**	**631591**	**1338193**	**3926223**	**4801015**	**5304904**
中央	20973	55498	113028	184867	212300	269177
北京	8427	24008	64587	179115	228738	244620
天津	5098	9796	31592	74595	79282	95616
河北	11393	18984	39626	93048	114728	127775
山西	9215	12347	29832	111854	131218	141055
内蒙古	8624	14515	30543	127692	162157	173791
辽宁	17525	26790	47578	109256	147143	139102
吉林	10613	15711	26566	93047	94962	111561
黑龙江	10722	16598	33742	87957	93551	96252
上海	15431	42608	79201	241757	287144	294524
江苏	18234	38527	77658	228144	297752	369077
浙江	14764	35334	110397	288595	357094	360199
安徽	8836	15849	30541	91387	90303	111141
福建	11023	22174	42949	107639	127062	144997
江西	7404	10696	23398	69643	79760	89733
山东	16315	30944	61687	175411	206838	246349
河南	12447	20948	37708	122440	150441	161446
湖北	11268	19367	43585	108101	138694	154138
湖南	10525	16564	34771	98805	126938	144707
广东	27486	58321	128095	337369	384588	419594
广西	8617	14608	28089	82743	117052	131614
海南	2965	3468	6007	37297	57209	62250
重庆		9151	17505	93801	120734	121134
四川	16905	20500	44523	205784	274876	304646
贵州	4785	9131	18731	74805	96876	96869
云南	14563	23945	42036	121629	130776	143712
西藏	2124	4264	8003	19239	27131	31966
陕西	8583	13976	23462	119207	153402	191783
甘肃	6935	9130	20882	83375	91199	98665
青海	2574	3696	7349	34114	51457	50669
宁夏	2108	3625	9646	35539	44538	38052
新疆	7371	10518	24877	87971	125076	138694

5-9-9 按年份各地区文化事业费占财政支出比重

单位：%

地区	1995年		2000年		2005年		2009年		2011年		2012年	
	比重	位次	比重	位次	比重	位次	比重	位次	比重	位次	比重	位次
全国	**0.49**		**0.40**		**0.39**		**0.38**		**0.36**		**0.38**	
北京	0.55	28	0.54	14	0.61	4	0.60	4	0.55	3	0.62	4
天津	0.55	28	0.53	15	0.71	3	0.53	7	0.42	12	0.37	19
河北	0.60	23	0.46	28	0.40	24	0.29	30	0.26	30	0.28	29
山西	0.82	7	0.55	11	0.44	14	0.44	14	0.47	8	0.48	9
内蒙古	0.84	5	0.59	8	0.44	15	0.47	11	0.43	11	0.47	10
辽宁	0.64	15	0.52	17	0.39	25	0.39	19	0.28	26	0.32	24
吉林	0.88	3	0.90	1	0.42	18	0.55	6	0.42	13	0.38	18
黑龙江	0.61	18	0.45	30	0.42	19	0.35	26	0.31	24	0.29	28
上海	0.59	25	0.68	5	0.48	9	0.62	3	0.62	2	0.69	2
江苏	0.72	10	0.61	6	0.46	12	0.39	20	0.37	17	0.42	15
浙江	0.82	7	0.82	2	0.87	1	0.79	1	0.75	1	0.86	1
安徽	0.65	14	0.49	23	0.42	20	0.32	28	0.28	27	0.23	31
福建	0.64	15	0.69	4	0.72	2	0.63	2	0.49	6	0.49	8
江西	0.67	13	0.48	26	0.41	22	0.43	15	0.27	29	0.26	30
山东	0.59	25	0.51	18	0.42	21	0.39	21	0.35	19	0.35	22
河南	0.60	23	0.47	27	0.33	31	0.32	29	0.29	25	0.30	26
湖北	0.69	12	0.53	15	0.55	6	0.47	12	0.34	21	0.37	20
湖南	0.61	18	0.49	23	0.39	26	0.40	17	0.28	28	0.31	25
广东	0.52	30	0.55	11	0.55	7	0.52	10	0.50	4	0.52	5
广西	0.61	18	0.57	10	0.45	13	0.42	16	0.33	22	0.39	17
海南	0.70	11	0.51	18	0.39	27	0.53	8	0.48	7	0.63	3
重庆			0.49	23	0.35	29	0.40	18	0.36	18	0.40	16
四川	0.61	18	0.45	30	0.41	23	0.33	27	0.44	10	0.50	7
贵州	0.56	27	0.46	28	0.35	30	0.39	22	0.33	23	0.35	23
云南	0.62	17	0.58	9	0.54	8	0.39	23	0.42	14	0.37	21
西藏	0.61	18	0.71	3	0.43	16	0.27	31	0.25	31	0.30	27
陕西	0.84	5	0.51	18	0.36	28	0.39	24	0.41	15	0.46	11
甘肃	0.85	4	0.50	22	0.48	10	0.38	25	0.47	9	0.44	13
青海	0.89	2	0.55	11	0.43	17	0.53	9	0.35	20	0.44	14
宁夏	0.92	1	0.60	7	0.60	5	0.57	5	0.50	5	0.52	6
新疆	0.76	9	0.51	18	0.47	11	0.45	13	0.39	16	0.46	12

注：各地财政支出不含中央转移支付部分。

5-9-10 文化部门机构(文化、文物)经费收支情况

单位：千元

项目	本年收入合计	财政补贴收入	事业收入	上级补助收入	附属单位上缴收入	经营收入
总计	**133121609**	**80559601**	**7029065**	**3046080**	**15455**	**1021146**
文化合计	**98450508**	**54581063**	**2807124**	**1794809**	**11299**	**446727**
艺术业	16460987	10909142	1737859	442822	4820	213005
其中：艺术表演团体	13786844	9841082	1422200	402956	714	13092
艺术表演场馆	2631993	1027516	315646	39256	4106	199864
图书馆	11511625	10705745	303209	224517	2633	46285
群众文化	16675936	14784388	187876	975468	386	12253
其中：文化站	8623058	7402510		705693		
其他文化	53801960	18181788	578180	152002	3460	175184
文物合计	**33409209**	**25021226**	**3995144**	**1226413**	**4156**	**568624**
文物科研机构	2089235	1225624	676720	72024		21791
文物保护管理机构	7802955	4561625	2111456	493220	2647	358605
博物馆	15249488	12680680	1080653	611253	1509	119400
文物商店	697473	13002				
其它文物机构	7570058	6540295	126315	49916		68828
教育合计	**1261892**	**957312**	**226797**	**24858**		**5795**
其中：中等专业学校	584094	471705	56720	18551		5759

5-9-10 续表 1

单位：千元

项目	其他收入	本年支出合计(千元)	基本支出	项目支出	经营支出
总计	**41450262**	**126631286**	**49916510**	**51483779**	**1014473**
文化合计	**38809486**	**94242341**	**38303608**	**33684602**	**545523**
艺术业	3153339	15951695	7909930	2645471	253861
其中：艺术表演团体	2106800	13355976	6971947	2363476	50156
艺术表演场馆	1045605	2551861	907073	270035	203661
图书馆	229236	11300346	5765954	4995273	39748
群众文化	715565	16353950	10125869	4424983	125072
其中：文化站	514855	8508703	4974929	2315178	96526
其他文化	34711346	50636350	14501855	21618875	126842
文物合计	**2593646**	**30958832**	**10811636**	**17188538**	**463372**
文物科研机构	93076	1708976	670347	1012048	13062
文物保护管理机构	275402	6675651	3320268	2572202	325991
博物馆	755993	14489102	5652484	8160091	82685
文物商店	684471	607707			
其它文物机构	784704	7477396	1168537	5444197	41634
教育合计	**47130**	**1430113**	**801266**	**610639**	**5578**
其中：中等专业学校	31359	566819	374221	174418	5550

5-9-10 续表 2　　　　单位：千元

项　目	在支出合计中：工资福利支出	商品和服务支出	差旅费	劳务费	福利费
总　计	**26171456**	**31064578**	**974143**	**2562656**	**370285**
文化合计	**20340250**	**20406772**	**711473**	**1676997**	**231164**
艺术业	4598890	3049165	210181	476147	74294
其中：艺术表演团体	4088251	2573272	197204	443651	56225
艺术表演场馆	491516	462213	11747	29207	17786
图书馆	3320881	2518407	59190	154569	41274
群众文化	6258637	1836335	82911	237506	30671
其中：文化站	3337333				
其他文化	6161842	13002865	359191	808775	84925
文物合计	**5427649**	**10356142**	**251943**	**820353**	**132815**
文物科研机构	301643	868455	52001	216788	5183
文物保护管理机构	1302816	1750309	27277	121144	42476
博物馆	3255387	5361658	132391	383399	75245
文物商店					
其它文物机构	567803	2375720	40274	99022	9911
教育合计	**403557**	**301664**	**10727**	**65306**	**6306**
其中：中等专业学校	208217	112502	3008	22583	2017

5-9-10 续表 3　　　　单位：千元

项　目	各种税金支出	对个人和家庭补助支出	抚恤金和生活补助	其他资本性支出	各种设备购置费
总　计	**323141**	**9237987**	**527658**	**13126034**	**5312791**
文化合计	**184315**	**7521255**	**467408**	**9266654**	**4711273**
艺术业	100655	1774734	110196	697313	317747
其中：艺术表演团体	61713	1632970	100155	637034	289698
艺术表演场馆	38896	132572	9643	59407	27904
图书馆	18189	1118386	45713	3024026	2429850
群众文化	16066	1372270	87039	1360614	523144
其中：文化站		201898	25505	712562	383715
其他文化	49405	3255865	224460	4184701	1440532
文物合计	**137599**	**1426527**	**54876**	**3494220**	**549638**
文物科研机构	16241	88351	7511	263524	43941
文物保护管理机构	32387	335959	8538	481023	28532
博物馆	76242	872055	30507	1872459	411353
文物商店					
其它文物机构	12729	130162	8320	877214	65812
教育合计	**1227**	**290205**	**5374**	**365160**	**51880**
其中：中等专业学校	631	150665	2879	55853	21687

5-9-11 行政、事业单位主要财务指标综合表

单位：千元

项　　目	本年收入合　　计	财政补贴收　　入	事业收入	上级补助收　　入	附属单位上缴收入	经营收入
总　　计	**118567440**	**80821097**	**8016291**	**3313276**	**20113**	**1473923**
文化艺术服务	**72713091**	**57918178**	**7158511**	**3156411**	**17448**	**1306576**
文艺创作与表演	10833610	8331388	1549622	486327	748	18736
其中：艺术表演团体	10453939	7972467	1546935	480641	748	16935
艺术表演场馆	2450591	1162141	728295	40983	7352	215162
文物及文化保护	8662605	5311404	2129868	544620	2667	377728
博物馆、纪念馆	17557386	14027807	1301317	721250	2476	506959
图书馆	11511625	10705745	303209	224517	2633	46285
群众文化活动	16675936	14784388	187876	975468	386	12253
美术馆	1282744	1002898	170317	55291		26704
社会人文科学研究	3145252	2122011	738334	87013		79834
文化社会团体	1376	1347	29			
其他文化艺术	591966	469049	49644	20942	1186	22915
艺术教育	**2364635**	**1833011**	**405436**	**30826**	**411**	**10748**
文化、文物行政主管部门	**40125334**	**18569238**				
文化文物行政执法机构	**1216776**	**1154736**	**28685**	**15321**	**65**	
其他	**2147604**	**1345934**	**423659**	**110718**	**2189**	**156599**

5-9-11　续表 1

单位：千元

项　　目	其他收入	本年支出合　　计	基本支出	项目支出	经营支出	在支出合计中：工资福利支　　出
总　　计	**24922740**	**114156999**	**52506538**	**53799783**	**1239313**	**27409274**
文化艺术服务	**3155967**	**69732439**	**37030287**	**27418580**	**1139673**	**20728938**
文艺创作与表演	446789	10482702	7545890	2564335	54525	4325616
其中：艺术表演团体	436213	10127111	7318742	2447939	52821	4205062
艺术表演场馆	296658	2347390	1051897	995554	219583	588564
文物及文化保护	296318	7479281	3706519	2926399	335702	1540298
博物馆、纪念馆	997577	17068968	6765790	9081530	258574	3750783
图书馆	229236	11300346	5765954	4995273	39748	3320881
群众文化活动	715565	16353950	10125869	4424983	125072	6258637
美术馆	27534	1410982	457487	882289	14067	233813
社会人文科学研究	118060	2739020	1287906	1352861	70922	582209
文化社会团体		1405	1405			1036
其他文化艺术	28230	548395	321570	195356	21480	127101
艺术教育	**84203**	**2514411**	**1514853**	**968701**	**8290**	**787794**
文化、文物行政主管部门	**21556096**	**38678178**	**11586502**	**24783856**		**4650730**
文化文物行政执法机构	**17969**	**1246732**	**997280**	**146764**	**544**	**697112**
其他	**108505**	**1985239**	**1377616**	**481882**	**90806**	**544700**

5-9-11 续表 2

单位：千元

项目	商品和服务支出	差旅费	劳务费	福利费	各种税金支出	对个人和家庭补助支出
总计	**32858907**	**1009029**	**2729248**	**396302**	**390051**	**9605632**
文化艺术服务	**18130458**	**633167**	**1826066**	**302350**	**328839**	**6292380**
文艺创作与表演	2814168	210262	488655	60209	66379	1792476
其中：艺术表演团体	2711766	204388	478611	59242	66183	1724432
艺术表演场馆	932157	11946	60855	22179	53381	140547
文物及文化保护	2018478	37164	141353	44988	39396	439680
博物馆、纪念馆	6027917	151106	432860	88756	103433	935354
图书馆	2518407	59190	154569	41274	18189	1118386
群众文化活动	1836335	82911	237506	30671	16066	1372270
美术馆	561726	12909	39358	3748	5984	78927
社会人文科学研究	1204408	63212	252315	8293	17606	320669
文化社会团体	270	4	9			98
其他文化艺术	216592	4463	18586	2232	8405	93973
艺术教育	**580313**	**17947**	**113523**	**10198**	**2323**	**451610**
文化、文物行政主管部门	**13189444**	**315651**	**689596**	**61487**	**18289**	**2290533**
文化文物行政执法机构	**283378**	**17865**	**19461**	**7642**	**988**	**113250**
其他	**675314**	**24399**	**80602**	**14625**	**39612**	**457859**

5-9-11 续表 3

单位：千元

项目	抚恤金和生活补助	其他资本性支出	各种设备购置费	资产总计	固定资产原价
总计	**540362**	**13827049**	**5398586**	**216678962**	**140602479**
文化艺术服务	**310172**	**8721012**	**3930366**	**167812389**	**116190218**
文艺创作与表演	103331	695826	309882	13344259	7790279
其中：艺术表演团体	101643	651760	302021	12860538	7410446
艺术表演场馆	10201	347484	33323	8894785	6292786
文物及文化保护	12975	518829	37106	10569301	4301798
博物馆、纪念馆	33150	2090543	437777	54859900	35479390
图书馆	45713	3024026	2429850	34797788	27227219
群众文化活动	87039	1360614	523144	35974495	30139841
美术馆	2710	339503	96545	3570902	2412716
社会人文科学研究	13475	299333	58285	4585287	1962778
文化社会团体				589	552
其他文化艺术	1578	44854	4454	1215083	582859
艺术教育	**10178**	**517524**	**88844**	**4147646**	**2833256**
文化、文物行政主管部门	**195863**	**4463676**	**1325148**	**39326496**	**17962701**
文化文物行政执法机构	**4577**	**34891**	**21932**	**1290874**	**1166771**
其他	**19572**	**89946**	**32296**	**4101557**	**2449533**

5-9-12 企业单位主要财务指标综合表

单位：千元

项目	资产、负债、所有者权益					
	资产总计	#固定资产原价	#当年提取的折旧总额	负债合计	所有者权益总计	实收资本
总计	**476399653**	**33236120**	**16362453**	**85838346**	**100061257**	**66814931**
文化艺术服务	**36842932**	**8229592**	**619066**	**5857976**	**12092460**	**8359663**
文艺创作与表演	26726413	4304254	343853	2166016	5667901	2971905
艺术表演场馆	10116519	3925338	275213	3691960	6424559	5387758
动漫企业服务	**103635748**	**11054050**	**14725463**	**44148913**	**59486835**	**43908561**
文化用品、设备及相关文化产品的生产与销售	**10792786**	**4822599**	**232898**	**5587692**	**5205094**	**1421518**
其中：文物商店	2173265	371395	31277	528769	1644496	298975
文化市场经营机构（不含非公有制艺术表演团体）	**271607554**					
其他	**53520633**	**9129879**	**785026**	**30243765**	**23276868**	**13125189**

5-9-12 续表 1

单位：千元

项目	损益				
	营业收入	#主营业务收入	营业成本	#养老、医疗、失业等各种社会保险费	#住房公积金和住房补贴
总计	**205457807**	**15340849**	**167642100**	**4482440**	**314506**
文化艺术服务	**12353755**	**1520416**	**14515043**	**1517989**	**149763**
文艺创作与表演	11037934	1132067	12758677	1428622	128037
艺术表演场馆	1315821	388349	1756366	89367	21726
动漫企业服务	**13975435**	**12628328**	**12491632**	**263256**	**82885**
文化用品、设备及相关文化产品的生产与销售	**4710553**	**808352**	**3995615**	**80635**	**31574**
其中：文物商店	874874	796357	711096	28984	12957
文化市场经营机构（不含非公有制艺术表演团体）	**127214514**		**90712018**	**2470567**	
其他	**47203550**	**383753**	**45927792**	**149993**	**50284**

5-9-12 续表 2 单位：千元

项目	#差旅费	#工会经费	营业利润	营业外收入	#政府补助
总计	**370804**	**101896**	**37819227**	**10141644**	**9167132**
文化艺术服务	**68709**	**19816**	**-2160752**	**7007987**	**6406627**
文艺创作与表演	58817	13480	-1720205	6510788	5965642
艺术表演场馆	9892	6336	-440545	497199	440985
动漫企业服务	**231113**	**66384**	**1483803**	**2113062**	**2041722**
文化用品、设备及相关文化产品的生产与销售	**34139**	**3754**	**714938**	**65742**	**27574**
其中：文物商店	7118	2022	163778	21427	13002
文化市场经营机构(不含非公有制艺术表演团体)			**36505480**		
其他	**36843**	**11942**	**1275758**	**954853**	**691209**

5-9-12 续表 3 单位：千元

项目	营业外支出	利润总额	工资、福利费、税金		
			本年发放工资总额	本年支付的职式福利费	本年应交税金总额
总计	**1202535**	**6056027**	**35894612**	**324444**	**9216594**
文化艺术服务	**499695**	**150711**	**5837031**	**97224**	**550814**
文艺创作与表演	432422	161330	5483609	61374	464978
艺术表演场馆	67273	-10619	353422	35850	85836
动漫企业服务	**155672**	**3441193**	**1333666**	**83614**	**1283997**
文化用品、设备及相关文化产品的生产与销售	**358597**	**422083**	**1153181**	**39619**	**315724**
其中：文物商店	6222	178983	120122	8818	69197
文化市场经营机构(不含非公有制艺术表演团体)			**26402451**		**6358096**
其他	**188571**	**2042040**	**1168283**	**103987**	**707963**

5-9-13 各地区文化文物部门所属机构收支基本情况

单位：千元

地区	本年收入合计	财政补贴收入	事业收入	上级补助收入	附属单位上缴收入	经营收入	其他收入
全国	**133121609**	**80559601**	**7029065**	**3046080**	**15455**	**1021146**	**41450262**
中央	6767699	4259247	1003846	600	1246	125280	1377480
北京	6668508	4342135	432850	20527	119	290063	1582814
天津	1893149	1286870	102812	15548	1976	3239	482704
河北	3340819	2116155	366757	17787	397	15752	823971
山西	4809909	3138228	341004	168497	628	58747	1102805
内蒙古	2820068	2243808	35879	15987	246	2667	521481
辽宁	2769474	2054640	71087	20467	243	29452	593585
吉林	2001594	1456456	74036	22493		3680	444929
黑龙江	1741440	1324363	22656	24507	20	505	369389
上海	5401292	3656555	411417	339133		6509	987678
江苏	18806136	5318875	248262	106174	2166	21277	13109382
浙江	8156716	5340640	524336	226478	1961	77894	1985407
安徽	2643374	1417261	92142	125095	1454	3177	1004245
福建	3641950	2131321	135306	139985	100	25016	1210222
江西	2098869	1329061	70639	77125	267	27179	594598
山东	5255729	3774766	267830	166723		35435	1010975
河南	3903159	2767765	413656	73604	1541	23820	622773
湖北	3383002	2285245	162581	165683	20	22299	747174
湖南	3374624	2277812	118310	95896	1331	21587	859688
广东	8567235	5458552	278104	198891	364	61950	2569374
广西	3192895	1895150	37879	115218	187	17188	1127273
海南	1250770	805010	27873	14761		2078	401048
重庆	2476307	1726087	65754	131612		19069	533785
四川	6907163	4502852	236340	122239	270	17247	2028215
贵州	3776736	1963267	745121	254216		273	813859
云南	3073920	1910901	71147	66146	278	17475	1007973
西藏	1145547	762392	167340	11428	17	8630	195740
陕西	5440791	3777272	286682	129351	183	48185	1199118
甘肃	2860907	2058057	149934	13900	12	8483	630521
青海	964714	585935	24657	13172	30	100	340820
宁夏	877160	538415	2309	10266		3329	322841
新疆	3109953	2054508	40519	142571	399	23561	848395

5-9-13 续表 1 单位：千元

地区	本年支出合计	基本支出	项目支出	经营支出	在支出合计中: 工资福利支出	商品和服务支出	差旅费
全国	**126631286**	**49916510**	**51483779**	**1014473**	**26171456**	**31064578**	**974143**
中央	6137665	2350320	3328409	63968	1012184	2344090	95605
北京	6202988	1539021	3958126	168674	828500	1938696	16178
天津	2463512	936892	1362425	5814	419764	672666	4842
河北	3234434	1836255	1106169	22013	943402	782316	21351
山西	4780804	1663469	2495447	58763	931778	1089053	39623
内蒙古	2842820	2096229	601258	2234	1071688	841042	40012
辽宁	2681859	1423238	908761	27010	754556	711204	23048
吉林	1823877	980500	614590	3587	511284	490666	18855
黑龙江	1615421	1041463	372162	1766	509595	370297	15786
上海	5104966	1947774	2398440	17133	1106647	1802475	14882
江苏	17102378	3112097	2700712	25704	1600755	1609765	41205
浙江	8117481	3072660	3846377	79945	1774277	2445633	64227
安徽	2371684	1182393	726282	9738	612753	459940	21350
福建	3567977	1405100	1715045	34929	714499	1019635	28902
江西	1920287	929113	627069	36726	526000	366575	22521
山东	5263599	2279062	2281051	135516	1287447	1223240	24943
河南	3757693	2222093	1190136	30144	1185469	1028221	37667
湖北	3336752	1280148	1548020	28022	746881	739471	38192
湖南	3371125	1699483	1267348	26400	819165	1041048	32128
广东	8455743	3031106	3696629	60995	1785467	1821579	49173
广西	2886542	1179815	1384542	20093	616910	652813	36482
海南	1075968	235787	722478	1395	159020	363912	11288
重庆	2661478	816847	1574207	19397	452529	988175	26175
四川	6364450	2442623	3430073	11909	1279590	2024772	74862
贵州	3180778	1814712	846196	2287	538954	451928	26181
云南	2967637	1433148	1319363	21053	766971	896324	30738
西藏	868124	349058	393257	12415	221897	83656	5336
陕西	5234881	2216410	2055623	43418	1260559	1122234	40016
甘肃	2706116	1327803	992441	13324	609352	604671	31385
青海	800738	368639	347065	169	172204	156760	9013
宁夏	863495	366869	369886	5840	202055	183337	7619
新疆	2868014	1336383	1304192	24092	749304	738384	24558

5-9-13 续表 2

单位：千元

地区	劳务费	福利费	各种税金支出	对个人和家庭补助支出	抚恤金和生活补助	其他资本性支出	各种设备购置费
全国	**2562656**	**370285**	**323141**	**9237987**	**527658**	**13126034**	**5312791**
中央	171178	19471	43101	645165	48353	1029933	370933
北京	61899	18326	14839	316524	10226	952903	401652
天津	39437	8244	5782	273907	6290	705470	171915
河北	86294	8007	4595	206382	20448	397623	137636
山西	93462	9895	13174	208555	18989	421180	146476
内蒙古	90837	12159	12151	274772	12823	288200	191140
辽宁	80516	3216	5249	309430	17395	270441	134157
吉林	26185	1256	3737	233664	5398	178080	75806
黑龙江	22345	2888	529	253882	7381	93045	47765
上海	47183	23621	18830	216672	11155	560668	297926
江苏	142382	16694	8898	650426	16780	869803	306244
浙江	280331	36111	18673	576962	22850	738950	360575
安徽	45177	6791	2489	284632	18581	179416	84437
福建	82581	6306	10276	280380	12961	472248	152829
江西	25920	9768	4057	209486	17674	174966	55564
山东	74023	4936	18692	317992	13999	610134	295225
河南	162365	41305	13757	277212	21272	442166	116455
湖北	62108	15747	4890	268103	13529	293793	118363
湖南	75746	20873	8454	247587	22526	315212	117752
广东	154594	25616	13632	750281	25376	734844	385642
广西	40055	3964	5555	295786	45764	295531	113756
海南	31316	2662	1058	39854	4600	217063	59264
重庆	84447	6150	6261	210458	8741	288741	106459
四川	184527	12686	48178	455345	34997	583351	232877
贵州	45122	16489	1749	351221	13969	173619	107117
云南	59692	2683	3267	257436	13243	356429	126063
西藏	881	220	281	40364	2970	37393	34377
陕西	92142	21352	9618	233898	27179	543420	296464
甘肃	88241	6948	9427	162790	12948	362555	93307
青海	11488	573	1034	92316	4852	105363	25326
宁夏	26160	577	200	65729	6696	130223	53289
新疆	74022	4751	10708	230776	7693	303271	96000

5-9-14 各地区文化部门所属机构收支基本情况

单位：千元

地区	本年收入合计	财政补贴收入	事业收入	上级补助收入	附属单位上缴收入	经营收入	其他收入
全国	**98450508**	**54581063**	**2807124**	**1794809**	**11299**	**446727**	**38809486**
中央	4818647	2760695	678032		1246	54369	1324305
北京	3983258	2446199	110552	14764		27569	1384174
天津	1414950	979308	65695	14043	1770	1061	353073
河北	2133690	1286657	54905	8929	397	14019	768783
山西	2526439	1510030	105664	24836	498	18038	867373
内蒙古	2310255	1755918	23293	10568	216	2045	518215
辽宁	2066537	1395502	59095	14571	243	22515	574611
吉林	1643198	1156485	31830	16010		3287	435586
黑龙江	1414030	1027270	12561	8004	20	505	365670
上海	4463210	2980582	330336	323445		5408	823439
江苏	17076862	3926921	176428	85977	1050	13797	12872689
浙江	5976168	3735433	170586	189285	1901	67611	1811352
安徽	2197661	1112815	21464	82428	546	2111	978297
福建	2882305	1521496	102673	93323		21569	1143244
江西	1546321	926543	46821	39639	241	13254	519823
山东	3650747	2570774	81648	77917		10640	909768
河南	2388745	1649947	128533	33072	596	14678	561919
湖北	2457631	1596649	82179	65697	20	7323	705763
湖南	2400167	1465007	77437	51048	1331	19251	786093
广东	7162405	4277776	157992	171661	364	50080	2504532
广西	2390497	1333594	14439	36352	187	6625	999300
海南	1059100	622685	23960	13311		830	398314
重庆	1825287	1220496	35487	59912		3850	505542
四川	5332560	3301809	55710	110157		15244	1849640
贵州	1865872	985586	13000	74096		193	792997
云南	2529242	1469452	15604	47069	278	16493	980346
西藏	445094	320529	2260	11178	17	160	110950
陕西	3001750	1926287	70205	35200	52	2864	967142
甘肃	1677898	1030605	20607	3357	12	6707	616610
青海	861655	506688	17499	9700	30	100	327638
宁夏	719853	389889	2213	9001		970	317780
新疆	2228474	1391436	18416	60259	284	23561	734518

5-9-14 续表 1

单位：千元

地　区	本年支出合计(千元)	基本支出	项目支出	经营支出	在支出合计中：工资福利支出	商品和服务支出	差旅费
全　国	**94242341**	**38303608**	**33684602**	**545523**	**20340250**	**20406772**	**711473**
中　央	4395262	1641976	2334762	24401	664472	1581186	72254
北　京	3742138	936721	2432306	23791	448839	1096110	12470
天　津	1609347	754258	782613	3681	339939	377579	3042
河　北	2084084	1145234	665569	20530	636287	484809	16300
山　西	2474096	1142483	820503	25084	595215	522003	20829
内蒙古	2342613	1840640	410363	2075	944793	662269	30565
辽　宁	2077368	1140946	645689	24359	608081	512265	17908
吉　林	1482843	837228	423917	3194	442329	326898	15345
黑龙江	1363880	906048	260346	1746	438237	302079	13141
上　海	4314816	1711591	1929979	15744	949022	1486214	11902
江　苏	15445357	2507507	1846468	20264	1266720	1043202	30845
浙　江	5967202	2258688	2669683	71154	1383441	1519103	48452
安　徽	1959729	963971	557901	8203	502578	340884	14351
福　建	2707989	1214909	1276623	31727	600943	659436	23275
江　西	1414989	718962	419926	19705	409770	221419	13100
山　东	3691478	1730640	1488205	17387	971427	830780	17142
河　南	2396409	1581837	534547	23603	870564	536021	25021
湖　北	2460215	1016698	992375	16842	580874	453835	22241
湖　南	2409333	1367476	698987	22996	664641	741392	19012
广　东	7068814	2539797	2997444	54109	1498023	1519995	42739
广　西	2275743	1018447	959051	8922	520885	526247	28220
海　南	979314	213292	650840	1093	138928	335726	10216
重　庆	1845867	701493	888006	15507	352302	430368	18719
四　川	4845047	1928648	2503373	9408	985211	1308360	60140
贵　州	1738509	900972	553330	2002	480386	328237	21598
云　南	2490415	1272659	1022633	19959	690381	749890	25221
西　藏	464531	243129	142337	9585	165153	73463	4358
陕　西	2889646	1293743	983337	9268	759086	482225	21592
甘　肃	1692987	959819	390984	12136	454372	321604	18746
青　海	711310	325776	311511	127	147943	121310	7569
宁　夏	731193	305909	305293	3769	160629	139336	5593
新　疆	2169817	1182111	785701	23152	668779	372527	19567

5-9-14 续表 2

单位：千元

地区				对个人和家庭补助支出		其他资本性支出	
	劳务费	福利费	各种税金支出		抚恤金和生活补助		各种设备购置费
全国	**1676997**	**231164**	**184315**	**7521255**	**467408**	**9266654**	**4711273**
中央	129027	11318	28660	488281	45715	666048	278158
北京	58497	5527	6040	244492	8463	513357	390758
天津	34138	7006	4888	223937	6028	385959	169570
河北	40643	4737	2489	147182	17330	259471	128024
山西	49194	5676	2944	144565	17405	204025	98869
内蒙古	66904	10761	11759	250917	12448	241013	172766
辽宁	46916	2598	4784	266039	16075	252387	123585
吉林	17382	1010	2674	212747	5162	155715	70403
黑龙江	14600	2601	516	219772	6600	70554	34164
上海	41738	19376	16774	198181	10282	473421	281476
江苏	100130	12829	6718	505729	14108	634732	229123
浙江	176442	22961	8285	438910	20711	548331	333862
安徽	27019	4985	2031	233641	15958	155995	77981
福建	66099	4747	9709	237670	11944	290066	142428
江西	16663	5985	3500	163355	14916	119294	46959
山东	50898	3650	3278	265879	11794	540946	271735
河南	52078	14590	6099	223426	17028	199577	95708
湖北	29298	9582	3336	217784	10461	252978	103219
湖南	41526	17109	7787	204880	19085	185492	100441
广东	130257	20964	12061	629832	23965	582494	367192
广西	30805	2401	3178	258168	44130	252379	97384
海南	29798	2556	938	37971	4579	210996	56414
重庆	49081	4528	5708	176066	6431	229634	87697
四川	135144	9194	6531	396362	31963	430757	213836
贵州	32559	3482	816	215144	13406	152229	102078
云南	43633	2328	3127	231488	11935	271690	115862
西藏	790	218	273	33429	2876	37375	33960
陕西	48748	10117	4712	168528	20131	325780	267369
甘肃	28351	3331	4708	134029	8915	208007	67651
青海	9676	565	67	84533	3897	94673	24888
宁夏	22567	544	195	57310	6570	106570	50136
新疆	56396	3888	9730	211008	7097	214709	77577

5-9-15　各地区文物部门所属机构收支基本情况

单位：千元

地　区	本年收入合计	财政补贴收入	事业收入	上级补助收入	附属单位上缴收入	经营收入	其他收入
全　国	**33409209**	**25021226**	**3995144**	**1226413**	**4156**	**568624**	**2593646**
中　央	1949052	1498552	325814	600		70911	53175
北　京	2685250	1895936	322298	5763	119	262494	198640
天　津	425067	266717	26117	1505	206	2178	128344
河　北	1176538	802824	311330	8858		1733	51793
山　西	2081320	1448698	213130	143638	130	40709	235015
内蒙古	509813	487890	12586	5419	30	622	3266
辽　宁	690988	647369		5896		6937	18974
吉　林	358396	299971	42206	6483		393	9343
黑龙江	286499	266053	225	16503			3718
上　海	920214	664416	80049	15588		1101	159060
江　苏	1594287	1297219	52489	11909	1116	7480	224074
浙　江	1994162	1466013	315870	37193	60	8775	166251
安　徽	368957	263057	40678	42154	908	1066	21094
福　建	664012	543755	15319	38195	100	392	66251
江　西	518229	379516	13301	37486	26	13925	73975
山　东	1584568	1187210	183072	88806		24795	100685
河　南	1504082	1108152	284581	40482	945	9094	60828
湖　北	891341	658741	77316	99882		14976	40426
湖　南	902531	764520	19187	44848		2300	71676
广　东	1304333	1108061	104709	20407		10722	60434
广　西	750086	514398	19945	78576		10563	126604
海　南	191670	182325	3913	1450		1248	2734
重　庆	651020	505591	30267	71700		15219	28243
四　川	1559393	1188649	177854	12082	270	2003	178535
贵　州	1910864	977681	732121	180120		80	20862
云　南	479977	393012	40043	19077		982	26863
西　藏	700453	441863	165080	250		8470	84790
陕　西	2439041	1850985	216477	94151	131	45321	231976
甘　肃	1183009	1027452	129327	10543		1776	13911
青　海	103059	79247	7158	3472			13182
宁　夏	157307	148526	96	1265		2359	5061
新　疆	873691	656827	20774	82112	115		113863

5-9-15 续表 1

单位：千元

地区	本年支出合计（千元）	基本支出	项目支出	经营支出	在支出合计中：工资福利支出	商品和服务支出	差旅费
全国	**30958832**	**10811636**	**17188538**	**463372**	**5427649**	**10356142**	**251943**
中央	1742403	708344	993647	39567	347712	762904	23351
北京	2460850	602300	1525820	144883	379661	842586	3708
天津	582807	141070	350018	2133	59432	283648	1374
河北	1127028	668045	440254	1483	298434	293251	5032
山西	2129536	408702	1614376	33679	261349	503056	17773
内蒙古	500207	255589	190895	159	126895	178773	9447
辽宁	593812	279076	259912	2651	142049	195335	5081
吉林	341034	143272	190673	393	68955	163768	3510
黑龙江	210667	105999	100358	20	57259	59632	2077
上海	773365	229909	461583	1389	152337	311843	2949
江苏	1517937	496988	822763	5440	282800	546018	9426
浙江	1985076	702395	1124336	7524	345360	851053	12975
安徽	334232	149670	159410	1535	82963	96914	6598
福建	757050	131627	397463	159	84051	341252	4601
江西	469418	186051	195363	17021	103434	142982	9132
山东	1550680	529330	790497	118129	303791	387374	7600
河南	1351597	630771	655479	6449	309675	490850	12613
湖北	843773	244400	541931	11180	155068	273212	15864
湖南	890029	285611	543022	3376	133846	281370	11311
广东	1282102	425211	661604	5738	256677	290254	6322
广西	568782	144519	400323	11171	84003	119784	7986
海南	96654	22495	71638	302	20092	28186	1072
重庆	815611	115354	686201	3890	100227	557807	7456
四川	1505558	503199	923631	2501	286748	712644	14557
贵州	1442269	913740	292866	285	58568	123691	4583
云南	413096	139356	253737	1094	70193	140756	5129
西藏	403593	105929	250920	2830	56744	10193	978
陕西	2345235	922667	1072286	34150	501473	640009	18424
甘肃	1013129	367984	601457	1188	154980	283067	12639
青海	89428	42863	35554	42	24261	35450	1444
宁夏	132302	60960	64593	2071	41426	44001	2026
新疆	689572	148210	515928	940	77186	364479	4905

5-9-15 续表 2

单位：千元

地区	劳务费	福利费	各种税金支出	对个人和家庭补助支出	抚恤金和生活补助	其他资本性支出	各种设备购置费
全国	**820353**	**132815**	**137599**	**1426527**	**54876**	**3494220**	**549638**
中央	42151	8153	14441	156884	2638	363885	92775
北京	3402	12799	8799	72032	1763	439546	10894
天津	3774	1231	894	34721	139	95234	568
河北	44934	3191	2106	50218	3079	136749	8209
山西	39568	3024	10230	34940	1055	209535	44958
内蒙古	23933	1398	392	23855	375	47187	18374
辽宁	33409	547	465	41538	1320	17258	10376
吉林	8803	246	1063	20917	236	22365	5403
黑龙江	5876	251	13	20063	444	18350	10507
上海	5206	4159	2028	15508	873	86810	16013
江苏	37328	3698	2180	92202	1757	230924	75283
浙江	76161	11433	10150	109076	1946	176613	15912
安徽	8518	1806	145	29866	2426	16177	3963
福建	13318	527	531	23845	556	177202	6150
江西	9188	3625	557	37001	2682	49049	4539
山东	22259	1283	15414	48718	2132	68457	23139
河南	110258	26661	7657	50754	3986	242553	20735
湖北	30762	6068	1529	43750	2952	38003	13668
湖南	32411	3003	658	29075	2807	120340	13810
广东	23933	3870	1004	88650	1234	126894	13932
广西	7878	1562	2370	24035	950	33524	11002
海南	1518	106	120	1883	21	6067	2850
重庆	35366	1622	553	34392	2310	59107	18762
四川	48128	3432	41644	57132	2898	151999	18446
贵州	12563	13007	933	136077	563	21390	5039
云南	14594	355	140	13736	882	44900	7968
西藏	91	2	8	6935	94	18	417
陕西	43394	11235	4906	65370	7048	217640	29095
甘肃	59890	3617	4719	28761	4033	154548	25656
青海	1812	8	967	7783	955	10690	438
宁夏	3593	33	5	8419	126	23653	3153
新疆	16334	863	978	18391	596	87553	17604

5-9-16 各地区分类型文化文物部门所属机构总收入

单位：万元

地区	总计	#文化合计	#艺术表演团体	#艺术表演场馆	#图书馆	#群众文化
全国	**13312161**	**9845051**	**1378684**	**263199**	**1151163**	**1667594**
中央	676770	481865	104049	771	94334	
北京	666851	398326	76115	2708	52289	34868
天津	189315	141495	38341	4308	27904	25255
河北	334082	213369	33461	6066	22848	34513
山西	480991	252644	48319	13660	20806	37527
内蒙古	282007	231026	59978	7256	30840	40710
辽宁	276947	206654	36838	6440	41452	38383
吉林	200159	164320	26801	4711	23233	39358
黑龙江	174144	141403	35810	1026	21943	32452
上海	540129	446321	77225	11787	86639	129717
江苏	1880614	1707686	76893	32107	71931	127601
浙江	815672	597617	73580	27558	78508	162460
安徽	264337	219766	31644	7222	24326	44168
福建	364195	288231	53497	16836	30020	34919
江西	209887	154632	22823	7930	20516	32888
山东	525573	365075	65503	12938	45314	73585
河南	390316	238875	53123	9816	31264	51677
湖北	338300	245763	51891	9279	44079	40285
湖南	337462	240017	36575	8142	25251	50492
广东	856724	716241	61004	27786	107135	166169
广西	319290	239050	28034	1177	29032	43636
海南	125077	105910	13742	1087	9933	9045
重庆	247631	182529	22380	4839	19657	53101
四川	690716	533256	37670	5160	64569	116259
贵州	377674	186587	12802	438	16636	40579
云南	307392	252924	33463	2044	25860	55757
西藏	114555	44509	14585	1290	1764	6633
陕西	544079	300175	48195	19720	23627	51503
甘肃	286091	167790	31875	2910	22712	33235
青海	96471	86166	7097	775	5184	9132
宁夏	87716	71985	8524	225	9713	14275
新疆	310995	222847	56848	5192	21845	37414

5-9-16 续表

单位：万元

地区	#文物合计	#文物科研机构	#文物保护管理机构	#博物馆	#其他文物机构
全国	**3340921**	**208924**	**780296**	**1524949**	**757006**
中央	194905	10245		147883	36778
北京	268525	13325	95984	68875	89246
天津	42507		3143	27106	
河北	117654	8988	51754	27889	29022
山西	208132	32317	37330	41757	96384
内蒙古	50981	1396	14357	33911	1316
辽宁	69099	6343	8244	48961	3941
吉林	35840	2417	1672	25144	6500
黑龙江	28650	499	8512	19359	280
上海	92021		4093	73018	7770
江苏	159429	2614	14655	108469	15849
浙江	199416	3757	73634	73604	45357
安徽	36896	3754	8273	21489	2101
福建	66401	518	3296	42611	18936
江西	51823	3024	3825	38073	5057
山东	158457	4730	42077	60417	48445
河南	150408	20280	35226	47713	45677
湖北	89134	4516	16351	54457	13463
湖南	90253	3466	24162	48058	10447
广东	130433	7012	6177	93997	18052
广西	75009	2695	7515	39463	24759
海南	19167		2604	4862	11702
重庆	65102	5552	4465	46497	8248
四川	155939	4921	31717	107526	7629
贵州	191086	3560	146855	16400	24014
云南	47998	4462	12419	27385	2395
西藏	70045	2343	31678	2314	33654
陕西	243904	17827	52767	97893	75250
甘肃	118301	28887	27284	45058	16715
青海	10306	1017	716	3810	4525
宁夏	15731	3399	6899	5006	426
新疆	87369	5060	2613	25944	53069

5-9-17 各地区分类型文化文物部门所属机构财政拨款

单位：万元

地区	总计	#文化合计	#艺术表演团体	#艺术表演场馆	#图书馆	#群众文化
全国	**8055960**	**5458106**	**984108**	**102752**	**1070575**	**1478439**
中央	425925	276070	61939	24	81944	
北京	434214	244620	49115	84	49391	32389
天津	128687	97931	33576	1021	27108	24045
河北	211616	128666	23092	1396	21637	33360
山西	313823	151003	29016	6344	20406	36481
内蒙古	224381	175592	55910	6804	30656	40526
辽宁	205464	139550	29403	1836	40948	36743
吉林	145646	115649	22825	2236	22523	37904
黑龙江	132436	102727	27457	624	21645	31601
上海	365656	298058	38762	3147	76095	107981
江苏	531888	392692	46008	6512	65869	117387
浙江	534064	373543	54619	9555	71759	135334
安徽	141726	111282	18301	2915	22034	37134
福建	213132	152150	41969	7030	26545	28193
江西	132906	92654	16227	4748	18748	31555
山东	377477	257077	51431	6688	44736	68401
河南	276777	164995	33776	3670	30279	48094
湖北	228525	159665	38927	1944	40567	33866
湖南	227781	146501	27480	3377	23292	44176
广东	545855	427778	39212	11237	99593	143041
广西	189515	133359	19985	97	23491	34578
海南	80501	62269	7357	325	9393	7556
重庆	172609	122050	16116	2190	18838	45239
四川	450285	330181	31926	2526	63021	103258
贵州	196327	98559	8623		14714	32170
云南	191090	146945	29931	430	24684	48697
西藏	76239	32053	14005	1231	1718	5696
陕西	377727	192629	29082	10963	21708	47358
甘肃	205806	103061	23378	723	22499	32129
青海	58594	50669	5072	125	4835	8340
宁夏	53842	38989	6916	138	9556	12758
新疆	205451	139144	52676	2815	20343	32450

5-9-17 续表

单位：万元

地 区	#文物合计	#文物科研机构	#文物保护管理机构	#博物馆	#其他文物机构
全 国	**2502123**	**122562**	**456163**	**1268068**	**654030**
中 央	149855	4633		120125	25097
北 京	189594	1170	51563	56253	80608
天 津	26672		2680	23628	
河 北	80282	4039	26077	23727	26439
山 西	144870	22100	16867	25537	80310
内蒙古	48789	1179	14111	32412	1086
辽 宁	64737	6245	6311	48319	3839
吉 林	29997	1742	1653	20203	6399
黑龙江	26605	498	7631	18211	265
上 海	66442		2789	59480	4173
江 苏	129722	1958	12814	99390	15534
浙 江	146601	3382	41740	65509	35964
安 徽	26306	829	6081	17433	1939
福 建	54376	114	2474	33061	18726
江 西	37952	1895	2552	31370	2110
山 东	118721	3616	21858	50479	42736
河 南	110815	8322	24213	39200	38999
湖 北	65874	1562	9306	43591	11415
湖 南	76452	3466	19525	44596	8268
广 东	110806	3044	3786	86074	17902
广 西	51440	188	3400	23213	24622
海 南	18233		1923	4608	11702
重 庆	50559	4079	3764	35468	7248
四 川	118865	1695	30939	78904	7327
贵 州	97768	1828	61692	11112	23136
云 南	39301	544	10577	25739	2391
西 藏	44186	2343	6221	2314	33308
陕 西	185099	13320	33779	76486	61513
甘 肃	102745	22644	20806	42801	16494
青 海	7925	477	585	3229	3635
宁 夏	14853	2939	6689	4799	426
新 疆	65683	2713	1755	20797	40418

5-9-18 各地区分类型文化文物部门所属机构总支出

单位：万元

地区	总计	#文化合计				
			#艺术表演团体	#艺术表演场馆	#图书馆	#群众文化
全国	**12663129**	**9424234**	**1335598**	**255186**	**1130035**	**1635395**
中央	613767	439526	89333	637	98671	
北京	620299	374214	74724	2904	54556	32770
天津	246351	160935	52143	4302	38499	24151
河北	323443	208408	32253	6748	21448	35885
山西	478080	247410	47322	12482	20052	38501
内蒙古	284282	234261	60457	6677	31419	40351
辽宁	268186	207737	36098	6466	44930	39134
吉林	182388	148284	28433	4647	20660	36711
黑龙江	161542	136388	32096	1239	18767	32492
上海	510497	431482	71615	10153	84361	111262
江苏	1710238	1544536	72099	30753	72904	125470
浙江	811748	596720	68999	27783	76969	164864
安徽	237168	195973	28167	6885	24087	44696
福建	356798	270799	49555	14110	28177	33856
江西	192029	141499	22694	7654	18337	28471
山东	526360	369148	65393	14520	44902	74666
河南	375769	239641	53500	10451	30732	50882
湖北	333675	246022	52952	9233	43633	39667
湖南	337113	240933	33869	8124	24418	51721
广东	845574	706881	59582	26760	106861	161075
广西	288654	227574	29147	1070	25286	41108
海南	107597	97931	13210	1189	9239	9166
重庆	266148	184587	21330	4625	19947	53396
四川	636445	484505	36000	5822	52668	111844
贵州	318078	173851	11678	605	14154	41033
云南	296764	249042	32848	2044	24899	57106
西藏	86812	46453	14598	1203	2129	8305
陕西	523488	288965	42101	17451	22657	52184
甘肃	270612	169299	32154	3007	21308	33486
青海	80074	71131	6974	461	6004	9178
宁夏	86350	73119	9109	197	10089	14265
新疆	286801	216982	55167	4986	17275	37701

5-9-18 续表 单位：万元

地 区	#文物合计	#文物科研机构	#文物保护管理机构	#博物馆	#其他文物机构
全 国	**3095883**	**170898**	**667565**	**1448910**	**747740**
中 央	174240	10163		131733	32345
北 京	246085	7245	91131	54895	91751
天 津	58281		2988	46334	
河 北	112703	7412	49480	26771	29040
山 西	212954	21476	30070	34898	126163
内蒙古	50021	3201	14920	30439	1454
辽 宁	59381	3858	6929	44080	2851
吉 林	34103	1712	1695	23338	7231
黑龙江	21067	499	2119	18169	280
上 海	77337		4046	61528	7744
江 苏	151794	1991	14070	104742	14007
浙 江	198508	3659	70545	78262	43349
安 徽	33423	2771	6677	20674	2155
福 建	75705	425	2308	35327	36632
江 西	46942	1852	4258	34035	4902
山 东	155068	3639	40244	68023	40363
河 南	135160	14964	30446	45839	42419
湖 北	84377	3385	12684	54176	13290
湖 南	89003	3467	23984	47591	10220
广 东	128210	5995	6677	92651	18050
广 西	56878	2648	4368	27714	21556
海 南	9665		1963	4953	2750
重 庆	81561	4300	4726	64553	7669
四 川	150556	5482	34408	93850	12857
贵 州	144227	2291	105422	12423	23750
云 南	41310	4126	9917	23980	2692
西 藏	40359	234	13993	3098	22979
陕 西	234524	15838	51965	96826	69728
甘 肃	101313	30868	16783	37303	16021
青 海	8943	1475	708	2531	4031
宁 夏	13230	1880	5878	5046	426
新 疆	68957	4042	2165	23133	39037

【主要统计指标解释】

资产合计：指是指文化事业单位占有或者使用的能以货币计量的经济资源，包括各种财产、债权和其他权利。包括流动资产、固定资产、在建工程、无形资产和对外投资等。

固定资产原价：反映填表机构使用年限在一年以上、单位价值在1000元以上（其中：专用设备单位价值在1500元以上），并在使用过程中基本保持原来物质形态的资产，包括房屋及构筑物；专用设备；通用设备；文物和陈列品；图书、档案；家具、用具、装具及动植物等，按原值（计提折旧的，按净值）进行反映。该指标根据“资产负债表”中的“固定资产原价”年（期）末数填列。

本年收入合计：反映行政事业单位在本年取得的全部收入，包括行政事业类资金收入和基本建设类收入，具体有财政拨款、上级补助收入、事业收入、经营收入、附属单位上缴收入和其他收入。根据“收入决算表”中的“本年收入合计”项填报。

①财政补贴收入：反映填表单位本年度实际收到的本级财政拨款。包括一般预算财政拨款和政府性基金预算财政拨款。一级预算单位收到的应拨给下级单位使用的款项，年终时尚未拨出的，在编制财务决算表和填报统计报表时，应列为本单位的财政拨款。

基建拨款：指财政部门按基本建设计划拨付的基本建设款项。

②上级补助收入：反映填表单位从行政主管部门和上级单位取得的非财政补贴收入。

③事业收入：反映事业单位开展专业业务活动及辅助活动取得的收入。根据“收入决算表”中的“事业收入”项填报。

④经营收入：反映事业单位在专业业务活动及辅助活动之外开展非独立核算经营活动取得的收入。根据“收入决算表”中的“经营收入”项填报。在确认经营收入时，应注意两个问题：一是经营收入是经营活动取得的收入，而不是专业业务活动及辅助活动取得的收入；二是经营收入是非独立核算的经营活动取得的收入，而不是独立核算的经营活动取得的收入。

⑤附属单位上缴收入：反映填表事业单位拥有附属的独立核算机构，按有关规定上缴的收入。

⑥其他收入：反映取得的除上述规定以外的各项收入，包括投资收益、利息收入、捐赠收入等。各单位从其他部门取得的财政拨款和非本级财政拨款均填列在本项内。

本年支出合计：反映填表机构在业务活动中发生的各项资产耗费和损失等支出情况，包括基本支出、项目支出、经营支出等内容。按经济功能分类，还可分为工资福利支出、商品和服务支出、对个人和家庭补助支出、其他资本性支出等内容。

①基本支出：反映填表机构为保障其机构正常运转、完成日常工作任务而发生的人员支出和公用支出。

②项目支出：反映填表机构为完成本机构特定的工作任务或事业发展目标，在基本支出之外发生的各项支出。项目支出明细在“项目支出决算明细表”中按支出经济分类科目进行反映。

③经营支出：反映填表机构开展专业业务活动及辅助活动之外开展非独立核算经营活动发生的支出。在经营活动中应正确归集实际发生的各项费用数，无法归集的，应按规定的比

例合理分摊。

按经济内容分类：

①工资福利支出：反映填表机构支付给在职职工和编制外长期聘用人员的各类劳动报酬，以及为上述人员缴纳的各项社会保险费等。主要包括基本工资、津贴补贴、奖金、社会保障缴费、伙食费、伙食补助费、绩效工资、其他工资福利支出等。根据“支出决算明细表”中的“工资福利支出”项填报。

②商品和服务支出：反映填表机构在开展业务活动中购买商品和服务的支出（不包括用于购置固定资产的支出、战略性和应急储备支出等）。主要包括办公费、印刷费、咨询费、手续费、水费、电费、邮电费、取暖费、物业管理费、交通费、差旅费、出国费、维修（护）费、租赁费、会议费、培训费、招待费、专用材料费、专用燃料费、劳务费、委托业务费、工会经费、福利费等日常公用支出。根据“支出决算明细表”中的“商品和服务支出”项填报。

差旅费：反映填表机构工作人员出差的住宿费、旅费、伙食补助费、杂费，以及干部及大中专学生调遣费、调干家属旅费补助等方面的支出。根据“支出决算明细表”中的“商品和服务支出”项的其中“差旅费”项填报。

劳务费：反映填表机构支付给单位和个人的劳务费用。如：临时聘用人员、钟点工工资、翻译费、咨询费、评审费、手续费等。根据“支出决算明细表”中的“商品和服务支出”项的其中“劳务费”项填报。

福利费：反映填表机构根据国家规定按工资总额一定比例提取的福利费。根据“支出决算明细表”中的“商品和服务支出”项的其中“福利费”项填报。

各种税金支出：反映填表机构向国家交纳的各种税金，如房产税、营业税、车船使用税、土地使用税、城市维护建设税、印花税、教育费附加费、养路费、排污费等。从基本建设支出、结余和收益中支付的税金不包括在内。

③对个人和家庭补助支出：反映政府对个人和家庭的补助支出，包括离休费、退休费、退职（役）费、抚恤金、生活补助、救济费、医疗费、助学金、奖励金、生产补贴、住房公积金、提租补贴、购房补贴以及其他对个人和家庭的补助支出等。

抚恤金和生活补助：抚恤金指按规定支付给烈士家属、牺牲病故人员家属的一次性和定期抚恤金，革命残疾人员的抚恤金、离退休人员等其他人员的各项抚恤金。生活补助指按规定支付给优抚对象、退伍军人的生活补助费，行政事业单位职工和家属生活补助，因公负伤等住院治疗、住疗养院期间的伙食补助费、长期赡养人员补助费等。根据“支出决算明细表”中的“对个人和家庭的补助”项的其中“抚恤金”和“生活补助”项汇总填报。

④其他资本性支出：反映填表机构使用非各级发展与改革部门集中安排的用于购置固定资产、战略性和应急性储备、土地和无形资产，以及购建基础设施、大型修缮和财政支持企业更新改造所发生的支出。如：房屋建筑物购建、办公设备购置、专用设备购置、交通工具购置、大型修缮、信息网络购建、物资储备、土地补偿、安置补助、拆迁补偿等其他资本性支出。

各种设备、交通工具、图书购置费：反映填表机构用于购置不够基本建设投资额度、但按会计制度规定纳入固定资产核算范围的各种设备的支出。主要包括：办公设备购置、专用设备购置、交通工具购置（含车辆购置税）、信息网络购建（计算机硬件和软件开发应用）、图书购置、档案设备购置费等。

5 第三产业部分行业主要财务指标

5-10 公共管理、社会保障和社会组织

简要说明

一、主要内容

本篇资料主要包括社会组织、自治组织主要财务指标。

二、资料来源

本篇资料由民政部依据统计报表制度整理提供。

5-10-1 分地区社会组织主要财务指标

单位：个、万元

地区	单位数	执行行政事业单位会计制度				执行民间非营利组织单位会计制度			
		固定资产原价	本年收入合计	本年支出合计	行政事业单位增加值	固定资产原价	本年收入合计	本年费用合计	民间非营利组织单位增加值
全国合计	**547245**	**230469.3**	**360143.7**	**76056.5**	**66022.1**	**14735831.8**	**18488799.5**	**16676894.8**	**5644861.5**
部本级	2190					675289.8	3630930.1	2959197.2	148802.1
北京	8560					1035071.1	1439173.1	1238546.0	287562.2
天津	4516					74740.6	168214.3	100320.7	32546.9
河北	16530	1799.5	1567.2	1223.8	558.5	735125.3	318846.6	372619.5	238615.6
山西	11611	3415.0	1471.7	1205.9	1108.5	343629.8	176707.8	150721.8	111737.9
内蒙古	10685	3698.3	3952.5	3952.5	2216.9	62424.0	64577.9	62454.3	32871.7
辽宁	19494	1012.2	434.0	394.0	737.4	444999.3	460308.4	377149.2	206723.6
吉林	9193	476.8	1601.1	861.9	418.0	16406.4	27381.3	31683.6	21654.3
黑龙江	12672	1146.9	262598.4	394.3	504.4	79815.7	23604.0	191452.9	91861.6
上海	11626					304476.4	2098117.7	1782808.4	403723.4
江苏	56234	143359.3	46089.7	35979.1	37274.6	1925742.4	2429315.5	1976692.2	676593.2
浙江	36426					1311890.5	1387000.0	1231631.2	330414.7
安徽	20705	10.5	670.1	667.1	588.7	616896.1	401078.6	394717.5	180492.2
福建	19372	6443.0	4094.4	1962.3	257.7	260971.9	149637.3	172632.6	94988.5
江西	13375	8917.2	961.0	929.5	558.2	275940.4	211320.7	897563.1	205594.0
山东	38976					543997.4	745280.8	741489.5	518698.4
河南	23577	3463.3	1922.4	1501.2	570.6	288938.0	208884.3	132060.6	76012.4
湖北	25778	1039.0	742.6	517.9	97.7	500607.2	457645.4	398528.7	184293.1
湖南	21663	8773.1	7157.1	7469.7	6680.3	316300.7	251416.9	260465.2	122782.0
广东	41317	7899.0	8951.4	5623.5	1627.7	2037326.2	2154566.6	1554550.6	903064.6
广西	17370	2949.8	586.6	460.6	365.8	307006.7	206878.5	82514.5	58279.4
海南	4338	699.0	417.0	457.0	46.0	89404.8	24201.3	24290.0	17564.1
重庆	13154	7698.2	4828.0	4837.0	5445.2	441685.4	356446.4	319356.4	110039.1
四川	35050	2684.7	2189.8	1130.5	1175.2	632380.6	599281.0	605937.6	210910.0
贵州	8295	2918.0	2280.3	2271.7	1614.5	235492.0	76684.2	60051.1	38688.1
云南	16954	6366.2	1940.7	1277.5	627.7	457987.4	205037.2	260321.1	164178.5
西藏	589	1920.5	0.2	0.2	76.8	4039.7	2465.0	2114.3	1008.7
陕西	17360					482990.3	51205.0	126645.1	76311.2
甘肃	13335	7875.9	3145.3	1990.4	2044.7	73134.4	53811.0	60834.2	43938.2
青海	3039					24248.9	25244.9	19132.2	4693.8
宁夏	4002	433.3	621.4	175.4	333.1	46387.2	33234.7	39605.8	16632.3
新疆	9259	5470.6	1920.8	773.5	1093.8	90485.2	50303.0	48807.7	33585.7

5-10-2 分地区自治组织主要财务指标

单位：个、万元

地区	单位数	执行企业会计制度				
		固定资产原价	营业收入	费用合计	营业利润	企业单位增加值
全国合计	**683167**	**2710492.8**	**1170139.8**	**307017.4**	**15205.5**	**157810.7**
北京	6797	2315877.2	1127813.3	275877.8	15329.4	129289.9
天津	5261					
河北	52365	6810.3		99.0		3.5
山西	30403	325.0		3138.8		2444.5
内蒙古	13407	586.0	40.4	43.2		4.0
辽宁	15628	1204.5		6.0		12.5
吉林	11238	85.7	3.0			
黑龙江	11768	4646.0	2.0	151.8		95.3
上海	5634	244632.1	40610.2	26195.5	-129.9	17383.8
江苏	21355		140.0	140.0		
浙江	32568	271.6				-143.5
安徽	18107	20.0				2.0
福建	16722					
江西	20251	10516.5	993.0	436.2	6.0	397.8
山东	81285					
河南	51284	6732.0	36.0	36.0		
湖北	29660	1767.0				
湖南	46888	212.0				
广东	25829	106981.6	437.9	744.0		8119.6
广西	16148	270.5				
海南	3051	20.5				
重庆	11039	94.0				
四川	53115	3706.4		39.1		99.0
贵州	18815	7.5				
云南	14209	1279.6		65.0		19.0
西藏	5438					
陕西	28823					
甘肃	17250	29.5				
青海	4630	8.0				
宁夏	2745	1339.5		2.0		27.5
新疆	11454	3069.8	64.0	43.0		56.0

5-10-2 续表 1

单位：个、万元

地 区	执行行政事业单位会计制度					
	固定资产原 价	上年结转和结余	本年收入合 计	本年支出合 计	收支结余	行政事业单位增加值
全国合计	**14761879.6**	**782291.3**	**7356716.6**	**6948676.2**	**12307.2**	**3504327.4**
北 京	419283.2	224817.4	174006.7	242169.1	697.7	130975.5
天 津	190944.9	19854.4	150831.9	150941.3		35108.8
河 北	626135.4	15300.2	567526.9	559260.2		92298.5
山 西	857047.3	2041.0	160742.3	175235.5		119590.1
内蒙古	97414.5	152.8	55066.3	55220.3		33150.2
辽 宁	120765.4	15499.5	59040.4	53102.1		34947.6
吉 林	53382.9	715.0	120667.4	118218.3		103485.7
黑龙江	156548.0	31718.6	52868.9	57192.1		35324.1
上 海	850838.5	86396.8	501291.3	372949.6	1102.8	193307.4
江 苏	1852143.8	27829.4	779756.6	861934.2	871.9	430666.2
浙 江	3377562.3	102484.6	1147695.8	986794.7	8253.8	537250.7
安 徽	371871.0	2418.5	130093.4	127679.9	60.7	89277.6
福 建	110599.4	1237.6	131835.3	131983.3		27011.0
江 西	90943.3	-398.8	54829.0	55025.4		30262.5
山 东	1343699.7	15.0	1177250.3	1177259.0		653631.9
河 南	248588.8	926.7	135130.1	130432.5		56628.0
湖 北	410827.7	2923.5	184609.4	181507.8		110473.8
湖 南	247157.7	716.0	252526.1	245640.3		143967.6
广 东	1875581.1	154876.0	874298.0	732266.7	609.1	316607.5
广 西	156525.1	136.2	51809.8	52240.6	149.0	45532.7
海 南	26563.0	666.5	19783.6	18590.4	118.0	10446.8
重 庆	139315.0	105.1	50096.7	50033.5	8.2	36325.3
四 川	248744.4	15823.3	167994.7	185787.1	26.7	87230.4
贵 州	32556.4	2632.7	12158.4	10984.4		10352.0
云 南	391093.8	70272.7	83328.3	76210.1	409.3	41944.5
西 藏	21646.8		495.3	515.0		878.3
陕 西	167519.5	916.1	68938.5	65190.8		48033.7
甘 肃	134779.3	38.4	66742.8	25204.3		21145.3
青 海	2325.1		710.0	442.8		145.8
宁 夏	42371.3	39.0	79149.8	3044.9		4224.5
新 疆	97105.0	2137.1	45442.6	45620.0		24103.4

5-10-2 续表 2 单位：个、万元

地　区	执行民间非营利组织单位会计制度				
	固定资产原　价	上年结余	本年收入合　计	本年费用合　计	民间非营利组织单位增加值
全国合计	**2218317.5**	**78777.9**	**2277945.9**	**840258.8**	**356106.9**
北　京					
天　津	24.0			36.0	18.0
河　北	24443.3	228.0	3841.7	10355.3	5652.5
山　西	19133.6	36.0	4180.9	8467.4	3496.8
内蒙古	16688.7	30.0	8463.7	7045.6	4407.1
辽　宁	113122.9	1658.8	43987.6	48217.5	28724.8
吉　林	23201.7	1.6	4384.3	3639.7	1089.3
黑龙江	8138.1	33.0	6636.8	5705.9	4554.9
上　海	480.0		361.0	541.8	465.5
江　苏	561389.1	3159.2	256675.2	169572.2	56979.7
浙　江	562439.3	13553.8	253872.1	194060.2	48320.6
安　徽	125854.1	2737.2	28158.1	29647.0	16475.4
福　建	113691.8	22776.4	62711.4	50963.4	17478.0
江　西	15428.2	1113.0	14326.5	15783.7	10504.7
山　东					
河　南	72491.7	9.0	42803.6	46569.9	16832.6
湖　北	43151.1	722.0	68791.6	55597.2	25714.8
湖　南	3775.8		4755.5	7327.9	5693.9
广　东	145008.0	14350.1	24257.8	41530.5	22948.1
广　西	619.8		597.0	874.5	832.5
海　南					
重　庆	64843.2	712.6	31104.3	30176.3	15359.2
四　川	62808.0	1410.2	16047.3	31614.8	18999.6
贵　州	92281.6	1633.2	40936.7	48556.0	33899.0
云　南	101597.3	14472.3	17874.0	22400.5	10843.2
西　藏	345.0				
陕　西					
甘　肃	9934.6		1336382.9	859.4	852.6
青　海	24352.7	105.5	5161.7	5914.6	3039.0
宁　夏	3569.7	36.0	723.8	1485.1	842.8
新　疆	9504.2		910.4	3316.4	2082.3

【主要统计指标解释】

固定资产原价 指报告期末社会福利企业、康复辅具机构按原值计算的，使用期限在一年以上，单位价值在1000元以上，并在使用过程中保持原来物质形态的资产总值，包括房屋及建筑物、机器设备、运输设备、工具器具等。

营业收入 指报告期内企业在销售商品或者提供劳动等经营业务中实现的营业收入总额。

营业利润 为营业收入减去营业成本、期间费用和各种流转税及附加税的税后的余额。

5 第三产业部分行业主要财务指标

5-11 服务业法人单位

简要说明

一、主要内容

本篇资料主要内容是2013年交通运输、仓储和邮政业，金融业，房地产业，信息传输、软件和信息技术服务业，租赁和商务服务业，科学研究和技术服务业，水利、环境和公共设施管理业，居民服务、修理和其他服务业，教育，卫生和社会工作，文化、体育和娱乐业，公共管理、社会保障和社会组织单位主要指标。主要分组包括按行业、登记注册类型、地区等。

二、统计范围

包括交通运输、仓储和邮政业，金融业，房地产业，信息传输、软件和信息技术服务业，租赁和商务服务业，科学研究和技术服务业，水利、环境和公共设施管理业，居民服务、修理和其他服务业，教育，卫生和社会工作，文化、体育和娱乐业，公共管理、社会保障和社会组织（房地产业不含房地产开发经营）。

三、统计调查方法

调查方法为全面调查。

四、资料来源

资料来自第三次全国经济普查。

5-11-1 交通运输、仓储和邮政业企业法人单位分行业主要指标

行　业	单位数（个）	从业人员（万人）	营业收入（亿元）	资产总计（亿元）
总　计	**251981**	**1246.9**	**54983.0**	**188690.7**
铁路运输业	313	203.2	6562.4	49500.6
道路运输业	132409	608.5	17826.7	69949.1
水上运输业	10015	67.9	5506.2	21605.3
航空运输业	1378	45.3	4948.2	13080.7
管道运输业	309	3.8	839.6	3798.6
装卸搬运和运输代理业	70353	132.6	9850.1	11218.0
仓储业	24779	62.1	7100.9	16878.6
邮政业	12425	123.5	2349.0	2659.8

5-11-2 金融业企业法人单位分行业主要指标

行　业	单位数（个）	从业人员（万人）	营业收入（亿元）	资产总计（亿元）
总　计	**29240**	**513.9**	**70359.0**	**1620396.5**
货币金融服务	15032	369.2	45056.6	1493978.0
资本市场服务	653	26.0	2685.7	30409.7
保险业	12195	112.3	20460.3	84069.5
其他金融业	1360	6.4	2156.5	11939.4

5-11-3 交通运输、仓储和邮政业企业法人单位分地区主要指标

地 区	单位数 (个)	从业人员 (万人)	营业收入 (亿元)	资产总计 (亿元)
全 国	**251981**	**1246.9**	**54983.0**	**188690.7**
北 京	14123	79.0	4346.5	14391.0
天 津	10247	24.5	2392.3	7651.5
河 北	8901	33.1	1973.2	4254.1
山 西	5013	30.5	981.7	4512.5
内蒙古	4046	25.1	1103.7	4622.8
辽 宁	11711	57.3	1977.8	8382.7
吉 林	2947	12.3	463.4	2175.3
黑龙江	3877	34.2	710.2	2564.3
上 海	14978	87.0	6453.9	14921.1
江 苏	25530	84.7	4224.9	10107.9
浙 江	16530	51.2	2572.5	8656.6
安 徽	9985	42.3	1917.1	4181.8
福 建	8729	34.4	1698.7	6648.0
江 西	7623	45.6	1724.2	5406.8
山 东	21390	97.5	4295.4	8079.6
河 南	8655	63.1	1985.5	7776.9
湖 北	9316	46.9	1604.0	7598.8
湖 南	5983	28.5	732.5	2611.9
广 东	25801	130.9	5732.0	18831.7
广 西	4696	26.7	742.0	3398.9
海 南	1051	6.1	654.6	2282.0
重 庆	4890	41.0	1207.4	4080.8
四 川	7336	54.6	1546.7	14645.8
贵 州	2491	11.5	381.0	3305.1
云 南	3632	21.0	815.8	5355.9
西 藏	194	0.9	38.5	136.1
陕 西	4484	31.8	983.0	4811.5
甘 肃	2290	17.2	446.5	2272.1
青 海	591	4.9	141.4	869.7
宁 夏	944	2.9	110.6	356.0
新 疆	3997	20.1	1025.9	3801.5

5-11-4 金融业企业法人单位分地区主要指标

地 区	单位数 (个)	从业人员 (万人)	营业收入 (亿元)	资产总计 (亿元)
全 国	**29240**	**513.9**	**70359.0**	**1620396.5**
北 京	1336	269.7	9902.8	589331.3
天 津	628	3.2	1395.9	43224.4
河 北	1184	7.8	2334.7	49674.4
山 西	843	5.7	1401.9	33344.3
内蒙古	851	4.8	1151.6	21190.5
辽 宁	1436	7.6	2089.7	53118.1
吉 林	585	4.8	895.1	21514.3
黑龙江	830	4.8	1154.4	25824.5
上 海	1135	46.2	4762.0	154106.6
江 苏	1727	9.8	5059.0	114902.1
浙 江	1728	13.3	4408.6	100621.5
安 徽	1124	5.2	1573.6	37005.1
福 建	914	8.9	2063.6	50290.2
江 西	715	4.0	1207.1	25607.3
山 东	1809	11.9	3815.7	85018.3
河 南	1330	8.9	2459.8	48483.0
湖 北	1069	5.7	1981.5	42941.3
湖 南	1036	6.2	1644.0	36253.1
广 东	2238	51.4	6936.0	195216.4
广 西	713	3.6	1120.3	24354.9
海 南	250	0.6	329.4	8834.8
重 庆	379	3.4	2242.5	33996.8
四 川	1347	8.2	2843.9	63579.0
贵 州	551	3.4	827.1	17816.1
云 南	997	3.2	1259.2	27541.7
西 藏	58	0.1	80.8	2711.7
陕 西	812	5.5	1499.3	34233.7
甘 肃	626	2.5	694.4	16996.7
青 海	152	0.6	218.9	5950.2
宁 夏	186	1.0	306.6	5592.2
新 疆	651	2.1	927.2	20015.7

5-11-5　信息传输、软件和信息技术服务业企业法人单位分行业、分登记注册类型主要指标

项　目	单位数(个)	从业人员(万人)	营业收入(亿元)	资产总计(亿元)
总　计	**219439**	**539.4**	**32009.6**	**77774.6**
按国民经济行业分				
电信、广播电视和卫星传输服务	11390	180.5	16883.4	46727.2
互联网和相关服务	25002	46.4	2690.6	4761.1
软件和信息技术服务业	183047	312.4	12435.6	26286.3
按登记注册类型分				
内资企业	211334	430.9	22753.4	54714.7
国有企业	2177	23.1	1510.2	10107.6
集体企业	672	1.0	23.4	65.5
股份合作企业	1044	0.9	26.5	46.1
联营企业	458	0.5	19.4	106.7
有限责任公司	52324	164.1	10654.5	21945.4
股份有限公司	3819	64.8	5138.3	9651.3
私营企业	145123	170.5	5254.0	12470.6
其他企业	5717	5.9	127.1	321.6
港、澳、台商投资企业	3180	48.3	4718.0	9842.4
外商投资企业	4925	60.2	4538.2	13217.5

5-11-6 信息传输、软件和信息技术服务业企业法人单位分地区主要指标

地 区	单位数（个）	从业人员（万人）	营业收入（亿元）	资产总计（亿元）
全 国	**219439**	**539.4**	**32009.6**	**77774.6**
北 京	47448	91.9	5673.5	27998.0
天 津	7744	11.5	602.8	1471.9
河 北	4114	10.8	670.4	1192.3
山 西	1609	7.2	344.3	645.1
内蒙古	1699	6.2	311.1	597.1
辽 宁	8294	17.6	799.9	1619.2
吉 林	2239	8.7	395.5	714.9
黑龙江	2577	7.3	325.1	557.7
上 海	13966	45.3	3038.1	4785.6
江 苏	21007	54.0	3339.0	4992.1
浙 江	16160	29.4	2154.7	4379.9
安 徽	5968	10.4	523.4	741.1
福 建	6340	15.1	775.4	1107.5
江 西	2271	7.1	389.8	868.9
山 东	9907	27.7	1826.1	5924.6
河 南	4382	13.1	704.2	1078.0
湖 北	7137	14.8	699.0	2178.1
湖 南	5264	12.3	606.5	1132.8
广 东	26702	69.6	3989.0	7487.6
广 西	2146	5.9	338.5	562.5
海 南	830	2.2	159.4	312.9
重 庆	5680	11.1	638.6	1370.0
四 川	4620	23.4	1443.2	2230.8
贵 州	1343	4.3	324.0	539.0
云 南	3246	8.7	507.4	969.9
西 藏	98	0.6	40.2	50.7
陕 西	3579	13.1	780.4	1283.0
甘 肃	974	3.3	198.2	335.8
青 海	339	1.4	71.8	141.1
宁 夏	403	1.6	81.0	121.4
新 疆	1353	3.8	259.1	384.8

5-11-7 房地产业企业法人单位分行业、分登记注册类型主要指标

项　目	单位数（个）	从业人员（万人）	营业收入（亿元）	资产总计（亿元）
总　计	**206387**	**542.2**	**8212.0**	**51321.8**
按国民经济行业分				
物业管理	105220	411.6	4091.7	13667.7
房地产中介服务	65780	77.6	1275.4	5489.5
自有房地产经营活动	23732	34.4	1069.2	11670.8
其他房地产业	11655	18.5	1775.8	20493.8
按登记注册类型分				
内资企业	203131	513.1	7505.0	46406.6
国有企业	5599	22.7	571.5	5049.9
集体企业	7017	16.1	245.3	1919.5
股份合作企业	2316	3.3	65.8	334.6
联营企业	673	1.4	22.1	156.5
有限责任公司	56947	207.3	3124.7	20768.2
股份有限公司	3865	13.6	297.4	1978.3
私营企业	118647	235.6	2998.0	14517.3
其他企业	8067	13.0	180.2	1682.2
港、澳、台商投资企业	2053	18.8	438.0	3469.3
外商投资企业	1203	10.3	269.0	1445.9

5-11-8 房地产业企业法人单位分地区主要指标

地 区	单位数（个）	从业人员（万人）	营业收入（亿元）	资产总计（亿元）
全 国	**206387**	**542.2**	**8212.0**	**51321.8**
北 京	14264	46.1	1050.0	6211.0
天 津	4259	11.9	173.9	1473.8
河 北	7159	14.1	95.0	598.9
山 西	3470	8.6	68.0	456.1
内蒙古	2756	7.9	77.9	241.7
辽 宁	8446	17.1	202.0	852.7
吉 林	2200	4.9	41.0	158.0
黑龙江	3298	6.8	66.8	1386.9
上 海	11307	39.7	743.9	4057.1
江 苏	18019	44.5	1162.1	5744.8
浙 江	15958	31.7	447.8	3483.4
安 徽	7198	14.2	163.8	774.6
福 建	5771	16.2	157.1	1070.7
江 西	3517	7.6	146.3	489.3
山 东	12273	31.7	480.8	1525.7
河 南	5981	14.6	150.6	491.4
湖 北	9133	18.9	292.2	1710.4
湖 南	5284	16.0	205.5	759.5
广 东	31068	88.2	1399.8	9360.2
广 西	4531	10.4	77.7	1143.5
海 南	2488	5.2	46.1	1213.3
重 庆	5359	18.3	216.7	908.6
四 川	5657	22.0	243.7	2451.6
贵 州	2294	6.0	74.9	391.9
云 南	3687	10.0	78.8	498.7
西 藏	105	0.3	7.9	75.5
陕 西	4777	13.2	208.5	2100.2
甘 肃	2108	4.9	36.8	245.2
青 海	659	1.9	10.6	359.3
宁 夏	734	2.8	18.3	50.1
新 疆	2627	6.6	67.5	1037.5

5-11-9 租赁和商务服务业企业法人单位分行业、分登记注册类型主要指标

项　　目	单位数（个）	从业人员（万人）	营业收入（亿元）	资产总计（亿元）
总　　计	**815080**	**1216.0**	**52035.2**	**539678.3**
按国民经济行业分				
租赁业	52379	55.3	1633.0	7573.9
商务服务业	762701	1160.7	50402.2	532104.3
按登记注册类型分				
内资企业	801716	1161.8	44262.2	514910.9
国有企业	14109	110.8	5510.5	108448.6
集体企业	19185	47.7	897.0	7804.1
股份合作企业	6066	9.3	232.4	2074.1
联营企业	2074	2.8	95.3	1425.2
有限责任公司	189933	348.8	18987.6	279435.4
股份有限公司	11879	42.6	2945.7	40858.3
私营企业	508877	541.2	14102.3	68001.1
其他企业	49593	58.6	1491.4	6864.3
港、澳、台商投资企业	5963	22.3	2155.6	10788.2
外商投资企业	7401	31.9	5617.4	13979.2

5-11-10 科学研究和技术服务业企业法人单位分行业、分登记注册类型主要指标

项　　目	单位数（个）	从业人员（万人）	营业收入（亿元）	资产总计（亿元）
总　　计	**345290**	**603.2**	**22787.7**	**67452.9**
按国民经济行业分				
研究和试验发展	33907	54.1	2176.7	8864.3
专业技术服务业	180645	383.0	15756.1	45990.8
科技推广和应用服务业	130738	166.1	4855.0	12597.8
按登记注册类型分				
内资企业	338760	576.9	21280.8	64317.3
国有企业	9715	55.6	2893.5	13238.5
集体企业	4060	7.1	151.0	429.4
股份合作企业	2897	3.1	57.3	181.3
联营企业	881	1.4	35.5	71.9
有限责任公司	73829	176.6	8992.4	29968.8
股份有限公司	4629	19.7	1787.9	6814.5
私营企业	195810	225.3	5868.6	11837.6
其他企业	46939	88.2	1494.7	1775.3
港、澳、台商投资企业	2466	11.1	480.9	1156.1
外商投资企业	4064	15.2	1026.0	1979.4

5-11-11 租赁和商务服务业企业法人单位分地区主要指标

地 区	单位数 (个)	从业人员 (万人)	营业收入 (亿元)	资产总计 (亿元)
全 国	**815080**	**1216.0**	**52035.2**	**539678.3**
北 京	129210	133.6	10036.5	112883.5
天 津	22751	28.6	1303.2	15985.6
河 北	22291	33.5	1349.9	10851.6
山 西	10275	17.6	310.8	6631.3
内蒙古	9191	17.4	549.3	9363.7
辽 宁	29694	36.1	657.8	6541.4
吉 林	7274	9.8	168.1	3908.9
黑龙江	8546	17.0	304.4	3105.3
上 海	49932	108.3	8207.3	43544.6
江 苏	72132	101.0	5343.3	51160.2
浙 江	62882	86.7	2902.9	46906.5
安 徽	26991	29.2	1590.6	13339.5
福 建	26269	34.5	999.2	13378.8
江 西	13702	21.6	593.2	4430.3
山 东	44192	70.1	2648.1	19848.2
河 南	19874	32.5	855.9	8252.0
湖 北	27444	34.6	1407.1	14326.8
湖 南	21873	37.2	1144.0	12289.3
广 东	98496	160.4	5249.1	48197.8
广 西	16193	22.6	422.0	8677.9
海 南	4314	5.5	148.8	3734.7
重 庆	19481	36.0	1095.7	13770.5
四 川	19723	40.7	1364.2	19954.9
贵 州	8628	12.5	362.6	8029.5
云 南	13011	30.2	1542.6	15628.6
西 藏	955	1.3	73.2	832.3
陕 西	12030	18.9	437.5	7722.4
甘 肃	5514	11.2	400.3	5369.6
青 海	1852	3.2	102.3	2888.2
宁 夏	2412	5.2	49.7	892.1
新 疆	7948	19.0	415.8	7232.1

5-11-12 科学研究和技术服务业企业法人单位分地区主要指标

地 区	单位数（个）	从业人员（万人）	营业收入（亿元）	资产总计（亿元）
全 国	**345290**	**603.2**	**22787.7**	**67452.9**
北 京	69688	77.7	5558.4	20001.3
天 津	13367	23.4	1330.2	3686.2
河 北	9314	22.1	649.6	1216.6
山 西	4033	8.4	213.4	792.9
内蒙古	3104	6.6	166.6	458.8
辽 宁	12514	16.3	422.2	1575.4
吉 林	2812	4.8	108.7	237.9
黑龙江	4202	5.7	169.3	581.6
上 海	16700	37.4	1893.9	3979.1
江 苏	32815	55.8	2083.4	4856.5
浙 江	21933	30.1	947.2	2712.6
安 徽	9870	14.3	410.9	1064.4
福 建	9010	15.9	410.4	1069.2
江 西	3914	7.7	167.7	282.5
山 东	25963	52.3	1247.9	2642.6
河 南	16344	38.3	892.1	3809.6
湖 北	12795	25.9	909.9	1878.0
湖 南	9155	20.3	486.9	1013.5
广 东	32146	59.3	2025.8	4115.7
广 西	4566	7.7	146.1	513.2
海 南	1192	2.5	62.6	479.4
重 庆	4924	10.4	442.9	1911.8
四 川	5495	16.6	695.4	2401.5
贵 州	2690	5.6	131.5	1088.1
云 南	4017	7.9	242.4	857.3
西 藏	229	0.5	12.1	50.1
陕 西	5821	15.2	521.6	1174.4
甘 肃	2062	5.0	152.6	2259.3
青 海	715	1.7	39.7	182.5
宁 夏	812	2.3	45.7	132.1
新 疆	3088	5.5	200.5	428.8

5-11-13 水利、环境和公共设施管理业企业法人单位分行业、分登记注册类型主要指标

项 目	单位数(个)	从业人员(万人)	营业收入(亿元)	资产总计(亿元)
总 计	**45658**	**129.3**	**3629.1**	**33997.9**
按国民经济行业分				
水利管理业	4297	10.5	259.1	4644.1
生态保护和环境治理业	5954	12.7	491.9	2055.8
公共设施管理业	35407	106.1	2878.1	27297.9
按登记注册类型分				
内资企业	45086	126.7	3478.1	33185.1
国有企业	2952	15.6	316.6	6797.5
集体企业	1365	3.5	58.1	959.8
股份合作企业	296	0.5	7.3	30.4
联营企业	173	0.5	6.9	69.7
有限责任公司	12323	47.4	1540.6	19301.2
股份有限公司	1002	6.6	316.9	1802.4
私营企业	24000	46.2	1143.3	3494.6
其他企业	2975	6.3	88.4	729.5
港、澳、台商投资企业	311	1.8	75.7	431.8
外商投资企业	261	0.8	75.3	380.9

5-11-14 居民服务、修理和其他服务业企业法人单位分行业、分登记注册类型主要指标

项 目	单位数(个)	从业人员(万人)	营业收入(亿元)	资产总计(亿元)
总 计	**175059**	**266.9**	**3714.7**	**7933.2**
按国民经济行业分				
居民服务业	65178	94.0	1116.5	2486.8
机动车、电子产品和日用产品修理业	75141	85.1	1697.0	2487.3
其他服务业	34740	87.9	901.2	2959.1
按登记注册类型分				
内资企业	173855	257.3	3530.8	7671.8
国有企业	2111	9.8	134.9	1360.9
集体企业	3728	6.9	97.8	214.9
股份合作企业	2306	2.7	32.4	47.8
联营企业	566	0.8	22.5	52.2
有限责任公司	28822	60.6	886.4	1948.4
股份有限公司	2130	4.4	76.8	547.2
私营企业	123468	158.9	2122.8	3295.0
其他企业	10724	13.2	157.2	205.4
港、澳、台商投资企业	523	5.8	92.1	130.5
外商投资企业	681	3.8	91.8	130.9

5-11-15 水利、环境和公共设施管理业企业法人单位分地区主要指标

地区	单位数(个)	从业人员(万人)	营业收入(亿元)	资产总计(亿元)
全国	**45658**	**129.3**	**3629.1**	**33997.9**
北京	3256	6.8	360.2	2505.8
天津	908	1.9	190.5	3209.7
河北	2171	4.9	74.8	630.9
山西	1193	3.2	35.7	381.3
内蒙古	1025	3.6	61.8	570.0
辽宁	1759	3.7	65.7	550.4
吉林	475	1.4	18.0	146.9
黑龙江	634	1.9	19.1	644.1
上海	1510	9.1	286.3	1990.3
江苏	4603	11.7	433.1	4572.4
浙江	4035	10.5	291.4	3230.8
安徽	1940	3.6	113.5	934.1
福建	1766	3.9	100.2	668.8
江西	993	3.1	77.7	462.4
山东	3828	10.7	285.1	1187.7
河南	1919	6.6	113.8	1120.5
湖北	1831	4.9	189.6	1680.7
湖南	1360	3.7	74.5	648.8
广东	3239	10.2	254.1	2081.5
广西	736	2.0	38.2	610.3
海南	209	1.3	30.5	252.3
重庆	1042	3.3	106.0	997.9
四川	1135	5.2	196.2	1647.2
贵州	647	1.5	20.4	625.6
云南	1037	3.1	44.8	1060.3
西藏	21	0.1	1.6	7.1
陕西	1241	3.9	92.9	680.9
甘肃	383	1.2	9.5	517.8
青海	148	0.3	2.0	105.3
宁夏	199	0.5	11.4	95.2
新疆	415	1.5	30.5	180.6

5-11-16 居民服务、修理和其他服务业企业法人单位分地区主要指标

地 区	单位数 (个)	从业人员 (万人)	营业收入 (亿元)	资产总计 (亿元)
全 国	**175059**	**266.9**	**3714.7**	**7933.2**
北 京	18392	20.5	305.6	814.2
天 津	5465	16.1	217.6	938.5
河 北	5421	7.1	76.3	174.3
山 西	2513	4.5	35.8	76.9
内 蒙	2366	4.1	49.7	90.6
辽 宁	6593	7.0	95.9	203.2
吉 林	2627	3.3	38.4	400.7
黑龙江	2347	3.2	77.5	146.1
上 海	11529	18.5	312.7	487.8
江 苏	12797	18.3	374.1	545.6
浙 江	11369	14.3	189.9	266.7
安 徽	5104	6.4	81.9	100.6
福 建	5592	8.0	102.0	147.7
江 西	3468	5.6	118.5	201.3
山 东	10843	15.9	361.0	440.6
河 南	6158	9.5	122.5	255.0
湖 北	8303	10.3	114.8	318.1
湖 南	7297	13.1	176.3	182.5
广 东	16243	35.2	354.2	474.2
广 西	3380	4.0	35.7	54.0
海 南	806	1.1	10.1	37.1
重 庆	7287	9.7	159.0	230.5
四 川	4483	8.7	89.2	205.7
贵 州	3277	4.5	33.9	114.7
云 南	2902	5.4	53.7	275.6
西 藏	109	0.3	2.5	2.1
陕 西	3969	5.9	60.1	162.5
甘 肃	1661	1.9	17.3	107.7
青 海	443	0.7	6.4	19.3
宁 夏	621	0.9	7.7	31.3
新 疆	1694	2.6	34.5	428.3

5-11-17 教育企业法人单位分行业、分登记注册类型主要指标

项目	单位数(个)	从业人员(万人)	营业收入(亿元)	资产总计(亿元)
教育	54295	118.1	1395.6	3096.7
按登记注册类型分				
内资企业	53949	115.7	1326.8	2960.0
国有企业	1807	7.8	86.3	260.4
集体企业	1002	2.8	31.7	70.0
股份合作企业	778	2.0	19.1	38.6
联营企业	254	0.6	6.2	20.8
有限责任公司	7294	14.9	208.6	592.2
股份有限公司	728	2.3	44.7	64.0
私营企业	29267	49.9	544.7	1136.3
其他企业	12819	35.3	385.4	777.7
港、澳、台商投资企业	150	1.4	37.5	69.7
外商投资企业	196	1.0	31.3	66.9

5-11-18 卫生和社会工作企业法人单位分行业、分登记注册类型主要指标

项目	单位数(个)	从业人员(万人)	营业收入(亿元)	资产总计(亿元)
总计	**30207**	**110.0**	**1951.5**	**3562.4**
按国民经济行业分				
卫生	27810	106.1	1915.7	3202.2
社会工作	2397	3.9	35.9	360.2
按登记注册类型分				
内资企业	30062	108.1	1884.9	3416.6
国有企业	1880	23.6	482.3	1135.6
集体企业	1351	3.8	76.4	93.0
股份合作企业	685	4.1	78.3	89.1
联营企业	211	0.9	12.2	16.7
有限责任公司	2149	12.9	290.0	438.6
股份有限公司	299	2.5	55.6	72.3
私营企业	15759	41.5	588.9	1075.7
其他企业	7728	18.8	301.2	495.6
港、澳、台商投资企业	63	0.8	26.2	55.7
外商投资企业	82	1.1	40.4	90.0

5-11-19 教育企业法人单位分地区主要指标

地区	单位数 (个)	从业人员 (万人)	营业收入 (亿元)	资产总计 (亿元)
全国	**54295**	**118.1**	**1395.6**	**3096.7**
北京	5867	8.0	160.0	332.2
天津	874	1.5	13.3	40.7
河北	1099	2.2	13.6	57.1
山西	748	2.4	11.8	46.0
内蒙古	979	1.5	11.4	22.0
辽宁	2516	3.0	30.4	72.2
吉林	692	1.4	9.5	46.3
黑龙江	882	1.5	11.2	24.1
上海	852	4.1	82.2	149.0
江苏	3631	8.2	152.2	190.3
浙江	3641	6.2	78.9	197.8
安徽	1739	3.9	42.9	186.7
福建	2074	4.5	38.6	65.4
江西	1360	3.6	42.7	91.2
山东	2942	7.3	115.2	178.0
河南	3132	8.7	75.8	172.3
湖北	2601	5.1	48.4	94.2
湖南	3033	6.9	73.8	116.9
广东	5857	17.0	198.2	493.1
广西	1156	1.7	11.2	21.6
海南	355	0.5	4.8	43.4
重庆	1622	3.1	39.4	43.5
四川	1920	4.7	44.8	141.5
贵州	1097	2.7	17.8	49.9
云南	943	2.8	29.2	97.2
西藏	28	0.0	0.4	0.6
陕西	1011	2.2	20.1	42.1
甘肃	714	1.4	6.5	21.8
青海	133	0.2	1.0	2.6
宁夏	189	0.5	2.7	19.4
新疆	608	1.1	7.7	37.6

5-11-20 卫生和社会工作企业法人单位分地区主要指标

地 区	单位数(个)	从业人员(万人)	营业收入(亿元)	资产总计(亿元)
全 国	**30207**	**110.0**	**1951.5**	**3562.4**
北 京	1924	4.8	128.4	162.7
天 津	468	1.6	30.5	49.6
河 北	650	2.4	34.3	152.7
山 西	756	2.7	31.9	54.9
内蒙古	582	1.9	31.5	97.5
辽 宁	1761	6.1	107.5	144.8
吉 林	459	3.0	43.4	99.5
黑龙江	703	3.3	51.8	87.4
上 海	974	3.4	94.6	109.0
江 苏	1707	8.8	200.3	284.1
浙 江	1511	3.8	84.2	238.9
安 徽	642	3.3	56.4	81.6
福 建	1146	2.7	43.8	70.1
江 西	573	3.0	54.9	67.6
山 东	1836	6.4	135.4	168.3
河 南	4000	9.5	140.8	191.9
湖 北	1554	5.1	90.4	131.6
湖 南	1243	4.8	81.9	118.0
广 东	2253	9.0	178.8	260.9
广 西	415	1.2	16.7	14.6
海 南	130	0.4	3.9	6.9
重 庆	723	2.8	49.3	54.3
四 川	1203	6.0	86.2	123.8
贵 州	820	3.6	44.5	70.8
云 南	640	3.6	47.9	89.8
西 藏	25	0.1	2.0	2.8
陕 西	554	2.6	41.0	61.0
甘 肃	330	1.6	15.9	531.1
青 海	107	0.4	3.0	5.1
宁 夏	127	0.5	7.3	8.9
新 疆	391	1.5	13.0	22.4

5-11-21 文化、体育和娱乐业企业法人单位分行业、分登记注册类型主要指标

项目	单位数(个)	从业人员(万人)	营业收入(亿元)	资产总计(亿元)
总计	**173339**	**194.6**	**4841.2**	**15125.1**
按国民经济行业分				
新闻出版业	4863	29.2	1411.6	4017.8
广播、电视、电影和音像业	12920	26.8	1248.2	4238.7
文化艺术业	33013	31.4	620.2	2676.5
体育	10381	18.0	279.6	1372.4
娱乐业	112162	89.2	1281.6	2819.7
按登记注册类型分				
内资企业	172198	187.2	4676.5	14148.7
国有企业	4501	26.8	1013.7	3227.5
集体企业	1400	1.9	24.7	56.1
股份合作企业	1322	1.0	12.3	23.9
联营企业	433	0.5	6.9	67.7
有限责任公司	21820	43.6	1541.3	5937.4
股份有限公司	1597	4.3	317.8	1272.7
私营企业	127575	97.3	1603.2	3211.8
其他企业	13550	11.7	156.7	351.5
港、澳、台商投资企业	615	3.5	86.4	496.4
外商投资企业	526	3.9	78.3	480.0

5-11-22 公共管理、社会保障和社会组织企业法人单位分行业、分登记注册类型主要指标

项目	单位数(个)	从业人员(万人)	营业收入(亿元)	资产总计(亿元)
总计	**8018**	**16.1**	**61.4**	**179.0**
按国民经济行业分				
中国共产党机关				
国家机构				
人民政协、民主党派				
社会保障	112	0.1	0.8	4.0
群众团体、社会团体和其他成员组织	7906	16.0	60.6	175.0
基层群众自治组织				
按登记注册类型分				
内资企业	7990	15.9	149.8	61.4
国有企业	562	2.1	10.7	3.6
集体企业	397	1.1	11.0	1.7
股份合作企业	63	0.2	0.7	0.6
联营企业	79	0.2	3.2	0.3
有限责任公司	211	0.5	8.1	3.4
股份有限公司	39	0.2	0.9	0.8
私营企业	657	0.9	15.7	4.1
其他企业	5982	10.7	99.5	47.0
港、澳、台商投资企业	11	0.2	28.9	0.0
外商投资企业	17	0.1	0.2	0.0

5-11-23 文化、体育和娱乐业企业法人单位分地区主要指标

地 区	单位数（个）	从业人员（万人）	营业收入（亿元）	资产总计（亿元）
全 国	**173339**	**194.6**	**4841.2**	**15125.1**
北 京	25466	20.2	901.3	2725.3
天 津	1985	2.9	83.4	838.7
河 北	5557	5.6	69.6	355.0
山 西	3707	4.2	38.9	155.8
内蒙古	1754	1.8	25.3	120.8
辽 宁	5808	5.0	96.9	318.3
吉 林	1659	1.9	38.4	131.7
黑龙江	2709	2.7	41.9	96.5
上 海	5284	8.0	327.0	1264.7
江 苏	11462	13.7	424.8	1357.8
浙 江	11988	13.1	404.7	1075.2
安 徽	7107	6.3	138.3	313.1
福 建	4912	7.3	123.0	354.8
江 西	3575	4.2	88.6	188.9
山 东	8853	10.2	264.4	581.8
河 南	6926	10.0	136.1	294.2
湖 北	6985	8.0	254.9	613.1
湖 南	11406	13.3	287.1	706.6
广 东	11664	19.8	429.5	1209.3
广 西	4690	3.8	46.7	139.8
海 南	1067	1.7	25.0	324.9
重 庆	4327	5.1	104.0	284.8
四 川	9064	8.4	123.8	385.9
贵 州	2113	2.2	28.8	202.5
云 南	3680	4.1	56.1	230.8
西 藏	175	0.2	3.9	8.6
陕 西	3970	5.4	213.0	644.3
甘 肃	2220	2.4	30.3	79.6
青 海	551	0.6	6.5	24.5
宁 夏	794	0.8	9.4	47.1
新 疆	1881	1.4	19.7	50.7

5-11-24 公共管理、社会保障和社会组织企业法人单位分地区主要指标

地 区	单位数（个）	从业人员（万人）	营业收入（亿元）	资产总计（亿元）
全 国	**8018**	**16.1**	**61.4**	**179.0**
北 京	379	0.2	1.0	4.7
天 津	202	0.3	0.4	6.3
河 北	31	0.1	0.2	0.3
山 西	103	0.2	0.1	0.5
内蒙古	549	1.5	6.4	12.1
辽 宁	175	0.3	1.1	2.8
吉 林	198	0.5	1.1	2.9
黑龙江	334	0.7	3.1	6.6
上 海	82	0.1	0.0	0.9
江 苏	297	0.4	1.7	4.4
浙 江	390	0.2	1.0	3.5
安 徽	369	0.4	4.2	5.3
福 建	537	0.9	3.7	44.3
江 西	572	1.8	8.4	13.8
山 东	6	0.0	0.1	0.1
河 南	121	0.2	2.0	2.7
湖 北	663	0.9	5.7	10.9
湖 南	290	1.0	4.1	7.1
广 东	672	1.5	4.0	7.0
广 西	106	0.2	0.1	1.1
海 南	26	0.2	0.0	0.2
重 庆	316	0.7	2.7	3.4
四 川	284	1.0	3.3	11.1
贵 州	376	0.7	0.8	6.4
云 南	224	0.6	1.3	5.5
西 藏	2	0.0	0.0	0.0
陕 西	24	0.3	0.8	1.2
甘 肃	138	0.3	0.6	3.7
青 海	62	0.1	0.1	0.7
宁 夏	106	0.1	0.3	2.0
新 疆	384	1.0	3.0	7.4

5-11-25 服务业行政事业及非企业法人单位分行业主要指标

行业	单位数（个）	从业人员（万人）	非企业单位支出(费用)（亿元）	年末资产（亿元）
信息传输、软件和信息技术服务业	**6663**	**12.4**	**298.9**	**861.4**
电信、广播电视和卫星传输服务	3755	8.2	126.3	466.3
互联网和相关服务	787	0.9	31.6	64.6
软件和信息技术服务业	2121	3.3	141.1	330.5
房地产	**5427**	**11.8**	**955.0**	**3044.0**
物业管理	1690	4.3	49.1	198.0
房地产中介服务	614	1.0	11.8	67.6
自有房地产经营活动	632	1.0	15.6	109.6
其他房地产业	2491	5.5	878.5	2668.8
租赁和商务服务业	**101852**	**113.0**	**1824.4**	**9272.2**
租赁业	1723	1.5	9.3	19.8
商务服务业	100129	111.5	1815.1	9252.4
科学研究和技术服务业	**110480**	**207.1**	**4611.2**	**12006.8**
研究和试验发展	8626	34.6	1197.3	3510.2
专业技术服务业	39494	87.4	2609.2	7133.2
科技推广和应用服务业	62360	85.1	804.7	1363.3
水利、环境和公共设施管理业	**39148**	**168.9**	**3699.2**	**7879.5**
水利管理业	20218	38.9	634.8	3771.0
生态保护和环境治理业	3527	8.0	172.4	360.7
公共设施管理业	15403	122.0	2892.1	3747.8
居民服务、修理和其他服务业	**15636**	**24.8**	**313.2**	**709.2**
居民服务业	12678	18.7	244.1	473.0
机动车、电子产品和日用产品修理业	697	1.1	14.7	16.8
其他服务业	2261	5.0	54.4	219.5
教育	**359612**	**1795.6**	**23643.0**	**51010.0**
卫生和社会工作	**219328**	**807.6**	**23768.2**	**29099.2**
卫生	177847	760.8	23058.6	27800.5
社会工作	41481	46.8	709.6	1298.7
文化、体育和娱乐业	**57203**	**114.4**	**2409.2**	**6888.5**
新闻出版业	3308	10.5	215.7	582.2
广播、电视、电影和音像业	6072	31.7	972.3	2500.8
文化艺术业	36962	56.3	815.1	2273.2
体育	7187	11.8	184.8	558.2
娱乐业	3674	4.1	221.2	974.2
公共管理、社会保障和社会组织	**1512022**	**2693.2**	**58913.5**	**102865.8**
中国共产党机关	35017	64.9	1580.4	1280.3
国家机构	445469	1668.9	49940.8	74674.3
人民政协、民主党派	6681	12.2	237.4	177.2
社会保障	15655	21.4	874.2	365.0
群众团体、社会团体和其他成员组织	325826	444.0	2537.4	6866.7
基层群众自治组织	683374	481.7	3743.4	19502.2

【主要统计指标解释】

资产总计 指企业过去的交易或者事项形成的、由企业拥有或者控制的、预期会给企业带来经济利益的资源。资产一般按流动性（资产的变现或耗用时间长短）分为流动资产和非流动资产。其中流动资产可分为货币资金、交易性金融资产、应收票据、应收账款、预付款项、其他应收款、存货等；非流动资产可分为长期股权投资、固定资产、无形资产及其他非流动资产等。根据会计“资产负债表”中“资产总计”项目的期末余额数填报。

执行2006 年《企业会计准则》的企业：资产总计=流动资产合计+非流动资产合计；未执行2006 年《企业会计准则》企业的资产包括流动资产、长期投资、固定资产、无形资产和其他资产等。

营业收入 指企业经营主要业务和其他业务所确认的收入总额。营业收入合计包括“主营业务收入”和“其他业务收入”。根据会计“利润表”中“营业收入”项目的本期金额数填报。

从业人员期末人数 指报告期末最后一日24时在本单位工作，并取得工资或其他形式劳动报酬的人员数。该指标为时点指标，不包括最后一日当天及以前已经与单位解除劳动合同关系的人员，是在岗职工、劳务派遣人员及其他从业人员之和。从业人员不包括：

1.离开本单位仍保留劳动关系，并定期领取生活费的人员；

2.利用课余时间打工的学生及在本单位实习的各类在校学生；

3.本单位因劳务外包而使用的人员，如：建筑业整建制使用的人员。

非企业单位支出（费用） 行政事业单位填报“本年支出合计”，指行政事业单位在业务活动中发生的各项资产耗费和损失等支出情况。根据行政事业单位“收入支出决算总表”中的“本年支出合计”项目填报。社团、民办非企业单位、基金会及其他单位填报“本年费用合计”，指单位为完成各种目标所发生的费用，包括业务活动成本、管理费用、筹资费用和其他费用。执行民间非营利组织会计制度的单位根据“业务活动表”中“费用合计”科目的发生额填列。

年末资产 指非企业单位占有或者使用的，能以货币计量的经济资源。包括流动资产、固定资产、债权和其他权利。取自资产负债表中的资产合计年末数。

6 第三产业部分行业主要业务指标

6-1 批发和零售业

简要说明

一、主要内容

批发和零售业企业商品购销存情况。

二、统计范围

限额以上批发和零售业企业。

三、统计调查方法

对限额以上批发和零售业法人企业采用全面调查方法。

四、限额标准

批发业企业，年主营业务收入2000万元及以上。

零售业企业，年主营业务收入500万元及以上。

五、资料来源

本部分资料是国家统计局贸易外经统计司根据《批发和零售业统计报表制度》搜集的资料进行加工整理而得。

6-1-1 限额以上批发和零售业企业商品购、销、存情况(按登记注册类型分)

单位：万元

项 目	商品购进额	#进口	商品销售额	#出口	期末商品库存额
总 计	**4512650707**	**373587337**	**4966037964**	**224525990**	**324220478**
一、批发业	**3652504565**	**348128718**	**3981165384**	**224027918**	**232607032**
#国有控股	1608583265	131582699	1741956776	66176975	96823538
内资企业	**3256686304**	**222859863**	**3496434504**	**190582469**	**196335596**
国有企业	366010174	21930945	420230776	13685743	28669656
集体企业	12876233	643051	14836003	1018166	1166181
股份合作企业	4471331	267114	4787534	38911	214073
联营企业	2253645	80663	2304637	35999	174699
国有联营企业	1568092	22995	1582522	28085	44760
集体联营企业	178841	41992	176500	4178	14486
国有与集体联营企业	428635	1008	457974	3736	104711
其他联营企业	78077	14668	87641		10743
有限责任公司	1561977231	125280853	1646031600	85712871	87983815
国有独资公司	309735328	16947616	321258407	7700159	14343106
其他有限责任公司	1252241904	108333237	1324773193	78012712	73640710
股份有限公司	395752859	23609078	421844127	21656360	22064616
私营企业	901540315	50828198	973007932	68254497	55384031
私营独资企业	6424363	53973	6869581	111691	407330
私营合伙企业	1316693	1867	1340509	46490	123260
私营有限责任公司	866324159	48480364	933737209	66261649	53114019
私营股份有限公司	27475100	2291994	31060633	1834667	1739422
其他企业	11804516	219963	13391894	179922	678524
港、澳、台商投资企业	**111836924**	**29993649**	**129788328**	**11566497**	**11651186**
合资经营企业	15927859	1752214	17278147	537824	1155334
合作经营企业	1136759	3987	1255218	15549	13916
独资经营企业	92234283	28215839	108478917	11002030	10263394
投资股份有限公司	2457759	21609	2699846	11095	203503
其他港澳台商投资企业	80265		76200		15041
外商投资企业	**283981337**	**95275206**	**354942552**	**21878952**	**24620251**
中外合资经营企业	70179205	6029329	97646158	1989900	4189641
中外合作经营企业	7571451	43703	7706774	4141	85840
外资企业	199175896	89046945	242573765	19841554	19739604
外商投资股份有限公司	3884387	147186	3696832	43356	404431
其他外商投资企业	3170398	8044	3319022		200735

6-1-1 续表 单位：万元

项目	商品购进额	#进口	商品销售额	#出口	期末商品库存额
二、零售业	**860146142**	**25458618**	**984872580**	**498072**	**91613446**
#国有控股	177893743	2260885	226417333	134873	12606161
内资企业	**766701640**	**19879869**	**869831273**	**463495**	**79831364**
国有企业	23465029	224456	25461201	8176	1527239
集体企业	13555333	11320	14671790	1088	729803
股份合作企业	1718125	13601	1824507		200186
联营企业	1077288	7968	1180277		56354
国有联营企业	259616		290613		8158
集体联营企业	251460	3361	264993		23926
国有与集体联营企业	345103	4607	378302		10839
其他联营企业	221109		246369		13432
有限责任公司	322263146	10182726	356559988	149177	34980720
国有独资公司	13015306	365037	15087952	9528	910137
其他有限责任公司	309247840	9817689	341472036	139649	34070583
股份有限公司	119458323	416671	160249242	67562	8098690
私营企业	279607068	9004637	303737977	235162	33703193
私营独资企业	11967586	103926	12997900	203	855513
私营合伙企业	1513296	16661	1656672		103828
私营有限责任公司	251341983	8428584	272973048	233012	28674639
私营股份有限公司	14784203	455465	16110357	1947	4069214
其他企业	5557327	18491	6146293	2330	535178
港、澳、台商投资企业	**41183154**	**3426719**	**50960081**	**5916**	**6290909**
合资经营企业	10758278	624689	13817892	571	1388409
合作经营企业	695722		781801		31910
独资经营企业	28003344	2683430	34231721	5345	4595869
投资股份有限公司	731980	118600	1023928		155269
其他港澳台商投资企业	993829		1104740		119452
外商投资企业	**52261348**	**2152030**	**64081227**	**28661**	**5491172**
中外合资经营企业	24572750	436054	30089576	14479	1772068
中外合作经营企业	2425895	17705	2756726		258599
外资企业	23531585	1694789	29170931	14182	3283060
外商投资股份有限公司	1393920	1229	1655167		155427
其他外商投资企业	337198	2254	408827		22018

6-1-2 限额以上批发和零售业企业商品购、销、存情况（按国民经济行业分）

单位：万元

项　目	商品购进额	#进口	商品销售额	#出口	期末商品库存额
总　计	**4512650707**	**373587337**	**4966037964**	**224525990**	**324220478**
一、批发业	**3652504565**	**348128718**	**3981165384**	**224027918**	**232607032**
农、林、牧产品批发	77913131	9862171	81139328	1233776	14597573
食品、饮料及烟草制品批发	285594731	10727042	346346024	6859964	32121929
#米、面制品及食用油批发	46873593	4474280	47565204	2133492	8953238
肉、禽、蛋、奶及水产品批发	22149191	1313158	24630615	1944030	1228972
酒、饮料及茶叶批发	38758741	1751466	51238339	427901	4049343
烟草制品批发	121345982	561294	158649795	260204	12820827
纺织、服装及家庭用品批发	275233640	31111867	318609905	77846037	23985237
#服装批发	64007476	4329388	79224432	27816591	6136179
鞋帽批发	14474688	1105556	17343771	6833360	1344257
家用电器批发	93031338	14367015	99028917	8456436	7735590
文化、体育用品及器材批发	58735488	3305519	64906852	5113064	7987476
#文具用品批发	15853355	880191	16688588	1108635	1197915
体育用品及器材批发	1647154	82154	2404332	686003	249492
图书批发	7065368	141739	6953419	38115	1773705
医药及医疗器材批发	136887904	10267300	153669431	2439329	13886532
#西药批发	91685064	3852345	101152471	1480140	8665075
中药批发	29040242	791356	32059512	213589	2876592
矿产品、建材及化工产品批发	2266061504	168328492	2385853491	57652499	94512115
#煤炭及制品批发	310207439	9747368	329270537	1310900	10379394
石油及制品批发	660281964	51910021	704928942	7278359	24153415
金属及金属矿批发	829299207	64219641	866026214	22497982	35539494
建材批发	110348689	8105265	116890719	5273855	5063144
化肥批发	49556267	1809406	51679668	1756790	5492849
农药批发	3228546	559365	3490390	576888	448955
机械设备、五金产品及电子产品批发	426393868	90773683	494719716	46877635	37133338
#汽车批发	134755763	43202262	175402213	4301942	11737976
计算机、软件及辅助设备批发	40523101	6244288	42944988	2374781	3413762
通讯及广播电视设备批发	69009005	14001440	72055732	3743871	4097226
贸易经纪与代理	45993022	7238067	49643842	11947489	2666977
其他批发业	79691278	16514578	86276795	14058126	5715856

6-1-2 续表

单位：万元

项　　目	商品购进额	#进口	商品销售额	#出口	期末商品库存额
二、零售业	**860146142**	**25458618**	**984872580**	**498072**	**91613446**
(一)按国民经济行业分					
综合零售	203665032	959357	244213421	37848	20563086
#百货零售	106711326	740552	137846128	8972	9005392
超级市场零售	86805413	178039	95026752	25419	10761337
食品、饮料及烟草制品专门零售	23545654	260515	26944314	66936	2591800
#粮油零售	3325860	12235	3432899	6384	482527
肉、禽、蛋、奶及水产品零售	4426392	13492	4977675	2907	206343
酒、饮料及茶叶零售	6091361	33461	7003887	6498	846549
烟草制品零售	2173542	110187	2556549	34382	408931
纺织、服装及日用品专门零售	30749392	1583057	40612444	70560	6966095
#服装零售	19844026	1164053	26202614	22879	4097505
文化、体育用品及器材专门零售	26891502	827514	30350434	42102	5577983
#体育用品及器材零售	1742900	144	2024504	1947	319359
图书、报刊零售	8781731	292054	9315154	8192	1851969
医药及医疗器材专门零售	42385126	263973	47263980	9800	4955942
#药品零售	39548674	15892	43806333	9471	4674089
汽车、摩托车、燃料及零配件专门零售	405882312	20980958	454679062	199726	37711196
#汽车零售	289685178	20857080	303980077	168305	33640433
机动车燃料零售	107944143	51818	141591073	1891	3245559
家用电器及电子产品专门零售	71739648	176786	77591820	5920	9137199
#日用家电设备零售	30498313	62413	32980190	673	5748477
计算机、软件及辅助设备零售	18624866	20516	19999830	4550	1073393
通信设备零售	7815667	27428	8580716		843958
五金、家具及室内装饰材料专门零售	24351688	92474	28268770	28812	1988943
货摊、无店铺及其他零售业	30935786	313984	34948336	36369	2121201
#互联网零售	14804481	23277	16076433	14483	1081514
(二)按零售业态分					
有店铺零售	829046198	25354586	951210506	470078	89444491
#超市	27272070	92449	29515074	27610	3585632
大型超市	78346852	117099	88859939	3289	9356693
百货店	104973909	1061298	134654053	39313	8538985
专业店	320808857	7915026	368570142	184162	29712690
专卖店	251917484	15652157	277636656	183140	33836304
无店铺零售	31059416	104033	33611350	27994	2150011

6-1-3 各地区限额以上批发和零售业企业商品购、销、存情况

单位：万元

地区	商品购进额	#进口	商品销售额	#出口	期末商品库存额
全国	**4512650707**	**373587337**	**4966037964**	**224525990**	**324220478**
北京	537856926	84162204	569707446	22260399	48465387
天津	269281261	13858582	285416963	5337930	12040654
河北	102416542	1104746	112545220	859788	6766274
山西	112333934	3731138	120726512	542121	5736479
内蒙古	39450562	1584781	44567487	618094	4150316
辽宁	145607934	5300209	164478859	4150739	8867787
吉林	30756774	1093232	35824763	139330	3207523
黑龙江	49186411	9311581	56981997	1758619	4749536
上海	497841743	85689015	574713320	30428903	36779085
江苏	417374250	21818535	456008926	25064263	24623054
浙江	351648182	23864767	383880286	43003105	21885778
安徽	79615464	2397223	89017834	2014222	6328989
福建	145952422	13187659	160293004	14884439	11242120
江西	26235354	174471	33996210	712839	2524148
山东	274605988	13374982	311934042	9985372	19015212
河南	89869613	2846321	102236490	850229	7924533
湖北	144132346	2155381	154468407	1385173	10415401
湖南	70248707	1701952	76407769	719085	5634852
广东	574952812	51001776	620826636	50212371	40208280
广西	45048592	714536	48675175	470110	3794962
海南	25530181	1882149	27268375	1605172	1117472
重庆	87348521	2297819	95214370	1266249	5593927
四川	100365813	2045435	110384901	1220832	8268060
贵州	28498485	1640897	35358470	1624144	3123377
云南	66762345	3755789	76015075	1935363	7643977
西藏	1392462	3319	1802860	1	190658
陕西	71387148	2749680	77092574	742561	3676102
甘肃	30301441	110588	38680942	104677	2577146
青海	12430292	23936	13296712	95082	743404
宁夏	10005035	173174	10720581	47640	822533
新疆	74213169	19831462	77495759	487136	6103451

6-1-4 各地区限额以上批发业企业商品购、销、存情况

单位：万元

地区	商品购进额	#进口	商品销售额	#出口	期末商品库存额
全国	**3652504565**	**348128718**	**3981165384**	**224027918**	**232607032**
北京	467841925	82516143	492769564	22222463	40782745
天津	249254877	13152142	262715331	5323647	10473983
河北	76634757	737147	84569690	858967	3316223
山西	94315376	3479141	98709602	542121	3548599
内蒙古	26511631	1366712	29096537	609172	2451373
辽宁	115539668	4404595	127696771	4132975	5972591
吉林	19720689	988419	20544556	139330	2009819
黑龙江	37254825	9170237	41963025	1758597	3371281
上海	454551370	82702571	523433545	30409447	31008456
江苏	333934814	19447847	361809378	25053939	17054297
浙江	293962014	21081707	320237784	42944874	15212078
安徽	52752527	2198074	59440671	2001909	3399129
福建	119000086	12390666	126301157	14861235	8492227
江西	15654766	78346	21758666	712739	1287074
山东	193799042	12555443	220741893	9943972	9823834
河南	57605082	1974055	66544545	838512	4799613
湖北	98781286	1217020	104595110	1379913	6143310
湖南	42935705	761684	41229762	703803	3100471
广东	493467830	46941449	526177379	50074234	30743330
广西	34919153	423337	37405447	470110	2566555
海南	21605084	1586196	23007611	1605172	585785
重庆	64547224	1589732	69031108	1260033	3809694
四川	60126531	839097	66763416	1180904	4926752
贵州	18789749	1263936	23918861	1622668	2232259
云南	49595834	3166914	57038280	1906150	5556526
西藏	539103	50	867324		80620
陕西	50399911	2344641	53753866	742273	1761116
甘肃	23287077	21267	30405000	101691	1932185
青海	11161531	405	11694756	95082	620286
宁夏	7035527	68356	7592366	45353	372801
新疆	66979571	19661389	69352384	486636	5172023

6-1-5 各地区限额以上零售业企业商品购、销、存情况

单位：万元

地区	商品购进额	#进口	商品销售额	#出口	期末商品库存额
全国	**860146142**	**25458618**	**984872580**	**498072**	**91613446**
北京	70015001	1646062	76937882	37936	7682642
天津	20026384	706439	22701632	14283	1566672
河北	25781785	367599	27975530	821	3450051
山西	18018558	251998	22016910		2187880
内蒙古	12938931	218069	15470950	8922	1698943
辽宁	30068266	895614	36782089	17764	2895196
吉林	11036085	104813	15280207		1197704
黑龙江	11931586	141344	15018972	23	1378255
上海	43290373	2986444	51279775	19456	5770629
江苏	83439435	2370687	94199548	10324	7568758
浙江	57686169	2783060	63642502	58232	6673700
安徽	26862937	199149	29577163	12313	2929860
福建	26952336	796993	33991847	23205	2749893
江西	10580588	96125	12237544	100	1237074
山东	80806945	819539	91192149	41401	9191378
河南	32264532	872266	35691945	11717	3124921
湖北	45351060	938361	49873297	5261	4272091
湖南	27313002	940268	35178007	15282	2534380
广东	81484982	4060327	94649256	138138	9464950
广西	10129439	291199	11269728		1228407
海南	3925097	295953	4260764		531687
重庆	22801297	708086	26183262	6216	1784233
四川	40239281	1206338	43621485	39929	3341308
贵州	9708737	376961	11439609	1476	891118
云南	17166511	588875	18976796	29212	2087452
西藏	853359	3269	935536	1	110038
陕西	20987237	405039	23338708	288	1914986
甘肃	7014364	89321	8275942	2986	644962
青海	1268761	23530	1601956		123119
宁夏	2969508	104818	3128215	2288	449733
新疆	7233598	170074	8143375	500	931429

【主要统计指标解释】

商品购进额 指从本企业以外的单位和个人购进（包括从国外直接进口）作为转卖或加工后转卖的商品金额（含增值税）。本指标反映批发和零售业从国内外市场上购进商品的总价。

进口 指直接从国外进口或委托外贸企业代理进口的商品金额，不包括从国内有关单位购进的进口商品。外贸企业只统计自主经营进口的商品，不统计受托代理进口的商品。

商品销售额 指对本单位以外的单位和个人出售的商品金额（包括售给本单位消费用的商品，含增值税）,在批发和零售业中,本指标反映在国内市场上销售商品以及出口商品的总价。

出口 指直接向国（境）外出口商品和委托外贸企业代理出口的商品金额，商品出口不包括售给外贸企业出口或加工后出口的商品，以及在国内市场以外币销售的商品。外贸企业只统计自主经营出口的商品，不包括受托代理出口的商品。

期末商品库存额 指报告期末各种登记注册类型的批发和零售业企业（单位）已取得所有权的全部商品金额（含增值税）。本指标反映批发和零售业的商品库存情况,以及对市场商品供应的保证程度。

6 第三产业部分行业主要业务指标

6-2 交通运输、仓储和邮政业

简要说明

一、主要内容

1. 交通运输业资料主要包括：主要运输方式的线路里程、运输设备拥有量、技术质量情况，各种运输方式完成的货物运输量和旅客运输量，规模以上港口码头长度、泊位数量及货物吞吐量，城市公共交通运营线路网长度、运营车（船）数量及客运量等资料。

2. 邮政业资料主要包括：全国邮政主要业务量、营业网点及邮政邮路情况、邮政通信服务水平等。

二、调查范围及统计单位

1. 铁路资料：包括国家铁路（含控股合资）、地方铁路和非控股合资铁路运营情况，不含军用铁路及由厂矿企事业单位自建的铁路专用线和专用铁路。国家铁路（含控股合资）和非控股合资铁路运营资料来源于各铁路局及所属运输企业（公司）。地方铁路运营资料来源于各省地方铁路管理部门。

2. 公路、水路、港口资料：（1）公路和水路线路里程为年末通车和通航里程数，不含未正式投入使用的公路和航道里程；（2）民用汽车拥有量及机动车和汽车驾驶员人数，根据公安部交通管理局所属各省（自治区、直辖市）车管部门登记注册的车辆资料和驾驶员资料整理，不含军用车辆；（3）公路营运汽车拥有量，根据各省（自治区、直辖市）道路运输主管部门登记注册的从事公路运输的营业性运输车辆资料整理，属于民用汽车的一部分；（4）营业性民用运输船舶拥有量，根据各省（自治区、直辖市）交通运输主管部门登记注册的从事水上客、货运输的营业性船舶资料整理，不含非运输船舶及农业、渔业生产船舶；（5）公路、水路客货运输量资料，由交通运输部负责收集整理；（6）公路、水路运输量统计包括全面调查和非全面调查两种方式，统计范围是在各省交通运输主管部门登记注册的从事公路、水路客、货运输的营业性的车辆和船舶所完成的运输量；（7）规模以上港口的统计范围为年通过能力在1000万吨以上的沿海港口和200万吨以上的内河港口，以及从事外贸、集装箱装卸的港口，具体范围由交通运输部划定。

3. 管道运输资料：包括输原油、输成品油、输天然气及输其他气体的管道长度和完成的运输量。统计范围包括：油气田企业直接通向炼油厂、化工厂、电站等用户及装车站、油码头的管道，炼油厂通向用户（包括商业石油公司油库）的成品油管道，独立核算的管道运输企业通向用户及装车（站）栈桥、油码头的管道。管道运输资料主要来源于中国石油天然气集团公司、中国石油化工集团公司和中国海洋石油总公司所属的管道运输企业，由三家集团公司分别负责收集审核本部门资料。

4. 民航运输资料：统计对象为在我国境内注册从事民用航空运输飞行和通用航空飞行的航空运输企业和民用航空机场，不包括在我国境内运输飞行的外国航空公司。统计内容为各航空公司从事国内运输、港澳台运输、国际运输的定期航班航线条数及里程、运输量及飞机构成和运营情况、通用航空飞行完成情况等。

5. 城市公共交通资料：统计范围为全国所有设市城市的城市公共交通情况。

6. 邮政业资料：包括全国邮政企业及年业务收入200万元以上快递企业，为社会公众提供的各类邮政及快递服务。业务范围分为国内业务量和国际及港澳业务量（对台业务量统计在港澳中）。

三、资料来源

本篇资料由国家统计局服务业统计司负责整理、编辑。有关交通运输业资料分别来源于公安部交通管理局所属各省车管部门、交通运输部、中国民用航空局、中国铁路总公司、中国石油天然气集团公司、中国石油化工集团公司和中国海洋石油总公司。有关邮政业资料来源于国家邮政局。

6-2-1 交通运输业基本情况

指　　标	2000	2005	2007	2008	2009	2010	2011	2012	2013
运输线路长度　（万公里）									
铁路营业里程	6.87	7.54	7.80	7.97	8.55	9.12	9.32	9.76	10.31
国家铁路	5.87	6.22	6.36	6.40	6.55	6.62	6.60	6.63	6.66
合资铁路	0.52	0.85	0.95	1.08	1.59	2.06	2.28	2.69	3.21
地方铁路	0.48	0.48	0.48	0.49	0.41	0.44	0.44	0.45	0.44
公路里程	167.98	334.52	358.37	373.02	386.08	400.82	410.64	423.75	435.62
#高速公路	1.63	4.10	5.39	6.03	6.51	7.41	8.49	9.62	10.44
内河航道里程	11.93	12.33	12.35	12.28	12.37	12.42	12.46	12.50	12.59
#等级航道	6.14	6.10	6.12	6.11	6.15	6.23	6.26	6.37	6.49
定期航班航线里程	150.29	199.85	234.30	246.18	234.51	276.51	349.06	328.01	410.60
国际航线	50.84	85.59	104.74	112.02	91.99	107.02	149.44	128.47	150.32
国内航线	99.45	114.26	129.55	134.17	142.52	169.50	199.62	199.54	260.29
管道输油(气)里程	2.47	4.40	5.45	5.83	6.91	7.85	8.33	9.01	9.85
输油管	1.24	2.10	2.90	3.07	3.55	3.85	3.95	4.13	4.32
输气管	1.23	2.30	2.55	2.76	3.35	4.00	4.38	4.88	5.52
客运量总计　（万人）	**1478573**	**1847018**	**2227761**	**2867892**	**2976898**	**3269508**	**3526319**	**3804035**	**2122992**
铁路	105073	115583	135670	146193	152451	167609	186226	189337	210597
公路	1347392	1697381	2050680	2682114	2779081	3052738	3286220	3557010	1853463
水运	19386	20227	22835	20334	22314	22392	24556	25752	23535
民航	6722	13827	18576	19251	23052	26769	29317	31936	35397
旅客周转量总计　（亿人公里）	**12261.0**	**17466.7**	**21592.6**	**23196.7**	**24834.9**	**27894.3**	**30984.0**	**33383.1**	**27571.7**
铁路	4532.6	6062.0	7216.3	7778.6	7878.9	8762.2	9612.3	9812.3	10595.6
公路	6657.4	9292.1	11506.8	12476.1	13511.4	15020.8	16760.2	18467.5	11250.9
水运	100.5	67.8	77.8	59.2	69.4	72.3	74.5	77.5	68.3
民航	970.5	2044.9	2791.7	2882.8	3375.2	4039.0	4537.0	5025.7	5656.8
货运量总计　（万吨）	**1358682**	**1862066**	**2275822**	**2585937**	**2825222**	**3241807**	**3696961**	**4099400**	**4098900**
铁路	178581	269296	314237	330354	333348	364271	393263	390438	396697
公路	1038813	1341778	1639432	1916759	2127834	2448052	2820100	3188475	3076648
水运	122391	219648	281199	294510	318996	378949	425968	458705	559785

注：1.从2005年起，公路里程包括村道，与以前年度数据不可比(以下相关表同)。
2.2008年，公路、水路客货运输量和周转量统计口径发生变化，不宜进行历史对比(以下相关表同)。
3.2011年起民航航线里程改为定期航班航线里程(以下相关表同)。
4.2013年公路水路客货运输数据，源自2013年交通运输业经济统计专项调查，统计范围口径有所调整(下同)。
5.从2013年起,管道运输由中国石油天然气集团公司、中国石油化工集团公司和中国海洋石油总公司提供(下同)。

6-2-1 续表

指 标	2000	2005	2007	2008	2009	2010	2011	2012	2013
民航	196.7	306.7	401.8	407.6	445.5	563.0	557.5	545.0	561.3
管道	18700	31037	40552	43906	44598	49972	57073	61238	65209
货物周转量总计 （亿吨公里）	**44320.5**	**80258.1**	**101418.8**	**110300.5**	**122133.3**	**141837.4**	**159323.6**	**173770.7**	**168013.8**
铁路	13770.5	20726.0	23797.0	25106.3	25239.2	27644.1	29465.8	29187.1	29173.9
公路	6129.4	8693.2	11354.7	32868.2	37188.8	43389.7	51374.7	59534.9	55738.1
水运	23734.2	49672.3	64284.8	50262.7	57556.7	68427.5	75423.8	81707.6	79435.7
民航	50.3	78.9	116.4	119.6	126.2	178.9	173.9	163.9	170.3
管道	636.2	1087.7	1865.9	1944.0	2022.4	2197.2	2885.4	3177.3	3495.9
规模以上港口货物吞吐量（万吨）	**170055**	**394196**	**526408**	**589080**	**697159**	**810180**	**911814**	**977473**	**1064891**
沿海规模以上港口	125603	292777	388200	429599	475480.6	548358	616292	665245	728098
#外贸	52343	124166	165631	178271	197921.5	226938	252318	276221	302431
内河规模以上港口	44452	101418	138208	159481	221678.5	261822	295522	312228	336793
#外贸	4397	10063	14009	14288	18296	21025	23967	26831	29961
民用汽车拥有量 （万辆）	**1608.91**	**3159.66**	**4358.36**	**5099.61**	**6280.61**	**7801.83**	**9356.32**	**10933.09**	**12670.14**
#载客汽车	853.73	2132.46	3195.99	3838.92	4845.09	6124.13	7478.37	8943.01	10561.78
载货汽车	716.32	955.55	1054.06	1126.07	1368.60	1597.55	1787.99	1894.75	2010.62
#私人汽车拥有量	625.33	1848.07	2876.216	3501.39	4574.91	5938.71	7326.79	8838.60	10501.68
#载客汽车	365.09	1383.93	2316.908	2880.50	3808.33	4989.50	6237.46	7637.87	9198.23
载货汽车	259.09	452.11	539.45	596.39	753.40	931.52	1067.43	1175.63	1275.49
民用运输船舶拥有量 （艘）	**229676**	**207294**	**191771**	**184190**	**176932**	**178407**	**179242**	**178591**	**172554**
机动船	185018	165900	157544	152247	149367	155624	157950	158309	155340
驳船	44658	41394	34227	31943	27565	22783	21292	20282	17214
#私人运输船舶拥有量	142117	95838	70017	64552					
机动船	128654	83380	62228	57490					
驳船	13463	12458	7789	7062					
规模以上港口码头泊位 （个）	**8078**	**10652**	**12131**	**14205**	**20091**	**20333**	**20524**	**20450**	**20379**
沿海规模以上港口	1772	3641	3970	4914	5372	5529	5612	5715	5761
#万吨级	518	769	967	1076	1214	1293	1366	1453	1524
内河规模以上港口	6306	7011	8161	9291	14719	14804	14912	14735	14618
#万吨级	55	186	250	259	293	318	340	369	394
民用飞机 （架）	**982**	**1386**	**1813**	**1961**	**2181**	**2405**	**3191**	**3589**	**4004**
#运输飞机	527	863	1134	1259	1417	1597	1764	1941	2145
通用航空飞机	301	383	457	484	555	606	1124	1320	1519

6-2-2 各地区交通运输业职工人数(2013年底)

单位：人

地 区	铁路运输业	道路运输业	水上运输业	航空运输业	管道运输业
全 国	**1796382**	**3806122**	**483428**	**494397**	**37704**
北 京	99577	273618	324	66653	5947
天 津	21298	51413	21192	8236	235
河 北	51533	138157	25568	3306	567
山 西	114927	82492	74	5196	423
内蒙古	108259	73428	31	4076	
辽 宁	119040	142378	39223	19150	3839
吉 林	68771	60989	831	5379	1117
黑龙江	139143	76624	3103	6733	767
上 海	45222	202798	50539	60843	1454
江 苏	23336	239597	78329	13368	10381
浙 江	28105	159724	26480	10887	106
安 徽	42541	112095	14613	4116	
福 建	40309	105271	14927	15234	12
江 西	61574	106077	7894	4844	808
山 东	82442	234278	70405	14113	3547
河 南	120139	234278	5768	7795	74
湖 北	83833	145880	15757	9137	788
湖 南	76901	103424	4761	7463	169
广 东	27452	380485	60106	109755	319
广 西	66108	82659	10430	5229	72
海 南	5034	19638	5076	14198	30
重 庆	28535	165898	14884	10384	
四 川	60521	195737	10915	35328	618
贵 州	31797	54795	1142	6018	
云 南	37662	72439	716	18525	372
西 藏	67	4660		372	
陕 西	65992	117312	210	12228	2661
甘 肃	51684	50523	46	1642	51
青 海	22259	18818	4	1277	
宁 夏	16964	15857	80	1710	
新 疆	55357	84780		11202	3347

6-2-3 运输线路长度

单位：万公里

年 份	铁路营业里程	#国家铁路电气化里程	公路里程	#高速公路	内河航道里程	定期航班航线里程	#国际航线	管道输油(气)里程
1978	5.17	0.10	89.02		13.60	14.89	5.53	0.83
1980	5.33	0.17	88.83		10.85	19.53	8.12	0.87
1981	5.39	0.17	89.75		10.87	21.83	8.28	0.97
1982	5.33	0.18	90.70		10.86	23.27	9.99	1.04
1983	5.46	0.23	91.51		10.89	22.91	9.99	1.08
1984	5.48	0.30	92.67		10.93	26.02	10.74	1.10
1985	5.52	0.41	94.24		10.91	27.72	10.60	1.17
1986	5.58	0.44	96.28		10.94	32.43	10.76	1.30
1987	5.60	0.46	98.22		10.98	38.91	14.89	1.38
1988	5.62	0.57	99.96	0.01	10.94	37.38	12.83	1.43
1989	5.70	0.64	101.43	0.03	10.90	47.19	16.64	1.51
1990	5.79	0.69	102.83	0.05	10.92	50.68	16.64	1.59
1991	5.78	0.78	104.11	0.06	10.97	55.91	17.74	1.62
1992	5.81	0.84	105.67	0.07	10.97	83.66	30.30	1.59
1993	5.86	0.89	108.35	0.11	11.02	96.08	27.87	1.64
1994	5.90	0.90	111.78	0.16	11.02	104.56	35.19	1.68
1995	6.24	0.97	115.70	0.21	11.06	112.90	34.82	1.72
1996	6.49	1.01	118.58	0.34	11.08	116.65	38.63	1.93
1997	6.60	1.20	122.64	0.48	10.98	142.50	50.44	2.04
1998	6.64	1.30	127.85	0.87	11.03	150.58	50.44	2.31
1999	6.74	1.40	135.17	1.16	11.65	152.22	52.33	2.49
2000	6.87	1.49	167.98	1.63	11.93	150.29	50.84	2.47
2001	7.01	1.69	169.80	1.94	12.15	155.36	51.69	2.76
2002	7.19	1.74	176.52	2.51	12.16	163.77	57.45	2.98
2003	7.30	1.81	180.98	2.97	12.40	174.95	71.53	3.26
2004	7.44	1.86	187.07	3.43	12.33	204.94	89.42	3.82
2005	7.54	1.94	334.52	4.10	12.33	199.85	85.59	4.40
2006	7.71	2.34	345.70	4.53	12.34	211.35	96.62	4.81
2007	7.80	2.40	358.37	5.39	12.35	234.30	104.74	5.45
2008	7.97	2.50	373.02	6.03	12.28	246.18	112.02	5.83
2009	8.55	3.02	386.08	6.51	12.37	234.51	91.99	6.91
2010	9.12	3.27	400.82	7.41	12.42	276.51	107.02	7.85
2011	9.32	3.43	410.64	8.49	12.46	349.06	149.44	8.33
2012	9.76	3.55	423.75	9.62	12.50	328.01	128.47	9.01
2013	10.31	3.60	435.62	10.44	12.59	410.60	150.32	9.85

6-2-4 客运量

单位：万人

年 份	总计	铁路				公路	水运	民航
			国家	地方	合资			
1952	24518	16352	16352			4559	3605	2
1957	63821	31262	31262			23772	8780	7
1962	122154	75003	74067	936		30737	16397	17
1965	96334	41245	40708	537		43693	11369	27
1970	130056	52455	51646	809		61812	15767	22
1975	192969	70465	69648	817		101350	21015	139
1978	253993	81491	80729	762		149229	23042	231
1980	341785	92204	91246	958		222799	26439	343
1985	620206	112110	110913	1197		476486	30863	747
1986	688211	108579	107358	1221		544259	34377	996
1987	746422	112479	111414	1065		593682	38951	1310
1988	809592	122645	121595	1050		650473	35032	1442
1989	791374	113805	112796	1009		644508	31778	1283
1990	772682	95712	94888	824		648085	27225	1660
1991	806048	95080	94208	872		682681	26109	2178
1992	860855	99693	98788	905		731774	26502	2886
1993	996634	105458	104580	878		860719	27074	3383
1994	1092882	108738	108009	729		953940	26165	4039
1995	1172596	102745	102081	664		1040810	23924	5117
1996	1245357	94797	93551	612	634	1122110	22895	5555
1997	1326094	93308	91919	659	730	1204583	22573	5630
1998	1378717	95085	92991	629	1465	1257332	20545	5755
1999	1394413	100164	97725	528	1911	1269004	19151	6094
2000	1478573	105073	101847	519	2707	1347392	19386	6722
2001	1534122	105155	101680	558	2917	1402798	18645	7524
2002	1608150	105606	101741	516	3349	1475257	18693	8594
2003	1587497	97260	93634	412	3214	1464335	17142	8759
2004	1767453	111764	107346	378	4040	1624526	19040	12123
2005	1847018	115583	110651	319	4613	1697381	20227	13827
2006	2024158	125656	119728	423	5505	1860487	22047	15968
2007	2227761	135670	128712	451	6507	2050680	22835	18576
2008	2867892	146193	144452	474	1267	2682114	20334	19251
2009	2976898	152451	150798	419	1234	2779081	22314	23052
2010	3269508	167609	164761	477	2371	3052738	22392	26769
2011	3526319	186226	179199	528	6498	3286220	24556	29317
2012	3804035	189337	187863	583	891	3557010	25752	31936
2013	2122992	210597	207541	690	2366	1853463	23535	35397

注：从2008年起，国家铁路和合资铁路客货运输量及周转量统计口径有调整，其中国家铁路包括了国家控股合资铁路部分，合资铁路仅指非控股合资(以下相关表同)。

6-2-5 客运量构成

单位：%

年 份	总计	铁路				公路	水运	民航
			国家	地方	合资			
1952	100.0	66.7	66.7			18.6	14.7	0.01
1957	100.0	49.0	49.0			37.2	13.8	0.01
1962	100.0	61.4	60.6	0.77		25.2	13.4	0.01
1965	100.0	42.8	42.3	0.56		45.4	11.8	0.03
1970	100.0	40.3	39.7	0.62		47.5	12.1	0.02
1975	100.0	36.5	36.1	0.42		52.5	10.9	0.07
1978	100.0	32.1	31.8	0.30		58.8	9.1	0.09
1980	100.0	27.0	26.7	0.28		65.2	7.7	0.10
1985	100.0	18.1	17.9	0.19		76.8	5.0	0.12
1986	100.0	15.8	15.6	0.18		79.1	5.0	0.14
1987	100.0	15.1	14.9	0.14		79.5	5.2	0.18
1988	100.0	15.1	15.0	0.13		80.3	4.3	0.18
1989	100.0	14.4	14.3	0.13		81.4	4.0	0.16
1990	100.0	12.4	12.3	0.11		83.9	3.5	0.21
1991	100.0	11.8	11.7	0.11		84.7	3.2	0.27
1992	100.0	11.6	11.5	0.11		85.0	3.1	0.34
1993	100.0	10.6	10.5	0.09		86.4	2.7	0.34
1994	100.0	9.9	9.9	0.07		87.3	2.4	0.37
1995	100.0	8.8	8.7	0.06		88.8	2.0	0.44
1996	100.0	7.6	7.5	0.05	0.05	90.1	1.8	0.45
1997	100.0	7.0	6.9	0.05	0.06	90.8	1.7	0.42
1998	100.0	6.9	6.7	0.05	0.11	91.2	1.5	0.42
1999	100.0	7.2	7.0	0.04	0.14	91.0	1.4	0.44
2000	100.0	7.1	6.9	0.04	0.18	91.1	1.3	0.45
2001	100.0	6.9	6.6	0.04	0.19	91.4	1.2	0.49
2002	100.0	6.6	6.3	0.03	0.21	91.7	1.2	0.53
2003	100.0	6.1	5.9	0.03	0.20	92.2	1.1	0.55
2004	100.0	6.3	6.1	0.02	0.23	91.9	1.1	0.69
2005	100.0	6.3	6.0	0.02	0.25	91.9	1.1	0.75
2006	100.0	6.2	5.9	0.02	0.27	91.9	1.1	0.79
2007	100.0	6.1	5.8	0.02	0.29	92.1	1.0	0.83
2008	100.0	5.1	5.0	0.02	0.04	93.5	0.7	0.67
2009	100.0	5.1	5.1	0.01	0.04	93.4	0.7	0.77
2010	100.0	5.1	5.0	0.01	0.07	93.4	0.7	0.82
2011	100.0	5.3	5.1	0.01	0.18	93.2	0.7	0.83
2012	100.0	5.0	4.9	0.02	0.02	93.5	0.7	0.84
2013	100.0	9.9	9.8	0.03	0.11	87.3	1.1	1.67

6-2-6 旅客周转量

单位：亿人公里

年份	总计	铁路	国家	地方	合资	公路	水运	民航
1952	248.02	200.64	200.64			22.64	24.50	0.24
1957	496.55	361.30	361.30			88.07	46.38	0.80
1962	1085.56	859.01	857.26	1.75		141.46	83.92	1.17
1965	697.04	478.99	477.81	1.18		168.20	47.37	2.48
1970	1031.05	718.19	715.94	2.25		240.06	71.01	1.79
1975	1434.55	954.09	952.59	1.50		374.48	90.59	15.39
1978	1743.07	1093.22	1090.81	2.41		521.30	100.63	27.92
1980	2281.34	1383.16	1380.37	2.79		729.50	129.12	39.56
1985	4436.39	2416.14	2412.51	3.63		1724.88	178.65	116.72
1986	4896.51	2586.71	2583.11	3.60		1981.74	182.06	146.00
1987	5418.18	2843.06	2840.00	3.06		2190.43	195.92	188.77
1988	6208.91	3260.31	3257.31	3.00		2528.24	203.92	216.44
1989	6074.56	3037.41	3034.37	3.04		2662.11	188.27	186.77
1990	5628.35	2612.64	2610.11	2.53		2620.32	164.91	230.48
1991	6178.32	2828.05	2824.84	3.21		2871.74	177.21	301.32
1992	6949.38	3152.24	3148.29	3.95		3192.64	198.38	406.12
1993	7858.00	3483.30	3479.38	3.92		3700.70	196.40	477.60
1994	8591.42	3636.04	3632.81	3.23		4220.30	183.50	551.58
1995	9001.90	3545.70	3542.61	3.09		4603.10	171.80	681.30
1996	9164.80	3347.60	3322.02	3.36	22.22	4908.79	160.57	747.84
1997	10055.48	3584.86	3543.53	4.72	36.61	5541.40	155.70	773.52
1998	10636.74	3773.42	3690.97	5.01	77.44	5942.81	120.27	800.24
1999	11299.74	4135.94	4046.27	4.40	85.27	6199.20	107.30	857.30
2000	12261.05	4532.59	4414.68	4.59	113.32	6657.42	100.50	970.54
2001	13155.13	4766.82	4636.55	5.20	125.07	7207.08	89.88	1091.35
2002	14125.63	4969.38	4803.05	5.26	161.07	7805.77	81.78	1268.70
2003	13810.50	4788.61	4622.79	3.99	161.83	7695.60	63.10	1263.19
2004	16309.08	5712.17	5511.96	3.98	196.23	8748.38	66.25	1782.28
2005	17466.74	6061.96	5833.20	3.53	225.23	9292.08	67.77	2044.93
2006	19197.21	6622.12	6353.27	4.66	264.19	10130.85	73.58	2370.66
2007	21592.58	7216.31	6896.18	5.32	314.81	11506.77	77.78	2791.73
2008	23196.70	7778.60	7739.15	5.85	33.60	12476.11	59.18	2882.80
2009	24834.94	7878.89	7840.09	5.63	33.16	13511.44	69.38	3375.24
2010	27894.26	8762.18	8725.72	6.31	30.15	15020.81	72.27	4039.00
2011	30984.03	9612.29	9582.71	6.62	22.97	16760.25	74.53	4536.96
2012	33383.09	9812.33	9783.99	6.88	21.46	18467.55	77.48	5025.74
2013	27571.65	10595.62	10550.32	7.28	38.02	11250.94	68.33	5656.76

6-2-7 旅客周转量构成

单位：%

年 份	总计	铁路	国家	地方	合资	公路	水运	民航
1952	100.0	80.9	80.9			9.1	9.9	0.1
1957	100.0	72.8	72.8			17.7	9.3	0.2
1962	100.0	79.1	79.0	0.16		13.0	7.7	0.1
1965	100.0	68.7	68.5	0.17		24.1	6.8	0.4
1970	100.0	69.7	69.4	0.22		23.3	6.9	0.2
1975	100.0	66.5	66.4	0.10		26.1	6.3	1.1
1978	100.0	62.7	62.6	0.14		29.9	5.8	1.6
1980	100.0	60.6	60.5	0.12		32.0	5.7	1.7
1985	100.0	54.5	54.4	0.08		38.9	4.0	2.6
1986	100.0	52.8	52.8	0.07		40.5	3.7	3.0
1987	100.0	52.5	52.4	0.06		40.4	3.6	3.5
1988	100.0	52.5	52.5	0.05		40.7	3.3	3.5
1989	100.0	50.0	50.0	0.05		43.8	3.1	3.1
1990	100.0	46.4	46.4	0.04		46.6	2.9	4.1
1991	100.0	45.8	45.7	0.05		46.5	2.9	4.9
1992	100.0	45.4	45.3	0.06		45.9	2.9	5.8
1993	100.0	44.3	44.3	0.05		47.1	2.5	6.1
1994	100.0	42.3	42.3	0.04		49.1	2.1	6.4
1995	100.0	39.4	39.4	0.03		51.1	1.9	7.6
1996	100.0	36.5	36.2	0.04	0.24	53.6	1.8	8.2
1997	100.0	35.7	35.2	0.05	0.36	55.1	1.5	7.7
1998	100.0	35.5	34.7	0.05	0.73	55.9	1.1	7.5
1999	100.0	36.6	35.8	0.04	0.75	54.9	0.9	7.6
2000	100.0	37.0	36.0	0.04	0.92	54.3	0.8	7.9
2001	100.0	36.2	35.2	0.04	0.95	54.8	0.7	8.3
2002	100.0	35.2	34.0	0.04	1.14	55.3	0.6	9.0
2003	100.0	34.7	33.5	0.03	1.17	55.7	0.5	9.1
2004	100.0	35.0	33.8	0.02	1.20	53.6	0.4	10.9
2005	100.0	34.7	33.4	0.02	1.29	53.2	0.4	11.7
2006	100.0	34.5	33.1	0.02	1.38	52.8	0.4	12.3
2007	100.0	33.4	31.9	0.02	1.46	53.3	0.4	12.9
2008	100.0	33.5	33.4	0.03	0.14	53.8	0.3	12.4
2009	100.0	31.7	31.6	0.02	0.13	54.4	0.3	13.6
2010	100.0	31.4	31.3	0.02	0.11	53.8	0.3	14.5
2011	100.0	31.0	30.9	0.02	0.07	54.1	0.2	14.6
2012	100.0	29.4	29.3	0.02	0.06	55.3	0.2	15.1
2013	100.0	38.4	38.3	0.03	0.14	40.8	0.2	20.5

6-2-8 旅客运输平均运距

单位：公里

年 份	总计	铁路				公路	水运	民航
			国家	地方	合资			
1952	101	123	123			50	68	1200
1957	78	116	116			37	53	1143
1962	89	115	116	19		46	51	688
1965	72	116	117	22		38	42	919
1970	79	137	139	28		39	45	814
1975	74	135	137	18		37	43	1107
1978	69	134	135	32		35	44	1208
1980	67	150	151	29		33	49	1153
1985	72	216	218	30		36	58	1563
1986	71	238	241	29		36	53	1466
1987	73	253	255	29		37	50	1441
1988	77	266	268	29		39	58	1501
1989	77	267	269	30		41	59	1456
1990	73	273	275	31		40	61	1388
1991	77	297	300	37		42	68	1383
1992	81	316	319	44		44	75	1407
1993	79	330	333	45		43	73	1412
1994	79	334	336	44		44	70	1366
1995	77	345	347	46		44	72	1331
1996	74	353	355	55	350	44	70	1346
1997	76	384	386	72	502	46	69	1374
1998	77	397	397	80	529	47	59	1391
1999	81	413	414	83	446	49	56	1407
2000	83	431	433	89	419	49	52	1444
2001	86	453	456	93	429	51	48	1450
2002	88	471	472	102	481	53	44	1476
2003	87	492	494	97	504	53	37	1442
2004	92	511	513	105	486	54	35	1470
2005	95	524	527	111	488	55	34	1479
2006	95	527	531	110	480	54	33	1485
2007	97	532	536	118	484	56	34	1503
2008	81	532	536	124	265	47	29	1497
2009	83	517	520	134	269	49	31	1464
2010	85	523	530	132	127	49	32	1509
2011	88	516	535	125	35	51	30	1548
2012	88	518	521	118	241	52	30	1574
2013	130	503	508	106	161	61	29	1598

6-2-9 货运量

单位：万吨

年 份	总计	铁路				公路	水运	民航	管道
			国家	地方	合资				
1952	31516	13217	13217			13158	5141	0.2	
1957	80365	27421	27421			37505	15438	0.8	
1962	85521	35261	34598	663		32794	17464	1.8	
1965	121083	49100	48358	742		48987	22993	2.7	
1970	150359	68132	66552	1580		56779	25444	3.7	
1975	202478	88955	86746	2209		72499	34987	4.7	6032
1978	248946	110119	107492	2627		85182	43292	6.4	10347
1980	546537	111279	108584	2695		382048	42676	8.9	10525
1985	745763	130709	127516	3193		538062	63322	19.5	13650
1986	853557	135635	132219	3416		620113	82962	22.4	14825
1987	948229	140653	136949	3704		711424	80979	29.9	15143
1988	982195	144948	140553	4395		732315	89281	32.8	15618
1989	988435	151489	146804	4685		733781	87493	31.0	15641
1990	970602	150681	146209	4472		724040	80094	37.0	15750
1991	985793	152893	147898	4995		733907	83370	45.2	15578
1992	1045899	157627	152317	5310		780941	92490	57.5	14783
1993	1115902	162794	156791	6003		840256	97938	69.4	14845
1994	1180396	163216	157278	5938		894914	107091	82.9	15092
1995	1234938	165982	159473	6509		940387	113194	101.1	15274
1996	1298421	171024	161787	7125	2112	983860	127430	115.0	15992
1997	1278218	172149	162010	7854	2285	976536	113406	124.7	16002
1998	1267427	164309	153435	8035	2839	976004	109555	140.1	17419
1999	1293008	167554	157239	7296	3019	990444	114608	170.4	20232
2000	1358682	178581	166056	8369	4156	1038813	122391	196.7	18700
2001	1401786	193189	179201	9542	4446	1056312	132675	171.0	19439
2002	1483447	204956	187578	11241	6137	1116324	141832	202.1	20133
2003	1564492	224248	199814	13064	11370	1159957	158070	219.0	21998
2004	1706412	249017	217816	14924	16277	1244990	187394	276.7	24734
2005	1862066	269296	231839	17802	19655	1341778	219648	306.7	31037
2006	2037060	288224	245476	19593	23154	1466347	248703	349.4	33436
2007	2275822	314237	262400	24390	27447	1639432	281199	401.8	40552
2008	2585937	330354	275243	27128	27983	1916759	294510	407.6	43906
2009	2825222	333348	277572	23873	31903	2127834	318996	445.5	44598
2010	3241807	364271	309541	19089	35641	2448052	378949	563.0	49972
2011	3696961	393263	329535	22179	41549	2820100	425968	557.5	57073
2012	4099400	390438	323559	22907	43971	3188475	458705	545.0	61238
2013	4098900	396697	322207	24999	49491	3076648	559785	561.3	65209

注：1.从1979年起，公路运输包括社会车辆完成数量；从1984年起，还包括私营运输完成的数量(后相同)，从2008年起公路运输量统计原则上为营运车辆。水路运输量统计范围为在交通运输主管部门审批、备案、从事营业性货物运输生产的船舶。

2.1993年及以后年份，铁路货物运输指标口径有调整，增加了行包运量(后相同)。

3.本资料从2012年开始，将1980年以前的公路、水路货运历史数据按部门口径进行了调整(以下各表同)。

6-2-10 货运量构成

单位：%

年 份	总计	铁路	国家	地方	合资	公路	水运	民航	管道
1952	100.0	41.9	41.9			41.7	16.3		
1957	100.0	34.1	34.1			46.7	19.2		
1962	100.0	41.3	40.5	0.8		38.3	20.4		
1965	100.0	40.5	39.9	0.6		40.5	19.0		
1970	100.0	45.4	44.3	1.1		37.8	16.9		
1975	100.0	43.9	42.8	1.1		35.8	17.3		3.0
1978	100.0	44.3	43.2	1.1		34.2	17.4		4.2
1980	100.0	20.4	19.9	0.5		69.9	7.8		1.9
1985	100.0	17.5	17.1	0.4		72.1	8.5		1.6
1986	100.0	15.9	15.5	0.4		72.7	9.7		1.7
1987	100.0	14.8	14.4	0.4		75.0	8.5		1.6
1988	100.0	14.7	14.3	0.4		74.6	9.1		1.6
1989	100.0	15.4	14.9	0.5		74.2	8.9		1.6
1990	100.0	15.6	15.1	0.5		74.6	8.3		1.6
1991	100.0	15.5	15.0	0.5		74.4	8.5		1.6
1992	100.0	15.1	14.6	0.5		74.7	8.8		1.4
1993	100.0	14.6	14.1	0.5		75.3	8.8	0.01	1.3
1994	100.0	13.8	13.3	0.5		75.8	9.1	0.01	1.3
1995	100.0	13.4	12.9	0.5		76.1	9.2	0.01	1.2
1996	100.0	13.2	12.5	0.5	0.2	75.8	9.8	0.01	1.2
1997	100.0	13.5	12.7	0.6	0.2	76.4	8.9	0.01	1.3
1998	100.0	13.0	12.1	0.6	0.2	77.0	8.6	0.01	1.4
1999	100.0	13.0	12.2	0.6	0.2	76.6	8.9	0.01	1.6
2000	100.0	13.1	12.2	0.6	0.3	76.5	9.0	0.01	1.4
2001	100.0	13.8	12.8	0.7	0.3	75.4	9.5	0.01	1.4
2002	100.0	13.8	12.6	0.8	0.4	75.3	9.6	0.01	1.4
2003	100.0	14.3	12.8	0.8	0.7	74.1	10.1	0.01	1.4
2004	100.0	14.6	12.8	0.9	1.0	73.0	11.0	0.02	1.4
2005	100.0	14.5	12.4	1.0	1.1	72.1	11.8	0.02	1.7
2006	100.0	14.1	12.1	1.0	1.1	72.0	12.2	0.02	1.6
2007	100.0	13.8	11.5	1.1	1.2	72.0	12.4	0.02	1.8
2008	100.0	12.8	10.6	1.0	1.1	74.1	11.4	0.02	1.7
2009	100.0	11.8	9.8	0.8	1.1	75.3	11.3	0.02	1.6
2010	100.0	11.2	9.5	0.6	1.1	75.5	11.7	0.02	1.5
2011	100.0	10.6	8.9	0.6	1.1	76.3	11.5	0.02	1.5
2012	100.0	9.5	7.9	0.6	1.1	77.8	11.2	0.01	1.5
2013	100.0	9.7	7.9	0.6	1.2	75.1	13.7	0.01	1.6

6-2-11 货物周转量

单位：亿吨公里

年 份	总计	铁路				公路	水运	民航	管道
			国家	地方	合资				
1952	762	601.6	601.6			14.5	145.8		
1957	1810	1345.9	1345.9			48.0	415.6	0.08	
1962	2236	1721.1	1719.1	2.0		62.1	452.6	0.15	
1965	3464	2698.7	2696.4	2.3		95.1	670.2	0.25	
1970	4566	3496.0	3491.4	4.6		138.1	931.3	0.35	
1975	7296	4255.6	4246.1	9.5		202.7	2574.7	0.60	262
1978	9829	5345.2	5333.5	11.7		274.1	3779.2	0.97	430
1980	12027	5717.5	5707.3	10.2		764.0	5052.8	1.41	491
1985	18365	8125.7	8111.6	14.1		1903.2	7729.3	4.15	603
1986	20147	8764.8	8750.1	14.7		2118.0	8647.9	4.81	612
1987	22229	9471.5	9455.7	15.8		2660.4	9465.1	6.52	625
1988	23826	9877.6	9860.2	17.4		3220.4	10070.4	7.32	650
1989	25592	10394.2	10373.0	21.2		3374.8	11186.8	6.93	629
1990	26208	10622.4	10601.2	21.2		3358.1	11591.9	8.18	627
1991	27987	10972.0	10948.1	23.9		3428.0	12955.5	10.10	621
1992	29218	11575.6	11548.5	27.0		3755.4	13256.2	13.42	617
1993	30647	12090.9	12059.7	31.2		4070.5	13860.8	16.61	608
1994	33435	12632.0	12600.6	31.4		4486.3	15686.6	18.58	612
1995	35909	13049.5	13015.2	34.2		4694.9	17552.2	22.30	590
1996	36590	13106.2	12935.0	48.6	122.5	5011.2	17862.5	24.93	585
1997	38385	13269.9	13063.0	50.7	156.2	5271.5	19235.0	29.10	579
1998	38089	12560.1	12304.5	50.7	204.8	5483.4	19405.8	33.45	606
1999	40568	12910.3	12649.8	37.6	222.9	5724.3	21263.0	42.34	628
2000	44321	13770.5	13444.0	43.6	282.9	6129.4	23734.2	50.27	636
2001	47710	14694.1	14368.8	55.4	270.0	6330.4	25988.9	43.72	653
2002	50686	15658.4	15219.1	62.8	376.5	6782.5	27510.6	51.55	683
2003	53859	17246.7	16475.6	69.0	702.1	7099.5	28715.8	57.90	739
2004	69445	19288.8	18285.5	89.1	914.2	7840.9	41428.7	71.80	815
2005	80258	20726.0	19533.4	99.2	1093.5	8693.2	49672.3	78.90	1088
2006	88840	21954.4	20557.2	105.7	1291.6	9754.2	55485.7	94.28	1551
2007	101419	23797.0	22112.5	132.7	1551.8	11354.7	64284.8	116.39	1866
2008	110300	25106.3	23648.9	150.9	1306.5	32868.2	50262.7	119.60	1944
2009	122133	25239.2	23649.9	126.6	1462.7	37188.8	57556.7	126.23	2022
2010	141837	27644.1	25937.3	116.1	1590.7	43389.7	68427.5	178.90	2197
2011	159324	29465.8	27631.7	138.7	1695.4	51374.7	75423.8	173.91	2885
2012	173771	29187.1	27220.5	136.2	1830.4	59534.9	81707.6	163.89	3177
2013	168014	29173.9	26845.0	154.9	2173.9	55738.1	79435.7	170.29	3496

6-2-12 货物周转量构成

单位：%

年 份	总计	铁路				公路	水运	民航	管道
			国家	地方	合资				
1952	100.0	79.0	79.0			1.9	19.1		
1957	100.0	74.4	74.4			2.7	23.0		
1962	100.0	77.0	76.9	0.1		2.8	20.2	0.01	
1965	100.0	77.9	77.8	0.1		2.7	19.3	0.01	
1970	100.0	76.6	76.5	0.1		3.0	20.4	0.01	
1975	100.0	58.3	58.2	0.1		2.8	35.3	0.01	3.6
1978	100.0	54.4	54.3	0.1		2.8	38.4	0.01	4.4
1980	100.0	47.5	47.5	0.1		6.4	42.0	0.01	4.1
1985	100.0	44.2	44.2	0.1		10.4	42.1	0.02	3.3
1986	100.0	43.5	43.4	0.1		10.5	42.9	0.02	3.0
1987	100.0	42.6	42.5	0.1		12.0	42.6	0.03	2.8
1988	100.0	41.5	41.4	0.1		13.5	42.3	0.03	2.7
1989	100.0	40.6	40.5	0.1		13.2	43.7	0.03	2.5
1990	100.0	40.5	40.5	0.1		12.8	44.2	0.03	2.4
1991	100.0	39.2	39.1	0.1		12.2	46.3	0.04	2.2
1992	100.0	39.6	39.5	0.1		12.9	45.4	0.05	2.1
1993	100.0	39.5	39.4	0.1		13.3	45.2	0.05	2.0
1994	100.0	37.8	37.7	0.1		13.4	46.9	0.06	1.8
1995	100.0	36.3	36.2	0.1		13.1	48.9	0.06	1.6
1996	100.0	35.8	35.4	0.1	0.3	13.7	48.8	0.07	1.6
1997	100.0	34.6	34.0	0.1	0.4	13.7	50.1	0.08	1.5
1998	100.0	33.0	32.3	0.1	0.5	14.4	50.9	0.09	1.6
1999	100.0	31.8	31.2	0.1	0.5	14.1	52.4	0.10	1.5
2000	100.0	31.1	30.3	0.1	0.6	13.8	53.6	0.11	1.4
2001	100.0	30.8	30.1	0.1	0.6	13.3	54.5	0.09	1.4
2002	100.0	30.9	30.0	0.1	0.7	13.4	54.3	0.10	1.3
2003	100.0	32.0	30.6	0.1	1.3	13.2	53.3	0.11	1.4
2004	100.0	27.8	26.3	0.1	1.3	11.3	59.7	0.10	1.2
2005	100.0	25.8	24.3	0.1	1.4	10.8	61.9	0.10	1.4
2006	100.0	24.7	23.1	0.1	1.5	11.0	62.5	0.11	1.7
2007	100.0	23.5	21.8	0.1	1.5	11.2	63.4	0.11	1.8
2008	100.0	22.8	21.4	0.1	1.2	29.8	45.6	0.11	1.8
2009	100.0	20.7	19.4	0.1	1.2	30.4	47.1	0.10	1.7
2010	100.0	19.5	18.3	0.1	1.1	30.6	48.2	0.13	1.5
2011	100.0	18.5	17.3	0.1	1.1	32.2	47.3	0.11	1.8
2012	100.0	16.8	15.7	0.1	1.1	34.3	47.0	0.09	1.8
2013	100.0	17.4	16.0	0.1	1.3	33.2	47.3	0.10	2.1

6-2-13 货物运输平均运距

单位：公里

年 份	总计	铁路				公路	水运	民航	管道
			国家	地方	合资				
1952	242	455	455			11	284		
1957	225	491	491			13	269	1000	
1962	261	488	497	30		19	259	833	
1965	286	550	558	31		19	291	930	
1970	304	513	525	29		24	366	951	
1975	360	478	489	43		28	736	1280	434
1978	395	485	496	45		32	873	1516	416
1980	220	514	526	38		20	1184	1580	467
1985	246	622	636	44		35	1221	2129	442
1986	236	646	662	43		34	1042	2146	413
1987	234	673	690	43		37	1169	2182	413
1988	243	681	702	40		44	1128	2231	416
1989	259	686	707	45		46	1279	2237	402
1990	270	705	725	47		46	1447	2211	398
1991	284	718	740	48		47	1554	2234	399
1992	279	734	758	51		48	1433	2335	417
1993	275	743	769	52		48	1415	2394	410
1994	283	774	801	53		50	1465	2241	406
1995	291	786	816	53		50	1551	2206	386
1996	282	766	800	68	580	51	1402	2168	366
1997	300	771	806	65	684	54	1696	2334	362
1998	301	764	802	63	721	56	1771	2388	348
1999	314	771	804	51	738	58	1855	2485	310
2000	326	771	810	52	681	59	1939	2555	340
2001	340	761	802	58	607	60	1959	2556	336
2002	342	764	811	56	614	61	1940	2551	339
2003	344	769	825	53	617	61	1817	2643	336
2004	407	775	839	60	562	63	2211	2595	329
2005	431	770	843	56	556	65	2261	2572	350
2006	436	762	837	54	558	67	2231	2698	464
2007	446	757	843	54	565	69	2286	2896	460
2008	427	760	859	56	467	171	1707	2934	443
2009	432	757	852	53	458	175	1804	2833	453
2010	438	759	838	61	446	177	1806	3177	440
2011	431	749	839	63	408	182	1771	3120	506
2012	424	748	841	59	416	187	1781	3007	519
2013	410	735	833	62	439	181	1419	3034	536

6-2-14 各地区客运量

单位：万人

地 区	总计	铁路				公路	水运
			国家	地方	合资		
全 国	**2122992**	**210597**	**207541**	**690**	**2366**	**1853463**	**23535**
北 京	64161	11680	11588	92		52481	
天 津	17995	3352	3352			14556	87
河 北	61718	8762	8762			52956	
山 西	34899	6294	6286		9	28487	118
内蒙古	20819	4635	4605		30	16184	
辽 宁	91735	13033	13012	21		78168	534
吉 林	34148	6629	6629			27403	116
黑龙江	45566	10107	9944	163		35102	357
上 海	11691	7972	7972			3476	243
江 苏	151444	13435	13435			135555	2454
浙 江	135348	11052	10485		567	121185	3111
安 徽	126710	7210	7210			119433	67
福 建	55107	6501	6501			46895	1711
江 西	65067	6945	6945			57915	207
山 东	75074	9246	8944	302		64019	1809
河 南	136237	10532	10532			125450	255
湖 北	91522	10410	10410			80670	442
湖 南	159726	9231	9231			149015	1480
广 东	153120	17658	15923		1736	133305	2157
广 西	49275	3275	3275			45606	394
海 南	13328	1389	1389			10583	1356
重 庆	65183	3251	3251			61243	689
四 川	134775	8240	8240			124145	2390
贵 州	83436	4322	4322			77359	1755
云 南	47626	3189	3077	112		43392	1045
西 藏	1455	129	129			1326	
陕 西	70133	6123	6099		24	63650	360
甘 肃	36163	2522	2522			33556	85
青 海	4790	592	592			4140	58
宁 夏	8418	594	594			7568	256
新 疆	40926	2286	2286			38640	
不分地区	35397						

注：不分地区合计数为民航完成客运量。

6-2-15 各地区旅客周转量

单位：亿人公里

地 区	总计	铁路				公路	水运
			国家	地方	合资		
全 国	**27571.65**	**10595.62**	**10550.32**	**7.28**	**38.02**	**11250.94**	**68.33**
北 京	254.04	117.96	117.85	0.11		136.08	
天 津	267.09	178.43	178.43			88.56	0.10
河 北	1163.72	867.18	867.18			296.53	
山 西	386.55	189.82	189.07		0.75	196.62	0.11
内蒙古	360.51	187.07	186.77		0.30	173.44	
辽 宁	941.67	572.72	572.66	0.06		362.43	6.52
吉 林	413.71	244.76	244.76			168.70	0.25
黑龙江	473.31	256.84	253.98	2.86		216.07	0.40
上 海	195.00	75.26	75.26			119.12	0.62
江 苏	1365.25	514.01	514.01			847.28	3.97
浙 江	1025.10	437.02	417.25		19.77	582.99	5.09
安 徽	1286.26	552.08	552.08			733.99	0.19
福 建	542.69	209.21	209.21			330.64	2.85
江 西	930.69	622.63	622.63			307.69	0.36
山 东	1083.75	552.41	548.80	3.60		520.34	11.01
河 南	1574.69	861.93	861.93			712.39	0.37
湖 北	1052.37	634.06	634.06			415.07	3.24
湖 南	1565.06	840.28	840.28			721.93	2.85
广 东	1780.93	570.07	553.08		17.00	1202.48	8.37
广 西	611.33	193.67	193.67			415.73	1.92
海 南	112.40	25.25	25.25			84.98	2.17
重 庆	465.43	124.90	124.90			333.27	7.26
四 川	912.12	310.09	310.09			599.15	2.88
贵 州	593.62	211.21	211.21			377.87	4.54
云 南	431.85	106.52	105.87	0.65		323.10	2.23
西 藏	42.41	11.40	11.40			31.01	
陕 西	745.22	421.38	421.18		0.20	323.14	0.70
甘 肃	595.41	383.24	383.24			212.01	0.16
青 海	95.30	54.89	54.89			40.33	0.07
宁 夏	102.95	44.51	44.51			58.34	0.10
新 疆	544.46	224.83	224.83			319.62	
不分地区	5656.76						

注：不分地区合计数为民航完成旅客周转量。

6-2-16 各地区货运量

单位：万吨

地区	总计	铁路	国家	地方	合资	公路	水运
全国	**4098900**	**396697**	**322207**	**24999**	**49491**	**3076648**	**559785**
北京	25748	1097	1094	3		24651	
天津	45233	8349	8349			28206	8678
河北	198009	22469	19354	2845	271	172492	3048
山西	156045	73181	68463	1432	3287	82834	30
内蒙古	164346	67288	43358	4448	19481	97058	
辽宁	206868	20566	17821	2745		172923	13379
吉林	44811	6516	6214	303		38063	232
黑龙江	61094	14561	13667	708	185	45288	1245
上海	84305	702	702			43877	39726
江苏	181775	7157	6806	351		103709	70909
浙江	188679	4831	4023	87	721	107186	76662
安徽	396391	11566	11566			284534	100291
福建	96674	3636	3636			69876	23162
江西	135172	5217	5074	143		121279	8676
山东	264100	22876	19359	3517		227746	13478
河南	184823	12929	11615	970	344	162040	9854
湖北	131000	5646	5217	429		100945	24409
湖南	184535	5169	4946	223		156269	23097
广东	349011	9711	8270	1007	434	261273	78027
广西	151143	6916	6916			124677	19550
海南	17325	960	960			10290	6075
重庆	87241	2475	2337	138		71842	12924
四川	167759	8970	7707	1263		151689	7100
贵州	72703	6461	6461			65100	1142
云南	104329	5146	4572	574		98675	508
西藏	1850	72	72			1778	
陕西	141579	35767	11004		24763	105566	246
甘肃	51463	6381	6381			45072	10
青海	13372	3784	3784			9588	
宁夏	40914	8412	4599	3813		32502	
新疆	66908	7288	7288			59620	
不分地区	83696	598	593		5		17328

注：不分地区合计数中包括铁路行包运量、民航、管道及中国远洋运输集团总公司海外公司完成货运量。

6-2-17 各地区货物周转量

单位：亿吨公里

地区	总计	铁路				公路	水运
			国家	地方	合资		
全国	**168013.80**	**29173.89**	**26845.01**	**154.94**	**2173.94**	**55738.08**	**79435.65**
北京	1051.14	894.95	894.94			156.19	
天津	3097.39	515.86	494.82		21.04	313.70	2267.84
河北	11674.06	4233.63	3371.82	14.56	847.26	6577.89	862.54
山西	3592.38	2313.73	1542.71	2.03	769.00	1278.57	0.08
内蒙古	4461.96	2589.25	2275.16	35.91	278.18	1872.71	
辽宁	11970.28	1341.11	1336.30	4.81		2792.02	7837.16
吉林	1681.35	580.01	578.24	1.76		1100.00	1.34
黑龙江	1930.04	949.22	941.18	7.44	0.60	972.92	7.89
上海	14332.71	14.82	14.82			352.42	13965.47
江苏	9924.59	381.16	380.74	0.42		1790.40	7753.02
浙江	8951.22	272.08	247.14	0.12	24.83	1322.13	7357.00
安徽	12335.34	877.65	877.65			6544.02	4913.67
福建	3939.61	163.46	163.46			821.44	2954.71
江西	3640.13	612.75	612.24	0.51		2829.02	198.36
山东	8194.15	1487.38	1450.07	37.32		5494.78	1211.99
河南	7259.81	2153.34	2140.46	9.74	3.15	4488.01	618.46
湖北	4751.83	914.28	912.74	1.55		2046.28	1791.27
湖南	3832.33	950.34	950.03	0.31		2329.54	552.45
广东	9228.55	309.66	301.53	4.83	3.30	3003.36	5915.53
广西	3856.37	809.43	809.43			1857.18	1189.76
海南	621.04	13.13	13.13			75.42	532.50
重庆	2298.90	182.57	182.11	0.46		695.89	1420.44
四川	2248.60	816.69	811.10	5.59		1273.13	158.77
贵州	1294.61	658.35	658.35			610.64	25.62
云南	1361.92	428.29	424.62	3.67		921.98	11.65
西藏	103.42	21.96	21.96			81.46	
陕西	3200.56	1514.70	1288.22		226.47	1685.02	0.84
甘肃	2361.97	1550.75	1550.75			811.21	0.01
青海	451.95	249.18	249.18			202.76	
宁夏	873.05	363.62	339.71	23.91		509.43	
新疆	1796.79	868.24	868.24			928.54	
不分地区	21695.75	142.28	142.16	0.01	0.12		17887.29

注：不分地区合计数中包括铁路行包运量、民航、管道及中国远洋运输集团总公司海外公司完成货物周转量。

6-2-18　全国铁路基本情况

指　标	2005	2006	2007	2008	2009	2010	2011	2012	2013
运输线路里程　（公里）									
营业里程	**75437.6**	**77083.8**	**77965.9**	**79687.3**	**85517.9**	**91178.5**	**93249.6**	**97625.5**	**103144.6**
国家铁路	62200.0	63411.7	63636.5	63974.9	65491.2	66239.0	66049.8	66297.9	66585.1
合资铁路	8462.3	8934.9	9516.6	10799.4	15887.5	20577.2	22766.1	26867.6	32135.7
地方铁路	4775.3	4737.2	4812.8	4913.0	4139.2	4362.3	4433.8	4460.0	4423.9
复线里程	**25566.0**	**26403.9**	**27030.9**	**28855.6**	**33194.7**	**37487.2**	**39499.7**	**43654.6**	**48192.3**
国家铁路	24497.2	25243.8	25793.9	26598.9	28682.0	29683.6	29883.9	30661.5	31854.5
合资铁路	1055.2	1146.5	1215.3	2235.0	4512.7	7799.0	9590.3	12993.1	16337.8
地方铁路	13.6	13.6	21.7	21.7		4.6	25.4		
电气化铁路里程	**20150.6**	**24432.8**	**25456.5**	**27555.0**	**35653.0**	**42464.4**	**46064.0**	**50867.2**	**55649.1**
国家铁路	19408.2	23435.4	24046.6	25007.3	30242.7	32717.2	34330.4	35486.5	35977.2
合资铁路	742.4	927.4	1339.9	2477.7	5337.7	9674.5	11572.0	15380.7	19671.8
地方铁路		70.0	70.0	70.0	72.6	72.6	161.6		
正线延展里程	**102924.5**	**105315.2**	**106757.1**	**110712.9**	**119661.5**	**129438.8**	**133839.0**	**142338.3**	**100299.3**
国家铁路	88561.2	90465.6	91383.1	92671.5	95997.8	97608.1	97751.0	99052.7	100299.3
合资铁路	9535.2	10061.0	10443.9	13049.5	19523.8	27467.5	31653.1	38793.6	
地方铁路	4828.1	4788.6	4930.1	4991.9	4139.9	4363.2	4434.9	4492.1	
运输设备									
机车拥有量　（台）	**17473**	**17799**	**18306**	**18437**	**18922**	**19431**	**20721**	**20797**	**20835**
国家铁路	16547	16904	17311	17336	17825	18349	19590	19625	19686
合资铁路	578	581	660	755	826	803	836	875	865
地方铁路	348	314	335	346	271	279	295	297	284
客车拥有量　（辆）	**41974**	**42659**	**44243**	**45076**	**49354**	**52275**	**54731**	**57721**	**58965**
国家铁路	40328	40945	42471	43215	47436	50391	52838	55764	56841
合资铁路	1518	1578	1639	1739	1803	1753	1743	1807	1974
地方铁路	128	136	133	122	115	131	150	150	150
货车拥有量　（辆）	**548368**	**564899**	**577521**	**591793**	**601412**	**625110**	**651175**	**670801**	**721850**
国家铁路	541824	558483	571078	584961	594388	622284	644677	664333	715492
合资铁路	4521	4360	4409	4752	4902	1125	4930	4930	4785
地方铁路	2023	2056	2034	2080	2122	1701	1568	1538	1573
客货运输									
客运量　（万人）	**115583**	**125656**	**135670**	**146193**	**152451**	**167609**	**186226**	**189337**	**210597**
国家铁路	110651	119728	128712	144452	150798	164761	179199	187863	207541
合资铁路	4613	5505	6507	1267	1234	2371	6498	891	2366
地方铁路	319	423	451	474	419	477	528	583	690
旅客周转量　（亿人公里）	**6061.96**	**6622.12**	**7216.31**	**7778.60**	**7878.89**	**8762.18**	**9612.29**	**9812.33**	**10595.62**
国家铁路	5833.20	6353.27	6896.18	7739.15	7840.09	8725.72	9582.71	9783.99	10550.32
合资铁路	225.23	264.19	314.81	33.60	33.16	30.15	22.97	21.46	38.02
地方铁路	3.53	4.66	5.32	5.85	5.63	6.31	6.62	6.88	7.28
货运量　（万吨）	**269296**	**288224**	**314237**	**330354**	**333348**	**364271**	**393263**	**390438**	**396697**
国家铁路	231839	245476	262400	275243	277572	309541	329535	323559	322207
合资铁路	19655	23154	27447	27983	31903	35641	41549	43971	49491
地方铁路	17802	19593	24390	27128	23873	19089	22179	22907	24999
货物周转量　（亿吨公里）	**20726.02**	**21954.41**	**23797.00**	**25106.29**	**25239.17**	**27644.13**	**29465.79**	**29187.09**	**29173.89**
国家铁路	19533.35	20557.16	22112.46	23648.91	23649.88	25937.35	27631.67	27220.50	26845.01
合资铁路	1093.47	1291.59	1551.84	1306.46	1462.71	1590.72	1695.40	1830.41	2173.94
地方铁路	99.20	105.66	132.70	150.92	126.59	116.07	138.72	136.18	154.94

注：2010年合资铁路客、货车拥有量仅指非控股合资铁路客、货车拥有量。

6-2-19 各地区铁路线路年末里程

单位：公里

地 区	铁 路 营业里程 合 计	国家铁路				合资铁路			地方铁路	
		营业里程	正 线 延展里程	复线里程	电气化 里 程	营业里程	复线里程	电气化 里 程	营业里程	正 线 延展里程
全 国	**103144.6**	**66585.1**	**100299.3**	**31854.5**	**35977.2**	**32135.7**	**16337.8**	**19671.8**	**4423.9**	**4456.0**
北 京	1276.7	1118.3	1828.6	577.4	604.6	142.1	140.2	140.2	16.2	16.2
天 津	963.4	550.7	1052.0	375.3	417.4	412.7	305.6	259.0		
河 北	6255.5	3711.0	6347.9	2460.8	2475.7	2165.6	1513.6	1958.4	378.9	378.9
山 西	3786.4	2511.3	4124.9	1404.7	1630.9	1066.2	572.1	687.6	209.0	209.0
内蒙古	10203.3	4810.1	7049.5	2147.4	916.1	5231.6	1015.7	1357.0	161.6	161.6
辽 宁	5104.4	4150.6	6350.2	2085.3	1669.4	749.1	657.6	704.2	204.7	204.7
吉 林	4397.2	3582.2	4395.4	820.4	285.3	667.2	417.9	417.9	147.8	147.8
黑龙江	6021.8	4961.0	6769.4	1657.1	88.5	310.2	69.8	69.8	750.6	750.8
上 海	465.0	242.6	426.3	140.4	168.3	222.4	181.2	181.2		
江 苏	2599.7	798.4	1519.7	624.9	650.9	1788.8	863.3	863.5	12.5	12.5
浙 江	2044.5	796.0	1400.8	598.1	473.9	1234.8	854.9	871.0	13.7	13.7
安 徽	3513.1	2229.2	3597.3	1317.9	645.6	1283.9	691.2	822.4		
福 建	2747.8	1054.2	1116.8	43.7	825.4	1693.6	1121.1	1309.8		
江 西	3084.3	2501.9	3924.3	1368.6	1534.9	457.4	373.9	409.0	125.0	125.0
山 东	4288.1	2670.1	4693.8	1775.0	1850.9	1079.5	750.5	938.5	538.5	539.0
河 南	4890.4	2864.0	5132.1	2075.0	2352.3	1219.4	960.7	974.1	807.0	807.0
湖 北	3929.5	2385.9	4107.4	1805.0	2143.6	1411.2	1188.6	1368.5	132.5	132.5
湖 南	4026.6	2965.7	4417.9	1428.9	1929.9	1015.8	604.0	604.0	45.1	45.1
广 东	3471.7	629.0	1471.4	546.6	470.1	2559.4	1413.5	1400.4	283.3	283.3
广 西	4013.4	3004.8	3857.7	844.7	1033.5	1008.6	532.7	588.1		
海 南	693.7					693.7	308.1	308.1		
重 庆	1680.1	1245.6	1527.4	280.1	1201.2	399.9	235.6	399.9	34.6	34.6
四 川	3539.4	2616.2	3511.6	938.7	2351.3	663.2	271.4	508.8	260.0	260.4
贵 州	2093.1	1842.3	2519.5	666.8	1731.2	250.7		250.7		
云 南	2618.8	2038.5	2344.0	308.8	1177.3	524.4		349.6	55.9	55.9
西 藏	531.5	531.5	525.5							
陕 西	4421.1	2548.5	3614.5	1087.0	2056.8	1872.6	1258.2	1456.2		
甘 肃	2595.9	2283.9	3890.8	1580.2	2164.5	312.0	36.4	150.5		
青 海	1857.6	1662.9	2457.9	861.7	938.6	194.7				
宁 夏	1289.5	719.0	930.4	199.8	719.0	323.5		323.5	247.0	278.0
新 疆	4741.3	3559.8	5394.4	1834.2	1470.3	1181.5				

6-2-20 国家铁路基本情况

指 标	1990	1995	2000	2005	2006	2007	2008	2009	2010	2011	2012	2013
营业里程 （公里）	**53378**	**54616**	**58656**	**62200**	**63412**	**63637**	**63975**	**65491**	**66239**	**66050**	**66298**	**66585**
正式营业	50310	50866	51262	57589	58901	60032	60139	63789	64537	65488	66203	66490
临时营业	3068	3750	7394	4611	4511	3604	3836	1702	1702	562	95	95
正式营业里程比重 (%)	94.3	93.1	87.4	92.6	92.9	94.3	94.0	97.4	97.4	99.1	99.9	99.9
复线里程 （公里）	**13024**	**16909**	**21408**	**24497**	**25244**	**25794**	**26599**	**28682**	**29684**	**29884**	**30661**	**31854**
占营业里程比重 (%)	24.4	31.0	36.5	39.4	39.8	40.5	41.6	43.8	44.8	45.2	46.2	47.8
电气化铁路里程 （公里）	**6941**	**9703**	**14864**	**19408**	**23435**	**24047**	**25007**	**30243**	**32717**	**34330**	**35486**	**35977**
占营业里程比重 (%)	13.0	17.8	25.3	31.2	37.0	37.8	39.1	46.2	49.4	52.0	53.5	54.0
内燃牵引里程 （公里）	**16097**	**24749**	**39497**	**42792**	**39976**	**39590**	**38968**	**35249**	**33522**	**31719**	**30811**	**30608**
占营业里程比重 (%)	30.2	45.3	67.3	68.8	63.0	62.2	60.9	53.8	50.6	48.0	46.5	46.0
调度集中里程 （公里）	**1169**	**1226**	**1200**	**1828**	**4181**	**5322**	**5541**	**11588**	**17977**	**14821**	**18780**	**20444**
自动闭塞里程 （公里）	**10370**	**12910**	**18318**	**24149**	**25630**	**26526**	**28100**	**31619**	**37500**	**34175**	**37300**	**38840**
半自动闭塞里程 （公里）	**38832**	**40859**	**41695**	**39390**	**39145**	**38563**	**37337**	**38615**	**37468**	**38270**	**33680**	**32893**
无缝线路里程 （公里）	**14644**	**21854**	**29975**	**47965**	**53296**	**57409**	**62159**	**68167**	**62954**	**75400**	**78466**	**81055**
继电集中车站 （个）	**3535**	**4587**	**5232**	**4512**	**4121**	**3923**	**3849**	**3449**	**3065**	**2814**	**2642**	**2492**
占营业车站比重 (%)	62.9	73.9	90.4	81.1	73.9	70.8	63.8	56.7	51.4	54.1	50.9	47.4
计算机联锁车站 （个）				**944**	**1299**	**1487**	**1888**	**2356**	**2792**	**2601**	**2863**	**3058**
占营业车站比重 (%)				17.0	23.3	26.8	31.3	38.7	46.9	50.0	55.1	58.2

6-2-21 全国铁路机、客、货车拥有量

车类名称	1995	2000	2001	2005	2006	2007	2008	2009	2010	2011	2012	2013
机车 （台）	**15554**	**15253**	**15756**	**17473**	**17799**	**18306**	**18437**	**18922**	**19431**	**20721**	**20797**	**20835**
蒸汽机车	**4626**	**911**	**699**	**193**	**133**	**124**	**118**	**107**	**72**	**15**	**15**	**15**
国家铁路	4347	601	381	94	91	89	89	83	51			
合资铁路		151	151	40	11	11	9	9	9	9	9	9
地方铁路	279	159	167	59	31	24	20	15	12	6	6	6
内燃机车	**8411**	**10826**	**11081**	**12114**	**12148**	**12111**	**12021**	**11805**	**10990**	**11081**	**10602**	**9961**
国家铁路	8282	10355	10598	11331	11348	11229	11041	10844	10041	10095	9578	8983
合资铁路		303	302	494	521	578	661	712	689	716	752	719
地方铁路	129	168	181	289	279	304	319	249	260	270	272	259
电力机车	**2517**	**3516**	**3976**	**5166**	**5518**	**6071**	**6298**	**7010**	**8369**	**9625**	**10180**	**10859**
国家铁路	2517	3516	3976	5122	5465	5993	6206	6898	8257	9495	10047	10703
合资铁路				44	49	71	85	105	105	111	114	137
地方铁路					4	7	7	7	7	19	19	19
客车 （辆）	**32663**	**37249**	**38780**	**41974**	**42659**	**44243**	**45076**	**49354**	**52275**	**54731**	**57721**	**58965**
国家铁路	32404	35989	37214	40328	40945	42471	43215	47436	50391	52838	55764	56841
合资铁路		1057	1396	1518	1578	1639	1739	1803	1753	1743	1807	1974
地方铁路	259	203	170	128	136	133	122	115	131	150	150	150
货车 （辆）	**436414**	**443902**	**453620**	**548368**	**564899**	**577521**	**591793**	**601412**	**625110**	**651175**	**670801**	**721850**
国家铁路	432731	439943	449921	541824	558483	571078	584961	594388	622284	644677	664333	715492
合资铁路		937	1125	4521	4360	4409	4752	4902	1125	4930	4930	4785
地方铁路	3683	3022	2574	2023	2056	2034	2080	2122	1701	1568	1538	1573

注：2010年合资铁路客、货车拥有量仅指非控股合资铁路客、货车拥有量。

6-2-22 国家铁路客、货车拥有量

车类名称		1995	2000	2005	2006	2007	2008	2009	2010	2011	2012	2013
客车	**（辆）**	**32404**	**35989**	**40328**	**40945**	**42471**	**43215**	**47436**	**50391**	**52838**	**55764**	**56841**
软卧车		1537	2055	3109	3209	3363	3472	3976	4071	4104	4311	4524
硬卧车		7607	10139	12942	13315	13786	13975	15249	16486	16981	17859	18018
软座车		574	764	759	794	1611	2113	2603	3874	4675	6655	10623
硬座车		18076	17571	16900	16991	16748	16641	17938	17954	18228	17946	17447
软硬座车		35	25	2								
餐　车		1695	1847	2108	2136	2178	2185	2391	2517	2617	2737	2687
行李车		1949	2144	2480	2349	2411	2207	2448	2365	2195	2105	1826
公务车		87	69	78	85	82	77	87	61	74	73	69
其　他		844	1375	1950	2066	2292	2545	2744	3063	3964	4078	1647
货车	**（辆）**	**432731**	**439943**	**541824**	**558483**	**571078**	**584961**	**594388**	**622284**	**644677**	**664333**	**715492**
按车型分												
棚　车		80437	92569	99206	99399	102192	103449	103850	101481	101967	108444	122084
敞　车		268179	252977	343480	360500	366767	379050	388118	418778	443666	458328	475536
平　车		27461	24685	30290	32222	36336	37665	38766	39654	39543	39453	39308
毒品车		1580	1578	2056	2056	2056	2056	2056	2056	2056	2056	2056
罐　车		37119	37778	38331	35654	34592	33593	32346	30522	31448	31170	36161
冷藏车		7030	7909	7419	7393	7196	6588	6587	6153	6152	6140	6107
其　他		10925	22447	21042	21259	21939	22560	22665	23640	19845	18742	34240
按载重量分												
50吨及以下		58763	23564	19583	19483	20029	19964	19542	19680	19649	19610	20700
51-59吨		27951		52565	49878	50185	48246	47121	44640	42120	40797	42745
60吨		342086	307521	265154	258081	238911	219422	205182	198749	192080	184444	169310
61-69吨		3546	103431	195911	196511	197099	198340	196778	196554	195194	191321	191111
70吨及以上		385	5427	8611	34530	64854	98989	125765	162661	195634	228161	291626
货车总标记载重量	**（万吨）**	**2502.9**	**2619.9**	**3294.5**	**3422.1**	**3526.3**	**3645.4**	**3729.7**	**3934.3**	**4102.6**	**4251.9**	**4617.9**
平均每辆车标记载重量	**（吨）**	**57.9**	**59.6**	**60.8**	**61.3**	**61.7**	**62.3**	**62.7**	**63.2**	**63.6**	**64.0**	**64.5**

6-2-23 铁路主要干线客货运输量

线路名称	货运量（万吨）	货物周转量（百万吨公里）	线路名称	客运量（万人）	旅客周转量（百万人公里）
京哈线	1178	50990	京沪线	8218	58232
京广线	6922	140080	新石线		
京沪线	5471	86408	沪昆线	10464	90884
京九线	4131	102458	鹰厦线	1464	4546
京包线	14766	73523	京九线	7520	67849
滨洲线	7259	58692	京广线	15489	119309
滨绥线	1253	14802	石太线	1070	5840
沈山线	865	34936	石德线	637	4501
沈大线	2302	36412	焦柳线		
大秦线	2713	256488	京包线	2486	10837
石太线	5772	23129	包兰线	1059	5597
石德线	510	18124	北同蒲线	1425	2855
北同蒲线	17824	35601	南同蒲线	2125	5944
南同蒲线	5679	25628	陇海线	10046	66455
包兰线	8445	42776	宝中线		
新石线	6537	63622	兰新线	2469	36923
侯月线	2714	26013	兰青、青藏线	850	7547
太焦线	6996	9725	宝成、成渝线	3249	13038
焦柳线	3156	83450	襄渝线	1511	17197
胶济线	1219	29786	南昆线		
陇海线	6530	159742	成昆线	1528	7197
沪昆线	6738	126950	京哈线	7260	49923
鹰厦线	2050	9903	宁蓉线合宁客专		
湘桂线	1307	25012	胶济客专	3113	11838
黎湛线	3668	18059	京津城际	2462	2910
宝成线	756	20728	石太客专		
南昆线	1617	28633	宁蓉线合武客专		
襄渝线	1384	42737	沪深线甬厦段		
成渝线	670	13208			
川黔线	1616	10857			
成昆线	3482	36634			
兰新线	5260	157500			
兰青线	387	7410			
青藏线(全)	2481	21243			

6-2-24 铁路主要车站旅客发送量

单位：万人

车站名称	2000	2001	2002	2003	2004	2005	2006	2007	2008	2009	2010	2011	2012	2013
哈尔滨	1252	1342	1345	1249	1448	1569	1827	2255	2413	2615	2805	3006	2925	2680
沈阳	1168	1303	1235	1077	1176	1182	1272	1280	1473	1509	1433	1500	1619	1808
鞍山	295	309	306	288	327	312	291	333	419	477	485	462	441	
长春	1062	1085	1069	793	1147	1222	1316	1490						
本溪	574	685	617	585	684	724	775	957	1050	1232	1179	850	920	901
锦州	421	429	424	371	415	411	407	395	465	482	465	476	466	
吉林	397	443	417	373	438	449	460	495	531	375	229	114	796	864
北京	1997	2115	2163	1795	2278	2478	2709	2998	3066	2785	2774	2749	2811	3324
北京南	382	438	436	374	379	337	113			966	1408	1909	2563	3070
北京西		1652	2102	1896	2429	2622	3150	3632	3865	4090	4403	4682	4454	4623
天津	1004	1019	1005	855	1040	1099	1076	905	1342	1770	2101	2251	2188	2409
石家庄	864	927	956	877	1098	1178	1312	1405	1589	1681	1578	1593	1584	1871
太原	679	767	798	719	879	936	1045	1197	1368	1686	1991	2350	2350	2335
郑州	1333	1440	1548	1475	1797	1924	2094	2207	2547	2679	2993	3240	3290	3275
武昌	821	864	883	826	973	1062	1052	998	1346	1705	1888	2000	2062	2205
洛阳	353	397	375	335	418	440	504	539	594	619	620	615	596	627
西安	1063	1211	1245	1196	1517	1669	2029	2360	2633	2543	2812	2790	2751	2800
济南	702	728	707	673	787	802	854	1042	1166	1225	1335	1287	1369	1532
徐州	632	680	647	611	696	714	795	884	247	1125	1187	1158	1033	1111
南京	897	932	995	940	1069	969	1322	1659	2063	2208	2470	2247	1911	2016
蚌埠	412	442	433	406	460	444	487	506	546	568	592	553	494	
镇江	327	342	352	323	365	379	390	370	407	416	448	479	507	
常州	4524	560	581	558	659	694	722	731	816	835	873	934	966	1049
无锡	704	768	802	785	956	1026	1065	1025	1118	1119	1186	1231	1238	1338
苏州	703	776	843	859	1018	1142	1191	1103	1277	1336	1418	1455	1573	1812
上海	2595	2860	3118	3031	3648	3866	3786	3439	3612	3368	3252	2455	2254	2433
杭州	1061	1025	1192	1129	1406	1462	1453	1578	1798	1751	2235	2230	2298	2091
南昌	795	943	1013	968	1148	1218	1277	1441	1671	1764	1861	2105	2074	2265
广州	1776	1838	2001	2005	2336	2508	2594	2866	3170	2969	2993	3109	2791	2926
深圳	758	902	966	940	1189	1250	1319	1433	1724	1778	1942	2105	1893	1917
柳州	335	323	271	246	257	290	365	396	433	489	522	565	541	
成都	1042	1141	1282	1107	1344	1416	1659	1896	1972	2190	2687	2888	2667	2531
重庆	651	776	754	708	779	801	913	667	533	1061	1222	1578	1788	1894
贵阳	598	610	614	553	605	694	810	917	989	962	1041	1287	1271	1459
兰州	444	515	523	477	552	560	608	650	749	839	939	1006	959	1013
乌鲁木齐	399	398	410	359	407	450	514	565	587	621	666	865	881	970

注：2009年起重庆站为重庆北站数据，2010年起吉林站为吉林西站数据。

6-2-25 铁路主要车站货物发送量

单位：万吨

车站名称	2000	2001	2002	2003	2004	2005	2006	2007	2008	2009	2010	2011	2012	2013
峻德	418	478	538	572	742	733	705	633	605	945	496	475	434	389
鹤岗	822	787	803	843	952	1019	836	785	731	736	661	691	516	347
双鸭山	751	831	832	1011	1103	1181	1197	1280	1213	1343	1010	962	906	712
七台河	1338	1333	1314	1304	1477	1474	1350	1427	1586	1791	1621	1653	1383	1147
恒山	371	441	519	614	579	660	577	549	534	530	474	477	465	407
大官屯	657	683	670	662	748	755	629	579	588	656	571	513	470	582
本溪	405	391	518	483	508	589	736	893	1188	1003	1076	1078	1030	1084
灵山	999	956	935	907	1086	1136	1449	1591	1709	1703	1571	1270	1097	1188
霍林河	466	572	669	766	1079	1453	1780	2429	3133	6834	4652	2590	2753	2453
阜新	531	571	573	529	575	578	674	647	741	997	819	782	639	684
新港	717	852	1223	1290	1227	1270	1262	1063	1119	1244	1168	1258	1272	1211
古冶	866	849	873	843	813	798	818	838	826	1075	856	939	899	862
阳泉	1213	1288	1374	1494	1518	1667	1684	1606	1717	2801	1760	1859	1837	1804
白羊墅	986	1082	1090	1052	1192	978	1141	1413	1490	2461	1664	1663	1566	1573
云岗西	846	919	1020	1158	1147	1173	1053	1102	1083	1087	536	1042	1048	1099
新高山	942	1076	1160	1225	1423	1589	1636	1815	1801	1686	1307	1692	1352	1700
大同东	740	978	1186	1401	1722	2127	2899	3341	3891	9896	5545	5997	6254	6502
口泉	2089	2207	2337	2595	2499	2638	2295	2366	2092	3094	1605	1568	1503	1367
北周庄	62	65	101	160	450	654	1186	1877	1491	747	830	1534	1435	1264
大新	2955	3635	4060	4785	5523	5648	6788	7325	7473	14864	7326	7369	9016	8791
古交	724	803	912	1031	1064	1242	1274	1370	1396	1178	960	901	833	844
玉门沟	918	932	1113	1108	1172	1311	1232	1260	1263	1513	1088	885	959	942
介休	574	634	587	653	709	837	885	1009	919	841	745	773	831	902
白云鄂博	739	794	850	918	1027	1111	1164	1171	1123	1110	1290	1327	1266	1120
万水泉	876	1075	1209	1217	1218	1523	1777	1803	2265	3605	3236	3304	2989	3390
嘉峰	153	211	249	438	664	1359	1252	1346	1419	2003	1571	1674	1614	1588
晋城北	1293	1471	1381	1279	1285	1235	1263	1247	1241	1467	1181	1195	1213	1205
长治北	952	1032	1038	1155	1201	1249	1337	1292	1371	2034	1442	1383	1393	1515
平顶山东	1984	2146	2309	2453	2453	2595	2649	2820	2973	4275	3041	2326	2025	1962
武昌东	429	463	428	469	505	631	671	732	816	830	852	771	679	673
黄岛				1530	1578	1671	2048	1975	2097	2710	3635	4139	4550	4756
日照	162	226	358	454	640	1350	1829	2328	2589	3794	3757	4372	4631	4591
中云	238	470	596	663	696	972	1104	1213	1006		2278	2648	181	201
潘集西	491	706	970	1193	1334	1549	1421	1202	1549	3626	2158	2283	2153	2071
湛江	210	300	421	515	669	906	1110	1176	1221	1405	1550	1454	1643	1798

6-2-26 按货类分国家铁路货物运输量

货类名称	2012			2013		
	货运量（万吨）	货物周转量（百万吨公里）	平均运距（公里）	货运量（万吨）	货物周转量（百万吨公里）	平均运距（公里）
总　计	**322346**	**2692553**	**835**	**321614**	**2670285**	**830**
煤	168515	1087436	645	167946	1086168	647
石油	12652	108213	855	12732	108287	851
焦碳	9338	99947	1070	9997	103321	1034
金属矿石	40112	262075	653	40187	255083	635
钢铁及有色金属	21932	246565	1124	21570	238943	1108
非金属矿石	8751	60607	693	7264	49973	688
磷矿石	1741	23508	1350	1462	18868	1291
矿建材料	11759	41640	354	13548	42308	312
水泥	3426	14611	427	3569	13375	375
木材	2437	27558	1131	2483	27872	1122
粮食	9981	181395	1817	10447	187182	1792
棉花	389	14381	3701	437	16781	3844
化肥和农药	8925	145464	1630	8340	141454	1696
盐	1532	9758	637	1500	9631	642
化工品	4876	89629	1838	4957	95504	1927
金属制品	288	5955	2071	215	4251	1982
工业机械	388	7166	1848	398	7246	1819
电子电气	104	1026	986	39	481	1248
农业机具	2	33	2075	2	37	1762
鲜活货物	178	3971	2234	134	2941	2193
农副土特产品	256	4588	1790	231	4063	1756
饮食品及烟草制品	1869	32403	1733	1673	28681	1715
纺织品	29	543	1879	24	464	1928
文教用品	522	10065	1927	468	9304	1989
医药品	90	1919	2125	89	1812	2046
其他	3188	54752	1718	3246	56121	1729
零担	1	18	1801	4	95	2281
集装箱	9065	157331	1736	8656	160040	1849

6-2-27 国家铁路运输主要技术经济指标

指 标		2001	2002	2003	2004	2005	2006	2007	2008	2009	2010	2011	2012	2013
货运机车日产量	(万吨公里)	99.9	102.2	105.8	108.7	110.6	114.3	120.4	123.6	128.6	135.0	138.5	138.3	139.7
内燃机车		100.7	99.3	101.4	103.4	105.6	108.5	110.4	110.3	110.9	130.0	109.5	109.9	106.0
电力机车		100.7	106.8	112.8	117.1	118.3	122.7	132.8	139.5	145.2	184.4	155.1	152.5	154.3
货运机车平均牵引总重	(吨)	2760	2789	2829	2934	3038	3105	3193	3289	3391	3467	3508	3530	3548
内燃机车		2668	2648	2679	2768	2848	2887	2920	2970	3002	3584	2964	2988	2973
电力机车		2985	3028	3071	3198	3335	3425	3528	3654	3736	4522	3790	3776	3768
货运机车日车公里	(公里)	437	445	450	455	458	465	480	483	487	489	494	491	493
客运机车日车公里	(公里)	533	557	562	612	650	671	758	812	860	882	888	880	883
内燃机车每万吨公里耗油	(公斤)	25.7	25.9	25.4	25.0	24.6	24.3	24.6	24.9	25.2	26.4	26.5	26.8	27.3
电力机车每万吨公里耗电	(千瓦小时)	113.1	110.8	110.0	111.2	111.8	110.0	109.5	110.6	107.9	102.4	100.6	102.1	101.9
货物列车出发正点率	(%)	97.2	97.3	96.9	96.5	97.0	97.4	97.2	96.9	96.5	95.8	95.7	95.2	95.3
货物列车运行正点率	(%)	96.8	96.7	96.5	96.2	96.9	97.3	97.0	96.8	96.4	95.2	95.3	95.0	95.7
旅客列车出发正点率	(%)	99.8	99.8	99.7	99.8	99.5	99.8	99.8	99.7	99.8	99.7	99.9	99.8	99.8
旅客列车运行正点率	(%)	96.9	97.6	96.5	95.9	98.4	99.4	99.1	98.9	99.0	99.0	99.2	99.1	99.0
旅客列车技术速度	(公里/小时)	69.5	71.4	71.7	73.7	74.2	74.7	78.8	80.1	80.3	80.6	81.0	80.0	82.1
旅客列车旅行速度	(公里/小时)	60.5	62.0	62.2	64.4	65.2	65.4	68.9	69.6	70.2	70.8	71.5	70.8	72.6
客运密度	(万人公里/公里)	785	807	765	903	938	1002	1084	1210	1197	1194	1235	1200	1314
货物列车技术速度	(公里/小时)	46.7	47.1	47.1	46.7	46.3	46.2	47.6	47.2	47.6	47.9	48.4	48.3	48.6
货物列车旅行速度	(公里/小时)	39.5	32.4	32.8	32.2	32.1	32.1	33.2	32.8	32.8	33.4	34.0	33.8	34.3
货运密度	(万吨公里/公里)	2412	2533	2726	2997	3140	3242	3475	3697	3611	3747	3929	3798	3787
货车周转时间	(天)	5.08	5.10	5.10	4.94	4.90	4.87	4.76	4.73	4.68	4.48	4.45	4.68	4.7
一次货物作业时间	(小时)	22.0	21.2	20.9	17.2	15.2	15.2	15.5	17.6	16.9	16.2	16.1	16.4	17.2
货车中转停留时间	(小时)	4.6	4.6	4.5	4.4	4.3	4.4	4.3	4.6	4.7	4.5	4.5	4.7	4.8
货车静载重(准轨)	(吨)	58.1	58.2	58.3	59.3	60.1	60.9	61.3	62.0	62.6	63.1	63.6	64.0	64.4
货车载重力利用率	(%)	97.3	96.7	96.5	98.0	98.7	99.2	99.2	99.4	99.7	99.8	100.0	100.0	99.7

6-2-28 公路线路年末里程

单位：万公里

指标	2002	2003	2004	2005	2006	2007	2008	2009	2010	2011	2012	2013
公路线路里程	**176.52**	**180.98**	**187.07**	**334.52**	**345.70**	**358.37**	**373.02**	**386.08**	**400.82**	**410.64**	**423.75**	**435.62**
按技术等级分												
等级公路	138.29	143.87	151.58	213.99	228.29	253.54	277.85	305.63	330.47	345.36	360.96	375.56
高速公路	2.51	2.97	3.43	4.10	4.53	5.39	6.03	6.51	7.41	8.49	9.62	10.44
一级公路	2.75	2.99	3.35	4.17	4.53	5.01	5.42	5.95	6.44	6.81	7.43	7.95
二级公路	19.71	21.19	23.17	24.82	26.27	27.64	28.52	30.07	30.87	32.05	33.15	34.05
三级公路	31.51	32.48	33.53	34.72	35.47	36.39	37.42	37.90	38.80	39.36	40.19	40.70
四级公路	81.80	84.24	88.10	146.18	157.48	179.10	200.46	225.20	246.95	258.64	270.58	282.41
等外公路	38.23	37.11	35.48	120.53	117.41	104.83	95.16	80.46	70.35	65.28	62.79	60.07
按路面类型分												
有铺装路面里程		34.43	44.17	83.99	99.65	125.03	146.48	172.00	191.80	210.34	229.51	246.54
简易铺装路面里程		44.38	45.53	52.35	52.86	52.62	53.08	53.25	52.42	51.23	50.35	49.22
未铺装路面里程		102.17	97.37	198.17	193.19	180.72	173.45	160.83	156.60	149.07	143.89	139.87
按行政等级分												
国道	12.50	12.79	12.98	13.27	13.34	13.71	15.53	15.85	16.40	16.94	17.34	17.68
省道	21.62	22.34	22.79	23.38	23.96	25.52	26.32	26.60	26.98	30.40	31.21	31.79
县道	47.12	47.29	47.94	50.75	50.65	51.44	51.23	51.95	55.40	53.36	53.95	54.68
乡道	86.56	89.83	94.52	98.79	98.76	99.84	101.11	101.96	105.48	106.60	107.67	109.05
专用公路	8.71	8.73	8.84	6.34	5.80	5.71	6.72	6.72	6.77	6.90	7.37	7.68
村道				141.99	153.20	162.15	172.10	183.00	189.77	196.44	206.22	214.74
公路晴雨通车里程	**155.31**	**159.92**	**165.44**	**172.08**	**265.30**	**282.74**	**304.52**	**329.64**	**353.24**			
公路养护里程	**166.12**	**170.58**	**178.88**	**184.01**	**268.21**	**304.00**	**350.59**	**368.83**	**387.59**	**398.04**	**411.68**	**425.14**
公路绿化里程	**93.99**	**95.80**	**99.39**	**102.63**	**123.58**	**142.39**	**167.69**	**177.29**	**194.34**	**204.45**	**220.21**	**230.75**

注：统计指标“公路晴雨通车里程”、“公路养护里程”和“公路绿化里程”2005年及以前年份数据不包括村道上的该类基础设施，因统计范围不同，故2006年及以后年份数据与历史数据不可比；“公路晴雨通车里程”2011年起已不纳入统计。

6-2-29 各地区公路线路年末里程

单位：公里

年份 地区	总计	等级公路	高速	一级	二级	三级	四级	等外公路
1980	888250	521134		196	12587	108291	400060	367116
1985	942395	606443		422	21194	128541	456286	335952
1990	1028348	741104	522	2617	43376	169756	524833	287244
1995	1157009	910754	2141	9580	84910	207282	606841	246255
1996	1185789	946418	3422	11779	96990	216619	617608	239371
1997	1226405	997496	4771	14637	111564	230787	635737	228909
1998	1278474	1069243	8733	15277	125245	257947	662041	209231
1999	1351691	1156736	11605	17716	139957	269078	718380	194955
2000	1679848	1315931	16285	25219	177787	305435	791206	363916
2001	1698012	1336044	19437	25214	182102	308626	800665	361968
2002	1765222	1382926	25130	27468	197143	315141	818044	382296
2003	1809828	1438738	29745	29903	211929	324788	842373	371090
2004	1870661	1515826	34288	33522	231715	335347	880954	354835
2005	3345187	2139887	41005	41687	248199	347160	1461835	1205299
2006	3456999	2282872	45339	45289	262678	354734	1574833	1174128
2007	3583715	2535383	53913	50093	276413	363922	1791042	1048332
2008	3730164	2778521	60302	54216	285226	374215	2004563	951642
2009	3860823	3056265	65055	59462	300686	379023	2252038	804558
2010	4008229	3304709	74113	64430	308743	387967	2469456	703520
2011	4106387	3453590	84946	68119	320536	393613	2586377	652796
2012	4237508	3609600	96200	74271	331455	401865	2705809	627908
2013	4356218	3755567	104438	79491	340466	407033	2824138	600652

注：以《1949-2010年全国交通运输统计摘要》为准，1996年和2000年的数据有所调整。

6-2-29 续表

年份 地区	总计	等级公路						等外公路
			高速	一级	二级	三级	四级	
全国	**4356218**	**3755567**	**104438**	**79491**	**340466**	**407033**	**2824138**	**600652**
北京	21673	21485	923	1162	3273	3555	12573	188
天津	15718	15718	1103	1302	3241	1260	8812	
河北	174492	167711	5619	4816	18455	17820	121001	6781
山西	139434	136039	5011	2232	15106	18130	95560	3394
内蒙古	167515	155030	4080	5578	14392	29885	101094	12485
辽宁	110973	95982	4023	3388	17626	32184	38760	14991
吉林	94191	86632	2299	1938	8979	10729	62688	7559
黑龙江	160206	131776	4084	1593	9853	33108	83140	28429
上海	12633	12633	815	421	3260	2685	5452	
江苏	156094	148263	4443	11283	22677	15146	94714	7830
浙江	115426	111997	3787	5310	9610	7905	85385	3429
安徽	173763	168084	3521	2280	10411	17568	134303	5680
福建	99535	80909	3935	687	9042	7768	59476	18626
江西	152067	122675	4303	1643	9790	9379	97559	29393
山东	252786	251425	4994	9487	25115	24847	186981	1361
河南	249831	196790	5859	1603	25322	19611	144396	53040
湖北	226912	212893	4333	2789	17576	12225	175970	14019
湖南	235392	206622	5080	1073	10702	6059	183707	28771
广东	202915	186357	5703	10621	19125	17364	133544	16558
广西	111384	96343	3305	1008	10393	8258	73380	15041
海南	24852	24154	757	287	1529	1385	20195	698
重庆	122846	90358	2312	618	7669	5300	74458	32488
四川	301816	246571	5046	3045	13733	11861	212885	55245
贵州	172564	95419	3284	256	4128	8466	79285	77145
云南	222940	178371	3200	1003	10307	8354	155508	44568
西藏	70591	48678		38	1033	7741	39867	21913
陕西	165249	148991	4363	1011	8441	14731	120445	16257
甘肃	133597	106812	2953	206	7309	13426	82918	26785
青海	70117	57069	1228	371	6067	5268	44134	13048
宁夏	28554	28338	1344	985	2967	6699	16344	216
新疆	170155	125442	2728	1457	13336	28317	79603	44713

6-2-30 民用汽车拥有量

年 份 地 区	民用汽车总计 (万辆)	载客汽车 (万辆)	大型	中型	小型	微型
1978	135.84	25.90				
1980	178.29	35.08				
1985	321.12	79.45				
1990	551.36	162.19				
1995	1040.00	417.90				
2000	1608.91	853.73				
2001	1802.04	993.96				
2002	2053.17	1202.37	75.48	104.80	789.74	232.34
2003	2382.93	1478.81	75.76	115.96	1017.21	269.88
2004	2693.71	1735.91	78.06	124.54	1248.89	284.42
2005	3159.66	2132.46	82.13	131.65	1618.35	300.32
2006	3697.35	2619.57	87.34	137.00	2083.40	311.83
2007	4358.36	3195.99	93.82	140.52	2646.47	315.18
2008	5099.61	3838.92	100.39	143.19	3271.14	324.19
2009	6280.61	4845.09	107.95	145.80	4246.90	344.44
2010	7801.83	6124.13	116.44	146.07	5498.36	363.25
2011	9356.32	7478.37	126.54	147.41	6827.54	376.88
2012	10933.09	8943.01	128.13	131.78	8302.63	380.47
2013	12670.14	10561.78	131.38	117.06	9951.46	361.87

注：1.小轿车包括在载客汽车中（下表同）。
2.从2002年起，载客汽车和载货汽车的分项、其他汽车统计口径有调整，与以前年份不可比（下表同）。

6-2-30 续表

年 份 地 区	载货汽车 (万辆)	重型	中型	轻型	微型	其他汽车 (万辆)	机动车驾驶员 (万人)	#汽车驾驶员
1978	100.17							192.45
1980	129.90							245.23
1985	223.20							462.44
1990	368.48						1635.85	790.96
1995	585.43						3501.52	1673.39
2000	716.32						7655.56	3746.51
2001	765.24						8455.04	4462.68
2002	812.22	148.28	218.69	360.58	84.66	38.58	9362.03	4827.08
2003	853.51	136.79	243.70	390.79	82.22	50.61	10611.04	5368.07
2004	893.00	153.90	233.94	425.74	79.43	64.80	11769.04	7101.64
2005	955.55	168.07	236.66	484.51	66.31	71.66	13069.52	8017.76
2006	986.30	174.01	235.39	532.13	44.76	91.49	14213.87	9317.24
2007	1054.06	186.74	243.46	587.22	36.63	108.31	15363.88	10567.15
2008	1126.07	200.84	249.73	644.96	30.54	134.62	17336.56	12276.80
2009	1368.60	315.08	262.21	765.33	25.97	66.92	19167.58	13740.73
2010	1597.55	394.80	269.75	911.88	21.12	80.14	20068.47	15129.89
2011	1787.99	460.58	267.80	1042.07	17.54	89.96	22817.62	17416.76
2012	1894.75	472.51	229.20	1179.65	13.40	95.33	25250.83	20028.52
2013	2010.62	501.97	196.40	1300.02	12.23	97.75	26955.93	21742.70

6-2-31 各地区民用汽车拥有量

年份 地区	民用汽车总计 (万辆)	载客汽车 (万辆)	大型	中型	小型	微型
全国	**12670.14**	**10561.78**	**131.38**	**117.06**	**9951.46**	**361.87**
北京	517.11	486.14	5.23	10.61	457.08	13.22
天津	261.58	235.56	2.44	1.69	220.46	10.96
河北	816.29	660.24	4.50	3.18	609.26	43.31
山西	378.27	317.56	2.82	1.82	293.85	19.07
内蒙古	306.87	254.46	2.44	1.04	241.21	9.78
辽宁	457.05	379.92	6.19	5.60	359.60	8.53
吉林	248.35	206.55	3.45	1.87	193.11	8.13
黑龙江	289.81	228.94	4.60	2.69	213.18	8.48
上海	234.91	207.99	4.40	4.99	195.22	3.39
江苏	944.35	840.53	9.26	9.69	801.72	19.86
浙江	901.99	785.00	6.40	6.84	753.83	17.93
安徽	358.74	275.84	4.24	3.05	263.26	5.30
福建	332.97	268.59	2.84	3.48	256.23	6.05
江西	246.84	190.11	2.50	1.97	180.90	4.75
山东	1199.71	1016.85	9.71	7.07	947.60	52.47
河南	700.69	574.84	6.48	4.48	537.00	26.87
湖北	354.40	282.29	4.90	4.09	269.42	3.88
湖南	366.74	303.54	4.07	4.43	289.23	5.80
广东	1177.37	992.39	15.62	16.88	947.69	12.21
广西	276.29	217.94	3.53	2.45	201.96	10.01
海南	64.80	52.10	1.20	0.78	49.55	0.58
重庆	192.77	156.54	2.89	1.43	150.15	2.08
四川	573.03	481.50	6.85	3.18	440.63	30.85
贵州	201.00	158.03	1.97	2.13	148.64	5.29
云南	374.01	293.55	2.40	2.82	275.03	13.30
西藏	26.72	16.75	0.36	0.56	15.39	0.44
陕西	336.08	284.52	3.28	2.44	266.78	12.02
甘肃	156.38	114.92	2.05	1.36	109.37	2.14
青海	58.84	45.28	0.72	0.60	43.10	0.86
宁夏	79.23	55.78	0.99	0.69	53.16	0.95
新疆	236.96	177.52	3.09	3.19	167.88	3.36

注：1.小轿车包括在载客汽车中（下表同）。
2.从2002年起，载客汽车和载货汽车的分项、其他汽车统计口径有调整，与以前年份不可比（下表同）。

6-2-31 续表

年份 地区	载货汽车 (万辆)	重型	中型	轻型	微型	其他汽车 (万辆)	机动车驾驶员 (万人)	#汽车驾驶员
全　国	**2010.62**	**501.97**	**196.40**	**1300.02**	**12.23**	**97.75**	**26955.93**	**21742.70**
北　京	25.71	5.58	3.17	16.96		5.26	822.00	805.70
天　津	24.34	4.70	1.46	18.11	0.07	1.68	337.80	335.01
河　北	150.01	53.28	8.25	87.83	0.66	6.04	1433.45	1344.02
山　西	58.29	21.36	2.97	33.27	0.69	2.42	617.86	593.07
内蒙古	49.96	15.71	1.49	32.46	0.30	2.44	529.94	465.64
辽　宁	73.51	20.12	4.92	48.26	0.21	3.61	895.53	783.63
吉　林	40.23	11.53	3.38	25.03	0.29	1.56	529.88	447.88
黑龙江	58.14	18.21	6.02	33.68	0.23	2.73	591.59	546.09
上　海	20.14	7.06	6.75	6.32	0.01	6.79	593.44	531.41
江　苏	96.79	34.35	17.12	45.14	0.17	7.03	2023.29	1636.33
浙　江	112.36	14.74	8.08	88.02	1.53	4.63	1422.23	1242.44
安　徽	79.94	27.05	5.02	47.57	0.30	2.97	914.08	731.02
福　建	62.36	9.17	3.74	48.79	0.67	2.02	876.77	586.15
江　西	54.56	16.05	5.86	32.51	0.14	2.17	938.26	590.77
山　东	176.22	48.49	11.20	116.02	0.50	6.65	2020.29	1845.19
河　南	120.78	39.87	8.94	71.47	0.50	5.08	1614.28	1357.16
湖　北	68.62	13.31	8.49	46.38	0.43	3.49	1005.12	753.41
湖　南	61.17	10.94	7.85	42.21	0.17	2.02	995.79	700.84
广　东	178.89	23.20	17.74	134.57	3.38	6.09	2461.75	1917.08
广　西	55.74	13.45	8.23	33.33	0.73	2.61	1066.94	609.92
海　南	12.14	1.18	1.25	9.68	0.03	0.56	173.95	116.48
重　庆	34.44	8.56	4.69	21.18	0.01	1.79	521.39	338.58
四　川	87.99	18.66	15.42	53.68	0.22	3.54	1480.11	1051.61
贵　州	41.50	5.65	5.25	30.50	0.11	1.46	454.85	347.40
云　南	78.46	10.70	11.02	56.63	0.11	2.01	919.61	568.87
西　藏	9.80	2.16	1.97	5.54	0.13	0.18	24.47	20.46
陕　西	47.88	13.77	4.71	29.20	0.19	3.68	731.12	647.57
甘　肃	39.89	8.78	4.15	26.91	0.06	1.57	312.05	279.15
青　海	12.79	2.50	0.93	9.32	0.04	0.77	90.96	88.27
宁　夏	22.35	6.10	1.52	14.66	0.08	1.09	142.05	114.72
新　疆	55.61	15.77	4.79	34.79	0.26	3.84	415.06	346.84

6-2-32 私人汽车拥有量

单位：万辆

年份/地区	私人汽车总计	载客汽车					载货汽车					其他汽车
			大型	中型	小型	微型		重型	中型	轻型	微型	
1985	28.49	1.93					26.48					
1990	81.62	24.07					57.48					
1995	249.96	114.15					131.83					
2000	625.33	365.09					259.09					
2001	770.78	469.85					298.95					
2002	968.98	623.76	9.89	35.87	408.49	169.51	341.29	48.27	84.40	158.67	49.95	3.94
2003	1219.23	845.87	7.36	42.51	586.90	209.10	367.35	44.47	95.20	176.58	51.09	6.00
2004	1481.66	1069.69	7.20	46.95	786.63	228.91	402.82	53.40	94.69	203.85	50.87	9.15
2005	1848.07	1383.93	7.61	50.88	1079.78	245.66	452.11	62.50	100.34	243.29	45.98	12.04
2006	2333.32	1823.57	11.19	56.20	1491.18	265.00	494.91	64.23	108.64	288.94	33.09	14.84
2007	2876.22	2316.91	7.91	55.73	1984.29	268.98	539.45	68.89	110.44	332.69	27.43	19.86
2008	3501.39	2880.50	8.57	57.97	2533.28	280.68	596.39	73.28	115.68	384.12	23.31	24.50
2009	4574.91	3808.33	8.72	59.96	3436.26	303.39	753.40	108.73	129.59	494.97	20.12	13.17
2010	5938.71	4989.50	9.34	61.00	4593.46	325.70	931.52	141.44	140.52	632.77	16.78	17.69
2011	7326.79	6237.46	9.99	62.34	5823.62	341.52	1067.43	164.28	144.52	744.39	14.24	21.90
2012	8838.60	7637.87	8.26	55.43	7226.48	347.71	1175.63	168.13	128.51	867.64	11.35	25.09
2013	10501.68	9198.23	6.95	46.95	8810.51	333.83	1275.49	174.39	111.85	978.73	10.52	27.95

6-2-33 各地区私人汽车拥有量

单位：万辆

年份 地区	私人汽车总计	载客汽车	大型	中型	小型	微型	载货汽车	重型	中型	轻型	微型	其他汽车
全国	**10501.68**	**9198.23**	**6.95**	**46.95**	**8810.51**	**333.83**	**1275.49**	**174.39**	**111.85**	**978.73**	**10.52**	**27.95**
北京	424.95	415.89	0.22	6.36	396.78	12.53	8.00	1.26	0.58	6.16		1.06
天津	224.36	206.95	0.11	0.62	195.86	10.36	16.96	1.73	0.75	14.41	0.07	0.45
河北	719.46	612.01	0.44	1.28	568.19	42.11	105.10	26.19	6.10	72.24	0.58	2.35
山西	318.88	279.46	0.10	0.45	261.37	17.54	38.59	9.60	2.06	26.34	0.59	0.82
内蒙古	263.86	227.82	0.16	0.35	218.22	9.09	35.08	7.10	1.10	26.62	0.25	0.96
辽宁	355.94	318.96	0.52	2.23	308.54	7.67	36.16	4.55	2.33	29.13	0.15	0.82
吉林	206.13	177.75	0.48	0.69	169.03	7.55	27.88	5.93	2.48	19.27	0.20	0.49
黑龙江	231.06	191.67	0.76	1.12	182.72	7.06	38.76	7.97	4.16	26.45	0.19	0.63
上海	163.23	162.88	0.13	1.75	157.92	3.09	0.21	0.04	0.05	0.12		0.14
江苏	780.43	729.46	0.14	4.22	706.78	18.32	48.84	14.10	7.43	27.17	0.14	2.14
浙江	763.87	690.46	0.18	2.57	670.82	16.89	72.59	3.51	3.64	64.15	1.29	0.82
安徽	274.57	236.01	0.10	1.04	230.05	4.82	37.69	3.15	1.88	32.42	0.24	0.87
福建	277.49	233.78	0.08	1.05	226.91	5.74	43.15	2.26	2.05	38.22	0.61	0.56
江西	190.71	160.57	0.04	0.50	156.15	3.88	29.63	2.30	2.61	24.60	0.12	0.51
山东	1039.55	919.36	1.03	3.04	865.87	49.42	117.64	15.37	7.25	94.57	0.45	2.55
河南	580.64	503.92	0.27	1.32	478.51	23.83	74.62	10.29	5.80	58.13	0.41	2.10
湖北	282.94	236.70	0.10	1.47	231.54	3.59	45.29	5.12	5.56	34.26	0.35	0.95
湖南	318.49	266.94	0.13	1.33	260.05	5.43	50.61	6.70	6.51	37.25	0.15	0.94
广东	995.93	881.56	1.14	10.53	858.06	11.84	112.55	7.70	9.94	91.85	3.06	1.82
广西	223.01	187.31	0.10	0.88	177.91	8.43	34.93	5.43	4.80	24.06	0.65	0.77
海南	51.40	41.67	0.10	0.29	40.76	0.52	9.57	0.68	1.12	7.75	0.03	0.17
重庆	148.37	131.29	0.01	0.17	129.18	1.93	16.70	0.48	1.20	15.01	0.01	0.38
四川	485.52	423.74	0.17	0.78	394.47	28.32	60.58	6.54	9.32	44.52	0.20	1.20
贵州	166.28	134.31	0.03	0.18	129.38	4.72	31.53	2.55	3.43	25.46	0.10	0.45
云南	318.54	253.88	0.03	0.38	241.50	11.97	63.92	6.14	8.56	49.12	0.09	0.74
西藏	19.54	11.63	0.03	0.24	11.00	0.35	7.85	1.65	1.77	4.33	0.10	0.06
陕西	280.79	245.33	0.13	0.42	233.92	10.86	34.35	6.36	3.70	24.13	0.17	1.12
甘肃	114.54	87.89	0.04	0.27	86.13	1.45	26.19	3.70	2.60	19.85	0.04	0.46
青海	44.67	35.57	0.01	0.13	34.75	0.68	8.86	1.01	0.67	7.15	0.03	0.24
宁夏	65.33	47.73	0.05	0.24	46.59	0.84	17.17	3.51	1.19	12.40	0.07	0.44
新疆	171.20	145.75	0.13	1.05	141.55	3.02	24.51	1.48	1.23	21.61	0.20	0.94

6-2-34 进口汽车拥有量

单位：辆

年份 地区	汽车总计	载客汽车					载货汽车					其他汽车
			大型	中型	小型	微型		重型	中型	轻型	微型	
2002	1361750	1025959	24798	69266	897362	34533	314172	87422	48797	165326	12627	21619
2003	1445408	1155590	21686	75699	1034475	23730	264075	73361	31510	150120	9084	25743
2004	1360832	1129985	19009	66065	1029846	15065	207798	49963	22836	129021	5978	23049
2005	1697266	1454215	18754	79698	1337564	18199	213621	48905	22078	139741	2897	29430
2006	1780998	1590420	16159	69930	1487474	16857	160552	33594	9808	116610	540	30026
2007	1964763	1799331	15628	67223	1701016	15464	134672	28896	7452	98032	292	30760
2008	2225960	2098630	14896	63790	2005820	14124	96597	20698	5318	70335	246	30733
2009	2527684	2449870	14700	61961	2357902	15307	57515	22788	3534	31009	184	20299
2010	3162537	3098870	15062	59691	3005826	18291	41073	19921	2532	18459	161	22594
2011	3982087	3925188	15799	57520	3825373	26496	34567	18134	1991	14329	113	22332
2012	4935806	4887568	15152	48960	4783708	39748	27090	13660	802	12543	85	21148
2013	5967943	5922756	13616	36486	5820386	52268	26159	12432	838	12858	31	19028

6-2-35 各地区进口汽车拥有量

单位：辆

年份 地区	汽车总计	载客汽车	大型	中型	小型	微型	载货汽车	重型	中型	轻型	微型	其他汽车
全　国	**5967943**	**5922756**	**13616**	**36486**	**5820386**	**52268**	**26159**	**12432**	**838**	**12858**	**31**	**19028**
北　京	457315	453605	938	2044	446805	3818	1496	28	34	1434		2214
天　津	106693	105515	221	542	103287	1465	579	371	30	178		599
河　北	155321	153564	400	597	151343	1224	995	426	17	552		762
山　西	112297	111665	390	548	109444	1283	389	160	9	220		243
内蒙古	168726	167716	303	382	166426	605	771	85	2	684		239
辽　宁	292745	290759	896	1176	287579	1108	1272	367	36	867	2	714
吉　林	103509	102792	274	448	101786	284	469	40	16	398	15	248
黑龙江	129215	127145	470	739	125616	320	1451	496	31	924		619
上　海	229782	226380	963	1465	222659	1293	401	288	38	75		3001
江　苏	418207	416148	780	2881	405528	6959	1086	627	17	442		973
浙　江	645570	643710	673	2355	632213	8469	1490	987	20	483		370
安　徽	85483	85061	204	497	83885	475	267	159	9	99		155
福　建	225149	223292	389	1897	218965	2041	1548	705	6	837		309
江　西	63211	62352	160	287	61319	586	610	519	4	87		249
山　东	306534	304873	861	2529	299091	2392	902	244	19	636	3	759
河　南	166100	165178	414	1129	161954	1681	509	203	16	289	1	413
湖　北	127174	126473	278	834	124755	606	380	144	3	230	3	321
湖　南	141486	140629	221	582	139091	735	502	357	19	125	1	355
广　东	920451	913171	2122	8031	897149	5869	5083	3894	309	875	5	2197
广　西	117081	115922	573	1113	111087	3149	529	274	33	222		630
海　南	49583	49305	210	611	48289	195	128	30	1	97		150
重　庆	107009	106516	105	293	105717	401	315	52		263		178
四　川	232156	230830	355	900	226651	2924	945	300	23	621	1	381
贵　州	60811	60466	82	275	59343	766	197	40	6	151		148
云　南	156901	155488	276	1072	151834	2306	1149	584	49	516		264
西　藏	15199	15059	96	264	14659	40	125	11	26	88		15
陕　西	165818	164719	218	736	162831	934	576	140	7	429		523
甘　肃	50234	49733	151	543	48930	109	135	23	2	110		366
青　海	20999	20676	104	313	20237	22	145	11	2	132		178
宁　夏	37433	36810	108	293	36352	57	428	109	25	294		195
新　疆	99751	97204	381	1110	95561	152	1287	758	29	500		1260

6-2-36 新注册民用汽车数量

单位：辆

年份 地区	新注册民用汽车	载客汽车					载货汽车					其他汽车
			大型	中型	小型	微型		重型	中型	轻型	微型	
2002	3371951	2294649	97200	145062	1491479	560908	993761	186498	220969	501985	84309	83541
2003	4337485	3160859	100284	157523	2421951	481101	1075692	168363	259173	576073	72083	100934
2004	4511823	3332297	96462	138357	2841668	255810	1029497	228523	194438	564061	42475	150029
2005	5286287	4157504	99489	105314	3712056	240645	1024034	162859	175576	639557	46042	104749
2006	5730432	4678667	95428	82758	4382206	118275	925294	139120	147689	616910	21575	126471
2007	6079209	5000042	91087	72059	4772468	64428	917603	155155	157867	591014	13567	161564
2008	7631839	6226814	112811	64024	5928095	121884	1168226	236749	185338	733343	12796	236799
2009	12459452	10248554	114984	69548	9794452	269570	2148355	500593	242679	1391249	13834	62543
2010	15288186	12546891	148234	76519	12086273	235865	2637605	769644	238595	1614803	14563	103690
2011	16242474	13694540	163258	76472	13244774	210036	2442601	726854	173140	1535590	7017	105333
2012	17725011	15248801	163517	71013	14875884	138387	2386173	560063	139793	1681908	4409	90037
2013	20309394	17522965	168946	81160	17173792	99067	2689898	739027	133402	1814385	3084	96531

6-2-37　各地区新注册民用汽车数量

单位：辆

年份 地区	新注册民用汽车	载客汽车					载货汽车					其他汽车
			大型	中型	小型	微型		重型	中型	轻型	微型	
全　国	**20309394**	**17522965**	**168946**	**81160**	**17173792**	**99067**	**2689898**	**739027**	**133402**	**1814385**	**3084**	**96531**
北　京	589346	552069	3681	10377	535611	2400	34144	7884	1533	24727		3133
天　津	421659	386280	2976	1088	379104	3112	34326	8596	1419	24303	8	1053
河　北	1385247	1156968	6111	2836	1133185	14836	223647	86440	4316	132886	5	4632
山　西	590604	518234	3511	1546	506180	6997	70090	26754	1008	42318	10	2280
内蒙古	433257	380093	3164	777	373408	2744	51275	10690	1015	39569	1	1889
辽　宁	634207	548340	8661	2364	533848	3467	83032	22832	4286	55906	8	2835
吉　林	352333	303426	4146	1480	296362	1438	47472	14372	1608	31492		1435
黑龙江	373898	315841	5354	1820	307728	939	56135	12595	3451	40089		1922
上　海	349923	303841	4677	2629	295822	713	36186	17291	8080	10815		9896
江　苏	1568341	1448610	10638	3920	1428330	5722	112613	45590	11329	55691	3	7118
浙　江	1409464	1272408	8079	3110	1254725	6494	133565	23565	4563	105340	97	3491
安　徽	693353	564308	6361	2602	553434	1911	125842	48804	3280	73698	60	3203
福　建	556857	468041	3422	2890	459816	1913	86661	17164	2778	66718	1	2155
江　西	454788	369592	3317	1997	363169	1109	82222	21717	6107	54397	1	2974
山　东	1837804	1597146	13192	3611	1565156	15187	235275	64569	6768	163928	10	5383
河　南	1264528	1075941	8880	4227	1056384	6450	184507	65382	4675	114428	22	4080
湖　北	643371	548079	7973	4008	534770	1328	90702	23116	7404	60182		4590
湖　南	686026	593615	6780	7396	577015	2424	90067	18496	6229	65342		2344
广　东	1611605	1412843	17791	3461	1386887	4704	194968	38708	12019	141476	2765	3794
广　西	445913	371784	3126	1078	366510	1070	72090	18656	6359	47075		2039
海　南	101416	85505	1347	479	83387	292	15374	1595	1516	12253	10	537
重　庆	429496	364299	4187	1925	357619	568	60885	18581	3159	39143	2	4312
四　川	961575	847426	10448	3031	830601	3346	110887	30972	7379	72530	6	3262
贵　州	409790	330023	3737	2816	322478	992	76170	13302	4600	58267	1	3597
云　南	609577	508172	3297	2529	499662	2684	99025	15565	5569	77891		2380
西　藏	36355	19164	295	237	18422	210	17005	2526	2246	12184	49	186
陕　西	595002	519002	5411	2364	507287	3940	71884	23723	2131	46024	6	4116
甘　肃	284353	216884	2699	1158	212428	599	65075	13071	3055	48937	12	2394
青　海	100985	79310	1325	461	77097	427	20702	3849	1020	15830	3	973
宁　夏	130966	97536	877	386	95816	457	32421	6216	870	25333	2	1009
新　疆	347355	268185	3483	2557	261551	594	75651	16406	3630	55613	2	3519

6-2-38 公路营运汽车拥有量

年份 地区	汽车总计 (万辆)	载客汽车		载货汽车			
		辆数 (万辆)	客位 (万客位)	辆数 (万辆)	#普通载货汽车	吨位 (万吨)	#普通载货汽车
1990	31.30	10.76	468.92	20.22	19.82	131.61	127.06
1995	27.49	13.73	480.61	13.75	13.12	103.13	94.56
2000	702.82	216.81	2524.45	486.02	475.24	1667.70	1573.73
2001	764.39	255.12	2701.68	509.27	496.65	1733.58	1621.40
2002	826.34	289.55	2972.32	536.78	520.27	1808.45	1674.79
2003	924.64	352.19	3430.64	572.45	553.23	1941.52	1788.86
2004	1067.18	439.09	3872.21	628.09	604.93	2338.61	2119.64
2005	733.22	128.40	1859.28	604.82	580.28	2537.75	2282.15
2006	802.58	161.92	2312.41	640.66	598.43	2822.69	2343.13
2007	849.22	164.73	2428.81	684.49	648.01	3135.69	2643.74
2008	930.61	169.64	2560.36	760.97	720.18	3686.20	3139.76
2009	1087.35	180.79	2799.71	906.56	859.27	4655.23	4002.80
2010	1133.32	83.13	2017.09	1050.19	996.43	5999.82	5223.23
2011	1263.75	84.34	2086.66	1179.41	1116.36	7261.20	6273.51
2012	1339.89	86.71	2166.55	1253.19	1184.58	8062.14	6963.29
2013	1504.73	85.26	2170.26	1419.48	1080.75	9613.91	5008.34

注：1.小轿车包括在载客汽车中。
2.1999年以前数据仅为公路部门营运汽车，1999年为全国营运汽车。2000年起为全国运输汽车(含营运和非营运汽车)。2005年起为全国营运汽车（不含非营运汽车)。
3.从2010年起，公路营运载客汽车不包括在公路运输管理部门管理并注册登记的公共汽车和出租汽车

6-2-39 各地区公路营运汽车拥有量

年份 地区	汽车总计 (万辆)	载客汽车		载货汽车			
		辆数 (万辆)	客位 (万客位)	辆数 (万辆)	#普通载货汽车	吨位 (万吨)	#普通载货汽车
全　国	**1504.73**	**85.26**	**2170.26**	**1419.48**	**1080.75**	**9613.91**	**5008.34**
北　京	24.11	5.48	69.14	18.63	15.87	86.93	55.85
天　津	16.91	0.93	35.90	15.98	11.49	86.43	27.20
河　北	134.45	2.97	72.85	131.48	77.01	1150.54	371.47
山　西	50.29	1.40	39.62	48.89	30.30	465.75	183.42
内蒙古	41.26	1.29	43.04	39.97	26.92	319.97	158.97
辽　宁	79.35	2.52	78.56	76.83	59.64	465.35	263.53
吉　林	32.94	1.43	43.00	31.51	25.38	208.28	132.12
黑龙江	47.59	1.81	51.54	45.78	37.95	337.22	223.73
上　海	23.99	2.13	52.80	21.86	12.45	194.41	67.46
江　苏	77.18	4.40	162.22	72.78	50.69	579.30	278.16
浙　江	51.42	3.17	102.63	48.25	38.05	273.49	129.30
安　徽	69.56	3.44	89.70	66.12	49.07	472.74	249.70
福　建	27.49	1.88	51.75	25.62	19.42	164.74	72.09
江　西	40.38	1.80	48.40	38.59	27.27	325.53	162.40
山　东	113.76	3.22	100.29	110.54	70.45	950.09	371.37
河　南	114.66	5.00	144.56	109.65	82.38	732.52	372.90
湖　北	47.00	4.22	91.83	42.78	33.98	233.37	140.46
湖　南	46.59	4.83	111.44	41.77	37.15	221.03	157.85
广　东	98.50	4.31	162.75	94.19	77.34	506.33	265.97
广　西	45.27	3.39	89.20	41.89	35.57	241.91	166.09
海　南	5.98	0.59	16.37	5.39	4.97	23.55	17.36
重　庆	27.54	1.92	50.25	25.62	23.29	139.12	115.36
四　川	60.79	5.33	118.00	55.46	51.44	267.76	216.56
贵　州	25.76	2.98	61.78	22.78	22.29	90.93	86.53
云　南	60.03	4.88	78.16	55.14	53.21	219.12	195.26
西　藏	4.07	0.51	10.52	3.55	3.29	24.64	21.58
陕　西	37.98	2.66	59.71	35.32	28.43	227.55	143.41
甘　肃	28.30	2.05	45.00	26.25	23.52	134.25	99.14
青　海	8.74	0.37	8.02	8.37	7.56	43.60	32.36
宁　夏	14.17	0.60	16.47	13.57	10.48	106.71	68.44
新　疆	48.67	3.74	64.79	44.93	33.89	320.75	162.30

注：1.小轿车包括在载客汽车中。
2.1999年以前数据仅为公路部门营运汽车，1999年为全国营运汽车。2000年起为全国运输汽车(含营运和非营运汽车)。2005年起为全国营运汽车（不含非营运汽车）。
3.从2010年起，公路营运载客汽车不包括在公路运输管理部门管理并注册登记的公共汽车和出租汽车

6-2-40 内河航道年末里程

单位：公里

地 区	2005	#等级航道	2010	#等级航道	2011	#等级航道	2012	#等级航道	2013	#等级航道
全 国	**123263**	**61013**	**124242**	**62290**	**124612**	**62648**	**124995**	**63719**	**125853**	**64900**
北 京										
天 津	88	88	88	88	88	88	88	88	88	88
河 北										
山 西	467	139	467	139	467	139	467	139	467	139
内蒙古	2403	2380	2403	2380	2403	2380	2403	2380	2403	2380
辽 宁	413	413	413	413	413	413	413	413	413	413
吉 林	1456	1381	1456	1381	1456	1381	1456	1381	1456	1381
黑龙江	5131	4756	5098	4723	5098	4723	5098	4723	5098	4723
上 海	2223	842	2226	845	2226	845	2281	888	2268	937
江 苏	24349	7517	24228	7649	24252	7694	24270	8266	24333	8515
浙 江	9652	4756	9703	4832	9750	4913	9735	4945	9743	4953
安 徽	5587	4997	5596	5006	5596	5006	5623	5041	5642	5060
福 建	3245	1269	3245	1269	3245	1269	3245	1269	3245	1269
江 西	5638	2349	5638	2349	5638	2349	5638	2349	5638	2349
山 东	1012	892	1150	1035	1150	1035	1144	1057	1117	1030
河 南	1267	1150	1267	1150	1267	1150	1267	1150	1267	1150
湖 北	8181	5685	8260	5792	8260	5792	8271	5803	8271	5803
湖 南	11495	4126	11495	4126	11495	4126	11495	4126	11496	4127
广 东	11844	4306	11844	4306	11850	4312	12097	4668	12097	4668
广 西	5413	3331	5433	3352	5433	3352	5479	3352	5478	3352
海 南	343	76	343	76	343	76	343	76	343	76
重 庆	4103	1753	4331	1801	4331	1801	4331	1801	4331	1801
四 川	10720	3825	10720	3825	10720	3825	10720	3825	10720	3848
贵 州	3323	1846	3442	2094	3442	2094	3442	2094	3649	2354
云 南	2539	1810	2877	2206	3158	2422	3158	2422	3551	2816
西 藏										
陕 西	1066	558	1066	558	1066	558	1066	558	1066	558
甘 肃	860	347	914	381	914	381	914	381	914	381
青 海	329	318	421	409	421	409	421	409	629	618
宁 夏	117	105	117	105	130	115	130	115	130	115
新 疆										

注：1.从2003年起，长江干流通航里程由各省分别统计，不再单列。
2.从2003年起，内河航道里程为内河航道通航里程数。

6-2-41 民用运输船舶拥有量

年 份 地 区	机动船					驳 船		
	艘数 (艘)	净载重量 (吨)	载客量 (客位)	总功率 (千瓦)	#拖船功率	艘数 (艘)	净载重量 (吨)	载客量 (客位)
1995	299717	40940087	979985		1707115	57998	9449652	17722
2000	185018	42640605	1014013	19354496	1439743	44658	8640504	18258
2001	169329	45526726	1048915	20884813	1370221	41457	8968670	27902
2002	165936	48372587	945387	21995838	1433547	37041	8683075	33405
2003	163813	60745234	971514	26156815	1269607	40457	9871079	30631
2004	166854	75114059	961562	30527287	1197191	43846	11058522	34666
2005	165900	90756392	977846	36399287	1480381	41394	11030057	33496
2006	157805	98241489	1025861	39068361	1538957	36555	12015595	33355
2007	157544	106441173	1004546	39366720	1520924	34227	12373412	22316
2008	152247	111047702	994495	43550959	1564439	31943	13121439	14050
2009	149367	133384848	979384	46209122	1120381	27565	12702991	2166
2010	155624	168985654	1001395	53304379	1410719	22783	11422911	2260
2011	157950	202602789	1004622	59496603	1600896	21292	10040453	3768
2012	158309	218793742	1021260	63894591	1531873	20282	9692502	3798
2013	155340	234317614	1031711	64846571	1235661	17214	9692720	1287

注：不分地区数据为中国远洋运输集团总公司海外公司及中国海运集团总公司香港有限公司数。

6-2-42 各地区民用运输船舶拥有量

年份/地区	机动船					驳船		
	艘数(艘)	净载重量(吨)	载客量(客位)	总功率(千瓦)	#拖船功率	艘数(艘)	净载重量(吨)	载客量(客位)
2013	**155340**	**234317614**	**1031711**	**64846571**	**1235661**	**17214**	**9692720**	**1287**
北京								
天津	403	8297475	3137	1745954	77648	19	254381	
河北	1532	3473938	16820	585558		3	3983	
山西	249	4073	3314	14197				
内蒙古								
辽宁	524	8064843	29919	1334492	15763	10	31108	
吉林	866	24451	20053	41607	5042	31	16150	
黑龙江	1251	82385	22186	133013	41453	351	211038	
上海	1693	30407440	71913	10157894	99736	71	149377	
江苏	39378	39354712	53534	10455242	375434	8396	3777253	
浙江	17732	23684637	77531	6565272	112709	476	90685	
安徽	27193	31035562	15193	8419370	39771	1528	716437	
福建	2169	7906718	30586	2287623	10216	5	6975	
江西	3926	2287031	10758	731640	764	16	7581	
山东	7524	11042793	63273	3158599	266443	4500	3849157	
河南	5088	5846995	11329	1867510	2745	108	40834	
湖北	4562	7340798	41611	1892374	57898	232	271509	
湖南	8015	2977560	73236	1222314	7813	52	51848	365
广东	8474	24013693	78700	6322626	92111	20	33208	
广西	8658	7426921	103685	1970310	882	4	3250	
海南	521	1797693	30408	589875		2	1614	
重庆	3620	5082148	83372	1470924	12145	80	118824	
四川	6582	1034812	86805	508485	15098	1032	51589	
贵州	1992	125068	43563	148026	141	26	4353	
云南	951	120540	20303	97781	500	1	100	
西藏								
陕西	1094	28068	19863	40984	335	251	1466	922
甘肃	434	1494	7675	30521				
青海	65		1943	13695				
宁夏	691		11001	30498	1014			
新疆								
不分地区	153	12855766		3010187				

注：不分地区数据为中国远洋运输集团总公司海外公司数。

6-2-43 沿海规模以上港口码头泊位数(2013年底)

港口	总计			生产用			非生产用	
	码头长度(米)	泊位个数(个)	#万吨级	码头长度(米)	泊位个数(个)	#万吨级	码头长度(米)	泊位个数(个)
总计	**744469**	**5761**	**1524**	**669379**	**4841**	**1524**	**75090**	**920**
#大连	42026	237	96	38149	212	96	3877	25
营口	17097	83	50	16363	76	50	734	7
秦皇岛	16068	86	42	14750	66	42	1318	20
天津	35756	160	102	34408	149	102	1348	11
烟台	19041	98	59	17911	88	59	1130	10
威海	3949	20	12	3949	20	12		
青岛	21962	88	66	20944	82	66	1018	6
日照	13013	51	44	12707	50	44	306	1
上海	123988	1191	170	74487	608	156	49501	583
连云港	12012	53	44	11715	51	44	297	2
宁波-舟山	81269	683	146	78371	613	146	2898	70
台州	11361	175	7	11325	174	7	36	1
温州	14933	210	16	14883	209	16	50	1
福州	23025	186	48	22824	181	48	201	5
厦门	26620	165	65	25596	146	65	1024	19
汕头	9898	92	19	9627	87	19	271	5
深圳	30790	159	66	29384	147	66	1406	12
广州	49273	545	68	45477	498	66	3796	47
湛江	17243	177	30	15542	146	30	1701	31
北海	6040	56	11	5 980	55	11	60	1
防城	14223	121	32	14163	116	32	60	5
海口	4563	32	11	4372	31	10	191	1
八所	2324	13	9	2154	12	9	170	1

注：1.从2006年起，宁波－舟山港统计范围包括原宁波港和舟山港。
2.从2007年起，烟台港统计范围包括原烟台港和龙口港。
3.从2011年起，厦门港统计范围包括原厦门港和漳州港。

6-2-44 内河规模以上港口码头泊位数(2013年底)

港口	总计			生产用			非生产用	
	码头长度(米)	泊位个数(个)	#万吨级	码头长度(米)	泊位个数(个)	#万吨级	码头长度(米)	泊位个数(个)
总计	**919926**	**14618**	**394**	**877067**	**13904**	**394**	**42859**	**714**
#重庆	94286	1236		73204	869		21082	367
宜昌	7412	47		5708	35		1704	12
武汉	24015	274		21013	240		3002	34
黄石	8297	139		7867	133		430	6
九江	13616	146		11591	118		2025	28
安庆	11231	163		9522	135		1709	28
池州	8752	106		8752	106			
铜陵	6716	104	1	6651	103	1	65	1
芜湖	13527	164	6	13527	164	6		
马鞍山	9557	150		9507	149		50	1
南京	34092	311	59	32500	288	59	1592	23
镇江	20623	192	42	20503	190	42	120	2
泰州	16686	123	56	16686	123	56		
扬州	7308	47	21	7308	47	21		
江阴	12022	70	29	11872	68	29	150	2
常州	4388	31	8	4388	31	8		
南通	17815	103	50	17260	97	50	555	6
上海(内河)	88840	1856		88133	1 842		707	14

注：从2009年起，重庆港统计范围发生变化，包括原重庆、涪陵、万州、重庆航管处四个港区，与历史数据不可比。

6-2-45 沿海规模以上港口货物吞吐量

单位：万吨

港 口	1985	1990	1995	2000	2005	2007	2008	2009	2010	2011	2012	2013
总 计	**31154**	**48321**	**80166**	**125603**	**292777**	**388200**	**429599**	**475481**	**548358**	**616292**	**665245**	**728098**
#大 连	4381	4952	6417	9084	17085	22286	24588	27202.8	31399	33691	37426	40746
营 口	98	237	1156	2268	7537	12207	15085	17603	22579	26085	30107	32013
秦皇岛	4419	6945	8382	9743	16900	24893	25231	24942.1	26297	28770	27099	27260
天 津	1856	2063	5787	9566	24069	30946	35593	38111.3	41325	45338	47697	50063
烟 台	689	668	1361	1774	4506	10129	11189	12351.1	15033	18029	20298	22157
青 岛	2611	3034	5103	8636	18678	26502	30029	31545.7	35012	37230	40690	45003
日 照		925	1452	2674	8421	13063	15102	18131	22597	25260	28098	30937
上 海	11291	13959	16567	20440	44317	49227	50808	49467.5	56320	62432	63740	68273
连云港	929	1137	1716	2708	6016	8507	10060	10843.2	12739	15627	17367	18898
宁波-舟山	1040	2554	6853	11547	26881	47336	52048	57684.3	63300	69393	74401	80978
台 州				950	2067	3312	3898	4293.94	4706	5099	5358	5628
温 州			601	859	3097	3496	4263	5998.81	6408	6950	6997	7379
厦 门			1314	1965	4771	8117	9702	11096.3	12728	15654	17227	19088
汕 头	201	279	716	1284	1736	2301	2806	3101.8	3509	4005	4563	5038
深 圳				5697	15351	19994	21125	19365	22098	22325	22807	23398
广 州	1772	4163	7299	11128	25036	34325	34700	36395.4	41095	43149	43517	45517
湛 江	1231	1557	1885	2038	4647	6075	6682	11838.2	13638	15539	17092	18006
北 海				265	437	594	620	1014.85	1251	1591	1757	2078
海 口	170	288	468	808	2118	2373	2614	4855.5	5700	6549	7217	8293
八 所	388	431	275	378	486	546	554	652	893	997	1095	1293
三 亚	78	37	42	48	49	43	75					

注：1.从2006年起，宁波-舟山港统计范围包括原宁波港和舟山港，以往年度数据为原宁波港数据。
2.从2007年起，烟台港统计范围包括原烟台港和龙口港，以往年度数据为原烟台港数据。
3.从2011年起，厦门港统计范围包括原厦门港和漳州港。

6-2-46 内河规模以上港口货物吞吐量

单位：万吨

港 口	2000	2001	2002	2003	2004	2005	2006	2007	2008	2009	2010	2011	2012	2013
总 计	**44452**	**49002**	**56701**	**66224**	**86414**	**101418**	**117510**	**138208**	**159481**	**221678**	**261822**	**295522**	**312228**	**336793**
#上海(内河)	5853	7660	8613	9857	10575	10749	6 709	6918	7362	9738	9019	10326	9819	9301
南 京	6679	5789	6108	6620	9589	10686	10091	10859	11125	12146	14719	17333	19197	20201
江 阴	666	1024	1357	2150	2683	4278	5739	7218	8740	10103	12522	12934	13248	12590
常 州	379	492	562	754	540	805	2347	2029	2282	2724	3156	2769	2667	3067
苏 州	364	397	410	6282	9059	11919	15085	18377	20348	24634				
南 通	2748	3511	3746	5010	7218	8327	10386	12339	13214	13641	15070	17331	18526	20494
扬 州	419	469	615	860	889	1179	1398	1591	1938	2938	3642	4370	4841	6189
泰 州	187	244	329	806	1285	1581	2787	2128	2592	7467	9890	12038	13210	15425
镇 江	2153	2217	2630	3046	4839	5847	6318	7824	8705	8713	10634	11806	13460	14098
芜 湖	830	903	1138	1410	1831	1850	3934	4681	5514	5710	6609	7473	8260	9313
马鞍山	626	747	888	1052	1713	2011	2393	3684	4697	4191	4826	5306	6809	7489
铜 陵	314	289	312	305	380	352	2405	2860	2872	3157	3914	4729	5507	5905
安 庆	729	668	846	1043	1479	1835	2839	2852	2800	2554	2813	3010	3225	3006
池 州	155	184	258	422	1073	1752	1952	2101	2250	2244	2576	3137	3488	3914
九 江	623	574	573	614	842	928	760	733	596	2852	3291	3907	4827	6030
武 汉	1738	1653	1773	3124	4281	4939	5034	5278	5592	5409	6620	7602	7632	7701
黄 石	227	439	515	585	675	1003	1195	962	1032	1520	1605	1781	1874	2098
宜 昌	217	213	182	212	305	226	518	734	715	653	818	770	682	554
重 庆	781	701	638	641	820	950	1073	1317	1470	8612	9668	11606	12502	13676
万 州	252	258	290	274	446	490	641	713	822					

注：从2009年起,重庆港统计范围发生变化，包括原重庆、涪陵、万州、重庆航管处四个港区，与历史数据不可比。

6-2-47 沿海规模以上港口分货类吞吐量

单位：万吨

货类名称	2011			2012			2013		
	合计	出港	进港	合计	出港	进港	合计	出港	进港
总　计	**616292**	**270162**	**346131**	**665245**	**284076**	**381170**	**728098**	**311987**	**416111**
煤炭	136949	75729	61221	138102	74300	63803	150401	81341	69059
石油、天然气及制品	63982	21200	42782	63157	19652	43506	64298	19393	44905
#原油	38080	8377	29703	36817	6857	29960	38074	6736	31338
金属矿石	101537	19508	82029	111045	21176	89869	124328	23526	100802
钢铁	22481	13647	8834	23596	14428	9168	25848	16071	9777
矿建材料	38114	13724	24390	47348	16375	30973	52935	19948	32987
水泥	4521	1242	3279	4571	1182	3389	5513	1571	3941
木材	4347	661	3686	4728	651	4077	5111	642	4469
非金属矿石	9272	3314	5958	8988	3307	5681	11697	4177	7519
化肥和农药	2063	1281	782	2236	1486	750	2336	1561	776
盐	708	73	635	734	57	676	905	58	847
粮食	12176	4258	7918	14309	4710	9598	15835	5387	10448
机械、设备、电器	16333	8979	7353	18749	9804	8945	18763	9673	9090
化工原料及制品	9075	3557	5518	10218	3836	6382	12208	4744	7464
有色金属	721	193	528	920	223	697	1328	502	827
轻工、医药产品	7509	3891	3618	8270	4061	4209	9398	4577	4821
农林牧渔业产品	2287	722	1566	2949	913	2036	3198	1032	2166
其他	184215	98182	86033	205325	107915	97410	223997	117785	106211

6-2-48 内河规模以上港口分货类吞吐量

单位：万吨

货类名称	2011			2012			2013		
	合 计	出 港	进 港	合 计	出 港	进 港	合 计	出 港	进 港
总　计	**295522**	**125381**	**170141**	**312228**	**132743**	**179485**	**336793**	**141771**	**195022**
煤炭	57399	18403	38997	61504	19099	42405	66898	20457	46441
石油、天然气及制品	10815	4226	6589	10680	4143	6537	11480	4304	7177
#原油	2874	822	2051	2522	762	1760	2534	704	1830
金属矿石	36967	10196	26771	38942	11132	27810	42684	11940	30744
钢铁	19390	10085	9305	18710	10081	8629	19393	10476	8918
矿建材料	97543	42430	55113	102096	44793	57302	110206	46884	63323
水泥	17585	13240	4345	20349	15332	5018	23110	17456	5653
木材	1977	430	1547	1884	409	1475	2045	409	1636
非金属矿石	12081	7550	4532	11638	6564	5074	11726	6968	4758
化肥和农药	1733	957	775	1577	809	768	1554	728	827
盐	547	201	346	585	240	345	716	346	370
粮食	4466	1324	3142	5685	1844	3842	6688	2154	4535
机械、设备、电器	803	601	202	762	560	201	794	613	181
化工原料及制品	8346	3188	5159	8744	3380	5363	9440	3797	5642
有色金属	171	88	83	282	139	143	303	172	131
轻工、医药产品	1590	787	803	1732	864	868	1744	841	903
农林牧渔业产品	1026	351	675	1358	474	884	955	332	623
其他	23082	11323	11759	25699	12879	12819	27055	13895	13160

6-2-49 民用航空航线及飞机年末数

指　标	2000	2005	2007	2008	2009	2010	2011	2012	2013
定期航班航线条数　（条）	**1165**	**1257**	**1506**	**1532**	**1592**	**1880**	**2290**	**2457**	**2876**
国际航线	133	233	290	297	263	302	443	381	427
国内航线	1032	1024	1216	1235	1329	1578	1847	2076	2449
#港澳地区航线	42	43	48	49	72	85	91	99	107
定期航班航线里程（公里）	**1502887**	**1998501**	**2342961**	**2461840**	**2345085**	**2765147**	**3490571**	**3280114**	**4106000**
国际航线	508405	855932	1047418	1120166	919899	1070167	1494387	1284712	1503150
国内航线	994482	1142569	1295543	1341674	1425186	1694980	1996184	1995402	2602850
#港澳地区航线	55759	61056	71169	68592	107262	121437	135103	133333	168363
定期航班通航机场　（个）	**139**	**135**	**148**	**152**	**165**	**175**	**178**	**180**	**190**
民用飞机期末架数　（架）	**982**	**1386**	**1813**	**1961**	**2181**	**2405**	**3191**	**3589**	**4004**
运输飞机	527	863	1134	1259	1417	1597	1764	1941	2145
大中型飞机	462	785	1050	1155	1297	1453	1601	1769	1985
#B737	186	358	486	527	593	650	700	756	854
B747	19	22	35	37	37	40	40	40	29
B757	48	64	56	52	51	48	51	46	45
B767	16	27	22	22	19	18	15	13	11
MD11	6	7	9	10	10	7	3	3	
MD90	22	22	22	22	22	11			
MD82	27	15	12	12					
A300	18	21	14	15	15	14	10	10	8
A310	3	3							
A320	60	115	160	186	219	281	357	432	503
A340	8	16	16	17	19	19	19	14	13
小型飞机	65	78	84	104	120	144	163	172	160
通用航空飞机	301	383	457	484	555	606	1124	1320	1519
教学校验飞机	154	140	222	218	209	202	303	328	340

注：2011年起民用航空航线条数改为定期航班航线条数，民航通航机场改为定期航班通航机场。

6-2-50 民用航空运输量及通用航空飞行时间

指　　标	2000	2005	2007	2008	2009	2010	20111	2012	2013
客运量　　（万人）	**6722**	**13827**	**18576**	**19251**	**23052**	**26769**	**29317**	**31936**	**35397**
国际航线	690	1225	1692	1519	1474	1931	2118	2336	2655
国内航线	6031	12602	16884	17732	21578	24838	27199	29600	32742
#港澳地区航线	403	509	541	500	517	672	760	834	904
旅客周转量　（万人公里）	**9705437**	**20449288**	**27917258**	**28827993**	**33752354**	**40389960**	**45369629**	**50257366**	**56567596**
国际航线	2328154	4524063	6184134	5772650	5662080	7589325	8780512	9919798	11457554
国内航线	7377283	15925225	21733123	23055343	28090274	32800635	36589118	40337568	45110042
#港澳地区航线	502405	709205	767865	718211	749114	981817	1116167	1238849	1317488
货(邮)运量　　（吨）	**1967123**	**3067168**	**4018485**	**4076376**	**4455347**	**5630371**	**5574779**	**5450342**	**5612526**
国际航线	492356	771551	1173063	1194708	1260983	1926315	1780427	1565170	1545310
国内航线	1474767	2295618	2845422	2881668	3194364	3704056	3794352	3885173	4067216
#港澳地区航线	135442	169247	166813	156221	159019	216603	210028	207678	198561
货邮周转量　（万吨公里）	**502683**	**788954**	**1163867**	**1196023**	**1262307**	**1788982**	**1739131**	**1638894**	**1702918**
国际航线	291550	452450	748134	773683	794325	1253028	1187527	1064527	1091742
国内航线	211133	336504	415733	422340	467982	535954	551604	574366	611176
#港澳地区航线	19495	26263	26129	24089	22743	28700	27607	27120	26156
运输总周转量（万吨公里）	**1225007**	**2612724**	**3652993**	**3767652**	**4270726**	**5384490**	**5774427**	**6103217**	**6717231**
国际航线	465190	855235	1299921	1288988	1299511	1929689	1968352	1944881	2106757
国内航线	759818	1757488	2353072	2478663	2971215	3454801	3806075	4158336	4610474
#港澳地区航线	56878	89509	94370	87925	89293	115895	126425	136648	142276
通用航空飞行时间（小时）	**48707**	**84859**	**109570**	**110706**	**123838**	**391135**	**502731**	**517037**	**590890**
#农林业航空作业	22922	25428	28001	24691	26309	29619	33158	31873	34118
#航空护林	3927	6508	7088	6000	7340	7748	9211	7453	6574
播种造林	4060	1929	1698	1555	1534	1419	2010	1315	1178
工业航空作业	25785	36514	44873	50591	52916	65430	56682	77075	96354

6-2-51 民用航空主要机型运用情况

机型	期末飞机架数(架)	运输飞行小时(小时)	运输飞行里程(万公里)	平均每可用机年生产飞行小时(小时/架)	平均每可用机日生产飞行小时(小时/架/日)	正班平均载运率(%)
总计	**3664**	**6912784**	**427268.9**	**2278**	**6.2**	**72.2**
#B747-400	4	9257	781.5	2780	7.6	62.0
B747-400COM	4	6352	481.4	3257	8.9	58.0
B747-400F	18	61572	4741.8	3794	10.4	76.4
B737-800	608	1965920	118021.3	3712	10.2	76.3
B737-400	1	7978	485.5	3660	10.0	85.6
B737-300	34	137479	7653.5	3372	9.2	82.4
B767-300	11	37009	2520.8	3962	10.9	62.4
B757-200	34	96152	6095.3	3347	9.2	69.7
B777-200A	14	41899	2886.5	3297	9.0	67.3
B777-200B	4	16219	1228.6	4279	11.7	53.2
A321	162	525901	31466.2	3494	9.6	71.1
A320	503	1717993	105833.0	3790	10.4	77.8
A319	167	563678	34279.4	3641	10.0	67.5
A300-600	7	16861	959.4	2979	8.2	65.0
A330-200	77	331546	25340.8	5042	13.8	61.0
A330-300	46	160505	10619.4	3994	10.9	62.4
A340-300	5	12381	778.1	2955	8.1	63.0

注：期末飞机架数不含教学校验飞机。

6-2-52 各地区城市公共交通运营线路总长度(2013年底)

单位：公里

地 区	公共汽车、无轨电车	公交专用车道	轨道交通			
				地铁	轻轨	有轨电车
全 国	**748939**	**5891**	**2408**	**2050**	**290**	**39**
北 京	19688	366	465	465		
天 津	13460	65	143	82	52	8
河 北	31673	64				
山 西	20784	146				
内蒙古	22014	38				
辽 宁	28053	514	141	54	63	24
吉 林	14231	114	55		47	8
黑龙江	19660	53	17	17		
上 海	23824	162	567	538		
江 苏	53903	765	134	82	52	
浙 江	50386	317	48	48		
安 徽	18220	107				
福 建	21960	117				
江 西	17839	48				
山 东	72179	809				
河 南	23310	40	26	26		
湖 北	20341	69	72	72		
湖 南	19410	213				
广 东	92544	853	437	437		
广 西	17003	10				
海 南	4778	15				
重 庆	19574		170	95	75	
四 川	30277	473	48	48		
贵 州	7202	13				
云 南	35359	105	40	40		
西 藏	1151					
陕 西	12803	255	45	45		
甘 肃	8298	9				
青 海	7845					
宁 夏	7118	74				
新 疆	14053	77				

注：上海市轨道交通合计中包括磁悬浮运营线路总长度29公里。

6-2-53 各地区城市公共交通运营车(船)拥有量(2013年底)

单位：辆

地区	公共汽电车、轨道交通车辆合计	公共汽电车	#天然气车	液化石油气车	无轨电车	轨道交通	地铁	轻轨	有轨电车	出租汽车	轮渡运营船数(艘)
全国	**523995**	**509629**	**123778**	**8385**	**1879**	**14366**	**12971**	**1253**	**125**	**1340012**	**422**
北京	27590	23592	4516		588	3998	3998			67046	
天津	10296	9670	845			626	450	152	24	31940	
河北	21903	21903	7451							69029	
山西	10903	10903	2556		133					46941	
内蒙古	9816	9816	1239	230						64525	
辽宁	22656	22198	2352	160	61	458	258	128	72	90885	
吉林	12141	11761	59			380		351	29	69372	
黑龙江	17706	17640	4031	450		66	66			99553	139
上海	20207	16717	80		118	3490	3473			50612	54
江苏	35208	34538	7992	98		670	480	190		56785	13
浙江	28666	28378	3760	165	101	288	288			41985	6
安徽	16623	16623	3263							52714	
福建	14152	14152	2181							22240	31
江西	9813	9813	762							16975	3
山东	39962	39962	11461	8	276					69501	3
河南	21441	21291	1992	59	117	150	150			59966	
湖北	19401	18999	5832	196	211	402	402			39575	59
湖南	17862	17862	1670							34398	15
广东	56026	53556	10156	6848	274	2470	2470			67362	70
广西	10193	10193	203							18970	
海南	2950	2950	1040	135						5833	
重庆	12790	12088	9557			702	270	432		20431	29
四川	27110	26798	16290	36		312	312			42840	
贵州	6484	6484	2570							23295	
云南	12921	12849	382			72	72			27934	
西藏	494	494								2090	
陕西	13346	13064	6148			282	282			34399	
甘肃	7038	7038	3124							33119	
青海	3797	3797	2848							12338	
宁夏	3657	3657	2401							15987	
新疆	10843	10843	7017							51372	

注：轨道交通车辆中包括上海磁悬浮车辆17辆。

6-2-54 各地区城市公共交通客运量

单位：万人次

地区	客运总量	公共汽电车	轨道交通	出租汽车	轮渡
全国	**12833506**	**7711694**	**1091872**	**4019357**	**10583**
北京	874721	484306	320469	69946	
天津	198029	136490	24437	37102	
河北	365872	223335		142537	
山西	303194	170744		132450	
内蒙古	278425	127168		151257	
辽宁	747728	418207	31851	297670	
吉林	421646	172855	7235	241556	
黑龙江	566330	254011	1397	310460	462
上海	630911	271048	250628	107615	1620
江苏	672414	457444	50125	164215	630
浙江	511758	357164	9238	144988	368
安徽	430606	244676		185930	
福建	321626	246067		72710	2849
江西	214574	149878		64660	36
山东	595287	434378		160822	87
河南	457634	284022	65	173547	
湖北	523031	349776	27343	144393	1519
湖南	496105	322295		173684	126
广东	1262429	754857	297111	207894	2567
广西	202624	156313		46311	
海南	63325	47846		15479	
重庆	383411	243549	40049	99496	317
四川	613866	419287	19359	175220	
贵州	292854	153881		138973	
云南	273430	177728	376	95326	
西藏	22350	8990		13360	
陕西	392831	258675	12190	121966	
甘肃	202080	121056		81024	
青海	78513	50191		28322	
宁夏	95311	44428		50883	
新疆	340594	171032		169562	

6-2-55 省会城市和计划单列市公共交通运营线路总长度(2013年底)

单位：公里

城市	公共汽车、无轨电车	公交专用车道	轨道交通			
				地铁	轻轨	有轨电车
北　京	19688	366	465	465		
天　津	13460	65	143	82	52	8
石家庄	3719	39				
太　原	2719	124				
呼和浩特	1748	17				
沈　阳	4012	152	54	54		
大　连	3204	120	87		63	24
长　春	4564	93	55		47	8
哈尔滨	4514	42	17	17		
上　海	23824	162	567	538		
南　京	7937	81	82	82		
杭　州	11500	91	48	48		
宁　波	8400	41				
合　肥	2416	34				
福　州	3679	38				
厦　门	5704	53				
南　昌	3790	15				
济　南	5405	79				
青　岛	3918	126				
郑　州	4172	30	26	26		
武　汉	6314	32	72	72		
长　沙	3484	130				
广　州	16688	358	260	260		
深　圳	19087	376	177	177		
南　宁	2702					
海　口	2017	15				
重　庆	16972		170	95	75	
成　都	7495	432	48	48		
贵　阳	3085	13				
昆　明	9515	105	40	40		
拉　萨	563					
西　安	5733	239	45	45		
兰　州	1188	9				
西　宁	1293					
银　川	1594	74				
乌鲁木齐	2541	57				

注：上海市轨道交通合计中包括磁悬浮运营线路总长度29公里。

6-2-56 省会城市和计划列市公共交通运营车(船)拥有量(2013年底)

单位：辆

地区	公共汽电车、轨道交通车辆合计	公共汽电车				轨道交通				出租汽车	轮渡运营船数(艘)
		公共汽电车	#天然气车	液化石油气车	无轨电车	轨道交通	地铁	轻轨	有轨电车		
北京	27590	23592	4516		588	3998	3998			67046	
天津	10296	9670	845			626	450	152	24	31940	
石家庄	4552	4552	3378							6823	
太原	2507	2507	617		133					8292	
呼和浩特	1946	1946								5568	
沈阳	5809	5551	1019	160		258	258			19021	
大连	5237	5037	671		61	200		128	72	10693	
长春	5104	4724				380		351	29	16967	
哈尔滨	6056	5990	3359	450		66	66			15587	45
上海	20207	16717	80		118	3490	3473			50612	54
南京	7269	6789	2327			480	480			11164	13
杭州	8537	8249	1000		101	288	288			10904	
宁波	4454	4454	1226							4627	3
合肥	3854	3854	1388							8925	
福州	3565	3565	720							5774	6
厦门	3987	3987	416							4962	25
南昌	3484	3484	182							5210	
青岛	5900	5900	2335		136					9564	3
济南	4652	4652	1315		140					8357	
郑州	5895	5745			20	150	150			10608	
武汉	7996	7594	2192	196	211	402	402			16597	37
长沙	4155	4155	617							6915	
广州	14408	13010	1125	6848	274	1398	1398			21437	41
深圳	15689	14617	580			1072	1072			15973	
南宁	2720	2720	101							5970	
海口	1602	1602	690							2710	
重庆	11382	10680	8928			702	270	432		17096	8
成都	11780	11468	10547			312	312			15826	
贵阳	2723	2723	2245							8070	
昆明	5176	5104	290			72	72			8135	
拉萨	317	317								1160	
西安	8361	8079	4859			282	282			13232	
兰州	2712	2712	2658							7410	
西宁	1885	1885	1831							5516	
银川	1645	1645	1610							5364	
乌鲁木齐	4149	4149	3870							12188	

注：轨道交通车辆中包括上海磁悬浮车辆17辆。

6-2-57 省会城市和计划单列市公共交通客运量

单位：万人次

城　市	客运总量	公共汽电车	轨道交通	出租汽车	轮渡
北　京	874721	484306	320469	69946	
天　津	198029	136490	24437	37102	
石家庄	86761	63836		22925	
太　原	71769	52665		19104	
呼和浩特	45960	36240		9720	
沈　阳	184973	111575	22368	51030	
大　连	156793	104901	9483	42409	
长　春	150954	72969	7235	70750	
哈尔滨	169154	118343	1397	49094	320
上　海	630911	271048	250628	107615	1620
南　京	178520	104610	45216	28064	630
杭　州	173271	132221	9238	31812	
宁　波	60345	47299		12781	265
合　肥	97766	67607		30159	
福　州	87479	63697		23752	30
厦　门	110781	90466		17496	2819
南　昌	79304	60369		18935	
青　岛	123330	97748		25495	87
济　南	101895	83423		18472	
郑　州	132690	103233	65	29457	
武　汉	220022	149713	27343	41988	978
长　沙	104103	73943		30160	
广　州	550829	266622	205396	76739	2072
深　圳	355123	220178	91715	43230	
南　宁	70638	54790		15848	
海　口	37717	29415		8302	
重　庆	344383	221342	40049	82774	218
成　都	225288	167795	19359	38134	
贵　阳	107674	68702		38972	
昆　明	107102	85448	376	21654	
拉　萨	14250	7631		6619	
西　安	231453	172586	12190	46677	
兰　州	99688	76113		23575	
西　宁	59730	40892		18838	
银　川	49471	29813		19658	
乌鲁木齐	113890	88039		25851	

6-2-58 邮政主要业务量

指　　标		2006	2007	2008	2009	2010	2011	2012	2013
邮政业务总量	(亿元)	730.5	1213.7	1401.8	1639.9	1985.3	1607.7	2036.8	2725.1
函件	(万件)	713123.2	695034.4	736334.7	753244.8	740141.0	737840.5	707405.0	634148.8
国内函件		709041.4	690401.3	729734.1	744846.9	731656.6	727362.0	696320.2	616556.6
国际及港澳台函件		4041.8	4633.1	6600.6	8397.9	8484.4	10478.4	11084.8	17592.2
包裹	(万件)	9317.5	9103.3	7936.7	7229.6	6642.5	6883.0	6875.5	6924.8
国内包裹		9158.8	8939.6	7783.1	7084.2	6496.0	6729.9	6710.9	6776.4
国际及港澳台包裹		158.7	163.7	153.6	145.5	146.5	153.1	164.6	148.4
快递	(万件)	26988.0	120189.6	151329.3	185784.8	233892.0	367311.1	568548.0	918674.9
国内同城快递		5892.7	33312.5	40223.4	43728.3	53605.8	81818.3	131410.2	228736.3
国内异地快递		20179.2	77157.0	100465.6	130803.6	167324.7	272742.1	418895.0	663736.7
国际及港澳台快递		916.1	9720.1	10640.4	11253.9	12961.4	12750.7	18242.8	26201.9
汇兑	(万笔)	18928.0	22875.2	26404.2	27177.4	28043.2	26474.3	22913.4	18520.6
国内汇票		18900.5	22827.0	26373.3	27149.6	28032.4	26544.6	22884.0	18493.0
国际汇票		27.5	48.2	30.9	27.8	10.8	29.3	29.3	27.6
订销报纸累计份数	(万份)	1314762.8	1505639.6	1626004.2	1621040.2	1717080.6	1817050.7	1892652.5	1942934.7
订销杂志累计份数	(万份)	53185.7	98104.1	104220.0	102073.1	104756.3	107701.6	112009.7	113720.0
报纸期发份数	(万份)	7904.1	7219.5	8954.5	7592.7	9598.9	8752.8	9048.3	8952.8
杂志期发份数	(万份)	6468.6	5811.1	6703.8	6316.8	7559.4	6254.8	6353.3	6188.0
纪特邮票	(万枚)	104580.9	113656.7	131872.6	110088.5	114622.5	102857.5	118276.0	118335.3
集邮品册数	(万册)	2689.9	3017.2	4121.9	3748.4	4687.5	6431.9	5746.1	4794.4
邮政储蓄平均余额	(亿元)	15017.5	16774.6	19260.3	22549.8	26546.4	31546.7	37903.6	43782.2
邮政储蓄期末余额	(亿元)	16019.6	17217.0	20799.2	24050.1	28471.4	34037.3	40486.7	45393.3

注：1.邮政业务总量、快递的统计口径2006年及以前为中国邮政集团，2007年起为规模以上（年业务收入200万元以上）邮政业法人企业数据(下表同)。
2.邮政业务总量2010年及以前按2000年不变价格计算；2011年按2010年不变价格计算，按可比价格比上年增长25.0%。

6-2-59 各地区邮政主要业务量

地 区	邮政业务总量（亿元）	函 件（万件）	包 裹（万件）	汇 兑（万笔）	订销报纸累计份数（万份）	订销杂志累计份数（万份）	报刊期发数（万份）	纪特邮票（万枚）	邮政储蓄期末余额（亿元）
全 国	**2725.1**	**634148.8**	**6924.9**	**18520.6**	**1942934.7**	**113720.0**	**15140.9**	**118335.3**	**45393.3**
北 京	163.0	71558.7	581.8	707.8	81969.5	4694.6	609.4	14330.4	1214.4
天 津	29.3	8626.3	128.9	196.1	21564.1	1236.0	190.2	2719.7	735.4
河 北	77.1	32108.0	348.5	439.0	89753.5	4738.2	731.6	3618.8	2031.6
山 西	34.1	4579.9	128.2	535.5	58594.7	2790.7	389.5	1082.4	1640.4
内蒙古	17.5	1865.7	110.0	569.5	31948.6	1741.5	248.3	2009.6	519.4
辽 宁	50.2	6899.2	244.0	824.1	56186.6	3144.7	365.9	4524.4	1869.9
吉 林	25.8	4370.7	135.4	388.9	28643.2	1789.8	201.8	2015.4	1023.3
黑龙江	39.2	8681.0	241.1	336.1	49911.3	3218.9	323.8	4237.1	1682.2
上 海	258.7	113811.2	479.1	662.9	100994.2	4505.3	858.2	5571.5	1190.8
江 苏	269.6	76183.4	407.5	1269.5	170973.6	7938.6	1243.9	7158.9	3614.3
浙 江	327.9	65746.2	512.4	1324.9	175209.2	7805.1	1174.3	6352.5	1942.9
安 徽	57.5	13328.5	152.3	207.3	68146.9	5281.8	651.4	2431.5	2059.8
福 建	114.1	21540.0	177.3	643.6	72733.5	4162.3	479.3	4088.4	1066.9
江 西	40.9	7507.8	118.9	261.2	48774.3	3130.6	366.9	5275.6	1373.3
山 东	117.4	42389.8	383.7	804.2	128755.5	7866.8	926.0	8906.1	2925.8
河 南	92.5	17570.1	295.6	1115.4	125879.2	5594.0	951.5	4905.7	2940.3
湖 北	74.1	10531.5	170.6	432.7	65731.5	7070.5	842.2	5241.7	2390.9
湖 南	60.3	5760.9	209.3	495.2	67979.7	4964.6	526.5	4317.9	2162.9
广 东	592.0	70115.1	671.3	3182.7	94552.6	8164.4	862.9	8963.4	3187.9
广 西	29.6	5394.5	117.6	411.6	34067.8	3658.2	379.4	826.2	1115.2
海 南	8.9	958.9	42.4	133.3	17305.8	690.1	107.6	393.8	382.7
重 庆	39.1	5347.7	115.1	221.5	33534.1	2150.1	424.1	2173.5	1527.0
四 川	83.3	13322.2	268.5	777.6	90747.3	4663.5	652.3	3334.4	2803.4
贵 州	22.6	5191.7	64.5	529.8	37591.6	2877.4	272.8	2137.8	669.7
云 南	23.4	7231.3	165.5	462.0	47233.3	2345.0	320.7	2851.0	547.5
西 藏	2.1	368.3	43.5	125.5	10768.5	382.1	50.3	327.1	45.1
陕 西	37.0	6601.9	189.7	324.2	45533.6	2802.8	345.9	3101.6	1510.0
甘 肃	11.4	3189.6	95.4	285.7	26957.0	1369.7	188.1	1785.8	400.5
青 海	2.9	411.7	42.0	129.8	8189.8	311.7	44.3	559.8	125.2
宁 夏	4.7	916.3	30.7	112.5	8940.0	548.2	59.4	725.6	117.4
新 疆	18.8	2040.8	254.2	610.8	43763.9	2082.9	352.4	2210.9	575.3
不分地区								156.8	

6-2-60 邮政邮路

指　　标		2005	2006	2007	2008	2009	2010	2011	2012	2013
邮路总条数	**(条)**	**20846**	**20757**	**21034**	**21077**	**20838**	**20904**	**21385**	**24171**	**22550**
#国际及港澳邮路	(条)	124	130	143		169	126	151	146	119
全国干线邮路	(条)	1258	1274	1315		1514	2035	2462	2600	2973
省内干线邮路	(条)	1424	1442	1449		1779	2424	2250	3890	2559
航空邮路	(条)	1034	1040	1070	1088	1204	1634	1842	1803	2140
铁路邮路	(条)	164	163	155	168	175	181	200	197	228
汽车邮路	(条)	14721	14833	15197	15369	15832	15816	16458	19552	18077
水路邮路	(条)	137	142	135		115	103	117	82	87
其他邮路	(条)	4790	4579	4477		3512	3170	2768	2537	2018
总数中：快速邮路	(条)	763	711	737		973				
城市投递段道	(条)	47841	49831	52307	55017	57304	53603	53786	56212	54821
农村投递路线	(条)	96363	98046	98822	99962	98759	99610	93661	91245	90680
邮路总长度(单程)	**(公里)**	**3406226**	**3369392**	**3532980**	**3693464**	**4027751**	**4635569**	**5140272**	**5855107**	**5897229**
#国际及港澳邮路	(公里)	500104	474463	557625		706058	518609	484228	653307	454662
全国干线邮路	(公里)	1652859	1645944	1673123		1954567	2564072	2917349	3417964	3817898
省内干线邮路	(公里)	303855	297805	319445		381098	590472	788243	761445	614802
航空邮路	(公里)	1813959	1777368	1855335	1908316	2178332	2529232	2718292	3160292	3334949
铁路邮路	(公里)	200180	204733	211534	236860	248876	269700	309027	320144	395809
汽车邮路	(公里)	1229802	1230633	1302915	1385102	1450782	1753027	2017483	2289077	2070847
水路邮路	(公里)	50394	50732	57561		69132	3695	10529	11459	5163
其他邮路	(公里)	111891	105926	105635		80627	79914	84941	74135	91686
总数中：快速邮路	(单程)	169969	140140	137365		192744				
城市投递段道(单程)	(公里)	941286	985785	1024046	1111749	1324378	1461321	1171464	1327674	1282319
农村投递路线(单程)	(公里)	3565226	3566982	3637553	3656936	3676051	3690561	3632579	3731657	3744733

6-2-61 分地区邮政邮路

地 区	邮 路总条数(条)	#航空邮路	#铁路邮路	#汽车邮路	城市投递段道(条)	农村投递路线(条)	邮 路总长度(单程)(公里)	#航空邮路	#铁路邮路	#汽车邮路	城市投递段道(单程)(公里)	农村投递路线(单程)(公里)
全 国	**22550**	**2140**	**228**	**18077**	**54821**	**90680**	**5897229**	**3334949**	**395809**	**2070847**	**1282319**	**3744733**
北 京	1437	80	42	1143	3045	420	228443	243129	77291	99055	43076	18639
天 津	151	26	3	121	724	266	448060	32033	6311	17346	15899	19009
河 北	576	4	1	564	2045	3455	57874	6020	1622	65497	56743	182970
山 西	523	39	6	365	1625	2503	73422	46260	8179	37944	36458	122559
内蒙古	803	92	2	664	1325	1421	98198	116300	2718	64496	41590	109302
辽 宁	613	64	6	520	2316	2756	184995	188669	8318	54029	53791	114386
吉 林	363	49	8	285	941	1631	251159	99789	10006	30488	30973	97658
黑龙江	558	44	13	499	2053	2733	140651	96768	12944	43736	44781	124453
上 海	692	76	9	529	4364	593	153496	97216	17812	56215	61253	22405
江 苏	955	77	1	875	3283	4901	197750	97723	1162	129358	91543	261629
浙 江	1452	237	12	1010	2845	4272	228317	220301	26933	176616	79242	179220
安 徽	588	35	4	542	1773	2935	428691	39237	2927	62125	42612	144838
福 建	746	80	2	609	1781	3224	104462	116466	2834	62624	32268	91687
江 西	592	21	3	543	1257	3148	182600	23419	3905	53793	28815	99768
山 东	867	151	9	704	3518	5111	81476	125919	15110	101359	89901	272355
河 南	825	39	5	748	3028	4295	242453	49043	7621	90521	60285	198258
湖 北	736	63	8	656	2022	3646	147995	68984	10605	74164	52144	206146
湖 南	722	68	1	630	2153	5823	153786	82885	1593	87375	57001	216821
广 东	1351	166	14	1139	3732	4046	172456	362210	29758	202189	117367	222384
广 西	998	139	16	787	1130	4003	594990	201157	27569	62045	27047	114296
海 南	148	40		99	378	496	291560	80385		10020	12908	25182
重 庆	421	62	6	353	1016	1772	90861	98635	10129	46328	24440	53431
四 川	2097	87	14	979	2357	10351	154470	139168	22938	92811	39691	180741
贵 州	833	40	4	768	880	2465	270825	51399	5880	71890	20609	60222
云 南	1279	102	14	1121	1285	5130	129375	158680	31422	84449	23615	168999
西 藏	75	16	1	58	148	1753	275486	35528	2188	14586	5175	105926
陕 西	698	76	9	549	1365	2706	52302	100030	14130	51541	28782	124071
甘 肃	717	70	5	623	948	2867	168030	118125	6010	58847	27866	134717
青 海	98	24	2	71	244	125	183447	47030	3504	12961	4723	5291
宁 夏	118	17	1	88	217	181	63879	35680	2315	7170	6263	10404
新 疆	518	56	7	435	1023	1652	45723	156761	22075	49272	25458	56967

6-2-62 邮政业营业网点

年份 地区	邮政业营业网点(处)	邮政局所总数(处)				信筒信箱(个)	邮政储蓄点(处)
			设在农村	电子化支局	邮政支局(处)		
2002	76358	56861	40419	17662	22227	217541	34444
2003	63555	56426	39911	18428	22207	275962	33540
2004	66393	55747	38721	20026	22413	222946	34424
2005	65917	55444	37930	24124	22910	202259	35024
2006	62799	54310	36387	33234	23233	197491	35704
2007	70655	53569	35364	35875	23281	195336	36016
2008	69146	51255	34843	37529	24171	224023	
2009	65672	48687	33303	37419	23489	206597	36869
2010	75739	47446	32624	38674	23997	171043	37439
2011	78667	46850	31865	38612	24857	148206	38117
2012	95572	47206	32372	39375	24791	150271	39087
2013	125115	47274	32527	39655	24646	147351	40190
北京	3838	722	167	687	167	6498	550
天津	1423	389	127	379	121	3736	415
河北	3349	1617	1019	1455	1190	4314	1423
山西	3228	1265	786	922	472	2373	1215
内蒙古	2682	1479	922	930	741	2361	792
辽宁	3722	1548	922	1513	1105	5315	1701
吉林	2290	985	705	802	766	4123	1076
黑龙江	2645	1509	931	1377	991	3411	1674
上海	4569	544	196	540	169	3210	471
江苏	8913	2414	1754	2371	2178	7530	2508
浙江	7035	1730	1237	1441	753	26870	1677
安徽	4031	1695	1227	1496	871	4641	1750
福建	4275	1332	974	1149	897	9901	1005
江西	3845	1712	1282	1409	377	3197	1473
山东	6567	2862	2020	2841	2682	6155	3001
河南	5626	2507	1833	2455	1676	4525	2297
湖北	5194	1683	1156	1580	1228	4091	1623
湖南	6354	1990	1518	1701	1162	4702	2037
广东	14020	3125	1629	2809	1335	9538	2146
广西	2764	1445	1137	1189	527	4364	1002
海南	878	422	318	319	214	663	343
重庆	3170	1684	1245	1655	473	3016	1722
四川	9238	4945	4199	2949	1465	8576	3100
贵州	3076	1326	998	1246	752	2395	942
云南	3321	1814	1358	1445	555	1817	855
西藏	303	207	91	129	91	338	74
陕西	2702	1394	959	1045	607	2951	1262
甘肃	2039	1208	839	680	323	4253	1042
青海	748	186	56	141	85	325	176
宁夏	633	293	168	172	28	497	195
新疆	2637	1242	754	828	645	1665	643

注：营业网点1998年及以前为邮电局所，1999-2006年为邮政局所，统计口径从2002年起为邮政局所和邮政代办点，2007年邮政业营业网点数据包括邮政企业和年业务收入200万元以上快递企业。

6-2-63 邮政通信服务水平

指　　标		2005	2006	2007	2008	2009	2010	2011	2012	2013
已通邮的行政村	(个)	645939	638096	623507	614592	614729	606922	599228	596542	595143
开办邮政储蓄业务的乡(镇)	(个)	20850	20244	21053	20513	18871	18139	18018	17860	17984
城区每日平均投递次数	(次)	2.1	2.1	2.1	2.1	2.0	2.1	2.1	2.0	2.0
农村每周平均投递次数	(次)	5.0	4.9	4.9	5.0	5.0	4.9	5.0	5.0	5.0
城区局内信箱(筒)每日开箱次数	(次)	2.2	2.2	2.2	2.1	2.1	2.1	1.9	1.9	1.9
城区局外信箱(筒)每日开箱次数	(次)	1.5	1.5	1.5	1.5	1.5	1.4	1.4	1.5	1.4
邮政储蓄市场占有率	(%)	9.6	9.9	10.0	9.6	9.2	9.4	9.9	10.1	10.1
平均每一营业网点服务面积	(平方公里)	145.6	152.9	135.9	138.8	146.2	126.8	122.0	100.4	76.7
平均每一营业网点服务人口	(万人)	2.0	2.1	1.9	1.9	2.0	1.8	1.7	1.4	1.1
平均每人每年发函件数	(件)	5.7	5.5	5.3	5.6	5.7	5.5	5.5	5.2	4.7
平均每百人每年订报刊数	(份)	11.2	11.2	9.9	11.9	10.4	12.8	11.1	11.4	11.1

6-2-64 各地区邮政通信服务水平

地 区	平均每一营业网点服务人口（万人）	城区每日平均投递次数（次）	农村每周平均投递次数（次）	邮政储蓄市场占有率（%）
全 国	**1.1**	**2.0**	**5.0**	**10.1**
北 京	0.6	3.0	7.0	5.3
天 津	1.0	2.0	6.5	9.7
河 北	2.2	2.0	6.0	8.7
山 西	1.1	2.0	5.0	12.3
内蒙古	0.9	2.0	3.0	7.0
辽 宁	1.2	2.1	4.2	9.5
吉 林	1.2	2.0	4.0	13.2
黑龙江	1.4	1.6	4.0	16.7
上 海	0.5	3.0	10.0	5.8
江 苏	0.9	2.3	6.0	10.7
浙 江	0.8	2.1	6.0	6.7
安 徽	1.5	2.0	5.9	15.9
福 建	0.9	1.8	5.7	9.0
江 西	1.2	1.9	4.4	14.1
山 东	1.5	2.0	6.0	9.8
河 南	1.7	2.0	5.3	14.5
湖 北	1.1	2.0	6.0	15.4
湖 南	1.1	2.0	3.0	14.9
广 东	0.8	2.2	8.0	6.4
广 西	1.7	2.0	5.0	12.2
海 南	1.0	2.0	6.0	15.5
重 庆	0.9	2.0	6.0	15.9
四 川	0.9	2.3	4.0	12.4
贵 州	1.1	2.0	3.0	11.3
云 南	1.4	2.0	3.0	6.1
西 藏	1.0	2.0	1.0	9.1
陕 西	1.4	2.0	3.0	12.3
甘 肃	1.3	2.0	5.0	6.8
青 海	0.8	2.0	3.0	8.3
宁 夏	1.0	2.0	5.0	6.2
新 疆	0.9	2.0	3.0	9.8

6-2-65 快递业务量

年 份 地 区	快 递 (万件)	#国内同城快递	#国内异地快递	#国际及港澳台快递	快递业务收入 (万元)
1990	343.3				
1991	566.7				
1992	959.2				
1993	2156.2				
1994	4019.5				
1995	5562.7				
1996	7096.6				
1997	6878.9				
1998	7667.7				
1999	9091.3				
2000	11031.4				
2001	12652.7				
2002	14036.2				
2003	17237.8				
2004	19771.9				
2005	22880.3				
2006	26988.0				
2007	120189.6	33312.5	77157.0	9720.1	3425851.6
2008	151329.3	40223.4	100465.6	10640.4	4084274.6
2009	185785.8	43728.3	130803.6	11253.9	4790030.7
2010	233892.0	53605.8	167324.7	12961.4	5746029.8
2011	367311.1	81818.3	272742.1	12750.7	7579878.2
2012	568548.0	131410.2	418895.0	18242.8	10553324.2
2013	918674.9	228736.3	663736.7	26201.9	14416815.3
北 京	81818.2	21369.9	59429.2	1019.1	937978.8
天 津	8719.0	2407.2	6132.6	179.2	177653.7
河 北	20755.7	2553.6	18072.5	129.6	288768.9
山 西	8869.0	576.0	8278.8	14.2	68725.6
内蒙古	2839.0	253.9	2575.6	9.5	64417.0
辽 宁	11411.1	2215.8	8953.3	242.1	227256.9
吉 林	4526.7	638.2	3831.4	57.1	87529.9
黑龙江	5393.9	791.4	4578.0	24.5	100134.0
上 海	95012.4	33462.9	56474.5	5075.1	2575921.3
江 苏	98415.5	25196.0	71193.0	2026.5	1429899.2
浙 江	141952.8	32354.9	107204.2	2393.7	1797804.2
安 徽	13755.5	2055.8	11602.5	97.2	195051.8
福 建	44535.8	6816.7	36916.2	802.8	615612.7
江 西	9751.5	1288.0	8431.7	31.7	129791.0
山 东	31375.8	5822.5	24826.8	726.5	545011.8
河 南	19443.9	3941.0	15227.0	275.8	265020.9
湖 北	21991.0	5324.5	16556.3	110.2	285487.2
湖 南	15446.7	2367.6	12901.5	177.6	195896.5
广 东	210670.3	63786.5	134575.0	12308.8	3367805.4
广 西	6745.1	912.6	5782.8	49.7	112047.4
海 南	2226.9	329.1	1891.8	5.9	28075.7
重 庆	10614.8	3364.4	7164.6	85.9	136957.5
四 川	24400.9	5582.5	18556.1	262.3	304253.8
贵 州	2931.2	398.4	2519.2	13.6	60342.1
云 南	6870.3	1549.7	5298.6	22.0	105318.7
西 藏	378.8	13.3	365.0	0.5	14847.2
陕 西	9552.2	2469.2	7034.8	48.1	133661.0
甘 肃	1788.5	355.2	1428.5	4.8	40780.6
青 海	417.5	71.5	345.2	0.8	11903.5
宁 夏	972.9	120.6	850.5	1.9	24309.7
新 疆	5092.1	347.5	4739.6	5.0	88551.1

注：快递业务量2006年及以前为邮政特快专递，2007年起为规模以上(年业务收入200万元以上)快递服务企业业务量。

【主要统计指标解释】

铁路营业里程 又称营业长度（包括正式营业里程和临时营业里程），指办理客货运输业务的铁路正线总长度。凡是全线或部分建成双线及以上的线路，以第一线的实际长度计算；复线、站线、段管线、岔线和特殊用途线以及不计算运费的联络线都不计算营业里程。

电气化铁路里程 指在全部铁路营业里程中已安装了供电线路及设备，可以供电力机车牵引列车运行的区段的总里程。

铁路自动、半自动闭塞里程 为保证列车安全运行，在一个区间、同一时间内，一般只允许一列列车运行，这种保证列车在这个区间安全间隔运行的技术方法称为“闭塞”。自动或半自动闭塞里程是指装有列车自动或人工完成闭塞状态的铁路设备里程。

公路里程 指报告期末公路的实际长度。统计范围：包括城间、城乡间、乡（村）间能行驶汽车的公共道路，公路通过城镇街道的里程，公路桥梁长度、隧道长度、渡口宽度。不包括城市街道里程，断头路里程，农（林）业生产用道路里程，工（矿）企业等内部道路里程。统计原则：按已竣工验收或交付使用的实际里程计算；两条或多条公路共同经由同一路段的重复里程，只计算一次。

内河航道里程 指报告期末在江河、湖泊、水库、渠道和运河水域内，船舶、排筏在不同水位期可以通航的实际航道里程数。内河航道里程按主航道中心线实际长度计算。两省以河为界的航道里程，双方均按一半计算。

定期航班航线里程 指定期航班营运里程的总长度，以万公里为计算单位。航线里程的统计分为按重复距离计算和按不重复距离计算两种形式。“按重复距离计算”是指不同航线的相同航段距离可以重复累加；“按不重复距离计算”则不同航线相同航段只统计一次。

输油（气）管道长度 也称输油（气）里程，指油品（或天然气）的实际输送距离，一般按输油（气）管道的单线长度计算。若包括复线和备用线长度则称为输油（气）管道延展长度，是指管道铺设的实际长度。通常使用的是不包括复线的“输油（气）管道里程”。

货（客）运量 指在一定时期内，各种运输工具实际运送的货物（旅客）数量。货运按吨计算，客运按人计算。货物不论运输距离长短、货物类别，均按实际重量统计。旅客不论行程远近或票价多少，均按一人一次客运量统计；半价票、小孩票也按一人统计。

货物（旅客）周转量 指在一定时期内，由各种运输工具运送的货物（旅客）数量与其相应运输距离的乘积之总和。计算货物（旅客）周转量通常按发出站与到达站之间的最短距离，也就是计费距离计算。计算公式：货物（旅客）周转量=Σ（货物（旅客）运输量×运输距离）。

货（客）运密度 指报告期内某种运输方式在营运线路的某一区段平均每公里线路通过的货物（旅客）运输周转量。计算公式：货（客）运密度=货物（旅客）周转量/营业线路长度。

旅客运输平均运距 指报告期内平均每一位旅客的旅行距离。计算公式：旅客运输平均运距=旅客周转量/客运量。

货物运输平均运距 指报告期内平均每一吨货物的运输距离。计算公式：货物运输平均运距=货物周转量/货运量。

铁路货车平均静载重 指铁路货车在始发站静止状态下平均每车装载的货物重量，用以分析货车完成装车时车辆载重力的利用情况。计算公式：货车平均静载量=货物发送吨数/装车数。

静载重的多少取决于运送货物的性质、种类、车辆的类型和装载技术的高低。根据货车的平均标记载重与静载重进行对比，可以反映货车载重能力的利用程度。计算公式：货车载重力利用率（%）=货车平均静载重/货车平均标记载重×100%。

铁路货运机车日产量 指在一定时期内，平均每台货运机车在一昼夜内所完成的总重吨公里数，包括载运货物的重量和车辆本身的自重。该指标从时间和牵引能力两方面反映了机车运用效率。计算公式：货运机车平均日产量= 货运总重吨公里数/货运机车台日数。

民用汽车拥有量 指报告期末，在公安交通管理部门按照《机动车注册登记工作规范》，已注册登记领有民用车辆牌照的全部汽车数量。汽车拥有量统计的主要分类：根据汽车结构分为载客汽车、载货汽车及其他汽车；根据汽车所有者不同分为个人（私人）汽车、单位汽车；根据汽车的使用性质分为营运汽车、非营运汽车；根据汽车大小规格不同，载客汽车分为大型、中型、小型和微型，载货汽车分为重型、中型、轻型和微型。

机动船 又称自航船，指装有各种发动机推进装置，以机械动力行驶的船舶。

驳船 指本身无动力装置，或只设简易动力装置，依靠拖船或推船带动的平底船。

拖船 指专门拖带其它船舶、船队、木排的船舶。

船舶净载重量 指报告期末所拥有船舶的总载重量减去燃（物）料、淡水、粮食及供应品、人员及其行李等的重量及船舶常数后，能够装载货物的实际重量。

沿海港口 指位于海沿岸，具有一定设施和条件，供船舶停靠、旅客上下、货物装卸、生活物料供应等作业的港口。

内河港口 指位于江、河、湖沿岸，具有一定设施和条件，供船舶停靠、旅客上下、货物装卸、生活物料供应等作业的港口。

港口货物吞吐量 指经由水路进出港区范围，并经过装卸的货物数量。按货物流向分为进港吞吐量和出港吞吐量；按货物贸易性质分为内贸货物吞吐量和外贸货物吞吐量；按货物的类别分，可根据现行的交通行业标准《运输货物分类和代码》分类。

定期航班航线条数 指定期航班营运的航线条数。按国内航线（其中：港澳航线）、国际航线分类统计。

国际航线 指航线中任一航段的起讫点（技术经停点除外）在外国领土上的航线。

国内航线 指航线中各航段的起讫点（技术经停点除外）都在国内的航线。

地区航线 指航线中任一航段的起讫点在香港、澳门或台湾的航线（经香港、澳门、台湾飞往外国的航线统计为国际航线）。

飞机架数 指报告期末实有在册飞机数量，包括停场待修、在厂检修的飞机和租借飞机。

运输飞机 从事公共航空运输的民用飞机。分为大中型飞机和小型飞机，大中型飞机指100座及以上的运输飞机，小型飞机指100座以下的运输飞机。

正班平均载运率 指报告期内正班飞行所完成的运输总周转量与可提供周转量之比。

城市公共交通 指城市中供公众乘用的、经济方便的各种交通方式的总称。包括公共汽车、电车、轨道交通（地铁、轻轨、有轨电车、磁悬浮、索道、缆车等）、出租汽车、公共轮渡等客运交通设施。

运营线路网长度 指公共交通线路所通过的运营线路净长度。计算公式：运营线路网长度=运营线路总长度－Σ重复的线路长度

运营线路总长度 指全部运营线路长度之和。计算公式：运营线路长度=Σ各条运营线路长度=Σ〔1/2（上行起点至终点里程+下行起点至终点里程+上下行终点掉头里程〕。

单向行驶的环行线路长度等于起点至终点里程与终点下客站至起点里程之和的一半，不

包括折返、试车、联络线等非运营线路。

公交专用车道 指为了调整公共交通车辆与其他社会车辆的路权使用分配关系，提高公共交通车辆运营速度和道路资源利用率，而科学、合理设置的公共交通优先车道、专用车道（路）、路口专用线（道）、专用街道、单向优先专用线（道）等。

运营车数 指城市中用于公共交通运营业务的全部车辆数。地铁和轻轨在统计时一自然节为一辆。出租汽车指已经领取出租汽车专用牌照的运营车辆，包括技术完好的、在修的、长期行驶的以及拟报废尚未经上级机关批准的车辆。

轮渡运营船数 指用于城市客渡运营业务的全部船舶数。不含旅游客轮（长途旅游、市内供游人游览江、河、湖泊的船只）。

城市公共交通客运总量 指报告期内城市公共交通各种运输方式运送乘客的总人次。

邮政业务总量 指以货币形式表示的邮政行业企业为社会提供各类邮政服务或其他服务的总数量，是用于观察邮政业务发展变化总趋势的综合性总量指标。邮政业务总量是以各类业务的实物量分别乘以相应的不变单价，求出各类业务的货币量加总求得。

营业网点 指拥有固定地址、直接对外营业，可收寄邮件和快件的营业场所和服务机构数量。

邮政局所 指经邮政部门审批许可，有固定的局所地址、领有上级发给的日戳或戳记，直接对外营业，至少办理出售邮票和收寄挂号信函两种业务的服务机构。按级别可分为邮政支局、自办邮政所、代办邮政所和其他局所。

邮路 指各邮政局所之间，邮政局所与车站、码头、机场、转运站、邮件处理中心、报刊社之间，邮区中心局与邮政局所及各邮区中心局之间由自办或委办人员按固定班期规定路线交换邮件（包括机要文件，下同）、报刊的路线。包括农村地区运邮兼投递的路线，不包括城市、农村地区纯投递路线。按运输方式可分为航空邮路、铁路邮路、汽车邮路、水路邮路和其他邮路等。

农村投递路线 指农村邮政支局所自办或委办人员按固定班期、规定路线至农村乡（镇）、行政村等收件单位投递邮件、报刊所走的路线。

营业网点服务面积 指报告期行政区域平均每一营业网点服务的面积。计算公式：

$$每一营业网点服务面积=\frac{行政区域土地面积（平方公里）}{营业网点总数（处）}$$

营业网点服务人口 指报告期行政区域平均每一营业网点服务的人口数。计算公式：

$$每一营业网点服务人口=\frac{行政区域总人口数（万人）}{营业网点总数（处）}$$

6 第三产业部分行业主要业务指标

6-3 住宿和餐饮业

简要说明

一、主要内容

住宿和餐饮业企业经营情况。

二、统计范围

限额以上住宿和餐饮业企业。

三、统计调查方法

对限额以上住宿和餐饮业法人企业采用全面调查方法。

四、限额标准

住宿业企业，年主营业务收入200万元及以上。

餐饮业企业，年主营业务收入200万元及以上。

五、资料来源

本部分资料是国家统计局贸易外经统计司根据《住宿和餐饮业统计报表制度》搜集的资料进行加工整理而得。

6-3-1 限额以上住宿和餐饮业企业经营情况

单位：万元

项　目	营业额	#客房收入	#餐费收入
总　计	**80613212**	**19696757**	**54305178**
一、住宿业	**35279900**	**17054268**	**13744508**
#国有控股	10034909	4616207	3752432
(一)按登记注册类型分			
内资企业	**29810652**	**14356429**	**11797216**
国有企业	4950255	2274861	1901753
集体企业	616831	264065	255210
股份合作企业	118371	52226	41325
联营企业	68539	30266	29433
国有联营企业	31445	15445	12397
集体联营企业	18003	5789	10839
国有与集体联营企业	12918	5901	3551
其他联营企业	6174	3131	2646
有限责任公司	12533203	6079004	4866682
国有独资公司	1015461	457851	381273
其他有限责任公司	11517742	5621153	4485409
股份有限公司	1276046	560249	520626
私营企业	9894835	4927764	4032457
私营独资企业	1094887	524957	474720
私营合伙企业	261068	120994	114819
私营有限责任公司	7939605	4003994	3176139
私营股份有限公司	599275	277820	266779
其他企业	352572	167995	149732
港、澳、台商投资企业	**3211762**	**1550624**	**1148807**
合资经营企业	1577430	732715	579612
合作经营企业	382200	175436	142241
独资经营企业	1138947	582963	385485
投资股份有限公司	99622	51887	37960
其他投资企业	13562	7623	3509
外商投资企业	**2257486**	**1147214**	**798486**
中外合资经营企业	1077905	512139	391147
中外合作经营企业	309352	135795	133779
外资企业	822719	478878	254133
外商投资股份有限公司	36735	17722	12229
其他外商投资企业	10776	2680	7199
(二)按国民经济行业分			
旅游饭店	28381848	12852381	11701866
一般旅馆	6118494	3795724	1780380
其他住宿业	779559	406163	262262

6-3-1 续表

单位：万元

项 目	营业额	#客房收入	#餐费收入
二、餐饮业	**45333312**	**2642489**	**40560670**
#国有控股	2214974	277008	1654499
(一)按登记注册类型分			
内资企业	**33467840**	**2563456**	**29026839**
国有企业	724194	155592	502561
集体企业	269009	26957	208717
股份合作企业	174173	7508	148392
联营企业	54418	383	36221
国有联营企业			
集体联营企业	54418	383	36221
国有与集体联营企业			
其他联营企业			
有限责任公司	9404109	879980	7842641
国有独资公司	321507	35610	229226
其他有限责任公司	9082602	844370	7613416
股份有限公司	1379236	102742	1165799
私营企业	20907242	1346862	18635351
私营独资企业	3841243	202390	3466033
私营合伙企业	450685	34761	400228
私营有限责任公司	15707709	1040121	13986977
私营股份有限公司	907605	69590	782113
其他企业	555461	43434	487157
港、澳、台商投资企业	**3559144**	**49949**	**3409579**
合资经营企业	700585	13634	657378
合作经营企业	213426	3057	199034
独资经营企业	2622421	33185	2532190
投资股份有限公司	19950	17	18682
其他投资企业	2762	56	2295
外商投资企业	**8306328**	**29084**	**8124252**
中外合资经营企业	1854146	17488	1798133
中外合作经营企业	130166	1848	110274
外资企业	6258831	9085	6161884
外商投资股份有限公司	44639	664	42452
其他外商投资企业	18546		11509
(二)按国民经济行业分			
正餐服务	34015094	2611205	29563787
快餐服务	8987888	8613	8827444
饮料及冷饮服务	864292	638	802633
其他餐饮业	1466038	22034	1366807

6-3-2 各地区限额以上住宿和餐饮业企业经营情况

单位：万元

地 区	合 计			住宿业			餐饮业		
	营业额	#客房收入	#餐费收入	营业额	#客房收入	#餐费收入	营业额	#客房收入	#餐费收入
全 国	**80613212**	**19696757**	**54305178**	**35279900**	**17054268**	**13744508**	**45333312**	**2642489**	**40560670**
北 京	8735360	1845954	5968080	3528146	1805303	977473	5207214	40651	4990607
天 津	1433052	236510	1093854	396842	204970	131795	1036210	31541	962059
河 北	1201477	358568	739051	749389	297970	365913	452088	60598	373138
山 西	1212356	336594	777010	462310	204917	207269	750047	131677	569741
内蒙古	1062464	267616	748937	407025	184410	195804	655439	83205	553134
辽 宁	2495941	534735	1819330	1068736	476755	491127	1427204	57980	1328204
吉 林	551124	192037	315987	348797	151820	164027	202328	40217	151960
黑龙江	587210	208588	317054	340725	188080	118887	246485	20509	198167
上 海	7208457	1517132	5205515	2513618	1456914	689561	4694840	60218	4515954
江 苏	6111277	1173974	4507029	2115897	870433	986966	3995380	303541	3520063
浙 江	5369336	1377300	3599763	2759392	1194533	1280988	2609944	182768	2318775
安 徽	1683244	413783	1114040	682471	304252	310346	1000772	109531	803695
福 建	3061807	672700	2139975	1472776	617381	651194	1589031	55319	1488781
江 西	811551	291673	450668	493642	257291	190997	317909	34382	259671
山 东	5535854	1289077	3772874	2177031	917109	1050103	3358823	371969	2722771
河 南	2923131	796676	1878461	1418671	674598	592261	1504460	122078	1286200
湖 北	3494206	813704	2450403	1236346	618062	495070	2257860	195643	1955333
湖 南	2585255	777440	1602888	1492313	674229	662488	1092942	103211	940400
广 东	10845546	2598134	7308405	4804980	2382544	1720655	6040566	215590	5587750
广 西	926203	333020	507012	606042	313211	219294	320162	19809	287718
海 南	1044371	593943	364250	940032	588857	273958	104339	5086	90292
重 庆	2326820	402526	1748170	696981	323900	286586	1629839	78626	1461584
四 川	3701219	823509	2581439	1387783	706647	521250	2313436	116862	2060189
贵 州	631118	269453	311142	419918	252470	131210	211200	16983	179932
云 南	1336776	477199	681344	840650	462813	233494	496126	14386	447851
西 藏	68975	37792	22657	59588	37348	13816	9387	443	8841
陕 西	2271799	564118	1482027	1015654	451578	459434	1256145	112540	1022593
甘 肃	642763	210601	400915	335607	182426	128288	307156	28176	272627
青 海	119347	55944	55435	81864	50098	24103	37482	5846	31332
宁 夏	175170	48607	109080	88873	41841	38449	86296	6765	70631
新 疆	460004	177850	232383	337802	161511	131703	122202	16339	100680

【主要统计指标解释】

营业额　指住宿和餐饮业单位在经营活动中因提供服务或销售商品等取得的全部收入，包括客房收入、餐费收入、商品销售额（含增值税）和其他收入。

客房收入　指住宿和餐饮业单位在经营活动中因提供住宿服务取得的收入。

餐费收入　指住宿和餐饮业单位为顾客提供就餐服务取得的收入，包括经烹饪、调制加工后出售的各种食品，如主食、炒菜、凉拌菜等的收入。

6 第三产业部分行业主要业务指标

6-4 信息传输、软件和信息技术服务业

简要说明

一、主要内容

电信资料主要包括：电信主要电路及设备拥有量、电信主要业务量、电信主要通信能力、电信通信服务水平等。

二、统计范围

包括从事电信运营的中国电信、中国移动、中国联通三家基础电信企业，不含专用网业务资料。业务范围分为国内业务量和国际及港澳业务量（对台业务量统计在港澳中）。

三、资料来源

本篇资料由国家统计局服务业统计司负责整理、编辑。资料来源于工业和信息化部。

6-4-1 电信主要业务量

指　　标	2004	2005	2006	2007	2008	2009	2010	2011	2012	2013
电信业务总量 (亿元)	9148.0	11403.0	14595.4	18591.3	22247.7	25553.6	29993.2	11725.8	12982.4	15707.2
固定电话用户合计 (万户)	31175.6	35044.5	36778.6	36563.7	34035.9	31373.2	29434.2	28509.8	27815.3	26698.5
#无线市话用户	6487.4	8530.0	9062.9	8456.2	6893.1	4599.4	2863.2	1785.2	1224.9	870.9
公用电话用户	2215.0	2681.2	2960.7	2991.9	2771.5	2708.8	2595.9	2468.3	2347.1	2233.4
城市电话用户	21025.1	23975.3	25132.9	24859.8	23155.9	21190.0	19658.1	19121.7	18893.4	18456.8
#住宅电话用户	15246.5	17201.2	17697.6	16988.2	15588.3	12969.5	11973.4	11411.6	11013.2	10474.3
农村电话用户	10150.5	11069.2	11645.6	11704.0	10880.0	10183.2	9776.1	9388.1	8921.9	8241.7
#住宅电话用户	9240.5	10023.9	10561.5	10533.1	9612.2	8813.3	8325.0	7861.2	7315.8	6643.4
移动电话用户合计 (万户)	33482.4	39340.6	46105.8	54730.6	64124.5	74721.4	85900.3	98625.3	111215.5	122911.3
#3G移动电话用户						1232.2	4705.1	12842.4	23280.3	40161.1
互联网拨号用户 (万户)	5122.3	3559.5	2644.6	1941.0	1227.8	754.4	590.1	550.7	569.8	485.1
互联网宽带接入用户 (万户)	2487.5	3735.0	5085.3	6641.4	8287.9	10397.8	12629.1	15000.1	17518.3	18890.9
#xDSL用户	1720.3	2654.0	3709.8	5221.3	6701.7	8378.2	10071.6	11467.7	11474.9	10716.5
固定本地电话通话时长合计(亿分钟)								4227.4	3577.7	3023.1
固定长途电话通话时长合计(亿分钟)	741.6	894.2	1742.6	1756.7	1655.8	1314.6	1068.9	856.9	700.7	590.6
移动电话通话时长合计 (亿分钟)	9454.7	12507.4	16870.7	23061.3	29355.6	35351.0	43261.2	50472.6	55444.9	58229.7
#去话通话时长				11224.6	14378.5	17070.3	21129.0	25056.0	27603.5	28987.7
移动短信业务量 (亿条)	2170.5	3046.3	4295.4	5945.8	6996.9	7726.5	8277.5	8790.0	8973.1	8921.0
卫星移动通信系统用户 (户)	3661	6403	8310	10876	11395	11633	14663	16362	19933	29117
卫星移动电话通话时长 (万分钟)	36.2	149.4	278.3	425.8	621.7	778.0	953.0	1733.4	1556.0	1763.4

注：1.电信业务总量2010年及以前按2000年不变价格计算；2011年按2010年不变价格计算，按可比价格比上年增长15.2%。
2.固定长途电话通话时长合计2005年及以前不含固定IP电话通话时长。

6-4-2 各地区电信主要业务量

单位：万户

地 区	电信业务总量(亿元)	固定电话用户	城市电话用户	#住宅电话	农村电话用户	#住宅电话	移动电话用户
全 国	**18432.2**	**26698.5**	**18456.8**	**10474.3**	**8241.7**	**6643.4**	**122911.3**
北 京	757.0	867.6	695.2	390.5	172.4	135.3	3373.8
天 津	213.1	352.8	348.6	215.2	4.2	0.9	1323.2
河 北	728.7	1152.4	840.1	549.4	312.3	277.0	6006.2
山 西	392.3	584.4	433.6	279.6	150.9	109.9	3105.5
内蒙古	311.2	377.2	317.7	191.8	59.5	47.8	2690.6
辽 宁	582.2	1222.4	800.1	590.4	422.3	406.4	4583.6
吉 林	295.5	579.0	439.3	288.0	139.7	113.3	2372.1
黑龙江	377.3	747.8	602.0	452.4	145.8	142.7	3020.4
上 海	791.8	869.2	858.6	512.3	10.7		3200.7
江 苏	1402.8	2289.8	1275.9	655.5	1014.0	815.5	7942.0
浙 江	1283.5	1781.3	1051.9	463.2	729.5	509.4	7071.8
安 徽	534.0	976.7	603.8	359.3	372.9	316.3	3958.9
福 建	738.4	983.5	609.7	315.6	373.8	287.4	4303.3
江 西	379.2	622.4	395.9	207.2	226.6	191.6	2806.9
山 东	1063.8	1707.6	995.4	546.6	712.2	600.2	8333.4
河 南	837.8	1224.4	753.7	367.6	470.6	383.0	7200.2
湖 北	610.2	984.0	662.9	358.2	321.1	268.8	4416.8
湖 南	595.3	914.4	624.8	358.3	289.6	236.4	4570.0
广 东	2768.1	3099.9	2265.7	1129.8	834.2	595.8	14706.1
广 西	435.3	546.3	354.7	165.9	191.6	161.3	3285.6
海 南	126.4	173.6	122.7	66.6	50.9	37.5	858.3
重 庆	357.6	580.3	430.3	294.8	150.0	129.6	2380.8
四 川	842.8	1313.7	926.4	569.5	387.3	327.8	6283.3
贵 州	331.8	363.0	269.6	164.0	93.4	77.9	2662.6
云 南	452.8	485.4	346.9	187.0	138.5	98.9	3395.8
西 藏	41.7	40.4	39.3	23.2	1.1	0.5	265.6
陕 西	477.8	769.3	555.0	299.4	214.3	174.0	3512.5
甘 肃	238.7	364.3	269.8	139.7	94.6	74.0	1976.2
青 海	67.5	101.8	86.6	46.1	15.2	12.4	542.4
宁 夏	80.4	104.7	87.0	53.6	17.7	13.6	627.2
新 疆	317.1	518.7	393.6	233.3	125.1	98.3	2133.9
不分地区							1.6

6-4-2 续表

地 区	固定本地电话通话时长(亿分钟)	固定长途电话通话时长(亿分钟)	移动电话通话时长(亿分钟)	移动短信业务量(亿条)
全 国	**3023.1**	**590.6**	**58229.7**	**8921.0**
北 京	155.2	42.2	1548.2	459.0
天 津	39.4	5.9	668.2	91.7
河 北	126.1	18.5	2669.8	311.8
山 西	30.0	7.2	1524.6	291.1
内蒙古	19.3	5.1	1334.1	156.0
辽 宁	144.3	19.7	2145.2	222.8
吉 林	30.3	6.9	1255.1	147.9
黑龙江	77.1	9.1	1561.9	137.3
上 海	212.0	49.0	1292.9	325.7
江 苏	216.8	36.1	3578.5	581.5
浙 江	179.9	30.1	3275.2	884.1
安 徽	89.1	18.6	1663.9	263.8
福 建	113.8	18.1	2141.6	587.4
江 西	50.6	11.6	1340.1	153.8
山 东	201.9	25.5	3905.1	440.1
河 南	142.4	17.8	3113.6	292.3
湖 北	86.7	20.1	1788.9	214.0
湖 南	115.2	14.1	2188.1	300.6
广 东	406.1	130.8	7025.0	1098.6
广 西	79.4	11.7	1535.6	204.0
海 南	20.3	6.9	489.4	58.3
重 庆	68.5	6.0	1300.5	132.5
四 川	141.7	22.3	3063.4	376.7
贵 州	26.8	7.7	1429.6	140.1
云 南	52.6	10.0	1753.6	384.1
西 藏	3.7	1.1	140.5	19.3
陕 西	79.1	12.3	1684.3	269.6
甘 肃	21.3	6.5	962.1	205.4
青 海	10.0	2.9	257.4	30.7
宁 夏	8.2	2.2	303.3	45.7
新 疆	75.1	14.5	1289.8	95.2

6-4-3 各地区固定电话用户情况

单位：万户

地 区	2004	2005	2006	2007	2008	2009	2010	2011	2012	2013
全 国	**31175.6**	**35044.5**	**36778.6**	**36563.7**	**34035.9**	**31373.2**	**29434.2**	**28509.8**	**27815.3**	**26698.5**
北 京	847.5	943.7	905.2	914.6	884.9	893.1	885.6	883.9	883.2	867.6
天 津	407.0	428.9	424.8	398.0	396.6	385.3	366.8	333.9	353.7	352.8
河 北	1554.9	1581.6	1600.6	1526.7	1457.5	1343.9	1251.4	1242.7	1207.7	1152.4
山 西	770.9	873.2	853.6	823.1	803.0	758.8	720.7	682.2	685.2	584.4
内蒙古	492.2	525.5	519.6	503.2	462.5	441.6	414.1	379.5	368.3	377.2
辽 宁	1470.1	1626.6	1647.2	1667.1	1604.3	1529.1	1428.0	1352.1	1285.1	1222.4
吉 林	655.6	756.0	718.7	729.8	621.7	581.3	595.2	579.3	578.8	579.0
黑龙江	1082.6	1056.5	1051.3	1081.2	1028.0	870.2	813.5	793.5	776.1	747.8
上 海	868.2	996.7	1112.3	1022.0	1015.4	935.5	931.8	926.4	902.9	869.2
江 苏	2582.4	3059.1	3224.9	3224.1	2968.3	2662.4	2498.8	2370.9	2387.2	2289.8
浙 江	1974.8	2231.7	2390.8	2407.9	2297.6	2130.9	1985.5	1947.9	1882.5	1781.3
安 徽	1191.6	1349.5	1501.4	1496.2	1379.9	1267.3	1231.0	1243.9	1091.4	976.7
福 建	1264.7	1398.5	1474.5	1482.5	1431.0	1244.8	1045.7	1015.0	1017.3	983.5
江 西	693.4	829.3	880.6	885.2	846.9	748.5	709.6	673.9	644.2	622.4
山 东	2464.1	2637.9	2544.1	2493.9	2421.1	2217.3	1992.2	1896.6	1854.2	1707.6
河 南	1583.9	1796.3	1945.4	1854.6	1562.4	1460.6	1426.8	1341.4	1288.7	1224.4
湖 北	1072.9	1236.4	1325.0	1280.2	1171.8	1088.3	1026.4	1020.3	1003.6	984.0
湖 南	1085.3	1227.8	1341.3	1321.7	1257.3	1166.9	1077.0	1011.6	953.9	914.4
广 东	2954.9	3442.5	3633.5	3750.2	3573.3	3366.7	3169.1	3147.1	3135.8	3099.9
广 西	810.9	869.5	916.3	891.0	848.4	787.6	708.9	650.9	599.3	546.3
海 南	197.3	230.3	249.0	240.1	224.7	182.8	179.8	175.0	173.0	173.6
重 庆	642.4	688.9	725.5	722.5	678.9	627.7	582.7	571.3	575.7	580.3
四 川	1369.9	1577.4	1711.3	1755.1	1660.4	1551.2	1419.1	1382.9	1347.1	1313.7
贵 州	387.6	466.5	493.9	521.2	499.6	451.1	431.2	404.0	380.4	363.0
云 南	547.4	597.8	644.2	628.7	616.3	583.1	562.5	540.1	524.3	485.4
西 藏	37.7	52.0	67.8	67.3	70.7	53.9	43.9	40.5	40.5	40.4
陕 西	791.9	859.3	914.5	925.7	881.2	815.0	781.9	775.5	772.1	769.3
甘 肃	477.3	548.0	607.4	585.3	519.0	453.9	411.9	396.4	377.8	364.3
青 海	94.4	113.5	125.4	123.1	119.4	109.3	103.2	104.2	102.5	101.8
宁 夏	119.6	138.9	143.9	140.3	121.5	114.5	111.9	108.5	105.0	104.7
新 疆	495.2	592.7	688.0	678.1	612.2	550.5	528.0	518.3	517.9	518.7
不分地区	187.2	312.2	396.6	423.2						

6-4-4 各地区移动电话用户情况

单位：万户

地 区	2004	2005	2006	2007	2008	2009	2010	2011	2012	2013
全 国	**33482.4**	**39340.6**	**46105.8**	**54730.6**	**64124.5**	**74721.4**	**85900.3**	**98625.3**	**111215.5**	**122911.3**
北 京	1340.7	1459.4	1571.0	1598.3	1616.3	1825.5	2129.8	2576.0	3168.0	3373.8
天 津	423.6	502.6	601.2	738.3	865.0	992.5	1089.8	1235.6	1325.2	1323.2
河 北	1512.9	1785.5	2251.0	2814.8	3214.1	3783.2	4353.6	5094.5	5513.1	6006.2
山 西	753.8	906.2	989.6	1420.4	1698.5	1952.3	2205.2	2446.9	2764.6	3105.5
内蒙古	594.6	712.3	874.1	1046.9	1344.4	1616.0	2034.0	2316.2	2550.1	2690.6
辽 宁	1194.4	1358.2	1611.0	1958.9	2421.5	2882.1	3341.8	3836.5	4291.3	4583.6
吉 林	763.8	915.7	1137.8	1311.1	1362.9	1574.2	1805.4	2004.1	2257.0	2372.1
黑龙江	1017.1	1132.3	1266.6	1449.2	1646.3	1865.9	2072.0	2376.6	2663.9	3020.4
上 海	1311.3	1444.2	1609.5	1776.5	1880.9	2113.2	2361.6	2620.6	3008.3	3200.7
江 苏	2232.9	2550.0	2873.0	3313.2	3957.0	4940.3	5923.1	6684.8	7471.4	7942.0
浙 江	2322.5	2686.3	3012.3	3529.2	3976.7	4456.3	5047.4	5756.0	6442.6	7071.8
安 徽	873.4	1046.9	1216.7	1410.0	1715.1	2154.6	2798.7	3259.4	3609.8	3958.9
福 建	1138.1	1302.3	1538.9	1808.7	2368.1	2639.1	3021.8	3553.2	4049.2	4303.3
江 西	671.3	798.4	933.3	1182.4	1277.3	1548.0	1811.3	2322.1	2573.4	2806.9
山 东	1909.4	2347.3	2916.0	3738.1	4627.9	5334.5	6190.4	7118.1	7588.9	8333.4
河 南	1392.3	1815.0	2353.3	2914.5	3501.0	3987.2	4402.0	5062.0	5787.6	7200.2
湖 北	1129.8	1401.3	1683.3	1940.6	2528.7	3136.9	3454.7	3953.7	4554.1	4416.8
湖 南	1036.4	1266.2	1494.5	1798.0	2240.3	2752.4	3257.0	3749.1	4262.0	4570.0
广 东	5373.9	6406.6	7117.5	7842.1	8395.7	8923.3	9624.6	10792.8	12468.0	14706.1
广 西	874.5	1021.1	1204.1	1384.3	1623.9	1960.1	2214.5	2532.7	2884.1	3285.6
海 南	165.0	203.9	239.9	324.8	397.8	496.4	594.3	671.6	775.6	858.3
重 庆	811.6	943.4	1064.6	1176.9	1281.7	1440.9	1664.4	1801.2	2069.6	2380.8
四 川	1514.6	1689.7	1976.8	2400.4	2852.3	3466.9	4156.4	4817.9	5498.2	6283.3
贵 州	440.0	509.4	648.8	834.0	1179.0	1453.4	1800.6	2044.3	2321.4	2662.6
云 南	732.4	898.8	1068.9	1346.4	1635.9	1936.4	2244.5	2589.5	2895.8	3395.8
西 藏	39.7	46.9	60.5	73.7	87.0	124.0	157.6	196.4	235.5	265.6
陕 西	788.7	938.1	1183.6	1612.7	1912.2	2337.4	2518.2	2907.2	3264.8	3512.5
甘 肃	358.0	408.4	545.9	686.4	895.3	1194.7	1390.1	1614.7	1763.5	1976.2
青 海	117.7	131.6	172.6	221.7	247.2	301.0	397.8	463.5	537.2	542.4
宁 夏	158.6	181.1	218.6	269.8	323.3	382.8	437.3	520.5	591.0	627.2
新 疆	489.7	531.3	671.1	808.3	1051.3	1113.0	1359.9	1670.9	2010.6	2133.9
不分地区						37.0	40.5	36.7	19.8	1.6

6-4-5 电信主要通信能力

指 标	2006	2007	2008	2009	2010	2011	2012	2013
长途电路								
长途电话业务电路 (2M)	**5096145**	**9978193**	**19267393**	**31086840**	**42767837**	**62990311**	**94762409**	**97682629**
长途线路								
长途光缆线路长度 (公里)	722439	792154	797979	831011	818133	842341	868175	890018
长途光缆纤芯长度 (芯公里)	18259128	19391462	20052791	21632574	20747246	21745271	22950401	23985000
本地线路								
本地网中继光缆线路长度 (公里)	2631108	3388943	3975988	4481447	5350106	6170014	7233522	8344457
本地网中继光缆纤芯长度(芯公里)	49150766	59070152	71049329	84541665	108108853	129712593	155269673	203732000
接入网光缆线路长度 (公里)	926012	1596192	2004529	2982106	3794228	5106948	6691604	8219234
接入网光缆纤芯长度 (芯公里)	22571610	28489459	36508987	52878769	66727725	90298384	117987684	146542000
长途通信								
长途电话交换机容量 (万路端)	1442.3	1709.2	1690.7	1684.9	1641.5	1602.3	1579.7	1280.5
地面通信卫星地球站点 (个)	1276	1265	1265	1262	1238	1237	1230	1230
地面通信卫星地球容量 (门)	43772	30332	31022	36135	34039	34593	31214	29267
本地网通信								
局用交换机容量 (万门)	50279.9	51034.6	50863.2	49265.6	46537.3	43428.8	43749.3	41089.3
互联网及其他数据通信								
互联网宽带接入端口 (万个)	6486.4	8539.3	10890.4	13835.7	18781.1	23239.4	32108.4	35945.3
其中：xDSL端口 (万个)	5233.5	7084.3	9205.6	11310.7	14013.3	15542.1	15858.3	14742.8
移动通信								
移动电话交换机容量 (万户)	61032.0	85496.1	114531.4	144084.7	150284.9	171636.0	184023.8	196557.3
卫星通信								
VSAT双向小站 (个)	1910	2098	3445	4002	4371	4344	4365	4293

注：2005-2011年长途电话业务电路采用将固定及移动长途电话业务电路、数据通信网长途电路和长途传输出租电路加总统计。

6-4-6 各地区电信主要通信能力

地　区	固定长途电话交换机容量(万路端)	局用交换机容量(万门)	移动电话交换机容量(万户)	长途光缆线路长度(公里)
全　国	**1280.5**	**41089.3**	**196557.3**	**890018**
北　京	56.6	1683.3	4820.0	4122
天　津	13.7	694.6	2355.0	3481
河　北	31.8	1567.1	11258.8	35331
山　西	30.2	967.8	5255.8	36085
内蒙古	21.1	833.0	6136.3	57760
辽　宁	48.7	2041.5	6258.7	24508
吉　林	22.4	877.6	3814.0	23431
黑龙江	41.1	1344.5	5388.7	45194
上　海	74.2	1360.4	3923.0	3664
江　苏	37.6	3358.0	10356.5	29981
浙　江	85.2	2612.8	10807.2	25801
安　徽	20.8	828.0	7561.9	28367
福　建	55.1	1548.0	7726.0	21692
江　西	34.2	837.5	4088.4	18224
山　东	45.7	2762.8	11424.4	32373
河　南	144.6	1843.4	8968.1	31413
湖　北	49.1	1483.0	7235.2	28125
湖　南	46.4	1297.0	7090.9	38411
广　东	108.3	4086.5	21148.1	49890
广　西	58.2	1829.0	4462.0	37891
海　南	9.2	227.0	1532.4	3301
重　庆	21.9	1025.5	3810.0	6397
四　川	51.1	1407.4	14820.6	56157
贵　州	25.5	919.0	4954.0	35097
云　南	22.4	804.0	5922.6	42468
西　藏	1.7	133.7	393.0	30360
陕　西	44.2	1015.3	4961.9	28394
甘　肃	27.4	524.5	2633.8	31192
青　海	13.0	145.6	1130.0	33583
宁　夏	6.1	197.1	1158.0	9708
新　疆	28.5	832.3	5162.0	37620
不分地区	4.6	2.1		

注：电话交换机容量中不包括用户交换机容量。

6-4-7 电信通信服务水平

指 标		2004	2005	2006	2007	2008	2009	2010	2011	2012	2013
固定电话普及率	(部/百人)	24.1	27.0	28.1	27.8	25.8	23.6	22.1	21.3	20.6	19.6
城市固定电话普及率	(部/百人)	35.9	40.3	41.7	40.6	37.4	33.9	31.2	30.0	27.4	25.2
移动电话普及率	(部/百人)	25.9	30.3	35.3	41.6	48.5	56.3	64.4	73.6	82.5	90.3
平均每千人拥有公用电话数	(部/千人)	17.1	20.6	22.6	22.8	21.0	20.4	19.5	18.4	17.4	16.4
互联网普及率	(%)	7.3	8.5	10.5	16.0	22.6	28.9	34.3	38.3	42.1	45.8
移动电话漫游国家和地区											
中国电信	(个)					211	211	220	258	258	258
中国移动	(个)	184	203	219	231	237	237	237	237	237	242
中国联通	(个)	113	118	170	179	204	217	239	246	247	250
开通互联网宽带业务的行政村比重	(%)							80.1	84.0	87.9	91.0

6-4-8 各地区电信通信服务水平

地区	固定电话普及率 (部/百人)	城市固定电话普及率 (部/百人)	移动电话普及率 (部/百人)	每千人公用电话 (部/千人)	互联网普及率 (%)	开通互联网宽带业务的行政村比重 (%)
全国	**19.6**	**25.2**	**90.3**	**16.4**	**45.8**	**91.0**
北京	41.0	38.1	159.5	44.0	75.2	100.0
天津	24.0	28.9	89.9	19.3	61.3	100.0
河北	15.7	23.8	81.9	9.5	46.5	97.6
山西	16.1	22.7	85.6	16.3	48.6	100.0
内蒙古	15.1	21.7	107.7	9.9	43.9	58.7
辽宁	27.8	27.4	104.4	20.7	55.9	100.0
吉林	21.0	29.5	86.2	15.2	42.3	100.0
黑龙江	19.5	27.3	78.8	12.6	39.5	95.0
上海	36.0	39.7	132.5	15.9	70.7	100.0
江苏	28.8	25.1	100.0	18.2	51.7	100.0
浙江	32.4	29.9	128.6	37.6	60.8	100.0
安徽	16.2	20.9	65.7	10.7	35.9	100.0
福建	26.1	26.6	114.0	16.6	64.1	100.0
江西	13.8	17.9	62.1	11.5	32.6	97.5
山东	17.5	19.0	85.6	15.7	44.7	100.0
河南	13.0	18.3	76.5	12.5	34.9	100.0
湖北	17.0	21.0	76.2	15.4	43.1	92.1
湖南	13.7	19.5	68.3	12.0	36.3	93.0
广东	29.1	31.4	138.2	33.5	66.0	100.0
广西	10.3	15.0	62.2	8.1	37.9	95.0
海南	19.4	26.0	95.9	15.2	46.4	100.0
重庆	19.5	24.8	80.2	10.3	43.9	100.0
四川	16.2	25.5	77.5	9.7	35.1	75.0
贵州	10.4	20.3	76.0	9.1	32.9	77.9
云南	10.4	18.3	72.5	10.9	32.8	78.0
西藏	12.9	53.2	85.1	8.0	37.4	30.0
陕西	20.4	28.7	93.3	15.8	45.0	81.0
甘肃	14.1	26.0	76.5	18.2	34.7	48.2
青海	17.6	30.9	93.9	8.1	47.8	84.8
宁夏	16.0	25.6	95.9	9.9	43.7	72.5
新疆	22.9	39.1	94.2	19.2	49.0	85.1

6-4-9 各地区互联网上网人数

单位：万人

地 区	2004	2005	2006	2007	2008	2009	2010	2011	2012	2013
全 国	**9400**	**11100**	**13700**	**21000**	**29800**	**38400**	**45730**	**51310**	**56400**	**61758**
北 京	402	428	468	737	980	1103	1218	1379	1458	1556
天 津	193	229	260	287	485	564	648	719	793	866
河 北	387	486	631	762	1334	1842	2197	2597	3008	3389
山 西	211	269	380	536	819	1064	1250	1405	1589	1755
内蒙古	93	116	160	322	385	575	747	854	965	1093
辽 宁	322	372	483	783	1138	1595	1916	2092	2199	2453
吉 林	179	201	271	434	520	726	882	966	1062	1163
黑龙江	278	316	366	476	620	912	1127	1206	1329	1514
上 海	441	463	510	830	1110	1171	1239	1525	1606	1683
江 苏	661	790	1027	1757	2084	2765	3306	3685	3952	4095
浙 江	534	707	977	1509	2108	2452	2786	3052	3221	3330
安 徽	240	276	337	587	723	1069	1392	1585	1869	2150
福 建	326	397	516	866	1379	1629	1848	2102	2280	2402
江 西	156	187	285	511	610	790	950	1088	1267	1468
山 东	848	988	1126	1256	1983	2769	3332	3625	3866	4329
河 南	305	396	517	956	1283	2007	2417	2582	2856	3283
湖 北	429	463	532	706	1050	1469	1902	2129	2309	2491
湖 南	312	348	408	690	999	1406	1747	1936	2200	2410
广 东	1188	1486	1831	3344	4554	4860	5324	6300	6627	6992
广 西	285	330	374	560	734	1030	1226	1353	1586	1774
海 南	47	69	117	144	216	244	303	338	384	411
重 庆	181	189	220	356	598	803	990	1068	1195	1293
四 川	523	609	690	809	1103	1635	1998	2229	2562	2835
贵 州	98	109	142	224	433	573	751	840	991	1146
云 南	206	241	275	303	548	844	1021	1140	1321	1528
西 藏	7	9	16	36	47	53	81	90	101	115
陕 西	258	314	395	517	790	995	1295	1429	1551	1689
甘 肃	120	125	152	219	327	535	655	700	795	894
青 海	20	29	37	60	130	154	188	208	238	274
宁 夏	31	32	42	61	102	141	175	207	258	283
新 疆	119	126	155	363	625	634	819	882	962	1094

6-4-10 互联网主要指标

年份 地区	互联网上网人数（万人）	域名数（万个）	网站数（万个）	网页数（万个）	互联网宽带接入端口（万个）	互联网拨号用户（万户）	互联网宽带接入用户（万户）	#城市宽带接入用户	#农村宽带接入用户
1995						0.7			
1996						3.6			
1997	62					16.0			
1998	210					67.7			
1999	890					299.4			
2000	2250		26.5			900.5			
2001	3370		27.7			3652.7			
2002	5910		37.2			5246.5	325.3		
2003	7950		59.6		1802.3	5653.1	1115.1		
2004	9400		66.9		3578.1	5122.3	2487.5		
2005	11100	259.2	69.4		4874.7	3559.5	3735.0		
2006	13700	410.9	84.3	447257.8	6486.4	2644.6	5085.3		
2007	21000	1193.1	150.4	847108.5	8539.3	1941.0	6641.4		
2008	29800	1682.6	287.8	1608637.0	10890.4	1227.8	8287.9		
2009	38400	1681.8	323.2	3360173.2	13835.7	754.4	10397.8		
2010	45730	865.6	190.8	6000806.0	18781.1	590.1	12629.1	9963.5	2475.7
2011	51310	774.8	229.6	8658229.8	23239.4	550.7	15000.1	11691.4	3308.8
2012	56400	1341.2	268.1	12274681.7	32108.4	569.8	17518.3	13442.4	4075.9
2013	61758	1843.6	320.2	15004076.3	35945.3	485.1	18890.9	14153.6	4737.3
北京	1556	185.7	43.9	3773152.1	1186.8	45.9	480.4	383.6	96.8
天津	866	11.5	3.7	725108.4	353.9	12.4	188.4	187.9	0.5
河北	3389	25.3	9.0	543080.0	2049.3	0.1	1031.6	601.1	430.4
山西	1755	8.2	3.5	412507.8	881.7	3.5	521.3	470.2	51.1
内蒙古	1093	4.6	1.2	22709.6	677.2		284.4	223.5	60.9
辽宁	2453	22.3	8.6	228211.0	1631.4	22.2	726.9	619.4	107.5
吉林	1163	7.6	2.1	105090.9	695.0	6.0	379.6	303.6	76.0
黑龙江	1514	85.7	2.7	6482.1	865.2	10.1	459.6	402.1	57.5
上海	1683	78.3	31.7	921222.8	1374.6	1.1	511.1	511.1	
江苏	4095	64.9	16.6	1259479.9	3063.2	11.1	1431.3	856.2	575.2
浙江	3330	69.1	22.0	2126604.5	2447.4	35.8	1242.7	702.3	540.4
安徽	2150	21.2	3.8	129682.7	1124.6	20.1	546.8	404.8	142.0
福建	2402	66.1	22.1	90848.3	1439.4	16.6	835.6	595.4	240.2
江西	1468	9.6	2.2	265168.2	868.6	2.8	410.1	306.2	103.9
山东	4329	432.4	14.6	535262.8	2537.0	40.1	1465.1	1016.3	448.8
河南	3283	36.8	11.1	445741.1	1747.0	103.3	1000.5	698.8	301.7
湖北	2491	21.0	6.4	167299.5	1153.2	13.3	813.3	669.3	144.1
湖南	2410	18.0	5.0	53045.0	1219.6	0.1	702.4	562.1	140.2
广东	6992	355.4	53.6	2543906.2	3325.2	72.6	2081.7	1563.1	518.6
广西	1774	9.2	2.5	112995.9	978.8	8.9	559.6	457.1	102.6
海南	411	13.6	1.2	144738.3	198.6		110.9	84.9	26.0
重庆	1293	14.0	3.1	24158.6	778.8		438.8	372.1	66.6
四川	2835	34.0	11.0	39295.8	1775.7	13.9	835.2	646.5	188.7
贵州	1146	4.3	1.0	417.1	494.2	5.4	292.4	247.8	44.5
云南	1528	8.4	1.4	275527.5	736.9	6.4	404.7	327.8	76.9
西藏	115	0.5	0.1	140.4	44.1		19.1	19.1	0.0
陕西	1689	13.2	3.7	41175.1	940.9	13.9	506.2	409.8	96.4
甘肃	894	2.9	0.7	3933.4	460.3	10.7	192.2	158.1	34.0
青海	274	1.1	0.2	9.6	117.8	0.6	54.9	51.1	3.7
宁夏	283	1.6	0.4	948.5	150.3	1.6	71.1	63.4	7.7
新疆	1094	4.1	0.8	6133.0	628.6	6.4	293.0	238.6	54.4
不分地区		213.0	30.3						

【主要统计指标解释】

电信业务总量 指以货币形式表示的电信企业为社会提供各类电信服务的总数量，是用于观察电信业务发展变化总趋势的综合性总量指标。电信业务总量是以各类业务的实物量分别乘以相应的不变单价，求出各类业务的货币量加总求得。

移动短信业务量 指移动电话用户通过移动通信网络短信平台使用短信业务的通信量。

移动电话用户 指在电信企业营业网点办理开户登记手续，通过移动电话交换机进入移动电话网，占用移动电话号码的各类电话用户。包括各类签约用户、智能网预付费用户、无线上网卡用户。

固定电话用户 指在电信企业营业网点办理开户登记手续并已接入固定电话网上的全部电话用户。包括普通电话用户、无线市话用户、公共电话用户、窄带综合业务数字网（N-ISDN）用户、智能网专用接入终端用户等。

城市电话用户 指按行政区划属于中央直辖市、省辖市、地级市、县级市的市区、市郊区及县城区范围内的电话用户数。包括分布在农村地区但以县团级以上建制的独立工矿区、林区、驻军的电话用户。

农村电话用户 指按行政区划属于城市范围以外的乡（镇）、村电话用户。

住宅电话用户 指私人付费或安装在居民住宅并按照私人或住宅电话用户登记注册和收费的各类电话用户。

局用交换机容量 指安装在电信企业内用于接续本地固定电话的电话交换机容量。包括接入网设备容量（安装在电信运营企业用于连接话音用户的远端节点的设备容量）。

移动电话交换机容量 指移动电话交换机根据一定话务模型和交换机处理能力计算出来的最大同时服务用户的数量。按报告期末已割接入网正式投入使用的设备实际容量统计。

互联网宽带接入端口 指用于接入互联网用户的各类实际安装运行的接入端口的数量，包括xDSL用户接入端口、LAN接入端口、其他类型接入端口等，不包括窄带拨号接入端口。

电话普及率 指报告期行政区域总人口中，平均每百人拥有的话机数。计算公式：

$$\text{电话普及率}=\frac{\text{电话机总数(包括移动电话)（部）}}{\text{行政区域总人口数（人）}}\times 100$$

互联网上网人数 指过去半年内使用过互联网的6周岁及以上中国居民人数。

6 第三产业部分行业主要业务指标

6-5 金融业

简要说明

一、主要内容

本篇反映我国金融、证券和保险业发展情况。有以下四个部分：一是金融机构金融活动情况；二是存贷款利率调整情况；三是直接融资情况；四是保险业务情况。

二、资料来源

1. 反映金融机构活动情况的资料包括："金融机构人民币信贷收支表（年底余额）"，"货币供应量（年底余额）"，"货币供应量同比增长率"，"黄金和外汇储备"，"货币当局资产负债表（年底余额）"，"其他存款性公司资产负债表（年底余额）"，"外资银行资产负债表（年底余额）"，"社会融资规模及构成"。金融机构信贷收支表统计范围包括中国人民银行、国家政策性银行、国有商业银行、其他商业银行、城市信用合作社、农村信用合作社、外资银行、财务公司、信托投资公司、金融租赁公司、邮政储蓄机构。中国人民银行总行根据金融机构的基层单位全面填报、并按各自系统汇总的资料，进行归并和汇总，最后得到金融机构的信贷收支表。黄金和外汇储备表中的资料取自于中国人民银行的资产负债表，由该行有关部门提供。

2. 反映存贷款利率调整情况的"金融机构法定存款利率"，"金融机构法定贷款利率表"，数据来自中国人民银行总行规定的、并对外发布的存贷款利率。

3. 反映直接融资情况的"证券市场基本情况"，"上市公司数量"，"上市公司地区分布"，"股票发行量和筹资额"，"股票交易情况"，"全国期货交易所市场概况"，"全国交易所上市基金成交概况"，资料取自中国证券监督管理委员会编制的《中国证券期货统计年鉴》。

4. 反映保险业务情况的"保险公司业务经济技术指标"，"保险公司资产情况"，"保险公司资金运用情况"，"各地区原保险保费收入和赔付支出情况"等，数据取自中国保险监督管理委员会编制的保险统计资料。

6-5-1 金融机构人民币信贷收支表(年底余额)

单位：亿元

项　目	2012	2013	项　目	2012	2013
资金来源			**资金运用**		
合计	**1024067.49**	**1174666.17**	**合计**	**1024067.49**	**1174666.17**
各项存款	917554.77	1043846.86	各项贷款	629909.64	718961.46
单位存款	458821.04	520825.90	境内贷款	628100.53	717087.69
个人存款	411002.77	466502.39	短期贷款	248272.76	290237.82
财政性存款	24426.41	30133.47	中长期贷款	352907.42	398862.41
临时性存款	1632.54	1661.06	融资租赁	5930.98	7660.83
委托存款	226.86	354.33	票据融资	20433.24	19594.00
其他存款	21445.16	24369.72	各项垫款	556.13	732.63
金融债券	8487.57	6681.00	境外贷款	1809.11	1873.76
流通中货币	54659.77	58574.44	有价证券	111680.87	125399.38
对国际金融机构负债	827.68	854.45	股权及其他投资	21633.05	41751.79
其他	42537.69	64709.41	黄金占款	669.84	669.84
			外汇占款	258533.48	286303.83
			在国际金融机构资产	1640.60	1579.87

注：1.本表统计口径包括中国人民银行、政策性银行、国有商业银行、股份制商业银行、城市商业银行、农村商业银行、农村合作银行、城市信用社、农村信用社、信托投资公司、财务公司、租赁公司、外资金融机构、中国邮政储蓄银行(下表同)。

2.2011年起，《金融机构人民币信贷收支》分类项目调整，部分数据与2010年以前不可比。

6-5-2 货币供应量(年底余额)

单位：亿元

年 份	货币和准货币 (M_2)	货币 (M_1)			准货币			
			流通中现金	单位活期存款		单位定期存款	个人存款	其他存款
1990	15293.4	6950.7	2644.4	4306.3	8342.7			
1991	19349.9	8633.3	3177.8	5455.5	10716.6			
1992	25402.2	11731.5	4336.0	7395.2	13670.7			
1993	34879.8	16280.4	5864.7	10415.7	18599.4	1247.9	15203.5	2148.0
1994	46923.5	20540.7	7288.6	13252.1	26382.8	1943.1	21518.8	2920.9
1995	60750.5	23987.1	7885.3	16101.8	36763.4	3324.2	29662.2	3777.0
1996	76094.9	28514.8	8802.0	19712.8	47580.1	5041.9	38520.8	4017.4
1997	90995.3	34826.3	10177.6	24648.7	56169.1	6738.5	46279.8	3150.7
1998	104498.5	38953.7	11204.2	27749.5	65544.9	8301.9	53407.5	3835.5
1999	119897.9	45837.3	13455.5	32381.8	74060.6	9476.8	59621.8	4962.0
2000	134610.3	53147.2	14652.7	38494.5	81463.1	11261.1	64332.4	5869.7
2001	158301.9	59871.6	15688.8	44182.8	98430.3	14180.1	73762.4	10487.8
2002	185007.0	70881.8	17278.0	53603.8	114125.2	16433.8	86910.7	10780.7
2003	221222.8	84118.6	19745.9	64372.6	137104.3	20940.4	103617.7	12546.2
2004	254107.0	95969.7	21468.3	74501.4	158137.2	25382.2	119555.4	13199.7
2005	298755.7	107278.8	24031.7	83247.1	191476.9	33100.0	141051.0	17325.9
2006	345603.6	126035.1	27072.6	98962.5	219568.5	38732.1	161587.3	19249.1
2007	403442.2	152560.1	30375.2	122184.9	250882.1	46932.5	172534.2	31415.4
2008	475166.6	166217.1	34219.0	131998.2	308949.5	60103.1	217885.4	30961.1
2009	606225.0	220001.5	38246.0	181755.5	386223.5	82284.9	260771.7	43166.9
2010	725851.8	266621.5	44628.2	221993.4	459230.3	105858.7	303302.5	50069.1
2011	851590.9	289847.7	50748.5	239099.2	561743.2	166616.0	352797.5	42329.7
2012	974148.8	308664.2	54659.8	254004.5	665484.6	195940.1	411362.6	58181.9
2013	1106525.0	337291.1	58574.4	278716.6	769233.9	232696.6	467031.1	69506.2

注：2001年6月起，已将证券公司客户保证金计入货币供应量(M_2)，含在其他存款项内。

6-5-3 货币供应量同比增长率

单位：%

年 份	货币和准货币 (M_2)	货币 (M_1)			准货币			
			流通中现金	单位活期存款		单位定期存款	个人存款	其他存款
1991	26.5	24.2	20.2	26.7	28.5			
1992	31.3	35.9	36.4	35.6	27.6			
1993								
1994	34.5	26.2	24.3	27.2	41.9	55.7	41.5	36.0
1995	29.5	16.8	8.2	21.5	39.4	71.1	37.9	29.3
1996	25.3	18.9	11.6	22.4	29.4	51.7	29.9	6.4
1997	17.3	16.5	15.6	16.9	17.8	24.5	19.3	-8.9
1998	14.8	11.9	10.1	12.6	16.7	23.2	15.4	21.7
1999	14.7	17.7	20.1	16.7	13.0	14.2	11.6	29.3
2000	12.3	16.0	8.9	18.9	10.0	18.8	7.9	18.3
2001	14.4	12.7	7.1	14.8	15.5	25.9	14.7	9.1
2002	16.8	16.8	10.1	19.2	16.8	21.8	17.8	2.8
2003	19.6	18.7	14.3	20.3	20.1	27.4	19.2	16.4
2004	14.7	13.6	8.7	15.1	15.3	21.2	15.4	5.2
2005	17.6	11.8	11.9	11.7	21.1	30.4	18.0	31.3
2006	17.0	17.5	12.7	18.9	16.7	17.2	14.6	36.3
2007	16.7	21.1	12.2	23.5	14.3	21.2	6.8	63.2
2008	17.8	9.1	12.7	8.2	23.2	28.1	26.3	-1.5
2009	27.7	32.4	11.8	37.7	25.2	37.7	19.7	39.4
2010	19.7	21.2	16.7	22.1	18.9	28.7	16.3	16.0
2011	13.6	7.9	13.8	6.7	16.8	18.1	16.2	17.7
2012	13.8	6.5	7.7	6.2	17.6	17.6	16.6	25.1
2013	13.6	9.3	7.1	9.7	15.6	18.8	13.5	19.5

注：1.同期比增长率是按可比口径计算的。因1992年以前口径与1993年口径不一致，故1993年未计算增长率。
2.2001年6月起，已将证券公司客户保证金计入货币供应量(M_2)，含在其他存款内。
3.1997年初，中国人民银行对金融统计制度进行了调整，因此自1997年起的数据与历史数据不完全可比。

6-5-4 金融机构法定存款利率

单位：年利率%

调整时间	活期	定期					
		三个月	半年	一年	二年	三年	五年
1990.04.15	2.88	6.30	7.74	10.08	10.98	11.88	13.68
1990.08.21	2.16	4.32	6.48	8.64	9.36	10.08	11.52
1991.04.21	1.80	3.24	5.40	7.56	7.92	8.28	9.00
1993.05.15	2.16	4.86	7.20	9.18	9.90	10.80	12.06
1993.07.11	3.15	6.66	9.00	10.98	11.70	12.24	13.86
1996.05.01	2.97	4.86	7.20	9.18	9.90	10.80	12.06
1996.08.23	1.98	3.33	5.40	7.47	7.92	8.28	9.00
1997.10.23	1.71	2.88	4.14	5.67	5.94	6.21	6.66
1998.03.25	1.71	2.88	4.14	5.22	5.58	6.21	6.66
1998.07.01	1.44	2.79	3.96	4.77	4.86	4.95	5.22
1998.12.07	1.44	2.79	3.33	3.78	3.96	4.14	4.50
1999.06.10	0.99	1.98	2.16	2.25	2.43	2.70	2.88
2002.02.21	0.72	1.71	1.89	1.98	2.25	2.52	2.79
2004.10.29	0.72	1.71	2.07	2.25	2.70	3.24	3.60
2006.08.19	0.72	1.80	2.25	2.52	3.06	3.69	4.14
2007.03.18	0.72	1.98	2.43	2.79	3.33	3.96	4.41
2007.05.19	0.72	2.07	2.61	3.06	3.69	4.41	4.95
2007.07.21	0.81	2.34	2.88	3.33	3.96	4.68	5.22
2007.08.22	0.81	2.61	3.15	3.60	4.23	4.95	5.49
2007.09.15	0.81	2.88	3.42	3.87	4.50	5.22	5.76
2007.12.21	0.72	3.33	3.78	4.14	4.68	5.40	5.85
2008.10.09	0.72	3.15	3.51	3.87	4.41	5.13	5.58
2008.10.30	0.72	2.88	3.24	3.60	4.14	4.77	5.13
2008.11.27	0.36	1.98	2.25	2.52	3.06	3.60	3.87
2008.12.23	0.36	1.71	1.98	2.25	2.79	3.33	3.60
2010.10.20	0.36	1.91	2.20	2.50	3.25	3.85	4.20
2010.12.26	0.36	2.25	2.50	2.75	3.55	4.15	4.55
2011.02.09	0.40	2.60	2.80	3.00	3.90	4.50	5.00
2011.04.06	0.50	2.85	3.05	3.25	4.15	4.75	5.25
2011.07.07	0.50	3.10	3.30	3.50	4.40	5.00	5.50
2012.06.08	0.40	2.85	3.05	3.25	4.10	4.65	5.10
2012.07.06	0.35	2.60	2.80	3.00	3.75	4.25	4.75

注：金融机构以中国人民银行规定的人民币存款基准利率为上限，下限为0。

6-5-5 金融机构法定贷款利率

单位：年利率%

调整时间	短期贷款		中长期贷款		
	六个月以内（含六个月）	六个月至一年（含一年）	一年至三年（含三年）	三年至五年（含五年）	五年以上
1991.04.21	8.10	8.64	9.00	9.54	9.72
1993.05.15	8.82	9.36	10.80	12.06	12.24
1993.07.11	9.00	10.98	12.24	13.86	14.04
1995.01.01	9.00	10.98	12.96	14.58	14.76
1995.07.01	10.08	12.06	13.50	15.12	15.30
1996.05.01	9.72	10.98	13.14	14.94	15.12
1996.08.23	9.18	10.08	10.98	11.70	12.42
1997.10.23	7.65	8.64	9.36	9.90	10.53
1998.03.25	7.02	7.92	9.00	9.72	10.35
1998.07.01	6.57	6.93	7.11	7.65	8.01
1998.12.07	6.12	6.39	6.66	7.20	7.56
1999.06.10	5.58	5.85	5.94	6.03	6.21
2002.02.21	5.04	5.31	5.49	5.58	5.76
2004.10.29	5.22	5.58	5.76	5.85	6.12
2006.04.28	5.40	5.85	6.03	6.12	6.39
2006.08.19	5.58	6.12	6.30	6.48	6.84
2007.03.18	5.67	6.39	6.57	6.75	7.11
2007.05.19	5.85	6.57	6.75	6.93	7.20
2007.07.21	6.03	6.84	7.02	7.20	7.38
2007.08.22	6.21	7.02	7.20	7.38	7.56
2007.09.15	6.48	7.29	7.47	7.65	7.83
2007.12.21	6.57	7.47	7.56	7.74	7.83
2008.09.16	6.21	7.20	7.29	7.56	7.74
2008.10.09	6.12	6.93	7.02	7.29	7.47
2008.10.30	6.03	6.66	6.75	7.02	7.20
2008.11.27	5.04	5.58	5.67	5.94	6.12
2008.12.23	4.86	5.31	5.40	5.76	5.94
2010.10.20	5.10	5.56	5.60	5.96	6.14
2010.12.26	5.35	5.81	5.85	6.22	6.40
2011.02.09	5.60	6.06	6.10	6.45	6.60
2011.04.06	5.85	6.31	6.40	6.65	6.80
2011.07.07	6.10	6.56	6.65	6.90	7.05
2012.06.08	5.85	6.31	6.40	6.65	6.80
2012.07.06	5.60	6.00	6.15	6.40	6.55

6-5-6 黄金和外汇储备

年 份	黄金储备（万盎司）	外汇储备（亿美元）	年 份	黄金储备（万盎司）	外汇储备（亿美元）
1978	1280	1.67	1996	1267	1050.29
1979	1280	8.40	1997	1267	1398.90
1980	1280	-12.96	1998	1267	1449.59
1981	1267	27.08	1999	1267	1546.75
1982	1267	69.86	2000	1267	1655.74
1983	1267	89.01	2001	1608	2121.65
1984	1267	82.20	2002	1929	2864.07
1985	1267	26.44	2003	1929	4032.51
1986	1267	20.72	2004	1929	6099.32
1987	1267	29.23	2005	1929	8188.72
1988	1267	33.72	2006	1929	10663.40
1989	1267	55.50	2007	1929	15282.49
1990	1267	110.93	2008	1929	19460.30
1991	1267	217.12	2009	3389	23991.52
1992	1267	194.43	2010	3389	28473.38
1993	1267	211.99	2011	3389	31811.48
1994	1267	516.20	2012	3389	33115.89
1995	1267	735.97	2013	3389	38213.15

6-5-7 货币当局资产负债表(年底余额)

单位：亿元

项目	2011	2012	2013
总资产	**280977.6**	**294537.2**	**317278.6**
国外资产	237898.1	241416.9	272233.5
外汇	232388.7	236669.9	264270.0
货币黄金	669.8	669.8	669.8
其他国外资产	4839.5	4077.1	7293.7
对政府债权	15399.7	15313.7	15312.7
对其他存款性公司债权	10247.5	16701.1	13147.9
对其他金融性公司债权	10644.0	10038.6	8907.4
对非金融性公司债权	25.0	25.0	25.0
其他资产	6763.3	11041.9	7652.0
总负债	**280977.6**	**294537.2**	**317278.6**
储备货币	224641.8	252345.2	271023.1
货币发行	55850.1	60646.0	64980.9
金融性公司存款			
其他存款性公司存款	168791.7	191699.2	206042.2
其他金融性公司存款			
非金融性公司存款			
不计入储备货币的金融性公司存款	908.4	1348.8	1330.3
债券发行	23336.7	13880.0	7762.0
国外负债	2699.4	1464.2	2088.3
政府存款	22733.7	20753.3	28610.6
自有资金	219.8	219.8	219.8
其他负债	6438.0	4525.9	6244.6

注：1.自2011年1月起，中国人民银行采用国际货币基金组织关于储备货币的定义，不再将其他金融性公司在货币当局的存款计入储备货币。

2.自2011年1月起，境外金融机构在中国人民银行存款数据计入国外负债项目，不再计入其他存款性公司存款。

6-5-8 其他存款性公司资产负债表(年底余额)

单位：亿元

项　　目	2011	2012	2013
总资产	**1137867.1**	**1336862.8**	**1524751.5**
国外资产	24211.7	28798.5	28814.1
储备资产	173004.1	197132.5	211775.6
准备金存款	167902.5	191146.3	205369.1
库存现金	5101.6	5986.2	6406.5
对政府债权	49697.8	56123.3	62341.5
对中央银行债权	22324.0	12709.0	10301.4
对其他存款性公司债权	179466.0	237024.6	260442.0
对其他金融性公司债权	34329.2	50519.9	72592.3
对非金融性公司债权	465395.2	534132.7	599575.2
对其他居民部门债权	135214.4	160193.8	196863.6
其他资产	54224.7	60228.6	82046.0
总负债	**1137867.1**	**1336862.8**	**1524751.5**
对非金融机构及住户负债	780043.9	891427.9	1012778.8
纳入广义货币的存款	758512.7	861307.2	978444.3
单位活期存款	239099.2	254004.5	278716.6
单位定期存款	166616.0	195940.1	232696.6
个人存款	352797.5	411362.6	467031.1
不纳入广义货币的存款	16809.1	24454.1	25940.3
可转让存款	7118.5	8036.1	7454.0
其他存款	9690.6	16418.0	18486.3
其他负债	4722.1	5666.6	8394.2
对中央银行负债	6763.9	13903.1	11663.2
对其他存款性公司负债	85082.0	108636.2	110397.9
对其他金融性公司负债	52210.9	62999.2	74804.7
#计入广义货币的存款	42329.7	58181.9	69506.2
国外负债	7765.9	9900.3	17973.0
债券发行	75409.7	92318.3	103672.1
实收资本	28642.0	30725.3	32545.8
其他负债	101948.9	126952.6	160916.0

注：2011年企业活期存款改为“单位活期存款”，企业定期存款改为“单位定期存款”，居民储蓄存款改为“个人存款”，与上年统计口径一致。

6-5-9 外资银行资产负债表(年底余额)

单位：亿元

项　目	2011	2012	2013
总资产	**23383.7**	**24582.4**	**25805.0**
国外资产	1296.2	1612.5	1128.0
储备资产	2966.5	3228.5	3083.0
准备金存款	2955.7	3218.4	3073.0
库存现金	10.8	10.1	10.0
对政府债权	1541.5	1294.9	1535.0
对中央银行债权			127.0
对其他存款性公司债权	5041.8	5361.3	6313.0
对其他金融性公司债权	493.3	752.2	1400.0
对非金融性公司债权	8981.3	10510.2	10581.0
对其他居民部门债权	462.2	603.2	790.0
其他资产	2601.0	1219.6	849.0
总负债	**23383.7**	**24582.4**	**25805.0**
对非金融机构及住户负债	12202.2	13072.2	15108.0
纳入广义货币的存款	9787.7	10670.7	12120.0
企业活期存款	2610.7	2912.6	2887.0
企业定期存款	5419.7	5823.0	7193.0
居民储蓄存款	1757.2	1935.2	2040.0
不纳入广义货币的存款	2414.6	2401.5	2426.0
可转让存款	1091.4	1209.5	1158.0
其他存款	1323.1	1192.0	1268.0
其他负债			561.0
对中央银行负债	3.5	8.6	1.0
对其他存款性公司负债	1617.6	2571.0	1227.0
对其他金融性公司负债	542.0	817.4	736.0
#计入广义货币的存款			552.0
国外负债	4148.2	4082.5	5268.0
债券发行	11.1	7.2	81.0
实收资本	1622.5	1941.3	1586.0
其他负债	3236.7	2082.1	1799.0

6-5-10 社会融资规模及构成

单位：亿元人民币

年 份	社会融资规模	#人民币贷款	#外币贷款(折合人民币)	#委托贷款	#信托贷款	#未贴现银行承兑汇票	#企业债券	#非金融企业境内股票融资
2002	20112	18475	731	175		-695	367	628
2003	34113	27652	2285	601		2010	499	559
2004	28629	22673	1381	3118		-290	467	673
2005	30008	23544	1415	1961		24	2010	339
2006	42696	31523	1459	2695	825	1500	2310	1536
2007	59663	36323	3864	3371	1702	6701	2284	4333
2008	69802	49041	1947	4262	3144	1064	5523	3324
2009	139104	95942	9265	6780	4364	4606	12367	3350
2010	140191	79451	4855	8748	3865	23346	11063	5786
2011	128286	74715	5712	12962	2034	10271	13658	4377
2012	157631	82038	9163	12838	12845	10499	22551	2508
2013	173168	88916	5848	25466	18404	7755	18113	2219

注：1.社会融资规模是指一定时期内实体经济从金融体系获得的资金总额，是增量概念。
2.表中的人民币贷款为历史公布数。

6-5-11 证券市场基本情况

项　目		2011	2012	2013
境内上市公司数(A、B股)	(家)	2342	2494	2489
境内上市外资股公司数(B股)	(家)	108	107	106
境外上市公司数(H股)	(家)	171	179	182
股票总发行股本	(亿股)	36096	38395	40569
#流通股本	(亿股)	28850	31340	36744
股票市价总值	(亿元)	214758	230358	239077
#股票流通市值	(亿元)	164921	181658	199580
股票成交量	(亿股)	33957.51	32881.06	48372.68
股票成交金额	(亿元)	421650	314667	468729
上证综合指数	(收盘)	2199.42	2269.13	2115.98
深证综合指数	(收盘)	866.65	881.17	1057.67
股票有效账户数	(万户)	14050	14046	13247
平均市盈率				
上海		13.40	12.30	10.99
深圳		23.11	22.01	27.76
平均换手率	(%)			
上海		124.80	101.59	123.59
深圳		340.49	297.85	389.11
国债发行额	(亿元)	17100.00	16154.20	20230.00
公司信用类债券发行额	(亿元)	23577.41	37338.28	36720.91
债券成交额	(亿元)	1642721.63	2201120.87	2742532.15
国债现货成交金额	(亿元)	1253.32	914.18	804.26
债券回购成交金额	(亿元)	209509.63	393550.94	661023.00
证券投资基金只数	(只)	914	1173	1551
证券投资基金规模	(亿份)	26510.37	31708.41	31167.18
证券投资基金成交金额	(亿元)	6365.81	8123.86	14786.16
期货总成交量	(万手)	105408.87	145046.24	206177.33
期货总成交额	(亿元)	1375175.68	1711224.54	2674739.52

注：1.股票总发行股本中含(A+H)股公司发行的H股。
2.换手率=全年成交金额/[(本年末流通市值+上年末流通市值)/2]×100%
3.公司信用类债券包含非金融企业债券融资工具、企业债券以及公司债、可转债、可分离债、中小企业私募债。该指标为2012年新增指标，与2011年数据不可比(2011年数据为企业债发行额)
4.期货总成交量和期货总成交额统计范围包括大连商品交易所、上海期货交易所、郑州商品交易所和中国金融期货交易所。

6-5-12 上市公司数量

单位：个

年 份	全国合计	上交所	深交所	发A股公司	发B股公司	同时发A股、B股公司
1990	10	8	2			
1991	14	8	6			
1992	53	29	24			
1993	183	106	77	177	41	35
1994	291	171	120	287	58	54
1995	323	188	135	311	70	58
1996	530	293	237	514	85	69
1997	745	383	362	720	101	76
1998	851	438	413	825	106	80
1999	949	484	465	922	108	81
2000	1088	572	516	1060	114	86
2001	1160	646	514	1140	112	92
2002	1224	715	509	1213	111	100
2003	1287	780	507	1277	111	101
2004	1377	837	540	1363	110	96
2005	1381	834	547	1358	109	86
2006	1434	842	592	1411	109	86
2007	1550	860	690	1527	109	86
2008	1625	864	761	1602	109	86
2009	1718	870	848	1696	108	86
2010	2063	894	1169	2041	108	86
2011	2342	931	1411	2320	108	86
2012	2494	954	1540	2472	107	85
2013	2489	953	1536	2468	106	85

6-5-13 上市公司地区分布

单位：个

地 区	上市公司家数	上交所	深交所
全 国	**2489**	**953**	**1536**
北 京	219	99	120
天 津	38	19	19
河 北	48	18	30
山 西	34	18	16
内蒙古	25	16	9
辽 宁	68	27	41
吉 林	38	17	21
黑龙江	31	23	8
上 海	201	144	57
江 苏	235	80	155
浙 江	247	78	169
安 徽	77	29	48
福 建	88	31	57
江 西	32	15	17
山 东	152	47	105
河 南	66	26	40
湖 北	84	37	47
湖 南	72	20	52
广 东	367	45	322
广 西	30	12	18
海 南	26	8	18
重 庆	37	18	19
四 川	90	36	54
贵 州	21	10	11
云 南	28	12	16
西 藏	10	6	4
陕 西	39	18	21
甘 肃	25	12	13
青 海	10	7	3
宁 夏	12	4	8
新 疆	39	21	18

数据来源：上海、深圳证券交易所。

6-5-14 股票发行量和筹资额

年 份	股票发行量（亿股）	A 股	H股，N股	B 股	股票筹资额（亿元）	A 股	#配 股	H股，N股	B 股
1991	5.00	5.00			5.00	5.00			
1992	20.75	10.00		10.75	94.09	50.00			44.09
1993	95.79	42.59	40.41	12.79	375.47	276.41	81.58	60.93	38.13
1994	91.26	10.97	69.89	10.40	326.78	99.78	50.16	188.73	38.27
1995	31.60	5.32	15.38	10.90	150.32	85.51	62.83	31.46	33.35
1996	86.11	38.29	31.77	16.05	425.08	294.34	69.89	83.56	47.18
1997	267.63	105.65	136.88	25.10	1293.82	825.92	170.86	360.00	107.90
1998	109.06	86.30	12.86	9.90	841.52	778.02	334.97	37.95	25.55
1999	122.93	98.11	23.05	1.77	944.56	893.60	320.97	47.17	3.79
2000	512.04	145.68	359.26	7.10	2103.24	1527.03	519.46	562.21	13.99
2001	141.48	93.00	48.48		1252.34	1182.13	430.63	70.21	
2002	291.74	134.20	157.54		961.75	779.75	56.61	181.99	
2003	281.43	83.64	196.79	1.00	1357.75	819.56	74.79	534.65	3.54
2004	227.92	54.88	171.51	1.53	1510.94	835.71	104.54	648.08	27.16
2005	567.05	13.80	553.25		1882.51	338.13	2.62	1544.38	
2006	1287.77	351.11	936.66		5594.29	2463.70	4.32	3130.59	
2007	637.24	413.27	223.97		8680.17	7722.99	227.68	957.18	
2008	180.34	114.96	65.38		3852.21	3457.75	151.57	317.26	
2009	400.05	244.47	155.58		6124.69	5004.90	105.97	1073.18	
2010	920.99	553.95	367.04		11971.93	9606.31	1438.25	2365.62	
2011	272.36	163.99	108.37		5814.19	5073.07	421.96	741.12	
2012	299.81	78.86	220.95		4134.38	3127.54	121.00	1006.84	
2013	259.92		259.92		3868.88	2802.76		1066.12	

注：表中股票发行量仅指IPO数量。

6-5-15 股票交易情况

项　目	2007	2008	2009	2010	2011	2012	2013
上市公司数　（家）	**1550**	**1625**	**1718**	**2063**	**2342**	**2494**	**2489**
上市股票数　（只）	**1636**	**1711**	**1804**	**2149**	**2428**	**2579**	**2574**
A股	1527	1602	1696	2041	2320	2472	2468
B股	109	109	108	108	108	107	106
股票总发行股本(亿股)	**17000.45**	**18900.12**	**20606.26**	**26984.49**	**29745.11**	**31833.62**	**33822.04**
A股	16746.62	18629.77	20332.77	26701.51	29448.59	31551.24	33538.25
B股	253.84	270.35	273.49	282.98	296.52	282.38	283.79
#流通股本	4933.64	6964.97	14200.19	19442.15	22499.86	24778.22	29997.12
A股	4682.77	6696.76	13928.17	19160.47	22204.54	24497.05	29714.53
B股	250.87	268.21	271.48	281.68	295.32	281.17	282.59
股票市价总值(亿元)	**327141**	**121366**	**243939**	**265423**	**214758**	**230358**	**239077**
A股	324588	120567	242127	263221	213310	228775	237403
B股	2553	800	1812	2202	1448	1582	1674
#股票流通市值	93064	45214	151259	193110	164921	181658	199580
A股	90527	44419	149456	190917	163479	180083	197916
B股	2538	795	1803	2193	1442	1575	1664
股票成交金额(亿元)	**460556**	**267113**	**535987**	**545634**	**421645**	**314667**	**468729**
A股	454771	265890	533889	563466	420339	313715	466630
B股	5785	1222	2097	2168	1305	868	1439
总成交股数　(亿股)	**36403.75**	**24131.39**	**51106.99**	**42151.98**	**33956.57**	**32860.54**	**48372.68**
A股	35683.93	23912.78	50648.91	41806.42	33748.72	32681.93	47916.23
B股	719.82	218.62	458.09	345.56	207.85	178.61	263.89
上证综合指数							
最高	6124.04	5522.78	3478.01	3306.75	3067.46	2478.38	2444.80
最低	2541.53	1664.93	1844.09	2319.74	2134.02	1949.46	1849.65
收盘	5261.56	1820.81	3277.14	2808.08	2199.42	2269.13	2115.98
深证综合指数							
最高	1567.74	1584.40	1240.64	1412.64	1316.19	1020.29	1106.27
最低	547.89	452.33	557.69	890.24	828.83	724.97	815.89
收盘	1447.02	553.30	1201.34	1290.86	866.65	881.17	1057.67

注：1.本表股票总发行股本不含(A+H)股公司发行的H股。
2.2012股票总成交金额中包含约定购回式证券成交金额，故总成交金额大于A股B股成交金额之和。

6-5-16 全国期货交易所市场概况

年 份	全年总成交额（亿元）	全年总成交量（万手）	全年总实物交割额（亿元）	全年总实物交割量（万手）
1993	5521.99	890.69		
1994	31601.41	12110.72		
1995	100565.30	63612.07	181.52	83.09
1996	84119.16	34256.77	174.13	78.33
1997	61170.66	15876.32	93.75	38.18
1998	36967.24	10445.57	48.04	20.56
1999	22343.01	7363.91	109.41	16.12
2000	16082.29	5461.07	65.11	8.40
2001	30144.98	12046.35	57.54	64.85
2002	39490.28	13943.37	101.44	141.16
2003	108396.59	27992.43	127.34	129.54
2004	146935.32	30569.76	181.68	31.32
2005	134463.38	32287.41	141.87	29.23
2006	210063.37	44950.82	216.93	28.68
2007	409740.77	72846.08	275.49	230.88
2008	719173.33	136396.00	323.52	51.29
2009	1305142.92	215751.76	266.73	45.95
2010	2269852.25	304194.19	474.31	65.29
2011	937503.89	100372.56	461.94	60.05
2012	952824.54	134540.06	528.04	58.96
2013	1264673.31	186822.39	465.25	56.79

注：本表数据仅反映商品期货市场情况。

6-5-17 全国交易所上市基金成交概况

项　目		2012	2013	增减(%)
交易日数	(天)	243	238	-2.06
基金成交金额	(亿元)	8123.86	14786.16	82.01
#ETF		4781.75	8962.32	87.43
LOFE		186.12	173.02	-7.04
基金日均成交金额	(亿元)	32.43	62.13	91.58
基金成交股数	(亿份)	9375.05	11281.55	20.34
#ETF		4766.86	5956.32	24.95
LOFE		213.19	185.32	-13.07
上证基金指数开市		3603.59	3956.37	9.79
上证基金指数最高		4014.86	4319.18	7.58
上证基金指数最低		3347.34	3398.71	1.53
上证基金指数收市		3921.09	3880.27	-1.04
深证基金指数开市		4285.31	4595.1	7.23
深证基金指数最高		4726.69	5141.8	8.78
深证基金指数最低		4104.95	4306.84	4.92
深证基金指数收市		4567.49	4976.74	8.96

注：ETF是交易所交易基金的简称，LOFE是一种可以在交易所挂牌交易的开放式基金。
数据来源：上海、深圳证券交易所。

6-5-18 保险系统机构、人员数(年底数)

项　目	2012			2013		
	机构数(个)	职工人数(人)	#女职工	机构数(个)	职工人数(人)	#女职工
总　计	**164**	**861706**	**447449**	**174**	**831303**	**437531**
保险集团公司	**10**	**2931**	**1224**	**10**	**3968**	**1916**
中资保险公司	**101**	**825184**	**427890**	**109**	**788540**	**413319**
#总公司	101	33398	15889	109	37210	17472
省级分公司	1644	225843	116909	1476	204266	107337
中心支分公司	7377	305479	162251	7863	296500	160374
支公司	18353	159864	79506	20334	169416	86173
营业部	2410	18733	9176	2382	18622	9155
营销服务部	42973	66132	35272	42077	62461	32808
中外合资公司	**52**	**33591**	**18335**	**55**	**38795**	**22296**
总公司	52	10764	5114	55	11936	6354
省级分公司	212	13190	7357	224	15313	8987

注：1.职工人数不包括营销、代理人员。
2.2012年，机构数总计中包括慈溪市龙山镇伏龙农村保险互助社，未在保险集团、中资保险公司、中外合资公司中列示。其他总计项目为保险集团公司、中资保险公司及中外合资保险公司各项指标的简单合计。
3.2013年，中资保险公司代表处期末职工人数65人。

6-5-19 保险公司业务经济技术指标

单位：亿元

项　目	保　费	赔款及给付
合　计	**17222.24**	**6212.90**
财产保险公司	**6481.16**	**3556.20**
企业财产保险	378.80	213.65
家庭财产保险	37.87	17.20
机动车辆保险	4720.79	2719.83
工程保险	78.61	29.70
责任保险	216.63	89.21
信用保险	155.17	69.64
保证保险	120.37	16.52
船舶保险	53.53	28.74
货物运输保险	102.94	42.78
特殊风险保险	38.98	15.85
农业保险	306.59	194.94
健康险	117.97	72.97
意外伤害保险	150.93	44.09
其他险	1.98	1.10
人寿保险公司	**10741.08**	**2656.70**
寿险	9425.14	2253.13
健康险	1005.52	65.41
人身意外伤害险	310.41	338.16

注：本表人寿保险公司中包括中华控股寿险业务。

6-5-20 保险公司资产情况

单位：亿元

年 份	总资产	#财产险公司	#寿险公司	#再保险公司	#中资公司	#外资公司
2002	6320.00	948.00	5161.00	211.00		
2003	9088.00	1176.00	7657.00	255.00		
2004	11953.68	1411.38	8352.9	262.37	11540.63	413.05
2005	15286.44	1718.81	13458.27	292.7	14630.97	665.64
2006	19704.19	2340.45	17446.26	311.31	18862.6	862.66
2007	28912.78	3880.51	23249.16	877.26	27656.26	1256.51
2008	33418.83	4687.03	27138.45	994.45	31893.93	1524.91
2009	40634.75	4892.62	33655.05	1162.01	38582.37	2052.39
2010	50481.61	5833.52	42642.66	1151.79	47860.49	2621.12
2011	59828.94	7919.95	49798.19	1579.11	56822.12	3006.83
2012	73545.73	9477.47	60991.22	1845.25	70080.33	3465.4
2013	82886.95	10941.45	68250.07	2103.93	78551.67	4335.28

6-5-21 保险公司资金运用情况

单位：亿元

年 份	资金运用余 额	#银行存款	#国 债	#金融债券	#企业债券	#证券投资基金
2004	10778.62	5071.10	2618.44	1026.25	639.73	666.32
2005	14092.69	5165.55	3590.65	1804.71	1204.55	1107.00
2006	17785.40	5989.11	3647.01	2754.25	2121.56	912.08
2007	26647.81	6503.44	3956.56	4897.84	2799.76	2519.41
2008	30552.83	8087.49	4208.26	8754.06	4598.46	1646.46
2009	37417.12	10519.68	4053.82	8746.10	6074.56	2758.78
2010	46046.62	13909.97	4815.78	10038.75	7935.69	2620.73
2011	55192.98	17692.69	4741.90	12418.80	8755.86	2909.92
2012	68542.58	23446.00	4795.02	14832.57	10899.98	3625.58
2013	76873.41	22640.98	4776.73	14811.84	13727.75	3575.52

6-5-22 各地区原保险保费收入和赔付支出情况

单位：亿元

地 区	原保险保费收入			赔付支出		
	小计	财产险业务	人身险业务	小计	财产险业务	人身险业务
全 国	**17222.24**	**6212.26**	**11009.98**	**6212.90**	**3439.14**	**2773.77**
北 京	994.44	288.03	706.41	318.17	165.28	152.89
天 津	276.80	102.28	174.52	102.00	58.98	43.03
河 北	837.59	309.77	527.81	315.66	160.21	155.46
山 西	412.38	144.55	267.84	169.32	83.16	86.16
内蒙古	274.69	129.73	144.96	100.56	67.60	32.95
辽 宁	446.65	165.50	281.15	179.81	94.42	85.39
吉 林	266.44	91.09	175.35	100.60	50.41	50.19
黑龙江	384.32	113.62	270.70	154.40	79.33	75.08
上 海	821.43	285.25	536.18	301.95	162.33	139.61
江 苏	1446.08	518.61	927.47	527.02	303.23	223.80
浙 江	924.42	415.14	509.27	347.10	259.71	87.39
安 徽	483.01	203.85	279.17	222.99	115.26	107.73
福 建	463.06	157.16	305.90	151.00	80.82	70.18
江 西	317.95	116.20	201.76	126.99	66.64	60.35
山 东	1101.44	370.47	730.97	378.95	196.43	182.52
河 南	916.52	238.83	677.69	279.75	122.08	157.67
湖 北	587.40	169.35	418.05	187.57	86.30	101.28
湖 南	508.57	176.02	332.55	192.77	94.48	98.29
广 东	1434.15	487.35	946.80	493.91	266.35	227.55
广 西	275.47	112.15	163.32	90.94	54.72	36.21
海 南	72.61	31.70	40.91	22.01	14.52	7.49
重 庆	359.23	112.52	246.71	124.60	62.98	61.62
四 川	914.68	315.12	599.55	314.62	167.12	147.50
贵 州	181.62	89.03	92.58	72.44	44.69	27.75
云 南	320.77	151.76	169.02	122.06	78.78	43.28
西 藏	11.43	7.96	3.47	5.60	4.02	1.57
陕 西	417.45	137.07	280.38	147.71	78.36	69.35
甘 肃	180.15	68.34	111.81	67.14	32.66	34.48
青 海	39.02	19.51	19.50	15.28	9.05	6.23
宁 夏	72.70	31.40	41.31	24.04	15.79	8.25
新 疆	273.49	113.23	160.26	106.59	62.35	44.24
大 连	176.00	63.60	112.40	60.11	32.12	27.99
宁 波	185.50	96.84	88.66	103.91	89.54	14.37
厦 门	111.78	48.13	63.66	36.32	24.10	12.22
青 岛	178.99	75.13	103.86	62.71	39.67	23.04
深 圳	468.76	172.80	295.97	125.19	86.30	38.89
集团、总公司本级	85.24	83.18	2.06	61.12	29.35	31.78

注：1.本表数据为各公司上报中国保险统计信息系统年报数据。
2.全国本级是指集团、总公司直接开展的业务，不计入任何地区。

【主要统计指标解释】

信贷资金 指金融机构以信用方式积聚和分配的货币资金。金融机构信贷资金的来源有各项存款、金融债券、对国际金融机构负债、流通中现金等；信贷资金的运用有各项贷款、有价证券及投资、金银占款、外汇占款、财政借款及在国际金融机构中的资产等。

存款 指企业、机关、团体或居民根据资金必须收回的原则，把货币资金存入银行或其他信贷机构保管并取得一定利息的一种信用活动形式。根据存款对象或性质的不同可划分为企业存款、财政存款、机关团体存款、城乡储蓄存款、农业存款、其他存款等科目。它是银行信贷资金的主要来源。

贷款 指银行或其他信贷机构根据资金必须归还的原则，按一定利率，为企业、个人等提供资金的一种信用活动形式。我国银行贷款分为短期贷款、中长期贷款、委托及信托类贷款、其他类贷款等。

保险公司 指在中国境内的、经过保险监督管理部门批准设立，并依法登记注册的各类商业保险公司。

保险金额 指保险人承担赔偿或者给付保险金责任的最高限额。

保费 指投保人为取得保险人在约定范围内所承担赔偿责任而支付给保险人的费用。

赔款 指保险人根据保险合同的规定，向被保险人支付的赔偿保险责任损失的金额。

给付 包括死伤医疗给付和满期给付。死伤医疗给付是指保险人根据人寿保险及长期健康保险合同的规定，因被保险人在保险期内发生保险责任范围内的保险事故支付给被保险人（或受益人）的金额。满期给付是指被保险人生存期满，保险人按人寿保险合同规定支付给被保险人的满期保险金额。

社会融资规模 是指一定时期内实体经济从金融体系获得的资金总额，是增量概念。主要包括人民币贷款、外币贷款（折合人民币）、委托贷款、信托贷款、未贴现的银行承兑汇票、企业债券、非金融企业境内股票融资、投资性房地产、保险公司赔偿等。

6 第三产业部分行业主要业务指标

6-6 房地产业

简要说明

一、主要内容

本篇资料主要包括：历年房地产开发企业基本情况；房屋开竣工面积、商品房销售及土地购置情况。主要分组包括按地区、用途、登记注册类型、资质等级等。

二、统计范围

本篇资料仅包含房地产业中的房地产开发经营部分资料。

三、统计调查方法

调查方法为全面调查。

四、统计口径变化

2004 年数据，除平均销售价格、住宅竣工与销售套数为经济普查数据外，其他指标数据均为当年快报数据。

指标变化：2004 年以前的商品房销售面积和销售额为实际销售口径；2005 年以后的销售面积和销售额包括期房和现房。

五、数据来源

房地产开发统计资料来自第三次全国经济普查联网直报房地产开发企业上报的基层库，除个别指标外，均为自年初累计数据。

6-6-1 房地产开发企业土地开发及购置

年 份 地 区	土地购置费用 (亿元)	待开发土地面积 (万平方米)	本年土地购置面积 (万平方米)
1997	247.60	17670.10	6641.70
1998	375.40	13530.70	10109.32
1999	500.03	13505.17	11958.90
2000	733.99	14754.77	16905.24
2001	1038.77	14582.13	23408.99
2002	1445.81	19178.65	31356.78
2003	2055.17	21782.58	35696.48
2004	2574.47	39635.30	39784.66
2005	2904.37	27522.00	38253.73
2006	3814.49	37523.65	36573.57
2007	4873.25	41483.97	40245.85
2008	5995.62	48161.07	39353.43
2009	6023.71	32816.54	31909.45
2010	9999.92	31457.95	39953.10
2011	11527.25	40220.76	44327.44
2012	12100.15	40195.99	35666.80
2013	13501.73	42280.47	38814.38
北 京	1159.47	690.80	906.17
天 津	107.25	750.54	210.64
河 北	297.68	765.45	1127.34
山 西	107.99	988.99	875.90
内蒙古	177.27	629.66	837.63
辽 宁	569.55	2006.15	2502.27
吉 林	173.57	410.25	1143.95
黑龙江	125.33	316.79	655.67
上 海	588.84	708.25	421.74
江 苏	1262.70	5872.50	4207.74
浙 江	2121.73	1460.75	1760.73
安 徽	651.48	3051.39	2760.18
福 建	856.91	862.17	1591.13
江 西	147.61	634.46	841.82
山 东	757.97	2923.94	2615.07
河 南	391.70	1309.60	1501.56
湖 北	441.01	1618.21	1894.68
湖 南	280.07	1897.07	1327.64
广 东	981.77	4866.04	2250.96
广 西	189.01	797.25	431.96
海 南	125.19	1014.28	306.85
重 庆	519.65	2991.60	1896.65
四 川	609.05	1248.29	1142.76
贵 州	177.10	1385.96	1209.52
云 南	374.73	1043.27	1974.01
西 藏		33.43	
陕 西	116.97	519.42	503.45
甘 肃	63.07	278.17	421.71
青 海	20.85	112.97	80.13
宁 夏	46.70	463.23	438.26
新 疆	59.53	629.61	976.24

6-6-2 按资质等级分房地产开发企业土地购置面积

单位：平方米

地 区	总 计	一 级	二 级	三 级	四 级	暂 定	其 他
全 国	**388143811**	**9220565**	**42776527**	**52756902**	**42536877**	**220268360**	**20584580**
北 京	9061745	1005973	706353	844586	1781059	4375907	347867
天 津	2106395	22919	89824	220849	479375	1024943	268485
河 北	11273436	237308	1271468	1461395	3117242	4564714	621309
山 西	8759043	204816	1190352	1542791	3318399	2427725	74960
内蒙古	8376279	260000	484869	908011	4743576	1742013	237810
辽 宁	25022721	606901	1111478	3435613	106612	18061148	1700969
吉 林	11439450	360601	2911450	1412167	1558294	5142947	53991
黑龙江	6556746		525644	2666272	303323	2877330	184177
上 海	4217440	21512	421809	37502	107182	2903559	725876
江 苏	42077433	522917	8938738	2432359	116955	27255525	2810939
浙 江	17607329	358876	1350278	2710166	947097	9880812	2360100
安 徽	27601817	229969	1780732	3232201	785473	20396785	1176657
福 建	15911267	80130	249562	1502466	763007	13039775	276327
江 西	8418226	173160	778815	1703502	837638	4731066	194045
山 东	26150734	675504	2176065	2596940	3142960	16009123	1550142
河 南	15015551	198368	3216722	1335165	995001	8288038	982257
湖 北	18946777	328322	1045608	2291739	2390325	12854877	35906
湖 南	13276428	84761	858848	3704565	1469459	6948806	209989
广 东	22509647	405183	402813	2460419	4815103	13187781	1238348
广 西	4319584		618834	949436	237364	2406563	107387
海 南	3068455		76194	41932	366742	2560265	23322
重 庆	18966454	451376	4681309	2687543	900	10344949	800377
四 川	11427633	401034	1872771	6276801	180497	2000947	695583
贵 州	12095247		676133	669743	529634	8940880	1278857
云 南	19740064	2065827	1833317	1243299	4883649	9172562	541410
西 藏							
陕 西	5034541	32219	577423	836134	1839482	1036281	713002
甘 肃	4217074	71611	340852	1131178	714546	1680371	278516
青 海	801273	121149	140182	124424	242304	173214	
宁 夏	4382578	89936	1435010	1065467	307277	1484888	
新 疆	9762444	210193	1013074	1232237	1456402	4754566	1095972

6-6-3 房地产开发企业房屋建筑面积和造价

年份 地区	房屋施工面积 (万平方米)	房屋竣工面积 (万平方米)	房屋建筑面积竣工率 (%)	房屋竣工价值 (亿元)	房屋竣工造价 (元/平方米)
1997	44985.46	15819.70	35.2	1859.25	1175
1998	50770.14	17566.60	34.6	2139.19	1218
1999	56857.63	21410.83	37.7	2467.58	1152
2000	65896.92	25104.86	38.1	2859.35	1139
2001	79411.68	29867.36	37.6	3369.45	1128
2002	94104.01	34975.75	37.2	4141.69	1184
2003	117525.99	41464.06	35.3	5279.95	1273
2004	140451.39	42464.87	30.2	5952.48	1402
2005	166053.26	53417.04	32.2	7752.24	1451
2006	194786.42	55830.92	28.7	8729.35	1564
2007	236318.24	60606.68	25.6	10039.89	1657
2008	283266.18	66544.77	23.5	11947.57	1795
2009	320368.16	72677.43	22.7	14689.37	2021
2010	405356.40	78743.88	19.4	17542.73	2228
2011	506775.48	92619.94	18.3	21975.91	2373
2012	573417.52	99424.96	17.3	24836.62	2498
2013	665571.89	101434.99	15.2	26805.38	2643
北京	13886.87	2666.35	19.2	781.26	2930
天津	10892.17	2805.37	25.8	749.05	2670
河北	29949.12	4437.02	14.8	1199.11	2703
山西	14040.05	2284.82	16.3	498.46	2182
内蒙古	18624.32	2638.24	14.2	629.53	2386
辽宁	41625.60	6151.97	14.8	1490.81	2423
吉林	12181.28	2253.65	18.5	501.41	2225
黑龙江	13567.37	2932.70	21.6	642.39	2190
上海	13516.58	2254.44	16.7	1052.76	4670
江苏	52574.17	9711.60	18.5	2975.51	3064
浙江	37647.24	4692.34	12.5	1529.25	3259
安徽	30235.20	5180.35	17.1	1341.82	2590
福建	26287.28	3369.76	12.8	815.57	2420
江西	11995.67	1790.26	14.9	386.26	2158
山东	50549.17	7508.52	14.9	1731.39	2306
河南	35979.33	5965.87	16.6	1117.83	1874
湖北	21865.81	3040.84	13.9	703.22	2313
湖南	25400.09	4593.76	18.1	1157.16	2519
广东	46480.47	6273.30	13.5	2114.38	3370
广西	16040.17	1712.68	10.7	390.89	2282
海南	6173.00	609.40	9.9	237.91	3904
重庆	26251.89	3804.36	14.5	1152.25	3029
四川	32164.98	5108.86	15.9	1297.62	2540
贵州	17356.96	1764.78	10.2	356.49	2020
云南	18260.72	2019.20	11.1	473.67	2346
西藏	57.70	18.09	31.4	6.16	3402
陕西	17240.86	1511.67	8.8	430.73	2849
甘肃	6848.40	915.56	13.4	208.20	2274
青海	2376.64	592.62	24.9	160.76	2713
宁夏	6043.23	1104.45	18.3	310.50	2811
新疆	9459.55	1722.16	18.2	363.02	2108

6-6-4 房地产开发企业住宅建筑面积和造价

年份 地区	住宅施工面积(万平方米)	住宅竣工面积(万平方米)	住宅建筑面积竣工率(%)	住宅竣工价值(亿元)	住宅竣工造价(元/平方米)
1997	30374.66	12464.70	41.0	1269.91	1019
1998	36223.04	14125.73	39.0	1484.13	1051
1999	42590.34	17640.67	41.4	1831.35	1038
2000	50498.25	20603.32	40.8	2173.60	1055
2001	61582.99	24625.40	40.0	2622.41	1065
2002	73208.65	28524.70	39.0	3190.99	1119
2003	91390.49	33374.61	37.0	4128.94	1222
2004	108196.54	34677.18	32.1	4688.36	1352
2005	129078.38	43682.85	33.8	6060.13	1387
2006	151742.72	45471.75	30.0	6717.23	1477
2007	186788.43	49831.35	26.7	7853.07	1576
2008	222891.80	54334.10	24.4	9295.26	1711
2009	251328.78	59628.71	23.7	11500.24	1929
2010	314760.12	63443.10	20.2	13527.53	2132
2011	387705.98	74319.05	19.2	16947.74	2280
2012	428964.05	79043.20	18.4	19147.45	2422
2013	486347.33	78740.62	16.2	20039.42	2545
北京	7406.88	1692.04	22.8	436.73	2581
天津	7562.48	2117.66	28.0	571.42	2698
河北	23558.26	3517.80	14.9	897.37	2551
山西	10754.95	1847.99	17.2	401.60	2173
内蒙古	12634.11	2001.21	15.8	466.61	2332
辽宁	31416.51	5025.69	16.0	1214.60	2417
吉林	9317.77	1769.95	19.0	380.10	2148
黑龙江	10241.40	2344.41	22.9	506.31	2160
上海	8125.74	1417.41	17.4	610.71	4309
江苏	38756.78	7584.17	19.6	2290.24	3020
浙江	23828.31	3187.62	13.4	1035.82	3250
安徽	21531.23	3919.00	18.2	996.10	2542
福建	17835.42	2338.06	13.1	560.31	2396
江西	9018.79	1427.53	15.8	303.92	2129
山东	38571.84	6063.35	15.7	1371.71	2262
河南	28113.59	4916.31	17.5	884.15	1798
湖北	16640.27	2547.39	15.3	566.71	2225
湖南	19594.27	3764.71	19.2	889.55	2363
广东	33690.67	4748.25	14.1	1536.53	3236
广西	12419.68	1385.37	11.2	310.20	2239
海南	5173.49	517.62	10.0	198.86	3842
重庆	19248.95	2867.45	14.9	867.80	3026
四川	23208.91	4028.88	17.4	970.10	2408
贵州	12316.36	1352.29	11.0	257.00	1900
云南	12969.39	1576.13	12.2	362.40	2299
西藏	39.15	10.65	27.2	3.34	3137
陕西	14225.86	1272.77	8.9	348.58	2739
甘肃	5324.49	769.07	14.4	174.92	2274
青海	1748.26	474.39	27.1	125.77	2651
宁夏	4090.83	861.37	21.1	211.97	2461
新疆	6982.70	1394.08	20.0	287.99	2066

6-6-5 按用途分房地产开发企业房屋施工面积

单位：万平方米

年 份 地 区	房 屋 施工面积	住 宅	#别墅、高档公寓	办公楼	商业营业用房	其 他
1997	44985.46	30374.66	1759.19	5335.15	6507.95	2767.34
1998	50770.10	36223.00	2032.10	5072.70	6551.30	2923.10
1999	56857.63	42590.34	1982.21	4383.17	6812.69	3071.43
2000	65896.92	50498.25	2986.69	4058.51	7825.67	3514.48
2001	79411.68	61582.99	3734.88	4120.00	9573.81	4134.88
2002	94104.01	73208.65	5009.23	4392.30	11501.45	5001.61
2003	117525.99	91390.49	5796.55	5088.41	14708.90	6338.19
2004	140451.39	108196.54	6598.11	5982.43	18293.23	7979.20
2005	166053.26	129078.38	8556.24	6618.80	20926.59	9429.49
2006	194786.42	151742.72	11471.45	7395.39	23712.76	11935.55
2007	236318.24	186788.43	14150.10	8321.51	25941.12	15267.18
2008	283266.18	222891.80	14608.82	9582.06	30465.05	20329.71
2009	320368.16	251328.78	14313.93	9996.19	34543.72	24499.46
2010	405356.40	314760.12	16579.52	12144.40	44631.92	33819.96
2011	506775.48	387705.98	18679.25	15991.01	55949.59	47128.90
2012	573417.52	428964.05	18579.98	19434.17	65813.91	59205.39
2013	665571.89	486347.33	19426.87	24577.41	80626.76	74020.40
北 京	13886.87	7406.88	530.06	2114.13	1233.37	3132.48
天 津	10892.17	7562.48	349.27	841.00	1158.61	1330.08
河 北	29949.12	23558.26	395.87	659.34	3091.02	2640.49
山 西	14040.05	10754.95	93.37	327.11	1647.81	1310.17
内蒙古	18624.32	12634.11	287.22	692.90	3496.14	1801.18
辽 宁	41625.60	31416.51	940.47	796.46	6230.28	3182.35
吉 林	12181.28	9317.77	321.53	302.72	1627.53	933.26
黑龙江	13567.37	10241.40	109.61	199.33	1877.86	1248.78
上 海	13516.58	8125.74	1448.75	1431.73	1500.72	2458.39
江 苏	52574.17	38756.78	2659.38	1989.66	6904.71	4923.02
浙 江	37647.24	23828.31	1693.55	2477.02	4226.99	7114.92
安 徽	30235.20	21531.23	431.72	1034.03	4787.71	2882.24
福 建	26287.28	17835.42	700.07	1363.45	3002.82	4085.59
江 西	11995.67	9018.79	295.07	423.91	1515.36	1037.61
山 东	50549.17	38571.84	912.79	1553.26	6160.95	4263.11
河 南	35979.33	28113.59	229.37	1297.06	3709.10	2859.58
湖 北	21865.81	16640.27	357.97	596.11	2584.29	2045.15
湖 南	25400.09	19594.27	537.70	580.70	2578.07	2647.05
广 东	46480.47	33690.67	2682.68	1675.71	4323.84	6790.24
广 西	16040.17	12419.68	268.05	321.91	1534.40	1764.19
海 南	6173.00	5173.49	783.57	53.11	439.44	506.96
重 庆	26251.89	19248.95	733.92	781.98	2965.72	3255.25
四 川	32164.98	23208.91	645.42	922.54	3784.84	4248.69
贵 州	17356.96	12316.36	179.82	502.13	2419.76	2118.71
云 南	18260.72	12969.39	1050.15	557.95	2546.09	2187.29
西 藏	57.70	39.15	7.52	1.56	13.19	3.80
陕 西	17240.86	14225.86	249.09	501.13	1447.76	1066.12
甘 肃	6848.40	5324.49	31.25	107.80	819.59	596.52
青 海	2376.64	1748.26	7.79	75.14	311.75	241.49
宁 夏	6043.23	4090.83	121.33	171.20	1141.59	639.61
新 疆	9459.55	6982.70	372.51	225.32	1545.45	706.07

6-6-6 按用途分房地产开发企业房屋新开工面积

单位：万平方米

年 份 地 区	本年房屋新开工面积	住 宅	#别墅、高档公寓	办公楼	商业营业用房	其 他
1997	14026.98	10996.64	469.72	872.44	1462.45	695.44
1998	20387.90	16637.50	638.60	871.50	1938.65	940.25
1999	22579.41	18797.94	594.06	690.29	2198.56	892.62
2000	29582.64	24401.15	1169.09	898.81	3034.77	1247.91
2001	37394.18	30532.72	1456.69	1072.98	4105.40	1683.08
2002	42800.52	34719.35	2278.17	1254.24	4926.48	1900.45
2003	54707.53	43853.88	2349.29	1466.89	6706.80	2679.96
2004	60413.86	47949.01	2975.69	1704.19	7790.81	2969.85
2005	68064.44	55185.07	2834.97	1671.10	7675.47	3532.79
2006	79252.83	64403.80	4058.32	2134.94	8473.23	4240.86
2007	95401.53	78795.51	4914.41	2141.44	9093.89	5370.70
2008	102553.37	83642.12	4336.97	2471.95	10040.69	6398.62
2009	116422.05	93298.41	3649.80	2860.76	12415.03	7847.84
2010	163646.87	129359.31	5080.05	3668.07	17472.58	13146.91
2011	191236.87	147163.11	5653.01	5399.20	20730.78	17943.77
2012	177333.62	130695.42	4228.31	5986.46	22006.85	18644.89
2013	201207.84	145844.80	4454.59	6887.24	25902.00	22573.80
北 京	3577.52	1736.54	80.62	671.40	351.01	818.58
天 津	2672.93	1744.85	85.11	173.84	370.11	384.14
河 北	6932.65	5445.77	70.20	172.02	704.82	610.04
山 西	3673.34	2723.39	20.50	76.47	472.80	400.69
内蒙古	5042.81	3633.33	61.14	99.50	879.30	430.68
辽 宁	13444.45	10141.66	244.91	196.80	1965.50	1140.50
吉 林	3746.24	2858.01	54.89	96.21	505.73	286.30
黑龙江	4030.44	2920.48	21.05	34.72	733.93	341.31
上 海	2705.95	1643.09	252.28	264.06	274.96	523.84
江 苏	16358.18	12211.81	552.24	547.94	2047.90	1550.54
浙 江	9315.10	5787.98	347.37	576.71	1123.97	1826.44
安 徽	10077.71	7143.99	141.37	246.09	1624.77	1062.87
福 建	7193.01	4795.83	187.85	381.57	888.85	1126.75
江 西	4138.96	3050.83	86.94	167.13	529.57	391.43
山 东	15390.76	11497.27	207.74	567.24	1976.83	1349.42
河 南	12465.09	10055.31	85.43	329.90	1185.51	894.36
湖 北	8226.71	6250.23	111.85	201.33	1022.16	753.00
湖 南	8869.13	6854.15	154.79	149.71	920.42	944.85
广 东	14265.48	10114.75	622.14	563.20	1481.58	2105.94
广 西	3715.67	2901.93	53.29	72.74	331.09	409.91
海 南	1735.42	1471.69	171.57	14.59	134.74	114.40
重 庆	7641.63	5387.60	152.52	241.15	1001.32	1011.57
四 川	10163.57	7008.71	118.40	264.42	1402.18	1488.25
贵 州	5628.24	3974.16	72.22	171.33	806.39	676.36
云 南	6481.80	4529.09	280.45	171.33	1003.08	778.29
西 藏	27.76	22.37	6.78		1.59	3.80
陕 西	4483.35	3488.16	31.27	179.21	474.83	341.15
甘 肃	2451.19	1917.05	18.01	30.13	300.68	203.33
青 海	859.76	599.85	7.79	43.75	123.41	92.75
宁 夏	2163.12	1435.77	46.42	59.86	424.44	243.05
新 疆	3729.87	2499.16	107.46	122.90	838.51	269.30

6-6-7 按用途分房地产开发企业房屋竣工面积

单位：万平方米

年份 地区	本年房屋竣工面积	住宅	#别墅、高档公寓	办公楼	商业营业用房	其他
1997	15819.70	12464.70	554.22	1057.66	1628.44	668.89
1998	17566.60	14125.70	609.00	996.40	1791.50	652.90
1999	21410.83	17640.67	646.03	979.19	2011.84	779.13
2000	25104.86	20603.32	959.34	952.01	2561.97	987.57
2001	29867.36	24625.40	1183.56	974.03	3111.66	1156.27
2002	34975.75	28524.70	1625.58	1013.65	3939.75	1497.65
2003	41464.06	33774.61	1735.87	1077.14	4825.06	1787.25
2004	42464.87	34677.18	2115.31	1034.60	4945.95	1807.14
2005	53417.04	43682.85	2538.79	1416.70	5888.03	2429.46
2006	55830.92	45471.75	2652.85	1393.71	6285.75	2679.72
2007	60606.68	49831.35	3033.34	1545.02	6096.49	3133.82
2008	66544.77	54334.10	2988.71	1824.64	6410.65	3975.38
2009	72677.43	59628.71	3020.47	1652.55	6823.72	4572.46
2010	78743.88	63443.10	3266.37	1815.85	8282.63	5202.30
2011	92619.94	74319.05	3335.27	2266.79	9472.65	6561.45
2012	99424.96	79043.20	3167.91	2315.36	10226.45	7839.94
2013	101434.99	78740.62	2856.04	2789.40	10852.42	9052.56
北京	2666.35	1692.04	133.51	273.05	178.36	522.90
天津	2805.37	2117.66	82.93	188.59	187.80	311.31
河北	4437.02	3517.80	42.23	158.24	501.77	259.22
山西	2284.82	1847.99	9.04	30.75	272.98	133.11
内蒙古	2638.24	2001.21	43.61	41.66	391.43	203.94
辽宁	6151.97	5025.69	45.91	66.24	716.08	343.96
吉林	2253.65	1769.95	38.67	25.61	307.50	150.59
黑龙江	2932.70	2344.41	14.14	32.07	339.84	216.39
上海	2254.44	1417.41	236.40	176.01	253.45	407.57
江苏	9711.60	7584.17	517.79	332.43	995.59	799.41
浙江	4692.34	3187.62	247.97	246.44	471.99	786.29
安徽	5180.35	3919.00	69.41	131.92	698.82	430.61
福建	3369.76	2338.06	85.70	98.33	404.85	528.52
江西	1790.26	1427.53	37.05	24.55	260.16	78.02
山东	7508.52	6063.35	110.54	127.17	816.47	501.53
河南	5965.87	4916.31	16.92	121.80	620.81	306.95
湖北	3040.84	2547.39	44.61	43.07	328.68	121.70
湖南	4593.76	3764.71	105.25	49.47	413.33	366.25
广东	6273.30	4748.25	396.65	264.58	469.15	791.32
广西	1712.68	1385.37	31.73	18.13	175.44	133.74
海南	609.40	517.62	80.04	1.31	42.87	47.59
重庆	3804.36	2867.45	122.18	75.76	456.08	405.07
四川	5108.86	4028.88	78.52	101.33	482.70	495.96
贵州	1764.78	1352.29	8.90	30.00	218.58	163.90
云南	2019.20	1576.13	153.71	41.24	220.86	180.97
西藏	18.09	10.65	5.66		7.44	
陕西	1511.67	1272.77	15.59	42.68	114.92	81.30
甘肃	915.56	769.07	0.08	3.34	97.62	45.53
青海	592.62	474.39		8.74	52.78	56.72
宁夏	1104.45	861.37	22.82	9.86	133.69	99.53
新疆	1722.16	1394.08	58.48	25.03	220.39	82.66

6-6-8 按用途分房地产开发企业房屋竣工价值

单位：万元

年份 地区	房屋竣工价值	住宅		办公楼	商业营业用房	其他
			#别墅、高档公寓			
1998	21391927	14841274	1797188	2696191	2908120	946342
1999	24675822	18313466	3243105	2307508	2821830	1233018
2000	28593463	21736046	4167662	1887549	3435603	1534265
2001	33694469	26224110	4653653	1794697	3972859	1702803
2002	41416949	31909883	4603868	1821081	5421762	2264223
2003	52799528	41289403	3861036	2179823	6707887	2622415
2004	59524820	46883710	3355237	2334105	7443231	2863774
2005	77522369	60601314	6585999	3330709	9442203	4148143
2006	87293459	67172276	7067080	3812779	11523290	4785114
2007	100398923	78530678	7956405	4117505	11996464	5754276
2008	119475659	92952620	7845093	4996314	13651868	7874857
2009	146893651	115002390	8769854	5233193	16690159	9967909
2010	175427347	135275286	10971101	6039054	22433546	11679461
2011	219759131	169477370	12621063	8319008	26176483	15786270
2012	248366202	191474476	12282888	8554573	28992746	19344407
2013	268053771	200394205	11967830	10957180	32756607	23945779
北京	7812608	4367252	415185	1117892	666131	1661333
天津	7490533	5714232	196445	463246	471195	841860
河北	11991098	8973706	256551	777834	1615260	624298
山西	4984611	4015974	21976	71181	622214	275242
内蒙古	6295327	4666119	223913	113061	1026920	489227
辽宁	14908128	12146000	147933	147116	1806324	808688
吉林	5014080	3801042	92960	54674	807876	350488
黑龙江	6423877	5063098	49678	125995	745347	489437
上海	10527593	6107139	1255445	1271193	1549969	1599292
江苏	29755109	22902384	2678269	1279449	3323262	2250014
浙江	15292537	10358219	1041429	967148	1678634	2288536
安徽	13418215	9961029	246879	494269	2037418	925499
福建	8155744	5603070	256068	291534	1085188	1175952
江西	3862584	3039187	99679	61115	598145	164137
山东	17313928	13717108	296393	348855	2020220	1227745
河南	11178279	8841498	30759	350847	1366878	619056
湖北	7032206	5667090	262870	111194	985648	268274
湖南	11571564	8895546	557684	354379	1469573	852066
广东	21143801	15365265	1374940	1211656	2108878	2458002
广西	3908901	3101989	102615	35690	457413	313809
海南	2379101	1988583	622489	3634	215067	171817
重庆	11522457	8677998	588847	263536	1613295	967628
四川	12976225	9700986	428269	548729	1325842	1400668
贵州	3564920	2569981	23623	97083	526496	371360
云南	4736722	3623974	410748	107206	601807	403735
西藏	61556	33411	20000		28145	
陕西	4307322	3485812	35317	166463	404559	250488
甘肃	2082009	1749230	234	7171	229376	96232
青海	1607565	1257678		29456	156043	164388
宁夏	3105009	2119701	73690	36497	701514	247297
新疆	3630162	2879904	156942	49077	511970	189211

6-6-9 房地产开发企业商品房销售情况

年份 地区	商品房销售面积 (万平方米)	#住宅	商品房销售额 (亿元)	#住宅
1991	3025.46	2745.17	237.86	207.60
1992	4288.86	3812.21	426.59	379.85
1993	6687.91	6035.19	863.71	729.19
1994	7230.35	6118.03	1018.50	730.52
1995	7905.94	6787.03	1257.73	1024.07
1996	7900.41	6898.46	1427.13	1106.90
1997	9010.17	7864.30	1799.48	1407.56
1998	12185.30	10827.10	2513.30	2006.87
1999	14556.53	12997.87	2987.87	2413.73
2000	18637.13	16570.28	3935.44	3228.60
2001	22411.90	19938.75	4862.75	4021.15
2002	26808.29	23702.31	6032.34	4957.85
2003	33717.63	29778.85	7955.66	6543.45
2004	38231.64	33819.89	10375.71	8619.37
2005	55486.22	49587.83	17576.13	14563.76
2006	61857.07	55422.95	20825.96	17287.81
2007	77354.72	70135.88	29889.12	25565.81
2008	65969.83	59280.35	25068.18	21196.00
2009	94755.00	86184.89	44355.17	38432.90
2010	104764.65	93376.60	52721.24	44120.65
2011	109366.75	96528.41	58588.86	48198.32
2012	111303.65	98467.51	64455.79	53467.18
2013	130550.59	115722.69	81428.28	67694.94
北 京	1903.11	1363.67	3530.82	2434.71
天 津	1847.11	1720.34	1615.47	1443.34
河 北	5675.95	5020.13	2779.69	2329.12
山 西	1642.82	1484.37	728.26	625.14
内蒙古	2737.70	2263.65	1177.36	874.45
辽 宁	9292.33	8014.80	4759.21	3941.86
吉 林	2214.96	1985.95	993.04	839.73
黑龙江	3339.95	2944.23	1582.34	1305.90
上 海	2382.20	2015.81	3911.57	3264.03
江 苏	11454.77	10191.52	7913.70	6777.70
浙 江	4886.99	4097.63	5396.03	4513.88
安 徽	6265.35	5573.53	3182.87	2662.04
福 建	4676.16	3957.46	4232.08	3410.57
江 西	3167.06	2846.04	1647.90	1396.06
山 东	10329.80	9300.29	5215.12	4461.07
河 南	7310.21	6561.41	3074.14	2516.26
湖 北	5298.54	4765.68	2790.32	2310.04
湖 南	5952.38	5411.48	2525.64	2114.97
广 东	9836.39	8830.95	8941.05	7476.10
广 西	2995.58	2765.15	1375.79	1166.72
海 南	1191.23	1154.86	1032.65	997.00
重 庆	4817.56	4359.19	2682.76	2283.57
四 川	7312.78	6505.32	4020.27	3308.58
贵 州	2972.32	2646.98	1276.69	988.77
云 南	3309.30	2855.52	1487.24	1192.55
西 藏	25.40	22.78	10.60	8.85
陕 西	3045.70	2831.22	1608.11	1413.20
甘 肃	1220.02	1134.81	474.07	418.08
青 海	381.56	369.70	158.84	146.29
宁 夏	1048.31	928.26	443.70	363.60
新 疆	2017.03	1799.95	860.95	710.74

6-6-10 房地产开发企业成套住宅竣工与销售情况

单位：套

年份 地区	住宅竣工套数 合计	#别墅、高档公寓	住宅销售套数 合计	#别墅、高档公寓
1999	1946358	44025		
2000	2139702	59880		
2001	2414392	72207		
2002	2629616	97751		
2003	3021134	108525		
2004	4042219	144949		
2005	3682523	135276	4235372	152339
2006	4005305	139632	5049094	219982
2007	4401203	159423	6251263	257776
2008	4939189	144618	5565827	157455
2009	5548897	143621	8040470	240129
2010	6019767	163207	8817526	223596
2011	7219163	155923	9139672	191881
2012	7642379	161899	9446424	184001
2013	7493133	126444	11046279	202081
北京	177942	4639	137029	4655
天津	288327	4747	177133	3153
河北	331497	1972	493344	4076
山西	181251	456	129403	962
内蒙古	186064	1594	218868	1662
辽宁	564037	1891	883890	8188
吉林	202505	2114	227433	3930
黑龙江	276441	1152	317051	650
上海	145858	12565	206073	19949
江苏	643446	18769	912298	19021
浙江	258521	7214	344462	8237
安徽	380896	3500	554834	5105
福建	212573	3162	363100	5329
江西	121444	1598	253688	4958
山东	540876	4785	849625	10861
河南	432585	1013	583824	2310
湖北	229829	1459	440663	6705
湖南	322402	4540	466669	4186
广东	404602	17446	790912	44334
广西	128522	1380	255647	1319
海南	60903	6845	130246	9979
重庆	300754	6555	472130	8006
四川	391683	3506	672844	5910
贵州	117945	343	249808	1747
云南	131733	5848	242845	7895
西藏	748	306	2062	177
陕西	117950	1494	273152	2244
甘肃	88749	6	110000	147
青海	40394		33186	5
宁夏	78533	889	85677	1261
新疆	134123	4656	168383	5120

6-6-11 按用途分房地产开发企业商品房销售面积

单位：万平方米

年份/地区	商品房销售面积	住宅	#别墅、高档公寓	办公楼	商业营业用房	其他
1997	9010.17	7864.30	254.25	341.43	634.06	170.38
1998	12185.30	10827.10	345.30	400.60	810.80	146.80
1999	14556.53	12997.87	435.74	403.43	1003.17	152.06
2000	18637.13	16570.28	640.72	436.98	1399.31	230.56
2001	22411.90	19938.75	878.19	502.57	1696.15	274.44
2002	26808.29	23702.31	1241.26	538.92	2218.58	348.47
2003	33717.63	29778.85	1449.87	630.49	2833.10	475.19
2004	38231.64	33819.89	2323.05	692.84	3100.29	618.62
2005	55486.22	49587.83	2818.44	1096.23	4081.38	720.78
2006	61857.07	55422.95	3672.44	1231.04	4337.79	865.29
2007	77354.72	70135.88	4581.31	1465.23	4644.61	1109.01
2008	65969.83	59280.35	2865.25	1157.05	4206.06	1326.37
2009	94755.00	86184.89	4626.05	1544.43	5328.03	1697.65
2010	104764.65	93376.60	4219.10	1889.97	6994.84	2503.24
2011	109366.75	96528.41	3729.93	2004.97	7868.65	2964.71
2012	111303.65	98467.51	3476.00	2253.65	7759.28	2823.21
2013	130550.59	115722.69	3632.03	2883.35	8469.22	3475.33
北京	1903.11	1363.67	87.76	317.93	102.52	118.98
天津	1847.11	1720.34	51.77	23.49	51.60	51.68
河北	5675.95	5020.13	70.09	78.00	404.93	172.89
山西	1642.82	1484.37	21.11	15.30	116.00	27.15
内蒙古	2737.70	2263.65	28.32	53.31	272.07	148.67
辽宁	9292.33	8014.80	198.20	53.61	859.00	364.93
吉林	2214.96	1985.95	56.42	21.25	157.31	50.46
黑龙江	3339.95	2944.23	15.84	24.84	256.21	114.67
上海	2382.20	2015.81	314.20	161.22	116.47	88.71
江苏	11454.77	10191.52	431.15	286.81	817.48	158.97
浙江	4886.99	4097.63	225.93	218.29	344.41	226.66
安徽	6265.35	5573.53	78.19	94.98	506.29	90.54
福建	4676.16	3957.46	98.75	211.42	242.53	264.75
江西	3167.06	2846.04	73.04	56.46	214.03	50.53
山东	10329.80	9300.29	158.38	189.29	600.12	240.11
河南	7310.21	6561.41	41.23	205.44	444.99	98.37
湖北	5298.54	4765.68	125.87	92.76	358.38	81.72
湖南	5952.38	5411.48	93.09	78.72	343.63	118.54
广东	9836.39	8830.95	732.46	256.86	433.61	314.96
广西	2995.58	2765.15	31.27	32.06	135.09	63.28
海南	1191.23	1154.86	123.48	2.08	25.08	9.21
重庆	4817.56	4359.19	116.32	68.67	244.04	145.67
四川	7312.78	6505.32	109.61	114.22	468.64	224.60
贵州	2972.32	2646.98	28.00	100.02	198.99	26.32
云南	3309.30	2855.52	189.62	51.33	285.65	116.79
西藏	25.40	22.78	3.47	0.77	1.85	
陕西	3045.70	2831.22	29.09	44.83	119.22	50.43
甘肃	1220.02	1134.81	4.50	5.90	63.72	15.59
青海	381.56	369.70	0.20	0.69	10.27	0.90
宁夏	1048.31	928.26	17.54	5.74	102.66	11.66
新疆	2017.03	1799.95	77.11	17.04	172.44	27.60

6-6-12 按用途分房地产开发企业商品房平均销售价格

单位：元/平方米

年份 地区	商品房平均销售价格	住宅	#别墅、高档公寓	办公楼	商业营业用房	其他
1997	1997	1790	5382	4677	3090	2129
1998	2063	1854	4596	5552	3170	1837
1999	2053	1857	4503	5265	3333	1804
2000	2112	1948	4288	4751	3260	1864
2001	2170	2017	4348	4588	3274	2033
2002	2250	2092	4154	4336	3489	1919
2003	2359	2197	4145	4196	3675	2241
2004	2778	2608	5576	5744	3884	2235
2005	3168	2937	5834	6923	5022	2829
2006	3367	3119	6585	8053	5247	3131
2007	3864	3645	7471	8667	5774	3351
2008	3800	3576	7801	8378	5886	3219
2009	4681	4459	9662	10608	6871	3671
2010	5032	4725	10934	11406	7747	4099
2011	5357	4993	10994	12327	8488	4182
2012	5791	5430	11460	12306	9021	4306
2013	6237	5850	12591	12997	9777	4907
北京	18553	17854	32962	23426	26405	6776
天津	8746	8390	14271	11441	16550	11583
河北	4897	4640	8296	7785	7690	4538
山西	4433	4211	10119	9570	6974	2789
内蒙古	4301	3863	6229	7582	7215	4452
辽宁	5122	4918	7936	6779	7410	3959
吉林	4483	4228	9505	6484	7068	5618
黑龙江	4738	4435	6578	7090	7685	5401
上海	16420	16192	28917	23623	19294	4732
江苏	6909	6650	12196	7617	10416	4156
浙江	11042	11016	14747	13917	13971	4288
安徽	5080	4776	8208	7276	8301	3473
福建	9050	8618	14085	13723	15412	5952
江西	5203	4905	6573	9083	8172	5077
山东	5049	4797	9856	9305	8034	3990
河南	4205	3835	7854	9110	7518	3679
湖北	5266	4847	8475	8384	9898	5847
湖南	4243	3908	8116	11019	8191	3581
广东	9090	8466	11327	20792	15678	7972
广西	4593	4219	8950	13483	10324	4168
海南	8669	8633	16297	23490	10050	6045
重庆	5569	5239	9941	11370	10780	3984
四川	5498	5086	9813	9783	10974	3813
贵州	4295	3735	8940	7314	10257	4056
云南	4494	4176	5741	9083	7262	3477
西藏	4174	3883	4669	5155	7334	
陕西	5280	4991	9128	7411	10493	7256
甘肃	3886	3684	7946	8530	7296	2865
青海	4163	3957	8689	5862	11523	3436
宁夏	4232	3917	6727	7962	6879	4211
新疆	4268	3949	5478	9006	7143	4236

【主要统计指标解释】

房屋施工面积 指报告期内施工的全部房屋建筑面积。包括本期新开工的房屋建筑面积、上期跨入本期继续施工的房屋建筑面积、上期停缓建在本期恢复施工的房屋建筑面积、本期竣工的房屋建筑面积以及本期施工后又停缓建的房屋建筑面积。多层建筑应填各层建筑面积之和。

房屋新开工面积 指报告期内新开工建设的房屋面积，以单位工程为核算对象，即整栋房屋的全部建筑面积，不能分割计算。不包括在上期开工跨入报告期继续施工的房屋建筑面积和上期停缓建而在本期复工的建筑面积。房屋的开工应以房屋正式开始破土刨槽（地基处理或打永久桩）的日期为准。

房屋竣工面积 指报告期内房屋建筑按照设计要求已全部完工，达到住人和使用条件，经验收鉴定合格或达到竣工验收标准，可正式移交使用的各栋房屋建筑面积的总和。

竣工面积以房屋单位工程（栋）为核算对象，在整栋房屋符合竣工条件后按其全部建筑面积一次性计算，而不是按各栋施工房屋中已完成的部分或层次分割计算。

商品房销售面积 指报告期内出售商品房屋的合同总面积（即双方签署的正式买卖合同中所确定的建筑面积）。商品房销售面积由现房销售面积和期房销售面积两部分组成。

（1）现房销售面积：指在报告期内正式签订买卖合同、已经竣工达到入住条件的商品房屋建筑面积。包括以一次性付款方式和分期付款方式销售的现房建筑面积。

（2）期房销售面积：指在报告期内正式签订买卖合同、正在建设尚未竣工交付使用的商品房屋建筑面积。包括以一次性付款方式和分期付款方式销售的商品房屋建筑面积。期房销售建筑面积竣工后不再结转为现房销售建筑面积。

商品房销售额 指报告期内出售商品房屋的合同总价款（即双方签署的正式买卖合同中所确定的合同总价）。该指标与商品房销售面积同口径，由现房销售额和期房销售额两部分组成。

（1）现房销售额：指报告期内销售的已竣工商品房屋的合同总价款。包括现房销售前期预收的定金、预收款、首付款及全部按揭贷款的本金等款项。该指标与现房销售面积同口径。

（2）期房销售额：指报告期内销售的正在建设尚未竣工的商品房屋的合同总价款。包括预售房屋前期预收的定金、预收款、首付款及全部按揭贷款的本金等项。该指标与期房销售面积同口径。

住宅竣工套数 指报告期内按照设计要求已全部完工，经验收合格，达到住人或使用条件的正式交给开发公司的成套住宅数量（以设计图纸为准）。

商品住宅销售套数 指报告期内出售商品房屋合同中总的成套住宅数量（即双方签署的正式买卖合同中所确定的成套住宅数量）。由现房销售套数和期房销售套数两部分组成。

房屋竣工价值 指报告期内按规定已经上报竣工的房屋本身的建造价值。一般按房屋设计和预算规定的内容计算。包括竣工房屋本身的基础、结构、屋面、装修以及水、电、卫等附属工程的建筑价值；也包括作为房屋建筑组成部分而列入房屋建筑工程预算内的设备（如电梯、通风设备等）的购置和安装费用。不包括厂房内的工艺设备、工艺管线的购置和安装，工艺设备基础的建造；室外的水、暖、电、卫、道路工程、挡土墙等环境工程的费用；办公和生活用家具的购置等费用；购置土地的费用；迁移补偿费和场地平整的费用及城市建设配套投资。

房屋竣工价值不仅包括该竣工房屋在报告期内完成的价值，也包括跨年施工的房屋在本期以前完成的价值。未竣工而转让给其他单位的房屋建筑工程，出让单位不计算竣工价值，待接受单位继续施工并符合竣工条件后，由接受单位计算其竣工价值，包括出让单位在出让前所完成的价值。房屋竣工价值一般按结算价格（或中标价）计算。

待开发土地面积 指经有关部门批准，通过各种方式获得土地使用权，但尚未开工建设的土地面积。

本年土地购置面积 指在本年内通过各种方式获得土地使用权的土地面积。

6 第三产业部分行业主要业务指标

6-7 租赁和商务服务业

简要说明

一、主要内容

本篇资料主要包括律师、公证、调解等情况。

二、资料来源

本篇资料由司法部依据统计报表制度整理提供。

6-7-1 律师、公证和调解工作基本情况

项　　目	2007	2008	2009	2010	2011	2012	2013
律师工作							
律师事务所 (个)	13593	14467	15888	17230	18235	19361	20609
律师 (人)	143967	156710	173327	195170	214968	232384	248623
#专职律师	128172	140135	155457	176219	192546	208356	225267
兼职律师	7842	8116	8764	9294	9740	10108	10550
聘请担任常年法律顾问的单位 (处)	295990	314876	338179	369129	392456	447993	456847
民事诉讼代理 (件)	1247877	1401147	1499105	1569043	1693635	1779118	1887156
刑事诉讼辩护及代理(件)	495824	511971	564204	530800	569330	576050	592486
行政诉讼代理 (件)	56342	54666	57286	51011	52136	43312	75659
非诉讼法律事务 (件)	607049	729218	569304	549453	625229	585358	817703
解答法律询问 (万人次)	381.8	350.9	383.1	474.5	513.6	436.9	452.3
代写法律事务文书 (万件)	715.4	721.0	684.2	723.7	787.4	733.0	706.8
公证工作							
公证处 (个)	3031	3035	3023	3026	3006	3007	2987
公证人员 (人)	21060	33462	23077	24185	25609	26527	29039
#公证员	11616	22284	11282	11457	12163	12333	12725
公证员助理	4966	5469	5895	6678	7089	7650	9121
办理公证文书 (万件)	971.4	949.0	1075.1	1104.8	1076.6	1120.8	1258.9
人民调解工作							
专职司法助理员 (人)	60824	74147	72704	72698	95430	95920	86736
人民调解委员会 (万个)	83.7	82.7	82.4	81.8	81.1	81.7	82.0
调解人员 (万人)	486.9	479.3	493.9	466.9	433.6	428.1	422.9
调解民间纠纷 (万件)	480.0	498.1	579.7	841.8	893.5	926.6	943.9

注：2011年起，专职司法助理员统计口径有所调整，地方司法所事业编制专职司法助理员纳入统计。

6-7-2 国内公证业务分类

	办证件数(件)	比重（%）
合计	**8949765**	**100.00**
合同(协议)	2528789	28.30
继承	792586	8.90
单方法律行为	2880111	32.20
现场监督	254334	2.80
保全证据	215956	2.40
公司章程	2158	0.02
组织资格	3462	0.04
财产权	10400	0.12
身份	14588	0.16
收养关系	3093	0.03
婚姻状况	14296	0.16
亲属关系	85339	0.95
有无违法犯罪记录	19791	0.22
其他有法律意义事实	64615	0.70
证书(执照)	29523	0.30
签名(印章)	389785	4.40
文本相符	240715	2.70
赋予执行效力	695887	7.80
执行证书	19028	0.20
抵押登记	76946	0.80
提存	6156	0.07
保管	5482	0.06
其他	596725	6.70

6-7-3 涉外公证文书分类

项　目	办证件数(件)	比　重(%)
合　计	**3444415**	**100.00**
合同(协议)	5449	0.16
继承	1139	0.03
委托	52349	1.52
声明	59874	1.74
遗嘱	181	0.01
其他单方法律行为	20223	0.59
公司章程	3565	0.10
组织资格	4719	0.13
收养关系	5789	0.17
婚姻关系	156798	4.60
亲属关系	357590	10.40
出生	471521	13.70
死亡	10170	0.30
生存、居住	14720	0.40
学历(学位)	206369	6.00
经历	16627	0.48
职务(职称)	8787	0.26
身份	10513	0.30
有无违法犯罪记录	423687	12.30
其他有法律意义事实	49233	1.40
证书(执照)	227228	6.60
签名(印章)	147615	4.30
文本相符	733994	21.30
其他	456275	13.20

6-7-4 调解民间纠纷分类

项　目	调解纠纷(件)		各类纠纷所占比重(%)	
	2012	2013	2012	2013
合　计	**9265855**	**9439429**	**100.0**	**100.0**
#婚姻家庭	1772695	1750137	19.1	18.8
房屋、宅基地	626444	625880	6.8	6.7
邻　里	2213346	2276627	23.9	24.4
损害赔偿	730610	745469	7.9	7.9

【主要统计指标解释】

公证人员 指在公证处工作的人员总称，包括公证处主任、副主任、公证员、公证员助理(助理公证员)和其他从事辅助性工作的人员。

公证文书 指公证处根据当事人申请，依照事实和法律，按照法定程序制作的，具有法律效力的司法证明文书。

调解员 指在人民调解委员会担负调解民间纠纷工作的人员，包括调解委员会的委员和调解小组的调解员。

调解民间纠纷 指调解委员会按照法律规定，根据自愿原则，用说服教育的方法调解民间发生的有关民事权利和义务争执的件数，包括调解成功数和调解未成功数。

6 第三产业部分行业主要业务指标

6-8 科学研究和技术服务业

简要说明

一、主要内容

科技活动基本情况，包括R&D人员、R&D经费、科技成果和专利情况；气象、地震、海洋、测绘、质量监督检验检疫等综合技术服务部门业务活动情况；全国技术市场成交合同额情况等。

二、统计范围

科技活动统计资料范围为全社会有研究与试验发展（R&D）活动的企事业单位，具体包括规模以上工业法人单位、地级及以上独立核算的政府属科学研究与技术开发机构及科技信息与文献机构、全日制普通高等学校及附属医院以及研究与试验发展（R&D）活动相对密集行业（包括农、林、牧、渔业，建筑业，交通运输、仓储和邮政业，信息传输、软件和信息技术服务业，金融业，租赁和商务服务业，科学研究和技术服务业，水利、环境和公共设施管理业，卫生和社会工作，文化、体育和娱乐业等）中从事研究与试验发展（R&D）活动的企事业单位以及从事综合技术服务活动的单位等。

三、资料来源

科技活动基本情况资料由国家统计局、科技部、国防科技工业局、教育部、国家知识产权局等部门调查提供；研究与试验发展（R&D）课题学科分组情况由科技部、国防科技工业局、教育部调查提供；气象、地震、海洋、测绘、产品质量监督和检验检疫等资料，分别由中国气象局、中国地震局、国家海洋局、国家测绘地理信息局、国家质量监督检验检疫总局等部门调查提供；技术市场资料由科技部调查提供。

四、统计调查方法

研究与试验发展(R&D)活动情况采用全面调查取得；科协、测绘、气象、地震、海洋、产品质量监督抽查和检验检疫、专利资料采用抽样等多种调查方法取得。

五、科技活动统计资料口径变动说明

2000年以前科技活动统计资料只包括大中型工业企业、政府属研究机构、普通高等学校，2000年及以后年份扩大到了全社会范围。

6-8-1 科技活动基本情况

指标	2005	2006	2007	2008	2009	2010	2011	2012	2013
研究与试验发展(R&D)投入情况									
R&D人员全时当量 (万人年)	136.5	150.2	173.6	196.5	229.1	255.4	288.3	324.7	353.3
#基础研究	11.5	13.1	13.8	15.4	16.5	17.4	19.3	21.2	22.3
应用研究	29.7	30.0	28.6	28.9	31.5	33.6	35.3	38.4	39.6
试验发展	95.2	107.1	131.2	152.2	181.1	204.5	233.7	265.1	291.4
R&D经费内部支出 (亿元)	2450.0	3003.1	3710.2	4616.0	5802.1	7062.6	8687.0	10298.4	11846.6
#基础研究	131.2	155.8	174.5	220.8	270.3	324.5	411.8	498.8	555.0
应用研究	433.5	489.0	492.9	575.2	730.8	893.8	1028.4	1162.0	1269.1
试验发展	1885.2	2358.4	3042.8	3820.0	4801.0	5844.3	7246.8	8637.6	10022.5
#政府资金	645.4	742.1	913.5	1088.9	1358.3	1696.3	1883.0	2221.4	2500.6
企业资金	1642.5	2073.7	2611.0	3311.5	4162.7	5063.1	6420.6	7625.0	8837.7
R&D经费内部支出与国内生产总值之比 (%)	1.32	1.39	1.40	1.47	1.70	1.76	1.84	1.98	2.08
科技成果及获奖数 (项)									
科技成果登记数	32359	33644	34170	35971	38688	42108	44208	51723	52477
国家技术发明奖	40	56	51	55	55	46	55	77	71
国家科学技术进步奖	236	241	255	254	282	273	283	212	188
技术市场成交额 (亿元)	1551	1818	2227	2665	3039	3907	4764	6437	7469
专利申请受理数 (件)	476264	573178	693917	828328	976686	1222286	1633347	2050649	2377061
#发明	173327	210490	245161	289838	314573	391177	526412	652777	825136
实用新型	139566	161366	181324	225586	310771	409836	585467	740290	892362
外观设计	163371	201322	267432	312904	351342	421273	521468	657582	659563
专利申请授权数 (件)	214003	268002	351782	411982	581992	814825	960513	1255138	1313000
#发明	53305	57786	67948	93706	128489	135110	172113	217105	207688
实用新型	79349	107655	150036	176675	203802	344472	408110	571175	692845
外观设计	81349	102561	133798	141601	249701	335243	380290	466858	412467

6-8-2 全国研究与试验发展(R&D)经费内部支出

单位：亿元，%

年份	R&D经费内部支出	基础研究	应用研究	试验发展	与国内生产总值之比	R&D经费内部支出现价增长
1995	348.7	18.1	92.0	238.6	0.57	
1996	404.5	20.2	99.1	285.1	0.57	16.0
1997	509.2	27.4	132.5	349.3	0.64	25.9
1998	551.1	29.0	124.6	397.5	0.65	8.2
1999	678.9	33.9	151.6	493.5	0.76	23.2
2000	895.7	46.7	151.9	697.0	0.90	31.9
2001	1042.5	55.6	184.9	802.0	0.95	16.4
2002	1287.6	73.8	246.7	967.2	1.07	23.5
2003	1539.6	87.7	311.4	1140.5	1.13	19.6
2004	1966.3	117.2	400.5	1448.7	1.23	27.7
2005	2450.0	131.2	433.5	1885.2	1.32	24.6
2006	3003.1	155.8	489.0	2358.4	1.39	22.6
2007	3710.2	174.5	492.9	3042.8	1.40	23.5
2008	4616.0	220.8	575.2	3820.0	1.47	24.4
2009	5802.1	270.3	730.8	4801.0	1.70	25.7
2010	7062.6	324.5	893.8	5844.3	1.76	21.7
2011	8687.0	411.8	1028.4	7246.8	1.84	23.0
2012	10298.4	498.8	1162.0	8637.6	1.98	18.5
2013	11846.6	555.0	1269.1	10022.5	2.08	15.0

6-8-3 全国研究与试验发展(R&D)人员全时当量

单位：万人年，%

年份	R&D人员全时当量	基础研究	比重	应用研究	比重	试验发展	比重
1992	67.43	5.84	8.66	20.90	30.99	40.70	60.36
1993	69.78	6.33	9.07	21.49	30.80	41.96	60.13
1994	78.32	7.64	9.76	24.20	30.90	46.48	59.35
1995	75.17	6.66	8.87	22.79	30.32	45.71	60.81
1996	80.40	6.96	8.65	23.65	29.42	49.79	61.93
1997	83.12	7.17	8.63	25.27	30.40	50.68	60.97
1998	75.52	7.87	10.42	24.97	33.06	42.68	56.51
1999	82.17	7.60	9.25	24.15	29.39	50.42	61.36
2000	92.21	7.96	8.63	21.96	23.82	62.28	67.54
2001	95.65	7.88	8.24	22.60	23.63	65.17	68.13
2002	103.51	8.40	8.12	24.73	23.89	70.39	68.00
2003	109.48	8.97	8.19	26.03	23.77	74.49	68.03
2004	115.26	11.07	9.61	27.86	24.17	76.33	66.22
2005	136.48	11.54	8.46	29.71	21.77	95.23	69.78
2006	150.25	13.13	8.74	29.97	19.95	107.14	71.31
2007	173.62	13.81	7.95	28.60	16.47	131.21	75.57
2008	196.54	15.40	7.83	28.94	14.72	152.20	77.44
2009	229.13	16.46	7.18	31.53	13.76	181.14	79.06
2010	255.38	17.37	6.80	33.56	13.14	204.46	80.06
2011	288.29	19.32	6.70	35.28	12.24	233.73	81.07
2012	324.68	21.22	6.53	38.38	11.82	265.09	81.65
2013	353.28	22.32	6.32	39.56	11.20	291.40	82.49

6-8-4 各地区研究与试验发展(R&D)经费内部支出

单位：万元，%

地　区	R&D经费内部支出	基础研究	应用研究	试验发展	R&D经费内部支出与国内(地区)生产总值之比
全　国	**118465980**	**5549512**	**12691151**	**100225316**	**2.08**
北　京	11850469	1372366	2580388	7897716	6.08
天　津	4280921	180320	535021	3565580	2.98
河　北	2818551	79114	308879	2430558	1.00
山　西	1549799	60430	182667	1306702	1.23
内蒙古	1171877	35923	77922	1058032	0.70
辽　宁	4459322	157328	555940	3746053	1.65
吉　林	1196882	117288	364760	714834	0.92
黑龙江	1647838	158646	257414	1231778	1.15
上　海	7767847	548726	1026727	6192394	3.60
江　苏	14874466	436863	799200	13638403	2.51
浙　江	8172675	189309	398068	7585297	2.18
安　徽	3520833	221279	334878	2964676	1.85
福　建	3140589	63232	147321	2930036	1.44
江　西	1354972	38312	103953	1212707	0.94
山　东	11758027	264467	686417	10807143	2.15
河　南	3553246	81826	166057	3305363	1.11
湖　北	4462043	218994	679011	3564037	1.81
湖　南	3270253	109505	420919	2739830	1.33
广　东	14434527	338248	1027674	13068606	2.32
广　西	1076790	54832	122770	899187	0.75
海　南	148357	14653	13053	120651	0.47
重　庆	1764911	69563	160252	1535096	1.39
四　川	3999702	277790	747814	2974098	1.52
贵　州	471850	53888	49680	368282	0.59
云　南	798371	82184	125624	590563	0.68
西　藏	23033	2420	5651	14961	0.29
陕　西	3427454	168234	586250	2672971	2.14
甘　肃	669194	89716	100065	479413	1.07
青　海	137541	15989	29090	92463	0.65
宁　夏	209042	17853	13258	177932	0.81
新　疆	454598	30213	84430	339955	0.54

6-8-5 各地区研究与试验发展(R&D)人员全时当量

单位：人年

地 区	R&D人员全时当量	#研究人员	基础研究	应用研究	试验发展
全 国	**3532817**	**1484040**	**223192**	**395619**	**2914045**
北 京	242175	127649	35933	59253	146991
天 津	100219	40325	5662	13864	80693
河 北	89546	46803	5043	12615	71888
山 西	49035	28232	3511	7400	38127
内蒙古	37280	21201	2527	4192	30562
辽 宁	94885	51873	8392	15670	70824
吉 林	48008	27247	7686	12732	27591
黑龙江	62660	41050	10476	8159	44025
上 海	165755	72137	15407	25524	124831
江 苏	466159	147688	12299	23944	429919
浙 江	311042	82406	7148	11935	291962
安 徽	119342	47603	8870	13670	96800
福 建	122544	34498	4185	9455	108904
江 西	43512	21041	2519	5467	35526
山 东	279331	111041	13597	22883	242851
河 南	152252	65479	3948	7548	140760
湖 北	133061	66495	8512	18216	106332
湖 南	103414	49507	6825	13189	83407
广 东	501718	179605	14438	32796	454484
广 西	40664	19740	5280	11366	24017
海 南	6962	2300	781	721	5460
重 庆	52612	25085	3667	6891	42054
四 川	109708	57956	11746	18989	78976
贵 州	23888	12067	3080	3070	17736
云 南	28483	15660	4802	7331	16350
西 藏	1203	790	362	492	349
陕 西	93494	56694	8038	16740	68718
甘 肃	25047	15132	3702	5174	16171
青 海	4767	2788	758	1064	2946
宁 夏	8234	3516	1232	1140	5865
新 疆	15822	10437	2766	4129	8925

6-8-6 国家财政科技支出

单位：亿元，%

年 份	国家财政总支出	国家财政科技拨款	中 央	地 方	科技拨款占财政总支出的比重
1980	1228.8	64.6			5.26
1981	1138.4	61.6			5.41
1982	1230.0	65.3			5.31
1983	1409.5	79.0			5.61
1984	1701.0	94.7			5.57
1985	2004.3	102.6			5.12
1986	2204.9	112.6			5.11
1987	2262.2	113.8			5.03
1988	2491.2	121.1			4.86
1989	2823.8	127.9			4.53
1990	3083.6	139.1	97.6	41.6	4.51
1991	3386.6	160.7	115.4	45.3	4.74
1992	3742.2	189.3	133.6	55.7	5.06
1993	4642.3	225.6	167.6	58.0	4.86
1994	5792.6	268.3	199.0	69.3	4.63
1995	6823.7	302.4	215.6	86.8	4.43
1996	7937.6	348.6	242.8	105.8	4.39
1997	9233.6	408.9	273.9	134.0	4.43
1998	10798.2	438.6	289.7	148.9	4.06
1999	13187.7	543.9	355.6	188.3	4.12
2000	15886.5	575.6	349.6	226.0	3.62
2001	18902.6	703.3	444.3	258.9	3.72
2002	22053.2	816.2	511.2	305.0	3.70
2003	24650.0	944.6	609.9	335.6	3.83
2004	28486.9	1095.3	692.4	402.9	3.84
2005	33930.3	1334.9	807.8	527.1	3.93
2006	40422.7	1688.5	1009.7	678.8	4.18
2007	49781.4	2135.7	1044.1	1091.6	4.29
2008	62592.7	2611.0	1287.2	1323.8	4.17
2009	76299.9	3276.8	1653.3	1623.5	4.29
2010	89874.2	4196.7	2052.5	2144.2	4.67
2011	109247.8	4797.0	2343.3	2453.7	4.39
2012	125953.0	5600.1	2613.6	2986.5	4.45
2013	140212.1	6184.9	2728.5	3456.4	4.41

6-8-7 研究与开发机构基本情况

指标		2005	2006	2007	2008	2009	2010	2011	2012	2013
机构基本情况										
机构数	(个)	3901	3803	3775	3727	3707	3696	3673	3674	3651
#中央属		679	673	674	678	691	686	686	710	711
地方属		3222	3130	3101	3049	3016	3010	2987	2964	2940
研究与试验发展(R&D)投入情况										
R&D人员	(万人)	24.1	25.7	29.0	30.4	32.3	34.2	36.2	38.8	40.9
R&D人员全时当量	(万人年)	21.5	23.1	25.5	26.0	27.7	29.3	31.6	34.4	36.4
#基础研究		2.8	3.2	3.6	3.8	4.1	4.2	5.0	5.7	6.1
应用研究		8.3	8.9	9.3	9.7	10.3	10.9	11.3	12.1	13.0
试验发展		10.4	11.0	12.6	12.5	13.4	14.2	15.2	16.5	17.3
R&D经费内部支出	(亿元)	513.1	567.3	687.9	811.3	996.0	1186.4	1306.7	1548.9	1781.4
#基础研究		58.0	67.9	74.7	92.7	110.6	129.9	160.2	197.9	221.6
应用研究		176.3	196.2	227.1	271.3	350.9	387.6	417.2	469.3	525.8
试验发展		278.7	303.2	386.1	447.2	534.4	668.9	729.3	881.7	1034.0
#政府资金		424.7	481.2	592.9	699.7	849.5	1036.5	1106.1	1292.7	1481.2
企业资金		17.6	17.3	26.2	28.2	29.8	34.2	39.9	47.4	60.9
国外资金		1.8	2.6	3.4	4.0	4.2	3.4	4.9	5.1	5.7
其他资金		68.1	66.1	65.3	79.3	112.4	112.2	155.8	203.8	233.5
研究与试验发展(R&D)项目(课题)情况										
R&D项目(课题)数	(项)	39072	42262	49453	54900	61135	67050	70967	79343	85069
R&D项目(课题)人员全时当量	(万人年)	17.6	20.2	22.2	22.9	23.7	25.4	27.3	31.1	32.7
R&D项目(课题)经费内部支出	(亿元)	353.5	365.4	451.7	537.7	579.8	681.5	807.1	1078.3	1221.7
科技产出及成果情况										
发表科技论文	(篇)	109995	118211	126527	132072	138119	140818	148039	158647	164440
#国外发表		15638	17597	19596	21498	25882	26862	31598	35173	41072
出版科技著作	(种)	3578	3791	4134	4691	4788	3922	4292	4458	4619
专利申请受理数	(件)	6814	8026	9802	12536	15773	19192	24059	30418	37040
#发明专利		5064	6200	7782	9864	12361	14979	18227	23406	28628
专利申请授权数	(件)	3234	3499	4036	5048	6391	8698	12126	16551	20095
#发明专利		2088	2191	2467	3102	4077	5249	7862	10935	12542

6-8-8 研究与开发机构研究与试验发展(R&D)课题学科分组情况

学　　科	R&D课题数(个)	R&D课题参加人员全时当量(人年)	R&D项目(课题)经费内部支出(万元)
全　国	**85069**	**327466**	**12216646**
数　学	455	888	22342
信息科学与系统科学	733	3650	96943
力　学	416	864	29438
物理学	3635	8002	394187
化　学	3296	6636	188263
天文学	1126	1477	63605
地球科学	8985	14070	454618
生物学	7582	13210	330740
心理学	165	419	8328
农　学	13522	26358	401165
林　学	2099	4284	55090
畜牧、兽医科学	2531	4935	73850
水产学	1327	2400	41194
基础医学	1080	2686	46398
临床医学	2309	6320	89221
预防医学与卫生学	929	3423	41793
军事医学与特种医学	32	99	640
药　学	932	2275	57606
中医学与中药学	2203	4434	62401
工程与技术科学基础学科	2062	20227	639455
信息与系统科学相关工程与技术	494	1665	55732
自然科学相关工程与技术	857	2145	52192
测绘科学技术	1270	1885	82274
材料科学	2684	8657	263208
矿山工程技术	196	460	12267
冶金工程技术	143	362	7660
机械工程	537	2265	54316
动力与电气工程	584	3245	95340
能源科学技术	590	2174	59692
核科学技术	567	12332	600677
电子、通信与自动控制技术	3176	47969	1895314
计算机科学技术	1533	6995	170013
化学工程	608	1123	53091
产品应用相关工程与技术	127	325	4540
纺织科学技术	30	92	675
食品科学技术	521	1108	17432
土木建筑工程	238	698	16285
水利工程	1277	1956	66991
交通运输工程	909	4094	148570
航空、航天科学技术	2409	79485	5068753
环境科学技术	3175	6976	158472
安全科学技术	478	1409	34881
管理学	660	1277	19541
马克思主义	207	206	3021
哲　学	181	358	6664
宗教学	128	180	1902
语言学	136	155	3343
文　学	262	398	6091
艺术学	113	564	4123
历史学	611	959	15203
考古学	262	779	17270
经济学	1974	3262	49512
政治学	366	596	8231
法　学	425	573	16314
军事学	86	655	5544
社会学	597	901	12320
民族学	296	520	5840
新闻学与传播学	104	203	2779
图书馆、情报与文献学	376	903	11817
教育学	317	585	7624
体育科学	101	249	2842
统计学	45	72	1014

6-8-9 高等学校科技活动情况

指 标		2005	2006	2007	2008	2009	2010	2011	2012	2013
高等学校基本情况										
学校数	(个)	1792	1867	1908	2263	2305	2358	2409	2442	2491
#理工农医		786	800	786	827	1003	970	975	1039	1070
人文社科		815	843	840	869	954	963	997	1090	1150
R&D机构	(个)	3936	4154	4502	5159	5784	7833	8630	9225	9842
研究与试验发展(R&D)投入情况										
R&D人员	(万人)	38.7	42.1	44.8	47.8	50.9	59.4	63.2	67.8	71.5
R&D人员全时当量	(万人年)	22.7	24.2	25.4	26.6	27.5	29.0	29.9	31.4	32.5
#基础研究		7.8	9.0	9.4	10.9	11.3	12.0	12.9	14.0	14.7
应用研究		11.1	11.3	12.0	13.7	14.1	14.8	15.0	15.4	15.9
试验发展		3.9	3.9	4.0	2.0	2.1	2.1	2.0	1.9	1.9
R&D经费内部支出	(亿元)	242.3	276.8	314.7	390.2	468.2	597.3	688.8	780.6	856.7
#基础研究		56.7	71.4	86.8	114.8	145.5	179.9	226.7	275.7	307.6
应用研究		125.0	137.3	161.8	208.9	250.0	337.0	372.4	402.7	441.3
试验发展		60.6	68.2	66.1	66.5	72.6	80.3	89.8	102.2	107.8
#政府资金		133.1	151.5	177.7	225.5	262.2	358.8	405.1	474.1	516.9
企业资金		88.9	101.2	110.3	134.9	171.7	198.5	242.9	260.5	289.3
研究与试验发展(R&D)项目(课题)情况										
R&D项目(课题)数	(项)	280327	365294	375425	429096	476708	547717	604107	657027	711010
R&D项目(课题)人员全时当量	(万人年)	22.5	26.8	25.2	26.6	27.4	28.9	29.9	31.3	32.4
R&D项目(课题)经费内部支出	(亿元)	193.5	287.0	258.2	323.2	363.5	467.0	535.3	607.3	662.7
科技产出及成果情况										
发表科技论文	(篇)	728082	830948	905985	964877	1016354	1062512	1109965	1117742	1127210
#国外发表		69857	90722	108727	134058	156750	182247	218301	226097	249637
出版科技著作	(种)	33064	34633	35733	37541	40919	38101	37472	38760	37866
专利申请受理数	(件)	20094	24490	29860	40610	56641	72744	95592	113430	133865
#发明专利		14673	18059	21864	29337	36241	44132	54362	66755	81251
专利申请授权数	(件)	8843	12043	14111	19248	25570	37490	53055	74550	84930
#发明专利		4715	6650	8251	10216	14408	18055	25064	34441	35873

6-8-10 高等学校研究与试验发展(R&D)课题学科分组情况

学 科	R&D课题数(个)	R&D课题参加人员全时当量(人年)	R&D项目(课题)经费内部支出(万元)
全 国	**711010**	**324494**	**6626928**
数 学	10994	5890	81971
信息科学与系统科学	6350	3459	123907
力 学	2801	1427	49999
物理学	12816	7156	177921
化 学	18113	10355	241086
天文学	292	127	2899
地球科学	13466	6301	246932
生物学	20139	11634	286945
心理学	444	186	2838
农 学	16744	8207	244863
林 学	3639	2179	45264
畜牧、兽医科学	5856	3128	85960
水产学	2265	1098	28355
基础医学	18750	14440	181642
临床医学	41039	40127	336392
预防医学与卫生学	2738	1838	27347
军事医学与特种医学	123	119	1280
药 学	6431	3738	99462
中医学与中药学	15596	13654	113217
工程与技术科学基础学科	3265	1504	47935
信息与系统科学相关工程与技术	3693	1985	77582
自然科学相关工程与技术	2018	1075	26879
测绘科学技术	1501	904	30150
材料科学	19077	10495	334371
矿山工程技术	7372	3655	136134
冶金工程技术	1822	1254	77080
机械工程	19758	11092	373425
动力与电气工程	11357	5558	261975
能源科学技术	4576	2430	115021
核科学技术	845	497	25829
电子、通信与自动控制技术	22780	12560	468402
计算机科学技术	21965	11528	300247
化学工程	11571	5748	236128
产品应用相关工程与技术	1031	567	18869
纺织科学技术	1924	1060	23071
食品科学技术	5222	2738	68514
土木建筑工程	15094	7580	242338
水利工程	3761	1752	70970
交通运输工程	8759	4646	167635
航空、航天科学技术	4779	2350	200289
环境科学技术	14593	7209	238459
安全科学技术	1139	611	20159
管理学	70426	20359	244266
马克思主义	10325	2976	10552
哲 学	5413	1505	8984
宗教学	851	250	1937
语言学	20647	6152	19681
文 学	16819	4753	18548
艺术学	23933	6383	66351
历史学	8758	2369	17201
考古学	949	254	6262
经济学	46522	12675	110352
政治学	7896	2128	11822
法 学	20408	5100	32894
军事学	20	15	232
社会学	18566	4806	36978
民族学	4180	1300	6781
新闻学与传播学	7475	1831	18075
图书馆、情报与文献学	5932	1773	8965
教育学	39345	10823	44158
体育科学	12959	4118	12933
统计学	2638	754	6972
其 他	450	310	3247

6-8-11 全国气象部门基本情况

项 目	2000	2005	2006	2007	2008	2009	2010	2011	2012	2013
气象观测业务台站 （个）										
地面观测	2819	2405	2418	2431	2438	2416	2418	2419	2423	2424
高空探测	156	120	122	123	121	118	120	120	120	120
自动气象站	550	7813	16775	23130	28235	31553	30693	33259	45926	53184
天气雷达观测	238	253	252	304	313	330	342	259	230	212
大气成分观测		21	73	31	35	35	28	28	28	28
太阳辐射观测	99	105	110	103	142	157	100	100	100	100
农业气象观测	1125	769	771	739	635	653	653	653	653	653
生态与农业气象观测试验	68	67	68	69	67	68	68	68	68	68
卫星云图接收	319	435	384	496	621	311	361	363	363	364
大气本底站	4	6	7	7	7	7	7	7	7	7
闪电定位监测		234	292	354	387	417	425	319	334	334
沙尘暴监测		85	86	31	194	182	29	29	29	29
紫外线观测		178	178	174	203	149	164	160	157	157
酸雨观测	82	299	513	334	330	337	342	342	365	365
臭氧观测	3	14	18	4	20	17	22	36	36	41
海洋气象台站	140	125	100	105	102	102	109	90	95	95
气象科学数据共享服务数据量 （GB）		**2089**	**218784**	**112506**	**51985**	**245740**	**358319**	**398134**	**440988**	**505077**
装备										
拥有计算机数 （台）	27724	50683	57007	63350	72137	79349	90040	98101	108370	113208
#高性能计算机		62	53	65	61	72	106	108	143	96
服务器及工作站		768	941	1046	1196	1751	2428	3124	4249	5005
PC服务器		1903	2142	2629	3021	3776	4762	5339	6728	7739
PC机(含PC工作站)		47950	53871	59610	67859	73750	82744	89530	97250	100368
云图接收机数 （台）	354	506	423	438	453	407	421	453	453	542
电视会商系统设备 （套）		729	877	1041	1296	1805	1895	2071	2208	2529
人工影响天气作业设备										
高炮 （门）		6393	6800	6969	6311	6973	6902	6636	6654	6761
火箭发射系统 （部）		4129	4936	5039	4862	6355	7034	7109	7213	7632
人员 （人）										
全国气象部门职工总数	59113	53214	53137	53321	53265	53180	53606	53665	53956	54426

注：2006年起气象科学数据共享服务数据量是全国气象部门利用网络向社会提供气象资料的数据量，2005年以前是国家气象信息中心气象科学数据共享服务网的数据量。

6-8-12 各地区气象业务站点及观测项目情况

单位：个

地 区 和单位	地面观 测业务	高空探 测业务	自动 气象站	天气雷达 观测业务	农业气象 观测站	环境气象 观测站	闪电定位 监测业务	卫星云图 接收业务
全 国	**2424**	**120**	**53184**	**212**	**721**	**429**	**334**	**364**
北 京	20	1	299	1	7	6	1	3
天 津	14		255	1	5	4	1	2
河 北	142	3	2773	4	30	22	11	6
山 西	109	1	1651	8	31	16	7	13
内蒙古	119	12	1136	11	35	20	20	6
辽 宁	62	2	1462	5	28	33	9	16
吉 林	54	3	1118	6	25	13	7	6
黑龙江	83	4	857	9	39	17	19	8
上 海	14	1	217	2	1	3		6
江 苏	70	3	1231	10	22	24	9	5
浙 江	71	3	2107	8	14	14	11	30
安 徽	81	2	1976	10	25	7	7	5
福 建	70	3	1768	5	27	4	9	18
江 西	91	2	2379	6	19	13	12	9
山 东	123	3	1571	11	20	22	7	15
河 南	119	3	2464	12	38	19	10	28
湖 北	82	3	2295	9	32	33	13	16
湖 南	97	3	3454	10	26	7	10	7
广 东	86	4	1865	10	28	8	11	9
广 西	92	6	2386	9	29	12	11	12
海 南	21	3	452	3	7	4	6	5
重 庆	35	1	1916	4	13	35	5	4
四 川	156	7	4779	9	47	11	24	14
贵 州	85	2	2906	7	19	10	12	13
云 南	125	5	3193	8	26	7	22	26
西 藏	39	5	75	6	5	5	18	9
陕 西	99	4	1973	7	22	19	9	20
甘 肃	81	9	1766	6	27	12	5	17
青 海	52	7	405	2	19	8	10	16
宁 夏	25	1	724	3	10	7	5	5
新 疆	105	14	1731	10	44	14	33	15
其 他	2				1			

注：农业气象观测站包括生态与农业气象观测试验站；环境气象站包括大气成分观测站、大气本底站、沙尘暴监测站、紫外线观测站、酸雨观测站和臭氧观测站。

6-8-13 地震台、网基本情况

地 区	国家地震观测台、网			国家地震遥测台、网		市、县地震台		
	国家级台	省级台	强震观测点	台网	子台	市、县级台	企业台	宏观观测点
全 国	**187**	**211**	**2209**	**135**	**977**	**1033**	**186**	**37518**
北 京	10	2	243	3	27	86	1	242
天 津	5	5	110	1	33			1769
河 北	8	21	65	4	53	45	12	2755
山 西	6	4	40	6	37	64	25	6044
内蒙古	6	17	32	1	39	35		540
辽 宁	7	11	70	3	37	28	5	936
吉 林	5	6	10	2	37	21		386
黑龙江	9	2	106	7	35	49	1	4515
上 海	2		63	1	33	7		10
江 苏	9	6	85	12	15	78	2	1211
浙 江	5	1	16	4	24	32		24
安 徽	3	9	13	4	10	15	1	645
福 建	4	10	40	6	33	28	8	339
江 西	2	4	6	1	24			475
山 东	6	20	146	16	66	41	7	3436
河 南	3	7	20	12	9	31	4	879
湖 北	5	8	2	2	13	27		157
湖 南	4	3	2	1	21	25	2	236
广 东	6	7	112	8	51	32	5	148
广 西	1	7	21	6	22	34	3	895
海 南	2	4	14	1	25	14		2715
重 庆	1			1	23	24		17
四 川	12	13	219	12	60	78	36	2505
贵 州								
云 南	16	15	315	5	55	110	33	1659
西 藏	10	1	2	1	19			
陕 西	6	9	30	3	30	34	9	3831
甘 肃	9	10	166	5	44	44	10	267
青 海	5	2	40	3	30	10	20	87
宁 夏	4	3	51	1	13	11		266
新 疆	16	4	170	3	59	30	2	529

6-8-14 各地区测绘生产完成情况

地　区 和单位	大地测量		地理信息 数据生产 (幅)	地图编制		
	GPS测量 (点)	水准测量 (公里)		地形图 (幅)	专题地图 (种)	地图集 (种)
全　国	**40935**	**151453**	**1319795**	**143900**	**3719**	**502**
北　京		1050	8433	4720	30	4
天　津	4216	5290	28304			
河　北	5967	2311	82409		2	
山　西	1364	2900	23031	4977	51	8
内蒙古	392	1980	3434	1078	23	1
辽　宁	103	3677	35871	22	44	1
吉　林		578	2995		14	1
黑龙江	384	16319	48079	15011	95	2
上　海			41423	31438		2
江　苏	120	1700	36610	5737	2	1
浙　江	2724	5640	55719	9577	80	6
安　徽	2359	2708	36753	968	291	19
福　建	266	4077	3660	176	126	2
江　西	658	327	43020	5	42	
山　东	676	2162	48432	1936	162	15
河　南	10038		41995	2353	9	3
湖　北	1100	2800	339591		6	3
湖　南	7	458	65104	2270	50	7
广　东	52	2630	37921	10791	19	1
广　西	1601	3086	5282	30	38	1
海　南	149	1780	5017	1251	104	18
重　庆	356	1600	2992	31	752	11
四　川	1815	13664	101989	3594	121	39
贵　州	1230	451	32630	358	23	3
云　南	851	3842	12616	3559	22	2
西　藏	98	1400	95			
陕　西	589	15017	32700	396	52	4
甘　肃			16148	1	11	1
青　海	2310	457	1554	4094	112	2
宁　夏	30		1743	12		1
新　疆	241	432	22721	6076	214	
青　岛						
大　连	37	1830				
宁　波			993		11	1
深　圳			2470	2470	1	
厦　门						
重庆测绘院	596	2979	17748	7194	17	
中国地图出版集团					634	340
中国测绘科学研究院	54		54648	110		3
国家基础地理信息中心	552	48308	23665	23665	561	
卫星测绘应用中心			2000			

6-8-15 各地区测绘成果提供情况

地 区 和单位	地形图合计			测绘基准成果	航摄成果	专题地图	地图集
	(张)	1:10000	1:50000	(点)	(片)	(张)	(册)
全 国	**302532**	**69353**	**38500**	**257559**	**462180**	**26218**	**4021**
北 京	13604	1233		10709			
天 津	36			72			
河 北	2832	1991	642	421	3686		
山 西	4678	3830	756	654		1776	
内蒙古	8039	2948	4237	12743	12731	920	
辽 宁	2937	2036	865	2539		779	
吉 林	4275	2901	1216	5059	3092	11000	400
黑龙江	2378	949	1151	1847			
上 海	149644			7196			
江 苏	1889	1605	280	8531	1115		156
浙 江	992	920	72	2096	6297		
安 徽	4839	4029	790	6732	26978		
福 建	3319	2144	1011	863	4757	15	
江 西	2955	2440	446	4860			
山 东	1779	1340	313	669	667		
河 南	1039	886	125	2503	3659	4923	1212
湖 北	851	450	344	563	349	1	
湖 南	4269	3862	339	30056			
广 东	2078	2056	22	14318	3344		
广 西	4558	3924	571	4397	55		
海 南	209	143	45	8539	7205	744	15
重 庆	2138	1662	225	647	675	95	493
四 川	3438	805	1608	1331	4836		
贵 州	7178	5611	1483	8802	606		
云 南	5750	4744	822	33405	27387		
西 藏	1801	8	1299	748			1208
陕 西	8225	6966	852	3827	3869	77	
甘 肃	9565	5794	3393	16383	315430	535	
青 海	4454	674	2928	4147	152	94	102
宁 夏	1565	1338	132	805	14		
新 疆	17189	2037	5404	12643	7409	3836	435
青 岛	5507	27		41			
大 连	263						
宁 波	8344			247			
深 圳	573			31		855	
厦 门	1181					568	
国家基础地理信息中心	8161		7129	49135	27866		

6-8-16 产品质量国家监督抽查情况

项 目	抽查产品(种)	抽查企业(家)	抽查产品(批)	不合格产品(批)
合 计	**139**	**16021**	**17020**	**1895**
食 品	4	796	796	29
日用消费品	60	5296	5625	723
建筑与装饰装修材料	24	3599	3600	370
农业生产资料	16	3504	3738	328
工业生产资料	35	2826	3261	445

6-8-17 各地区产品质量情况

单位：%

地 区	产品质量等级品率			质量损失率
	优等品率	一等品率	合格品率	
全 国	**75.03**	**19.21**	**5.76**	**0.09**
北 京	81.52	10.79	7.69	2.31
天 津	67.08	26.17	6.75	0.09
河 北	63.35	31.58	5.07	0.12
山 西	67.13	23.60	9.27	0.14
内蒙古	62.26	24.06	13.68	0.11
辽 宁				
吉 林				
黑龙江	9.82	64.98	25.20	0.72
上 海	49.98	37.49	12.53	0.30
江 苏	48.78	37.36	13.86	0.05
浙 江	47.12	44.59	8.30	0.08
安 徽	37.95	50.35	11.71	0.18
福 建	46.09	30.55	23.36	0.24
江 西	91.37	5.13	3.50	0.04
山 东	95.81	4.04	0.15	0.02
河 南	69.59	12.94	17.47	0.07
湖 北	42.63	39.62	17.75	0.22
湖 南	68.44	18.27	13.30	0.06
广 东	63.90	29.90	6.20	0.17
广 西	13.59	69.03	17.38	0.30
海 南				
重 庆				
四 川	28.98	46.90	24.12	0.15
贵 州	92.16	1.69	6.15	0.01
云 南				
西 藏				
陕 西	7.17	85.61	7.22	0.05
甘 肃	15.94	69.83	14.23	0.17
青 海	19.70	21.54	58.76	0.11
宁 夏	13.86	23.90	62.24	0.08
新 疆	55.46	41.96	2.58	0.03

注：本资料由75个重点工业城市抽样数据汇总而成。

6-8-18 产品质量省级监督抽查情况

地 区	抽查产品（种）	抽查企业（家）	抽查产品（批）	不合格产品（批）
全 国	**2618**	**120457**	**151987**	**12155**
北 京	134	2528	2742	275
天 津	79	2121	2243	51
河 北	66	2773	3024	346
山 西	58	2149	2840	88
内蒙古	82	2127	2736	305
辽 宁	69	2576	2933	258
吉 林	35	664	725	35
黑龙江				
上 海	211	4760	6054	507
江 苏	314	19523	19523	664
浙 江	414	19644	19644	1170
安 徽	74	10079	12376	890
福 建	189	5134	7006	477
江 西	47	1364	1472	200
山 东	80	2359	2819	465
河 南	49	1048	1662	72
湖 北	41	3120	5679	316
湖 南	85	6363	9236	993
广 东	75	4114	5439	1019
广 西	32	1203	1449	141
海 南	16	393	507	74
重 庆	45	5913	12094	880
四 川	133	9104	12964	864
贵 州	43	1847	2318	287
云 南	53	3067	5714	800
西 藏				
陕 西	77	1877	2709	264
甘 肃	56	1731	2436	264
青 海	42	1042	1278	56
宁 夏				
新 疆	19	1834	2365	394

6-8-19 各地区出入境货物检验检疫情况

地　区	批次（批）	#不合格	货值（万美元）	#不合格
全　国	**15950333**	**207626**	**147365786**	**11834834**
北　京	232121	3443	1946191	11347
天　津	539352	12598	7666570	960405
河　北	154912	2396	4571896	865772
山　西	19562	298	468754	11489
内蒙古	253675	45	912727	131
辽　宁	420837	3774	7855074	525276
吉　林	85585	398	510941	556
黑龙江	208213	4146	1670920	3442
上　海	2171404	46516	18307732	838648
江　苏	1575253	15747	13604002	1602270
浙　江	2107024	8385	18233787	1344386
#宁波市	672314	2502	9791964	418658
安　徽	137563	700	937351	8456
福　建	899865	11341	6938876	707698
#厦门市	392690	8407	2764036	257778
江　西	122718	608	748630	7103
山　东	1275673	18313	17811419	2604462
河　南	98604	682	2534257	19726
湖　北	90844	746	843720	11235
湖　南	97251	229	564079	3035
广　东	4843804	48121	32528911	1473719
#深圳市	1261183	14304	8331182	247257
珠海市	329085	1096	2740431	64516
广　西	149861	1572	2605480	667104
海　南	17679	401	1021475	20140
重　庆	65648	663	710204	11461
四　川	68470	330	512909	3365
贵　州	5471	49	85271	513
云　南	93231	9623	590085	63356
西　藏	3242	13	19434	10
陕　西	31368	180	294923	3483
甘　肃	11580	42	125981	260
青　海	1858	131	35317	2198
宁　夏	6841	45	72993	1217
新　疆	160824	16091	2635875	62573

注：国家出入境货物检验检疫数据是由全国直属的35个检验检疫局直报国家质检总局汇总得到。

6-8-20 各地区技术市场成交额

单位：万元

地 区	2000	2005	2006	2007	2008	2009	2010	2011	2012	2013
全 国	**6507519**	**15513694**	**18181813**	**22265261**	**26652288**	**30390024**	**39065753**	**47635589**	**64370683**	**74691254**
北 京	1402871	4895922	6973256	8825603	10272173	12362450	15795367	18902752	24585034	28517239
天 津	262581	507093	588624	723356	866122	1054611	1193390	1693819	2323275	2761575
河 北	94143	103827	156099	164329	165906	172112	192931	262471	378178	315581
山 西	5258	47980	59213	82677	128425	162068	184911	224825	306088	527681
内蒙古	60287	109939	107127	109835	94423	147651	271464	226719	1060962	387390
辽 宁	347817	865167	806494	929290	997290	1197095	1306811	1596633	2306648	1733775
吉 林	71390	122261	153666	174845	196066	197598	188090	262614	251180	347167
黑龙江	152382	142585	156934	350209	412565	488550	529123	620682	1004473	1017747
上 海	738952	2317328	3095095	3548877	3861695	4354108	4314374	4807491	5187473	5316804
江 苏	449568	1008296	688297	784173	940246	1082184	2493406	3334316	4009141	5275020
浙 江	276275	386954	399618	453474	589189	564581	603478	718968	813079	814958
安 徽	61012	142553	184921	264515	324865	356174	461470	650337	861592	1308253
福 建	172601	171959	113187	145579	179690	232594	356569	345712	500920	446885
江 西	69299	111227	93135	99533	77641	97893	230479	341861	397796	430552
山 东	288135	983614	232005	450275	660126	719391	1006769	1263778	1400153	1793981
河 南	211621	263737	237288	261907	254425	263046	272002	387602	399435	402406
湖 北	276000	501823	444427	522146	628971	770329	907218	1256876	1963922	3976158
湖 南	286833	417394	455281	460816	477024	440432	400940	353901	422420	772098
广 东	482104	1124740	1070257	1328448	2016319	1709850	2358949	2750647	3649384	5293936
广 西	17741	94059	9423	9970	26996	17662	41362	56377	25238	73449
海 南		10007	8535	7327	35602	5556	32651	34584	5666	38693
重 庆	296594	357059	553479	395658	621884	383158	794410	681453	540188	902760
四 川	104150	190823	259323	303878	435313	545977	547393	678330	1112438	1485752
贵 州	620	10488	5361	6560	20356	17806	77191	136483	96743	183972
云 南	187742	159175	82747	97496	50547	102469	108827	117144	454779	420003
陕 西	92560	188977	179485	301710	438300	698074	1024140	2153664	3348153	5332787
甘 肃	26413	172736	214534	262107	297560	356287	430845	526386	730619	999936
青 海		11812	24665	53017	77033	84967	114051	168443	192989	268863
宁 夏	6402	14131	5349	6641	8898	8982	9972	39447	29135	14289
新 疆	66168	80029	76084	71724	73963	12078	45188	43783	53853	29953
港澳台			15557	24308	49309	124063	126750	249756	353197	67307
国 外			732342	1044979	1373366	1660227	2645234	2747738	5606534	3434284

6-8-21 海洋观测预报单位机构、人员情况

项　目	中心站	观测站	监测监视中心	预报区台	预报中心
一、机构数（个）					
1994	7	56	4	3	1
1995	9	57	4	3	1
1996	10	56	4	3	1
1997	10	60	4	3	1
1998	10	56	4	3	1
1999	12	60	4	3	1
2000	12	60	4	3	1
2001	12	60	4	3	1
2002	12	63	4	3	1
2003	12	63	4	3	1
2004	12	63	4	3	1
2005	12	63	4	3	1
2006	12	63	4	3	1
2007	12	63	4	3	1
2008	12	67	4	3	1
2009	14	73	4	3	1
2010	14	73	4	3	1
2011	15	73	4	3	1
2012	16	74	4	3	1
2013	16	74	4	3	1
二、人员数（人）					
1994	267	558	819	292	360
1995	348	580	697	300	358
1996	379	557	690	289	360
1997	531	592	624	574	358
1998	395	525	777	304	313
1999	362	468	809	352	269
2000	362	468	809	352	269
2001	362	468	809	352	269
2002	530	427	739	421	313
2003	530	427	739	421	313
2004	530	427	739	421	313
2005	530	427	739	421	313
2006	696	469	601	342	313
2007	696	469	601	342	315
2008	696	523	601	342	315
2009	948	444	659	299	302
2010	932	446	659	289	298
2011	968	431	655	286	302
2012	978	436	679	285	289
2013	989	435	693	318	299

6-8-22 海洋观测调查情况

项　目	合计	船舶监测	台站监测	浮标监测
站点数(个)	245	95	108	42
观测数据(MB)	51523.9	3.5	51456.5	63.9

【主要统计指标解释】

研究与试验发展（R&D） 指在科学技术领域，为增加知识总量，以及运用这些知识去创造新的应用进行的系统的、创造性的活动，包括基础研究、应用研究、试验发展三类活动。

基础研究 指为了获得关于现象和可观察事实的基本原理的新知识(揭示客观事物的本质、运动规律，获得新发现、新学说)而进行的实验性或理论性研究，它不以任何专门或特定的应用或使用为目的。

应用研究 指为获得新知识而进行的创造性研究，主要针对某一特定的目的或目标。应用研究是为了确定基础研究成果可能的用途，或是为达到预定的目标探索应采取的新方法（原理性）或新途径。

试验发展 指利用从基础研究、应用研究和实际经验所获得的现有知识，为产生新的产品、材料和装置，建立新的工艺、系统和服务，以及对已产生和建立的上述各项作实质性的改进而进行的系统性工作。

研究与试验发展人员全时当量 是国际上通用的、用于比较科技人力投入的指标。指R&D全时人员（全年从事R&D活动累积工作时间占全部工作时间的90%及以上人员）工作量与非全时人员按实际工作时间折算的工作量之和。例如：有2个R&D全时人员（工作时间分别为0.9年和1年）和3个R&D非全时人员(工作时间分别为0.2年、0.3年和0.7年)，则R&D人员全时当量为1+1+0.2+0.3+0.7=3.2人年。

政府资金 指调查单位R&D经费内部支出中来自各级政府部门的各类资金，包括财政科学技术拨款、科学基金、教育等部门事业费以及政府部门预算外资金的实际支出。

企业资金 指调查单位R&D经费内部支出中来自本企业的自有资金和接受其他企业委托而获得的经费，以及科研院所、高校等事业单位从企业获得的资金的实际支出。

专利 是专利权的简称，是发明创造经审查合格后，由国务院专利行政部门依据专利法授予申请人对该项发明创造享有的专有权。发明创造是指发明、实用新型和外观设计。

发明专利 指对产品、方法或者其改进所提出的新的技术方案。

实用新型专利 指对产品的形状、构造或者其结合所提出的适于实用的新的技术方案。

外观设计专利 指对产品的形状、图案或者其结合以及色彩与形状、图案的结合所作出的富有美感并适于工业应用的新设计。

6 第三产业部分行业主要业务指标

6-9 水利、环境和公共设施管理业

简要说明

一、主要内容

本篇主要反映我国水环境、大气环境、工业固体废物、生态环境、自然灾害和突发环境事件、环境污染治理投资、城市环境、农村环境等情况。

二、资料来源

水资源、供水和用水情况由水利部提供；“三废”排放及处理、工业污染治理投资、环保验收项目环保投资、空气质量、噪声监测、自然保护区和突发环境事件等情况由环境保护部提供；海水水质和海洋灾害情况由国家海洋局提供；湿地、森林火灾和林业有害生物情况由国家林业局提供；城市环境和城镇基础设施建设投资情况由住房和城乡建设部提供；农村环境、地质灾害、公共交通等情况分别由国家卫生和计划生育委员会、农业部、国土资源部、交通运输部提供。

6-9-1 环境保护基本情况

指　　标		2005	2006	2007	2008	2009	2010	2011	2012	2013
水环境										
水资源总量	(亿立方米)	28053.1	25330.1	25255.2	27434.3	24180.2	30906.4	23256.7	29528.8	27957.9
地表水		26982.4	24358.1	24242.5	26377.0	23125.2	29797.6	22213.6	28373.3	26839.5
地下水		8091.1	7642.9	7617.2	8122.0	7267.0	8417.0	7214.5	8296.4	8081.1
地表水与地下水资源重复量		7020.4	6670.8	6604.5	7064.7	6212.1	7308.2	6171.4	7140.9	6962.7
人均水资源量	(立方米/人)	2151.8	1932.1	1916.3	2071.1	1816.2	2310.4	1730.2	2186.2	2059.7
供水总量	(亿立方米)	5633.0	5795.0	5818.7	5910.0	5965.2	6022.0	6107.2	6131.2	6183.4
#地表水		4572.2	4706.8	4723.9	4796.4	4839.5	4881.6	4953.3	4952.8	5007.3
地下水		1038.8	1065.5	1069.1	1084.8	1094.5	1107.3	1109.1	1133.8	1126.2
用水总量	(亿立方米)	5633.0	5795.0	5818.7	5910.0	5965.2	6022.0	6107.2	6131.2	6183.4
#农业		3580.0	3664.4	3599.5	3663.5	3723.1	3689.1	3743.6	3902.5	3921.5
工业		1285.2	1343.8	1403.0	1397.1	1390.9	1447.3	1461.8	1380.7	1406.4
生活		675.1	693.8	710.4	729.3	748.2	765.8	789.9	739.7	750.1
废水排放总量	(亿吨)	525	537	557	572	589	617	659	685	695
#工业废水排放量		243	240	247	242	234	237	231	222	210
生活污水排放量		281	297	310	330	355	380	428	463	485
化学需氧量排放量	(万吨)	1414	1428	1382	1321	1278	1238	2500	2424	2353
#工业		555	542	511	458	440	435	355	338	319
生活		859	887	871	863	838	803	939	913	890
农业								1186	1154	1126
氨氮排放量	(万吨)	150	141	132	127	123	120	260	254	246
#工业		53	42	34	30	27	27	28	26	25
生活		97	99	98	97	95	93	148	145	141
农业								83	81	78
大气环境										
工业废气排放量	(亿标立方米)	268988	330990	388169	403866	436064	519168	674509	635519	669361
二氧化硫排放量	(万吨)	2549	2589	2468	2321	2214	2185	2218	2118	2044
#工业		2168	2235	2140	1991	1866	1864	2017	1912	1835
生活		381	354	328	330	348	321	200	206	209
氮氧化物排放量	(万吨)							2404	2338	2227
#工业								1730	1658	1546
生活								37	39	41
机动车								638	640	641
烟(粉)尘排放总量	(万吨)							1279	1236	1278
#工业								1101	1029	1095
生活								115	143	124
机动车								63	64	59

注：1.2011年环境保护部对统计制度中的指标体系、调查方法及相关技术规定等进行了修订，统计范围扩展为工业源、农业源、城镇生活源、机动车、集中式污染治理设施5个部分。

2.2012年起，生活用水量中的牲畜用水量调整至农业用水量中。

6-9-1 续表 1

指　　标		2005	2006	2007	2008	2009	2010	2011	2012	2013
固体废物										
一般工业固体废物产生量	(万吨)							322772	329044	327702
危险废物产生量	(万吨)							3431	3465	3157
一般工业固体废物综合利用量	(万吨)							195215	202462	205916
危险废物综合利用量	(万吨)							1773	2005	1700
一般工业固体废物综合利用率	(%)							60.5	61.5	62.2
危险废物综合利用率	(%)							51.7	57.8	53.1
一般工业固体废物处置量	(万吨)							70465	70745	82969
危险废物处置量	(万吨)							916	698	701
一般工业固体废物贮存量	(万吨)							60424	59786	42634
危险废物贮存量	(万吨)							824	847	811
一般工业固体废物倾倒丢弃量	(万吨)							433	144	129
危险废物倾倒丢弃量	(万吨)									
生态环境										
森林面积	(万公顷)	19545	19545	19545	19545	20769	20769	20769	20769	20769
森林覆盖率	(%)	20.36	20.36	20.36	20.36	21.63	21.63	21.63	21.63	21.63
当年造林面积	(万公顷)	540	384	391	535	626	591	600	560	610
自然保护区数	(个)	2349	2395	2531	2538	2541	2588	2640	2669	2697
#国家级		243	265	303	303	319	319	335	363	407
自然保护区面积	(万公顷)	14995	15154	15188	14894	14775	14944	14971	14979	14631
自然保护区面积占辖区面积比重	(%)	15.0	15.2	15.2	14.9	14.7	14.9	14.9	14.9	14.8
湿地面积	(万公顷)	3848.6	3848.6	3848.6	3848.6	5360.3	5360.3	5360.3	5360.3	5360.3
湿地面积占国土面积比重	(%)	4.0	4.0	4.0	4.0	5.6	5.6	5.6	5.6	5.6
自然灾害										
发生地质灾害数量	(处)	17751	102804	25364	26580	10580	30670	15804	14675	15374
#滑坡		9367	88523	15478	13450	6310	22250	11504	11112	9832
崩塌		7654	13160	7722	8080	2378	5688	2445	2152	3288
泥石流		566	417	1215	843	1442	1981	1358	952	1547
发生地震灾害次数	(次)	13	10	3	17	8	12	18	12	14
#5.0级以上		11	9	2	12	7	5	14	11	14
海洋赤潮发生次数	(次)	82	93	82	68	68	69	55	73	46
森林火灾次数	(次)	11542	8170	9260	14144	8859	7723	5550	3966	3929
#重大		16	7	4	13	35	22	9	1	
特大		3	5			1	4			
森林火灾受害森林面积	(万公顷)	7.4	40.8	2.9	5.3	4.6	4.6	2.7	1.4	1.4
林业有害生物发生面积	(万公顷)	961.0	1100.7	1209.7	1141.8	1142.0	1164.2	1168.1	1176.9	1223.0
林业有害生物防治面积	(万公顷)	640.7	735.5	801.2	784.0	819.4	812.4	728.5	782.6	766.8
林业有害生物防治率	(%)	66.7	66.8	66.2	68.7	71.8	69.8	62.4	66.5	62.7
环境污染										
突发环境事件次数	(次)	1406	842	462	474	418	420	542	542	712

注：森林面积和森林覆盖率2009-2013年为第八次全国森林资源清查数(2009-2013年)，包括香港、澳门特别行政区和台湾省数据；2005-2008年为第七次清查数(2004-2008年)，包括香港、澳门特别行政区和台湾省数据。2007年起，造林总面积中增加无林地和疏林地新封山育林面积。

6-9-1 续表 2

指标	2005	2006	2007	2008	2009	2010	2011	2012	2013
环境污染治理投资									
环境污染治理投资 (亿元)	2565.2	2779.5	3668.8	4937.0	5258.4	7612.2	7114.0	8253.5	9516.5
环境污染治理投资占国内生产总值比重 (%)	1.39	1.28	1.38	1.57	1.54	1.90	1.50	1.59	1.67
城镇环境基础设施建设投资 (亿元)	1466.9	1528.4	1749.0	2247.7	3245.1	5182.2	4557.2	5062.7	5223.0
#燃气	164.3	179.2	187.0	199.2	219.2	357.9	444.1	551.8	607.9
集中供热	250.0	252.5	272.4	328.2	441.5	557.5	593.3	798.1	819.5
排水	431.5	403.6	517.1	637.2	1035.5	1172.7	971.6	934.1	1055.0
园林绿化	456.3	475.2	601.6	823.9	1137.6	2670.6	1991.9	2380.0	2234.9
市容环境卫生	164.8	217.9	171.0	259.2	411.2	423.5	556.2	398.6	505.7
工业污染治理投资 (亿元)	458.2	483.9	552.4	542.6	442.6	397.0	444.4	500.5	867.7
#治理废水	133.7	151.1	196.1	194.6	149.5	129.6	157.7	140.3	124.9
治理废气	213.0	233.3	275.3	265.7	232.5	188.2	211.7	257.7	640.9
治理固体废物	27.4	18.3	18.3	19.7	21.9	14.3	31.4	24.7	14.0
治理噪声	3.1	3.0	1.8	2.8	1.4	1.4	2.2	1.2	1.8
治理其他	81.0	78.3	60.7	59.8	37.4	62.0	41.4	76.5	86.1
当年完成环保验收项目环保投资 (亿元)	640.1	767.2	1367.4	2146.7	1570.7	2033.0	2112.4	2690.4	3425.8
城市环境情况									
城区面积 (万平方公里)	41.3	16.7	17.6	17.8	17.5	17.9	18.4	18.3	18.3
建设用地面积 (万平方公里)		3.2	3.6	3.9	3.9	4.0	4.2	4.6	4.7
污水处理率 (%)	52.0	55.7	62.9	70.2	75.3	82.3	83.6	87.3	89.3
燃气普及率 (%)	82.1	79.1	87.4	89.6	91.4	92.0	92.4	93.2	94.3
生活垃圾清运量 (万吨)	15577	14841	15215	15438	15734	15805	16395	17081	17239
生活垃圾无害化处理率 (%)	51.7	52.2	62.0	66.8	71.4	77.9	79.7	84.8	89.3
人均公园绿地面积 (平方米)	7.9	8.3	9.0	9.7	10.7	11.2	11.8	12.3	12.6
公园个数 (个)	7077	6908	7913	8557	9050	9955	10780	11604	12401
农村环境情况									
农村改水累计受益人口 (万人)	88893	86629	87859	89447	90251	90834	89971	91208	89938
农村改水累计受益率 (%)	94.1	91.1	92.1	93.6	94.3	94.9	94.2	95.3	95.6
累计使用卫生厕所户数 (万户)	13740	13873	14442	15166	16056	17138	18019	18628	19401
卫生厕所普及率 (%)	55.3	55.0	57.0	59.7	63.2	67.4	69.2	71.7	74.1
累计使用卫生公厕户数 (万户)	1034.1	2126.3	2049.0	2739.5	2970.7	2827.7	2972.8	2896.6	3165.1
农村沼气池产气量 (亿立方米)	72.9	83.6	101.7	118.4	130.8	139.6	152.8	157.6	157.8
太阳能热水器 (万平方米)	3205.6	3941.0	4286.4	4758.7	4997.1	5488.9	6231.9	6801.8	7294.6
太阳灶 (台)	685552	865238	1118763	1356755	1484271	1617233	2139454	2207246	2264356

6-9-2 水资源情况

地区	水资源总量(亿立方米)	地表水资源量	地下水资源量	地表水与地下水资源重复量	人均水资源量(立方米/人)
全国	**27957.9**	**26839.5**	**8081.1**	**6962.7**	**2059.7**
北京	24.8	9.4	18.7	3.4	118.6
天津	14.6	10.8	5.0	1.2	101.5
河北	175.9	76.8	138.8	39.8	240.6
山西	126.6	81.0	96.9	51.4	349.6
内蒙古	959.8	813.5	249.3	103.0	3848.6
辽宁	463.2	420.3	139.4	96.5	1055.2
吉林	607.4	535.2	160.2	88.0	2208.2
黑龙江	1419.6	1253.3	381.5	215.2	3702.1
上海	28.0	22.8	8.2	3.0	116.9
江苏	283.5	202.3	97.2	16.0	357.6
浙江	931.3	917.3	207.3	193.3	1697.2
安徽	585.6	525.4	144.5	84.3	974.5
福建	1151.9	1150.7	337.6	336.3	3062.7
江西	1424.0	1405.3	378.4	359.7	3155.3
山东	291.7	191.1	172.3	71.7	300.4
河南	213.1	123.1	147.1	57.2	226.4
湖北	790.1	756.6	251.3	217.8	1364.9
湖南	1582.0	1574.3	382.1	374.5	2373.6
广东	2263.2	2253.7	532.5	523.1	2131.2
广西	2057.3	2056.3	478.1	477.1	4376.8
海南	502.1	496.5	119.5	113.9	5636.8
重庆	474.3	474.3	96.4	96.4	1603.9
四川	2470.3	2469.1	607.5	606.4	3052.9
贵州	759.4	759.4	235.6	235.6	2174.2
云南	1706.7	1706.7	573.3	573.3	3652.2
西藏	4415.7	4415.7	991.7	991.7	142530.6
陕西	353.8	331.5	118.5	96.2	941.3
甘肃	268.9	262.2	138.9	132.2	1042.3
青海	645.6	629.5	290.8	274.7	11216.6
宁夏	11.4	9.5	22.1	20.2	175.3
新疆	956.0	905.6	560.2	509.8	4251.9

6-9-3 供水用水情况

地 区	供水总量(亿立方米)	地表水	地下水	其 他	用水总量(亿立方米)	农 业	工 业	生 活	生 态	人均用水量(立方米/人)
全 国	**6183.4**	**5007.3**	**1126.2**	**49.9**	**6183.4**	**3921.5**	**1406.4**	**750.1**	**105.4**	**455.5**
北 京	36.4	8.3	20.0	8.0	36.4	9.1	5.1	16.3	5.9	173.9
天 津	23.8	16.2	5.7	1.8	23.8	12.4	5.4	5.1	0.9	164.7
河 北	191.3	43.1	144.6	3.6	191.3	137.6	25.2	23.8	4.7	261.7
山 西	73.8	33.2	36.1	4.5	73.8	43.1	14.9	12.3	3.5	203.8
内蒙古	183.2	91.4	88.9	2.9	183.2	132.5	23.6	10.7	16.4	734.7
辽 宁	142.1	78.4	60.0	3.7	142.1	90.8	22.8	23.4	5.1	323.8
吉 林	131.5	86.9	44.0	0.6	131.5	88.8	26.5	12.3	3.9	478.0
黑龙江	362.3	194.9	167.4		362.3	308.3	34.0	17.1	3.0	944.8
上 海	123.2	123.1	0.1		123.2	16.3	80.4	25.7	0.8	513.9
江 苏	576.7	567.4	9.3		576.7	301.9	220.1	51.4	3.2	727.3
浙 江	198.3	194.6	2.5	1.2	198.3	91.9	58.8	42.5	5.2	361.4
安 徽	296.0	260.9	33.4	1.8	296.0	162.1	98.4	31.5	4.1	492.6
福 建	204.8	197.7	6.5	0.7	204.8	95.7	75.0	30.9	3.2	544.6
江 西	264.8	255.3	9.5		264.8	175.7	60.1	26.9	2.1	586.8
山 东	217.9	124.9	86.9	6.1	217.9	149.7	28.9	33.3	6.1	224.5
河 南	240.6	101.0	138.8	0.7	240.6	141.7	59.4	33.4	6.1	255.7
湖 北	291.8	282.6	9.2		291.8	159.6	92.4	39.4	0.4	504.1
湖 南	332.5	314.8	17.7		332.5	195.3	94.4	40.0	2.9	498.9
广 东	443.2	425.6	15.9	1.7	443.2	223.7	119.6	94.8	5.2	417.3
广 西	308.2	295.9	11.6	0.7	308.2	209.4	57.4	38.3	3.0	655.6
海 南	43.2	40.0	3.1	0.1	43.2	32.3	3.8	6.9	0.2	484.5
重 庆	83.9	82.2	1.6	0.1	83.9	24.6	40.4	18.1	0.8	283.7
四 川	242.5	219.7	16.4	6.4	242.5	139.4	58.3	40.1	4.7	299.7
贵 州	92.0	90.0	1.9	0.1	92.0	48.2	27.0	16.0	0.7	263.4
云 南	149.7	143.7	4.8	1.2	149.7	102.7	25.3	20.5	1.3	320.4
西 藏	30.3	26.8	3.5		30.3	27.6	1.7	1.0		978.2
陕 西	89.2	54.6	33.5	1.1	89.2	58.1	13.8	15.1	2.3	237.3
甘 肃	122.0	90.9	29.4	1.6	122.0	99.2	13.1	7.9	1.8	472.9
青 海	28.2	24.3	3.8	0.1	28.2	22.8	2.9	2.3	0.2	490.0
宁 夏	72.1	66.4	5.6	0.2	72.1	63.4	5.0	1.6	2.0	1108.6
新 疆	588.0	472.2	114.7	1.2	588.0	557.7	12.8	11.7	5.8	2615.4

注：生态用水仅包括部分河湖、湿地人工补水和城市环境用水。

6-9-4 各地区废水中主要污染物排放情况

地 区	废水排放总量（万吨）	废水中主要污染物排放量											
		COD（万吨）	氨氮（万吨）	总氮（万吨）	总磷（万吨）	石油类（吨）	挥发酚（吨）	铅（千克）	汞（千克）	镉（千克）	六价铬（千克）	总铬（千克）	砷（千克）
全 国	**6954433**	**2352.7**	**245.7**	**448.1**	**48.7**	**18385.3**	**1277.3**	**76112**	**917**	**18436**	**58291**	**163118**	**112230**
北 京	144580	17.8	2.0	3.1	0.4	50.4	0.5	201	1	17	321	438	15
天 津	84210	22.2	2.5	3.6	0.4	118.2	1.8	101	6	3	133	356	13
河 北	310921	131.0	10.7	36.1	3.9	897.5	27.5	347	4	29	2589	5401	89
山 西	138030	46.1	5.5	8.3	0.8	985.0	621.1	192	11	785	142	243	198
内蒙古	106920	86.3	5.1	15.5	1.3	947.8	241.5	3747	94	537	37	153	6072
辽 宁	234508	125.3	10.3	20.3	2.7	958.6	8.1	247	13	43	237	682	247
吉 林	117703	76.1	5.5	12.9	1.6	341.3	5.7	162	6	29	59	134	591
黑龙江	153090	144.7	8.8	26.5	2.5	290.4	6.5	39	2	4	99	115	28
上 海	222963	23.6	4.6	1.6	0.2	622.4	3.0	174	12	13	1073	2444	68
江 苏	594359	114.9	14.7	17.4	1.8	1319.5	40.5	1129	16	28	4009	8870	238
浙 江	419120	75.5	10.7	9.4	1.1	747.4	7.3	555	7	220	8795	18685	293
安 徽	266234	90.3	10.3	18.6	2.0	758.6	6.3	1550	8	132	273	715	4827
福 建	259098	63.9	9.1	9.6	1.2	515.3	2.0	3117	14	317	3097	11425	1430
江 西	207138	73.4	8.9	10.7	1.3	737.3	15.8	5717	79	1984	17197	17564	9364
山 东	494570	184.6	16.2	56.5	6.2	531.0	39.2	914	18	1054	514	7849	2401
河 南	412582	135.4	14.4	41.6	4.7	1231.9	140.6	4055	19	965	891	30091	1207
湖 北	294054	105.8	12.5	19.4	2.3	1009.4	19.0	2624	32	541	9053	9924	6110
湖 南	307227	124.9	15.8	22.1	2.4	585.0	19.5	24319	235	6747	1025	11367	42572
广 东	862471	173.4	21.6	19.4	2.5	648.9	12.6	2565	30	367	5179	22181	1049
广 西	225303	75.9	8.1	11.7	1.4	265.2	12.9	6302	108	1076	155	1780	8291
海 南	36156	19.4	2.3	3.1	0.4	8.7		6		2		123	2
重 庆	142535	39.2	5.2	5.4	0.6	337.2	9.5	95	1	5	219	428	37
四 川	307648	123.2	13.7	28.7	3.2	641.4	3.5	1137	13	84	735	1835	2084
贵 州	93085	32.8	3.8	4.4	0.4	437.4	0.3	266	20	27	31	64	487
云 南	156583	54.7	5.8	7.7	0.7	373.6	2.7	6248	11	1210	19	118	8162
西 藏	5005	2.6	0.3	0.6		0.6		3		1		1	8943
陕 西	132169	51.9	6.0	9.6	0.8	662.7	2.7	1449	27	566	224	1665	708
甘 肃	64969	37.9	3.9	4.7	0.4	295.2	2.8	8068	95	1289	415	6145	4286
青 海	21953	10.3	1.0	0.7	0.1	342.4	1.3	631	9	300	7	13	1480
宁 夏	38528	22.2	1.7	2.7	0.2	153.4	6.9	19	5	2	126	242	53
新 疆	100720	67.2	4.7	16.2	1.2	1571.9	16.0	135	22	60	1639	2067	885

6-9-5 全海域未达到第一类海水水质标准的海域面积

单位：平方公里

海区	合计	第二类水质海域面积	第三类水质海域面积	第四类水质海域面积	劣于第四类水质海域面积
全国	**143620**	**47160**	**36490**	**15630**	**44340**
渤海	33400	9060	12920	2930	8490
黄海	34810	16010	10590	4710	3500
东海	52850	13640	8600	5790	24820
南海	22560	8450	4380	2200	7530

6-9-6 主要城市空气质量指标

单位：微克/立方米

城市	二氧化硫年平均浓度	二氧化氮年平均浓度	可吸入颗粒物(PM_{10})年平均浓度	一氧化碳日均值第95百分位浓度(毫克/立方米)	臭氧日最大8小时第90百分位浓度	细颗粒物($PM_{2.5}$)年平均浓度	空气质量达到及好于二级的天数(天)
北京	26	56	108	3.4	188	89	167
天津	59	54	150	3.7	151	96	145
石家庄	105	68	305	5.7	173	154	49
太原	80	43	157	3.4	148	81	162
呼和浩特	56	40	146	4.1	104	57	213
沈阳	90	43	129	3.2	139	78	215
长春	44	44	130	2.1	127	73	230
哈尔滨	44	56	119	2.2	72	81	239
上海	24	48	84	1.6	158	62	246
南京	37	55	137	2.1	138	78	198
杭州	28	53	106	1.9	155	70	212
合肥	22	39	115	1.8	101	88	180
福州	11	43	64	1.2	73	36	343
南昌	40	40	116	1.8	122	69	230
济南	95	61	199	3.1	190	110	79
郑州	59	52	171	4.9	109	108	134
武汉	33	60	124	2.1	161	94	161
长沙	33	46	94	2.3	134	83	196
广州	20	52	72	1.5	156	53	259
南宁	19	38	90	1.7	125	57	275
海口	7	17	47	1.0	106	27	342
重庆	32	38	106	1.5	163	70	207
成都	31	63	150	2.6	157	96	139
贵阳	31	33	85	1.3	101	53	278
昆明	28	40	82	2.0	121	42	329
拉萨	9	22	64	2.0	143	26	341
西安	46	57	189	4.5	132	105	157
兰州	33	35	153	2.2	92	67	193
西宁	48	41	163	3.3	102	70	216
银川	77	43	118	2.7	107	51	249
乌鲁木齐	29	61	146	5.9	116	88	184

注：2013年数据根据新环境空气质量标准(GB3095-2012)计算。

6-9-7 各地区废气中主要污染物排放情况

单位：万吨

地 区	废气中主要污染物排放量		
	二氧化硫	氮氧化物	烟(粉)尘
全 国	**2043.92**	**2227.36**	**1278.14**
北 京	8.70	16.63	5.93
天 津	21.68	31.17	8.75
河 北	128.47	165.25	131.33
山 西	125.54	115.78	102.67
内蒙古	135.87	137.76	82.21
辽 宁	102.70	95.54	67.06
吉 林	38.15	56.05	32.02
黑龙江	48.91	75.16	72.25
上 海	21.58	38.04	8.09
江 苏	94.17	133.80	50.00
浙 江	59.34	75.30	31.97
安 徽	50.13	86.37	41.86
福 建	36.10	43.83	25.94
江 西	55.77	57.04	35.63
山 东	164.50	165.13	69.67
河 南	125.40	156.56	64.13
湖 北	59.94	61.24	35.95
湖 南	64.13	58.82	35.87
广 东	76.19	120.42	35.40
广 西	47.20	50.43	28.95
海 南	3.24	10.02	1.80
重 庆	54.77	36.20	19.12
四 川	81.67	62.43	29.60
贵 州	98.64	55.73	30.13
云 南	66.31	52.37	38.69
西 藏	0.42	4.43	0.68
陕 西	80.62	75.89	53.77
甘 肃	56.20	44.29	22.66
青 海	15.67	13.23	17.38
宁 夏	38.97	43.74	23.06
新 疆	82.94	88.69	75.59

6-9-8 各地区固体废物处理利用情况

单位：万吨

地 区	一般工业固体废物产生量	一般工业固体废物综合利用量	一般工业固体废物处置量	一般工业固体废物贮存量	一般工业固体废物倾倒丢弃量
全 国	**327702**	**205916**	**82969**	**42634**	**129.3**
北 京	1044	904	140		
天 津	1592	1582	10		
河 北	43289	18356	23429	1847	
山 西	30520	19815	8187	2749	
内蒙古	20081	9984	8296	2233	1.4
辽 宁	26759	11742	11289	3883	9.1
吉 林	4591	3712	522	522	
黑龙江	6094	4145	419	1557	
上 海	2054	1995	58	5	
江 苏	10856	10502	287	197	
浙 江	4300	4091	177	49	
安 徽	11937	10462	1374	933	
福 建	8535	7544	962	51	
江 西	11518	6431	397	4738	1.8
山 东	18172	17134	788	436	
河 南	16270	12466	3470	450	
湖 北	8181	6196	1646	412	0.8
湖 南	7806	5011	1964	888	0.6
广 东	5912	5024	732	169	1.6
广 西	7676	5425	1609	1198	0.4
海 南	415	271	46	98	
重 庆	3162	2695	415	79	11.5
四 川	14007	5780	5301	3107	7.1
贵 州	8194	4160	1607	2470	19.2
云 南	16040	8414	4834	2863	48.9
西 藏	362	5	26	346	
陕 西	7491	4758	1622	1131	0.2
甘 肃	5907	3300	1859	768	
青 海	12377	6798	7	5602	0.1
宁 夏	3277	2398	613	292	
新 疆	9283	4814	886	3562	26.5

6-9-8 续表

地 区	危险废物产生量	危险废物综合利用量	危险废物处置量	危险废物贮存量
全 国	**3156.89**	**1700.09**	**701.20**	**810.88**
北 京	13.22	5.79	6.81	0.63
天 津	11.81	3.53	8.29	
河 北	64.50	38.75	25.45	0.31
山 西	19.49	14.20	5.14	0.20
内蒙古	117.70	59.35	26.64	31.90
辽 宁	104.64	76.63	39.75	5.39
吉 林	74.03	39.39	34.65	
黑龙江	22.58	4.36	17.68	0.57
上 海	54.31	28.76	25.64	0.39
江 苏	218.09	107.34	109.17	3.76
浙 江	104.68	31.97	70.99	4.33
安 徽	55.84	48.91	11.33	0.28
福 建	21.23	7.13	9.24	4.92
江 西	44.17	36.43	7.40	1.20
山 东	509.07	442.42	61.82	8.79
河 南	59.27	42.15	17.10	0.05
湖 北	59.63	30.50	19.90	9.94
湖 南	284.29	242.85	20.79	29.07
广 东	133.12	74.22	58.64	0.59
广 西	96.23	79.70	6.72	14.95
海 南	2.38		2.24	0.24
重 庆	46.68	32.78	13.23	1.03
四 川	41.72	15.91	25.40	0.69
贵 州	35.78	26.90	5.24	3.80
云 南	193.76	98.16	28.70	69.24
西 藏				
陕 西	30.34	9.57	11.90	9.21
甘 肃	30.72	8.49	13.78	10.28
青 海	399.85	69.66	8.10	325.04
宁 夏	5.09	3.93	0.27	0.89
新 疆	302.67	20.31	9.21	273.21

6-9-9 各地区城市生活垃圾清运和处理情况

地区	生活垃圾清运量（万吨）	无害化处理厂数（座）				无害化处理能力（吨/日）			
			卫生填埋	焚烧	其他		卫生填埋	焚烧	其他
全　国	**17238.6**	**765**	**580**	**166**	**19**	**492300**	**322782**	**158488**	**11030**
北　京	671.7	24	17	4	3	21971	12371	5800	3800
天　津	200.0	10	6	4		10500	6200	4300	
河　北	585.3	30	25	3	2	12345	9185	2600	560
山　西	394.6	21	15	5	1	10140	6630	3280	230
内蒙古	350.1	24	23	1		11333	9833	1500	
辽　宁	927.1	27	24	2	1	20446	18066	1780	600
吉　林	485.4	16	13	3		10123	7283	2840	
黑龙江	581.9	20	16	2	2	11849	10709	500	640
上　海	735.0	13	5	4	4	20530	11230	6300	3000
江　苏	1202.7	49	27	22		40723	17253	23470	
浙　江	1123.3	59	27	30	2	42932	15779	26803	350
安　徽	455.9	25	20	5		14202	10252	3950	
福　建	551.8	26	12	13	1	16480	4780	11200	500
江　西	339.0	17	17			9085	9085		
山　东	1007.4	58	44	13	1	32237	19837	11800	600
河　南	805.6	43	39	4		23277	19327	3950	
湖　北	745.8	36	26	10		22539	12539	10000	
湖　南	616.8	31	30	1		17368	16768	600	
广　东	2092.1	61	40	21		59189	37844	21345	
广　西	302.3	20	18	2		8891	8291	600	
海　南	125.3	9	6	3		3880	2230	1650	
重　庆	349.8	14	12	2		8174	4574	3600	
四　川	750.7	40	34	6		19498	14278	5220	
贵　州	248.4	13	13			7393	7393		
云　南	324.1	20	14	6		8316	2916	5400	
西　藏	24.1								
陕　西	437.3	16	15		1	13136	12986		150
甘　肃	272.8	12	12			3155	3155		
青　海	74.1	4	4			1470	1470		
宁　夏	106.0	7	7			2780	2780		
新　疆	352.3	20	19		1	8338	7738		600

6-9-9 续表

地 区	无害化处理量（万吨）	卫生填埋	焚烧	其他	粪便清运量（万吨）	粪便处理量（万吨）	生活垃圾无害化处理率(%)
全 国	**15394.0**	**10492.7**	**4633.7**	**267.6**	**1682.4**	**677.8**	**89.3**
北 京	667.0	489.9	97.8	79.2	220.7	195.5	99.3
天 津	193.6	112.2	81.3		30.9	14.2	96.8
河 北	487.4	367.1	95.2	25.1	81.7	16.3	83.3
山 西	346.8	204.9	135.5	6.5	76.3	0.7	87.9
内蒙古	327.5	304.5	23.0		82.8	13.1	93.6
辽 宁	812.2	726.8	63.5	21.9	98.1	17.0	87.6
吉 林	295.3	207.6	87.7		66.8	37.2	60.9
黑龙江	316.6	296.0	9.7	10.9	153.2	27.5	54.4
上 海	665.8	419.0	170.0	76.7	222.0	63.8	90.6
江 苏	1171.0	432.6	738.3		81.7	42.3	97.4
浙 江	1117.0	471.0	646.0		69.4	58.5	99.4
安 徽	450.5	346.9	103.6		24.8	4.6	98.8
福 建	541.7	192.8	335.8	13.1	3.9	2.8	98.2
江 西	316.2	316.2			12.9	6.3	93.3
山 东	1002.0	546.8	435.5	19.7	136.3	59.1	99.5
河 南	725.4	607.8	117.6		48.3	12.1	90.0
湖 北	636.9	294.8	342.1		19.4	8.1	85.4
湖 南	592.3	569.3	23.1		3.4	0.2	96.0
广 东	1770.3	1200.4	569.9		94.4	46.9	84.6
广 西	291.5	281.7	9.8		10.0	2.5	96.4
海 南	125.2	61.8	63.4		0.9		99.9
重 庆	347.8	234.4	113.4		64.6	26.2	99.4
四 川	713.0	512.2	200.8		20.2	4.6	95.0
贵 州	229.1	229.1			4.1		92.2
云 南	284.0	113.3	170.8		15.9	5.7	87.6
西 藏							
陕 西	421.8	417.1		4.7	15.6	6.2	96.4
甘 肃	115.4	115.4			19.4	4.7	42.3
青 海	57.6	57.6			2.0		77.8
宁 夏	98.0	98.0			2.7	1.6	92.5
新 疆	275.1	265.4		9.8	0.3	0.3	78.1

6-9-10 环保重点城市道路交通噪声监测情况

城　市	等效声级 dB(A)	城　市	等效声级 dB(A)	城　市	等效声级 dB(A)
北　京	69.1	温　州	68.1	深　圳	68.9
天　津	67.6	湖　州	69.2	珠　海	67.3
石家庄	67.8	绍　兴	67.7	汕　头	67.6
唐　山	65.0	合　肥	67.8	湛　江	67.5
秦皇岛	66.8	芜　湖	64.0	南　宁	69.8
邯　郸	68.6	马鞍山	67.5	柳　州	67.1
保　定	67.9	福　州	69.2	桂　林	69.5
太　原	68.0	厦　门	65.6	北　海	65.7
大　同	65.6	泉　州	68.2	海　口	68.0
阳　泉	65.9	南　昌	67.3	重　庆	67.4
长　治	67.1	九　江	65.7	成　都	69.2
临　汾	67.6	济　南	69.3	自　贡	66.1
呼和浩特	69.3	青　岛	68.9	攀枝花	67.9
包　头	66.5	淄　博	67.0	泸　州	68.0
赤　峰	67.7	枣　庄	68.7	德　阳	62.0
沈　阳	69.8	烟　台	68.6	绵　阳	67.9
大　连	67.7	潍　坊	66.2	南　充	68.2
鞍　山	66.4	济　宁	66.5	宜　宾	67.8
抚　顺	67.7	泰　安	68.0	贵　阳	66.6
本　溪	63.2	日　照	63.2	遵　义	67.5
锦　州	67.5	郑　州	67.6	昆　明	67.9
长　春	68.9	开　封	67.9	曲　靖	66.0
吉　林	69.0	洛　阳	67.1	玉　溪	65.9
哈尔滨	67.8	平顶山	67.3	拉　萨	67.0
齐齐哈尔	67.8	安　阳	67.7	西　安	68.2
牡丹江	65.8	焦　作	67.7	铜　川	63.6
上　海	68.4	三门峡	69.0	宝　鸡	67.7
南　京	68.0	武　汉	69.0	咸　阳	66.3
无　锡	67.9	宜　昌	67.1	渭　南	65.8
徐　州	67.5	荆　州	67.2	延　安	66.4
常　州	67.7	长　沙	69.3	兰　州	68.6
苏　州	63.5	株　洲	65.8	金　昌	66.8
南　通	68.4	湘　潭	68.0	西　宁	69.0
连云港	67.2	岳　阳	68.9	银　川	66.9
扬　州	66.3	常　德	68.4	石嘴山	64.2
镇　江	67.3	张家界	69.4	乌鲁木齐	67.5
杭　州	69.3	广　州	67.6	克拉玛依	64.4
宁　波	68.4	韶　关	64.7		

6-9-11 环保重点城市区域环境噪声监测情况

城市	等效声级 dB(A)	城市	等效声级 dB(A)	城市	等效声级 dB(A)
北京	53.8	温州	54.8	深圳	56.6
天津	54.0	湖州	54.4	珠海	53.7
石家庄	52.2	绍兴	54.8	汕头	55.5
唐山	52.0	合肥	54.8	湛江	54.2
秦皇岛	54.7	芜湖	54.6	南宁	53.4
邯郸	53.3	马鞍山	55.4	柳州	55.1
保定	55.4	福州	57.4	桂林	53.6
太原	53.0	厦门	55.6	北海	56.0
大同	53.5	泉州	54.6	海口	54.7
阳泉	53.5	南昌	53.6	重庆	53.4
长治	52.2	九江	53.9	成都	54.4
临汾	51.9	济南	52.6	自贡	53.2
呼和浩特	54.0	青岛	57.6	攀枝花	51.6
包头	54.2	淄博	53.0	泸州	54.1
赤峰	54.9	枣庄	56.1	德阳	49.7
沈阳	54.3	烟台	53.9	绵阳	54.3
大连	53.7	潍坊	53.3	南充	55.4
鞍山	53.3	济宁	51.5	宜宾	54.7
抚顺	52.6	泰安	55.8	贵阳	55.4
本溪	54.9	日照	52.4	遵义	55.4
锦州	53.2	郑州	54.7	昆明	53.7
长春	55.3	开封	51.5	曲靖	50.8
吉林	52.4	洛阳	53.5	玉溪	55.0
哈尔滨	55.9	平顶山	54.0	拉萨	47.7
齐齐哈尔	51.8	安阳	54.8	西安	55.3
牡丹江	55.0	焦作	54.2	铜川	55.4
上海	55.5	三门峡	54.6	宝鸡	53.7
南京	54.0	武汉	55.1	咸阳	56.6
无锡	56.7	宜昌	55.6	渭南	53.7
徐州	53.5	荆州	54.3	延安	56.2
常州	53.9	长沙	54.8	兰州	54.6
苏州	54.3	株洲	53.6	金昌	53.5
南通	57.8	湘潭	53.8	西宁	54.3
连云港	53.7	岳阳	51.2	银川	53.1
扬州	54.5	常德	53.7	石嘴山	51.0
镇江	55.9	张家界	52.4	乌鲁木齐	54.8
杭州	56.3	广州	54.9	克拉玛依	51.7
宁波	58.7	韶关	55.5		

6-9-12 各地区湿地面积

地 区	湿地面积（千公顷）	天然湿地					人工湿地	湿地面积占国土面积比重（%）
			近海与海岸	河 流	湖 泊	沼 泽		
全 国	**53602.6**	**46674.7**	**5795.9**	**10552.1**	**8593.8**	**21732.9**	**6745.9**	**5.56**
北 京	48.1	24.2		22.7	0.2	1.3	23.9	2.86
天 津	295.6	151.1	104.3	32.3	3.6	10.9	144.5	23.94
河 北	941.9	694.6	231.9	212.5	26.6	223.6	247.3	5.04
山 西	151.9	108.1		96.9	3.1	8.1	43.8	0.97
内蒙古	6010.6	5878.8		463.7	566.2	4848.9	131.8	5.08
辽 宁	1394.8	1077.7	713.2	251.5	2.9	110.1	317.1	9.42
吉 林	997.6	862.9		223.5	112.0	527.4	134.7	5.32
黑龙江	5143.3	4953.8		733.5	356.0	3864.3	189.5	11.31
上 海	464.6	409.0	386.6	7.3	5.8	9.3	55.6	73.27
江 苏	2822.8	1948.8	1087.5	296.6	536.7	28.0	874.0	27.51
浙 江	1110.1	843.3	692.5	141.2	8.9	0.7	266.8	10.91
安 徽	1041.8	713.6		309.6	361.1	42.9	328.2	7.46
福 建	871.0	711.2	575.6	135.1	0.3	0.2	159.8	7.18
江 西	910.1	710.7		310.8	374.1	25.8	199.4	5.45
山 东	1737.5	1103.0	728.5	257.8	62.6	54.1	634.5	11.07
河 南	627.9	380.7		368.9	6.9	4.9	247.2	3.76
湖 北	1445.0	764.2		450.4	276.9	36.9	680.8	7.77
湖 南	1019.7	813.5		398.4	385.8	29.3	206.2	4.81
广 东	1753.4	1158.1	815.1	337.9	1.5	3.6	595.3	9.76
广 西	754.3	536.6	259.0	268.9	6.3	2.4	217.7	3.20
海 南	320.0	242.0	201.7	39.7	0.6		78.0	9.14
重 庆	207.2	87.7		87.3	0.3	0.1	119.5	2.51
四 川	1747.8	1665.6		452.3	37.4	1175.9	82.2	3.61
贵 州	209.7	151.6		138.1	2.5	11.0	58.1	1.19
云 南	563.5	392.5		241.8	118.5	32.2	171.0	1.43
西 藏	6529.0	6524.0		1434.5	3035.2	2054.3	5.0	5.35
陕 西	308.5	276.2		257.6	7.6	11.0	32.3	1.50
甘 肃	1693.9	1642.4		381.7	15.9	1244.8	51.5	3.73
青 海	8143.6	8001.0		885.3	1470.3	5645.4	142.6	11.27
宁 夏	207.2	169.5		97.9	33.5	38.1	37.7	4.00
新 疆	3948.2	3678.3		1216.4	774.5	1687.4	269.9	2.38

注：本表为第二次全国湿地资源调查（2009-2013)资料，按类型分面积数据不包括台湾省、香港特别行政区和澳门特别行政区；湿地面积不包括水稻田湿地。

6-9-13 各地区自然保护基本情况

地 区	自然保护区数（个）	#国家级	#省级	自然保护区面积（万公顷）	#国家级	#省级	保护区面积占辖区面积比重（%）
全 国	**2697**	**407**	**855**	**14631.0**	**9403.9**	**3919.5**	**14.8**
北 京	20	2	12	13.4	2.6	7.1	8.0
天 津	8	3	5	9.0	3.8	5.3	8.0
河 北	44	13	25	70.7	25.5	41.9	3.7
山 西	46	7	39	110.5	11.7	98.8	7.1
内蒙古	184	27	60	1368.9	416.7	685.6	11.6
辽 宁	105	15	30	280.5	100.1	86.6	13.4
吉 林	44	19	17	243.0	109.3	129.9	13.0
黑龙江	226	33	83	680.6	291.2	256.1	15.0
上 海	4	2	2	9.4	6.6	2.8	5.2
江 苏	31	3	10	53.0	29.9	8.5	3.9
浙 江	33	10	9	19.9	14.7	1.5	1.6
安 徽	104	7	29	52.4	13.9	28.8	3.8
福 建	90	15	22	42.8	23.0	8.9	3.1
江 西	199	13	33	124.6	22.0	34.1	7.5
山 东	86	7	37	110.0	22.0	54.2	4.8
河 南	34	11	21	73.9	42.6	31.1	4.4
湖 北	70	15	25	101.9	35.6	40.7	5.5
湖 南	128	23	28	128.4	61.0	37.7	6.1
广 东	392	14	64	185.0	31.4	52.6	7.2
广 西	78	21	46	145.6	37.4	85.6	6.0
海 南	50	9	24	273.5	10.7	261.4	7.0
重 庆	57	6	18	84.5	27.7	23.1	10.3
四 川	167	29	63	897.8	292.4	302.8	18.5
贵 州	123	8	5	88.1	24.4	7.5	5.0
云 南	154	20	38	285.7	150.3	68.1	7.5
西 藏	47	9	14	4136.9	3715.3	420.9	33.9
陕 西	57	22	28	116.6	60.0	47.1	5.7
甘 肃	60	19	37	746.3	511.7	223.0	16.4
青 海	11	7	4	2176.5	2073.4	103.2	30.1
宁 夏	14	8	6	53.3	43.9	9.4	10.3
新 疆	31	10	21	1948.3	1193.1	755.2	11.7

6-9-14 各地区地质灾害及防治情况

年份 地区	发生地质灾害数量（处）	#滑坡	#崩塌	#泥石流	#地面塌陷	人员伤亡（人）	#死亡人数	直接经济损失（万元）	地质灾害防治项目数（个）	地质灾害防治投资（万元）
全国	**15374**	**9832**	**3288**	**1547**	**385**	**929**	**482**	**1043568**	**36984**	**1235363**
北京	40	3	32		5			44	42	10000
天津									6	701
河北	19	6	8		4	16	8	113	195	36188
山西	38	9	24		4	29	27	769	68	28979
内蒙古	2	1	1					100	4	4346
辽宁	95	40	3	48	4	4	2	30913	6	9000
吉林	76	34	16	22	4			1799	23	19553
黑龙江	2		2					600	23	10860
上海	1								2	4051
江苏	11	7	2		2			1190	91	15804
浙江	778	428	254	94	2	9	7	3830	1549	44167
安徽	261	147	108	3	3	2	1	2248	624	29280
福建	175	65	109			6	4	1981	1765	44967
江西	281	199	52	6	24	6	3	1395	106	17080
山东	29	7	12		10			19	109	33734
河南	29	2		1	25	1	1	135	27	9230
湖北	311	228	46	7	30	19	8	6511	228	87346
湖南	2140	1770	184	132	43	29	15	16322	422	56031
广东	2500	1463	944	22	42	45	34	20516	2283	81144
广西	481	152	275	4	47	63	35	2918	940	38546
海南	30	6	24					24	95	1319
重庆	347	268	52	2	24	5	2	6495	665	50498
四川	2758	1855	442	442	9	266	79	189587	24183	198007
贵州	98	63	21		9	53	36	7704	287	109372
云南	424	245	83	69	9	105	69	51672	2910	200001
西藏	138	50	13	75		83	66	16611	6	4926
陕西	345	168	149	12	12	70	29	9011	157	32957
甘肃	3860	2562	410	583	69	98	53	667296	130	33622
青海	37	21	10	6		16		668	21	19035
宁夏	32	27	2		3			2800	1	1697
新疆	36	6	10	19	1	4	3	298	16	2922

6-9-15 各地区森林火灾情况

地区	森林火灾次数(次)	一般火灾	较大火灾	重大火灾	特别重大火灾	火场总面积(公顷)	受害森林面积(公顷)	#天然林	#人工林	伤亡人数(人)	#死亡人数	其他损失折款(万元)
全国	**3929**	**2347**	**1582**			**42890**	**13724**	**820**	**11184**	**55**	**38**	**6062**
北京	1		1			6	6		6			
天津	4	1	3			31	31		31			
河北	52	43	9			422	31		32	2	2	5
山西	32	15	17			2145	422		422	3	2	439
内蒙古	78	34	44			826	287		242			250
辽宁	25	19	6			143	31	20	11			1
吉林	11	9	2			63	7		1			2
黑龙江	14	13	1			106	11	10	1			
上海												
江苏	33	32	1			52	14		14			5
浙江	206	34	172			2540	1271		741	2	1	
安徽	67	38	29			314	158	1	157			53
福建	132	13	119			2224	1376	119	1259	2	2	84
江西	82	20	62			2039	752	72	681	1	1	679
山东	19	12	7			139	109		109			1
河南	693	533	160			3048	619		619			92
湖北	286	247	39			1024	215	9	200	2	2	
湖南	493	214	279			5019	2824	14	2810	5	1	1180
广东	158	71	87			1965	679	36	624			231
广西	261	146	115			2806	594	16	578	2	2	153
海南	42	21	21			166	116	2	114	1		21
重庆	34	21	13			249	84	4	79	2	2	109
四川	447	370	77			2674	811	233	577	12	6	544
贵州	208	156	52			1721	411	66	345	2	2	175
云南	264	73	191			11634	2401	124	1345			1852
西藏	1	1				1						
陕西	187	118	69			1013	374	80	167	19	15	65
甘肃	16	13	3			32	9	1	4			
青海	7	6	1			116	65	11				91
宁夏	45	45				307	7		7			22
新疆	31	29	2			65	13	3	9			8

6-9-16 各地区林业有害生物防治情况

地区	合计			森林病害	
	发生面积（公顷）	防治面积（公顷）	防治率（%）	发生面积（公顷）	防治面积（公顷）
全国	**12230452**	**7668309**	**62.7**	**1391719**	**898787**
北京	40329	40329	100.0	1623	1623
天津	49957	49956	100.0	7241	7241
河北	542926	443912	81.8	30313	27086
山西	240937	129357	53.7	6683	5954
内蒙古	1206678	596010	49.4	198166	42214
辽宁	650527	582023	89.5	62455	55718
吉林	245900	191968	78.1	26944	14750
黑龙江	515466	410198	79.6	37302	30853
上海	4402	4301	97.7	523	519
江苏	120380	103348	85.9	10738	10128
浙江	69785	66364	95.1	12367	11116
安徽	401639	312727	77.9	38786	29782
福建	248328	229671	92.5	11994	11219
江西	270782	178300	65.8	51583	36486
山东	553207	529521	95.7	97901	92011
河南	594720	501758	84.4	113813	99374
湖北	354668	223718	63.1	29137	24324
湖南	347350	292667	84.3	43356	34000
广东	306635	101631	33.1	13320	10446
广西	359413	66892	18.6	36869	3739
海南	23701	4685	19.8	363	2
重庆	286013	154374	54.0	20353	16109
四川	765998	317934	41.5	92511	23384
贵州	235633	184567	78.3	12700	10680
云南	314369	288250	91.7	45838	44031
西藏	274377	233059	84.9	82473	69773
陕西	437560	309593	70.8	32133	25287
甘肃	314847	202147	64.2	82367	65987
青海	304711	92755	30.4	340	3
宁夏	257353	136296	53.0	27378	12854
新疆	1759812	679627	38.6	140191	81644
大兴安岭	132050	10373	7.9	23959	450

6-9-16 续表

地 区	森林虫害		森林鼠害		有害植物	
	发生面积(公顷)	防治面积(公顷)	发生面积(公顷)	防治面积(公顷)	发生面积(公顷)	防治面积(公顷)
全 国	**8474600**	**5895589**	**2242530**	**829662**	**121603**	**44271**
北 京	38706	38706				
天 津	42715	42715				
河 北	488480	396017	24134	20809		
山 西	191242	106731	41912	16052	1100	620
内蒙古	737957	395503	270555	158294		
辽 宁	584109	522886	3963	3419		
吉 林	192695	155493	26261	21725		
黑龙江	274296	205142	203869	174203		
上 海	3879	3782				
江 苏	109642	93220				
浙 江	57418	55248				
安 徽	362853	282945				
福 建	236334	218452				
江 西	219196	141811			3	3
山 东	455306	437510				
河 南	480907	402384				
湖 北	258821	174019	3753	3216	62957	22159
湖 南	303994	258667				
广 东	269729	78900			23586	12286
广 西	322189	62798			356	355
海 南	7426	3955			15912	728
重 庆	206073	121712	59587	16553		
四 川	621964	282911	51523	11639		
贵 州	216100	167980	6833	5907		
云 南	252629	237388	1510	1444	14392	5387
西 藏	132643	112786	59260	50500		
陕 西	308426	209546	97000	74760		
甘 肃	118093	66447	114387	69713		
青 海	96997	15199	207374	77553		
宁 夏	98995	63168	127682	57541	3298	2733
新 疆	750008	538012	869613	59971		
大兴安岭	34776	3559	73315	6364		

6-9-17 地震灾害情况

年 份 地 区	地震灾害次数 (次)	#5.0-5.9级	#6.0-6.9级	#7.0级以上	人员伤亡 (人)	#死亡人数	直接经济损失 (万元)
2000	10	7	2		2987	10	146792
2001	12	8	2	1	750	9	148449
2002	5	4			362	2	14774
2003	21	10	6	1	7465	319	466040
2004	11	8	1		696	8	94959
2005	13	9	2		882	15	262811
2006	10	9			229	25	79962
2007	3	1	1		422	3	201922
2008	17	6	4	2	446293	69283	85949594
2009	8	5	2		407	3	273782
2010	12	4		1	13795	2705	2361077
2011	18	11	2	1	540	32	6020873
2012	12	8	3		1279	86	828757
2013	14	10	3	1	15965	294	9953631
内蒙古	1	1			13		64720
吉 林	1	1			25		202300
湖 北	1	1			4		7531
四 川	2	1		1	13217	196	6714639
云 南	3	3			110	3	237178
西 藏	1		1		87		270715
甘 肃	1		1		2509	95	2441600
新 疆	4	3	1				14948

6-9-18 主要海洋灾害情况

灾 种	发生次数 (次)	人员死亡、失踪 (人)	直接经济损失 (亿元)
合 计	**115**	**121**	**163.48**
风暴潮	26		153.96
赤 潮	46		
海 浪	43	121	6.30
海 冰			3.22

6-9-19 各地区突发环境事件情况

地 区	突发环境事件次数(次)	特别重大环境事件	重大环境事件	较大环境事件	一般环境事件
全 国	**712**		**3**	**12**	**697**
北 京	16				16
天 津					
河 北	3				3
山 西	13		1		12
内蒙古	4				4
辽 宁	12			1	11
吉 林	1				1
黑龙江					
上 海	251			1	250
江 苏	125			1	124
浙 江	26			1	25
安 徽	6			1	5
福 建	13				13
江 西	5		1		4
山 东	5			1	4
河 南	17				17
湖 北	7			2	5
湖 南	3			1	2
广 东	5			1	4
广 西	16		1	1	14
海 南	4				4
重 庆	11				11
四 川	14				14
贵 州	9				9
云 南	2				2
西 藏					
陕 西	118				118
甘 肃	11				11
青 海	2				2
宁 夏	3			1	2
新 疆	10				10

6-9-20 各地区城市市政设施情况

地 区	道路长度（公里）	道路面积（万平方米）	桥梁（座）	道路照明灯（千盏）	排水管道长度（公里）
全 国	**336304**	**644155**	**59530**	**21995**	**464878**
北 京	7931	13884	2200	242	13505
天 津	6933	12440	809	294	18644
河 北	12632	29304	1361	673	15869
山 西	6649	13614	587	467	6676
内蒙古	8223	17418	369	855	11208
辽 宁	16244	28091	1682	1558	16420
吉 林	8388	15344	717	612	9607
黑龙江	12102	17899	1029	586	9583
上 海	4865	9932	2335	510	18809
江 苏	36975	66970	13357	2877	62194
浙 江	18777	35633	9508	1343	33501
安 徽	12287	27070	1390	766	21891
福 建	7808	14799	1777	650	12289
江 西	6865	14652	607	574	10573
山 东	37821	74646	4769	1687	46025
河 南	11236	26843	1250	796	18297
湖 北	17502	29180	1875	562	20030
湖 南	10911	19735	743	622	12050
广 东	36762	64864	6018	1927	36098
广 西	7342	14631	677	592	8309
海 南	2144	4608	154	165	3357
重 庆	6221	12723	1244	325	9497
四 川	11866	24700	2123	882	19519
贵 州	3118	5967	537	368	5260
云 南	5229	9906	665	387	6064
西 藏	407	814	10	20	546
陕 西	5802	12698	643	604	6767
甘 肃	3796	7958	393	243	3881
青 海	902	1785	126	114	1391
宁 夏	2040	4964	151	212	1362
新 疆	6527	11086	424	484	5660

6-9-21 各地区城市污水处理情况

地区	污水处理厂（座）	污水处理厂污水处理能力（万立方米/日）	污水处理厂污水处理量（万立方米）	其他污水处理设施处理能力（万立方米/日）	其他污水处理设施处理量（万立方米）	污水再生利用量（万立方米）	城市污水处理率（%）	
								#污水处理厂集中处理率
全 国	**1736**	**12454.2**	**3613058**	**2198.5**	**205890**	**354181**	**89.3**	**84.5**
北 京	42	388.5	128749	12.5	2656	80108	84.6	82.9
天 津	39	259.0	70195	2.6	657	2292	90.0	89.2
河 北	73	505.5	140510	11.3	760	33163	94.6	94.1
山 西	32	173.9	54452	5.9	1536	6907	88.4	85.9
内蒙古	38	171.4	46563			6852	88.2	88.2
辽 宁	86	748.2	196031	76.9	7256	21281	90.0	86.8
吉 林	38	257.6	70400	4.5	579	640	84.2	83.5
黑龙江	49	308.2	74072	368.0	16582	4873	75.7	61.8
上 海	49	784.6	203523				87.1	87.1
江 苏	190	1087.4	298567	519.1	63969	58653	92.1	75.9
浙 江	74	746.7	202770	55.9	7759	8301	89.3	86.0
安 徽	60	401.8	119703	198.4	10526	1364	96.2	88.4
福 建	49	307.6	94839	153.9	4306	93	87.3	83.5
江 西	33	212.4	64048	18.0	976	796	83.1	81.9
山 东	145	863.7	264569	8.5	2319	40932	94.9	94.1
河 南	64	525.3	149735	12.5	2638	7067	90.8	89.3
湖 北	74	511.1	154880	70.8	7527	15068	91.6	87.3
湖 南	56	382.4	119029	116.8	15281	708	88.4	78.3
广 东	211	1754.5	585609	6.0	910	120	92.2	92.0
广 西	32	262.0	74443	380.2	33127		85.8	59.3
海 南	20	86.4	20381			555	75.0	75.0
重 庆	41	249.5	77097	4.3	871	658	94.0	92.9
四 川	73	379.9	122658	64.1	14580	1566	83.2	74.4
贵 州	28	139.5	38232	49.0	1221	17716	94.0	91.1
云 南	31	224.4	63191	9.3	1224	24848	92.1	90.3
西 藏	1	5.0	6				0.1	0.1
陕 西	31	250.2	69007			7230	89.0	89.0
甘 肃	22	137.2	27982	29.3	4458	1456	81.3	70.1
青 海	8	34.2	10600			710	61.6	61.6
宁 夏	10	64.5	20769	19.0	3562	1617	94.4	80.6
新 疆	37	231.6	50448	1.7	610	8607	87.8	86.7

6-9-22 各地区城市绿地和园林

地 区	城市绿地面积（公顷）	#公园绿地	公 园（个）	公园面积（公顷）	建成区绿化覆盖率（%）
全 国	**2427221**	**547356**	**12401**	**329841**	**39.70**
北 京	68438	23223	245	13294	47.10
天 津	23196	7279	91	2030	34.93
河 北	76045	22609	476	15602	41.20
山 西	36347	11821	204	8159	40.02
内蒙古	49333	14951	220	11539	36.19
辽 宁	120514	25708	347	12877	40.17
吉 林	38390	13284	173	5280	31.40
黑龙江	75064	16478	321	9516	35.99
上 海	124295	17142	158	2222	38.36
江 苏	256263	40413	842	18707	42.44
浙 江	127927	24852	1068	15165	40.26
安 徽	83910	17223	312	10843	39.85
福 建	57613	13891	529	10906	42.77
江 西	49239	13553	297	8378	45.09
山 东	193647	49518	733	29466	42.63
河 南	80753	22226	290	11443	37.60
湖 北	71622	19936	317	10680	38.12
湖 南	53483	12857	209	9038	37.63
广 东	411978	78857	3258	66775	41.50
广 西	69870	10812	183	7626	37.65
海 南	14423	3068	48	1824	42.06
重 庆	48123	20436	278	10123	41.66
四 川	88894	20908	524	12204	38.41
贵 州	34026	7104	63	4528	34.46
云 南	34906	8514	626	6166	37.76
西 藏	3649	557	64	640	18.06
陕 西	33853	10138	173	4320	40.19
甘 肃	21166	6677	104	3649	32.07
青 海	4772	1581	29	949	31.20
宁 夏	21919	4621	69	2114	38.49
新 疆	53562	7119	150	3778	36.40

6-9-23 各地区城市设施水平

地 区	用水普及率(%)	燃气普及率(%)	每万人拥有公共交通车辆(标台)	人均道路面积(平方米)	人均公园绿地面积(平方米)	每万人拥有公共厕所(座)
全 国	**97.56**	**94.25**	**12.78**	**14.87**	**12.64**	**2.83**
北 京	100.00	100.00	24.39	7.61	15.70	3.05
天 津	100.00	100.00	18.99	18.74	10.97	1.80
河 北	99.85	98.35	12.62	18.22	14.05	4.07
山 西	98.14	96.10	9.90	12.88	11.18	3.19
内蒙古	96.23	87.93	8.57	19.69	16.90	4.85
辽 宁	98.77	96.15	11.19	12.09	11.06	2.37
吉 林	93.84	91.43	10.21	13.61	11.78	3.51
黑龙江	95.46	85.58	12.62	13.15	12.11	4.74
上 海	100.00	100.00	12.11	4.11	7.10	2.58
江 苏	99.69	99.59	14.15	23.22	14.01	3.62
浙 江	99.97	99.80	14.64	17.83	12.44	3.98
安 徽	98.40	96.14	10.99	19.61	12.47	2.26
福 建	99.42	98.85	12.65	13.40	12.57	2.79
江 西	97.73	95.10	9.15	15.26	14.12	1.98
山 东	99.85	99.58	13.54	25.34	16.81	1.95
河 南	92.16	81.98	9.07	11.57	9.58	3.05
湖 北	98.19	95.09	11.56	15.85	10.83	2.59
湖 南	96.86	91.93	10.80	13.80	8.99	2.32
广 东	97.47	96.89	13.08	13.11	15.94	1.95
广 西	95.91	93.58	9.42	15.53	11.48	2.29
海 南	98.38	94.59	11.48	18.72	12.47	1.86
重 庆	96.25	93.09	11.57	11.23	18.04	1.85
四 川	91.76	89.68	14.59	13.24	11.21	2.90
贵 州	92.86	74.86	9.60	9.58	11.41	2.06
云 南	97.92	71.53	11.61	12.29	10.56	3.14
西 藏	96.95	38.62	7.70	13.19	9.04	4.62
陕 西	96.52	93.75	16.27	14.74	11.77	3.81
甘 肃	93.68	80.22	10.36	14.02	11.76	2.41
青 海	99.08	84.76	14.47	10.90	9.66	3.98
宁 夏	96.51	89.08	13.19	18.81	17.51	2.54
新 疆	98.08	96.37	14.35	15.69	10.08	3.16

【主要统计指标解释】

水资源总量 指当地降水形成的地表和地下产水量，即地表径流量与降水入渗补给量之和，不包括过境水量。

地表水资源量 指河流、湖泊、冰川等地表水体中由当地降水形成的、可以逐年更新的动态水量，即天然河川径流量。

地下水资源量 指当地降水和地表水对饱水岩土层的补给量。

地表水与地下水资源重复量 指地表水和地下水相互转化的部分，即在河川径流量中包括一部分地下水排泄量，地下水补给量中包括一部分来源于地表水的入渗量。

供水总量 指各种水源工程为用户提供的包括输水损失在内的毛供水量。

地表水源供水量 指地表水体工程的取水量，按蓄、引、提、调四种形式统计。从水库、塘坝中引水或提水，均属蓄水工程供水量；从河道或湖泊中自流引水的，无论有闸或无闸，均属引水工程供水量；利用扬水站从河道或湖泊中直接取水的，属提水工程供水量；跨流域调水指水资源一级区或独立流域之间的跨流域调配水量，不包括在蓄、引、提水量中。

地下水源供水量 指水井工程的开采量，按浅层淡水、深层承压水和微咸水分别统计。城市地下水源供水量包括自来水厂的开采量和工矿企业自备井的开采量。

其他水源供水量 包括污水处理再利用、集雨工程、海水淡化等水源工程的供水量。

用水总量 指分配给用户的包括输水损失在内的毛用水量。按用户特性分为农业、工业、生活和生态用水四大类。

农业用水 包括农田灌溉用水、林果地灌溉用水、草地灌溉用水、鱼塘补水和畜禽用水。

工业用水 按新水取用量计，不包括企业内部的重复利用水量。

生活用水 包括城镇生活用水和农村生活用水。城镇生活用水由居民用水和公共用水（含第三产业及建筑业等用水）组成；农村生活用水指居民生活用水。

生态环境补水 仅包括人为措施供给的城镇环境用水和部分河湖、湿地补水。

一般工业固体废物产生量 系指未被列入《国家危险废物名录》或者根据国家规定的危险废物鉴别标准（GB5085）、固体废物浸出毒性浸出方法（GB5086）及固体废物浸出毒性测定方法（GB／T 15555）鉴别方法判定不具有危险特性的工业固体废物。计算公式为：

一般工业固体废物产生量=（一般工业固体废物综合利用量-其中：综合利用往年贮存量）+一般工业固体废物贮存量+（一般工业固体废物处置量-其中：处置往年贮存量）+一般工业固体废物倾倒丢弃量

一般工业固体废物综合利用量 指报告期内企业通过回收、加工、循环、交换等方式，从固体废物中提取或者使其转化为可以利用的资源、能源和其他原材料的固体废物量（包括当年利用的往年工业固体废物累计贮存量）。如用作农业肥料、生产建筑材料、筑路等。综合利用量由原产生固体废物的单位统计。

一般工业固体废物处置量 指报告期内企业将工业固体废物焚烧和用其他改变工业固体废物的物理、化学、生物特性的方法，达到减少或者消除其危险成分的活动，或者将工业固体废物最终置于符合环境保护规定要求的填埋场的活动中，所消纳固体废物的量。

一般工业固体废物贮存量 指报告期内企业以综合利用或处置为目的，将固体废物暂时贮存或堆存在专设的贮存设施或专设的集中堆存场所内的量。专设的固体废物贮存场所或贮存设施必须有防扩散、防流失、防渗漏、防止污染大气、水体的措施。

一般工业固体废物倾倒丢弃量 指报告期内企业将所产生的固体废物倾倒或者丢弃到固体废物污染防治设施、场所以外的量。

危险废物产生量 指当年全年调查对象实际产生的危险废物的量。危险废物指列入国家危险废物名录或者根据国家规定的危险废物鉴别标准和鉴别方法认定的，具有爆炸性、易燃性、易氧化性、毒性、腐蚀性、易传染性疾病等危险特性之一的废物。按《国家危险废物名录》（环境保护部、国家发展和改革委员会2008部令第1号）填报。

危险废物综合利用量 指当年全年调查对象从危险废物中提取物质作为原材料或者燃料的活动中消纳危险废物的量。包括本单位利用或委托、提供给外单位利用的量。

危险废物处置量 指报告期内企业将危险废物焚烧和用其他改变工业固体废物的物理、化学、生物特性的方法，达到减少或者消除其危险成分的活动，或者将危险废物最终置于符合环境保护规定要求的填埋场的活动中，所消纳危险废物的量。处置量包括处置本单位或委托给外单位处置的量。

危险废物贮存量 指将危险废物以一定包装方式暂时存放在专设的贮存设施内的量。专设的贮存设施指对危险废物的包装、选址、设计、安全防护、监测和关闭等符合《危险废物贮存污染控制标准》（GB18597-2001）等相关环保法律法规要求，具有防扩散、防流失、防渗漏、防止污染大气和水体措施的设施。

自然保护区 指对有代表性的自然生态系统、珍稀濒危野生动植物物种的天然分布区、水源涵养区、有特殊意义的自然历史遗迹等保护对象所在的陆地、陆地水体或海域，依法划出一定面积进行特殊保护和管理的区域。以县及县以上各级人民政府正式批准建立的自然保护区为准。风景名胜区、文物保护区不计在内。

湿地 指天然或人工、长久或暂时性的沼泽地、泥炭地或水域地带，包括静止或流动、淡水、半咸水、咸水体，低潮时水深不超过6米的水域以及海岸地带地区的珊瑚滩和海草床、滩涂、红树林、河口、河流、淡水沼泽、沼泽森林、湖泊、盐沼及盐湖。

突发环境事件 指突然发生，造成或者可能造成重大人员伤亡、重大财产损失和对全国或者某一地区的经济社会稳定、政治安定构成重大威胁和损害，有重大社会影响的涉及公共安全的环境事件。

环境污染治理投资 指在工业污染源治理和城市环境基础设施建设的资金投入中，用于形成固定资产的资金。包括工业新老污染源治理工程投资、建设项目“三同时”环保投资，以及城市环境基础设施建设所投入的资金。

全年供水总量 指报告期供水企业（单位）供出的全部水量。包括有效供水量和漏损水量。

燃气普及率 指报告期末使用燃气的城市人口数与城市人口总数的比率。计算公式为：

$$\text{燃气普及率}=\frac{\text{城市用气人口数}}{\text{城市人口总数}}\times 100\%$$

生活垃圾清运量 指报告期内收集和运送到垃圾处理厂(场)的生活垃圾数量。生活垃圾指城市日常生活或为城市日常生活提供服务的活动中产生的固体废物以及法律行政规定的视为城市生活垃圾的固体废物。包括：居民生活垃圾、商业垃圾、集市贸易市场垃圾、街道清扫垃圾、公共场所垃圾和机关、学校、厂矿等单位的生活垃圾。

生活垃圾无害化处理率 指报告期生活垃圾无害化处理量与生活垃圾产生量比率。在统计上，由于生活垃圾产生量不易取得，可用清运量代替。计算公式为：

$$\text{生活垃圾无害化处理率}=\frac{\text{生活垃圾无害化处理量}}{\text{生活垃圾产生量}}\times 100\%$$

公园绿地 指城市中向公众开放的，以游憩为主要功能，有一定的游憩设施和服务设施，同时兼有健全生态、美化景观、防灾减灾等综合作用的绿化用地。

农村改水累计受益人口 指各种改水形式的受益人口。

卫生厕所 指有完整下水道系统的水冲式、三格化粪池式、净化沼气池式、多翁漏斗式公厕以及粪便及时清理并进行高温堆肥无害化处理的非水冲式公厕。

累计使用卫生公厕户数 指农民因某种原因没有兴建自己的卫生厕所，而使用村内卫生公厕户数。

6 第三产业部分行业主要业务指标

6-10 居民服务、修理和其他服务业

简要说明

一、主要内容

本篇资料主要包括殡葬服务、婚姻状况。

二、资料来源

本篇资料由民政部依据统计报表制度整理提供。

6-10-1 殡葬服务情况

年份 地区	殡葬类单位数 (个)	从业人员 (人)	火化炉数 (台)	火化数 (万具)	#安葬数	火化率 (%)
2005	3284	68588	5037	450.2	54.8	53.0
2006	3549	70500	5649	430.2	45.4	48.2
2007	3669	73227	4838	442.1	53.3	48.4
2008	3754	74731	4789	453.4	49.9	48.5
2009	3896	74050	5123	454.2	52.9	48.2
2010	3951	75230	5229	474.1	60.5	49.0
2011	4103	75254	5209	468.1	59.9	48.8
2012	4357	77254	5539	477.7	60.9	49.5
2013	4382	80768	5743	468.9	62.8	48.2
北京	54	1746	90	8.8	1.9	88.1
天津	29	917	71	6.7	0.9	74.4
河北	182	3313	361	22.5	1.1	45
山西	61	930	60	2.1	0.3	10.4
内蒙古	128	1848	142	6.5	2.2	46.3
辽宁	262	4750	343	28.3	2.6	104.6
吉林	146	4545	169	10.8	0.7	77.1
黑龙江	152	3397	260	16.8	2.2	73.2
上海	76	3013	93	12.1	6.7	93.2
江苏	242	4062	510	48.5	6.2	86.6
浙江	217	3490	343	30.6	3.1	101.9
安徽	191	2983	238	26.2	4.0	70.9
福建	153	2902	215	19.0	1.4	82.8
江西	143	2000	202	9.1	1.8	32.5
山东	168	3372	477	59.9	1.3	96.6
河南	254	5863	319	26.3	1.1	41.1
湖北	172	3761	310	21.8	3.8	60.7
湖南	211	3015	143	8.0	2.3	17
广东	283	7444	403	46.5	3.2	93.1
广西	75	1435	88	7.2	0.6	23.8
海南	17	313	6	0.3	0.0	5.5
重庆	112	1952	117	7.7	1.7	38.5
四川	299	4205	267	20.1	5.7	35.8
贵州	139	3192	117	6.8	1.7	27.3
云南	200	1231	163	5.9	1.5	19.8
西藏	2	31	6	0.1		3.9
陕西	106	2478	85	4.7	2.0	20.5
甘肃	69	792	48	1.7	0.7	10.7
青海	32	164	38	0.7	0.0	18.4
宁夏	34	211	8	0.4	0.4	12
新疆	173	1413	51	2.8	1.7	25

6-10-2 婚姻登记和离婚情况

年份 地区	结婚登记 (万对)	内地居民 登记结婚	初婚 (万人)	再婚 (万人)	涉外及港澳台 居民登记结婚	离婚 (万对)	粗离婚率 (‰)
1985	831.30	829.06	1607.63	50.48	2.22	45.79	0.44
1990	951.10	948.69	1819.13	78.24	2.38	80.00	0.69
1995	934.10	929.71	1776.07	83.35	4.40	105.60	0.88
1996	938.70	933.96	1781.72	86.20	4.72	113.40	0.93
1997	914.10	909.06	1725.95	92.16	5.08	119.90	0.97
1998	891.70	886.66	1675.37	97.94	5.03	119.20	0.96
1999	885.30	879.91	1659.36	100.46	5.42	120.15	0.96
2000	848.50	842.00	1581.39	102.62	6.49	121.29	0.96
2001	805.00	797.11	1481.74	112.49	7.87	125.05	0.98
2002	786.00	778.80	1440.30	117.10	7.28	117.70	0.90
2003	811.40	803.50	1483.90	123.30	7.83	133.00	1.05
2004	867.20	860.80	1569.60	152.00	6.35	166.50	1.28
2005	823.10	816.60	1483.00	163.10	6.43	178.50	1.37
2006	945.00	938.20	1705.60	184.40	6.82	191.30	1.46
2007	991.40	986.30	1779.70	203.10	5.11	209.80	1.59
2008	1098.30	1093.20	1972.50	224.10	5.10	226.90	1.71
2009	1212.40	1207.50	2168.80	256.00	4.92	246.80	1.85
2010	1241.00	1236.10	2200.90	281.10	4.90	267.80	2.00
2011	1302.36	1297.48	2309.88	294.85	4.88	287.40	2.13
2012	1323.59	1318.27	2361.17	286.02	5.33	310.38	2.29
2013	1346.93	1341.43	2385.96	307.89	5.50	350.01	2.57
北　京	16.37	16.26	25.16	7.57	0.11	6.46	3.06
天　津	10.26	10.22	16.99	3.53	0.04	4.53	3.07
河　北	74.08	74.03	126.62	21.53	0.05	17.88	2.44
山　西	38.40	38.39	71.03	5.77	0.01	6.10	1.68
内蒙古	22.16	22.14	35.51	8.81	0.02	8.07	3.23
辽　宁	36.96	36.73	67.18	6.75	0.23	15.21	3.47
吉　林	25.41	25.30	46.83	3.98	0.11	12.40	4.51
黑龙江	37.66	37.45	65.14	10.18	0.21	17.83	4.65
上　海	14.95	14.75	22.17	7.74	0.21	6.96	2.88
江　苏	90.38	90.21	158.20	22.55	0.17	21.66	2.73
浙　江	42.22	41.70	71.30	13.14	0.52	13.24	2.41
安　徽	80.56	80.43	140.12	21.01	0.14	15.62	2.59
福　建	39.59	38.60	72.48	6.71	0.99	8.26	2.19
江　西	39.37	39.04	71.38	7.37	0.33	8.61	1.90
山　东	89.14	89.01	151.70	26.58	0.12	22.51	2.31
河　南	126.24	126.14	246.75	5.73	0.11	20.95	2.23
湖　北	64.58	64.42	120.13	9.02	0.16	15.09	2.60
湖　南	62.06	61.85	107.04	17.07	0.21	16.73	2.50
广　东	87.47	86.65	159.49	15.46	0.82	17.70	1.66
广　西	47.19	47.01	86.38	8.00	0.17	9.32	1.97
海　南	9.12	9.04	16.94	1.30	0.08	1.32	1.47
重　庆	30.31	30.23	44.10	16.52	0.08	13.37	4.50
四　川	77.68	77.53	124.22	31.15	0.15	26.83	3.31
贵　州	42.98	42.94	83.54	2.43	0.04	8.57	2.45
云　南	45.21	44.89	80.44	9.98	0.32	9.13	1.95
西　藏	1.16	1.16	2.28	0.04		0.18	0.57
陕　西	39.57	39.52	68.89	10.25	0.05	8.06	2.14
甘　肃	18.65	18.63	35.92	1.37	0.01	3.85	1.49
青　海	4.75	4.74	8.48	1.01		1.08	1.87
宁　夏	6.38	6.38	11.54	1.22	0.01	1.59	2.43
新　疆	26.07	26.04	48.02	4.12	0.03	10.91	4.82

注：粗离婚率计算方法：离婚对数除以当期人口平均数。此方法为国际惯用方法。

【主要统计指标解释】

火化率 指当年处理遗体数除以当年死亡人数乘以100%。

$$\text{火化率}=\frac{\text{当年处理遗体数}}{\text{当年死亡人数}}\times 100\%$$

粗离婚率 指当年离婚对数占年平均人口的比重，计算公式为：

$$\text{粗离婚率}=\frac{\text{当年离婚对象}}{\text{年平均人口数}}\times 1000‰$$

6 第三产业部分行业主要业务指标

6-11 教 育

简要说明

教育统计资料包括公办教育和民办教育、学历教育和非学历教育。具体有高等教育(研究生教育、普通高等教育和成人高等教育)、中等教育(高中阶段教育和初中阶段教育)、初等教育(小学)、学前教育、特殊教育(盲聋哑和弱智学校等)以及教育经费等资料。主要指标包括学校数、在校学生数、招生数、毕业生数、教职工数和专任教师数、教育经费总额及国家财政性教育经费等。

教育事业统计资料、教育经费统计资料由教育部提供；技工学校资料由人力资源和社会保障部提供。

详细资料分别见《中国教育统计年鉴》(教育部发展规划司编)和《中国教育经费统计年鉴》(教育部财务司编)。

6-11-1 各级各类学校、教职工和专任教师情况

项　目	学校数(所)	教职工数(人)	专任教师(人)
高等教育			
研究生培养机构	(830)		
普通高校	(548)		
科研机构	(282)		
普通高等学校	2491	2296262	1496865
本科院校	1170	1657517	1055036
#独立学院	292	186262	138815
高职(专科)院校	1321	630044	436561
其他普通高教机构	(33)	8701	5268
成人高等学校	297	56417	33647
民办的其他高等教育机构	(802)	28394	13350
中等教育	**80797**	**7569100**	**5988381**
高中阶段教育	26225	3633057	2501569
高中	13963	2479655	1633626
普通高中	13352	2473594	1629008
完全中学	5861	1061968	521094
高级中学	6591	1243624	1065888
十二年一贯制学校	900	168002	42026
成人高中	611	6061	4618
中等职业教育	12262	1153402	867943
普通中专	3577	419315	303585
成人中专	1536	72715	52021
职业高中	4267	375370	301440
技工学校	2882	269443	199189
其他中职机构	(451)	16559	11708
初中阶段教育	54572	3936043	3486812
初中	52804	3928762	3480979
初级中学	38747	2894926	2587399
九年一贯制学校	14017	1032777	449797
十二年一贯制学校			42848
完全中学			399952
职业初中	40	1059	983
成人初中	1768	7281	5833
初等教育	**235369**	**5538480**	**5607283**
普通小学	213529	5494877	5584644
小学	213529	5494877	5096634
九年一贯制学校			449126
十二年一贯制学校			38884
成人小学	21840	43603	22639
#扫盲班	15104	32658	15399
工读学校	**78**	**2687**	**1851**
特殊教育	**1933**	**55096**	**45653**
学前教育	**198553**	**2826753**	**1663487**

注：1.完全中学的学校数和教职工数计入高中阶段教育，九年一贯制学校的校数和教职工数计入初中阶段教育，十二年一贯制学校的校数和教职工数计入高中阶段教育。专任教师是按照教育层次划分归类。

2."()"内数据为不计校数。

6-11-2 各级各类学历教育学生情况

单位：人

项　目	毕业生数	招生数	在校生数	女学生占学生总数的比重(%)
高等教育				
研究生	513626	611381	1793953	48.97
博　士	53139	70462	298283	36.90
硕　士	460487	540919	1495670	51.38
普通本专科	6387210	6998330	24680726	51.74
本　科	3199716	3814331	14944353	51.78
专　科	3187494	3183999	9736373	51.67
成人本专科	1997729	2564934	6264145	55.28
本　科	811159	1038158	2654596	56.34
专　科	1186570	1526776	3609549	54.50
其他各类高等学历教育				
在职人员攻读硕士学位		167576	558730	32.11
网络本专科生	1560762	2200729	6146406	49.07
本　科	536702	804378	2175100	52.39
专　科	1024060	1396351	3971306	47.25
中等教育	**30887540**	**29935409**	**88582754**	**47.37**
高中阶段教育	14838197	14974542	43699228	47.83
高中	8093801	8226961	24469522	49.75
普通高中	7989789	8226961	24358817	49.75
完全中学	2551466	2689932	7914286	49.50
高级中学	5242878	5308309	15814322	50.08
十二年一贯制学校	195445	228720	630209	44.63
成人高中	104012		110705	50.16
中等职业教育	6744396	6747581	19229706	45.37
普通中专	2652082	2714716	7721842	53.58
成人中专	878323	862591	2299806	45.05
职业高中	2045182	1835317	5342194	46.30
技工学校	1168809	1334957	3865864	27.89
初中阶段教育	16049343	14960867	44883526	46.92
初中	15615452	14960867	44401248	46.93
初级中学	11559429	10863869	32340393	47.35
九年一贯制学校	1760777	1804465	5256281	45.21
十二年一贯制学校	206450	231841	666538	41.04
完全中学	2081587	2057158	6127520	46.84
职业初中	7209	3534	10516	47.29
成人初中	433891		482278	45.99
初等教育	**16988501**	**16953556**	**94848050**	**46.37**
普通小学	15810583	16953556	93605487	46.27
小学	14315683	15451429	84998824	46.44
九年一贯制学校	1372707	1381950	7920436	44.87
十二年一贯制学校	122193	120177	686227	41.07
成人小学	1177918		1242563	53.66
#扫盲班	505877		619228	53.71
工读学校	**3596**	**3891**	**9307**	**13.59**
特殊教育	**50739**	**65977**	**368103**	**36.00**
学前教育	**14917314**	**19700271**	**38946903**	**46.17**

注：1.完全中学、九年一贯制学校和十二年一贯制学校的学生数按教育层次分别计入对应教育阶段的学生数中。
　　2.特殊教育学生数中包括义务教育阶段随班就读的学生、其他学校附设特教班。

6-11-3 各级各类非学历教育学生情况

单位：人

项　目	结业生数	注册生数
总　计	**62741102**	**55932104**
高等教育	9337748	6785562
研究生课程进修班	48329	69321
自考助学班	194882	405329
普通预科生		42514
进修及培训	9094537	6268398
#资格证书培训	2351305	1979966
岗位证书培训	2504684	1713103
中等职业教育	53403354	49146542
#资格证书培训	8693004	8028370
岗位证书培训	12781963	11670337
中等职业学校	6247386	3986943
#资格证书培训	2467512	1757692
岗位证书培训	2048427	1182845
职业技术培训机构	47155968	45159599
#资格证书培训	6225492	6270678
岗位证书培训	10733536	10487492

6-11-4 各级各类民办教育情况

单位：人

项　目	学校数（所）	教职工数	专任教师	毕业生数	招生数	在校生数	其　他
民办高等教育							
民办高校	718	398400	281415	1332720	1601879	5575218	258426
硕　士					181	335	
本　科				719535	921391	3616363	
专　科				613185	680307	1958520	
#独立学院	292	186262	138815	593397	688917	2758465	28956
本　科				543697	641025	2608259	
专　科				49700	47892	150206	
民办的其他高等教育机构	(802)	28394	13350				879922
民办中等教育							
高中阶段教育	4857	446456	318307	1538303	1529785	4395853	
民办普通高中	2375	328642	240426	747589	798192	2316445	
民办中等职业教育	2482	117814	77881	790714	731593	2079408	302303
初中阶段教育	4535	337166	258662	1384917	1621113	4623482	
民办普通初中	4535	337166	258662	1384917	1621113	4623482	
民办职业初中							
民办普通小学	**5407**	**204861**	**151800**	**1008291**	**1112846**	**6286015**	
民办幼儿园	**133451**	**1848754**	**1020215**	**6347047**	**9079575**	**19902536**	
另：民办培训机构	**(20104)**	**229537**	**129634**				**9435604**

注：1.“其他”包括：自考助学班学生、预科生、进修及培训学生数。
2. 民办普通高中的教职工和专任教师数中包含民办普通初中的教职工和专任教师数。
3. 民办中等职业教育数据中未含技工学校数据；
4.“()”括号内数据不计校数。

6-11-5 各级各类学校情况

单位：所

年 份	普通高等学校	#高职(专科)	普通高中	中等职业教育	初中	#职业初中	普通小学	特殊教育	学前教育
1978	598		49215		113130		949323	292	163952
1980	675		31300		87077		917316	292	170419
1985	1016		17318		77529	1626	832309	375	172262
1990	1075		15678		73462	1509	766072	746	172322
1995	1054		13991		68564	1535	668685	1379	180438
2000	1041	442	14564		63898	1194	553622	1539	175836
2001	1225	628	14907		66590	1065	491273	1531	111706
2002	1396	767	15406		65645	984	456903	1540	111752
2003	1552	908	15779		64730	1019	425846	1551	116390
2004	1731	1047	15998		63757	697	394183	1560	117899
2005	1792	1091	16092	14466	62486	601	366213	1593	124402
2006	1867	1147	16153	14693	60885	335	341639	1605	130495
2007	1908	1168	15681	14832	59384	275	320061	1618	129086
2008	2263	1184	15206	14847	57914	213	300854	1640	133722
2009	2305	1215	14607	14401	56320	153	280184	1672	138209
2010	2358	1246	14058	13872	54890	67	257410	1706	150420
2011	2409	1280	13688	13093	54117	54	241249	1767	166750
2012	2442	1297	13509	12663	53216	49	228585	1853	181251
2013	2491	1321	13352	12262	52804	40	213529	1933	198553

6-11-6 各级各类学校专任教师情况

单位：万人

年份	普通本专科	#高职(专科)院校	普通高中	中等职业教育	初中	#职业初中	普通小学	特殊教育	学前教育
1978	20.6		74.1		244.1		522.6	0.4	27.7
1980	24.7		57.1		244.9		549.9	0.5	41.1
1985	34.4		49.2		216.0		537.7	0.7	55.0
1990	39.5		56.2		249.9	2.9	558.2	1.4	75.0
1995	40.1		55.1		282.1	3.7	566.4	2.5	87.5
2000	46.3	8.7	75.7		328.7	3.8	586.0	3.2	85.6
2001	53.2	12.4	84.0		338.6	3.7	579.8	2.9	54.6
2002	61.8	15.6	94.6		346.8	3.7	577.9	3.0	57.1
2003	72.5	19.7	107.1		349.8	3.1	570.3	3.0	61.3
2004	85.8	23.8	119.1		350.1	2.4	562.9	3.1	65.6
2005	96.6	26.8	129.9	75.0	349.2	2.0	559.2	3.2	72.2
2006	107.6	31.6	138.7	79.9	347.5	1.2	558.8	3.3	77.6
2007	116.8	35.5	144.3	85.9	347.3	0.9	561.3	3.5	82.7
2008	123.7	37.7	147.6	89.5	347.6	0.7	562.2	3.6	89.9
2009	129.5	39.5	149.3	86.9	351.8	0.5	563.3	3.8	98.6
2010	134.3	40.4	151.8	87.1	352.5	0.2	561.7	4.0	114.4
2011	139.3	41.3	155.7	88.2	352.5	0.2	560.5	4.1	131.6
2012	144.0	41.3	159.5	88.1	350.4	0.2	558.5	4.4	147.9
2013	149.7	43.7	162.9	86.8	348.1	0.1	558.5	4.6	166.3

6-11-7 各级各类学校招生情况

单位：万人

年份	普通本专科	#高职(专科)院校	普通高中	中等职业教育	初中	#职业初中	普通小学	特殊教育	学前教育
1978	40.2		692.9		2006.0		3315.4	0.6	
1980	28.1		383.4		1557.6	6.7	2942.3	0.6	
1985	61.9		257.5		1367.0	17.6	2298.2	0.9	
1990	60.9		249.8		1389.3	19.4	2064.0	1.6	
1995	92.6		273.6		1781.1	28.8	2531.8	5.6	
2000	220.6	48.7	472.7		2295.6	32.3	1946.5	5.3	1531.1
2001	268.3	66.6	558.0		2287.9	30.0	1944.2	5.6	1398.2
2002	320.5	89.1	676.7		2281.8	29.5	1952.8	5.3	1373.6
2003	382.2		752.1		2220.1	24.8	1829.4	4.9	1316.8
2004	447.3	209.9	821.5		2094.6	16.4	1747.0	5.1	1350.3
2005	504.5	268.1	877.7	655.7	1987.6	11.1	1671.7	4.9	1356.2
2006	546.1	293.0	871.2	747.8	1929.5	5.9	1729.4	5.0	1391.3
2007	565.9	283.8	840.2	810.0	1868.5	4.7	1736.1	6.3	1433.6
2008	607.7	310.6	837.0	812.1	1859.6	3.4	1695.7	6.2	1482.7
2009	639.5	313.4	830.3	868.5	1788.5	2.1	1637.8	6.4	1546.9
2010	661.8	310.5	836.2	870.4	1716.6	1.1	1691.7	6.5	1700.4
2011	681.5	324.9	850.8	813.9	1634.7	0.7	1736.8	6.4	1827.3
2012	688.8	314.8	844.6	754.1	1570.8	0.5	1714.7	6.6	1911.9
2013	699.8	318.4	822.7	674.8	1496.1	0.4	1695.4	6.6	1970.0

6-11-8 各级各类学校在校学生情况

单位：万人

年份	普通本专科	#高职(专科)院校	普通高中	中等职业教育	初中	#职业初中	普通小学	特殊教育	学前教育
1978	85.6		1553.1		4995.2		14624.0	3.1	787.7
1980	114.4		969.8		4551.2	13.5	14627.0	3.3	1150.8
1985	170.3		741.1		4010.1	45.2	13370.2	4.2	1479.7
1990	206.3		717.3		3916.6	47.9	12241.4	7.2	1972.2
1995	290.6		713.2		4727.5	69.7	13195.2	29.6	2711.2
2000	556.1	100.9	1201.3		6256.3	88.6	13013.3	37.8	2244.2
2001	719.1	146.8	1405.0		6514.4	83.3	12543.5	38.6	2021.8
2002	903.4	193.4	1683.8		6687.4	83.4	12156.7	37.5	2036.0
2003	1108.6		1964.8		6690.8	72.4	11689.7	36.5	2003.9
2004	1333.5	595.7	2220.4		6527.5	52.5	11246.2	37.2	2089.4
2005	1561.8	713.0	2409.1	1600.0	6214.9	43.1	10864.1	36.4	2179.0
2006	1738.8	795.5	2514.5	1809.9	5958.0	20.6	10711.5	36.3	2263.9
2007	1884.9	860.6	2522.4	1987.0	5736.2	15.3	10564.0	41.9	2348.8
2008	2021.0	916.8	2476.3	2087.1	5585.0	10.8	10331.5	41.7	2475.0
2009	2144.7	964.8	2434.3	2195.2	5440.9	7.3	10071.5	42.8	2657.8
2010	2231.8	966.2	2427.3	2238.5	5279.3	3.4	9940.7	42.6	2976.7
2011	2308.5	958.9	2454.8	2205.3	5066.8	2.6	9926.4	39.9	3424.4
2012	2391.3	964.2	2467.2	2113.7	4763.1	1.9	9695.9	37.9	3685.8
2013	2468.1	973.6	2435.9	1923.0	4440.1	1.1	9360.5	36.8	3894.7

6-11-9 各级各类学校毕业生情况

单位：万人

年份	普通本专科	#高职(专科)院校	普通高中	中等职业教育	初中	#职业初中	普通小学	特殊教育	学前教育
1978	16.5		682.7				2287.9	0.3	
1980	14.7		616.2				2053.3	0.4	
1985	31.6		196.6				1999.9	0.4	
1990	61.4		233.0		1123.0	13.9	1863.1	0.5	
1995	80.5		201.6		1244.4	17.0	1961.5	1.9	
2000	95.0	17.9	301.5		1633.5	26.4	2419.2	4.3	
2001	103.6	19.3	340.5		1731.5	24.5	2396.9	4.6	1160.2
2002	133.7	27.7	383.8		1903.7	23.8	2351.9	4.4	1152.7
2003	187.7		458.1		2018.5	22.9	2267.9	4.5	1072.0
2004	239.1	119.5	546.9		2087.3	16.9	2135.2	4.7	1059.7
2005	306.8	160.2	661.6	418.2	2123.4	16.9	2019.5	4.3	1025.4
2006	377.5	204.8	727.1	479.1	2071.6	9.2	1928.5	4.5	1045.1
2007	447.8	248.2	788.3	530.9	1963.7	6.9	1870.2	5.0	1049.1
2008	511.9	286.3	836.1	580.7	1868.0	5.1	1865.0	5.2	1040.5
2009	531.1	285.6	823.7	625.2	1797.7	3.0	1805.2	5.7	1040.6
2010	575.4	316.4	794.4	665.3	1750.4	1.8	1739.6	5.9	1057.6
2011	608.2	328.5	787.7	660.3	1736.7	1.2	1662.8	4.4	1184.7
2012	624.7	320.9	791.5	674.9	1660.8	0.9	1641.6	4.9	1433.6
2013	638.7	318.7	799.0	674.4	1561.5	0.7	1581.1	5.1	1491.7

6-11-10 研究生和留学人员情况

单位：人

年 份	研究生数			出 国	学成回国
	毕业生数	招生数	在校学生数	留学人员	留学人员
1978	9	10708	10934	860	248
1980	476	3616	21604	2124	162
1985	17004	46871	87331	4888	1424
1990	35440	29649	93018	2950	1593
1995	31877	51053	145443	20381	5750
2000	58767	128484	301239	38989	9121
2001	67809	165197	393256	83973	12243
2002	80841	202611	500980	125179	17945
2003	111091	268925	651260	117307	20152
2004	150777	326286	819896	114682	24726
2005	189728	364831	978610	118515	34987
2006	255902	397925	1104653	134000	42000
2007	311839	418612	1195047	144000	44000
2008	344825	446422	1283046	179800	69300
2009	371273	510953	1404942	229300	108300
2010	383600	538177	1538416	284700	134800
2011	429994	560168	1645845	339700	186200
2012	486455	589673	1719818	399600	272900
2013	513626	611381	1793953	413900	353500

6-11-11 分学科研究生情况

单位：人

项 目	毕业生数	博 士	硕 士	招生数	博 士	硕 士	在 校 学生数	博 士	硕 士
分学科研究生数（总计）	**513626**	**53139**	**460487**	**611381**	**70462**	**540919**	**1793953**	**298283**	**1495670**
#女	257314	19980	237334	305184	26896	278288	878484	110076	768408
学术型学位	381854	51248	330606	384803	68743	316060	1247567	291123	956444
专业学位	131772	1891	129881	226578	1719	224859	546386	7160	539226
哲 学	4523	708	3815	4402	894	3508	14669	3790	10879
经济学	23226	2328	20898	28007	2919	25088	77548	12612	64936
法 学	40375	2828	37547	41723	3604	38119	121414	15416	105998
教育学	24890	938	23952	32594	1353	31241	85246	5455	79791
文 学	31581	1952	29629	31623	2415	29208	93482	10258	83224
历史学	5273	822	4451	5642	957	4685	17805	4100	13705
理 学	49992	10396	39596	60202	14158	46044	183997	52683	131314
工 学	176436	18331	158105	217338	26588	190750	648218	122475	525743
农 学	17464	2435	15029	23388	3092	20296	63778	12570	51208
医 学	58550	8228	50322	66525	9090	57435	196621	32422	164199
军事学	226	16	210	246	34	212	888	178	710
管理学	65791	3698	62093	81313	4701	76612	238834	23982	214852
艺术学	15299	459	14840	18378	657	17721	51453	2342	49111
分学科研究生数（普通高校）	**502426**	**49405**	**453021**	**596368**	**65785**	**530583**	**1749864**	**281959**	**1467905**
#女	253132	18739	234393	299371	25280	274091	861561	104522	757039
学术型学位	371817	47514	324303	372211	64073	308138	1209306	274808	934498
专业学位	130609	1891	128718	224157	1712	222445	540558	7151	533407
哲 学	4401	677	3724	4277	854	3423	14266	3650	10616
经济学	22790	2124	20666	27280	2668	24612	75437	11740	63697
法 学	39571	2685	36886	40823	3447	37376	118904	14912	103992
教育学	24890	938	23952	32594	1353	31241	85246	5455	79791
文 学	31484	1918	29566	31535	2381	29154	93157	10118	83039
历史学	5193	797	4396	5514	927	4587	17491	4033	13458
理 学	47020	8855	38165	55965	12233	43732	171310	45999	125311
工 学	171966	17162	154804	211562	25044	186518	630803	116804	513999
农 学	16625	2195	14430	22380	2809	19571	60758	11606	49152
医 学	57798	8006	49792	65573	8829	56744	193878	31615	162263
军事学	222	16	206	242	34	208	876	178	698
管理学	65337	3626	61711	80422	4606	75816	236827	23694	213133
艺术学	15129	406	14723	18201	600	17601	50911	2155	48756
分学科研究生数（科研机构）	**11200**	**3734**	**7466**	**15013**	**4677**	**10336**	**44089**	**16324**	**27765**
#女	4182	1241	2941	5813	1616	4197	16923	5554	11369
学术型学位	10037	3734	6303	12592	4670	7922	38261	16315	21946
专业学位	1163		1163	2421	7	2414	5828	9	5819
哲 学	122	31	91	125	40	85	403	140	263
经济学	436	204	232	727	251	476	2111	872	1239
法 学	804	143	661	900	157	743	2510	504	2006
教育学									
文 学	97	34	63	88	34	54	325	140	185
历史学	80	25	55	128	30	98	314	67	247
理 学	2972	1541	1431	4237	1925	2312	12687	6684	6003
工 学	4470	1169	3301	5776	1544	4232	17415	5671	11744
农 学	839	240	599	1008	283	725	3020	964	2056
医 学	752	222	530	952	261	691	2743	807	1936
军事学	4		4	4		4	12		12
管理学	454	72	382	891	95	796	2007	288	1719
艺术学	170	53	117	177	57	120	542	187	355

6-11-12 高等教育学校(机构)情况

单位：所

项目	总计	中央部委			地方部门				民办
			教育部	其他部委		教育部门	其他部门	地方企业	
研究生培养机构	**(830)**	**348**	**73**	**275**	**477**	**412**	**64**	**1**	**5**
普通高校	(548)	107	73	34	436	411	25		5
科研机构	(282)	241		241	41	1	39	1	
普通高等学校	**2491**	**113**	**73**	**40**	**1661**	**1015**	**598**	**48**	**717**
本科院校	1170	110	73	37	668	601	67		392
#独立学院	292								292
高职(专科)院校	1321	3		3	993	414	531	48	325
成人高等学校	**297**	**13**	**1**	**12**	**283**	**96**	**146**	**41**	**1**
民办的其他高等教育机构	**(802)**								**802**

注：“()”内数据均不计校数。

6-11-13 高等教育学校(机构)学生数

单位：人

项目	毕业生数	授予学位数	招生数	在校生数
研究生	513626	509520	611381	1793953
博士	53139	51714	70462	298283
硕士	460487	457806	540919	1495670
普通本专科	6387210	3130415	6998330	24680726
本科	3199716	3130415	3814331	14944353
专科	3187494		3183999	9736373
成人本专科	1997729	126057	2564934	6264145
本科	811159	126057	1038158	2654596
专科	1186570		1526776	3609549
在职人员攻读硕士学位		103468	167576	558730
网络本专科生	1560762	40267	2200729	6146406
本科	536702	40267	804378	2175100
专科	1024060		1396351	3971306
自考助学班	194882			405329
普通预科生				42514
研究生课程进修班	48329			69321
进修及培训	9094537			6268398
留学生	91251	19025	106448	174806

注：留学生指来中国学习的留学生数。

6-11-14 普通本科分学科学生情况

单位：人

项 目	毕业生数	招生数	在校学生数
总 计	**3199716**	**3814331**	**14944353**
#女	1623403	2090027	7738044
#师范	342076	351062	1436507
哲 学	2034	2930	9205
经济学	193530	223473	882890
法 学	122676	138050	535423
教育学	104691	139887	517344
文 学	355662	366416	1479974
#外语	200312	199856	813777
历史学	15773	18370	70836
理 学	248790	277254	1076027
工 学	1058768	1274915	4953334
农 学	58752	68658	259837
医 学	192344	238919	1064363
管理学	575152	697484	2750404
艺术学	271544	367975	1344716

6-11-15 普通专科分学科学生情况

单位：人

项 目	毕业生数	招生数	在校学生数
总 计	**3187494**	**3183999**	**9736373**
#女	1650653	1753198	5031155
#师 范	176354	151276	521576
农林牧渔大类	56295	55578	169938
交通运输大类	137055	160095	466262
生化与药品大类	78844	68115	217477
资源开发与测绘大类	48329	45210	145409
材料与能源大类	45039	39379	125455
土建大类	313035	398400	1138612
水利大类	12388	14678	42744
制造大类	422106	403256	1242864
电子信息大类	325817	290916	892212
环保、气象与安全大类	15114	14778	44913
轻纺食品大类	57604	51005	159004
财经大类	668469	676475	2078204
医药卫生大类	308106	324759	995420
旅游大类	104287	107128	320920
公共事业大类	32218	32966	96907
文化教育大类	358222	297318	992417
艺术设计传媒大类	154159	156091	457030
公安大类	9514	11259	34675
法律大类	40893	36593	115910

6-11-16 成人本科分学科学生情况

单位：人

项　目	毕业生数	招生数	在校学生数
总　计	**811159**	**1038158**	**2654596**
#女	456202	591686	1495593
#师　范	107107	108195	272166
哲　学	54	66	100
经济学	27596	29128	86284
法　学	48444	48182	125062
教育学	43508	60957	147477
文　学	100780	83162	236314
#外语	30754	24519	73552
历史学	1851	1613	4465
理　学	23938	21199	55288
工　学	186133	253886	659393
农　学	13162	16774	40527
医　学	153016	225261	544416
管理学	197677	280424	700896
艺术学	15000	17506	54374

6-11-17 成人专科分学科学生情况

单位：人

项　目	毕业生数	招生数	在校学生数
总　计	**1186570**	**1526776**	**3609549**
#女	624032	842233	1967165
#师范	65798	136518	286098
农林牧渔大类	24920	26878	60889
交通运输大类	39018	48229	121102
生化与药品大类	15572	12257	34645
资源开发与测绘大类	31401	43451	110888
材料与能源大类	13954	11163	33688
土建大类	79967	120555	274092
水利大类	6100	6061	14134
制造大类	151477	175476	420650
电子信息大类	93990	94988	229481
环保、气象与安全大类	2434	2281	5670
轻纺食品大类	6920	7067	18008
财经大类	330069	388347	904179
医药卫生大类	166766	233817	594172
旅游大类	21521	26447	58665
公共事业大类	36162	55051	117725
文化教育大类	120689	219231	478814
艺术设计传媒大类	29488	37372	88520
公安大类	1646	1492	5662
法律大类	14476	16613	38565

6-11-18 网络本科分学科学生情况

单位：人

项　目	毕业生数	招生数	在校学生数
总　计	**536702**	**804378**	**2175100**
#女	297952	425359	1139523
#师范	21112	23171	53200
哲　学			
经济学	29375	35464	109499
法　学	58168	72513	225293
教育学	20553	31570	72766
文　学	47233	44643	152240
#外语	9744	7977	37766
历史学	538	544	1079
理　学	7124	6838	17208
工　学	92626	180650	418498
农　学	3493	6936	13698
医　学	44579	67680	160369
管理学	231162	354393	993794
艺术学	1851	3147	10656

6-11-19 网络专科分学科学生情况

单位：人

项　目	毕业生数	招生数	在校学生数
总　计	**1024060**	**1396351**	**3971306**
#女	501241	656091	1876466
#师范	16450	20392	40480
农林牧渔大类	57671	61434	213440
交通运输大类	22114	37035	84336
生化与药品大类	3381	4638	11543
资源开发与测绘大类	10773	20426	39718
材料与能源大类	5254	5718	10287
土建大类	83221	150051	355818
水利大类	4910	6646	20089
制造大类	45993	77157	190592
电子信息大类	43146	53304	172766
环保、气象与安全大类	1908	3331	8222
轻纺食品大类	877	1305	3646
财经大类	315424	403331	1215227
医药卫生大类	49849	62550	163984
旅游大类	4049	6566	21322
公共事业大类	193084	281682	785008
文化教育大类	101149	134603	388541
艺术设计传媒大类	5203	6759	31034
公安大类	848	935	2036
法律大类	75206	78880	253697

6-11-20 普通高中情况

项 目	学校数(所)				毕业生数(人)	招生数(人)	在校学生数(人)
		完全中学	高级中学	十二年一贯制学校			
总计	**13352**	**5861**	**6591**	**900**	**7989789**	**8226961**	**24358817**
教育部门	10788	4834	5736	218	7179766	7367953	21860183
其他部门	176	65	70	41	59269	57748	172592
地方企业	13	6	3	4	3165	3068	9597
民办	2375	956	782	637	747589	798192	2316445
城区	6348	2774	3026	548	3661366	3735274	11144953
教育部门	4851	2178	2526	147	3246042	3294548	9865215
其他部门	85	32	32	21	27954	27806	83390
地方企业	7	4	3		1650	1465	4695
民办	1405	560	465	380	385720	411455	1191653
镇区	6296	2722	3294	280	4068002	4210455	12398955
教育部门	5404	2369	2982	53	3719066	3846043	11334432
其他部门	85	30	38	17	29920	28367	84567
地方企业	6	2		4	1515	1603	4902
民办	801	321	274	206	317501	334442	975054
乡村	708	365	271	72	260421	281232	814909
教育部门	533	287	228	18	214658	227362	660536
其他部门	6	3		3	1395	1575	4635
地方企业							
民办	169	75	43	51	44368	52295	149738

6-11-21 中等职业学校(机构)情况

单位：个

项 目	总 计	中央部委	地 方				民 办
				教育部门	非教育部门	地方企业	
中等职业学校	**9380**	**23**	**6875**	**5378**	**1412**	**85**	**2482**
普通中等专业学校	3577	18	2667	1655	981	31	892
成人中等专业学校	1536	3	1384	1116	242	26	149
职业高中学校	4267	2	2824	2607	189	28	1441
其他中职机构	(451)	2	385	277	102	6	64
附设中职班(不计校数)	(1160)	3	939	588	334	17	218

注：中等职业学校未含技工学校数据（相关表同）。

6-11-22 中等职业学校分学科学生情况

单位：人

项　目	毕业生数	#获得职业资格证书	招生数	在校学生数
总　计	**5575587**	**4336937**	**5412624**	**15363842**
农林牧渔类	757877	544841	467279	1722323
资源环境类	46648	35561	33843	90803
能源与新能源类	29177	23213	20704	68184
土木水利类	181180	140428	240140	624010
加工制造类	903618	773784	791948	2306826
石油化工类	40030	31421	35046	107439
轻纺食品类	67322	56777	58300	152038
交通运输类	327376	273548	457839	1135676
信息技术类	1030628	840227	926561	2590293
医药卫生类	500063	309022	519612	1470917
休闲保健类	25532	20132	30861	81875
财经商贸类	634290	480596	596711	1673386
旅游服务类	227547	187459	261323	689918
文化艺术类	247456	189396	260997	748355
体育与健身	37920	23140	44709	121871
教育类	365377	295739	511258	1396498
司法服务类	23814	15887	22697	62428
公共管理与服务类	69921	49224	69000	180621
其他	59811	46542	63796	140381

6-11-23 职业技术培训机构情况

单位：人

项　目	学校数(所)	教职工数	#专任教师	结业学生数	注册学生数
总计	**112293**	**482211**	**274311**	**47155968**	**45159599**
职工技术培训学校(机构)	2982	62083	45591	2945587	3055051
教育部门办	1172	39387	31017	1424911	1449522
其他部门办	1145	12464	7942	1246713	1301886
民办	665	10232	6632	273963	303643
农村成人文化技术培训学校(机构)	89014	167308	90112	34160351	30430375
教育部门办	85245	156599	84250	31890903	28693051
#县办	2349	20098	14885	3094009	3006223
乡办	14306	58825	34405	15769477	14119215
村办	68590	77676	34960	13027417	11567613
其他部门办	2721	6083	3142	2001394	1453188
民办	1048	4626	2720	268054	284136
其他培训机构(含社会培训机构)	20297	252820	138608	10050030	11674173
教育部门和集体办	776	12943	8731	1116926	1185610
其他部门办	1130	25198	9595	1527813	1640738
民办	18391	214679	120282	7405291	8847825

6-11-24 技工学校情况

年 份	学校数 (所)	教职工数 (万人)	毕业生数 (万人)	招生数 (万人)	在校学生数 (万人)
1985	3548	21.5	22.6	35.5	74.2
1986	3765	24.4	23.3	39.4	89.2
1987	3952	26.2	26.5	42.3	103.1
1988	3996	28.0	31.1	46.1	116.1
1989	4102	29.6	36.8	47.0	125.8
1990	4184	30.8	41.3	50.6	133.2
1991	4269	32.5	45.4	54.4	142.2
1992	4392	33.6	45.7	60.2	155.6
1993	4477	33.5	49.7	66.4	171.7
1994	4430	34.0	55.7	71.4	187.1
1995	4521	33.7	68.2	74.1	188.6
1996	4467	33.5	68.1	72.7	191.8
1997	4395	31.0	69.9	73.4	193.1
1998	4362	31.0	68.2	59.4	181.3
1999	4098	26.9	66.2	51.5	156.0
2000	3792	24.0	64.6	50.4	140.1
2001	3470	22.0	47.7	55.1	134.7
2002	3075	20.3	45.4	73.3	153.0
2003	2970	20.2	45.3	91.6	193.1
2004	2884	20.5	53.5	109.7	234.5
2005	2855	20.4	69.0	118.4	275.3
2006	2880	21.5	86.4	134.8	320.8
2007	2995	24.0	99.7	158.5	367.1
2008	3075	24.7	109.0	161.4	397.5
2009	3077	26.0	115.5	156.7	415.3
2010	3008	26.6	121.6	159.0	422.1
2011	2924	26.6	119.2	163.9	430.4
2012	2901	26.8	120.5	157.1	423.8
2013	2882	26.9	116.9	133.5	386.6

6-11-25 初中情况

项 目	学校数 (所)	初级中学	九年一贯制	职业初中	毕业生数 (人)	招生数 (人)	在校学生数 (人)
总计	**52804**	**38747**	**14017**	**40**	**15615452**	**14960867**	**44401248**
教育部门	47693	37181	10473	39	14119204	13244816	39491299
其他部门	552	187	364	1	105900	88755	269398
地方企业	24	5	19		5431	6183	17069
民办	4535	1374	3161		1384917	1621113	4623482
城区	11124	7533	3587	4	4590441	4814726	14300203
教育部门	8843	6860	1980	3	3870973	3939113	11804325
其他部门	144	71	72	1	33584	31554	96035
地方企业	11	2	9		2526	3007	8163
民办	2126	600	1526		683358	841052	2391680
镇区	23195	18437	4737	21	7885935	7400752	21955710
教育部门	21150	17784	3345	21	7233829	6695695	19926269
其他部门	342	96	246		63490	49946	151969
地方企业	10	2	8		2714	3116	8690
民办	1693	555	1138		585902	651995	1868782
乡村	18485	12777	5693	15	3139076	2745389	8145335
教育部门	17700	12537	5148	15	3014402	2610008	7760705
其他部门	66	20	46		8826	7255	21394
地方企业	3	1	2		191	60	216
民办	716	219	497		115657	128066	363020

6-11-26 分年级初中学生情况

单位：人

项 目	毕业生数	招生数	在校生数					
			合计	#女	#一年级	#二年级	#三年级	#四年级
总计	**15615452**	**14960867**	**44401248**	**20836306**	**14972216**	**14771466**	**14237562**	**420004**
#女	7427221	6958625	20836306		6962278	6921858	6750100	202070
少数民族	1542653	1662122	4710203	2224493	1663207	1560155	1479896	6945
四年制	482988	449353	1752404	836837	449563	450433	432404	420004
九年一贯制学校	1760777	1804465	5256281	2376171	1806619	1745540	1630203	73919
十二年一贯制学校	206450	231841	666538	273558	232140	221455	208809	4134
完全中学	2081587	2057158	6127520	2869994	2058925	2043732	1989501	35362
附设普通初中班	95566	84197	252633	113683	84201	85835	80883	1714
附设职业初中班	2789	157	417	152	157	99	151	10
独立设置少数民族学校	452563	479937	1361743	657455	480566	450053	429496	1628
进城务工人员随迁子女	751856	1238665	3463140	1455939	1251769	1161123	996920	53328
#外省迁入	252791	493892	1296986	541032	499592	433898	339993	23503
本省外县迁入	499065	744773	2166154	914907	752177	727225	656927	29825
农村留守儿童	1851794	2317864	6862774	3145814	2326912	2306247	2216512	13103

6-11-27 普通小学情况

项 目	学校数（所）	毕业生数（人）	招生数（人）	在校学生数（人）
总计	**213529**	**15810583**	**16953556**	**93605487**
教育部门	207614	14711594	15760639	86861496
其他部门	468	86551	75677	433095
地方企业	40	4147	4394	24881
民办	5407	1008291	1112846	6286015
城区	26049	4439115	5184555	27729719
教育部门	23930	3908306	4517956	24249130
其他部门	158	26053	24521	136108
地方企业	14	1684	1989	10692
民办	1947	503072	640089	3333789
镇区	47152	5768325	5850940	33705362
教育部门	45125	5351738	5496043	31404520
其他部门	193	50341	41151	242794
地方企业	13	2019	1994	11900
民办	1821	364227	311752	2046148
乡村	140328	5603143	5918061	32170406
教育部门	138559	5451550	5746640	31207846
其他部门	117	10157	10005	54193
地方企业	13	444	411	2289
民办	1639	140992	161005	906078

6-11-28　普通小学学生情况

单位：人

项　目	毕业生数	招生数	#受过学前教育	在校生数	#女
总计	**15810583**	**16953556**	**16417268**	**93605487**	**43312688**
#女	7330087	7876592	7628092	43312688	
少数民族	1671908	1857971	1599065	10409488	4834232
五年制	475675	505017	502063	2371040	1112465
九年一贯制学校	1372707	1381950	1345457	7920436	3553566
十二年一贯制学校	122193	120177	117707	686227	281835
附设小学班	173283	27094	25898	347899	153361
复式班	3393	53320	44071	165163	79024
小学教学点	373556	1066657	993782	3803710	1802716
独立设置少数民族学校	502626	523063	412767	2957837	1413004
进城务工人员随迁子女	1087292	1771957	1751593	9308533	3963615
#外省迁入	495128	844605	835793	4334820	1828928
本省外县迁入	592164	927352	915800	4973713	2134687
农村留守儿童	1669302	2558053	2460515	14404725	6469154

6-11-29　小学学龄儿童净入学率和各级普通学校毕业生升学率

单位：%

年　份	小学学龄儿童净入学率	小学升学率	初中升学率	高中升学率
1990	97.8	74.6	40.6	27.3
1991	97.9	77.7	42.6	28.7
1992	97.2	79.7	43.4	34.9
1993	97.7	81.8	44.1	43.3
1994	98.4	86.6	47.8	46.7
1995	98.5	90.8	48.3	49.9
1996	98.8	92.6	48.8	51.0
1997	98.9	93.7	57.5	48.6
1998	98.9	94.3	50.7	46.1
1999	99.1	94.4	50.0	63.8
2000	99.1	94.9	51.2	73.2
2001	99.1	95.5	52.9	78.8
2002	98.6	97.0	58.3	83.5
2003	98.7	97.9	59.6	83.4
2004	98.9	98.1	63.8	82.5
2005	99.2	98.4	69.7	76.3
2006	99.3	100.0	75.7	75.1
2007	99.5	99.9	80.5	70.3
2008	99.5	99.7	82.1	72.7
2009	99.4	99.1	85.6	77.6
2010	99.7	98.7	87.5	83.3
2011	99.8	98.3	88.9	86.5
2012	99.9	98.3	88.4	87.0
2013	99.7	98.3	91.2	87.6

注：1.1991年以前的入学率是按7-11周岁统一计算的；从1991年起入学率是按各地不同入学年龄和学制分别计算的。
2.高中升学率为普通高校招生数与普通高中毕业生数之比。

6-11-30 各地区普通本专科学生情况

单位：人

地 区	招生数	本 科	专 科	在校学生数	本 科	专 科
全 国	**6998330**	**3814331**	**3183999**	**24680726**	**14944353**	**9736373**
北 京	**159813**	**125282**	**34531**	**598904**	**491776**	**107128**
天 津	138556	81851	56705	489919	323170	166749
河 北	325886	160751	165135	1174374	645385	528989
山 西	206939	110032	96907	676817	390654	286163
内蒙古	112409	58417	53992	399201	230040	169161
辽 宁	271346	175111	96235	968034	675819	292215
吉 林	166248	115705	50543	599526	454357	145169
黑龙江	197331	125341	71990	717856	509894	207962
上 海	137160	90189	46971	504771	362742	142029
江 苏	439506	244501	195005	1684455	1000820	683635
浙 江	268946	147532	121414	959629	587410	372219
安 徽	296557	149012	147545	1052123	583089	469034
福 建	213564	121637	91927	730510	457241	273269
江 西	247389	122658	124731	861849	481211	380638
山 东	491557	237463	254094	1698545	935480	763065
河 南	466695	235931	230764	1618320	910156	708164
湖 北	398854	215220	183634	1421434	857489	563945
湖 南	313650	163936	149714	1100770	651789	448981
广 东	516866	251684	265182	1709881	949585	760296
广 西	198528	88389	110139	656127	330734	325393
海 南	49296	25655	23641	172143	102993	69150
重 庆	184909	105163	79746	659400	420129	239271
四 川	357802	182840	174962	1270818	735441	535377
贵 州	119734	66804	52930	419040	257209	161831
云 南	162911	99176	63735	548577	358914	189663
西 藏	9286	5702	3584	33562	21388	12174
陕 西	297854	171768	126086	1077627	687369	390258
甘 肃	122285	71619	50666	442963	280071	162892
青 海	14805	8848	5957	50675	33308	17367
宁 夏	30664	18188	12476	104451	67369	37082
新 疆	80984	37926	43058	278425	151321	127104

6-11-30 续表

单位：人

地 区	毕业生数			授 予	预 计		
		本 科	专 科	学位数	毕业生数	本 科	专 科
全 国	**6387210**	**3199716**	**3187494**	**3130415**	**6737474**	**3497450**	**3240024**
北 京	150929	114149	36780	112233	155595	120070	35525
天 津	120996	67160	53836	64913	128204	76521	51683
河 北	334278	146201	188077	144468	349014	155624	193390
山 西	173259	76375	96884	74220	174811	85217	89594
内蒙古	108272	50275	57997	49308	114662	54932	59730
辽 宁	241049	146687	94362	145225	254431	157724	96707
吉 林	146379	103426	42953	99708	150948	103733	47215
黑龙江	184085	116544	67541	115093	188077	121406	66671
上 海	133794	84636	49158	82405	140353	91174	49179
江 苏	473843	236363	237480	227949	492672	252051	240621
浙 江	244860	128186	116674	125495	262539	139796	122743
安 徽	280106	121965	158141	119565	303343	135437	167906
福 建	187230	94450	92780	93714	196815	106147	90668
江 西	240601	101020	139581	98642	244520	113694	130826
山 东	475858	211661	264197	209249	472405	218940	253465
河 南	450194	184178	266016	180755	447026	209613	237413
湖 北	361572	180278	181294	176401	396887	200997	195890
湖 南	294355	142030	152325	139466	302592	155381	147211
广 东	412315	200491	211824	198225	454682	217874	236808
广 西	169543	65083	104460	63664	178225	71938	106287
海 南	43804	19986	23818	19024	46071	24391	21680
重 庆	148684	82490	66194	79396	170415	95437	74978
四 川	318407	164906	153501	162809	349184	181117	168067
贵 州	88060	43091	44969	40420	100910	53041	47869
云 南	127932	64950	62982	62725	143960	75603	68357
西 藏	9139	4818	4321	4713	9087	4903	4184
陕 西	253823	136062	117761	133635	281368	153663	127705
甘 肃	109192	60848	48344	58859	120036	65275	54761
青 海	12447	6813	5634	6576	13220	7403	5817
宁 夏	22221	12574	9647	12106	25537	14180	11357
新 疆	69983	32020	37963	29454	69885	34168	35717

6-11-31 各地区普通高等学校(机构)情况

单位：人

地区	学校数(所)	教职工数	校本部									
			教职工	专任教师						行政人员	教辅人员	工勤人员
					正高级	副高级	中级	初级	无职称			
全国	**2491**	**2296262**	**2179314**	**1496865**	**181501**	**432356**	**596954**	**203713**	**82341**	**312606**	**205280**	**164563**
北京	89		121783	66871	16611	23257	22362	2786	1855	22617	17721	14574
天津	55	47123	45855	30900	4469	9854	12143	3374	1060	7294	4373	3288
河北	118	101072	97669	66825	9100	19514	26186	8723	3302	13889	8698	8257
山西	78	61009	58074	40764	2990	10430	15138	8633	3573	7722	5146	4442
内蒙古	49	37296	36287	24554	2459	7512	9237	3920	1426	5476	3694	2563
辽宁	115	97536	94705	62706	8653	19315	25296	6623	2819	15209	8115	8675
吉林	58	63002	59457	38003	5720	11930	14439	5413	501	8231	6321	6902
黑龙江	80	77234	73890	46215	7111	14510	18914	4266	1414	11136	7913	8626
上海	68	73361	67209	40297	7089	12941	16118	2772	1377	12397	8822	5693
江苏	156	166223	155976	108272	12719	34178	46712	11241	3422	22568	15056	10080
浙江	102	85381	81020	56000	7579	17233	24547	3559	3082	13712	7878	3430
安徽	117	76178	73573	54903	4430	14650	20916	11771	3136	8105	5947	4618
福建	87	64744	61847	42905	4766	11816	16553	7373	2397	9719	5909	3314
江西	92	74396	70920	52434	5275	14146	21228	9131	2654	8739	5693	4054
山东	139	142240	136930	98685	10130	27418	42432	14992	3713	17617	11989	8639
河南	127	125170	120038	90949	7752	24120	36213	18085	4779	12213	8306	8570
湖北	123	128185	121086	81784	10217	24959	31147	11242	4219	18500	11842	8960
湖南	122	96915	92065	63869	7064	18334	26642	7776	4053	13286	8908	6002
广东	138	133719	128161	91099	10843	23603	37501	10383	8769	19079	12021	5962
广西	70	55283	50274	36425	3799	9745	14094	4829	3958	6564	4096	3189
海南	17	13513	13288	8458	921	2028	3196	1626	687	2210	1237	1383
重庆	63	53790	51868	37130	4078	10225	15105	5039	2683	7470	3828	3440
四川	103	113553	107835	76795	8002	19794	30564	13788	4647	13600	8756	8684
贵州	52	35102	34663	25351	2499	8008	8867	3549	2428	5054	2609	1649
云南	67	47592	46438	34421	3602	9148	12917	5827	2927	5263	3394	3360
西藏	6	3623	3561	2472	183	781	1018	378	112	479	309	301
陕西	92	102017	97194	64171	7770	17442	26471	9387	3101	14037	10007	8979
甘肃	42	35582	33403	24384	2650	7076	9568	3623	1467	3966	2680	2373
青海	9	6851	5934	3785	787	1323	1039	434	202	806	740	603
宁夏	16	10486	10051	7111	1024	1936	2240	979	932	1474	835	631
新疆	41	28781	28260	18327	1209	5130	8151	2191	1646	4174	2437	3322

6-11-32 各地区普通高中情况

单位：人

地 区	学校数(所)	教职工数	#专任教师	毕业生数	招生数	在校学生数
全 国	**13352**	**2473594**	**1629008**	**7989789**	**8226961**	**24358817**
北 京	291	52180	20840	58072	59983	187586
天 津	193	29145	15589	61167	55116	175144
河 北	563	121771	82273	404522	375572	1092815
山 西	504	93861	59910	286103	288826	848464
内蒙古	277	51467	33080	161587	164232	494243
辽 宁	416	62883	48320	231626	222938	681460
吉 林	243	40988	27518	157117	151131	453171
黑龙江	379	58958	41997	206088	193979	589379
上 海	243	29725	16600	52675	53092	156817
江 苏	578	130896	97293	425924	341417	1109899
浙 江	569	88587	64983	296105	265198	839755
安 徽	698	116811	73844	416723	380526	1255132
福 建	544	96957	51602	231800	209370	656488
江 西	436	81328	49762	240907	310514	876722
山 东	547	151362	119011	509383	588897	1705043
河 南	776	143263	108063	631289	661063	1892306
湖 北	563	91884	69726	391211	316471	988159
湖 南	577	101873	67420	316720	373754	1041044
广 东	1015	236437	144756	723659	730784	2204473
广 西	453	69443	46752	241922	297665	818878
海 南	102	23137	11444	53651	60171	179047
重 庆	261	65812	37698	214128	221024	661384
四 川	735	153098	89964	485487	511492	1516027
贵 州	448	67569	46964	210409	330212	857077
云 南	440	74988	47285	209987	267407	737426
西 藏	29	4558	3871	14734	19648	53092
陕 西	511	85059	56952	317569	299383	899424
甘 肃	428	60400	42469	216530	218143	666556
青 海	105	12855	7996	33081	39592	109026
宁 夏	62	12811	10006	49770	55779	165240
新 疆	366	63488	35020	139843	163582	447540

6-11-33 各地区中等职业学校情况

单位：人

地 区	学校数(所)	毕业生数	#获得职业资格证书	招生数	在校学生数	预计毕业生数
全 国	**9380**	**5575587**	**4336937**	**5412624**	**15363842**	**5392971**
北 京	97	75618	60640	55427	164892	78492
天 津	83	39270	31939	33786	97443	34365
河 北	636	337100	233535	220896	752285	304227
山 西	445	159749	129099	142943	436393	155480
内蒙古	264	95508	71732	83852	245414	83589
辽 宁	311	127767	83504	117987	349912	120537
吉 林	302	83932	50643	61055	192672	76607
黑龙江	373	91783	72294	83261	274020	102468
上 海	111	48508	40627	44377	153298	55018
江 苏	269	306146	261097	259053	793716	276705
浙 江	337	207272	197082	191505	578523	203961
安 徽	463	324927	285670	369049	967746	348601
福 建	230	150811	139327	155040	525051	194383
江 西	429	159155	126287	167380	484628	159974
山 东	525	378626	292790	363547	1031585	360144
河 南	716	511694	391210	422209	1193105	425708
湖 北	308	199722	166889	130826	410795	148633
湖 南	496	237097	205913	228627	650569	204274
广 东	502	488286	285803	474927	1408894	484031
广 西	309	267471	167349	303601	822241	257768
海 南	87	40386	18879	51756	140225	44262
重 庆	141	102518	84080	122154	362827	118159
四 川	503	414213	383817	489969	1195085	475213
贵 州	218	100281	87800	247135	475512	118953
云 南	390	210191	145918	179685	494103	155852
西 藏	6	6412	5063	6471	17491	6448
陕 西	316	177319	147287	163984	454858	167457
甘 肃	260	105043	82698	98604	289531	96700
青 海	38	22386	15788	29277	77784	21535
宁 夏	35	31536	21289	30348	93950	38080
新 疆	180	74860	50888	83893	229294	75347

6-11-34 各地区中等职业学校(机构)教职工情况

单位：人

地区	教职工数	校本部教职工	专任教师	行政人员	教辅人员	工勤人员	校办企业职工	其他附设机构人员	聘请校外教师
全国	**883959**	**874171**	**668754**	**82651**	**57700**	**65066**	**5378**	**4410**	**96619**
北京	11926	11722	7180	2308	1036	1198	16	188	1431
天津	9798	9694	6939	1578	553	624	51	53	1012
河北	57812	57576	44211	5472	4075	3818	153	83	3384
山西	33496	33200	25401	3169	2164	2466	146	150	4563
内蒙古	20109	19929	14755	1995	1739	1440	94	86	1288
辽宁	29499	29310	20750	3898	1993	2669	136	53	3405
吉林	25215	25127	18094	3082	2482	1469	22	66	1012
黑龙江	23790	23687	17173	2699	1717	2098	64	39	1602
上海	13706	13586	8358	2048	1528	1652	56	64	1156
江苏	54527	54216	44164	2998	3269	3785	190	121	6238
浙江	38920	38665	32778	1880	2131	1876	138	117	4786
安徽	41317	40844	33973	2737	1795	2339	113	360	5246
福建	21614	21505	17187	1778	1303	1237	6	103	3684
江西	22454	21656	16315	2635	1155	1551	659	139	2931
山东	66810	65929	50243	6025	5483	4178	719	162	3276
河南	69437	67772	52559	5837	4446	4930	1055	610	8154
湖北	30619	30206	22384	3262	2210	2350	293	120	3613
湖南	33342	33201	24827	3576	2396	2402	62	79	2970
广东	58927	58322	45443	5302	3454	4123	69	536	5026
广西	28219	27427	20459	2626	1796	2546	172	620	4012
海南	7162	6882	4709	836	530	807	184	96	518
重庆	18594	18430	14850	1492	939	1149	152	12	2986
四川	52690	52166	40292	4525	2649	4700	292	232	4576
贵州	18188	17810	14326	1720	669	1095	256	122	5133
云南	27023	26959	21147	1706	1521	2585	22	42	4994
西藏	763	763	652	43	19	49			37
陕西	26374	26181	18368	3608	2121	2084	149	44	2901
甘肃	20825	20735	16008	1794	1304	1629	56	34	1322
青海	3234	3167	2567	237	102	261	46	21	1131
宁夏	3474	3462	2611	299	238	314	6	6	741
新疆	14095	14042	10031	1486	883	1642	1	52	3491

6-11-35 各地区初中情况

单位：人

地 区	学校数(所)	专任教师	毕业生数	招生数	在校学生数
全 国	**52804**	**3480979**	**15615452**	**14960867**	**44401248**
北 京	347	31868	92373	106726	310568
天 津	325	25967	79660	85815	260710
河 北	2381	164869	667759	783551	2088470
山 西	1991	117434	541457	412993	1291442
内蒙古	749	61934	249435	227562	688464
辽 宁	1572	99362	386556	358177	1057488
吉 林	1200	66821	240310	218370	644993
黑龙江	1587	97218	373316	279083	932839
上 海	519	36049	94135	120266	436696
江 苏	2073	176986	675206	618597	1857469
浙 江	1727	117879	485774	512401	1482649
安 徽	2902	158168	723950	652595	1997091
福 建	1238	96962	371373	386067	1108226
江 西	2101	121483	626094	610764	1754361
山 东	2917	263329	1050979	996384	3179800
河 南	4550	279942	1403358	1377091	3850493
湖 北	2014	135580	533709	487841	1483710
湖 南	3301	169041	666508	766477	2142847
广 东	3351	276777	1516552	1299856	4047906
广 西	1836	116957	640168	688598	1950761
海 南	387	25267	120500	116957	346790
重 庆	939	76182	377479	330158	1017592
四 川	3895	202665	1026649	878586	2717198
贵 州	2216	115345	658485	716233	2103033
云 南	1685	121875	625128	682003	1874418
西 藏	95	9060	43729	42446	126117
陕 西	1741	110505	455934	383740	1201851
甘 肃	1561	84348	419502	334288	1035940
青 海	260	15602	65029	76729	208095
宁 夏	242	19395	92913	96920	284758
新 疆	1102	86109	311432	313593	918473

6-11-36 各地区普通小学情况

单位：人

地区	学校数（所）	教职工数	#专任教师	毕业生数	招生数	在校学生数
全国	**213529**	**5494877**	**5584644**	**15810583**	**16953556**	**93605487**
北京	1093	57832	54981	111839	165807	789276
天津	838	41939	38275	86133	107372	552116
河北	12538	327187	318856	840140	996124	5462135
山西	8946	180491	180548	477274	394203	2296383
内蒙古	2308	124735	110576	232846	230674	1310595
辽宁	4631	137661	142656	365054	350633	2044058
吉林	5103	121183	115116	235930	217645	1361868
黑龙江	3261	136461	136481	330069	274454	1540035
上海	759	49732	49772	134504	181037	792476
江苏	4020	254395	258173	639404	851334	4353694
浙江	3400	176164	183479	540378	607545	3495846
安徽	11507	228704	238131	654897	753090	4091967
福建	5228	157126	154490	398464	495734	2598375
江西	10650	195737	207153	655898	789067	4081086
山东	11151	383692	387312	1033007	1156903	6259820
河南	26086	499445	494515	1644760	1810567	9399771
湖北	5746	198262	196556	489395	607979	3282579
湖南	9270	226630	246273	770482	847605	4678102
广东	11824	417189	437532	1370411	1500473	8079381
广西	13499	229534	215570	700641	752867	4262624
海南	1739	47759	50466	124664	124284	740193
重庆	4728	116804	115204	326451	375725	1989128
四川	7257	261493	305619	886816	950346	5259536
贵州	10632	194500	192953	723478	510554	3555333
云南	12845	233400	230220	713770	613507	3920782
西藏	841	18998	18834	46118	51567	294799
陕西	7356	163908	162841	400469	388081	2273275
甘肃	9640	134468	140414	370601	320908	1867268
青海	1250	23044	26974	83487	78634	474638
宁夏	1850	33244	34113	101909	100194	603947
新疆	3533	123160	140561	321294	348643	1894401

6-11-37 各地区特殊教育情况

单位：人

地区	学校数(所)	教职工数	#专任教师	毕业生数	招生数	在校学生数
全国	**1933**	**55096**	**45653**	**50739**	**65977**	**368103**
北京	22	1253	935	1706	1156	8348
天津	20	779	598	340	418	2980
河北	155	3582	2956	1279	2570	13109
山西	56	1613	1385	1023	1069	7146
内蒙古	42	1317	1121	353	701	4328
辽宁	74	2657	2020	1079	852	7977
吉林	47	1717	1388	805	740	5610
黑龙江	74	2253	1850	1002	1205	9317
上海	29	1588	1207	1549	1147	8105
江苏	107	3901	3170	3394	3491	23055
浙江	82	2331	2038	1777	2812	16327
安徽	65	1500	1297	1132	2072	10344
福建	73	1946	1729	3441	4203	25142
江西	85	1158	1042	2197	3337	17111
山东	144	5684	4692	2887	3340	20946
河南	137	3799	3264	1735	3312	16697
湖北	80	1921	1647	1227	1788	10576
湖南	69	1733	1403	1286	2240	10097
广东	99	3405	2714	2527	3862	21799
广西	65	1600	1141	1193	2132	12913
海南	7	247	184	178	425	1708
重庆	36	971	852	2101	3316	15622
四川	119	2315	2055	9191	8230	43731
贵州	60	1267	1093	1378	2684	12712
云南	53	1361	1156	2825	3829	17421
西藏	5	161	136	37	213	835
陕西	50	1173	956	1109	1278	6494
甘肃	32	784	692	831	1409	8396
青海	12	161	139	289	368	2120
宁夏	8	259	246	188	305	1908
新疆	26	660	547	680	1473	5229

6-11-38 各地区各级学校生师比

(教师人数=1)

年份 地区	普通小学	初中	普通高中	中等职业学校	普通高校
1993	22.37	15.65	14.96	13.42	8.00
1994	22.85	16.07	12.16	14.26	9.25
1995	23.30	16.73	12.95	15.98	9.83
1996	23.73	17.18	13.45	16.42	10.36
1997	24.16	17.33	14.05	16.92	10.87
1998	23.98	17.56	14.60	16.36	11.62
1999	23.12	18.17	15.16	15.68	13.37
2000	22.21	19.03	15.87	15.24	16.30
2001	21.64	19.24	16.73	15.04	18.22
2002	21.04	19.25	17.80	16.58	19.00
2003	20.50	19.13	18.35	17.63	17.00
2004	19.98	18.65	18.65	19.15	16.22
2005	19.43	17.80	18.54	21.34	16.85
2006	19.17	17.15	18.13	22.65	17.93
2007	18.82	16.52	17.48	23.13	17.28
2008	18.38	16.07	16.78	23.32	17.23
2009	17.88	15.47	16.30	25.27	17.27
2010	17.70	14.98	15.99	25.69	17.33
2011	17.71	14.38	15.77	24.97	17.42
2012	17.36	13.59	15.47	24.19	17.52
2013	16.76	12.76	14.95	22.97	17.53
北京	14.36	9.75	9.00	22.97	15.58
天津	14.42	10.04	11.24	14.04	17.29
河北	17.13	12.67	13.28	17.02	17.54
山西	12.72	11.00	14.16	17.18	17.73
内蒙古	11.85	11.12	14.94	16.63	17.87
辽宁	14.33	10.64	14.10	16.86	17.28
吉林	11.83	9.65	16.47	10.65	17.33
黑龙江	11.28	9.60	14.03	15.96	16.19
上海	15.92	12.11	9.45	18.34	17.14
江苏	16.86	10.50	11.41	17.97	15.48
浙江	19.05	12.58	12.92	17.65	17.02
安徽	17.18	12.63	17.00	28.49	18.78
福建	16.82	11.43	12.72	30.55	17.31
江西	19.70	14.44	17.62	29.70	17.74
山东	16.16	12.08	14.33	20.53	17.31
河南	19.01	13.75	17.51	22.70	17.70
湖北	16.70	10.94	14.17	18.35	17.96
湖南	19.00	12.68	15.44	26.20	18.57
广东	18.47	14.63	15.23	31.00	19.09
广西	19.77	16.68	17.52	40.19	17.69
海南	14.67	13.73	15.65	29.78	19.10
重庆	17.27	13.36	17.54	24.43	17.60
四川	17.21	13.41	16.85	29.66	18.33
贵州	18.43	18.23	18.25	33.19	18.15
云南	17.03	15.38	15.60	23.37	18.19
西藏	15.65	13.92	13.72	26.83	15.69
陕西	13.96	10.88	15.79	24.76	18.07
甘肃	13.30	12.28	15.70	18.09	18.38
青海	17.60	13.34	13.64	30.30	15.13
宁夏	17.70	14.68	16.51	35.98	17.30
新疆	13.48	10.67	12.78	22.86	17.35

6-11-39 每十万人口各级学校平均在校生数

单位：人

年份 地区	学前教育	小 学	初中阶段	高中阶段	高等教育
1991	1907	10502	3465	1355	304
1992	2072	10413	3518	1365	313
1993	2190	10656	3599	1448	376
1994	2219	10819	3681	1293	433
1995	2262	11010	3945	1610	457
1996	2208	11273	4180	1780	470
1997	2058	11435	4289	1905	482
1998	1944	11287	4408	1978	504
1999	1864	10855	4656	2032	594
2000	1782	10335	4969	2005	723
2001	1602	9937	5161	2021	931
2002	1595	9525	5240	2283	1146
2003	1560	9100	5209	2523	1298
2004	1617	8725	5058	2824	1420
2005	1676	8358	4781	3070	1613
2006	1731	8192	4557	3321	1816
2007	1787	8037	4364	3409	1924
2008	1873	7819	4227	3463	2042
2009	2001	7584	4097	3495	2128
2010	2230	7448	3955	3504	2189
2011	2554	7403	3779	3495	2253
2012	2736	7196	3535	3411	2335
2013	2876	6913	3279	3227	2418
北 京	1685	3815	1501	1912	5469
天 津	1651	3907	1845	2077	4346
河 北	2922	7495	2866	2745	2108
山 西	2635	6359	3576	3872	2474
内蒙古	2070	5263	2765	3048	2137
辽 宁	1951	4657	2409	2539	2903
吉 林	1607	4952	2345	2513	3033
黑龙江	1410	4017	2433	2658	2529
上 海	2105	3330	1835	1308	3421
江 苏	2927	5497	2345	2738	2814
浙 江	3412	6383	2707	2887	2363
安 徽	2805	6834	3335	3794	2203
福 建	3823	6933	2957	3341	2435
江 西	3471	9061	3895	3336	2381
山 东	2710	6463	3283	3213	2304
河 南	3689	9993	4094	3571	2114
湖 北	2550	5680	2567	2607	3144
湖 南	2880	7046	3228	2797	2106
广 东	3347	7626	3821	4239	2199
广 西	3881	9104	4167	3727	1939
海 南	3368	8345	3910	3846	2253
重 庆	3033	6754	3455	3989	2894
四 川	2866	6513	3365	3497	2140
贵 州	3093	10205	6036	3943	1535
云 南	2555	8416	4023	2860	1662
西 藏	2383	9571	4095	2292	1528
陕 西	3387	6057	3202	4012	3612
甘 肃	2133	7243	4018	4048	2193
青 海	2909	8283	3632	3638	1162
宁 夏	2613	9335	4401	4097	2195
新 疆	3220	8484	4113	3266	1681

注：1.高等教育包括普通高等学校和成人高等学校。
2.高中阶段合计数据包括普通高中、成人高中、普通中专、职业高中、技工学校和成人中专。
3.初中阶段包括普通初中和职业初中。

【主要统计指标解释】

普通高等学校 指通过国家普通高等教育招生考试，招收高中毕业生为主要培养对象，实施高等学历教育的全日制大学、独立设置的学院、独立学院和高等专科学校、高等职业学校及其他普通高校机构。

大学、独立设置的学院主要实施本科及本科层次以上的教育。独立学院主要实施本科层次的教育。高等专科学校、高等职业学校实施专科层次的教育。

其他机构机构是指承担国家普通招生计划任务不计校数的机构，包括普通高等学校分校、大专班等。

成人高等学校 指通过国家成人高等教育招生考试，招收具有高中毕业或同等学力的人员为主要培养对象，利用函授、业余、脱产等多种形式，对其实施高等学历教育的学校。包括：职工高等学校、农民高等学校、管理干部学院、教育学院、独立函授学院、广播电视大学、其他成人高教机构。其他成人高教机构是指承担国家成人招生计划任务不计校数的机构。

小学学龄儿童净入学率 指调查范围内已入小学学习的学龄儿童占校内外学龄儿童总数的比重。计算公式为：

$$小学学龄儿童净入学率=\frac{已入学的小学学龄儿童数}{校内外小学学龄儿童总数}\times 100\%$$

6 第三产业部分行业主要业务指标

6-12 卫生和社会工作

简要说明

一、主要内容

本篇资料主要包括卫生事业、民政事业、残疾人事业等内容。

卫生统计资料主要包括卫生机构、卫生人员、卫生设施、卫生经费以及各级各类医疗卫生机构服务、妇幼保健、疾病控制、居民病伤死亡原因、医疗保障等情况。

社会服务统计资料主要包括社会服务企事业机构、人员、家庭收养、优抚安置、社会救助、社会捐赠、社区服务等情况。

残疾人统计资料主要包括残疾人康复、教育、就业、扶贫和残联组织建设等情况。

二、资料来源

卫生资料由国家卫生和计划生育委员会信息中心提供。社会服务资料由民政部提供。残疾人资料由中国残疾人联合会整理提供。

详细资料分别见《中国卫生统计年鉴》（卫计委信息中心编）、《中国民政统计年鉴》（民政部规划财务司编）、《中国残疾人事业统计年鉴》（中国残疾人联合会编）。

6-12-1 医疗卫生机构情况

单位：个

年 份	合计	医院				基层医疗卫生机构		
			综合医院	中医医院	专科医院		社区卫生服务中心(站)	乡镇卫生院
1949	3670	2600						
1950	8915	2803	2692	4	85			
1955	67725	3648	3351	67	188			
1960	261195	6020	5173	330	401			24849
1965	224266	5330	4747	131	339			36965
1970	149823	5964	5353	117	385			56568
1975	151733	7654	6817	160	543			54026
1978	169732	9293	7539	447	643			55018
1980	180553	9902	7859	678	694			55413
1981	800205	10252	8044	781	718			55500
1982	801869	10471	8146	878	731			55496
1983	870686	10901	8370	1009	772			55559
1984	905424	11381	8545	1218	810			55549
1985	978540	11955	9197	1485	938			47387
1986	999102	12442	9363	1646	1030			46967
1987	1012804	12962	9657	1790	1097			47177
1988	1012485	13544	9916	1932	1190			47529
1989	1027522	14090	10242	2046	1265			47523
1990	1012690	14377	10424	2115	1362			47749
1991	1003769	14628	10562	2195	1345			48140
1992	1001310	14889	10774	2269	1376			46117
1993	1000531	15436	11426	2298	1438			45024
1994	1005271	15595	11549	2336	1440			51929
1995	994409	15663	11586	2361	1445			51797
1996	1078131	15833	11696	2405	1473			51277
1997	1048657	15944	11771	2413	1488			50981
1998	1042885	16001	11779	2443	1495			50071
1999	1017673	16678	11868	2441	1533			49694
2000	1034229	16318	11872	2453	1543	1000169		49229
2001	1029314	16197	11834	2478	1576	995670		48090
2002	1005004	17844	12716	2492	2237	973098	8211	44992
2003	806243	17764	12599	2518	2271	774693	10101	44279
2004	849140	18393	12900	2611	2492	817018	14153	41626
2005	882206	18703	12982	2620	2682	849488	17128	40907
2006	918097	19246	13120	2665	3022	884818	22656	39975
2007	912263	19852	13372	2720	3282	878686	27069	39876
2008	891480	19712	13119	2688	3437	858015	24260	39080
2009	916571	20291	13364	2728	3716	882153	27308	38475
2010	936927	20918	13681	2778	3956	901709	32739	37836
2011	954389	21979	14328	2831	4283	918003	32860	37295
2012	950297	23170	15021	2889	4665	912620	33562	37097
2013	974398	24709	15887	3015	5127	915368	33965	37015

注：①村卫生室数计入医疗卫生机构数中；②2008年社区卫生服务中心(站)减少的原因是江苏省约5000家农村社区卫生服务站划归村卫生室；③2002年起，医疗卫生机构数不再包括高中等医学院校本部、药检机构、国境卫生检疫所和非卫生部门举办的计划生育指导站；④2013年起，医疗卫生机构数包括原计生部门主管的计划生育技术服务机构；⑤1996年以前门诊部(所)不包括私人诊所。

6-12-1 续表

单位：个

年份	村卫生室	门诊部(所)	专业公共卫生机构数	疾病预防控制中心	专科疾病防治院(所/站)	妇幼保健院(所/站)	卫生监督所(中心)
1949		769			11	9	
1950		3356		61	30	426	
1955		51600		315	287	3944	
1960		213823		1866	683	4213	
1965		170430		2499	822	2910	
1970		79600		1714	607	1124	
1975		80739		2912	683	2128	
1978		94395		2989	887	2571	
1980		102474		3105	1138	2745	
1981	610079	111189		3202	1197	2789	
1982	608431	113916		3271	1272	2827	
1983	674669	115826		3274	1326	2851	
1984	707168	117028		3339	1458	2955	
1985	777674	126604		3410	1566	2996	
1986	795963	127575		3475	1635	3059	
1987	807844	128459		3512	1697	3082	
1988	806497	128422		3532	1727	3103	
1989	820798	128112		3591	1747	3112	
1990	803956	129332		3618	1781	3148	
1991	794733	128665		3652	1818	3187	
1992	796523	125873		3673	1845	3187	
1993	806945	115161		3729	1872	3115	
1994	813529	105984		3711	1905	3190	
1995	804352	104406		3729	1895	3179	
1996	755565	237153		3737	1887	3172	
1997	733624	229474		3747	1893	3180	
1998	728788	229349		3746	1889	3191	
1999	716677	226588		3763	1877	3180	
2000	709458	240934	11386	3741	1839	3163	
2001	698966	248061	11471	3813	1783	3132	
2002	698966	219907	10787	3580	1839	3067	571
2003	514920	204468	10792	3584	1749	3033	838
2004	551600	208794	10878	3588	1583	2998	1284
2005	583209	207457	11177	3585	1502	3021	1702
2006	609128	212243	11269	3548	1402	3003	2097
2007	613855	197083	11528	3585	1365	3051	2553
2008	613143	180752	11485	3534	1310	3011	2675
2009	632770	182448	11665	3536	1291	3020	2809
2010	648424	181781	11835	3513	1274	3025	2992
2011	662894	184287	11926	3484	1294	3036	3022
2012	653419	187932	12083	3490	1289	3044	3088
2013	648619	195176	31155	3516	1271	3144	2967

6-12-2 各地区医疗卫生机构情况

单位：个

地区	合计	医院						
		小计	综合医院	中医医院	中西医结合医院	民族医院	专科医院	护理院
总计	**974398**	**24709**	**15887**	**3015**	**358**	**217**	**5127**	**105**
北京	9683	596	302	134	15	3	139	3
天津	4689	333	220	37	6		70	
河北	78485	1268	826	177	34		231	
山西	40281	1219	637	191	14		377	
内蒙古	23257	566	353	68	11	48	85	1
辽宁	35612	905	555	106	6	1	235	2
吉林	19913	576	345	71	8	2	148	2
黑龙江	21369	993	671	128	8	6	179	1
上海	4929	328	185	18	8		97	20
江苏	30998	1490	991	97	20		331	51
浙江	30063	843	405	129	21		278	10
安徽	24645	938	633	92	14		197	2
福建	28175	541	339	77	7	2	116	
江西	38902	548	359	98	7		84	
山东	75426	1783	1158	169	15	3	436	2
河南	71464	1402	879	220	15		287	1
湖北	35631	711	444	98	13	3	153	
湖南	62210	922	564	133	16	3	205	1
广东	47835	1222	740	142	11		326	3
广西	33943	476	295	88	10	4	78	1
海南	5011	191	148	17	5		21	
重庆	18926	531	382	46	8		94	1
四川	80037	1716	1144	184	20	23	345	
贵州	29177	991	765	82	13	7	122	2
云南	24264	997	670	112	32	3	180	
西藏	6725	106	85			19	2	
陕西	37137	937	664	145	6		120	2
甘肃	26697	419	273	73	7	12	54	
青海	6020	145	89	13	1	29	13	
宁夏	4231	156	99	19	3	3	32	
新疆	18663	860	667	51	4	46	92	

注：部分地区人口计生部门所属的计划生育技术服务机构未报数据。

6-12-2 续表 1

单位：个

地 区	基层医疗卫生机构							
	小计	社区卫生服务中心	社区卫生服务站	街 道 卫生院	乡 镇 卫生院	村卫生室	门诊部	诊所(医务室、护理站)
总 计	**915368**	**8488**	**25477**	**593**	**37015**	**648619**	**11126**	**184050**
北 京	8857	316	1555			2888	887	3211
天 津	4209	108	455	1	148	2247	351	899
河 北	75178	258	857		1960	62311	171	9621
山 西	38529	203	611	464	1201	28241	297	7512
内蒙古	21984	276	872	3	1329	14028	131	5345
辽 宁	33521	351	785	14	1014	20006	485	10866
吉 林	18968	198	163		775	11527	393	5912
黑龙江	18883	432	342	4	996	11778	287	5044
上 海	4439	301	708			1342	574	1514
江 苏	28815	528	2219	2	1064	15575	921	8506
浙 江	28655	486	5777	6	1141	12504	917	7824
安 徽	21872	414	1528	1	1387	15310	161	3071
福 建	26151	221	312		880	19408	482	4848
江 西	37425	164	443	5	1591	31337	89	3796
山 东	72108	509	1799		1643	53773	412	13972
河 南	67281	383	898	1	2068	56955	137	6839
湖 北	34042	334	897	36	1152	24941	243	6439
湖 南	58519	276	379	2	2302	44929	413	10218
广 东	44470	1036	1453	21	1204	28767	2097	9892
广 西	32117	133	128		1279	21852	84	8641
海 南	4689	22	122		299	2701	51	1494
重 庆	18025	198	295	11	960	11009	312	5240
四 川	75161	379	528	1	4594	55165	403	14091
贵 州	26657	145	421	8	1430	21219	75	3359
云 南	21913	151	306		1379	13341	150	6586
西 藏	6479	7	2		677	5313		480
陕 西	34118	246	337	10	1603	26018	227	5677
甘 肃	25514	204	411	3	1382	16752	69	6693
青 海	5701	16	161		405	4354	6	759
宁 夏	3898	12	100		228	2461	23	1074
新 疆	17190	181	613		924	10567	278	4627

6-12-2 续表 2

单位：个

地 区	专业公共卫生机构								
	小计	疾病预防控制中心	专科疾病防治院（所、站	健康教育所（站）	妇 幼保健院（所、站）	急救中心（站）	采供血机构	卫生监督所（中心）	计划生育技术服务机 构
总 计	**31155**	**3516**	**1271**	**169**	**3144**	**312**	**538**	**2967**	**19238**
北 京	118	32	27	1	19	12	7	18	2
天 津	96	24	17	1	23	2	6	20	3
河 北	1689	194	9	3	265	6	14	191	1007
山 西	462	134	8	12	132	9	21	131	15
内蒙古	629	119	53	22	116	7	18	110	184
辽 宁	1035	128	87	10	110	13	23	86	578
吉 林	293	94	51	3	68	6	20	36	15
黑龙江	1433	174	113		148	14	27	131	826
上 海	116	20	19	2	21	11	8	18	17
江 苏	466	124	45	5	109	34	30	113	6
浙 江	396	100	25	3	87	41	20	106	14
安 徽	1748	120	50	2	121	13	23	113	1306
福 建	1406	96	25	1	88	7	9	86	1094
江 西	823	147	111	7	112	8	13	109	316
山 东	1338	182	133	3	160	17	26	103	714
河 南	2472	180	22	4	165	21	22	176	1882
湖 北	779	113	75	1	101	10	21	102	356
湖 南	2612	147	87	3	139	4	15	131	2086
广 东	1965	136	140	32	128	16	42	124	1347
广 西	1288	109	40	1	104	2	26	110	896
海 南	122	28	23	1	24	3	2	24	17
重 庆	350	42	16	3	40		11	39	199
四 川	2969	207	35	18	202	17	27	204	2259
贵 州	1498	101	10		98	6	28	100	1155
云 南	1294	150	31	7	147	20	16	142	781
西 藏	138	82			54		1	1	
陕 西	1962	120	6	4	118	4	10	118	1582
甘 肃	718	103	7	13	106	2	17	87	383
青 海	170	56	1	3	24		9	55	22
宁 夏	165	25		4	23	2	5	24	82
新 疆	605	229	5		92	5	21	159	94

6-12-2 续表 3 单位：个

地区	其他医疗卫生机构					
	小计	疗养院	医学科研机构	医学在职培训机构	统计信息中心	其他
总计	**3166**	**183**	**201**	**425**	**54**	**2303**
北京	112	2	28	9	9	64
天津	51	3	9	13	1	25
河北	350	3	2		1	344
山西	71	8	7	4	2	50
内蒙古	78	6	7	7	2	56
辽宁	151	15	6	3	2	125
吉林	76	11	4	1	1	59
黑龙江	60	3	10	10	4	33
上海	46	3	9	8	2	24
江苏	227	14	8	32	2	171
浙江	169	18	7	42	4	98
安徽	87	7	11	24	2	43
福建	77	12	8	23	1	33
江西	106	3	5	3		95
山东	197	21	6	25	1	144
河南	309	2	6	84	1	216
湖北	99		1	21	2	75
湖南	157	1	3	1		152
广东	178	14	17	17	4	126
广西	62	5	13	1	2	41
海南	9	2				7
重庆	20	4		6	1	9
四川	191	4	6	18	5	158
贵州	31	1	2	10		18
云南	60	6	9	6	1	38
西藏	2	1		1		
陕西	120	4	11	44	2	59
甘肃	46	5	5	11	1	24
青海	4		1			3
宁夏	12	1		1	1	9
新疆	8	4				4

6-12-3 村卫生室情况

年份 地区	村卫生室(个)						设卫生室的村数
	合计	村办	乡卫生院设点	联合办	私人办	其他	占行政村数%
1985	777674	305537	29769	88803	323904	29661	87.4
1990	803956	266137	29963	87149	381844	38863	86.2
1995	804352	297462	36388	90681	354981		88.9
2000	709458	300864	47101	89828	255179	16486	89.8
2005	583209	313633	32396	38561	180403	18216	85.8
2006	609128	333790	34803	36805	186524	17206	88.1
2007	613855	340082	33633	33649	186841	19650	88.7
2008	613143	342692	40248	31698	180157	18348	89.4
2009	632770	350515	45434	31035	183699	22087	90.4
2010	648424	365153	49678	32650	177080	23863	92.3
2011	662894	372661	56128	33639	175747	24719	93.4
2012	653419	370099	58317	32278	167025	25700	93.3
2013	648619	371579	59896	32690	158811	25643	93.0
北京	2888	2524	8	4	326	26	73.3
天津	2247	889	540	181	235	402	60.1
河北	62311	29042	2426	1108	28391	1344	100.0
山西	28241	21238	907	899	3429	1768	100.0
内蒙古	14028	6421	1920	322	4970	395	100.0
辽宁	20006	10469	342	940	8053	202	100.0
吉林	11527	4309	982	1328	4423	485	100.0
黑龙江	11778	9141	721	174	1272	470	100.0
上海	1342	978	183	50		131	84.0
江苏	15575	8473	4344	2196	42	520	100.0
浙江	12504	8806	1261	218	1848	371	43.7
安徽	15310	7823	3507	1454	945	1581	100.0
福建	19408	12747	346	284	4658	1373	100.0
江西	31337	14385	230	1651	13438	1633	100.0
山东	53773	28693	15066	4904	3820	1290	71.9
河南	56955	36938	615	3425	15133	844	100.0
湖北	24941	15526	4018	2464	2198	735	97.5
湖南	44929	33636	1680	1049	7673	891	100.0
广东	28767	22641	1447	190	3936	553	100.0
广西	21852	7929	1340	860	10344	1379	100.0
海南	2701	819	129	23	1608	122	100.0
重庆	11009	6715	1222	413	1822	837	100.0
四川	55165	26949	1838	2908	20144	3326	100.0
贵州	21219	9461	2253	680	7159	1666	100.0
云南	13341	10078	1239	798	555	671	100.0
西藏	5313	1746	2736	171		660	100.0
陕西	26018	19915	785	690	4519	109	97.3
甘肃	16752	8571	1344	1088	5307	442	100.0
青海	4354	2102	471	723	885	173	100.0
宁夏	2461	853	219	193	1098	98	100.0
新疆	10567	1762	5777	1302	580	1146	100.0

6-12-4 卫生人员情况

单位：人

年 份	卫生人员	卫生技术人员	执业(助理)医师	执业医师	注册护士	药师(士)	检验师(士)	乡村医生和卫生员	其他技术人员	管理人员	工勤技能人员
1949	541240	505040	363400	314000	32800	3357				11877	24323
1950	611240	555040	380800	327400	37800	8080				21877	34323
1955	1052787	874063	500398	402409	107344	60974	15394			86465	92259
1960	1769205	1504894	596109	427498	170143	119293				132034	132277
1965	1872300	1531600	762804	510091	234546	117314			10996	168845	160899
1970	6571795	1453247	702304	446251	295147			4779280	10813	156862	171593
1975	7435212	2057068	877716	521617	379545	219904	77506	4841695	14122	251420	270907
1978	7883041	2463931	978152	609608	405223	266570	98806	4777469	22950	298104	320587
1980	7355483	2798241	1153234	709473	465798	308438	114290	3820776	27834	310805	397827
1981	7199133	3011038	1243787	620291	525311	323786	123652	3403012	29622	318721	436740
1982	6954413	3142943	1307205	668010	563912	342451	130625	2996609	32207	326883	455771
1983	6757244	3252836	1352651	704060	595569	351002	136630	2667214	37830	326927	472437
1984	6622973	3343998	1381456	716365	616080	358969	140728	2409327	42539	341271	485838
1985	5606105	3410910	1413281	724238	636974	365145	145217	1293094	46052	358812	497237
1986	5725854	3506517	1444150	745592	680583	372760	150132	1279935	50957	370056	518389
1987	5842621	3608618	1481754	777333	717596	382121	156878	1278499	57255	371167	527082
1988	5924557	3723756	1618174	1095926	829261	394287	161615	1247045	65063	368227	520466
1989	6028234	3809097	1718018	1257668	921687	401098	166383	1241275	73530	384890	519442
1990	6137711	3897921	1763086	1302997	974541	405978	170371	1231510	85504	396694	526082
1991	6278458	3984974	1779545	1310933	1011943	409325	176832	1253324	91265	408819	540076
1992	6409307	4073986	1808194	1327875	1039674	413598	180754	1269061	99177	417670	549413
1993	6540522	4117067	1831665	1372471	1056096	413025	183657	1325106	113138	432903	552311
1994	6630710	4199217	1882180	1425375	1093544	417166	186415	1323701	116921	438084	552787
1995	6704395	4256923	1917772	1454926	1125661	418520	189488	1331017	120782	450013	545660
1996	6735097	4311845	1941235	1475232	1162609	424952	192873	1316095	125480	444571	537106
1997	6833962	4397805	1984867	1505342	1198228	428295	198016	1317786	133369	448047	536955
1998	6863315	4423721	1999521	1513975	1218836	423644	200846	1327633	145060	435507	531394
1999	6894985	4458669	2044672	1561584	1244844	418574	201272	1324937	150041	434997	526341
2000	6910383	4490803	2075843	1603266	1266838	414408	200900	1319357	157533	426789	515901
2001	6874527	4507700	2099658	1637337	1286938	404087	203378	1290595	157961	412757	505514
2002	6528674	4269779	1843995	1463573	1246545	357659	209144	1290595	179962	332628	455710
2003	6216971	4380878	1942364	1534046	1265959	357378	209616	867778	199331	318692	450292
2004	6332739	4485983	1999457	1582442	1308433	355451	211553	883075	209422	315595	438664
2005	6447246	4564050	2042135	1622684	1349589	349533	211495	916532	225697	312826	428141
2006	6681184	4728350	2099064	1678031	1426339	353565	218771	957459	235466	323705	436204
2007	6964389	4913186	2122925	1715460	1558822	325212	206487	931761	243460	356569	519413
2008	7251803	5174478	2201904	1791881	1678091	330525	212618	938313	255149	356854	527009
2009	7781448	5535124	2329206	1905436	1854818	341910	220695	1050991	275006	362665	557662
2010	8207502	5876158	2413259	1972840	2048071	353916	230572	1091863	290161	370548	578772
2011	8616040	6202858	2466094	2020154	2244020	363993	238874	1126443	305981	374885	605873
2012	9115705	6675549	2616064	2138836	2496599	377398	249255	1094419	319117	372997	653623
2013	9790483	7210578	2794754	2285794	2783121	395578	266607	1081063	359819	420971	718052

注：①卫生人员和卫生技术人员包括获得"卫生监督员"证书的公务员1万人；②2013年卫生人员数包括卫生计生部门主管的计划生育技术服务机构人员数，2013年以前不包括原人口计生部门主管的计划生育技术服务机构人员数；③执业(助理)医师数包括村卫生室执业(助理)医师数；④1985年以前乡村医生和卫生员系赤脚医生数。

6-12-5 各地区卫生人员情况

单位：人

地 区	合计	卫生技术人员							乡村医生和卫生员	其他技术人员	管理人员	工勤技能人员
		小计	执业(助理)医师	执业医师	注册护士	药师(士)	技师(士)	其他				
全 国	**9790483**	**7210578**	**2794754**	**2285794**	**2783121**	**395578**	**388421**	**848704**	**1081063**	**359819**	**420971**	**718052**
北 京	263146	203741	77114	72489	83879	12125	10763	19860	3530	13236	14716	27923
天 津	106527	81083	32059	29659	29715	5059	4489	9761	4581	3867	9074	7922
河 北	492012	333032	150144	114550	111526	14415	17394	39553	83849	23492	18378	33261
山 西	283860	203385	88182	74788	74849	9942	10510	19902	40856	10976	11086	17557
内蒙古	195952	148202	62055	52500	52358	9546	7830	16413	19496	8038	8696	11520
辽 宁	338443	254692	103344	92308	103409	13427	14217	20295	25634	13067	17262	27788
吉 林	200184	145934	61998	54450	52715	7924	8004	15293	19318	7593	12005	15334
黑龙江	279122	207601	80475	68154	73974	11455	12474	29223	25061	9889	16256	20315
上 海	192333	157109	57944	54039	67939	8780	9091	13355	760	8921	9764	15779
江 苏	551113	428894	169641	143611	174158	24226	21721	39148	39774	17643	21459	43343
浙 江	427072	352466	138279	117370	132705	23036	18047	40399	8945	16846	13868	34947
安 徽	353799	253532	98613	75936	103404	12276	15040	24199	51621	13976	13276	21394
福 建	261784	197545	72642	61939	79929	13323	10007	21644	27922	8968	6861	20488
江 西	269819	190092	70251	58841	78209	13418	12556	15658	47485	7126	8086	17030
山 东	819348	596987	231754	194948	240078	31038	29582	64535	134372	30991	21060	35938
河 南	716306	468536	180600	126036	176534	22882	27411	61109	121349	32848	32843	60730
湖 北	411184	309343	117191	96540	127871	17652	16765	29864	42859	16914	17830	24238
湖 南	442224	323082	127241	93980	125696	20126	17997	32022	48544	17043	22265	31290
广 东	708036	553728	210306	170171	217629	35570	29158	61065	33280	23115	30148	67765
广 西	334849	240892	83310	65219	94814	13154	12297	37317	37073	9770	15518	31596
海 南	63468	48108	16725	13301	20892	2539	2602	5350	3377	1957	3277	6749
重 庆	197667	142133	55141	41712	55460	7209	6658	17665	23397	6118	9584	16435
四 川	596001	426988	173890	139093	158457	21637	21075	51929	73907	17755	29630	47721
贵 州	221575	155905	55959	44169	58666	6336	8693	26251	36302	8488	10090	10790
云 南	265531	193217	74860	61338	73305	8136	10086	26830	35937	10095	8682	17600
西 藏	24653	11638	5176	3658	2397	540	567	2958	10434	878	648	1055
陕 西	321908	239054	74397	60935	89551	13095	14743	47268	34692	4422	23029	20711
甘 肃	160695	118089	44887	36483	40954	5814	6029	20405	21966	4519	5277	10844
青 海	44685	32431	13239	11332	11492	1675	1905	4120	6740	1801	1220	2493
宁 夏	47609	37288	14317	12663	13978	2300	2051	4642	3664	1660	1904	3093
新 疆	189578	145851	53020	43582	56578	6923	8659	20671	14338	7807	7179	14403

6-12-6 各地区社区卫生服务中心(站)人员情况

单位：人

地 区	合计	卫生技术人员							其他技术人员	管理人员	工勤技能人员
		小计	执业(助理)医师	执业医师	注册护士	药师(士)	技师(士)	其他			
全 国	**476073**	**406218**	**173838**	**138694**	**139104**	**32438**	**19527**	**41311**	**18929**	**20020**	**30906**
北 京	30323	25122	11044	9043	7325	2713	1179	2861	1563	1198	2440
天 津	7374	5964	2478	2186	1713	646	353	774	322	642	446
河 北	14457	12491	6140	4847	4249	672	625	805	595	631	740
山 西	11683	10273	4827	4028	3816	553	422	655	380	551	479
内蒙古	11898	10329	4818	3898	3454	875	394	788	589	531	449
辽 宁	14922	12504	5268	4602	5035	947	651	603	636	948	834
吉 林	7891	6493	2702	2298	2316	454	331	690	380	467	551
黑龙江	15604	13238	5416	4599	4811	964	805	1242	570	828	968
上 海	32868	26989	11687	10164	9546	2321	1455	1980	1400	1335	3144
江 苏	41207	34756	14779	12132	11148	3049	1735	4045	1555	1700	3196
浙 江	38308	33328	14678	10562	8560	3225	1605	5260	1741	935	2304
安 徽	18636	16375	7233	5408	6126	905	785	1326	703	758	800
福 建	11112	9722	3996	3277	3319	910	398	1099	527	250	613
江 西	8734	7543	2993	2626	2997	645	517	391	287	412	492
山 东	34404	30548	12307	9805	10520	2263	1358	4100	1481	991	1384
河 南	19558	16331	7168	5577	5907	821	794	1641	921	959	1347
湖 北	19639	16755	6910	5615	6573	1168	802	1302	880	842	1162
湖 南	13911	12041	5192	3650	4154	1018	603	1074	521	518	831
广 东	45856	39397	17391	13081	13499	3642	1641	3224	1409	1413	3637
广 西	5791	5116	2170	1805	1938	397	224	387	174	177	324
海 南	2635	2226	765	616	979	162	84	236	92	154	163
重 庆	9129	7527	3040	2060	2564	564	319	1040	279	472	851
四 川	18619	15416	6529	5268	5347	1251	743	1546	599	1074	1530
贵 州	6211	5285	2093	1624	2069	228	208	687	307	362	257
云 南	5734	4906	2112	1679	1871	251	220	452	250	268	310
西 藏	138	78	51	40	12	4	1	10	48	2	10
陕 西	10824	9143	3256	2517	3038	682	523	1644	20	876	785
甘 肃	7323	6571	2808	2330	2525	389	288	561	211	204	337
青 海	1976	1669	663	560	576	178	56	196	113	91	103
宁 夏	1011	945	373	301	376	87	28	81	23	16	27
新 疆	8297	7137	2951	2496	2741	454	380	611	353	415	392

6-12-7 各地区乡镇卫生院人员情况

单位：人

地 区	合计	卫生技术人员							其他技术人员	管理人员	工勤技能人员	每千农业人口乡镇卫生院人员数
		小计	执业(助理)医师	执业医师	注册护士	药剂人员	技师(士)	其他				
全 国	**1233858**	**1043441**	**434025**	**250661**	**270210**	**72840**	**53702**	**212664**	**54401**	**41709**	**94307**	**1.41**
北 京												
天 津	4902	4227	2396	1767	851	288	201	491	131	341	203	1.31
河 北	55165	45467	24033	12031	6408	2451	2190	10385	3929	1589	4180	1.09
山 西	24572	20906	10451	6333	4469	1368	881	3737	1380	622	1664	1.05
内蒙古	20044	17579	9107	5525	3230	1219	739	3284	839	683	943	1.38
辽 宁	24967	18886	8814	5725	4888	1407	1191	2586	1452	1544	3085	1.22
吉 林	24634	19275	8514	5880	4833	1344	934	3650	1303	1493	2563	1.73
黑龙江	23214	19301	8170	5016	3614	1383	1018	5116	1023	1264	1626	1.20
上 海												
江 苏	71037	59058	26352	19702	18046	4762	3198	6700	2820	2393	6766	2.19
浙 江	45796	40085	17524	11142	8989	3766	1887	7919	1734	1029	2948	1.40
安 徽	48448	41770	19323	10596	10977	2709	2825	5936	1935	1487	3256	0.91
福 建	32794	27924	9825	7051	9287	2722	1393	4697	1424	600	2846	1.37
江 西	44482	38513	14561	9996	11904	4173	2843	5032	1400	701	3868	1.26
山 东	125788	113556	45053	29962	32895	7629	5635	22344	5052	2355	4825	2.29
河 南	101218	79207	34609	15003	17807	5015	5137	16639	6525	3835	11651	1.18
湖 北	71243	60761	24533	14990	18925	4465	3307	9531	3418	2528	4536	1.77
湖 南	77345	64643	29354	13845	15482	6362	3588	9857	3876	2753	6073	1.39
广 东	78232	65108	28564	13560	17999	4811	2709	11025	3541	2568	7015	1.93
广 西	63054	53395	16801	8285	15755	3505	2698	14636	2607	1182	5870	1.44
海 南	9873	7616	2453	1301	2634	501	323	1705	486	489	1282	1.75
重 庆	31198	25599	10989	5886	6419	1408	880	5903	1399	1298	2902	1.55
四 川	95859	78691	34725	20404	18682	4553	3193	17538	2742	5902	8524	1.47
贵 州	29704	26542	9641	4577	6641	955	1297	8008	1346	1021	795	0.83
云 南	30093	26341	10544	5899	7243	839	1215	6500	1497	631	1624	0.90
西 藏	3057	2666	786	390	201	69	10	1600	277	52	62	1.17
陕 西	38288	34007	9692	5736	7186	2444	2185	12500	272	2134	1875	1.56
甘 肃	28022	25521	7469	4479	7397	1333	902	8420	632	406	1463	1.42
青 海	4999	4487	1956	1300	959	211	153	1208	176	155	181	1.51
宁 夏	4371	3998	1857	1356	825	367	203	746	137	56	180	1.09
新 疆	21459	18312	5929	2924	5664	781	967	4971	1048	598	1501	1.65

6-12-8 各地区村卫生室人员情况

单位：人

地 区	人员总数	执业(助理)医师	注册护士	乡村医生和卫生员			平均每村村卫生室人员	每千农业人口村卫生室人员数
				合计	乡村医生	卫生员		
全 国	**1457276**	**291291**	**84922**	**1081063**	**1004502**	**76561**	**2.47**	**1.66**
北 京	4996	971	495	3530	3473	57	1.27	1.99
天 津	6260	1374	305	4581	4477	104	1.67	1.67
河 北	112443	25335	3259	83849	79891	3958	2.31	2.22
山 西	51774	8822	2096	40856	37254	3602	1.84	2.22
内蒙古	26864	5652	1716	19496	17987	1509	2.40	1.86
辽 宁	35183	6777	2772	25634	24549	1085	3.01	1.72
吉 林	25142	4575	1249	19318	18440	878	2.62	1.77
黑龙江	33211	6801	1349	25061	23840	1221	3.73	1.72
上 海	4728	3195	773	760	704	56	2.96	3.31
江 苏	65182	20414	4994	39774	38335	1439	4.46	2.01
浙 江	23326	11466	2915	8945	8423	522	0.82	0.71
安 徽	71292	15703	3968	51621	48365	3256	4.78	1.33
福 建	36362	6575	1865	27922	27094	828	2.52	1.52
江 西	60894	10022	3387	47485	46050	1435	3.64	1.72
山 东	161730	18707	8651	134372	130260	4112	2.16	2.95
河 南	165872	34202	10321	121349	111254	10095	3.54	1.94
湖 北	62624	14047	5718	42859	41136	1723	2.45	1.55
湖 南	69415	17739	3132	48544	44366	4178	1.66	1.25
广 东	53874	14207	6387	33280	29450	3830	2.75	1.33
广 西	48992	9134	2785	37073	33353	3720	3.42	1.12
海 南	5817	1420	1020	3377	2718	659	2.26	1.03
重 庆	31621	6930	1294	23397	21903	1494	3.80	1.57
四 川	93771	18663	1201	73907	68394	5513	2.02	1.44
贵 州	43041	4501	2238	36302	27408	8894	2.55	1.20
云 南	42620	4431	2252	35937	33282	2655	3.49	1.27
西 藏	10732	246	52	10434	8348	2086	2.04	4.10
陕 西	44932	7577	2663	34692	32015	2677	1.68	1.83
甘 肃	29967	5074	2927	21966	19662	2304	1.87	1.52
青 海	9473	2317	416	6740	5908	832	2.27	2.86
宁 夏	5101	1051	386	3664	3158	506	2.25	1.27
新 疆	20037	3363	2336	14338	13005	1333	2.28	1.54

注：本表包括乡镇卫生院在村卫生室工作的执业(助理)医师和注册护士。

6-12-9 乡村医生和卫生员情况

单位：人

年 份	乡村医生和卫生员			平均每村乡村医生和卫生员	每千农业人口乡村医生和卫生员
	合计	乡村医生	卫生员		
1980	1463406	607879	2357370	2.10	1.79
1985	1293094	643022	650072	1.80	1.55
1990	1231510	776859	454651	1.64	1.38
1991	1253324	794507	458817	1.69	1.39
1992	1269061	816557	452504	1.73	1.41
1993	1325106	910664	414442	1.81	1.47
1994	1323701	933386	390351	1.81	1.47
1995	1331017	955933	375084	1.81	1.48
1996	1316095	954630	361465	1.79	1.46
1997	1317786	972288	345498	1.80	1.45
1998	1327633	990217	337416	1.81	1.46
1999	1324937	1009665	315272	1.82	1.45
2000	1319357	1019845	299512	1.81	1.44
2001	1290595	1021542	269053	1.82	1.41
2003	867778	791956	75822	1.31	0.98
2004	883075	825672	57403	1.37	1.00
2005	916532	864168	52364	1.46	1.05
2006	957459	906320	51139	1.53	1.10
2007	931761	882218	49543	1.52	1.06
2008	938313	893535	44778	1.55	1.06
2009	1050991	995449	55542	1.75	1.19
2010	1091863	1031828	60035	1.68	1.23
2011	1126443	1060548	65895	1.91	1.27
2012	1094419	1022869	71550	1.86	1.25
2013	1081063	1004502	76561	1.83	1.23

注：1985年以前的乡村医生系赤脚医生。

6-12-10 每千人口卫生技术人员数

单位：人

年 份	卫生技术人员			执业(助理)医师			其中：执业医师	注册护士		
	合计	城市	农村	合计	城市	农村		合计	城市	农村
1949	0.93	1.87	0.73	0.67	0.70	0.66	0.58	0.06	0.25	0.02
1955	1.42	3.49	1.01	0.81	1.24	0.74	0.70	0.14	0.64	0.04
1960	2.37	5.67	1.85	1.04	1.97	0.90	0.79	0.23	1.04	0.07
1965	2.11	5.37	1.46	1.05	2.22	0.82	0.70	0.32	1.45	0.10
1970	1.76	4.88	1.22	0.85	1.97	0.66	0.43	0.29	1.10	0.14
1975	2.24	6.92	1.41	0.95	2.66	0.65	0.57	0.41	1.74	0.18
1980	2.85	8.03	1.81	1.17	3.22	0.76	0.72	0.47	1.83	0.20
1985	3.28	7.92	2.09	1.36	3.35	0.85	0.70	0.61	1.85	0.30
1990	3.45	6.59	2.15	1.56	2.95	0.98	1.15	0.86	1.91	0.43
1995	3.59	5.36	2.32	1.62	2.39	1.07	1.23	0.95	1.59	0.49
1998	3.64	5.30	2.35	1.65	2.34	1.11	1.25	1.00	1.64	0.51
1999	3.64	5.24	2.38	1.67	2.33	1.14	1.27	1.02	1.64	0.52
2000	3.63	5.17	2.41	1.68	2.31	1.17	1.30	1.02	1.64	0.54
2001	3.62	5.15	2.38	1.69	2.32	1.17	1.32	1.03	1.65	0.54
2002	3.41			1.47			1.17	1.00		
2003	3.48	4.88	2.26	1.54	2.13	1.04	1.22	1.00	1.59	0.50
2004	3.53	4.99	2.24	1.57	2.18	1.04	1.25	1.03	1.63	0.50
2005	3.50	5.82	2.69	1.56	2.46	1.26	1.24	1.03	2.10	0.65
2006	3.60	6.09	2.70	1.60	2.56	1.26	1.28	1.09	2.22	0.66
2007	3.72	6.44	2.69	1.61	2.61	1.23	1.30	1.18	2.42	0.70
2008	3.90	6.68	2.80	1.66	2.68	1.26	1.35	1.27	2.54	0.76
2009	4.15	7.15	2.94	1.75	2.83	1.31	1.43	1.39	2.82	0.81
2010	4.39	7.62	3.04	1.80	2.97	1.32	1.47	1.53	3.09	0.89
2011	4.61	6.68	2.66	1.83	2.62	1.10	1.50	1.67	2.62	0.79
2012	4.94	8.54	3.41	1.94	3.19	1.40	1.58	1.85	3.65	1.09
2013	5.27	9.18	3.64	2.04	3.39	1.48	1.67	2.04	4.00	1.22

注：①2002年以前，执业(助理)医师数系医生，执业医师数系医师，注册护士数系护师(士)；②城市包括直辖市区和地级市辖区，农村包括县及县级市；③分母系常住人口数。

6-12-11 各地区每千人口卫生技术人员数

单位：人

地区	卫生技术人员			执业(助理)医师			其中：执业医师			注册护士		
	合计	城市	农村	合计	城市	农村	合计	城市	农村	合计	城市	农村
总 计	**5.27**	**9.18**	**3.64**	**2.04**	**3.39**	**1.48**	**1.67**	**3.15**	**1.06**	**2.04**	**4.00**	**1.22**
北 京	15.46	15.88	8.14	5.85	5.98	3.67	5.50	5.64	3.06	6.36	6.57	2.76
天 津	8.05	8.67	5.28	3.18	3.29	2.69	2.95	3.13	2.11	2.95	3.30	1.36
河 北	4.44	10.28	3.18	2.00	4.17	1.53	1.53	3.83	1.03	1.49	4.37	0.86
山 西	5.77	10.87	3.78	2.50	4.38	1.77	2.12	4.07	1.36	2.12	4.69	1.12
内蒙古	6.01	11.74	4.08	2.52	4.59	1.82	2.13	4.29	1.40	2.12	4.91	1.19
辽 宁	6.01	7.62	4.14	2.44	2.95	1.85	2.18	2.80	1.46	2.44	3.39	1.34
吉 林	5.45	13.14	3.70	2.31	5.56	1.58	2.03	5.28	1.29	1.97	5.35	1.20
黑龙江	5.49	8.62	3.74	2.13	3.13	1.57	1.80	2.92	1.18	1.96	3.62	1.03
上 海	10.97	11.13	7.66	4.05	4.03	4.28	3.77	3.86	2.07	4.74	4.87	2.29
江 苏	5.63	8.90	3.94	2.23	3.24	1.70	1.89	3.06	1.28	2.29	3.95	1.42
浙 江	7.30	10.30	5.69	2.86	3.83	2.34	2.43	3.55	1.83	2.75	4.24	1.95
安 徽	3.66	6.28	2.63	1.42	2.23	1.10	1.10	2.04	0.72	1.49	2.96	0.91
福 建	5.44	10.21	3.74	2.00	3.76	1.37	1.70	3.50	1.07	2.20	4.41	1.41
江 西	3.94	8.13	2.95	1.46	2.79	1.14	1.22	2.64	0.88	1.62	3.86	1.09
山 东	6.21	9.05	5.02	2.41	3.45	1.98	2.03	3.20	1.54	2.50	4.02	1.86
河 南	4.24	9.34	3.09	1.64	3.21	1.28	1.14	2.91	0.74	1.60	4.34	0.98
湖 北	5.01	7.91	3.78	1.90	2.86	1.49	1.56	2.67	1.09	2.07	3.65	1.40
湖 南	4.52	9.42	3.37	1.78	3.35	1.41	1.31	3.06	0.90	1.76	4.49	1.12
广 东	6.32	11.78	3.04	2.40	4.27	1.28	1.94	3.88	0.78	2.48	4.95	1.00
广 西	4.44	7.56	3.35	1.54	2.62	1.16	1.20	2.43	0.77	1.75	3.32	1.19
海 南	5.29	9.82	3.84	1.84	3.35	1.35	1.46	3.14	0.93	2.30	4.64	1.55
重 庆	4.23	4.84	3.55	1.64	1.78	1.49	1.24	1.54	0.91	1.65	2.10	1.14
四 川	4.68	7.68	3.56	1.90	2.84	1.56	1.52	2.64	1.11	1.74	3.37	1.13
贵 州	3.64	7.42	2.87	1.31	2.77	1.01	1.03	2.57	0.72	1.37	3.26	0.98
云 南	4.20	9.96	3.27	1.63	3.97	1.25	1.33	3.67	0.96	1.59	4.14	1.18
西 藏	3.67	14.29	2.95	1.63	6.10	1.33	1.15	5.19	0.88	0.76	4.99	0.47
陕 西	6.04	9.01	4.54	1.88	2.96	1.34	1.54	2.68	0.96	2.26	3.92	1.42
甘 肃	4.33	6.76	3.29	1.65	2.64	1.22	1.34	2.43	0.87	1.50	2.80	0.95
青 海	5.66	16.44	3.58	2.31	6.10	1.58	1.98	5.72	1.26	2.01	7.30	0.98
宁 夏	5.58	9.07	3.11	2.14	3.32	1.31	1.89	3.08	1.05	2.09	3.75	0.92
新 疆	6.43	12.88	5.50	2.34	4.97	1.96	1.92	4.76	1.51	2.50	5.45	2.07

注：分母系常住人口数。

6-12-12 医疗卫生机构床位数

单位：万张

年 份	合计	医院	综合医院	中医医院	专科医院	基层医疗卫生机构	社区卫生服务中心(站)	乡镇卫生院	专业公共卫生机构	妇幼保健院(所、站)	专科疾病防治院(所、站)	其他医疗卫生机构
1949	8.46	8.00										
1950	11.91	9.71	8.46	0.01	0.74					0.27		
1955	36.28	21.53	17.08	0.14	2.80					0.57		
1960	97.68	59.14	44.74	1.42	7.95			4.63		0.88	1.74	
1965	103.33	61.20	48.04	1.04	7.49			13.25		0.92		
1970	126.15	70.50	57.21	1.01	7.79			36.80		0.70		
1975	176.43	94.02	76.33	1.37	11.11			62.03		0.97	2.88	
1978	204.17	110.00	87.33	3.40	12.10			74.73		1.16	2.63	
1980	218.44	119.58	94.11	5.00	12.87			77.54		1.64	2.73	
1981	223.38	124.09	96.80	5.79	13.49			76.31		1.97	2.71	
1982	228.03	128.52	99.83	6.40	13.90			75.32		2.33	2.73	
1983	234.16	134.53	103.99	7.24	14.58			74.62		2.75	2.85	
1984	241.24	141.24	108.00	8.65	15.29			73.14		3.18	2.96	
1985	248.71	150.86	112.77	11.23	16.56			72.06		3.46	2.95	
1986	256.25	155.98	117.52	12.52	17.71			71.12		3.67	3.06	
1987	268.50	165.34	123.71	14.21	19.03			72.30		4.00	3.07	
1988	279.49	174.70	129.06	15.55	20.23			72.61		4.35	3.00	
1989	286.70	181.46	133.60	16.60	20.93			72.30		4.50	3.10	
1990	292.54	186.89	136.90	17.57	21.95			72.29		4.66	3.10	
1991	299.19	192.61	140.55	18.82	22.26			72.92		4.80	3.17	
1992	304.94	197.66	144.10	20.04	22.71			73.28		5.00	3.22	
1993	309.90	203.64	156.63	21.35	24.37			73.08		4.50	3.03	
1994	313.40	207.04	158.70	22.18	24.85			73.24		4.80	2.98	
1995	314.06	206.33	158.72	22.72	24.51			73.31		5.13	3.07	
1996	309.96	209.65	159.73	23.75	24.86			73.47		5.60	2.83	
1997	313.45	211.92	161.21	24.46	24.97			74.24		6.02	3.06	
1998	314.30	213.41	162.00	24.95	25.01			73.77		6.30	2.90	
1999	315.90	215.07	163.25	25.33	25.03			73.40		6.63	2.93	
2000	317.70	216.67	164.09	25.93	25.08	76.65		73.48	11.86	7.12	2.84	12.52
2001	320.12	215.56	150.50	24.60	25.65	77.14		74.00	12.02	7.40	2.70	15.40
2002	313.61	222.18	168.38	24.67	26.21	71.05	1.20	67.13	12.37	7.98	3.18	8.01
2003	316.40	226.95	171.34	26.02	26.72	71.05	1.21	67.27	12.61	8.09	3.38	5.79
2004	326.84	236.35	177.68	27.55	28.26	71.44	1.81	66.89	12.73	8.70	3.12	6.32
2005	336.75	244.50	183.47	28.77	29.21	72.58	2.50	67.82	13.58	9.41	3.34	6.09
2006	351.18	256.04	190.29	30.32	32.05	76.19	4.12	69.62	13.50	9.93	2.80	5.45
2007	370.11	267.51	197.16	32.16	34.37	85.03	7.66	74.72	13.29	10.62	2.59	4.28
2008	403.87	288.29	211.28	35.03	37.77	97.10	9.80	84.69	14.66	11.73	2.64	3.82
2009	441.66	312.08	227.11	38.56	41.67	109.98	13.13	93.34	15.40	12.61	2.71	4.21
2010	478.68	338.74	244.95	42.42	45.95	119.22	16.88	99.43	16.45	13.44	2.93	4.26
2011	515.99	370.51	267.07	47.71	49.65	123.37	18.71	102.63	17.81	14.59	3.14	4.29
2012	572.48	416.15	297.99	54.80	55.74	132.43	20.32	109.93	19.82	16.16	3.57	4.08
2013	618.19	457.86	325.52	60.88	62.11	134.99	19.42	113.65	21.49	17.55	3.85	3.85

6-12-13 各地区医疗卫生机构床位数

单位：张

地 区	合计	医院							基层医疗卫生机构	
		小计	综合医院	中医医院	中西医结合医院	民族医院	专科医院	护理院	小计	社区卫生服务中心
总 计	**6181891**	**4578601**	**3255153**	**608843**	**58774**	**19176**	**621143**	**15512**	**1349908**	**167998**
北 京	104011	96558	58592	12276	4868	121	20631	70	4607	4548
天 津	57743	49071	27962	5685	1700		13724		7163	3141
河 北	303497	220423	165288	27495	5077		22563		70278	4918
山 西	172620	128294	88819	14851	1605		23019		38952	3733
内蒙古	120065	91604	66056	9295	1270	4689	10184	110	24245	3408
辽 宁	241860	197453	136833	20396	790	300	38889	245	34769	5203
吉 林	133245	106342	74739	12272	1706	82	17313	230	21034	2825
黑龙江	189183	151349	110755	17331	479	357	22397	30	28852	6123
上 海	114314	94722	56935	5356	3319		24641	4471	17268	17256
江 苏	368287	286183	189971	36410	4275		46735	8792	74118	18090
浙 江	230056	197096	133031	29058	3243		31174	590	23410	7715
安 徽	235959	171508	125039	22994	1456		21893	126	57785	7469
福 建	156149	114849	82059	15621	2563	100	14506		32219	2928
江 西	174299	114782	81126	20037	918		12701		47427	2826
山 东	489737	342104	247855	46411	2771	199	44618	250	122665	12960
河 南	429810	306546	223791	46479	1385		34841	50	104160	8678
湖 北	288169	200220	148478	28259	2632	443	20408		74716	10650
湖 南	314090	215039	144331	38656	1373	73	30557	49	85417	6836
广 东	378367	294219	218272	35458	1972		38277	240	59880	7316
广 西	187216	118475	83413	19137	2860	321	12694	50	56447	814
海 南	32100	24555	19347	3000	360		1848		5826	429
重 庆	147436	99056	67849	15143	1038		15026		44661	6467
四 川	426635	289242	198894	41065	5412	576	43295		125964	9003
贵 州	166724	120418	92362	15145	1236	557	10953	165	41531	2749
云 南	210125	156074	115475	20101	1800	277	18421		46720	3430
西 藏	11003	7262	6004			1109	149		3230	52
陕 西	185139	142093	108337	22062	953		10697	44	34205	3239
甘 肃	116064	84511	62070	15936	973	716	4816		27240	2246
青 海	29529	23580	17069	2145	30	1877	2459		5659	385
宁 夏	31134	27076	21265	3599	168	126	1918		3087	59
新 疆	137325	107897	83136	7170	542	7253	9796		26373	2502

6-12-13　续表　　　　单位：张

地　区	基层医疗卫生机构					专业公共卫生机构				其他医疗卫生机构
	社区卫生服务站	街道卫生院	乡镇卫生院	门诊部	护理站	小计	专科疾病防治院(所、站)	妇、幼保健院(所、站)	急救中心(站)	
总　计	**26243**	**9587**	**1136492**	**9245**	**343**	**214870**	**38507**	**175476**	**887**	**38512**
北　京				59		2369	539	1830		477
天　津			3991	31		1114	648	466		395
河　北	3903		60836	621		11791	837	10854	100	1005
山　西	987	5280	28508	444		3669	190	3464	15	1705
内蒙古	2686	15	17855	281		3576	304	3272		640
辽　宁	137	239	28855	335		3692	2342	1230	120	5946
吉　林	249		17789	162	9	3111	977	2134		2758
黑龙江	1356	21	20852	500		7382	3654	3724	4	1600
上　海				12		1602	280	1322		722
江　苏	688	35	55025	174	106	5443	1182	4247	14	2543
浙　江	60	121	15086	428		7528	715	6794	19	2022
安　徽		30	49781	505		5744	2172	3569	3	922
福　建			29283	8		6648	1420	5197	31	2433
江　西	1007	39	43314	241		10280	2379	7901		1810
山　东	4446		104232	811	216	20202	4400	15437	365	4766
河　南	1070	50	93725	637		18959	1194	17680	85	145
湖　北	752	1366	61845	103		13233	2523	10710		
湖　南	392	80	77343	766		13507	3713	9794		127
广　东	21	1154	51105	284		22399	4961	17438		1869
广　西	51		55526	56		11121	494	10627		1173
海　南	76		5299	22		1339	76	1263		380
重　庆	131	867	36777	419		2904	128	2776		815
四　川	1764	24	114388	785		10963	1244	9682	37	466
贵　州	1706	143	36601	332		4677	486	4191		98
云　南	1044		42022	224		6304	693	5579	32	1027
西　藏	12		3166			471		471		40
陕　西	889	116	29806	155		7439	790	6649		1402
甘　肃	1269	7	23380	326	12	3563	32	3519	12	750
青　海	929		4306	39		290	35	255		
宁　夏	169		2804	55		871		871		100
新　疆	449		22992	430		2679	99	2530	50	376

6-12-14 各地区医疗卫生机构门诊服务情况

地 区	诊 疗 人次数 (人次)	门急诊	观察室留观病例数 (人次)	健康检查人数 (人次)	急诊病死率 (%)	观察室病死率 (%)	居民平均就诊次数 (次)
总 计	**7314009678**	**6960524448**	**64103939**	**388325749**	**0.07**	**0.06**	**5.38**
北 京	204663805	202386670	2995349	5600322	0.08	0.07	9.68
天 津	105327145	100729714	1828693	3608237	0.09	0.05	7.15
河 北	393093919	351997484	2001962	15006679	0.18	0.09	5.36
山 西	124864189	113673362	655724	29280141	0.18	0.08	3.44
内蒙古	98828476	90841176	468230	5294066	0.10	0.18	3.96
辽 宁	178380704	164089680	2986798	8983342	0.13	0.10	4.06
吉 林	102045935	90358001	557599	4133733	0.10	0.21	3.71
黑龙江	120940915	109355441	490697	5926037	0.11	0.35	3.15
上 海	234066344	229502219	315890	6769387	0.14	1.39	9.69
江 苏	494401226	478592532	2168314	26000335	0.04	0.04	6.23
浙 江	475263495	466001047	1233692	22030692	0.04	0.15	8.64
安 徽	254743420	242391552	1892043	13335723	0.08	0.01	4.22
福 建	203956273	196056735	947126	9396176	0.03	0.02	5.40
江 西	198526885	188292371	2172193	11340501	0.03	0.01	4.39
山 东	622079035	588796501	4628706	28097802	0.18	0.09	6.39
河 南	518604412	484237770	2070309	28073000	0.09	0.06	5.51
湖 北	320597308	306013010	4105298	17313667	0.07	0.04	5.53
湖 南	244375823	228576949	4652090	16017279	0.03	0.04	3.65
广 东	757794438	735725280	6761910	37048478	0.03	0.05	7.12
广 西	249698807	241682838	1978839	13342444	0.03	0.02	5.29
海 南	42478527	41753114	200497	1632657	0.04	0.01	4.74
重 庆	139099534	131302308	3588325	6847486	0.07	0.00	4.68
四 川	435486086	418120304	4169440	27388515	0.07	0.03	5.37
贵 州	126624108	120155251	2498942	8550186	0.04	0.02	3.62
云 南	211198345	204830678	4439730	8910046	0.05	0.04	4.51
西 藏	11784297	11131780	136699	906018	0.05	0.04	3.78
陕 西	171916585	165795263	301385	8273391	0.10	0.09	4.57
甘 肃	123929555	115081074	1741070	8873803	0.14	0.02	4.80
青 海	22035260	20668811	654372	1776668	0.23	0.02	3.81
宁 夏	33385282	31933834	726790	2663837	0.14	0.01	5.10
新 疆	93819545	90451699	735227	5905101	0.13	0.11	4.14

6-12-15 各地区医院住院服务情况

地 区	入院人数(人)			出院人数(人)			住院病人手术人次数(人次)		
	合计	公立	民营	合计	公立	民营	合计	公立	民营
总 计	**140074335**	**123151667**	**16922668**	**139286400**	**122593494**	**16692906**	**37329094**	**32682229**	**4646865**
北 京	2333340	2093612	239728	2325844	2088955	236889	931973	859891	72082
天 津	1235287	1131425	103862	1232344	1128706	103638	466898	455511	11387
河 北	7065098	6390399	674699	7027249	6369909	657340	1577490	1426178	151312
山 西	2984958	2668977	315981	2971321	2658635	312686	783867	688774	95093
内蒙古	2314216	2156531	157685	2314604	2146817	167787	523638	481235	42403
辽 宁	5137658	4646065	491593	5091234	4610622	480612	1110378	1000106	110272
吉 林	2744227	2496016	248211	2710566	2473467	237099	581559	512051	69508
黑龙江	3849907	3555059	294848	3831687	3540437	291250	1042207	965052	77155
上 海	2661650	2549130	112520	2652236	2541120	111116	1324652	1272244	52408
江 苏	8506519	6665481	1841038	8468870	6639534	1829336	2566690	1982285	584405
浙 江	6224210	5672620	551590	6193026	5647698	545328	2049009	1834161	214848
安 徽	5592380	4634338	958042	5544366	4601075	943291	1437293	1154275	283018
福 建	3908998	3496991	412007	3888543	3479259	409284	964752	835408	129344
江 西	3975255	3525143	450112	3954190	3511158	443032	909031	777588	131443
山 东	10298330	9162779	1135551	10236842	9143604	1093238	2446076	2151191	294885
河 南	9419662	8531056	888606	9353025	8480278	872747	2217738	1994520	223218
湖 北	6478724	5977286	501438	6470072	5952963	517109	1679659	1523925	155734
湖 南	7205448	6552250	653198	7148300	6500070	648230	1563644	1421628	142016
广 东	9874294	8906929	967365	9860615	8896209	964406	3938053	3531750	406303
广 西	4385131	4187314	197817	4363586	4167785	195801	1046014	996408	49606
海 南	744333	721914	22419	740149	718162	21987	133239	123617	9622
重 庆	3028534	2463637	564897	3004282	2447167	557115	811543	622628	188915
四 川	9079968	7277936	1802032	9013947	7243086	1770861	2373978	1956874	417104
贵 州	4068698	2828823	1239875	4017124	2806829	1210295	924887	667704	257183
云 南	4911831	3949156	962675	4881392	3930647	950745	1247668	1017418	230250
西 藏	157089	141270	15819	159276	143661	15615	30659	26102	4557
陕 西	4413908	3921206	492702	4384224	3896212	488012	1106925	978115	128810
甘 肃	2416011	2271365	144646	2421827	2278337	143490	495535	453775	41760
青 海	635691	589666	46025	621734	576470	45264	130450	121435	9015
宁 夏	806659	728482	78177	804272	727096	77176	194550	176955	17595
新 疆	3616321	3258811	357510	3599653	3247526	352127	719039	673425	45614

6-12-16 社区卫生服务中心(站)医疗服务情况

年份 地区	社区卫生服务中心						社区卫生服务站	
	诊疗人次 (万人次)	入院人数 (人)	病床使用率 (%)	平均住院日 (日)	医师日均 担负诊疗人次 (人次)	医师日均 担负住院床日 (日)	诊疗人次 (万人次)	医师日均 担负诊疗人次 (人次)
2004	4615.6	151965	61.2	21.0			5095.5	
2005	5938.5	266215	60.7	17.2			6281.5	
2006	8285.5	436288	57.9	15.5			9378.9	
2007	12712.4	743186	59.6	13.1			9875.0	
2008	17247.3	1032788	58.7	13.4	12.9	0.8	8425.1	12.5
2009	26080.2	1642427	59.8	10.6	14.0	0.7	11617.3	13.7
2010	34740.4	2180577	56.1	10.4	13.6	0.7	13711.1	13.6
2011	40950.0	2473426	54.4	10.2	14.0	0.7	13703.8	13.7
2012	45475.1	2686554	55.5	10.1	14.8	0.7	14393.6	14.0
2013	50788.6	2920630	57.0	9.8	15.7	0.7	14921.2	14.3
北京	4236.2	33943	37.0	16.2	16.8	0.2	510.1	22.2
天津	1676.7	12137	19.3	11.4	27.5	0.2	16.6	22.8
河北	599.5	64661	51.6	7.6	8.7	0.7	984.6	11.9
山西	369.3	41018	54.7	12.9	5.7	0.6	408.3	7.5
内蒙古	397.0	43317	48.2	7.9	6.4	0.5	466.7	9.1
辽宁	897.0	88252	52.8	8.9	10.2	0.7	454.5	10.7
吉林	314.5	25846	30.3	9.2	5.1	0.3	57.7	11.5
黑龙江	574.8	49447	47.4	14.0	5.2	0.5	191.2	8.1
上海	8086.4	92656	88.4	52.7	27.8	1.3		
江苏	5443.9	300312	48.7	9.5	18.0	0.7	1432.8	23.3
浙江	7676.0	63740	39.4	15.6	22.5	0.2	531.5	22.3
安徽	991.5	134430	44.6	7.1	10.7	0.8	1013.8	12.1
福建	1009.6	70627	45.5	6.2	13.5	0.4	335.9	13.8
江西	330.5	57026	56.2	7.1	7.9	0.8	328.5	10.7
山东	1672.8	226130	48.1	8.6	9.1	0.8	1408.5	12.6
河南	1022.3	147920	48.4	8.5	9.1	0.9	1003.3	15.9
湖北	1319.9	276007	70.9	8.4	9.9	1.3	682.0	18.2
湖南	759.7	210669	69.3	7.0	7.6	1.1	218.3	7.5
广东	8822.0	160468	51.5	7.9	24.1	0.3	2207.5	32.4
广西	525.2	14955	56.2	8.3	12.9	0.2	166.4	12.9
海南	86.3	16777	91.8	7.0	12.5	1.4	193.6	15.8
重庆	572.8	225281	77.3	7.4	8.7	1.8	134.3	14.6
四川	1652.6	234078	67.3	8.4	13.2	1.1	405.7	12.0
贵州	179.1	120261	70.6	4.5	8.0	1.8	268.9	9.8
云南	341.3	67753	62.1	8.7	11.6	1.6	257.1	11.6
西藏	1.9		22.3		1.7		1.1	6.1
陕西	470.4	60870	47.4	9.1	8.8	0.7	284.0	11.6
甘肃	277.8	33732	59.6	6.7	7.3	0.6	318.5	10.3
青海	60.9	4904	63.1	12.2	10.8	1.0	161.6	14.9
宁夏	10.8	173	29.4	9.8	5.8	0.1	119.2	15.9
新疆	410.1	43240	50.8	8.8	10.3	0.8	359.1	11.1

6-12-17 乡镇卫生院医疗服务情况

年 份	诊疗人次数(亿次)	入院人数(万人)	病床周转次数(次)	病床使用率(%)	平均住院日(日)
1981	14.38	2123.00	29.50	53.50	6.30
1982	14.19	2228.00	31.00	54.20	6.00
1983	13.65	2373.00	33.40	56.60	5.90
1984	12.65	1893.00	27.90	49.10	6.00
1985	11.00	1771.00	26.40	46.00	5.90
1986	11.18	1782.00	26.90	46.00	5.90
1987	11.30	1959.00	28.50	47.40	5.60
1988	11.36	2031.00	29.20	47.30	5.60
1989	10.60	1935.00	28.30	44.60	5.40
1990	10.65	1958.00	28.60	43.40	5.20
1991	10.82	2016.00	29.10	43.50	5.10
1992	10.34	1960.00	28.70	42.90	5.10
1993	8.98	1855.00	27.90	38.40	4.60
1994	9.73	1913.00	29.40	40.50	4.60
1995	9.38	1960.00	29.90	40.20	4.60
1996	9.44	1916.00	28.60	37.00	4.40
1997	9.16	1918.00	26.00	34.50	4.50
1998	8.74	1751.00	24.40	33.30	4.60
1999	8.38	1688.00	24.20	32.80	4.60
2000	8.24	1708.00	24.80	33.20	4.60
2001	8.24	1700.00	23.70	31.30	4.50
2002	7.10	1625.00	28.03	34.72	3.99
2003	6.91	1608.00	28.10	36.24	4.21
2004	6.81	1599.00	27.01	37.14	4.43
2005	6.79	1622.00	25.77	37.70	4.63
2006	7.01	1836.00	28.81	39.35	4.62
2007	7.59	2662.00	36.71	48.40	4.82
2008	8.27	3312.72	41.96	55.82	4.44
2009	8.77	3807.72	42.87	60.70	4.79
2010	8.74	3630.38	38.40	59.04	5.20
2011	8.66	3448.78	35.20	58.12	5.58
2012	9.68	3907.50	37.41	62.07	5.68
2013	10.07	3937.15	36.13	62.83	5.92
中心卫生院	4.16	1829.21	38.14	65.80	5.94
乡卫生院	5.92	2107.94	34.55	60.50	5.91

注：1993年以前的诊疗人次及入院人数系推算数字。

6-12-18 监测地区5岁以下儿童和孕产妇死亡率

年 份	新生儿死亡率(‰)			婴儿死亡率(‰)			5岁以下儿童死亡率(‰)			孕产妇死亡率(1/10万)		
	合计	城市	农村	合计	城市	农村	合计	城市	农村	合计	城市	农村
1991	33.1	12.5	37.9	50.2	17.3	58.0	61.0	20.9	71.1	80.0	46.3	100.0
1992	32.5	13.9	36.8	46.7	18.4	53.2	57.4	20.7	65.6	76.5	42.7	97.9
1993	31.2	12.9	35.4	43.6	15.9	50.0	53.1	18.3	61.6	67.3	38.5	85.1
1994	28.5	12.2	32.3	39.9	15.5	45.6	49.6	18.0	56.9	64.8	44.1	77.5
1995	27.3	10.6	31.1	36.4	14.2	41.6	44.5	16.4	51.1	61.9	39.2	76.0
1996	24.0	12.2	26.7	36.0	14.8	40.9	45.0	16.9	51.4	63.9	29.2	86.4
1997	24.2	10.3	27.5	33.1	13.1	37.7	42.3	15.5	48.5	63.6	38.3	80.4
1998	22.3	10.0	25.1	33.2	13.5	37.7	42.0	16.2	47.9	56.2	28.6	74.1
1999	22.2	9.5	25.1	33.3	11.9	38.2	41.4	14.3	47.7	58.7	26.2	79.7
2000	22.8	9.5	25.8	32.2	11.8	37.0	39.7	13.8	45.7	53.0	29.3	69.6
2001	21.4	10.6	23.9	30.0	13.6	33.8	35.9	16.3	40.4	50.2	33.1	61.9
2002	20.7	9.7	23.2	29.2	12.2	33.1	34.9	14.6	39.6	43.2	22.3	58.2
2003	18.0	8.9	20.1	25.5	11.3	28.7	29.9	14.8	33.4	51.3	27.6	65.4
2004	15.4	8.4	17.3	21.5	10.1	24.5	25.0	12.0	28.5	48.3	26.1	63.0
2005	13.2	7.5	14.7	19.0	9.1	21.6	22.5	10.7	25.7	47.7	25.0	53.8
2006	12.0	6.8	13.4	17.2	8.0	19.7	20.6	9.6	23.6	41.1	24.8	45.5
2007	10.7	5.5	12.8	15.3	7.7	18.6	18.1	9.0	21.8	36.6	25.2	41.3
2008	10.2	5.0	12.3	14.9	6.5	18.4	18.5	7.9	22.7	34.2	29.2	36.1
2009	9.0	4.5	10.8	13.8	6.2	17.0	17.2	7.6	21.1	31.9	26.6	34.0
2010	8.3	4.1	10.0	13.1	5.8	16.1	16.4	7.3	20.1	30.0	29.7	30.1
2011	7.8	4.0	9.4	12.1	5.8	14.7	15.6	7.1	19.1	26.1	25.2	26.5
2012	6.9	3.9	8.1	10.3	5.2	12.4	13.2	5.9	16.2	24.5	22.2	25.6
2013	6.3	3.7	7.3	9.5	5.2	11.3	12.0	6.0	14.5	23.2	22.4	23.6

6-12-19 孕产妇保健情况

年 份	活产数（人）	高危产妇比重（%）	建卡率（%）	系统管理率（%）	产前检查率（%）	产后访视率（%）	住院分娩率(%)			新法接生率(%)		
							合计	市	县	合计	市	县
1980										91.4	98.7	90.3
1985							43.7	73.6	36.4	94.5	98.7	93.5
1990	14517207						50.6	74.2	45.1	94.0	98.6	93.9
1991	15293237						50.6	72.8	45.5	93.7	98.1	93.2
1992	11746275		76.6		69.7	69.7	52.7	71.7	41.2	84.1	91.2	82.0
1993	10170690		75.7		72.2	71.0	56.5	68.3	51.0	83.6	81.1	84.7
1994	11044607		79.1		76.3	74.5	65.6	76.4	50.4			87.4
1995	11539613		81.4		78.7	78.8	58.0	70.7	50.2			87.6
1996	11412028	7.3	82.4	65.5	83.7	80.1	60.7	76.5	51.7			95.5
1997	11286021	8.1	84.5	68.3	85.9	82.3	61.7	76.4	53.0			91.8
1998	10961516	8.6	86.2	72.3	87.1	83.9	66.2	79.0	58.1			92.6
1999	10698467	9.2	87.9	75.4	89.3	85.9	70.0	83.3	61.5	96.8	98.9	95.4
2000	10987691	10.0	88.6	77.2	89.4	86.2	72.9	84.9	65.2	96.6	98.8	95.2
2001	10690630	11.1	89.4	78.6	90.3	87.2	76.0	87.0	69.0	97.3	99.0	96.1
2002	10591949	11.9	89.2	78.2	90.1	86.7	78.7	89.4	71.6	96.7	98.6	95.4
2003	10188005	11.8	87.6	75.5	88.9	85.4	79.4	89.9	72.6	95.9	98.5	94.1
2004	10892614	12.4	88.3	76.4	89.7	85.9	82.8	91.4	77.1	97.3	98.9	96.2
2005	11415809	12.8	88.5	76.7	89.8	86.0	85.9	93.2	81.0	97.5	98.7	96.7
2006	11770056	13.0	88.2	76.5	89.7	85.7	88.4	94.1	84.6	97.8	98.7	97.2
2007	12506498	13.7	89.3	77.3	90.9	86.7	91.7	95.8	88.8	98.4	99.1	97.9
2008	13307045	15.7	89.3	78.1	91.0	87.0	94.5	97.5	92.3	99.1	99.6	98.7
2009	13825431	16.4	90.9	80.9	92.2	88.7	96.3	98.5	94.7	99.3	99.8	99.0
2010	14218657	17.1	92.9	84.1	94.1	90.8	97.8	99.2	96.7	99.6	99.9	99.4
2011	14507141	17.7	93.8	85.2	93.7	91.0	98.7	99.6	98.1	99.7	99.9	99.6
2012	15442995	18.5	94.8	87.6	95.0	92.6	99.2	99.7	98.8	99.8	99.9	99.7
2013	15108153	19.4	95.7	89.5	95.6	93.5	99.5	99.9	99.2	99.9	100.0	99.7

6-12-20 甲乙类法定报告传染病发病率、死亡率及病死率排序

顺位 No.	发病		死亡		病死	
	疾病名称	发病率 (1/10万)	疾病名称	死亡率 (1/10万)	疾病名称	病死率 (%)
1	病毒性肝炎	92.45	艾滋病	0.84	人感染高致病性禽流感	100.00
2	肺结核	66.80	肺结核	0.19	狂犬病	96.25
3	梅毒	30.04	狂犬病	0.08	流脑	9.86
4	细菌性和阿米巴性痢疾	13.93	病毒性肝炎	0.05	新生儿破伤风	9.15
5	淋病	7.36	流行性出血热	0.01	艾滋病	6.61
6	布鲁氏菌病	3.21	梅毒	0.01	人感染H7N9禽流感	5.26
7	艾滋病	3.12	流行性乙型脑炎	0.00	流行性乙型脑炎	2.94
8	猩红热	2.53	新生儿破伤风	0.00	霍乱	1.89
9	麻疹	2.04	麻疹	0.00	钩端螺旋体病	1.42
10	伤寒和副伤寒	1.04	流脑	0.00	流行性出血热	0.85
11	流行性出血热	0.95	疟疾	0.00	炭疽	0.52
12	血吸虫病	0.42	细菌性和阿米巴性痢疾	0.00	疟疾	0.51
13	登革热	0.34	钩端螺旋体病	0.00	肺结核	0.28
14	疟疾	0.29	伤寒和副伤寒	0.00	麻疹	0.09
15	流行性乙型脑炎	0.16	猩红热	0.00	病毒性肝炎	0.06
16	百日咳	0.13	人感染高致病性禽流感	0.00	伤寒和副伤寒	0.02
17	狂犬病	0.09	霍乱	0.00	血吸虫病	0.02
18	新生儿破伤风	0.03	淋病	0.00	梅毒	0.02
19	钩端螺旋体病	0.03	炭疽	0.00	细菌性和阿米巴性痢疾	0.01
20	流脑	0.02	血吸虫病	0.00	猩红热	0.01
21	炭疽	0.01	人感染H7N9禽流感	0.00	淋病	0.00
22	霍乱	0.00	鼠疫		鼠疫	
23	人感染H7N9禽流感	0.00	传染性非典型肺炎		传染性非典型肺炎	
24	人感染高致病性禽流感	0.00	脊髓灰质炎		脊髓灰质炎	
25	鼠疫		百日咳		百日咳	
26	传染性非典型肺炎		白喉		白喉	
27	脊髓灰质炎		登革热		登革热	
28	白喉		布鲁氏菌病		布鲁氏菌病	

注：新生儿破伤风发病率和死亡率单位为‰。

6-12-21 城市居民主要疾病死亡率及死因构成

疾病名称	死亡率(1/10万)			构成(%)			位次		
	合计	男	女	合计	男	女	合计	男	女
传染病(含呼吸道结核)	6.93	9.54	4.26	1.12	1.34	0.81	8	8	10
寄生虫病	0.04	0.04	0.04	0.01	0.01	0.01	17	16	17
恶性肿瘤	157.77	198.22	116.27	25.47	27.94	22.06	1	1	2
血液,造血器官及免疫疾病	1.27	1.29	1.26	0.21	0.18	0.24	15	14	15
内分泌,营养和代谢疾病	17.12	15.93	18.35	2.76	2.24	3.48	6	7	6
精神障碍	2.86	2.85	2.88	0.46	0.40	0.55	11	11	11
神经系统疾病	6.85	7.16	6.54	1.11	1.01	1.24	9	9	8
心脏病	133.84	139.04	128.50	21.60	19.60	24.38	2	3	1
脑血管病	125.56	139.12	111.65	20.27	19.61	21.18	3	2	3
呼吸系统疾病	76.61	88.45	64.47	12.37	12.47	12.23	4	4	4
消化系统疾病	15.78	19.55	11.91	2.55	2.76	2.26	7	6	7
肌肉骨骼和结缔组织疾病	1.71	1.20	2.22	0.28	0.17	0.42	14	15	12
泌尿生殖系统疾病	6.44	7.10	5.77	1.04	1.00	1.09	10	10	9
妊娠,分娩产褥期并发症	0.11		0.21	0.02		0.04	16		16
围生期疾病	2.02	2.47	1.55	0.33	0.35	0.29	12	12	14
先天畸形,变形和染色体异常	1.98	2.17	1.78	0.32	0.31	0.34	13	13	13
损伤和中毒外部原因	39.01	51.84	25.83	6.30	7.31	4.90	5	5	5
诊断不明	2.83	3.64	2.00	0.46	0.51	0.38			
其他疾病	8.71	7.08	10.39	1.41	1.00	1.97			

6-12-22 农村居民主要疾病死亡率及死因构成

疾病名称	死亡率(1/10万)			构成(%)			位次		
	合计	男	女	合计	男	女	合计	男	女
传染病(含呼吸道结核)	7.94	10.78	4.97	1.21	1.42	0.91	8	7	10
寄生虫病	0.06	0.06	0.05	0.01	0.01	0.01	17	16	17
恶性肿瘤	146.65	189.16	102.26	22.38	25.00	18.62	2	1	3
血液,造血器官及免疫疾病	1.16	1.20	1.13	0.18	0.16	0.21	15	15	15
内分泌营养和代谢疾病	11.76	10.51	13.07	1.79	1.39	2.38	7	8	6
精神障碍	2.72	2.68	2.76	0.41	0.35	0.50	11	12	11
神经系统疾病	6.81	6.98	6.62	1.04	0.92	1.21	10	10	8
心脏病	143.52	149.37	137.42	21.90	19.74	25.02	3	3	1
脑血管病	150.17	166.94	132.66	22.92	22.06	24.15	1	2	2
呼吸系统疾病	75.32	82.35	67.98	11.49	10.88	12.38	4	4	4
消化系统疾病	15.19	19.67	10.51	2.32	2.60	1.91	6	6	7
肌肉骨骼和结缔组织疾病	1.60	1.33	1.88	0.24	0.18	0.34	14	14	14
泌尿生殖系统疾病	6.96	8.18	5.68	1.06	1.08	1.03	9	9	9
妊娠分娩产褥期并发症	0.15		0.31	0.02		0.06	16	17	16
围生期疾病	2.50	2.91	2.07	0.38	0.38	0.38	12	11	12
先天畸形,变性和染色体异常	2.13	2.36	1.88	0.32	0.31	0.34	13	13	13
损伤和中毒外部原因	57.14	78.20	35.14	8.72	10.33	6.40	5	5	5
诊断不明	2.03	2.30	1.76	0.31	0.30	0.32			
其他疾病	7.66	6.58	8.79	1.17	0.87	1.60			

6-12-23 新型农村合作医疗情况

指　　标	2007	2008	2009	2010	2011	2012	2013
开展新农合县(区、市)数 (个)	2451	2729	2716	2678	2637	2566	2489
参加新农合人数(亿人)	7.26	8.15	8.33	8.36	8.32	8.05	8.02
参合率 (%)	86.2	91.5	94.2	96.0	97.5	98.3	98.7
人均筹资 (元)	58.9	96.3	113.4	156.6	246.2	308.5	370.6
当年基金支出 (亿元)	346.6	662.3	922.9	1187.8	1710.2	2408.0	2909.2
补偿受益人次(亿人次)	4.53	5.85	7.59	10.87	13.15	17.45	19.42

6-12-24 分地区新型农村合作医疗情况

地 区	参加新农合人数(万人)	人均筹资(元)	本年度筹资总额(亿元)	补偿受益人次(万人次)	基金使用率(%)
总 计	**80209.0**	**370.6**	**2972.48**	**194218.8**	**97.8**
北 京	254.4	893.9	22.74	562.9	100.5
天 津					
河 北	5146.4	346.2	178.19	13350.1	98.0
山 西	2193.7	346.6	76.02	4105.6	96.3
内蒙古	1261.5	374.3	47.22	958.7	96.9
辽 宁	1977.1	354.0	69.99	2453.3	97.0
吉 林	1344.3	362.8	48.77	665.0	89.8
黑龙江	1521.1	354.3	53.89	2457.2	98.7
上 海	104.7	1593.7	16.69	1683.4	99.5
江 苏	4055.1	394.6	160.00	14449.2	100.5
浙 江	2228.3	665.9	148.38	12714.2	105.1
安 徽	5149.6	368.1	189.58	10382.2	93.4
福 建	2492.1	350.2	87.27	1441.8	104.9
江 西	3358.0	342.3	114.96	5114.6	93.5
山 东	6378.8	361.5	230.57	24655.5	104.7
河 南	8119.5	352.9	286.54	27128.6	90.7
湖 北	3925.3	365.1	143.32	14256.3	94.1
湖 南	4729.7	350.6	165.84	6222.9	96.4
广 东					
广 西	4078.9	344.2	140.39	5564.9	106.8
海 南	490.4	348.3	17.08	1095.7	97.3
重 庆	2146.2	437.8	93.97	2243.1	73.2
四 川	6243.8	347.3	216.86	14698.6	98.2
贵 州	3214.0	334.0	107.34	5520.5	107.3
云 南	3250.5	346.0	112.47	10041.2	101.1
西 藏	242.9	366.7	8.91	698.8	98.7
陕 西	2550.3	374.7	95.56	4942.6	98.5
甘 肃	1930.3	343.7	66.34	3884.3	97.2
青 海	362.7	471.4	17.10	300.9	101.3
宁 夏	356.9	434.8	15.52	831.9	112.6
新 疆	1102.7	371.7	40.99	1795.1	103.0

6-12-25 医疗卫生监督处罚案件

单位：件

指 标	总计	医疗机构							
		合计	医院	妇幼保健院	社区卫生服务机构	卫生院	疗养院	门诊部	诊所
案件数	19733	19474	3549	101	858	1079	5	1395	5931
结案数	19410	19150	3465	98	852	1048	6	1324	5872
违法事实									
未取得执业许可证擅自执业	581	581	26	1	7	5		17	359
逾期不校验医疗机构执业许可证	93	93	11		1	11		2	47
出卖/转让/出借医疗机构执业许可证	60	60	18		2	10		3	23
诊疗活动超出登记范围	3469	3469	425	16	155	155	2	305	1513
使用非卫生技术人员	5636	5636	1370	37	337	468	2	504	1960
出具虚假证明文件	54	51	27	2	1	3		2	3
违法发布医疗广告	1243	1243	821	4	12	3		256	104
使用未取得护士执业证书人员或使用未变更执业地点等的护士从事护理工作	412	412	92	2	25	19		62	152
造成、发生医疗事故	54	49	42	2	1	1		1	1
未取得母婴保健技术许可擅自从事母婴保健技术服务	314	309	146		9	19		79	43
未获取许可开展人类辅助生殖技术	8	8	5					3	
擅自购置、违规使用大型医用设备	23	23	13					1	7
以不正当手段非法取得执业证书									
违反医疗技术规范	6								
未取得资格证明或未经注册从事医疗工作	98								
其他违法行为	9557	9407	1080	57	413	630	2	365	2338
处罚程序									
简易程序	6906	6892	1052	20	185	283	1	318	1815
一般程序	12504	12258	2413	78	667	765	5	1006	4057
其中：听证	688	655	88	1	24	20		113	274
处罚决定									
警告	8727	8658	1930	50	374	499	3	666	2381
罚款	16500	16293	2383	75	784	884	4	973	5402
罚款金额(万元)	4054.4	3935.1	1127.9	40.0	174.7	364.7	1.5	365.4	1117.5
没收违法所得	387	342	114	2	14	13		54	82
没收金额(万元)	187.7	178.7	84.6	0.4	7.1	15.5		23.8	38.8
没收药品器械	241	200	8		14			15	119
责令停止执业	583	519	59	3	17	22		30	264
责令限期补办校验手续	49	48	6		1	8		1	14
责令暂停执业活动	107	99	37		5	2		11	27
取缔	143	94	2	1				1	78
其他	80	71	9		4	12	1	4	25
行政复议	3	3	1						2
行政诉讼									

6-12-25 续表　　　　单位：件

指　　标	医疗机构		卫生技术人员						非卫生技术人员
	村卫生室	其他	合计	医师	药师	护士	医技	乡村医生	
案件数	5952	604	186	160		4		22	73
结案数	5894	591	188	162		3		23	72
违法事实									
未取得执业许可证擅自执业	58	108							
逾期不校验医疗机构执业许可证	19	2							
出卖/转让/出借医疗机构执业许可证	2	2							
诊疗活动超出登记范围	796	102							
使用非卫生技术人员	770	188							
出具虚假证明文件	11	2	3	3					
违法发布医疗广告	10	33							
使用未取得护士执业证书人员或使用未变更执业地点等的护士从事护理工作	40	20							
造成、发生医疗事故	1		5	5					
未取得母婴保健技术许可擅自从事母婴保健技术服务	9	4	4	4					1
未获取许可开展人类辅助生殖技术									
擅自购置、违规使用大型医用设备	2								
以不正当手段非法取得执业证书									
违反医疗技术规范			6	6					
未取得资格证明或未经注册从事医疗工作			98	55				9	34
其他违法行为	4330	192	112	95		4		13	38
处罚程序									
简易程序	3029	189	9	8				1	5
一般程序	2865	402	179	154		3		22	67
其中：听证	117	18	29	25		1		3	4
处罚决定									
警告	2543	212	57	54				3	12
罚款	5270	518	140	117		3		20	67
罚款金额(万元)	629.9	113.4	90.3	71.2		1.3		17.8	29.1
没收违法所得	48	15	36	30				6	9
没收金额(万元)	5.4	3.0	7.7	7.2				0.5	1.3
没收药品器械	27	17	30	24				6	11
责令停止执业	60	64	34	30				4	30
责令限期补办校验手续	5	13	1	1					
责令暂停执业活动	16	1	7	7					1
取缔	8	4	24	21		1		2	25
其他	16		9	8				1	
行政复议									
行政诉讼									

6-12-26 社会服务机构基本情况

指 标	单位数（个）		职工人数（万人）	
	2012	2013	2012	2013
一、社会服务	**1366650**	**1562298**	**1144.7**	**1197.8**
(一)社会工作	**179045**	**323061**	**241.4**	**269.3**
提供住宿的社会服务机构	**48105**	**45977**	**39.8**	**42.4**
老年人与残疾人服务机构	**44304**	**42475**	**33.1**	**35.6**
城市养老服务机构	6464	7077	9.3	11.0
农村养老服务机构	32787	30247	15.9	16.4
社会福利院	1719	1825	4.2	4.5
光荣院	1399	1425	1.2	1.2
荣誉军人康复医院	43	42	0.5	0.5
复员军人疗养院	41	38	0.3	0.3
军休所	1851	1821	1.7	1.7
智障与精神疾病服务机构	**257**	**261**	**2.3**	**2.5**
社会福利医院	156	155	1.3	1.4
复退军人精神病院	101	106	1.0	1.1
儿童收养救助服务机构	**724**	**803**	**1.3**	**1.4**
儿童福利机构	463	529	1.1	1.2
未成年人救助保护中心	261	274	0.2	0.2
其他提供住宿的服务机构	**2820**	**2438**	**3.1**	**2.9**
生活无着人员救助管理站	1770	1891	1.7	1.8
安置农场	27	26	0.1	0.1
军供站	695	325	0.7	0.6
其他提供住宿的机构	328	196	0.6	0.4
不提供住宿的社会服务机构	**130940**	**277084**	**201.6**	**226.9**
老龄机构	2583	2571	1.1	1.0
为残疾人提供服务机构	20205	18227	149.9	137.3
低保救助对象服务机构	843	987	0.6	0.7
救灾储备单位	665	784	0.2	0.2
福利彩票发行机构	955	940	0.9	1.1
军队离退休人员管理中心	121	145	0.2	0.2
军队离退休人员活动中心	25	28	0.1	0.1
烈士纪念建筑物管理机构	1306	1463	1.0	1.0
社区服务机构	104237	251939	47.6	85.3
(二)成员组织和其他社会服务	**1185179**	**1236853**	**901.1**	**926.5**
成员组织	**1178896**	**1230412**	**892.5**	**917.4**
社会组织	**499268**	**547245**	**613.3**	**636.7**
社会团体	271131	289026	346.9	353.2
基金会	3029	3549	1.9	1.9
民办非企业	225108	254670	264.5	281.6
自治组织	**679628**	**683167**	**279.2**	**280.7**
居委会	91153	94620	46.9	48.4
村委会	588475	588547	232.3	232.3
其他社会服务	**6283**	**6441**	**8.6**	**9.1**
婚姻服务机构	**1926**	**2059**	**0.9**	**1.0**
殡葬服务机构	**4357**	**4382**	**7.7**	**8.1**
殡仪馆	1782	1784	4.5	4.6
公墓	1597	1506	2.3	2.5
骨灰堂		29		0.1
殡葬管理单位	978	1063	0.9	0.9
(三)其他事业单位	**2426**	**2384**	**2.2**	**2.0**
二、行政机关	**3493**	**3492**	**9.3**	**9.4**

6-12-27 提供住宿的社会服务机构床位数

单位：万张

年份 地区	床位数	老年及残疾人床位	智障和精神疾病床位	儿童床位	救助及其他社会服务床位	每千人口社会服务机构床位数(张)	每千老年人口养老床位数(张)
1991	82.8	78.3	3.8	0.7	·	0.71	
1992	89.8	85.2	3.8	0.8		0.77	
1993	92.7	87.4	4.0	0.9	0.4	0.78	
1994	95.5	90.1	4.0	0.9	0.5	0.80	
1995	97.6	91.9	4.0	1.1	0.6	0.81	
1996	100.8	95.0	4.0	1.2	0.6	0.82	
1997	103.1	97.2	4.0	1.3	0.6	0.83	
1998	105.8	99.6	4.1	1.5	0.6	0.85	
1999	108.9	102.4	4.1	1.6	0.8	0.87	
2000	113.0	104.5	4.1	1.8	2.6	0.89	
2001	140.7	114.6	4.2	2.3	19.6	1.10	
2002	141.5	114.9	4.3	2.5	19.8	1.10	
2003	142.9	120.6	4.5	2.7	15.1	1.11	
2004	157.2	139.5	4.5	3.0	10.2	1.21	
2005	180.7	158.1	4.4	3.2	15.0	1.38	10.97
2006	204.5	179.6	4.4	3.2	17.3	1.56	12.05
2007	269.6	242.9	4.7	3.4	18.6	2.04	15.83
2008	300.3	267.4	5.4	4.3	23.2	2.26	16.72
2009	326.5	293.5	5.9	4.8	22.3	2.45	17.56
2010	349.6	316.1	6.1	5.5	21.9	2.61	17.79
2011	396.4	369.2	6.5	6.8	13.9	2.94	19.96
2012	449.3	416.5	6.7	8.7	17.4	3.32	21.48
2013	526.7	493.7	7.4	9.8	15.7	3.87	24.39
北　京	13.4	12.4	0.1	0.2	0.8	6.35	39.25
天　津	5.7	5.4	0.1	0.1	0.1	3.87	24.55
河　北	41.5	40.1	0.1	0.1	1.2	5.66	36.77
山　西	7.6	7.0	0.2	0.1	0.3	2.09	13.02
内蒙古	8.9	8.4	0.2	0.2	0.3	3.58	22.47
辽　宁	19.8	18.6	0.2	0.3	0.7	4.50	28.41
吉　林	9.3	7.8	0.7	0.4	0.3	3.37	19.16
黑龙江	11.7	10.7	0.3	0.3	0.5	3.06	18.66
上　海	12.1	11.5	0.2	0.3	0.2	5.01	32.08
江　苏	50.5	48.9	0.5	0.4	0.6	6.36	41.39
浙　江	30.8	29.9	0.1	0.3	0.5	5.60	36.54
安　徽	29.7	28.4	0.1	0.6	0.6	4.93	31.70
福　建	10.2	9.3	0.4	0.1	0.3	2.71	16.64
江　西	17.4	16.7	0.0	0.2	0.5	3.85	24.83
山　东	48.8	47.2	0.3	0.7	0.6	5.02	32.59
河　南	31.7	30.1	0.2	0.3	1.1	3.37	21.51
湖　北	25.2	23.4	0.5	0.7	0.6	4.35	27.16
湖　南	19.0	17.3	0.5	0.5	0.6	2.84	17.42
广　东	19.7	17.7	0.4	0.5	1.1	1.85	11.16
广　西	13.2	12.4	0.3	0.2	0.4	2.80	17.64
海　南	1.5	1.5				1.71	11.08
重　庆	14.8	14.1	0.2	0.3	0.1	4.98	31.96
四　川	39.8	36.3	1.0	0.6	1.9	4.91	30.09
贵　州	8.5	7.4	0.3	0.3	0.5	2.41	14.20
云　南	7.4	6.4	0.1	0.3	0.6	1.59	9.22
西　藏	1.0	0.8		0.2	0.1	3.36	17.25
陕　西	10.6	9.7	0.1	0.3	0.5	2.81	17.34
甘　肃	8.0	7.3	0.1	0.4	0.2	3.10	19.03
青　海	1.7	1.4		0.2		2.89	16.18
宁　夏	1.2	1.0		0.2		1.85	10.22
新　疆	6.0	4.6	0.3	0.7	0.4	2.63	13.56

注：2001年起，社会服务机构床位数口径有所调整，除收养性机构床位数外，还包括了救助类机构床位数、社区类机构床位数以及军休所、军供站等机构床位数。老年人口指60岁及以上老年人口。

6-12-28 为残疾人提供服务机构情况

年 份	单位数（个）	残疾职工人数（万人）	利润额（亿元）
1978	920	3.5	0.8
1979	1106	4.8	0.8
1980	1309	5.5	0.9
1981	1574	6.1	0.7
1982	1704	6.4	0.8
1983	5930	9.6	0.9
1984	6710	11.6	1.3
1985	14872	23.2	5.1
1986	19865	31.4	4.2
1987	27793	43.3	8.8
1988	40496	55.9	16.5
1989	41565	60.5	16.1
1990	41827	63.8	17.8
1991	43805	70.1	21.3
1992	49836	77.8	32.6
1993	56881	84.5	44.7
1994	60233	90.9	44.1
1995	60237	93.9	49.1
1996	59397	93.6	45.1
1997	55509	91.0	66.3
1998	50514	85.6	63.9
1999	44628	79.0	76.7
2000	40670	72.5	99.0
2001	37980	69.9	119.5
2002	35758	68.3	148.3
2003	33976	67.9	189.9
2004	32410	66.2	219.0
2005	31211	63.7	225.2
2006	30199	55.9	237.8
2007	24974	56.3	169.3
2008	23780	61.9	119.2
2009	22783	62.7	125.4
2010	22226	62.5	150.8
2011	21507	62.8	140.1
2012	20205	59.7	118.4
2013	18227	53.9	106.9

6-12-29 各地区为残疾人提供服务机构情况

地 区	单位数（个）	残疾职工人数（万人）	利润额（亿元）
总 计	**18227**	**53.9**	**106.9**
北 京	612	1.1	0.8
天 津	231	0.7	2.9
河 北	753	1.8	1.2
山 西	424	1.7	0.4
内蒙古	163	0.5	0.4
辽 宁	1978	4.4	3.4
吉 林	419	1.1	
黑龙江	534	1.0	
上 海	1091	3.0	16.1
江 苏	2771	9.5	25.4
浙 江	2121	7.4	36.3
安 徽	357	0.7	0.9
福 建	291	0.9	0.4
江 西	331	1.2	0.6
山 东	1298	3.7	9.1
河 南	937	2.7	0.4
湖 北	625	1.6	0.4
湖 南	550	1.8	0.1
广 东	151	0.6	0.6
广 西	142	0.3	
海 南	12	0.1	
重 庆	741	2.6	6.7
四 川	718	2.3	0.7
贵 州	46	0.1	
云 南	320	1.7	1.9
西 藏	3		
陕 西	239	0.5	1.8
甘 肃	77	0.1	
青 海	36	0.1	
宁 夏	78	0.2	
新 疆	178	0.6	0.1

6-12-30　孤儿和家庭儿童收养情况

年　份 地　区	孤儿数 (人)	家庭儿童收养登记总数 (件)	中国公民收养登记	外国公民收养登记	家庭儿童 收养比例(%)
1996		18896	14804	4092	
1997		21548	17193	4355	
1998		26498	20611	5887	
1999		38074	31916	6158	
2000		55802	49037	6765	
2001		44706	36089	8617	
2002		45336	35372	9964	
2003		54159	44884	9275	
2004		52603	40084	12519	
2005		49506	35470	14036	
2006		48178	38393	9785	
2007		45192	36893	8299	
2008	67921	42550	37009	5541	65.0
2009	127599	44260	39801	4459	34.8
2010	252110	34529	29618	4911	13.7
2011	509695	31424	27579	3845	6.1
2012	570075	27278	23157	4121	4.8
2013	548845	24460	21230	3230	4.5
北　京	2374	218	149	69	9.2
天　津	835	166	123	43	19.9
河　北	15278	439	391	48	2.9
山　西	16115	255	97	158	1.6
内蒙古	6127	198	155	43	3.2
辽　宁	7702	208	193	15	2.7
吉　林	5880	37	18	19	0.6
黑龙江	8121	93	66	27	1.1
上　海	2141	316	250	66	14.8
江　苏	19503	2636	2423	213	13.5
浙　江	5204	4037	3956	81	77.6
安　徽	27076	1046	882	164	3.9
福　建	6642	1150	1104	46	17.3
江　西	27107	872	619	253	3.2
山　东	19077	2092	2005	87	11.0
河　南	46844	690	260	430	1.5
湖　北	29478	1381	1302	79	4.7
湖　南	51633	844	751	93	1.6
广　东	43526	1989	1433	556	4.6
广　西	22502	1438	1269	169	6.4
海　南	2337	174	167	7	7.4
重　庆	13532	350	280	70	2.6
四　川	30137	1068	1029	39	3.5
贵　州	22630	387	311	76	1.7
云　南	25371	1278	1175	103	5.0
西　藏	5576	115	115		2.1
陕　西	13473	357	168	189	2.6
甘　肃	22411	102	52	50	0.5
青　海	16351	60	50	10	0.4
宁　夏	7066	35	22	13	0.5
新　疆	26796	429	415	14	1.6

注：2011年以前的“孤儿数”指领取《儿童福利证》的孤儿数，2011年起指失去父母或查找不到生父母的未满18周岁的未成年人数。家庭儿童收养比例=家庭儿童收养人数/孤儿数*100%。

6-12-31 社会救助情况

单位：万人

年 份 地 区	城市居民最低生活保障人数	农村居民最低生活保障人数	农村集中供养五保人数	农村分散供养五保人数	传统救济人数
2007	2272.1	3566.3	138.0	393.3	75.0
2008	2334.8	4305.5	155.6	393.0	72.2
2009	2345.6	4760.0	171.8	381.6	62.2
2010	2310.5	5214.0	177.4	378.9	59.5
2011	2276.8	5305.7	184.5	366.5	68.7
2012	2143.5	5344.5	185.3	360.3	79.6
2013	2064.2	5388.0	183.5	353.8	73.0
北 京	10.4	6.0	0.2	0.2	
天 津	16.0	10.7	0.1	1.1	
河 北	72.8	221.9	8.9	15.0	0.6
山 西	85.0	149.8	2.8	13.7	0.8
内蒙古	78.4	125.3	2.8	6.0	2.8
辽 宁	96.1	88.4	3.5	10.4	0.7
吉 林	85.0	80.9	3.0	9.3	2.5
黑龙江	143.8	121.5	6.9	7.7	1.4
上 海	20.5	3.3	0.1	0.2	
江 苏	33.8	130.1	11.7	8.5	7.8
浙 江	7.2	55.1	3.6	0.1	0.5
安 徽	78.3	216.1	16.6	27.0	4.9
福 建	15.8	73.7	1.0	7.8	0.4
江 西	97.8	160.7	11.9	10.9	3.1
山 东	48.7	259.9	17.1	5.7	0.2
河 南	131.0	390.9	19.7	28.0	2.4
湖 北	125.9	235.7	8.9	18.0	2.3
湖 南	143.5	289.3	10.9	40.5	11.3
广 东	34.0	163.2	3.3	21.0	0.4
广 西	49.4	345.9	2.3	27.2	11.1
海 南	14.5	24.5	0.2	3.0	2.5
重 庆	45.8	62.7	6.2	9.9	1.4
四 川	183.6	439.5	26.6	24.4	6.5
贵 州	51.3	477.1	2.8	9.7	1.8
云 南	104.1	466.5	3.5	18.0	4.5
西 藏	5.0	32.9	0.8	0.7	
陕 西	67.1	199.9	4.7	8.4	0.5
甘 肃	87.5	343.3	1.1	11.3	2.2
青 海	22.5	40.3	0.4	1.9	
宁 夏	18.0	38.2	0.4	1.1	
新 疆	91.7	134.8	1.4	7.2	0.4

6-12-32 民政部门医疗救助情况

年份 地区	资助参加医疗保险（万人）	资助参加合作医疗（万人）	直接医疗救助（万人次）	资助参加医疗保险支出（万元）	资助参加合作医疗支出（万元）	直接医疗救助支出（万元）
2005		654.9	199.6		9508.4	48140.3
2006		1317.1	201.3		25888.3	169550.7
2007		2517.3	377.1		47971.5	349149.3
2008	642.6	3432.4	1203.1	38889.0	71024.0	488082.1
2009	1095.9	4059.1	1140.4	58631.3	105035.1	807748.6
2010	1461.2	4615.4	1479.3	76050.0	139619.5	1042328.1
2011	1549.8	4825.3	2144.0	105163.0	220189.0	1469146.5
2012	1387.1	4490.4	2173.7	116470.7	258295.7	1663140
2013	1490.1	4868.7	2126.4	144061.2	300427.0	1804596.5
北京	4.7	5.0	14.3	4293.3	430.3	11660.2
天津	28.5		21.4	11723.3	168.2	15798.2
河北	21.4	193.5	55.1	2365.0	12925.1	50498.9
山西	62.1	135.7	27.4	4395.5	6656.9	48259.5
内蒙古	59.2	113.2	29.7	3670.1	4918.6	51939.1
辽宁	23.7	59.0	36.3	4887.5	10900.3	28103.8
吉林	77.1	83.4	75.7	4107.5	8726.9	47027.8
黑龙江	145.2	137.6	68.9	12411.7	9383.4	107460.4
上海	5.1	1.4	6.9	3147.6	168.8	19067.9
江苏	32.0	122.0	176.5	8954.4	10798.7	85973.9
浙江	5.3	54.0	132.5	880.6	6120.7	72662.6
安徽	35.6	198.5	87.0	2851.7	12223.6	80668.6
福建	5.3	86.5	54.7	484.0	5452.2	29558.5
江西	49.9	140.3	58.8	5991.3	10809.4	103455.3
山东	16.4	186.0	28.8	2405.8	14136.5	56418.1
河南	70.9	353.4	104.6	3939.9	20619.1	75890.9
湖北	103.6	241.9	92.6	4255.8	15894.2	72276.5
湖南	90.3	213.9	115.5	10123.6	15827.9	85859.8
广东	40.8	167.3	55.3	7557.4	12839.0	50988.5
广西	25.1	244.0	41.4	3186.2	12540.5	57661.3
海南	10.8	27.7	15.2	706.9	1369.9	17543.5
重庆	73.3	130.6	234.0	5265.2	7170.4	63429.9
四川	149.3	473.5	165.7	12627.2	31294.2	157273.2
贵州	45.4	446.1	78.6	1728.0	16073.7	65804.1
云南	104.2	454.9	81.1	7653.3	26226.1	64074.1
西藏	0.1	1.1	3.5	0.7	64.9	9220.7
陕西	11.1	90.8	50.8	1780.0	8795.4	92833.7
甘肃	84.0	330.3	69.7	3033.6	7623.3	73197.5
青海	20.7	42.8	52.9	1827.2	2014.8	25422
宁夏	10.9	33.6	32.8	683.0	1613.7	20094.1
新疆	78.1	100.9	59.0	7123.9	6640.3	64473.9

注：本表数据来源于民政部。

6-12-33 优抚安置情况

年份/地区	国家重点优抚对象(万人)	定期抚恤人数	定期补助人数	伤残人员	接收军队离退休人员人数(人)
2007	622.4	48.9	487.1	86.5	28058
2008	633.2	47.9	498.2	87.2	21378
2009	630.7	45.9	497.7	87.2	18904
2010	625.0	44.8	493.5	86.7	13451
2011	852.5	42.2	724.4	85.9	14530
2012	944.4	41.2	818.4	84.9	18570
2013	950.5	36.6	832.6	81.2	38706
北京	4.3	0.2	3.0	1.1	8474
天津	4.5	0.1	3.8	0.7	234
河北	58.3	2.2	50.7	5.5	1986
山西	18.5	1.0	14.8	2.7	959
内蒙古	6.2	0.3	4.5	1.4	330
辽宁	23.5	0.8	19.6	3.1	4094
吉林	12.4	0.5	10.0	1.9	1045
黑龙江	14.1	0.7	11.2	2.2	599
上海	4.0	0.6	2.7	0.7	1690
江苏	49.2	1.6	42.6	5.0	1267
浙江	26.2	0.5	23.5	2.2	835
安徽	50.8	1.4	45.8	3.6	409
福建	19.6	1.2	17.1	1.2	616
江西	34.1	3.0	28.5	2.6	406
山东	100.8	4.4	84.6	11.8	2237
河南	76.5	2.1	67.8	6.5	1498
湖北	52.8	3.7	45.5	3.6	2075
湖南	89.3	2.8	81.4	5.1	1063
广东	43.4	0.9	40.1	2.4	767
广西	29.8	0.5	28.2	1.1	342
海南	2.8	0.3	2.3	0.2	639
重庆	28.6	0.6	25.9	2.1	517
四川	89.2	3.3	79.7	6.1	1414
贵州	26.1	0.5	24.1	1.6	96
云南	37.8	0.8	35.1	1.9	185
西藏	0.5	0.3	0.1	0.1	34
陕西	29.3	1.6	25.3	2.4	2291
甘肃	11.7	0.3	10.3	1.1	1188
青海	1.4	0.1	1.0	0.3	370
宁夏	1.1	0.1	0.7	0.3	83
新疆	3.5	0.2	2.6	0.7	963

6-12-34 社会捐赠情况

单位：亿元

年份 地区	社会捐赠款物合计	社会捐赠款	民政部门	各类社会组织	社会捐赠其他物资折款
1997	14.0	4.2			9.9
1998	113.2	50.2	50.2		63.0
1999	17.8	6.9	5.0	2.0	10.8
2000	16.3	9.3	5.4	3.9	7.0
2001	20.0	11.7	7.6	4.1	8.3
2002	20.8	19.0	11.1	7.9	1.8
2003	43.4	41.0	29.2	11.9	2.4
2004	35.1	34.0	17.1	16.9	1.2
2005	61.9	60.3	31.3	29.0	1.6
2006	89.5	83.1	43.0	40.1	6.4
2007	148.4	132.8	50.9	81.9	15.6
2008	764.0	744.5	479.3	265.2	19.6
2009	485.9	483.7	66.5	417.2	2.2
2010	601.7	596.8	179.8	417.0	4.9
2011	494.9	490.1	96.6	393.5	4.8
2012	578.8	572.5	101.7	470.8	6.3
2013	575.1	566.4	107.6	458.8	8.7
部本级	180.2	180.2	1.3	178.8	
北　京	40.8	39.7	8.9	30.7	1.1
天　津	2.3	2.2	1.3	0.9	0.1
河　北	2.7	2.7	0.3	2.4	
山　西	2.1	2.1	0.5	1.5	
内蒙古	1.6	0.9	0.2	0.7	0.7
辽　宁	11.9	11.9	7.6	4.3	
吉　林	3.8	3.7	2.8	0.9	0.1
黑龙江	0.9	0.8	0.5	0.3	0.1
上　海	23.2	23.2	1.8	21.4	
江　苏	85.1	82.3	18.1	64.2	2.8
浙　江	56.6	56.5	11.7	44.8	0.1
安　徽	4.0	4.0	0.4	3.6	
福　建	5.1	4.5	3.3	1.2	0.6
江　西	2.1	2.1	0.8	1.3	
山　东	32.8	32.8	11.1	21.7	
河　南	3.2	3.2	0.4	2.8	
湖　北	6.8	6.7	0.9	5.8	0.1
湖　南	14.8	14.6	3.8	10.8	0.1
广　东	61.2	61.0	17.6	43.4	0.2
广　西	0.9	0.9	0.3	0.6	
海　南					
重　庆	7.7	7.3	4.2	3.1	0.4
四　川	14.4	12.2	5.7	6.6	2.2
贵　州	1.8	1.8	0.9	0.8	
云　南	2.7	2.7	0.5	2.2	
西　藏	0.4	0.4	0.2	0.2	
陕　西	2.5	2.4	1.3	1.1	0.1
甘　肃	0.7	0.7	0.2	0.5	
青　海	0.7	0.7	0.1	0.6	
宁　夏	1.6	1.6	0.4	1.2	
新　疆	0.5	0.5	0.2	0.2	

注：社会捐赠其他物资折款指民政部门接收的捐赠衣被和物资。

6-12-35 社区服务机构基本情况

单位：个

地　区	社区服务机构数					便民、利民服务网点	社区服务机构覆盖率(%)
		社区服务指导中心数	社区服务中心数	社区服务站数	其他社区服务机构数		
1993	92946		3711		89235	169503	8.3
1994	98679		4034		94645	204229	8.8
1995	115175		4380		110795	234024	11.0
1996	132309		5055		127254	259201	12.7
1997	138366		5113		133253	307226	13.5
1998	154196		6154		148042	345075	16.2
1999	164962		7623		157339	405740	18.0
2000	187888		6444		181444	451567	22.4
2001	201758		6179		195579	539544	25.5
2002	206743		7898		198845	622986	26.9
2003	203945		7520		196425	668418	27.5
2004	205926		7804		198122	703760	28.5
2005	203275		8479		194796	664764	28.7
2006	160007		8565		151442	457896	22.7
2007	172002		9319	50116	112567	892656	24.7
2008	162976		9873	30021	123082	748684	23.7
2009	174976		10003	53170	111803	692625	25.6
2010	152941		12720	44237	95984	539136	22.4
2011	160352		14391	56156	89805	452868	23.6
2012	200162	809	15497	87931	95925	397222	29.5
2013	251939	890	19014	108377	123658	358518	36.9
北　京	10467	18	192	6315	3942	11004	154.0
天　津	1739	11	215	1282	231	10501	33.1
河　北	25148	32	424	1564	23128	3397	48.0
山　西	3069	18	435	2293	323	6263	10.1
内蒙古	2122	5	960	672	485	8552	15.8
辽　宁	5408	26	649	3685	1048	11033	34.6
吉　林	631	24	350	257		332	5.6
黑龙江	2167	37	480	1324	326	8816	18.4
上　海	3232	8	204	2699	321	16843	57.4
江　苏	23689	59	1492	14972	7166	56314	110.9
浙　江	24062	30	1822	10957	11253	84291	73.9
安　徽	5452	41	1060	2587	1764	7940	30.1
福　建	2917	24	229	1974	690	4853	17.4
江　西	3189	43	352	1082	1712	3701	15.7
山　东	23991	121	1039	10186	12645	35978	29.5
河　南	2924	44	539	814	1527	1852	5.7
湖　北	8466	27	545	4442	3452	3190	28.5
湖　南	8711	67	524	2046	6074	16615	18.6
广　东	45233	31	2492	12381	30329	7013	175.1
广　西	7595	20	86	533	6956	1387	47.0
海　南	1578	1	124	1355	98	19	51.7
重　庆	4898	11	277	2053	2557	11438	44.4
四　川	5552	64	977	3753	758	8466	10.5
贵　州	17293	18	1348	11982	3945	14577	91.9
云　南	1269	8	97	1151	13	27	8.9
西　藏	34	2	9	23		2	0.6
陕　西	2868	49	432	2062	325	2654	10.0
甘　肃	5147	26	970	1742	2409	8845	29.8
青　海	169		13	156		1	3.7
宁　夏	773	9	74	658	32	8896	28.2
新　疆	2146	16	604	1377	149	3718	18.7

注：1.其他社区服务机构数是指民政业务范围以外的其他以提供服务为主的社区服务设施，如：社区性服务站、社区文化服务站、残疾人康复站等。
2.社区服务指导中心：是指县级以上建立的除有一般社区服务中心(站)的职能外，还对社区服务中心和社区服务站的工作具有指导作用的社区服务机构。

6-12-36 残疾人事业基本情况

项目		2008	2009	2010	2011	2012	2013
康复							
视力残疾康复							
白内障复明手术	(万例)	88.8	104.3	79.9	75.8	79.6	74.6
#贫困白内障患者免费手术		25.1	37.3	27.3	31.0	33.4	29.1
低视力者配用助视器	(万人)	3.5	4.1	3.3	3.6	11.7	12.9
盲人定向行走训练	(万人)	1.3	1.5	1.6	2.5	12.0	12.0
听力语言残疾康复	(万人)						
新收训聋儿		2.0	2.0	1.9	1.8	2.0	2.0
培训聋儿家长		2.4	2.6	2.3	2.9	3.9	3.9
肢体残疾康复	(万人)						
肢体残疾(脑瘫)儿童机构康复训练		1.6	1.5	2.1	1.8	3.0	3.5
肢体残疾人社区、家庭康复训练		8.0	9.1	11.5	14.9	32.8	31.8
智力残疾康复	(万人)						
智力残疾儿童康复训练		2.7	2.7	2.7	2.8	11.5	10.1
成年智力残疾人社区、家庭康复						2.5	3.1
精神病防治康复							
监护精神病人	(万人)	383.8	412.8	416.2	421.2	449.0	461.9
显好率	(%)	70.0	69.5	68.4	68.4	67.2	66.2
社会参与率	(%)	56.9	55.4	54.5	53.8	52.6	51.4
孤独症儿童机构训练	(人)	1027	5290	5620	6910	11119	16656
残疾人辅助器具供应服务							
辅助器具供应	(万件)	109.5	112.2	113.9	74.3	114.5	128.3
残疾人假肢装配	(万例)	2.6	2.5	3.0	3.1	3.9	2.9
残疾人矫形器装配	(万例)	1.2	1.1	2.6	1.5	4.0	4.7
教育							
未入学学龄残疾儿童少年	(万人)	22.0	21.1	14.6	12.6	9.1	8.4
特殊教育普通高中在校生	(人)	5464	6339	6067	7207	7043	7313
残疾人中等职业教育在校生	(人)	9932	11448	11506	11572	10442	11350
高等院校录取残疾考生	(人)	7305	7782	8731	8027	8363	8926
就业							
城镇残疾人新增安排就业	(万人)	36.8	35.0	32.4	31.8	32.9	36.9
集中就业		11.3	10.5	10.2	9.7	10.2	10.7
按比例就业		9.9	8.9	8.6	7.5	8.0	8.7
个体及其他形式就业		15.6	15.6	13.7	14.6	14.7	17.5
社会保障	**(万人)**						
城镇残疾职工参加社会保险		297.6	287.6	283.2	299.3	280.9	296.7
残疾居民参加城镇居民医疗保险			283.6	355.9	433.1	498.6	547.3
农村残疾人参加新型农村社会养老保险			158.9	487.1	1232.5	1338.4	1638.3
城乡残疾人纳入最低生活保障		738.6	853.6	927.1	1031.4	1070.5	1093.0
托养残疾人		4.8	11.0	57.9	60.7	74.7	94.4
扶贫							
扶持农村贫困残疾人	(万人次)	179.8	192.3	204.0	211.8	229.9	238.7
农村残疾人实用技术培训	(万人次)	87.0	84.0	85.5	92.3	86.1	85.6
农村贫困残疾人危房改造	(万户)	9.8	10.2	11.8	9.4	13.2	12.2
受益残疾人	(万人)	14.0	14.0	14.5	11.5	15.7	14.4
维权							
贫困残疾人家庭无障碍改造	(万户)				10.2	14.1	13.6
残疾人机动轮椅车燃油补贴	(万人)		49.1	49.1	41.9	55.4	65.7
组织建设							
残疾人人口库持证残疾人	(万人)		1005.2	1793.7	2195.1	2527.2	2811.5

注：1.根据第二次全国残疾人抽样调查及第六次全国人口普查的结果推算，2010年末我国残疾人总数8502万人。
2.孤独症儿童机构及康复训练数据在2008年专指省级“十一五”试点机构内的儿童，从2009年起包括在省级和地市级及以下机构在训的儿童。
3.托养残疾人数据在2009年以前专指机构中托养的残疾人，从2010年起包括享受居家托养服务的残疾人。

【主要统计指标解释】

医疗卫生机构 指从卫生行政部门取得《医疗机构执业许可证》，或从民政、工商行政、机构编制管理部门取得法人单位登记证书，为社会提供医疗保健、疾病控制、卫生监督服务或从事医学科研和医学在职培训等工作的单位。医疗卫生机构包括医院、基层医疗卫生机构、专业公共卫生机构、其他医疗卫生机构。

基层医疗卫生机构 包括社区卫生服务中心(站)、街道卫生院、乡镇卫生院、村卫生室、门诊部、诊所(医务室)。

专业公共卫生机构 包括疾病预防控制中心、专科疾病防治机构、妇幼保健机构、健康教育机构、急救中心(站)、采供血机构、 卫生监督机构、卫生部门主管的计划生育技术服务中心。

其他医疗卫生机构 包括疗养院、临床检验中心、医学科研机构、医学在职教育机构、医学考试中心、农村改水中心、人才交流中心、统计信息中心等卫生事业单位。

医院等级 指由卫生行政部门确定的级别（一、二、三级）和由医疗机构评审委员会评定的等次（甲、乙、丙等），是反映医院规模和医疗水平的综合指标。

卫生人员 指在医院、基层医疗卫生机构、专业公共卫生机构及其他医疗卫生机构工作的职工，包括卫生技术人员、乡村医生和卫生员、其他技术人员、管理人员和工勤人员等。

卫生技术人员 包括执业医师、执业助理医师、注册护士、药师（士）、检验技师、影像技师（士）、卫生监督员和见习医（药、护、技）师（士）等卫生专业人员。不包括从事管理工作的卫生技术人员。

执业医师 指《医师执业证》“级别”为“执业医师”且实际从事医疗、预防保健工作的人员，不包括实际从事管理工作的执业医师。执业医师类别分为临床、中医、口腔和公共卫生四类。

每千人口执业(助理)医师 每千人口执业(助理)医师=（执业医师数+执业助理医师数)/人口数×10000。人口数系年末常住人口。

每千人口医疗卫生机构床位 每千人口医疗卫生机构床位=医疗卫生机构床位/人口数×10000。人口数系年末常住人口。

门诊病人次均医药费用 又称每诊疗人次医疗费用。即（医疗门诊收入+药品门诊收入）/总诊疗人次数。

出院病人人均医药费用 又称出院者人均医疗费用。即（医疗住院收入+药品住院收入）/出院人数。

出院病人日均医药费 即（医疗住院收入+药品住院收入）/出院者占用总床日数。

甲乙类法定报告传染病发病率 是指某年某地区每10万人口中甲、乙类法定报告传染病发病情况。即甲乙类法定报告传染病发病率=甲、乙类法定报告传染病发病人数/人口数×100000。

甲乙类法定报告传染病死亡率 是指某年某地区每10万人口中甲、乙类法定报告传染病死亡情况。即甲乙类法定报告传染病死亡率=甲、乙类法定报告传染病死亡人数/人口数×100000。

甲乙类法定报告传染病病死率　是指某年某地区甲、乙类法定报告传染病死亡人数与发病人数之比。即甲乙类法定报告传染病病死率=甲、乙类法定报告传染病死亡人数/发病人数×100%。

粗死亡率　指年内一定地区的死亡人数与同期平均人数之比，一般以‰表示。

病死率　表示一定时期内(通常为一年),患某种疾病的死亡人数与发病人数之比，一般以%表示。

军供站　即军队供应管理单位，指地方政府委托民政部门管理的、独立核算的、为战时或平时军队来往服务的军用饮食供应站、军用供水站、军人转运接待站等单位的总称。

残疾人提供服务机构　指以集中安置有一定劳动能力的残疾人就业为目的（残疾职工占生产人员10%以上）、带有社会福利性质的企业总称。为残疾人提供服务的机构包括：为残疾人提供工作岗位的企业、为残疾人提供服务的康复辅具机构和其他为残疾人服务的福利机构。

说明：为残疾人提供工作岗位的企业（为原福利工厂）、为残疾人提供服务的康复辅具机构（为原康复辅具机构或假肢厂）、其他为残疾人服务的福利机构（为原其他福利企业）。

孤儿数　指失去父母或查找不到生父母的未满18周岁的未成年人的人数。由地方县级以上民政部门依据有关规定和条件认定。

家庭儿童收养登记总数　指中国公民收养查找不到生父母的弃婴、儿童和福利机构抚养的孤儿以及外国人收养中国儿童并在中国县级及以上民政部门办理儿童收养登记后取得合法收养关系的总件数。县级及以上民政部门办理儿童收养登记一次为一件。

中国公民收养登记　指收养人是中国公民（包括港澳台居民及华侨）的儿童收养登记。

外国公民收养登记　指收养人是具有外国国籍（包括无国籍人）的人员，或夫妻共同收养有一方是外国人的，按外国人办理收养登记。

城市居民最低生活保障人数　指在报告期末家庭平均收入在当地规定的最低生活保障线以下的城镇居民数。包括“三无”对象，失业人员和在职、下岗、退休人员等。

农村居民最低生活保障人数　指报告期末在建立农村最低生活保障制度的地区，得到当地政府或集体给予最低生活保障的农业人口家庭人数。

五保户　指无法定抚养义务人，或者虽有法定抚养义务人，但是抚养人无抚养能力的；无劳动能力的；无生活来源的老年人、残疾人和未成年人。

传统救济人数　指国家规定由民政部门救济的特殊人员和60年代精简退职老职工救济人员。特殊人员包括麻风病人、原国民党起义、投诚人员、归侨、台胞台属、宽大释放人员、摘掉右派帽子人员、因公负伤的下乡知青、因计划生育手术事故造成死亡和丧失劳动能力人员等传统民政救济对象。

社区服务机构数　指报告期末设立的社区服务指导中心、社区服务中心、社区服务站、、其他社区服务机构的总和数。具有面向老人及其家庭的商品递送、医疗保健、家庭保洁、日间照料、陪伴服务等为社区居家养老服务的设施和突出综合服务的职能。包括党员活动室、就业保障网络、社区卫生服务站、文化活动室、图书室、“爱心超市”、社区捐助接收站点、警务站（室）、老年活动室、未成年人文化活动场所等具有综合服务功能的机构。

社区服务机构覆盖率　计算公式为：

$$社区服务机构覆盖率=\frac{社区服务机构数}{村委会数+居委会数}\times 100\%$$

未入学学龄残疾儿童少年　指截止到本年度12月31日，《义务教育法》规定的入学年龄段(6-14周岁或7-15周岁)内的，因各种原因未能入学的各类残疾儿童少年。

城镇残疾人新增安排就业　指本年度通过集中就业、按比例就业、个体就业、公益性岗位就业、辅助性就业及其他形式新安排就业的城镇（非农业户口）残疾人。

集中就业 指城镇残疾人集中在福利企业、工疗机构、盲人按摩机构等单位就业。

按比例就业 指城镇残疾人分散在机关、团体、企事业单位及各种经济组织等单位就业。

个体及其他形式就业 指除集中就业和按比例就业外，城镇残疾人通过公益性岗位就业、个体就业、辅助性就业及其他形式实现就业。其中，公益性岗位就业指城镇残疾人在城镇公共管理和涉及居民利益的非营利性的服务岗位上就业，辅助性就业指通过对城镇智力、精神和重度肢体等残疾人辅助性服务，帮助其从事简单的劳动实现就业。

6 第三产业部分行业主要业务指标

6-13 文化、体育和娱乐业

简要说明

一、主要内容

本篇主要反映新闻出版、广电、文化、文物、档案、体育事业发展情况。

内容包括全国及各地区图书、期刊、报纸、音像制品的出版、印刷、发行以及引进和输出版权情况；全国及各地区广播影视宣传、覆盖、技术等方面的情况；全国及各地区艺术表演团体、公共图书馆、群众艺术馆、博物馆以及国家档案馆等单位的机构、人员、经费和业务活动情况；全国及各地区体育系统运动员获世界冠军、创世界记录以及分技术等级运动员、教练员发展情况。

二、资料来源

新闻出版、广播、电影、电视资料来自国家新闻出版广电总局；文化资料来自文化部；文物资料来自国家文物局；档案资料来自国家档案局；体育资料来自国家体育总局。

详细资料分别见《中国新闻出版统计资料汇编》（国家新闻出版广电总局编）、《全国广播电影电视业发展指标统计》（国家新闻出版广电总局编）、《中国文化文物统计年鉴》（中华人民共和国文化部编）、《体育事业统计年鉴》（国家体育总局体育经济司编）。

6-13-1 图书出版情况

类 别	种 数 (种)	印 数 (万册)	印 张 (千印张)
图书总计	**444427**	**831048**	**71258143**
使用“中国标准书号”部分合计	**443631**	**828022**	**71115034**
马列主义、毛泽东思想	672	1376	258784
哲学	8195	4799	707561
社会科学总论	5256	2815	475262
政治、法律	17481	16438	2176822
军事	1555	999	136176
经济	30144	14444	2471990
文化、科学、教育、体育	176189	626091	44792997
语言、文字	21482	30309	4426106
文学	46885	50254	5599793
艺术	25782	18680	1396195
历史、地理	16330	12743	1510386
自然科学总论	915	565	60952
数理科学、化学	7849	4232	657308
天文学、地球科学	2561	1103	126398
生物科学	2948	1733	206686
医学、卫生	18418	12693	1774656
农业科学	5070	2296	237767
工业技术	45171	19757	3280858
交通运输	4901	3144	419855
航空、航天	463	173	23359
环境科学	1923	954	98884
综合性图书	3441	2424	276239
不使用“中国标准书号”部分合计	**796**	**3026**	**143109**
图片	796	786	16818
国标(GB)、部标(BB)等标准类文件印品		1900	107297
活页文选、活页歌篇、小件印品等		340	18994

6-13-2 图书、期刊和报纸出版情况

年份 地区	图书 种数 (种)	图书 #新出版	图书 总印数 (亿册、亿张)	图书 总印张数 (亿印张)	期刊 种数 (种)	期刊 平均期印数 (万册)	期刊 总印数 (亿册)	期刊 总印张数 (亿印张)	报纸 种数 (种)	报纸 平均期印数 (万份)	报纸 总印数 (亿份)	报纸 总印张数 (亿印张)
1978	14987	11888	37.7	135.4	930	6200	7.6	22.7	186	4280	127.8	113.5
1980	21621	17660	45.9	195.7	2191	10298	11.3	36.7	188	6236	140.4	141.7
1985	45603	33743	66.7	282.8	4705	23952	25.6	77.3	1445	19107	246.8	202.8
1990	80224	55245	56.4	232.1	5751	16156	17.9	48.1	1444	14670	211.3	182.8
1995	101381	59159	63.2	316.8	7583	19794	23.4	67.0	2089	17644	263.3	359.6
1996	112813	63647	71.6	360.5	7916	19300	23.1	68.1	2163	17877	274.3	392.4
1997	120106	66585	73.1	364.0	7918	20046	24.4	73.3	2149	18259	287.6	459.8
1998	130613	74719	72.4	373.6	7999	20928	25.4	79.9	2053	18211	300.4	540.0
1999	141831	83095	73.2	391.4	8187	21845	28.5	96.8	2038	18632	318.4	636.7
2000	143376	84235	62.7	376.2	8725	21544	29.4	100.0	2007	17914	329.3	799.8
2001	154526	91416	63.1	406.1	8889	20697	28.9	100.9	2111	18130	351.1	938.9
2002	170962	100693	68.7	456.4	9029	20406	29.5	106.4	2137	18721	367.8	1067.4
2003	190391	110812	66.7	462.2	9074	19909	29.5	109.1	2119	19072	383.1	1235.6
2004	208294	121597	64.1	465.6	9490	17208	28.3	110.5	1922	19522	402.4	1524.8
2005	222473	128578	64.7	493.3	9468	16286	27.6	125.3	1931	19549	412.6	1613.1
2006	233971	160757	64.1	512.0	9468	16435	28.5	136.9	1938	19703	424.5	1658.9
2007	248283	136226	62.9	486.5	9468	16697	30.4	157.9	1938	20545	438.0	1700.8
2008	274123	148978	70.6	561.1	9549	16767	31.0	158.0	1943	21155	442.9	1930.6
2009	301719	168296	70.4	565.5	9851	16457	31.5	166.2	1937	20837	439.1	1969.4
2010	328387	189295	71.7	606.3	9884	16349	32.2	181.1	1939	21438	452.1	2148.0
2011	369523	207506	77.1	634.5	9849	16880	32.9	192.7	1928	21517	467.4	2272.0
2012	414005	241986	79.2	667.0	9867	16767	33.5	196.0	1918	22762	482.3	2211.0
2013	444427	255981	83.1	712.6	9877	16453	32.7	194.7	1915	23696	482.4	2097.8
中　央	182307	106193	22.7	256.1	2883	5907	10.0	75.3	219	3331	80.8	231.0
北　京	9830	5672	1.3	13.4	170	187	0.4	2.7	35	406	10.9	67.2
天　津	5539	3957	0.5	4.5	253	246	0.4	2.0	24	286	8.2	45.9
河　北	6896	3548	2.4	17.0	229	249	0.5	2.5	64	840	16.4	44.0
山　西	4009	2643	1.3	12.9	199	167	0.3	2.2	60	2413	21.9	28.9
内蒙古	3015	1989	0.7	5.0	148	120	0.3	1.3	60	131	2.7	7.4
辽　宁	10737	6772	1.2	9.6	323	526	0.9	4.0	70	896	16.3	81.5
吉　林	21770	12586	2.7	22.6	237	351	1.0	4.6	52	1064	10.0	34.8
黑龙江	5247	3832	0.7	5.3	314	266	0.6	2.9	68	475	7.5	28.1
上　海	24694	13510	3.3	31.8	635	873	1.6	9.0	73	579	13.1	58.8
江　苏	23268	14143	5.7	39.7	468	441	1.2	4.7	81	1237	28.6	134.0
浙　江	12706	7389	3.8	23.8	223	537	0.8	4.2	69	1163	34.6	162.2
安　徽	9444	5471	2.6	20.0	186	397	0.6	2.6	51	517	12.5	50.9
福　建	3320	2283	0.9	7.0	176	231	0.5	2.4	42	609	12.1	56.6
江　西	5583	3562	1.9	12.6	161	273	0.7	2.4	41	1356	12.8	32.9
山　东	13885	6362	5.0	32.5	269	483	1.2	5.9	87	1077	31.6	157.2
河　南	6889	4204	2.4	17.9	248	399	1.0	4.6	78	1537	21.4	71.2
湖　北	13900	8445	2.6	20.9	423	1166	3.1	17.8	74	816	19.8	85.9
湖　南	11468	5611	3.6	24.7	253	557	1.3	5.7	49	652	13.4	52.7
广　东	10355	6866	3.3	25.2	388	834	1.7	10.8	101	1734	43.6	386.5
广　西	8803	4747	3.4	24.0	182	193	0.5	2.0	54	269	7.2	25.2
海　南	3431	1134	0.6	4.6	44	49	0.1	0.6	14	91	2.5	8.3
重　庆	5356	2363	1.4	8.9	137	262	0.6	3.5	27	288	6.3	32.0
四　川	8554	4946	2.3	18.7	351	417	0.8	5.5	89	656	17.0	83.2
贵　州	894	667	0.6	4.4	88	84	0.2	0.8	31	150	3.9	16.2
云　南	7739	4232	1.7	13.5	128	236	0.4	2.5	42	223	6.5	30.7
西　藏	658	246	0.1	0.8	35	17	0.0	0.1	23	37	0.8	2.1
陕　西	9395	4967	1.9	16.4	286	281	0.5	3.9	43	290	6.8	43.4
甘　肃	2907	1521	0.7	5.7	136	491	1.1	5.6	51	220	5.2	11.0
青　海	663	331	0.1	1.0	53	29	0.0	0.2	27	51	1.2	4.7
宁　夏	2385	1417	0.4	3.0	37	58	0.2	1.6	14	48	1.1	3.3
新　疆	8780	4372	1.3	8.8	214	125	0.2	0.9	102	252	5.7	19.8

6-13-3 各地区少年儿童读物和课本出版情况

地区	种数(种)		总印数（万册）		总印张(千印张)	
	儿童读物	课本	儿童读物	课本	儿童读物	课本
全国	**32400**	**87509**	**45686**	**345002**	**2815938**	**26902976**
中央	7272	52835	9375	101155	499050	10081546
地方	25128	34674	36311	243847	2316888	16821430
北京	2036	579	2480	1207	203300	97343
天津	680	705	872	1953	45972	156594
河北	598	399	776	13104	43506	869459
山西	199	44	218	4809	16296	349593
内蒙古	175	876	68	4574	3903	322871
辽宁	864	2558	1078	2947	85468	226342
吉林	3476	1276	3341	5659	253204	403671
黑龙江	454	714	232	2488	18117	161514
上海	1382	5213	3275	14427	155205	1221093
江苏	1826	3278	2151	22871	139939	1500835
浙江	2394	1321	5179	11746	389850	750819
安徽	1893	797	1613	11815	115187	859605
福建	161	355	249	3997	13182	278081
江西	1627	278	2786	7290	159399	533672
山东	1227	1353	2476	19570	135875	1179715
河南	274	1103	372	14277	15024	945576
湖北	367	2407	539	8321	51618	642344
湖南	1119	1208	1310	12523	94946	717778
广东	541	1329	1040	19794	37232	1351218
广西	941	381	1743	10639	109189	697691
海南	142	138	676	1552	39423	84646
重庆	26	1897	34	6440	1160	428753
四川	892	1772	1120	9976	46633	786711
贵州	95	84	224	4468	6654	313514
云南	78	169	57	7323	1947	487611
西藏	3	142	1	879	21	58102
陕西	333	1830	553	7990	19872	592564
甘肃	76	98	75	3686	4399	286402
青海	2	195	5	999	185	68183
宁夏	135		50	890	2626	63656
新疆	1112	2175	1718	5633	107556	385474

6-13-4 课本出版情况

项目	种数(种)	#新出版	总印数(万册)	总印张(千印张)	定价总金额(万元)
总计	**87509**	**30385**	**345002**	**26902976**	**3537624**
大专及以上课本	55811	21139	32423	5730861	1051572
中专、技校课本	6573	1851	7585	946386	162683
中学课本	8160	1852	166996	12374551	1308818
小学课本	6461	1391	129378	6673817	760117
业余教育课本	4972	2495	3633	593929	141689
扫盲课本	5	5	1	49	10
教学用书	5527	1652	4986	583383	112735

6-13-5 音像制品及电子出版物情况

指 标	全 国	中 央	地 方
录像制品出版品种（种）	7396	3734	3662
激光数码视盘	1852	1002	850
高密度激光视盘	5353	2620	2733
录像带及其他	191	112	79
其中：新版录像制品	5113	2231	2882
激光数码视盘	677	177	500
高密度激光视盘	4259	1942	2317
录像带及其他	177	112	65
录像制品出版数量(万盒、万张)	16683.93	5860.50	10823.43
激光数码视盘	3299.46	2590.67	708.79
高密度激光视盘	13303.15	3258.52	10044.63
录像带及其他	81.32	11.31	70.01
其中：新版录像制品	13654.92	3261.09	10393.83
激光数码视盘	1683.46	1133.93	549.53
高密度激光视盘	11894.41	2115.85	9778.56
录像带及其他	77.05	11.31	65.74
录像制品发行数量	10539.53	5168.35	5371.18
录音制品出版品种 （种）	9576	4212	5364
录音带	2281	1241	1040
激光唱盘	5356	2064	3292
高密度激光唱盘及其他	1939	907	1032
其中：新版录音制品	5230	1854	3376
录音带	900	234	666
激光唱盘	3376	1309	2067
高密度激光唱盘及其他	954	311	643
录音制品出版数量(万盒、万张)	23920.64	18256.25	5664.39
录音带	17924.23	15235.48	2688.75
激光唱盘	4321.38	2284.48	2036.90
高密度激光唱盘及其他	1675.03	736.29	938.74
其中：新版录音制品	7720.25	4902.09	2818.16
录音带	4364.45	3585.20	779.25
激光唱盘	2609.12	1143.40	1465.72
高密度激光唱盘及其他	746.68	173.49	573.19
录音制品发行数量	23856.32	14697.38	9158.94
电子出版物出版品种(种)	11708	8058	3650
只读光盘	7279	4436	2843
高密度只读光盘	3281	2568	713
交互式光盘及其他	1148	1054	94
其中：新版电子出版物	6835	4387	2448
只读光盘	3998	2213	1785
高密度只读光盘	2497	1917	580
交互式光盘及其他	340	257	83
电子出版物出版数量(万张)	35220.18	27234.61	7985.57
只读光盘	29596.15	22082.88	7513.27
高密度只读光盘	4001.90	3550.46	451.44
交互式光盘及其他	1622.13	1601.27	20.86
其中：新版电子出版物	11371.20	8821.81	2549.39
只读光盘	7913.05	5706.52	2206.53
高密度只读光盘	3273.21	2949.39	323.82
交互式光盘及其他	184.94	165.90	19.04

6-13-6 全国图书、期刊、报纸进出口情况

指标	出口		进口	
	数量（万册、份）	金额（万美元）	数量（万册、份）	金额（万美元）
总计	**1992.86**	**6012.40**	**2361.54**	**28048.63**
图书	1737.58	5216.38	857.89	12054.66
哲学、社会科学	159.54	1750.25	57.23	1632.33
文化、教育	386.27	1029.52	152.23	1998.77
文学、艺术	203.52	891.95	176.14	1998.97
自然、科学技术	62.26	383.84	123.20	3250.18
少儿读物	724.39	447.31	106.88	476.91
综合性图书	201.60	713.51	242.21	2697.49
期刊	215.68	744.85	397.14	14620.06
报纸	39.59	51.17	1106.51	1373.92

6-13-7 全国音像、电子出版物进出口情况

指标	出口		进口	
	数量（盒、张）	金额（万美元）	数量（盒、张）	金额（万美元）
总计	**34136**	**122.43**	**285070**	**20022.34**
录音合计	800	0.40	164671	128.93
激光唱片	800	0.40	164671	128.93
录像合计	33236	32.16	16780	13.26
DVD—V	31425	31.46	16780	13.26
VCD	1811	0.70		
电子出版物	100	0.16	103619	73.86
数字出版物		89.71		19806.29

6-13-8 版权合同登记及引进和输出情况

单位：项

项目	合计	图书	录音制品	录像制品	电子出版物	软件	电影	电视节目	其他
版权合同登记	**19521**	**17205**			**183**	**1161**	**44**	**9**	**919**
本年引进版权									
总数	**18167**	**16625**	**378**	**538**	**72**	**169**		**381**	**4**
美国	6210	5489	109	474	17	36		83	2
英国	2698	2521	38	60	4	9		66	
德国	763	707	29	1	1	18		7	
法国	787	772	3			4		8	
俄罗斯	84	84							
加拿大	114	111	1			1		1	
新加坡	330	310	2			1		17	
日本	1905	1852	27		2	18		4	2
韩国	1619	1472	13	2	19	2		111	
香港地区	509	354	55		13	36		51	
澳门地区	7	7							
台湾地区	1215	1100	83	1	7	2		22	
其他	1926	1846	18		9	42		11	
本年输出版权									
总数	**10401**	**7305**	**300**	**193**	**646**	**20**		**1937**	
美国	1266	753		1	183			329	
英国	731	574			78	20		59	
德国	452	328	21		44			59	
法国	243	184						59	
俄罗斯	125	124		1					
加拿大	157	46						111	
新加坡	532	171			169			192	
日本	388	292	24	2	69			1	
韩国	695	656	34	2	3				
香港地区	1051	402	192	183	1			273	
澳门地区	143	24						119	
台湾地区	1899	1714			53			132	
其他	2719	2037	29	4	46			603	

6-13-9 各地区出版物发行机构数和网点数

地　区	发行机构合　计（处）	国有书店及国有发行点	供销社	出版社	网上书店	文化教育广电邮政系　统	新华书店系统外批发网点	集体个体零　售	新华书店系统出版社自办发行从业人数（人）	国有书店及国有发行点
全　国	**172447**	**9255**	**839**	**447**	**728**	**38062**	**7984**	**115132**	**147254**	**139046**
中　央	**140**	**3**		**137**					**2857**	**1531**
地　方	172307	9252	839	310	728	38062	7984	115132	144397	137515
北　京	9232	124		18	602	2347	1865	4276	5146	4634
天　津	2807	67		13			160	2567	1525	1402
河　北	7272	376		7		2107	214	4568	7579	6796
山　西	2830	396	6	7		363	136	1922	5920	5483
内蒙古	1707	179		7			71	1450	2398	2342
辽　宁	6008	294		12		483	366	4853	6190	5893
吉　林	3331	113		4	19	985	258	1952	3520	3428
黑龙江	2326	197	101	5	1	388	138	1496	3514	3460
上　海	8594	181		71	76	2114	345	5807	3083	1822
江　苏	14428	884		18	2	2414	238	10872	5734	5596
浙　江	11004	600		15	1	2208	316	7864	7344	7195
安　徽	8568	651		11	3	3582	301	4020	4948	4796
福　建	4330	223		3	8	1126	372	2598	3886	3860
江　西	3455	333	28	6		21	171	2896	3608	3450
山　东	8233	529		4		890	191	6619	8008	7988
河　南	8574	1012		12		2290	290	4970	13461	13285
湖　北	4876	119		14	6	600	530	3607	4565	4250
湖　南	6150	390		14		4580	163	1003	11022	9840
广　东	12895	409	624	4			453	11405	8296	8267
广　西	4988	250	80	20		1920	78	2640	4150	3930
海　南	724	28		4		373	41	278	985	930
重　庆	5230	267		3		897	208	3855	2619	2569
四　川	10496	217			1	3200	238	6840	9024	9024
贵　州	3739	221		3	1	875	128	2511	2239	2116
云　南	8929	253		7		1814	120	6735	3534	3518
西　藏	140	61		1		8		70	335	331
陕　西	4300	197		24		1597	258	2224	4406	4115
甘　肃	2206	293		2		82	210	1619	3063	2949
青　海	987	58				189	28	712	666	634
宁　夏	945	31		1	6	439	42	426	659	642
新　疆	3003	299			2	170	55	2477	2970	2970

6-13-10 各地区出版印刷生产情况

地 区	企业数 (个)	工业销售产值 (万元)	印刷产量 黑白 (万令)	印刷产量 彩色 (万对开色令)	装订产量 (万令)	用纸量 (万令)
全 国	**8963**	**14267770.50**	**32607.94**	**255672.47**	**36316.32**	**85621.30**
北 京	768	1136034.87	2830.10	16744.48	3192.89	5831.46
天 津	126	189837.66	3151.67	75734.16	3763.71	20525.94
河 北	773	750446.78	1420.39	3349.29	3000.16	4038.38
山 西	168	161867.36	292.65	1968.62	300.67	591.21
内蒙古	87	48788.10	84.19	493.57	82.30	214.71
辽 宁	215	238404.27	2043.42	2979.34	818.19	466.01
吉 林	212	303623.30	1346.78	2402.87	465.22	1266.12
黑龙江	156	133971.22	319.37	2711.73	370.01	681.35
上 海	255	1071368.03	875.35	15302.86	668.04	1499.64
江 苏	400	812407.24	1250.59	6839.45	1227.09	3349.97
浙 江	898	2083589.10	1661.62	23824.00	1982.62	5514.22
安 徽	283	429519.51	787.67	3802.04	1339.72	1550.91
福 建	323	374225.97	490.57	1719.14	301.65	685.78
江 西	138	265128.87	1081.00	1379.85	911.71	855.82
山 东	471	992043.74	3049.72	29884.36	4195.20	8804.91
河 南	423	384044.30	1087.68	3798.81	1137.16	2340.85
湖 北	343	456165.99	1605.98	3490.55	1554.73	2789.26
湖 南	495	798291.30	1266.82	5384.87	1916.52	8687.15
广 东	881	1949510.30	2748.55	37587.01	4814.91	7859.90
广 西	175	209476.31	2029.28	3715.84	822.88	2547.06
海 南	27	13867.00	73.47	448.05	59.91	123.16
重 庆	193	256271.41	409.88	1004.31	381.20	599.83
四 川	242	259579.47	1234.03	3993.63	1318.23	1484.18
贵 州	168	76297.19	155.32	1630.32	141.21	420.37
云 南	144	231551.03	316.17	1546.85	281.39	713.51
西 藏	30	17579.14	37.21	83.55	30.54	79.46
陕 西	217	418454.75	558.94	2332.57	725.22	1249.58
甘 肃	96	75984.49	231.85	449.11	232.74	351.27
青 海	52	23306.65	30.56	177.49	32.12	97.52
宁 夏	82	29375.04	41.88	109.92	44.44	95.18
新 疆	122	76760.11	95.26	783.79	203.94	306.60

6-13-11 国家综合档案馆基本情况

年　份	馆藏档案（万卷、万件）	照片档案（万张）	开放档案（万卷、万件）	利用档案（万卷、万件次）	档案馆建筑面积（万平方米）
1991	9637.4	371.0	2094.3	937.0	348.1
1992	10003.5	402.4	2018.7	773.8	255.7
1993	10726.8	435.5	2140.7	891.9	275.9
1994	10782.9	449.6	2454.6	674.4	268.3
1995	11318.3	485.5	2790.3	529.3	282.5
1996	11341.4	494.6	2939.2	485.4	297.5
1997	12222.9	553.0	3304.6	501.0	347.6
1998	12276.5	579.7	3556.5	446.5	310.7
1999	12866.8	584.5	3808.2	508.5	328.4
2000	13314.0	631.7	4072.0	494.4	336.2
2001	13756.6	642.8	4129.7	575.4	342.0
2002	14790.7	720.5	4301.1	548.8	351.0
2003	15945.9	797.4	4618.4	602.6	361.4
2004	17601.5	827.9	4868.3	813.9	376.8
2005	18688.7	908.8	5132.3	868.0	393.1
2006	21656.5	1277.2	5746.3	1166.4	406.1
2007	23675.3	1393.3	5875.5	1244.9	421.9
2008	25051.0	1505.3	6072.2	1257.4	465.4
2009	28089.2	1646.3	6687.4	1308.0	473.3
2010	32198.6	1809.2	7428.6	1417.3	504.4
2011	35445.5	1965.8	7828.4	1564.5	551.1
2012	40547.7	1827.4	8254.6	1521.1	627.1
2013	44759.1	1927.6	8490.0	1477.8	709.3

6-13-12 各地区广播电视从业人员情况

单位：人

地　　区	从业人员	#长期职工	按岗位分				
			管理人员	专业人员	编辑、记者	播音员、主持人	工程技术人员
全国合计	**844330**	**789874**	**136281**	**436384**	**146798**	**29683**	**152130**
国家广电总局直属	50950	45885	8188	25017	7370	749	11927
北　　京	45150	41602	8356	21464	5642	705	5693
天　　津	7968	7429	1081	5269	1874	332	1150
河　　北	37932	35250	5311	18579	6682	1666	6160
山　　西	21688	19832	2865	10673	5263	698	3386
内 蒙 古	18076	16707	2243	12455	4629	929	3370
辽　　宁	28436	27669	5213	16698	5268	1028	6970
吉　　林	20759	20657	2589	15139	5005	825	5168
黑 龙 江	18807	18376	2807	11018	4591	805	4016
上　　海	29549	28048	4633	12848	3222	626	3383
江　　苏	52089	48414	8220	27643	8263	1824	10111
浙　　江	44752	40753	5156	23287	7566	1728	7604
安　　徽	22517	22000	3747	14096	4753	1262	4563
福　　建	26015	24221	3974	11029	3729	675	2933
江　　西	19616	18369	3737	7761	2879	847	2494
山　　东	52959	48422	6628	30928	11087	2494	11337
河　　南	51704	49403	7582	20366	9366	1461	6664
湖　　北	38197	37210	6608	20056	5902	1187	7326
湖　　南	39413	37243	7224	18886	5417	1082	6418
广　　东	49730	45173	8946	23504	6696	1666	9673
广　　西	15594	14490	3307	9543	3531	759	3791
海　　南	5047	5017	794	3601	1277	163	1692
重　　庆	12317	11697	2505	6172	1571	320	1793
四　　川	39183	36282	8725	19047	5017	1656	5853
贵　　州	15115	14142	3258	7326	3061	563	2375
云　　南	17966	16766	2432	10339	4121	849	4186
西　　藏	3923	3667	638	2291	487	127	824
陕　　西	19266	18192	3209	10188	4079	827	3647
甘　　肃	14919	13817	3097	6394	2742	594	1943
青　　海	3543	2868	358	2577	874	228	1171
宁　　夏	4877	4686	947	2676	1054	155	906
新　　疆	16273	15587	1903	9514	3780	853	3603

6-13-12 续表

单位：人

地区	按岗位分			按职称分			
	专业人员		其他人员	正高	副高	中级	初级及以下
	艺术人员	经营人员					
全国合计	**17907**	**42069**	**271665**	**7052**	**31807**	**124730**	**392037**
国家广电总局直属	1109	1587	17745	974	2986	8177	33674
北京	1752	4154	15330	534	1234	3877	14114
天津	185	250	1618	264	583	1061	4912
河北	842	1150	14042	437	1606	5343	14670
山西	75	202	8150	160	621	3821	5966
内蒙古	332	107	3378	283	1493	4135	7552
辽宁	1396	713	6525	478	1469	6846	11803
吉林	207	3495	3031	260	1445	3675	11181
黑龙江	483	516	4982	424	1556	4260	6182
上海	1719	2298	12068	280	972	4696	14830
江苏	579	3267	16226	294	1424	7069	27220
浙江	1216	2543	16309	257	1528	6603	19840
安徽	583	2170	4674	95	737	3521	10745
福建	465	1341	11012	136	808	2560	11779
江西	120	297	8118	98	544	2028	7435
山东	706	2949	15403	472	2515	8735	28793
河南	378	1261	23756	114	1194	6249	21796
湖北	626	2271	11533	242	1283	7447	18773
湖南	852	2248	13303	108	780	5064	23657
广东	1192	1805	17280	192	1181	6410	26761
广西	220	676	2744	73	520	2755	7787
海南	157	84	652	12	132	447	2984
重庆	337	691	3640	75	477	1678	5822
四川	951	3716	11411	111	786	4024	17974
贵州	98	408	4531	57	380	1888	5625
云南	191	392	5195	98	817	3216	6233
西藏	67	2	994	52	164	497	2063
陕西	309	756	5869	127	647	2531	5960
甘肃	215	503	5428	91	508	1668	5801
青海	91	4	608	40	279	713	1678
宁夏	96	145	1254	88	312	954	2549
新疆	358	68	4856	126	826	2782	5878

6-13-13 档案馆机构和人员情况

单位：个、人

年份	国家综合档案馆		国家专门档案馆		部门档案馆		企业档案馆数	文化事业档案馆数	科技事业单位档案馆数
	馆数	专职人员	馆数	专职人员	馆数	专职人员			
1991	2957	21657	211	2038	128	2171	229	19	28
1992	2962	22226	206	2082	122	2258	231	19	28
1993	2980	23624	200	2245	122	1448	221	20	31
1994	2983	23568	205	2294	136	2160	209	20	36
1995	3024	24777	216	2484	144	2168	213	27	38
1996	3011	24542	226	2658	134	2072	232	23	44
1997	3021	24904	223	2578	162	2521	228	26	46
1998	3034	24197	232	3200	149	2411	245	27	46
1999	3046	23530	225	3436	142	2123	304	40	59
2000	3070	23701	234	3319	141	1865	307	53	80
2001	3100	23652	243	3448	142	2086	286	47	84
2002	3110	22825	253	3435	148	2109	299	75	93
2003	3121	23086	260	3514	141	1770	300	75	85
2004	3127	23401	258	3591	149	1932	300	79	99
2005	3142	23413	238	3452	145	2020	301	105	63
2006	3154	22689	239	3537	137	1699	216	110	95
2007	3161	21399	245	3737	146	1985	215	126	94
2008	3170	21414	240	3663	154	1886	241	141	87
2009	3191	20949	241	3626	149	1814	233	167	96
2010	3194	19750	252	3833	167	1747	223	160	111
2011	3196	19985	255	3843	170	2121	183	179	124
2012	3237	18009	238	3577	183	2161	204	260	
2013	3325	18106	240	3579	218	2182	189	274	

注：2012年新修订的《全国档案事业统计年报制度》不再细分事业单位的属性，统称“省部属事业单位档案馆”。省部属事业单位包括文化事业档案馆数，科技事业单位档案馆数。

6-13-14 广播电视事业发展情况

指　　标	2010	2012	2013
广播			
广播节目综合人口覆盖率 (%)	96.78	97.51	97.79
#农村	95.64	96.60	97.00
广播节目套数 (套)	2552	2634	2644
#公共广播	2549	2627	2637
付费广播	3	7	7
公共广播节目播出时间(万小时)	1266.0	1338.4	1379.5
广播节目制作时间 (万小时)	681.4	718.8	739.1
电视			
电视节目综合人口覆盖率 (%)	97.62	98.20	98.42
#农村	96.78	97.55	97.86
有线广播电视用户数 (万户)	18872	21509	22894
#农村	7293	8432	8911
#数字电视	8870	14303	17160
有线广播电视用户数占家庭总户数比重 (%)	46.40	51.50	54.14
#农村有线广播电视用户数占农村家庭总户数比重	29.35	33.49	35.29
电视节目套数 (套)	3350	3353	3338
#公共电视	3272	3273	3250
付费电视	78	80	88
公共电视节目播出时间(万小时)	1635.50	1698.53	1705.72
电视剧播出数 (万部)	24.92	24.23	24.10
#进口电视剧播出数	0.88	0.49	0.36
电视剧播出数 (万集)	635.86	662.20	661.42
#进口电视剧播出数	19.51	10.71	9.89
动画电视播出数 (万小时)		30.49	29.31
#进口动画电视播出数		1.21	1.40
电视节目制作时间 (万小时)	274.29	343.63	339.79
电影			
国有电影制片厂 (个)	38	38	38
电影故事片厂	31	31	31
电影院线 (条)	37	40	42
银幕 (块)	6256	13118	18195
全国电影票房收入 (亿元)	101.72	170.73	217.69
#国产电影票房收入			127.67
进口电影票房收入			90.02
电影频道播映收入	20.32	26.81	
国产影片海外销售收入	35.17	10.63	
广播电视技术及其他			
广播电视总收入 (亿元)	2301.87	3268.79	3734.88
广播电视从业人员数 (万人)	75.09	82.04	84.43
中、短波转播发射台 (座)	822	849	850
调频转播发射台 (万座)	1.16	1.14	1.03
电视转播发射台 (万座)	1.60	1.48	1.34
微波实有站 (座)	2376	2421	2207

6-13-15 广播电视节目制作时间

单位：小时

项 目	1995	2005	2010	2011	2012	2013
广播节目制作	**2332164**	**6139227**	**6814226**	**6936960**	**7188245**	**7391245**
新闻	353368	1066880	1216632	1295019	1333084	1397353
专题	1054140	1822621	1955180	2016386	2044073	2091787
综艺	924656	1937290	1942828	1905916	1973796	1976162
广播剧		75456	80181	119477	140493	178163
广告		671071	775931	766463	796009	785278
其他		565909	843474	833699	900790	962502
电视节目制作	**383513**	**2553861**	**2742949**	**2950490**	**3436301**	**3397834**
新闻	80800	637956	719680	802376	886905	866756
专题	193391	525528	640857	775565	892521	854124
综艺	109322	382350	407849	416289	483174	464977
影视剧		193771	93536	75452	163348	201117
广告		524892	526839	508294	555192	542823
其他		289364	354188	372515	455161	468035

6-13-16 广播电视节目播出时间

单位：小时

指 标	总 计	新闻资讯类节目	专题服务类节目	综艺益智类节目	广播(影视)剧类节目	广告类节 目	其他类节 目
广播	**13795461**	**2820087**	**3108653**	**3732369**	**770085**	**1259269**	**2104998**
中央级	432014	150205	163562	92581	4686	16518	4462
省级	1983499	312154	499611	570820	89073	279160	232681
电视	**17057212**	**2352285**	**2108917**	**1419911**	**7366010**	**1951125**	**1858964**
中央级	270112	69008	81855	37646	48976	7490	25137
省级	2237960	293336	407454	161707	776080	292015	307368

6-13-17 各地区广播电视节目综合人口覆盖情况及制作播出情况

地 区	广播节目综合人口覆盖率(%)	#农村	电视节目综合人口覆盖率(%)	#农村	公共广播节目套数(套)	公共电视节目套数(套)	电视剧播出数(部)	#进口	动画电视播出数(小时)	#进口
全 国	**97.79**	**97.00**	**98.42**	**97.86**	**2637**	**3250**	**240996**	**3616**	**293140**	**14015**
总局直属					34	34	1500	41	4366	978
北 京	100.00	100.00	100.00	100.00	25	26	455	2	5603	105
天 津	100.00	100.00	100.00	100.00	23	24	3309	40	2973	503
河 北	99.34	99.11	99.27	99.03	133	178	13140	87	7868	1269
山 西	96.76	94.60	98.45	97.64	111	116	5989	42	7977	172
内蒙古	98.25	96.70	97.64	95.70	125	120	12324	65	11230	85
辽 宁	98.63	97.58	98.72	97.72	110	117	9125	256	7584	450
吉 林	98.59	97.99	98.71	98.14	69	76	7010	207	1692	
黑龙江	98.60	98.15	98.80	98.44	90	105	7794	190	2717	625
上 海	100.00	100.00	100.00	100.00	21	25	1249	49	13280	2552
江 苏	99.99	99.99	99.88	99.83	128	130	9910	65	15521	596
浙 江	99.56	99.46	99.64	99.56	110	114	9290	77	17236	195
安 徽	98.34	97.90	98.57	98.19	105	112	10091	175	7630	813
福 建	98.20	97.82	98.63	98.37	89	100	3362		7426	192
江 西	97.42	96.90	98.50	98.15	105	112	10178	323	12747	480
山 东	98.49	98.09	98.21	97.79	158	188	11449	102	13562	684
河 南	98.09	97.71	98.11	97.79	151	166	15132	52	6990	170
湖 北	98.80	98.48	98.81	98.41	87	114	13162	80	10074	41
湖 南	93.25	89.86	97.40	96.08	100	139	10830	57	22364	869
广 东	99.90	99.80	99.90	99.80	129	134	5803	54	25207	828
广 西	96.24	95.72	98.00	97.73	65	116	6573	63	8656	
海 南	96.48	95.37	95.45	93.87	24	15	889		2881	
重 庆	98.30	97.73	98.88	98.51	35	46	4779	277	6973	41
四 川	96.98	96.26	97.89	97.38	123	205	17884	181	16230	580
贵 州	90.00	88.55	94.10	93.41	38	102	2471	107	2038	
云 南	96.27	95.46	97.28	96.71	49	159	9936		10275	347
西 藏	94.38	93.22	95.51	94.49	8	12	674	3	877	
陕 西	97.37	96.76	98.26	97.76	107	123	8559	12	6775	
甘 肃	97.69	97.26	98.04	97.65	88	106	6773	5	8291	
青 海	95.74	94.06	96.93	95.98	12	16	973		2075	
宁 夏	96.06	93.31	99.09	98.49	24	28	2026	12	3774	
新 疆	95.68	95.32	95.95	95.11	161	192	18357	992	20248	1440

6-13-18 各地区有线广播电视传输干线网络及用户情况

地区	有线广播电视传输干线网络总长(万公里)	有线广播电视用户数(万户)	#数字电视	#付费电视	#农村有线广播电视	有线广播电视用户数占家庭总户数的比重(%)	#农村
全国合计	**381.59**	**22893.80**	**17159.69**	**3498.41**	**8911.32**	**54.14**	**35.29**
北京	21.97	636.91	513.60	11.42	105.28	125.06	93.25
天津	0.69	292.29	255.71	18.74	36.58	83.22	29.70
河北	17.56	865.82	687.29	61.62	282.83	37.73	17.90
山西	10.07	498.90	344.65	9.29	159.79	38.90	30.00
内蒙古	3.76	317.95	240.98	14.84	84.08	37.76	24.56
辽宁	12.91	995.54	672.85	13.90	257.84	65.98	37.94
吉林	9.94	556.48	476.86	120.72	167.18	56.89	35.33
黑龙江	18.10	703.87	620.73	88.71	192.88	55.22	34.14
上海	4.34	681.76	518.56	155.91	71.72	130.03	88.22
江苏	34.37	2249.44	1661.94	316.33	1247.28	93.10	89.40
浙江	26.25	1449.05	1334.31	316.33	877.54	89.65	73.25
安徽	5.01	708.26	348.00	36.69	333.88	33.12	23.06
福建	8.87	691.53	489.12	173.07	383.51	66.92	52.57
江西	11.55	595.19	420.30	83.06	433.62	48.33	49.58
山东	30.22	1870.15	1369.49	314.97	1032.60	61.81	52.15
河南	16.92	1034.36	369.10	26.02	393.54	33.26	19.05
湖北	22.91	1045.31	872.14	227.59	470.32	51.48	40.11
湖南	11.37	841.06	679.49	155.29	244.89	41.72	21.99
广东	21.35	1960.00	1571.11	175.06	544.20	80.55	47.46
广西	7.74	623.44	370.73	125.88	285.25	45.81	26.91
海南	0.86	110.01	92.30	16.99	31.86	42.66	24.02
重庆	15.27	519.53	360.20	112.43	157.03	42.56	21.68
四川	36.32	1450.90	948.31	330.05	651.11	46.52	31.75
贵州	5.57	394.28	394.28	105.80	44.70	32.06	4.50
云南	10.76	520.35	478.51	225.47	165.69	37.50	17.91
西藏	0.37	21.52	13.06	1.84	2.70	30.37	5.16
陕西	4.42	639.47	526.26	205.22	170.18	51.39	23.96
甘肃	4.73	207.34	196.09	32.64	23.98	25.75	4.94
青海	0.59	61.90	57.55	18.41	4.44	37.81	4.79
宁夏	1.31	89.80	89.80		1.60	45.65	1.78
新疆	5.48	261.39	186.36	4.11	53.21	32.54	16.75

6-13-19 各地区广播电视技术情况

地 区	中、短波转播发射台(座)	中波发射机(部)	短波发射机(部)	调频转播发射台(座)	调 频发射机(部)	电视转播发射台(座)	电视发射机(部)	微波实有站(座)
总 计	**850**	**2397**	**622**	**10334**	**19077**	**13365**	**26840**	**2207**
总局直属	35	68	276	2	24	339	356	41
北 京	1	5		17	25	15	31	10
天 津	5	24	1	14	38	11	34	16
河 北	31	49		159	286	253	441	32
山 西	15	40		119	209	180	387	82
内蒙古	57	212	11	554	1105	800	1323	158
辽 宁	34	90		231	366	369	568	90
吉 林	34	91		78	280	148	416	133
黑龙江	43	106		145	536	181	547	64
上 海	3	8		11	26	11	20	
江 苏	21	104	1	94	209	83	321	73
浙 江	36	148		97	262	100	255	88
安 徽	23	108		325	595	142	479	100
福 建	37	96	2	88	257	73	267	156
江 西	15	34		425	553	241	434	14
山 东	30	103	1	133	243	151	411	38
河 南	30	103		139	190	153	399	52
湖 北	28	86		432	609	908	1191	116
湖 南	25	45	1	99	173	179	407	150
广 东	27	97	1	91	278	87	243	212
广 西	20	37	2	261	642	128	388	52
海 南	3	7		23	60	23	66	80
重 庆	5	13		60	261	47	137	33
四 川	36	94	2	1586	2152	2195	2920	71
贵 州	11	28	2	261	384	91	279	9
云 南	60	102	2	284	799	185	629	119
西 藏	42	151		2636	5151	2060	6474	
陕 西	14	36	1	171	378	124	238	56
甘 肃	30	59	2	702	985	2285	3472	102
青 海	21	63	195	214	333	1134	1659	
宁 夏	12	34		24	64	26	578	26
新 疆	66	156	122	859	1604	643	1470	34

6-13-20 电视节目进出口情况

指 标	合 计	欧 洲	非 洲	美 洲	
					#美 国
全年电视节目进口总额（万元）	58658	12804	126	10898	10456
#电视剧	24498	1939		2420	2420
动画电视	4432	420		1159	1147
纪录片	9273	4179		1233	1097
全年电视节目进口量(时)	18943	6657	11	4863	4603
#电视剧 (部/集)	213/6547	30/278	0/0	43/970	42/950
动画电视 (时)	2879	878		805	639
纪录片 (时)	2637	1195		467	417
全年电视节目出口总额（万元）	18166	3922	900	3265	2796
#电视剧	9250	624	548	1280	868
动画电视	4894	2127	313	518	518
纪录片	2693	362	39	1271	1217
全年电视节目出口量(时)	21270	1065	1240	10617	9380
#电视剧 (部/集)	243/11180	5/184	11/414	45/2840	39/1564
动画电视 (时)	2507	223	850	417	417
纪录片 (时)	3241	154	80	2055	1809

6-13-20 续表

指 标	亚 洲						大洋洲
		#日 本	#韩 国	#东南亚	#中国香港	#中国台湾	
全年电视节目进口总额（万元）	33835	2292	7683	8557	12626	2676	994
#电视剧	20139		7404	6536	4368	1830	
动画电视	2854	1970	60		712	111	
纪录片	3472	15	22	13	3422		390
全年电视节目进口量(时)	7294	1299	1383	813	3612	187	119
#电视剧 (部/集)	140/5299		43/1706	22/787	70/2640	5/166	
动画电视 (时)	1196	1004	30		144	18	
纪录片 (时)	960	12	26	2	920		16
全年电视节目出口总额（万元）	9607	2569	1346	1967	1142	2583	472
#电视剧	6598	1546	1126	1516	554	1855	201
动画电视	1937	1018	53	290	235	342	
纪录片	941	2	166	105	284	384	80
全年电视节目出口量(时)	8136	561	763	3549	1481	1782	210
#电视剧 (部/集)	177/7541	13/575	19/828	93/3798	16/731	36/1609	5/201
动画电视 (时)	1018	121	45	422	240	190	
纪录片 (时)	943	7	97	155	294	390	10

6-13-21 电影综合情况

年 份	电影故事片厂(个)	生产故事影片(部)	生产动画影片(部)	生产科教影片(部)	生产纪录影片(部)	生产特种影片(部)
1978	12	46	26	289	202	
1979	17	65	25	349	317	
1980	17	82	32	337	242	
1981	19	105	33	277	276	
1982	19	112	33	284	259	
1983	19	127	37	343	299	
1984	20	144	37	387	337	
1985	20	127	45	357	419	
1986	20	134	46	383	417	
1987	22	146	45	353	347	
1988	22	158	38	344	350	
1989	22	136	53	334	259	
1990	22	134	51	326	296	
1991	22	130	46	351	283	
1992	22	170	56	354	307	
1993	22	154	47	252	300	
1994	22	148	32	182	22	
1995	30	146	37	40	111	
1996	30	110	58	33	39	
1997	31	88	28	34	95	
1998	31	82	9	30	54	
2000	31	91	1	49	10	
2001	27	88	1	56	9	
2002	31	100	2	60	7	
2003	31	140	2	53	6	
2004	31	212	4	30	10	
2005	32	260	7	33	2	
2006	32	330	13	36	13	
2007	32	402	6	34	9	
2008	33	406	16	39	16	2
2009	31	456	27	52	19	4
2010	31	526	16	54	16	9
2011	31	558	24	76	26	5
2012	31	745	33	74	15	26
2013	31	638	29	121	18	18

注：1.本表电影故事片厂指国有电影故事片厂。
2.2005年及以前动画片数为美术片数。

6-13-22 全国主要文化机构情况

单位：个

年 份	公共图书馆	文化馆	省级、地市级文化馆	县市级文化馆	乡镇(街道)文化站	博物馆	艺术表演团 体	艺术表演场 馆
1978	1218	6893	92	2748	4053	349	3150	1095
1980	1732	8739	218	2912	5609	365	3533	1444
1985	2344	8576	335	2960	5281	711	3317	1377
1986	2406	8913	337	2993	5583	777	3195	2058
1987	2440	8974	348	2973	5653	827	3094	2148
1988	2485	9045	358	2975	5712	903	2985	2081
1989	2512	9037	366	2955	5716	967	2850	2050
1990	2527	9216	366	2955	5895	1013	2805	1955
1991	2535	10507	371	2894	7242	1075	2772	2068
1992	2558	9564	372	2900	6292	1106	2753	2037
1993	2572	10155	370	2886	6899	1130	2707	2024
1994	2589	11276	374	2887	8015	1161	2698	1998
1995	2615	13487	373	2886	10228	1194	2682	1958
1996	2620	45253	392	2892	41969	1219	2664	1934
1997	2628	45449	385	2901	42163	1282	2663	1947
1998	2662	45834	386	2901	42547	1339	2652	1929
1999	2669	45837	389	2905	42543	1363	2632	1911
2000	2675	45321	390	2907	42024	1392	2619	1900
2001	2696	43379	399	2842	40138	1461	2605	1854
2002	2697	42516	389	2854	39273	1511	2587	1829
2003	2709	41816	382	2846	38588	1515	2601	1900
2004	2720	41402	380	2841	38181	1548	2759	1928
2005	2762	41588	375	2851	38362	1581	2805	1866
2006	2778	40088	395	2819	36874	1617	2866	1839
2007	2799	40601	411	2806	37384	1722	4512	1732
2008	2820	41156	389	2829	37938	1893	5114	1662
2009	2850	41959	361	2862	38736	2252	6139	1499
2010	2884	43382	374	2890	40118	2435	6864	1461
2011	2952	43675	379	2906	40390	2650	7055	1429
2012	3076	43876	382	2919	40575	3069	7321	1279
2013	3112	44260	385	2930	40945	3473	8180	1344

注：1.2007年以前艺术表演团体为文化系统内数据，2007年起含非文化部门单位。艺术表演场馆不含民营艺术表演场馆。
2.1996年以前文化站数据未包括其他部门所属乡镇文化站。1996—1998年包括其他部门所属文化站，1999年以后，其他部门所属文化站划归文化部门管理。

6-13-23 全国文化文物机构人员情况

机构类别	机构(个)	文化部门	国有经济	集体经济	其他经济	其他部门
总计	**292884**	**64686**	**63522**	**311**	**853**	**228198**
艺术业	9557	3353	2853	201	299	6204
公共图书馆业	3112	3112	3112			
群众文化服务业	44260	44260	44260			
艺术教育业	139	139	134	2	3	
文化市场经营机构	220665					220665
文艺科研机构	225	224	221		3	1
文物业	7737	6884	6662	64	158	852
其他	7189	6714	6280	44	390	475

6-13-23 续表

机构类别	从业人员(人)	文化部门	国有经济	集体经济	其他经济	其他部门
总计	**2154948**	**638537**	**580314**	**7454**	**50769**	**1516411**
艺术业	287183	139900	116239	6747	16914	147283
公共图书馆业	56320	56320	56320			
群众文化服务业	164355	164355	164355			
艺术教育业	12680	12680	12566	16	98	
文化市场经营机构	1313900					1313900
文艺科研机构	4739	4732	4589		143	7
文物业	137173	120282	117531	258	2493	16891
其他	178598	140268	108714	433	31121	38330

6-13-24 全国文化系统艺术表演场馆基本情况

项目	机构数(个)	从业人员(人)	座席数(个)	演(映)出场次(万场次)	#艺术演出
总计	**1344**	**26036**	**1027946**	**82.93**	**6.60**
按登记注册类型分					
国有	1227	22011	920635	52.72	4.80
集体	20	233	10830	0.24	0.14
其他	97	3792	96481	29.97	1.67
按性质分					
执行事业会计制度	964	16430	710195	26.39	3.00
执行企业会计制度	380	9606	317751	56.54	3.60
按机构类型分					
剧场	575	11280	436776	13.02	2.79
影剧院	612	10437	452527	63.30	1.95
书场、曲艺场	10	136	808	0.14	0.14
杂技、马戏场	2	46	3462	0.01	0.01
音乐厅	13	474	12832	0.20	0.17
综合性	101	3213	105952	5.75	1.52
其他艺术表演场馆	31	450	15589	0.52	0.04
按隶属关系分					
中央	7	176	5657	0.08	0.08
省、区、市	108	4362	91915	11.95	1.15
地、市	367	9283	259040	39.72	2.64
县、市及以下	862	12215	671334	31.18	2.73

6-13-24 续表

项目	观众人次(万人次)	#艺术演出	收入合计(万元)	#财政拨款	#演出收入	支出合计(万元)
总计	**7776**	**2662**	**426361**	**160313**	**82489**	**417103**
按登记注册类型分						
国有	5618	2254	329804	135798	62844	316166
集体	64	32	2107	741	166	1646
其他	2094	376	94450	23773	19479	99291
按性质分						
执行事业会计制度	3489	1579	245059	116214	43654	234739
执行企业会计制度	4287	1083	181302	44099	38835	182364
按机构类型分						
剧场	2332	1395	230011	106780	53729	216282
影剧院	4110	672	104009	18939	8825	103574
书场、曲艺场	13	13	1687	851	101	1676
杂技、马戏场	9	9	312		110	312
音乐厅	165	138	16687	4485	4972	14959
综合性	1065	410	69382	26934	13691	75908
其他艺术表演场馆	83	26	4273	2324	1061	4392
按隶属关系分						
中央	43	43	4331	26	2111	4136
省、区、市	1123	751	166998	72963	43395	157554
地、市	2829	859	152284	45588	21381	160016
县、市及以下	3781	1009	102748	41736	15602	95397

6-13-25 全国艺术表演团体基本情况

项目	机构（个）	从业人员（人）	剧团原创首演剧目（个）	演出场次（万场次）	#国内演出	#农村	国内演出观众人次（万人次）
总计	**8180**	**260865**	**1357**	**165.11**	**162.81**	**105.07**	**90064**
按登记注册类型分							
国有	1752	99035	996	29.63	27.79	18.16	28605
集体	185	6633	91	5.81	5.62	3.48	3449
其他	6243	155197	270	129.66	129.40	83.43	58010
按隶属关系分							
中央	20	5313	26	0.34	0.32	0.07	542
省、区、市	190	28985	259	6.43	5.95	1.73	4751
地、市	505	39501	340	9.61	9.00	4.65	8969
县、市及以下	7465	187066	732	148.73	147.55	98.63	75802
按性质分							
执行事业会计制度	1601	86470	831	29.21	27.71	18.24	26404
执行企业会计制度	6579	174395	526	135.90	135.10	86.84	63660
按管理部门分							
文化部门	2067	117004	1288	39.81	37.57	23.67	34766
其他部门	6113	143861	69	125.30	125.24	81.41	55298
按剧种分							
话剧、儿童剧、滑稽剧类	530	16921	118	6.42	6.36	2.97	3678
歌舞、音乐类	2074	76184	392	28.54	27.97	14.65	24312
京剧、昆曲类	121	7857	45	2.27	2.25	1.52	1345
地方戏曲类	2384	86110	578	49.38	49.16	42.15	37759
杂技、魔术、马戏类	403	12844	18	18.03	17.00	4.47	6188
曲艺类	168	3894	33	6.65	6.54	3.12	1397
乌兰牧骑	120	3862	45	1.23	1.19	0.80	1007
综合性艺术表演团体	2380	53193	128	52.59	52.35	35.42	14378

6-13-25 续表

项目	#农村	收入合计（万元）	#财政拨款	#演出收入	支出合计（万元）	政府采购的公益演出活动	
						演出场次（万场次）	观众人次（万人次）
总计	**52973**	**2800266**	**1393811**	**735532**	**2331821**	**9.18**	**9098.21**
按登记注册类型分							
国有	19068	1206700	884140	94407	1163324	7.22	7294.06
集体	2596	49920	29121	6387	48531	0.54	432.22
其他	31309	1543647	480550	634738	1119966	1.42	1371.94
按隶属关系分							
中央	87	143381	83423	6898	125197	0.04	50.51
省、区、市	1826	567803	396524	80161	565662	1.42	1478.19
地、市	5077	463286	349633	47164	444010	2.29	2317.29
县、市及以下	45984	1625796	564231	601309	1196952	5.43	5252.23
按性质分							
执行事业会计制度	18359	1045394	797247	133270	1012711	6.22	6331.17
执行企业会计制度	34615	1754872	596564	602262	1319110	2.95	2767.04
按管理部门分							
文化部门	23095	1378684	984108	145443	1335598	8.90	8716.30
其他部门	29879	1421582	409703	590089	996223	0.27	381.91
按剧种分							
话剧、儿童剧、滑稽剧类	1452	204833	85138	77548	174773	0.36	265.11
歌舞、音乐类	7035	711460	380436	197610	665242	2.33	1995.38
京剧、昆曲类	859	391627	357441	13474	137017	0.28	179.50
地方戏曲类	31184	548132	319395	145432	482310	4.54	5006.11
杂技、魔术、马戏类	2479	159399	53402	77892	137274	0.24	200.92
曲艺类	789	54595	24471	22905	49309	0.21	175.94
乌兰牧骑	614	25155	23928	347	24890	0.19	122.43
综合性艺术表演团体	8560	705064	149601	200324	661007	1.03	1152.84

6-13-26 全国公共图书馆基本情况

指标	总计	#少儿图书馆	按隶属关系分：中央	省、区、直辖市(级)	地市级	县市级	#县图书馆
机构数 (个)	3112	105	1	39	360	2712	1632
从业人员 (人)	56320	2170	1727	7913	14183	32497	15559
总藏量 (万册件)	74896	3165	3244	18105	19501	34046	13735
当年购买的报刊种类(万种)	109.12	3.42	1.85	16.56	28.61	62.10	27.40
有效借书证数 (万个)	2877	144	176	459	1010	1232	360
总流通人次 (万人次)	49232	2132	419	7755	14615	26443	8933
#书刊文献外借人次	20552	977		2569	6054	11929	4734
书刊文献外借册次 (万册次)	40868	2285		8265	11878	20725	7153
组织各类讲座次数 (次)	49474	2622	237	4166	13280	31791	14264
举办展览 (个)	15848	488	53	1327	3371	11097	5795
举办培训班 (个)	26198	1719	32	2605	6104	17457	9007
计算机 (台)	195413	6648	3180	19963	41929	130341	68487
#电子阅览室终端数	116274	3286	368	8261	22369	85276	46032
阅览室坐席数 (万个)	80.98	2.66	0.44	6.70	20.02	53.82	25.01

6-13-27 全国群众文化机构基本情况

指标	总计	省、区、直辖市(级)	地市级	县市级	#县文化馆	乡镇(街道)文化站	#乡镇文化站
机构数 (个)	44260	31	354	2930	1671	40945	34343
从业人员 (人)	164355	1900	10349	43672	23534	108434	87922
组织文艺活动 (次)	740611	2066	22022	146316	66732	570207	398373
参加文艺活动人次 (万人次)	31379	583	2862	12620	6009	15314	11097
举办训练班 (次)	390758	2019	22780	83533	31090	282426	179747
参加培训人次 (万人次)	3105	40	178	643	249	2244	1488
举办展览个数 (个)	138225	372	3326	19033	9962	115494	88539
参观展览人次 (万人次)	9246	255	991	2907	5093	5093	3899
组织各类理论研讨和讲座次数 (次)	23637	577	4030	19030			
参加研讨和讲座人次 (万人次)	441	31	77	333			
藏书 (万册)	23013	16	50	486	203	22461	17200
拥有计算机台数 (台)	292218	2250	6308	28242	13062	255418	200735
本年收入合计 (亿元)	166.76	7.03	19.76	53.73	23.77	86.24	67.62
本年支出合计 (亿元)	163.54	6.80	18.70	52.96	23.49	85.08	66.22
馆办文艺团体 (个)	6022	93	972	4957	2397		
馆办文艺团体演出场次 (场次)	151351	1347	42830	107174	56954		
馆办老年大学 (个)	724	13	79	632	333		
群众业余文艺团体 (个)	342649	92	5693	54770	26992	282094	204395

6-13-28 全国文物业基本情况

项目	机构（个）	从业人员（人）	本年收入合计（万元）	本年支出合计（万元）	资产总计（万元）	实际使用房屋建筑面积（万平方米）
总计	**7737**	**137173**	**3645841**	**3415825**	**7674904**	**2115**
按单位性质分						
文物科研机构	115	5243	208924	170898	323566	96
文物保护管理机构	2809	35334	819557	705411	1031355	245
博物馆	3473	79075	1755739	1706897	5485990	1700
文物商店	71	1596	89630	71732	217327	15
其他文物机构	1269	15925	771991	760887	616666	58
按隶属关系分						
中央	12	3432	194905	174240	611066	64
省、区、市	297	18147	989394	950265	1926941	248
地、市	1444	40402	1088734	988398	2252594	746
县、市	5984	75192	1372808	1302922	2884303	1057
按管理部门分						
文物部门	6885	120282	3340921	3095884	5848663	1757
其他部门	852	16891	304920	319941	1826241	358

6-13-28 续表

项目	文物藏品（件/套）		本年从有关部门接收文物数（件/套）	本年藏品征集数（件/套）	举办陈列展览（个）	参观人次（万人次）
		#一级品				
总计	**38408146**	**96816**	**127264**	**313553**	**8392**	**9644**
按单位性质分						
文物科研机构	1594975	2328	46	50	10	23
文物保护管理机构	1906829	8457	14144	8425	732	449
博物馆	27191601	85707	113070	304839	7650	9172
文物商店	7632366	59				
其他文物机构	82375	265	4	239		
按隶属关系分						
中央	2956953	20138	11312	2502	30	133
省、区、市	14929635	29878	4514	45472	422	938
地、市	8583810	25736	31673	97894	2067	3222
县、市	11937748	21064	79765	167685	5873	5351
按管理部门分						
文物部门	30406952	92442	78312	191743	6810	8536
其他部门	8001194	4374	48952	121810	1582	1108

6-13-29 各地区艺术表演团体、艺术表演场馆演出情况

地区	艺术表演团体						艺术表演场馆				
	机构数(个)	演出场次(万场次)	#国内演出	#农村	国内演出观众人次(万人次)	#农村	机构数(个)	演(映)出场次(万场次)	#艺术演出	观众人次(万人次)	#艺术演出
全国	**8180**	**165.11**	**162.81**	**105.07**	**90064**	**52973**	**1344**	**82.93**	**6.60**	**7776**	**2662**
中央	20	0.34	0.32	0.07	542	87	7	0.08	0.08	43	43
北京	292	2.24	2.17	0.62	983	270	17	1.20	0.29	210	168
天津	58	0.69	0.69	0.21	285	101	26	1.37	0.15	139	63
河北	500	7.53	6.97	4.73	5183	3745	77	1.79	0.14	204	60
山西	226	3.93	3.89	3.33	3701	3160	100	9.81	0.85	517	160
内蒙古	144	2.66	2.55	1.31	1373	746	18	0.33	0.04	87	30
辽宁	212	1.81	1.63	0.41	851	269	33	0.43	0.18	152	94
吉林	54	0.64	0.64	0.36	424	283	26	1.86	0.12	179	44
黑龙江	35	0.50	0.47	0.12	404	86	35	0.12	0.03	55	16
上海	148	3.41	3.39	0.91	1175	209	27	1.53	0.31	215	169
江苏	291	7.90	7.73	4.20	2663	1474	110	36.82	1.49	2160	273
浙江	733	14.55	14.53	11.75	9272	6827	61	4.07	0.42	894	261
安徽	991	31.73	31.66	24.46	8578	6038	48	1.71	0.30	259	105
福建	506	11.02	11.00	9.81	4157	3555	57	4.74	0.08	223	42
江西	229	5.09	5.06	3.12	2379	1825	51	0.76	0.27	204	95
山东	414	5.41	5.31	2.95	3602	2344	93	1.14	0.20	299	162
河南	429	26.10	26.06	13.70	9122	6631	139	0.96	0.16	229	107
湖北	307	3.73	3.69	2.32	2880	1870	53	2.50	0.21	256	140
湖南	227	3.55	3.53	2.05	1775	945	58	2.76	0.27	329	129
广东	405	4.24	4.20	2.80	4601	2913	45	1.28	0.22	315	150
广西	59	1.54	1.46	0.37	882	332	19	1.82	0.12	123	58
海南	67	0.95	0.95	0.59	972	739	7	0.07	0.03	51	26
重庆	443	4.81	4.74	3.58	1410	903	15	0.06	0.05	19	18
四川	510	7.65	7.59	4.20	12541	1305	42	0.37	0.10	83	51
贵州	106	1.63	1.51	0.66	1229	705	6				
云南	259	3.87	3.82	1.52	2325	1084	18	0.13	0.09	65	40
西藏	79	0.46	0.37	0.27	257	161	14	0.05	0.04	10	10
陕西	119	2.48	2.44	1.66	2681	1880	86	0.82	0.23	248	102
甘肃	124	1.93	1.92	1.44	2190	1555	22	0.42	0.02	46	14
青海	37	0.31	0.29	0.14	163	66	16	0.40	0.02	52	4
宁夏	33	0.93	0.86	0.46	596	352	3	0.05	0.00	11	1
新疆	123	1.45	1.40	0.97	866	516	15	3.48	0.08	98	27

6-13-30 各地区公共图书馆基本情况

地 区	公共图书馆(个)	总藏量(万册件)	人均拥有公共图书馆藏量	有效借书证数(万个)	总流通人次(万人次)	#书刊文献外借人次	书刊文献外借册次(万册次)	阅览室座席数(个)
总 计	**3112**	**74896**	**0.55**	**2877**	**49232**	**20552**	**40868**	**809767**
中 央	1	3244		176	419			4411
北 京	24	2072	0.98	79	1033	325	893	16002
天 津	31	1474	1.00	58	714	292	658	13526
河 北	173	1937	0.26	66	1079	478	727	30348
山 西	127	1466	0.40	25	603	280	404	26050
内蒙古	116	1325	0.53	22	575	285	578	24363
辽 宁	129	3355	0.76	102	1939	773	1750	30523
吉 林	66	1597	0.58	28	540	241	462	15645
黑龙江	107	1843	0.48	90	822	303	575	21952
上 海	25	7239	3.00	158	3605	1717	6316	22593
江 苏	113	5770	0.73	367	5047	2450	3997	44431
浙 江	98	5165	0.94	322	4946	1912	3919	42423
安 徽	107	1776	0.29	65	1347	798	1258	27298
福 建	91	2467	0.65	79	1809	724	1805	28524
江 西	114	1990	0.44	70	1165	675	947	28283
山 东	153	4422	0.45	158	2355	1430	2158	47068
河 南	157	2218	0.24	83	1785	960	1465	39766
湖 北	112	2648	0.46	108	1763	952	1570	34860
湖 南	136	2282	0.34	78	1694	801	1424	30438
广 东	137	6101	0.57	410	7357	1588	3499	75838
广 西	112	2110	0.45	46	1471	439	854	27046
海 南	21	377	0.42	13	247	64	153	5671
重 庆	43	1129	0.38	37	1147	429	969	17369
四 川	197	3048	0.38	59	1738	789	1374	40983
贵 州	94	1156	0.33	32	467	262	337	19224
云 南	152	1765	0.38	41	1223	507	870	26376
西 藏	78	100	0.32	1	11	4	9	1961
陕 西	114	1377	0.37	30	879	335	609	18116
甘 肃	103	1226	0.47	27	616	304	526	17403
青 海	49	379	0.66	11	114	59	89	3576
宁 夏	26	595	0.91	11	221	131	253	7344
新 疆	106	1242	0.55	25	502	244	419	20356

6-13-30 续表

地区	每万人拥有公共图书馆建筑面积(平方米)	组织各类讲座次数(次)	参加讲座人次(万人次)	举办展览(个)	参观展览人次(万人次)	举办培训班(个)	参加培训人次(万人次)	计算机(台)	#电子阅览室终端数
总计	**85.1**	**49474**	**864.77**	**15848**	**3353.77**	**26198**	**192.70**	**195413**	**116274**
中央		237	6.06	53	57.75	32	0.31	3180	368
北京	113.8	1731	19.47	296	152.37	717	4.53	3601	1725
天津	168.1	921	12.33	191	90.28	520	2.86	3148	1522
河北	52.9	1941	32.57	500	120.56	635	5.53	6774	4171
山西	108.1	1647	23.63	489	69.96	1041	6.40	5821	3976
内蒙古	131.5	971	14.40	295	50.23	401	2.44	5918	3885
辽宁	103.4	2099	34.60	635	178.20	1374	6.97	7032	3508
吉林	70.6	973	20.41	259	45.10	279	2.52	4335	2146
黑龙江	72.3	918	17.68	421	60.10	403	3.08	5649	3834
上海	171.5	1643	22.20	389	84.06	652	7.25	7071	3121
江苏	112.1	3003	63.91	911	171.33	1665	12.01	10100	5300
浙江	135.8	2645	53.95	1228	334.16	2280	13.19	9521	5396
安徽	58.7	1431	24.46	538	73.80	718	5.17	7132	5003
福建	93.4	2265	30.07	638	179.48	674	5.05	5539	3372
江西	75.9	1409	41.12	628	147.43	540	5.62	6867	4234
山东	73.5	2661	50.18	863	97.31	1182	8.54	10637	6780
河南	56.8	2454	47.39	737	89.75	876	7.52	8369	5625
湖北	88.3	1682	35.37	487	133.20	1029	9.26	7088	4621
湖南	56.9	2347	47.22	545	71.51	1248	13.80	6098	4414
广东	102.8	4295	80.62	1318	514.79	1827	12.14	18588	7875
广西	59.6	1505	26.12	634	105.60	1301	7.16	5763	3887
海南	91.4	124	2.21	144	18.62	174	1.45	1484	952
重庆	85.1	990	11.79	387	77.32	1100	7.51	3890	2530
四川	59.5	2680	33.46	806	108.60	1333	10.14	9831	6600
贵州	59.9	1414	13.58	289	23.06	471	3.90	4780	2941
云南	73.2	1894	27.70	720	123.14	1412	11.52	7214	5029
西藏	120.6	27	0.24	19	1.66	24	0.04	738	581
陕西	64.1	1323	17.31	461	70.51	956	8.75	5781	3498
甘肃	74.9	1024	27.02	354	33.76	346	2.77	4499	2818
青海	79.5	244	2.64	88	2.75	179	0.92	1942	1353
宁夏	163.7	248	4.47	47	5.30	199	0.18	2052	1571
新疆	90.9	728	20.61	478	62.06	610	4.20	4971	3638

6-13-31 各地区博物馆基本情况

地 区	机构数（个）	从业人员（人）	文物藏品（件/套）	本年从有关接收文物数（件/套）	本年修复文物数（件/套）	基本陈列（个）	举办展览（个）	参观人次（万人次）
总 计	**3473**	**79075**	**27191601**	**113070**	**304839**	**7650**	**9172**	**63776**
中 央	5	2869	2956953	11312	2502	30	133	2522
北 京	41	1101	1142291	1	574	70	131	501
天 津	20	669	688456		80	60	50	546
河 北	103	3126	271992	448	1056	190	289	2480
山 西	97	2215	598381	3	1447	110	123	1030
内蒙古	72	1412	498069	753	2886	214	119	908
辽 宁	63	2164	444906	26	5799	183	126	1178
吉 林	73	1214	361260	15894	8289	105	257	726
黑龙江	156	2369	487097	635	6818	284	286	1824
上 海	100	3131	2282961	216	24293	240	390	1768
江 苏	292	5668	1662661	599	7618	698	960	6118
浙 江	183	3788	1002041	33	13980	392	1029	3789
安 徽	154	2500	670420	1156	2119	378	353	2037
福 建	98	1798	482562	4470	8021	243	371	2125
江 西	137	2972	448996	292	2298	272	225	2657
山 东	194	4748	1352501	2559	6114	729	690	4336
河 南	222	5885	964804	14630	45731	430	477	4181
湖 北	170	3360	1668740	471	22159	426	370	2358
湖 南	103	2515	510258	16	2919	188	211	2836
广 东	175	3396	996706	1338	7404	394	769	3599
广 西	104	1696	397058	1256	9356	179	171	1253
海 南	18	235	39895	15	753	28	59	274
重 庆	71	1897	679375	64	2339	184	129	1916
四 川	188	5417	3141223	230	90739	349	289	4834
贵 州	75	1261	94124	332	1505	111	101	1265
云 南	84	942	1191016	333	2554	208	157	1238
西 藏	2	75	63150		180	7	13	34
陕 西	221	6225	1174563	49106	17966	425	422	2875
甘 肃	143	2871	506315	5771	3040	327	289	1767
青 海	22	196	183255	42	574	30	34	54
宁 夏	11	248	74808	136	1504	28	31	111
新 疆	76	1112	154764	933	2222	138	118	636

6–13–32 体育系统机构人员情况

单位：个、人

指 标	合 计		国家级	
	机构	人员	机构	人员
总 计	**7089**	**152342**	**44**	**5047**
体育行政机关	3025	27708	1	219
运动项目管理部门	300	32358	23	1187
本科院校	7	3866	1	1032
职业、运动技术学院	20	6859		
体育运动学校	268	17243		
竞技体校	16	839		
少儿体育运动学校(业余体校)	1460	21056		
单项运动学校	23	380		
体育中学	30	1610		
训练基地	80	5652	5	680
体育场馆	676	15001	1	352
科研所	57	1514	1	273
其他事业单位	1011	15781	11	835
其他	116	2475	1	469

6–13–32 续表

单位：个、人

指 标	省级		地级		县级	
	机构	人员	机构	人员	机构	人员
总 计	**707**	**59048**	**1892**	**47197**	**4446**	**41050**
体育行政机关	45	1825	447	7342	2532	18322
运动项目管理部门	206	27381	61	3540	10	250
本科院校	6	2834				
职业、运动技术学院	16	6813	3	46	1	
体育运动学校	39	3613	183	12550	46	1080
竞技体校	1	318	10	411	5	110
少儿体育运动学校(业余体校)	21	468	310	8271	1129	12317
单项运动学校	6	104	13	249	4	27
体育中学			16	1017	14	593
训练基地	33	4362	35	450	7	160
体育场馆	57	3173	387	8622	231	2854
科研所	29	993	26	248	1	
其他事业单位	228	5930	355	4054	417	4962
其他	20	1234	46	397	49	375

6-13-33 运动员获世界冠军情况

年份	项数（项）	人数（人）	个数（个）
1978	4	4	4
1979	12	20	12
1980	3	3	3
1981	25	53	25
1982	12	31	13
1983	37	50	39
1984	33	46	37
1985	42	70	46
1986	26	56	26
1987	64	72	69
1988	54	59	54
1989	80	83	82
1990	54	61	54
1991	88	86	93
1992	86	68	89
1993	101	106	103
1994	79	86	79
1995	98	187	102
1996	72	58	75
1997	87	96	92
1998	75	89	83
1999	91	129	92
2000	92	109	110
2001	79	138	90
2002	99	123	110
2003	17	94	84
2004	27	175	101
2005	22	159	106
2006	24	169	141
2007	22	217	123
2008	24	151	120
2009	30	223	142
2010	22	180	108
2011	24	198	138
2012	24	140	107
2013	22	164	124

6-13-34 运动员分项创世界纪录情况

单位：项、人、次

项目	项数	人(队)数	次数
总计	**13**	**7人3队**	**13**
游泳			
自行车	1	1人	1
射击	4	1人3队	4
举重	4	2人	4
滑冰	1	1人	1
滑翔			
航海模型	3	2人	3

6-13-35 各地区分技术等级运动员发展人数

单位：人

地区	合计	#女	国际级运动健将	#女	运动健将	#女	一级运动员	#女	二级运动员	#女
总计	**51089**	**18102**	**130**	**66**	**1283**	**565**	**9197**	**3498**	**40479**	**13973**
国家直属	557	206	23	8	84	32	24	3	426	163
地方合计	50532	17896	107	58	1199	533	9173	3495	40053	13810
北京	1676	612	5	2	69	26	325	129	1277	455
天津	1100	446	7	3	62	33	203	79	828	331
河北	2679	963	5	3	38	8	504	234	2132	718
山西	1610	712			38	17	272	107	1300	588
内蒙古	1468	440	2	2	22	8	272	106	1172	324
辽宁	2716	1031	5	3	79	36	756	263	1876	729
吉林	1244	371	2	1	32	16	220	65	990	289
黑龙江	1149	426	4	4	71	29	316	135	758	258
上海	2162	897					711	309	1451	588
江苏	3331	1293	9	7	113	65	692	316	2517	905
浙江	2256	881	10	5	85	37	545	202	1616	637
安徽	1849	715	3	2	30	17	380	161	1436	535
福建	1463	555	3	3			201	78	1259	474
江西	1111	338	4	2	19	13	151	51	937	272
山东	4650	1346	23	10	110	49	572	94	3945	1193
河南	4000	1307	2	2	48	22	492	192	3458	1091
湖北	2344	472					214	66	2130	406
湖南	1656	645	3	2	32	19	552	222	1069	402
广东	2253	892	10	5	148	57	428	135	1667	695
广西	642	271	1		26	9	133	61	482	201
海南	478	111			4	1	65	24	409	86
重庆	1811	694	1		14	6	230	96	1566	592
四川	1950	860	4	2	66	30	374	179	1506	649
贵州	301	108					50	15	251	93
云南	1379	426	2		18	9	158	52	1201	365
西藏	8	5			5	2	2	2	1	1
陕西	685	245	1		35	18	52	27	597	200
甘肃	924	277					132	38	792	239
青海	41	15			4	1	29	11	8	3
宁夏	499	187					10	3	489	184
新疆	1097	355	1		31	5	132	43	933	307

6-13-36 分项目分技术等级运动员发展人数

单位：人

项目	合计	#女	国际级运动健将	#女	运动健将	#女	一级运动员	#女	二级运动员	#女
总计	**51089**	**18102**	**130**	**66**	**1283**	**565**	**9197**	**3498**	**40479**	**13973**
田径	8350	2549	10	5	89	36	830	304	7421	2204
游泳	2865	1269	4	3	72	35	626	264	2163	967
跳水	123	67	6	4	32	19	54	28	31	16
水球	125	55			22	10	83	34	20	11
花样游泳	47	47			6	6	2	2	39	39
体操	329	164	5	3	38	24	118	60	168	77
艺术体操	88	81			20	20	14	11	54	50
蹦床	80	37			10	4	34	14	36	19
举重	397	161	4	2	27	13	112	45	254	101
拳击	1015	267	2	2	19	7	239	58	755	200
摔跤	1416	347	1	1	32	17	85	26	1298	303
中国式摔跤	563	158			21	17	108	44	434	97
柔道	971	390			53	16	297	124	621	250
跆拳道	1895	772	1		27	12	479	210	1388	550
自行车	402	133	1	1	45	11	215	83	141	38
击剑	450	203			10	8	127	64	313	131
马术	4	1					2		2	1
现代五项	37	10	6	2	8	2	18	4	5	2
射击	1155	512	4	3	33	19	559	239	559	251
射箭	260	115	2	2	19	7	75	29	164	77
赛艇	780	317	19	6	48	33	312	132	401	146
皮划艇	679	170			27	6	308	72	343	92
帆船	117	44	7	7	4	2	79	28	27	7
帆板	29	12					13	3	16	9
足球	5137	1389			81	35	1135	276	3921	1078
篮球	6719	2244	14	8	134	43	879	316	5692	1877
排球	3189	1404	1	1	9	4	544	237	2635	1162
沙滩排球	109	48					1	1	108	47
乒乓球	2729	1207	2	2	42	23	172	75	2513	1107
羽毛球	725	299			11	7	105	47	609	245
网球	1419	625			5	5	41	17	1373	603
手球	759	299			21	7	62	28	676	264
曲棍球	310	179	1	1	32	9	67	29	210	140
棒球	291						72		202	
垒球	236	220	3	3	6	6	109	109	118	102
速度滑冰	168	40	2	1	10	1	74	18	82	20

6-13-36 续表

单位：人

项目	合计	#女	国际级运动健将	#女	运动健将	#女	一级运动员	#女	二级运动员	#女
短道速滑	89	40	1	1	8	2	55	26	25	11
花样滑冰	27	17	1	1	1		18	12	7	4
冰球	58	18			29	14	7	4	22	
冰壶	39	24			1	1	18	11	20	12
高山滑雪	22	8					10	3	12	5
越野滑雪	44	14			5	2	14	7	25	5
跳台滑雪										
自由式滑雪	2	1					1		1	1
单板滑雪	17	9	1	1	3	1	11	7	2	
冬季两项	3						3	1		
技巧	55				2	2	45	24	8	7
软式网球	33	9					17	3	16	6
武术	4314	1302			64	25	371	137	3878	1140
滑水	16	3	1	1			15	2		
蹼泳	38	11			3	2	18	7	17	2
围棋	748	114	6	1	10	1	36	3	696	109
国际象棋	387	156	1	1	8	1	78	35	300	119
象棋	302	113	3		11	7	41	17	247	89
登山	36	12			23	11	9	1	4	
攀岩	30	11			1	1	8	3	21	7
摩托车										
铁人三项	12	5			2	1	2		8	4
高尔夫球	6	3			1	1	3	1	2	1
橄榄球	201	103			31	11	52	26	118	66
车辆模型	7						3		4	
航海模型	57	19			7	1	24	9	26	9
航空模型	38	4	1		1		12	2	24	2
跳伞	4	2	1		2	2			1	
滑翔										
速度轮滑	16	5	1		4	2	5	1	6	2
健美	171	76	8		25	10	52	22	86	44
摩托艇	12	3	2	1	3		7	2		
公开水域游泳										
健美操	293	147	6	2	8	3	207	99	72	43
五人制足球	33	6							33	6
无线电测向	11						5	2	6	2
军事五项										

6-13-37 各地区分等级教练员发展人数

单位：人

地 区	合 计	#女	国家级	#女	高 级	#女	一 级	#女	二 级	#女	三 级	#女
总 计	**1518**	**417**	**75**	**7**	**247**	**67**	**411**	**110**	**497**	**146**	**288**	**87**
国家直属	13	2	4		2	1			5	1	2	
地方合计	1505	415	71	7	245	66	411	110	492	145	286	87
北 京	27	6	1		7	2	8	3	11	1		
天 津	32	7	6		5	1	6	2	7	3	8	1
河 北	27	7	1	1	2		10	3	10	3	4	
山 西	47	15			8	2	17	5	16	6	6	2
内蒙古	23	7			6	2	5	1	7	1	5	3
辽 宁	98	26	7		18	4	20	7	33	11	20	4
吉 林	44	10	1		17	4	10	3	12	2	4	1
黑龙江	49	8	6	1	14	3	9		7	3	13	1
上 海	48	17	5	1	10	2	10	4	10	4	13	6
江 苏	85	22	6	1	4	1	26	5	30	9	19	6
浙 江	79	25	2		19	7	21	7	26	8	11	3
安 徽	16	3	2		2	1	3		5	1	4	1
福 建	130	49	3		22	13	34	12	48	14	23	10
江 西	27	9	1		4	2	7	2	8	1	7	4
山 东	165	47	3		29	7	41	13	75	23	17	4
河 南	42	10	2		5	1	17	3	15	5	3	1
湖 北	40	4			3	1	22	1	6	1	9	1
湖 南	52	17			7		13	5	19	6	13	6
广 东	119	30	14	1	25	6	39	11	27	7	14	5
广 西	33	12	4	2			9	1	16	7	4	2
海 南	8	3			1		1	1	4	1	2	1
重 庆	31	10			1	1	5	1	14	4	11	4
四 川	64	15	1		11	2	14	3	15	6	23	4
贵 州	8	5	1		2	1	4	3			1	1
云 南	89	20	3		4	1	19	6	39	9	24	4
西 藏	4						3		1			
陕 西	34	7	2		5		15	3	5		7	4
甘 肃	42	10			12	2	11	2	15	4	4	2
青 海												
宁 夏	13	5			2		2	1	5	3	4	1
新 疆	29	9					10	2	6	2	13	5

【主要统计指标解释】

使用“中国标准书号”合计 使用统一书号的主要有两类：1.各级技术标准文献；2.年画、年历画、台历、无书名页的单张美术印刷品或折页美术印刷品，不另加封面的出版物（如活页文选、活页歌篇、小件印品）等。

不使用“中国标准书号”部分合计 指图片、图标（GB）、部标（BB）等标准类文件印品、活页文选、活页歌篇、小件印品等。

少年儿童读物类图书和课本出版种数 少年儿童读物是指供初中及初中以下少年儿童阅读的书籍，课本是指供大、中、小学生及业余教育使用的书籍。

国家综合档案馆 指归口中央或地方各级档案行政管理部门直接管理的，按行政区划或历史时期设置的，收集和管理所辖范围内多种门类档案的档案馆。

公共广播节目套数 指经国家广电总局批准的、广播电视播出机构开办的不向听众收取收听费用，以为大众提供公共广播服务为主要目的，用固定频率播出，并编有整套自办节目时间表的广播节目套数。

全年制作广播节目时间 指广播电视节目制作机构全年自采、自编、自录的及合作制作、加工制作的各类广播节目，包括直播广播节目。

公共电视节目套数 指经国家广电总局批准的、广播电视播出机构开办的不向观众收取收看费用，以为大众提供公共电视服务为主要目的，用固定频率播出的自办电视节目套数。

付费电视节目套数/时间 指经国家广电总局批准的、广播电视播出机构开办的向观众收取收看费用，以提供个性化、对象化、专业化为主的电视节目套数以及全年的播出时间（含重复播出时间）。

全年制作电视节目时间 指广播电视节目制作机构全年自采、自编、自录的及合作制作、加工制作的各类电视节目，包括直播电视节目。

全年公共电视节目播出时间 指广播电视播出机构自办节目频道内全年播出公共电视节目的时间（含重复播出时间）。

中、短波转播发射台 经省以上广电行政部门批准的有固定人员编制，固定频率和播出时间的中、短波发射台和转播台。

调频转播发射台 经省以上广电部门批准的有固定人员编制，固定频率和播出时间的调频发射台和转播台。

电视转播发射台 经省以上广电部门批准的有固定人员编制，固定频率和播出时间的电视发射台和转播台。

有线广播电视用户数 指通过广播电视有线传输网收看电视节目的家庭用户数，包括接收模拟信号和接收数字信号的有线电视用户数。

数字电视用户数 指通过广播电视有线传输网收看数字信号电视节目的家庭用户数。

广播综合人口覆盖率 根据国家广电总局制定的《广播电视人口覆盖率统计技术标准和方法》进行统计调查的，在对象区内能接收到中央、省、地市或县通过无线、有线或卫星等各种技术方式转播的各级广播节目的人口数占全部总人口的比重。

电视发射转播台 经省以上广电部门批准的有固定人员编制，固定频率和播出时间的电视发射台和转播台。

电视节目综合人口覆盖率 根据国家广电总局制定的《广播电视人口覆盖率统计技术标准和方法》进行统计调查的，在对象区内能接收到中央、省、地市、或县通过无线、有线或卫星等各种技术方式转播的中央电视节目的人口数占全部总人口的比重。

有线电视入户率 计算公式为：（有线广播电视用户数/全国总户数）×100%

艺术表演团体 指由文化部门主办或实行行业管理（经文化市场行政部门审批或已申报登记并领取相关许可证），专门从事表演艺术等活动的各类专业艺术表演团体，含民间职业剧团。不包括群众业余文艺表演团体。

艺术表演场馆 指由文化部门主办或实行行业管理（经文化市场行政部门审批或已申报登记并领取相关许可证），有观众席、舞台、灯光设备，公开售票、专供文艺团体演出的文化活动场所。

文物及文化保护 指对具有历史、文化、艺术、科学价值，并经有关部门鉴定，列入文物保护范围的不可移动文物的保护和管理活动；对我国语言、文字、民间文化艺术、民俗等非物质遗产的文化保护和管理活动。包括近现代重要史迹及具有代表性、纪念性的建筑物的保护（含革命遗址、纪念碑、名人故居）；寺庙、清真寺、教学及各种祠、堂、碑遗址的保护；古文化遗址、古墓地、古建筑、石窟寺、石记得等的保护；民族语言、文字遗产保护；民间艺术（民间传说、神话、歌谣、故事、音乐、舞蹈、戏曲、曲艺皮影、绘画、剪纸等）遗产保护；民间、民俗传统活动（传统节日、庆典、民族艺术活动、民族体育活动等）遗产保护；民族制作（建筑风格、服饰、家具、木器、陶器、铜器等）遗产保护；其他未列明的文物与文化保护。

博物馆 指为了研究、教育、欣赏的目的，收藏、保护、展示人类活动和自然环境的见证物，向公众开放，非营利性、永久性社会服务机构，包括以博物馆（院）、纪念馆（舍）、美术（艺术）馆、科技馆、陈列馆等专有名称开展活动的单位。

总藏量 指图书馆已编目的古籍、图书、期刊和报纸的合订本、小册子、手稿，以及缩微制品、录像带、录音带、光盘等视听文献资料数量之和。

藏品 藏品是文博机构根据收藏品的文化属性、自然属性等情况，所划分的文物藏品、标本藏品、模型藏品（含具有收藏、展示价值的雕塑、绘画等艺术作品）和复制品藏品的总和。本指标所统计的藏品是指报告期末，该机构已经整理并登记入账的藏品数。

6 第三产业部分行业主要业务指标

6-14 公共管理、社会保障和社会组织

简要说明

本篇资料主要包括社会活动参与、公检法、劳动保障等内容。

一、社会活动参与的内容主要包括历届全国人大代表情况、历届全国政协委员情况、全国工会组织情况。全国人大代表数由全国人大办公厅联络局提供，依全国人大换届情况每五年更新一次；全国政协委员数由全国政协办公厅人事局提供，依全国政协换届情况每五年更新一次；全国工会组织情况由中华全国总工会依据统计报表制度整理提供。

二、公检法统计资料主要包括公安机关的刑事案件立案情况和治安案件查处情况，交通事故情况，检察机关的办案情况，人民法院审理案件和收结案情况。资料分别由公安部、最高人民检察院、最高人民法院依据统计报表制度整理提供。

三、劳动保障统计资料主要包括参加社会保险人员情况、社会保险基金情况、劳动争议仲裁等情况。劳动保障资料是人力资源和社会保障部根据其《培训、就业统计报表制度》整理提供。

四、新型农村合作医疗情况主要包括开展新型农村合作医疗的县（市、区）数、参加新农合人数、筹资额和补偿受益人次等情况。资料由国家卫生和计划生育委员会信息中心提供。

6-14-1 历届全国人民代表大会代表人数

届别	年份	代表总数（人）	#女代表	#少数民族代表	占代表总数比重(%) 女代表	少数民族代表
一届	1954	1226	147	177	12.0	14.4
二届	1959	1226	150	180	12.2	14.7
三届	1964	3040	542	373	17.8	12.3
四届	1975	2885	653	270	22.6	9.4
五届	1978	3497	740	381	21.2	10.9
六届	1983	2978	632	404	21.2	13.6
七届	1988	2970	634	445	21.3	15.0
八届	1993	2978	626	439	21.0	14.7
九届	1998	2979	650	428	21.8	14.4
十届	2003	2984	604	415	20.2	13.9
十一届	2008	2987	637	411	21.3	13.8
十二届	2013	2987	699	409	23.4	13.7

6-14-2 历届全国政治协商会议委员人数

届别	年份	委员总数（人）	#中国共产党委员	#少数民族委员	占委员总数比重(%) 中国共产党委员	少数民族委员
六届	1983	2042	811	179	39.7	8.8
七届	1988	2038	832	221	40.8	10.8
八届	1993	2093	831	241	39.7	11.5
九届	1998	2195	875	258	39.9	11.8
十届	2003	2238	895	262	40.0	11.7
十一届	2008	2237	892	250	39.9	11.2
十二届	2013	2237	893	258	39.9	11.5

6-14-3　公安机关立案的刑事案件及构成

案件类别	立　案（起）		构　成（%）	
	2012	2013	2012	2013
合　计	**6551440**	**6598247**	**100.00**	**100.00**
杀　人	11286	10640	0.17	0.16
伤　害	163620	161910	2.50	2.45
抢　劫	180159	146193	2.75	2.22
强　奸	33835	34102	0.52	0.52
拐卖妇女儿童	18532	20735	0.28	0.31
盗　窃	4284670	4506414	65.40	68.30
诈　骗	555823	676771	8.48	10.26
走　私	1575	1853	0.02	0.03
伪造、变造货币,出售、购买、运输、持有、使用假币	2194	768	0.03	0.01
其　他	1299746	1038861	19.85	15.74

注：2013年共破获刑事案件 2647659 起。

6-14-4　公安机关受理和查处治安案件数

案件类别	受　理（起）	查　处（起）	每万人口受理案件数（起）
合　计	**13307501**	**12746493**	**97.3**
扰乱单位秩序	130652	128897	1.0
扰乱公共场所秩序	464682	460004	3.4
寻衅滋事	90037	85183	0.7
阻碍执行职务	33229	32566	0.2
非法携带枪支、弹药、管制工具	63802	63015	0.5
违反危险物质管理规定	19579	19088	0.1
殴打他人	4119105	3992598	30.1
故意伤害	294449	277698	2.2
盗　窃	2161720	1920436	15.8
敲诈勒索	16079	14137	0.1
抢　夺	30111	24768	0.2
盗窃、损毁公共设施	12573	11239	0.1
伪造、变造、倒卖有价票证、凭证	7174	7050	0.1
违反旅馆业管理	135868	134759	1.0
违反房屋出租管理	208415	207604	1.5
诈　骗	317701	271918	2.3
卖淫、嫖娼	84375	83891	0.6
赌　博	393829	390697	2.9
毒品违法活动	540306	536691	4.0
其　他	4183815	4084254	32.6

6-14-5 交通事故情况

类　　别	发生数（起）	死亡人数（人）	受伤人数（人）	直接财产损失（万元）
总　计	**198394**	**58539**	**213724**	**103896.6**
重大事故	16	208	259	258.5
特大事故				
机动车	183404	55316	198317	100034.1
#汽　车	138113	42927	143672	90267.1
摩托车	40858	10463	50635	7643.0
拖拉机	3093	1259	2833	864.9
非机动车	12839	2019	14261	2368.8
#自行车	1304	300	1209	316.4
行人乘车人	2088	1185	1086	1479.5
其　他	63	19	60	14.2

注：根据《生产安全事故报告和调查处理条例》，重大、特大事故统计口径有所调整。

6-14-6 各地区交通事故情况

地　区	发生数（起）	死亡人数（人）	受伤人数（人）	直接财产损失（万元）
全　国	**198394**	**58539**	**213724**	**103896.6**
北　京	3063	860	3359	2805.2
天　津	4313	836	4920	3924.2
河　北	5204	2501	4770	3938.3
山　西	5303	2133	5520	2889.6
内蒙古	3643	1096	3514	1607.3
辽　宁	5777	2015	5527	2880.4
吉　林	2458	1345	2310	3118.5
黑龙江	3283	1158	3294	3760.1
上　海	2011	914	1458	986.2
江　苏	13395	4679	12177	6764.1
浙　江	18298	4860	18558	7522.8
安　徽	17610	2669	20343	7375.6
福　建	8521	2138	9501	3408.1
江　西	2880	1351	2935	3738.2
山　东	12879	3748	11971	4970.6
河　南	6449	1633	6569	3034.9
湖　北	5798	1801	6353	4472.8
湖　南	8699	1882	11293	6455.5
广　东	25424	5647	28435	8016.9
广　西	3821	2172	3922	1735.4
海　南	1976	493	2720	935.0
重　庆	5642	970	7883	1579.3
四　川	9571	2658	11414	5910.5
贵　州	1241	847	1677	1477.9
云　南	3748	1747	4573	2051.6
西　藏	717	290	881	865.1
陕　西	5952	1800	5452	3696.2
甘　肃	2915	1435	3336	1212.2
青　海	1065	532	1233	645.2
宁　夏	1794	400	2179	799.5
新　疆	4944	1929	5647	1319.3

6-14-7 人民检察院直接立案侦查案件情况

案件分类	受案（件）	立案件数（件）	#大案	立案人数（人）	#要案	结案件数（件）	结案人数（人）
合　计	**49044**	**37551**	**27681**	**51306**	**2871**	**35903**	**49225**
贪污	14381	9494	6865	16167	370	9199	15647
贿赂	18885	15940	13395	18101	1867	14778	16808
挪用公款	2839	2695	2237	3511	105	2730	3547
集体私分	212	160		376	59	186	430
巨额财产来源不明	129	15		15	5	3	4
滥用职权	4945	3650	2462	5043	296	3401	4718
玩忽职守	5454	4261	2187	5764	125	4217	5680
徇私舞弊	1164	638	270	874	26	632	865
其他	1035	698	265	1455	18	757	1526

注：结案中含上年旧存（以下各表同）。

6-14-8 人民检察院审查批准、决定逮捕犯罪嫌疑人和提起公诉被告人情况

案件分类	批捕、决定逮捕合计		决定起诉合计	
	（件）	（人）	（件）	（人）
合　计	**642671**	**896403**	**958727**	**1369865**
危害公共安全案	46974	51042	194456	201442
破坏社会主义市场经济秩序案	32146	47017	51727	84202
侵犯公民人身、民主权利案	125158	161807	176505	237959
侵犯财产案	255104	360344	301184	444401
妨害社会管理秩序案	168062	258530	202172	355250
危害国防利益案	203	274	247	338
军人违反职责案		6	5	5
贪污贿赂案	12963	14679	24780	34722
渎职侵权案	1529	1767	7044	10162
其他	532	937	607	1384

6-14-9 人民检察院处理申诉案件情况

单位：件

案件分类	受　案	立案复查	结　案	#改变原决定
合　　计	**22646**	**15805**	**15268**	**1636**
不服检察机关处理决定	**9259**	**6645**	**6402**	**1636**
不服不批捕	1468	992	980	136
不服不起诉	4357	3258	3060	359
不服撤案	63	42	43	10
不服原免予起诉	74	52	56	6
其他	3297	2301	2263	1125
不服法院刑事判决裁定	**13387**	**9160**	**8866**	
刑罚执行中被害人申诉	4761	3361	3245	
刑罚执行中被告人申诉	4876	3320	3246	
刑罚执行完毕后被害人申诉	1162	863	820	
刑罚执行完毕后被告人申诉	2588	1616	1555	

6-14-10 人民检察院出庭公诉情况

单位：件

案件类别	适用简易程序	出庭公诉	一　审	二　审			再　审
					上诉案	抗诉案	
合　　计	**490021**	**420415**	**396010**	**23735**		**5421**	**670**
贪污贿赂	4127	21302	19208	2029		672	65
渎职侵权	1070	5702	5481	212		117	9
刑事案件	484824	393411	371321	21494		4632	596
军人违反职责							

6-14-11 人民检察院办理刑事抗诉案件情况

案件类别	提出抗诉（件）	审判结果合计（件）	改判		维持原判	发回重审
			（件）	（人）		
合　计	**6354**	**4458**	**2490**	**3636**	**807**	**1161**
二审小计	**5421**	**3715**	**2121**	**3161**	**740**	**854**
贪污贿赂案件	672	475	210	264	132	133
渎职侵权案件	117	76	26	30	16	34
刑事案件	4632	3164	1885	2867	592	687
再审小计	**933**	**743**	**369**	**475**	**67**	**307**
贪污贿赂案件	68	65	35	48	4	26
渎职侵权案件	16	9	2	4		7
刑事案件	729	596	275	366	56	265
申诉部门小计	120	73	57	57	7	9

6-14-12 人民检察院办理民事、行政抗诉案件情况

单位：件

案件类别	合　计	民事案件	行政案件
受　理	164029	133041	30988
提请抗诉	6016	5609	407
抗　诉	6018	5727	291
提出再审检察建议	9520	9186	334
抗诉案件再审	5962	5781	181
改　判	2225	2157	68
发回重审	686	653	33
调　解	1380	1374	6
维持原判	1183	1120	63
其　他	488	477	11

6-14-13 人民检察院受理举报、控告、申诉案件情况

单位：件

案件类别	受理	处理	#分送检察机关	#转其他机关
合计	**378582**	**365982**	**203988**	**71231**
首次举报	140392	137280	98402	8491
首次控告	75990	71288	28995	23930
首次申诉	162200	157414	76591	38810

6-14-14 人民检察院纠正违法情况

项目	书面提出纠正		已纠正	
	(件次)	(人次)	(件次)	(人次)
合计	**147316**	**60750**	**141780**	**60013**
立案监督小计	57381		54570	
监督立案	31754		29359	
监督撤案	25627		25211	
侦查监督小计	72718		70432	
审查批捕环节	37684		36650	
审查起诉环节	35034		33782	
刑事审判监督	17217		16778	
刑罚执行监督人次小计		60750		60013
监管活动		43389		42873
超期羁押		455		432
减刑、假释、保外就医		16906		16708

6-14-15 人民法院审理一审案件情况

单位：件

年份	收案	刑事	民事	经济纠纷	行政	海事海商
1978	447755	146968	300787			
1979	513789	123846	389943			
1980	763535	197856	565679			
1981	906051	232125	673926			
1982	1024160	245219	778941			
1983	1343164	542648	756436	43553	527	
1984	1355460	431357	838307	84813	983	
1985	1319741	246655	846391	225541	916	238
1986	1611282	299720	989409	321220	632	301
1987	1875229	289614	1213219	366110	5940	346
1988	2290624	313306	1455130	513046	8573	569
1989	2913515	392564	1815385	694907	9934	725
1990	2916774	459656	1851897	591462	13006	753
1991	2901685	427840	1880635	566592	25667	951
1992	3051157	422991	1948786	650601	27125	1654
1993	3414845	403267	2089257	892580	27911	1830
1994	3955475	482927	2383764	1051742	35083	1959
1995	4545676	495741	2718533	1275959	52596	2847
1996	5312580	618826	3093995	1515848	79966	3945
1997	5288379	436894	3277572	1478822	90557	4534
1998	5410798	482164	3375069	1450049	98350	5166
1999	5692434	540008	3519244	1529877	97569	5736
2000	5356294	560432	3412259	1290867	85760	6976
2001	5344934	628996	3459025	1149101	100921	6891
2002	5132199	631348	4420123		80728	
2003	5130760	632605	4410236		87919	
2004	5072881	647541	4332727		92613	
2005	5161170	684897	4380095		96178	
2006	5183794	702445	4385732		95617	
2007	5550062	724112	4724440		101510	
2008	6288831	767842	5412591		108398	
2009	6688963	768507	5800144		120312	
2010	6999350	779595	6090622		129133	
2011	7596116	845714	6614049		136353	
2012	8442657	996611	7316463		129583	
2013	8876733	971567	7781972		123194	

注：1.一审案件指人民法院按照诉讼级别管辖按第一审程序审理的案件。
2.2002年起，经济纠纷和海事海商并入民事案件中。

6-14-16 人民法院审理刑事一审案件收结案情况

单位：件

项 目	收 案	结 案
合 计	**971567**	**953976**
危害公共安全罪	193275	190435
破坏社会主义市场经济秩序罪	51987	50410
侵犯公民人身权利民主权利罪	186280	182199
侵犯财产罪	306014	303324
妨害社会管理秩序罪	201688	197353
危害国防利益罪	247	236
贪污贿赂罪	25416	23941
渎职罪	5703	5185
其 他	957	893
合计中含自诉案件	8240	8224

注：结案中含上年旧存(以下各表同)。

6-14-17 人民法院审理刑事案件罪犯情况

单位：人

年 份	刑事罪犯总 数	#青少年罪犯	不满18岁	18岁至25岁	青少年罪犯占刑事罪犯比重(%)
1997	526312	199212	30446	168766	37.9
1998	528301	208076	33612	174464	39.4
1999	602380	221153	40014	181139	36.7
2000	639814	220981	41709	179272	34.5
2001	746328	253465	49883	203582	34.0
2002	701858	217909	50030	167879	31.0
2003	742261	231715	58870	172845	31.2
2004	764441	248834	70086	178748	32.6
2005	842545	285801	82692	203109	33.9
2006	889042	303631	83697	219934	34.2
2007	931745	316298	87506	228792	33.9
2008	1007304	322061	88891	233170	32.0
2009	996666	302023	77604	224419	30.3
2010	1006420	287978	68193	219785	28.6
2011	1050747	282429	67280	215149	26.9
2012	1173406	282990	63782	219208	24.1
2013	1157784	265439	55817	209622	22.9

6-14-18 人民法院审理婚姻家庭、继承一审案件收结案情况

单位：件

项　目	收　案	结　案	调　解	判　决	驳　回	撤　诉	其　他
合　计	**1651666**	**1611903**	**770437**	**441084**	**6761**	**381538**	**12083**
婚姻家庭	1526279	1500618	713186	410394	5388	360550	11100
离　婚	1304841	1283427	605491	355797	4321	309066	8752
赡养纠纷	25128	24434	9596	6635	87	7769	347
抚养、扶养关系纠纷	48229	47657	30280	8439	145	8501	292
抚育费纠纷	27394	26829	12297	7888	151	6230	263
其　他	120687	118271	55522	31635	684	28984	1446
继承	125387	111285	57251	30690	1373	20988	983
法定继承	45785	44207	30478	7193	252	6012	272
遗嘱继承	6203	5879	2840	1908	47	1033	51
其　他	73399	61199	23933	21589	1074	13943	660

6-14-19 人民法院审理合同纠纷一审案件收结案情况

单位：件

项　目	收　案	结　案	调　解	判　决	驳　回	撤　诉	其　他
合　计	**4121224**	**3957002**	**1385334**	**1282387**	**49352**	**1174796**	**65133**
借款合同	1486786	1419959	481853	544786	13709	357704	21907
买卖合同	620185	595807	226115	190425	5687	163042	10538
电信合同	122138	122361	41890	2539	98	76857	977
租赁合同	154242	146671	44634	53975	1763	44161	2138
劳动争议	366668	354725	153959	113368	7255	72990	7153
房地产合同	163960	158243	65513	55134	1575	33553	2468
供用动力合同	61226	61170	20023	5817	492	34739	99
建设工程合同	99955	91940	26885	35831	1745	24495	2984
农村承包合同	23117	22853	8122	6020	411	7633	667
承揽合同	70191	66872	24104	21653	685	18857	1573
其　他	952756	916401	292236	252839	15932	340765	14629

6-14-20 人民法院审理权属、侵权纠纷及其他民事一审案件收结案情况

单位：件

项目	收案	结案					
			调解	判决	驳回	撤诉	其他
合计	**2009082**	**1941679**	**692219**	**592560**	**24877**	**330857**	**301166**
所有权及其相关权利	262050	251233	79460	84090	6806	75900	4977
特别程序	392691	389546	13604	56588	11890	27893	279571
人身权纠纷	987571	953359	488101	320410	2754	132448	9646
#人身损害赔偿	953888	921164	475739	308301	2414	125535	9175
特殊侵权纠纷	191068	176927	65442	77963	1186	30108	2228
不当得利	26854	25498	6410	9570	523	8437	558
票据、证券、股票纠纷	24997	22404	5217	9593	607	5785	1202
其他	123851	122712	33985	34346	1111	50286	2984

6-14-21 人民法院审理行政一审案件收结案情况

单位：件

项目	收案	结案						
			维持	撤销	驳回	撤诉	单独赔偿	其他
合计	**123194**	**120675**	**12800**	**7258**	**8639**	**50521**	**309**	**41148**
土地等资源	18394	17957	1549	1612	1755	6477	40	6524
公安	10533	10231	1866	370	395	4739	35	2826
城建	19972	19722	1272	1355	1905	8155	60	6975
交通运输	2497	2509	203	62	43	1638	6	557
工商	3785	3701	198	181	246	2038	1	1037
环保	1102	1090	97	11	74	598		310
计划生育	8203	8153	178	28	59	6158		1730
税务	362	393	30	15	40	198	1	109
卫生	927	906	59	20	42	436	2	347
乡政府	2116	2062	209	183	241	808	14	607
劳动和社会保障	11704	11445	2401	925	345	4443	5	3326
其他	43599	42506	4738	2496	3494	14833	145	16800

6-14-22 工会组织情况

单位：万人

年 份	工会基层组织数（万个）	全国已建工会组织的基层单位的职工与会员人数				工会专职工作人员人数
		职工人数	#女职工	会员人数	#女会员	
1952	20.7	1393.2		1002.3		5.3
1957	16.5	2158.3		1746.7		
1962	16.5	2667.1		1922.0		8.6
1979	32.9	6897.2	2171.7	5147.3		17.9
1980	37.6	7448.2	2518.6	6116.5		24.3
1981	41.1	8183.0	2902.0	6843.9	2412.8	29.1
1982	43.3	8586.6	3065.9	7331.6	2629.3	32.2
1983	44.7	8845.7	3191.8	7693.4	2771.4	33.7
1984	46.6	9243.9	3370.3	8029.1	2950.3	41.9
1985	46.5	9643.0	3596.7	8525.8	3149.2	38.1
1986	50.2	9949.6	3664.3	8908.5	3309.2	45.9
1987	53.6	10411.8	3900.4	9336.5	3486.9	47.0
1988	56.4	10747.4	4434.9	9628.9	3647.0	47.4
1989	58.9	10998.6	4178.7	9909.2	3777.7	48.8
1990	60.6	11156.9	4291.0	10135.6	3897.7	55.6
1991	61.4	11351.4	4394.8	10389.1	3991.6	58.0
1992	61.7	11223.9	4377.1	10322.5	3974.0	58.0
1993	62.7	11103.8	4359.9	10176.1	3949.6	55.4
1994	58.3	11269.6	4483.2	10202.5	4018.1	56.0
1995	59.3	11321.4	4515.3	10399.6	4116.5	46.8
1996	58.6	11181.4	4500.0	10211.9	4093.1	60.5
1997	51.0	10111.5	4004.8	9131.0	3579.4	57.7
1998	50.4	9716.5	3882.0	8913.4	3546.7	48.4
1999	50.9	9683.0	3797.9	8689.9	3406.2	49.7
2000	85.9	11472.1	4534.5	10361.5	3917.3	48.2
2001	153.8	12997.0	5087.9	12152.3	4696.6	
2002	171.3	14461.5	5157.6	13397.8	4665.2	47.2
2003	90.6	13301.6	5079.3	12340.5	4601.2	46.5
2004	102.0	14436.7	5502.6	13694.9	5135.3	45.6
2005	117.4	15985.3	6016.3	15029.4	5574.8	47.7
2006	132.4	18143.6	6719.3	16994.2	6177.8	54.3
2007	150.8	20452.4	7494.5	19329.0	7042.2	60.2
2008	172.5	22487.5	8168.8	21217.1	7773.8	70.5
2009	184.5	24535.3	8652.6	22634.4	8248.4	74.6
2010	197.6	25345.4	9288.1	23996.5	8871.5	86.4
2011	232.0	27304.7	10211.2	25885.1	9763.6	99.8
2012	266.3	29371.5	11014.5	28021.3	10611.0	107.9
2013	276.7	29946.2	11227.6	28786.9	10886.0	115.6

注：2003年起工会基层组织数统计口径有所调整。

6-14-23 社会组织情况

年份 地区	单位数（个）	社会团体	民办非企业单位	基金会	年末职工人数（人）	#女性	社会团体	民办非企业单位	基金会
2000	153322	130668	22654						
2001	210939	128805	82134						
2002	244509	133297	111212						
2003	266612	141167	124491	954					
2004	289432	153359	135181	892					
2005	319762	171150	147637	975					
2006	354393	191946	161303	1144	4251850	1062770	2695983	1540476	15391
2007	386916	211661	173915	1340	4568515	1166211	2885287	1664959	18269
2008	413660	229681	182382	1597	4758332	1406787	2855858	1892060	10414
2009	431069	238747	190479	1843	5446666	1581352	3356506	2078160	12000
2010	445631	245256	198175	2200	6181918	1628947	3960704	2208050	13164
2011	461971	254969	204388	2614	5992765	1495862	3630298	2348326	14141
2012	499268	271131	225108	3029	6132774	1777824	3469467	2644621	18686
2013	547245	289026	254670	3549	6365813	1880817	3531635	2815532	18646
中央级	2190	1908	66	216	30769	13241	27578	1459	1732
地　方	545055	287118	254604	3333	6335044	1867576	3504057	2814073	16914
北　京	8560	3573	4712	275	119336	47079	34641	82394	2301
天　津	4516	2156	2304	56	42573	18833	8728	33500	345
河　北	16530	9536	6945	49	248136	65881	132639	115226	271
山　西	11611	6789	4767	55	144909	40286	83050	61727	132
内蒙古	10685	6697	3897	91	80051	24944	50769	28909	373
辽　宁	19494	8859	10572	63	217509	57810	117187	99786	536
吉　林	9193	5785	3342	66	94821	17393	74447	20271	103
黑龙江	12672	5683	6923	66	173745	65848	130183	43406	156
上　海	11626	3791	7683	152	158334	37242	35071	122192	1071
江　苏	56234	26164	29626	444	429104	126770	167189	260559	1356
浙　江	36426	18108	17992	326	350782	103275	137504	212479	799
安　徽	20705	11671	8963	71	206418	54939	103731	102493	194
福　建	19372	12787	6444	141	253138	49584	186007	66186	945
江　西	13375	7783	5547	45	183682	53988	102116	81333	233
山　东	38976	17807	21083	86	324154	73330	139221	184657	276
河　南	23577	10896	12583	98	197277	57666	74908	121987	382
湖　北	25778	11564	14141	73	265404	99215	134916	129830	658
湖　南	21663	11498	9991	174	215004	69931	117506	96916	582
广　东	41317	19000	21883	434	509316	220638	153018	353800	2498
广　西	17370	10940	6393	37	309735	61079	241025	68355	355
海　南	4338	2155	2137	46	39414	16159	15791	23460	163
重　庆	13154	6693	6414	47	132323	52179	46713	85154	456
四　川	35050	18866	16075	109	510475	144547	328001	181599	875
贵　州	8295	5141	3122	32	148577	34909	111874	36500	203
云　南	16954	11595	5297	62	379387	131954	322333	56862	192
西　藏	589	560	19	10	9529	3395	9389	88	52
陕　西	17360	9623	7658	79	252911	51448	173947	78472	492
甘　肃	13335	10206	3089	40	190626	42148	163808	26409	409
青　海	3039	2022	995	22	18285	4289	13916	4324	45
宁　夏	4002	2958	993	51	36150	11035	29880	6013	257
新　疆	9259	6212	3014	33	93939	29782	64549	29186	204

6-14-24 各地区社会组织情况

单位：个、人

地　　区	年末职工人数	#女性	#社会组织中中共党员人数	建立党组织的社会组织	行政执法	行政处罚数	并处没收违法经营额/违法所得
全国合计	**6365813**	**1880817**	**83066**	**826756**	**3117**	**3071**	
部本级	30769	13241	1143	18293			
北　京	119336	47079	1179	29942	10	6	
天　津	42573	18833	1952	8007			
河　北	248136	65881	5074	40464	659	659	
山　西	144909	40286	1047	14770	75	75	
内蒙古	80051	24944	1416	9886	50	50	
辽　宁	217509	57810	2433	25464	20	20	
吉　林	94821	17393	300	5778			
黑龙江	173745	65848	880	5583			
上　海	158334	37242	4896	37735	7	7	
江　苏	429104	126770	3363	60250	115	112	
浙　江	350782	103275	5947	50193	77	77	
安　徽	206418	54939	2964	30231	6	6	
福　建	253138	49584	2127	18011	16	16	
江　西	183682	53988	2180	19177			
山　东	324154	73330	12356	83966	1268	1252	
河　南	197277	57666	3794	25047	1	1	
湖　北	265404	99215	4158	35654	147	124	
湖　南	215004	69931	2617	33770	12	12	
广　东	509316	220638	1320	21875	177	177	
广　西	309735	61079	953	40983			
海　南	39414	16159	318	8070			
重　庆	132323	52179	928	18136	143	143	
四　川	510475	144547	5800	65614	201	201	
贵　州	148577	34909	2502	19634	42	42	
云　南	379387	131954	2183	26339			
西　藏	9529	3395	124	628	2	2	
陕　西	252911	51448	1333	17765			
甘　肃	190626	42148	4400	25552			
青　海	18285	4289	1091	4027			
宁　夏	36150	11035	699	5156	2	2	
新　疆	93939	29782	1589	20756	87	87	

6-14-24 续表

单位：个、人

地区	并处罚款	(1)警告	(2)限期(责令)停止活动	(3) 撤销登记	取缔非法社会组织	并处没收非法财产
全国合计	**3**	**652**	**86**	**2333**	**46**	**1**
部本级						
北京		6			4	
天津						
河北				659		
山西		3	1	71		
内蒙古				50		
辽宁		15		5		
吉林						
黑龙江						
上海				7		
江苏		31	21	60	3	
浙江		8		69		
安徽				6		
福建				16		
江西						
山东		517	44	691	16	1
河南				1		
湖北	2	3		121	23	
湖南				12		
广东		67	6	104		
广西						
海南						
重庆			6	137		
四川				201		
贵州				42		
云南						
西藏	1	2				
陕西						
甘肃						
青海						
宁夏				2		
新疆			8	79		

6-14-25 自治组织情况

年份 地区	单位数（个）	村民委员会	社区居委会	年末成员数（万人）	#女性	村民委员会	社区居委会
2000	840083	731659	108424	363.4	78.0	315.0	48.4
2001	791867	699974	91893	362.8	76.3	316.4	46.4
2002	767364	681277	86087	333.8	71.6	294.2	39.6
2003	740917	663486	77431	358.8	76.5	319.1	39.7
2004	722050	644166	77884	334.6	68.0	292.1	42.5
2005	709026	629079	79947	311.1	68.5	265.7	45.4
2006	704386	623669	80717	287.3	77.6	243.0	44.3
2007	694715	612709	82006	282.7	71.5	241.1	41.6
2008	687698	604285	83413	276.0	71.8	233.9	42.2
2009	683767	599078	84689	277.1	71.9	234.0	43.1
2010	681715	594658	87057	277.3	71.6	233.4	43.9
2011	679133	589653	89480	277.3	73.4	231.9	45.4
2012	679628	588475	91153	279.2	74.2	232.3	46.9
2013	683167	588547	94620	280.7	76.1	232.3	48.4
北　京	6797	3938	2859	3.4	1.8	1.4	2.0
天　津	5261	3707	1554	2.2	1.0	1.2	1.0
河　北	52365	48703	3662	18.6	3.2	16.8	1.8
山　西	30403	28273	2130	11.2	2.5	10.2	1.0
内蒙古	13407	11173	2234	5.2	1.7	4.1	1.1
辽　宁	15628	11609	4019	6.7	2.7	4.3	2.4
吉　林	11238	9224	2014	4.6	1.5	3.5	1.1
黑龙江	11768	8906	2862	5.4	1.8	4.0	1.4
上　海	5634	1610	4024	2.7	1.5	0.6	2.1
江　苏	21355	14538	6817	10.8	3.3	7.1	3.6
浙　江	32568	28339	4229	12.4	4.0	10.4	2.0
安　徽	18107	14925	3182	7.9	2.3	6.2	1.7
福　建	16722	14441	2281	6.9	1.7	5.8	1.2
江　西	20251	16918	3333	7.7	2.0	6.4	1.3
山　东	81285	74798	6487	33.1	9.6	30.0	3.1
河　南	51284	46997	4287	21.3	5.0	19.2	2.1
湖　北	29660	25452	4208	11.8	3.4	9.7	2.0
湖　南	46888	41922	4966	16.7	4.8	14.6	2.1
广　东	25829	19257	6572	11.6	3.4	8.2	3.5
广　西	16148	14313	1835	7.9	1.7	6.7	1.1
海　南	3051	2570	481	1.5	0.3	1.2	0.3
重　庆	11039	8318	2721	5.4	1.7	3.8	1.6
四　川	53115	46492	6623	21.3	5.0	18.4	2.9
贵　州	18815	16859	1956	8.7	1.8	7.6	1.1
云　南	14209	12137	2072	7.0	1.5	5.8	1.2
西　藏	5438	5255	183	2.5	0.7	2.4	0.1
陕　西	28823	26751	2072	10.8	2.6	9.8	1.0
甘　肃	17250	16022	1228	6.7	1.2	6.1	0.6
青　海	4630	4170	460	1.9	0.4	1.7	0.2
宁　夏	2745	2269	476	1.2	0.4	0.9	0.3
新　疆	11454	8661	2793	5.8	1.6	4.2	1.6

6-14-26 各地区自治组织情况

单位：个、人

地区	社区居委会(村委会)成员	#中共党员	#女性	社区居委会(村委会)主任	#主任、书记“一肩挑”	#中共党员	#女性
全国合计	**2807128**	**1602984**	**760848**	**680509**	**240700**	**503547**	**108696**
北京	34199	19761	17761	6638	3939	5568	2116
天津	21591	10607	9768	5164	1995	3588	1175
河北	185745	93603	31995	52298	11630	32362	5285
山西	111714	54264	24826	30175	16241	21588	3322
内蒙古	52062	26072	17042	13405	3056	8586	3150
辽宁	67151	36601	27326	15515	6925	11234	4167
吉林	45666	19690	14624	11131	3900	7804	2809
黑龙江	54150	24425	17730	11734	2453	6521	3040
上海	26688	13810	15304	5548	1266	3765	2541
江苏	107637	70257	32571	21239	5656	17062	4757
浙江	124370	54765	40261	31981	2406	18287	2471
安徽	79229	48526	23021	18037	3803	14676	2785
福建	69457	26478	17361	16691	892	7938	1994
江西	76532	32505	19918	20188	3300	11274	3441
山东	330818	252578	95550	81285	60821	79695	9652
河南	213182	116089	50478	51181	22154	36246	10978
湖北	117567	78096	33562	29545	18654	25512	4408
湖南	167145	108117	47798	46838	21978	40813	7455
广东	116322	78303	34046	25748	14618	19800	3539
广西	78619	54811	17335	16134	5184	12993	1590
海南	15241	11798	3354	3047	2126	2625	199
重庆	53716	32064	16990	11010	846	9167	1829
四川	212643	109689	49893	52894	4505	36876	10063
贵州	87205	38916	18257	18744	1777	11650	3019
云南	70128	48394	14651	14142	6127	10959	1684
西藏	24716	20432	7220	5437	1832	4262	1363
陕西	107949	50909	26470	28775	1943	19206	3863
甘肃	67120	28083	12484	17223	1841	9930	2503
青海	18815	7775	3855	4627	1382	2916	640
宁夏	11678	6818	3660	2728	1136	1613	330
新疆	58073	28748	15737	11407	6314	9031	2528

6-14-26 续表 单位：个、人

地区	居民(村民)小组	当年完成选举的居(村)委会数	当年完成选举的居(村)选民登记总数			
				本届登记选民数	参加投票人数	委托投票人数
全国合计	**6021261**	**150437**	**216416803**	**199185114**	**172736960**	**13121553**
北京	87110	3564	2768796	2751006	2382817	347679
天津	94634	2593	2180998	2056735	1852256	42548
河北	324289	4224	2955898	2419195	1331334	46266
山西	121984	3840	2962128	2310926	2168055	95732
内蒙古	76219	15	30794	30616	29208	175
辽宁	205110	11070	12756724	12022444	9405930	566583
吉林	81330	4365	6588239	5683974	5041749	87751
黑龙江	139703	2359	9117049	5161248	4336132	44671
上海	207574					
江苏	344528	15989	41693107	40243332	34648750	3972843
浙江	322991	28345	32067884	31314801	29451329	2964325
安徽	271716	1156	2209279	2093241	1530999	42276
福建	160032	2631	3720374	3112481	2255864	109527
江西	172812					
山东	531446					
河南	388439	1014	1763050	1380857	1291727	42843
湖北	244764					
湖南	486843	5432	5244487	4553384	4040775	131878
广东	255526	111	327719	327719	315675	35363
广西	279696	2419	4160413	3832522	3166585	292610
海南	28507	2715	4350561	4174960	3343608	144273
重庆	93231	4513	9046750	8491777	6967183	563656
四川	409178	28256	32851358	30980948	26943236	2280522
贵州	184101	9592	15448294	14193055	12390705	569903
云南	171228	6888	15540782	14663324	13340156	454467
西藏	17584	3023	990472	965496	895238	7649
陕西	146033	527	690314	605844	331369	2851
甘肃	92289	3687	4720436	3961807	3835109	222934
青海	13912					
宁夏	14064	1047	1248578	1116909	990896	45935
新疆	54388	1062	982319	736513	450275	6293

6-14-27 社会保险基金收支及累计结余

单位：亿元

年 份	合 计	基本养老保险	失业保险	城镇基本医疗保险	工伤保险	生育保险
基金收入						
1990	186.8	178.8	7.2			
1995	1006.0	950.1	35.3	9.7	8.1	2.9
1996	1252.4	1171.8	45.2	19.0	10.9	5.5
1997	1458.2	1337.9	46.9	52.3	13.6	7.4
1998	1623.1	1459.0	68.4	60.6	21.2	9.8
1999	2211.8	1965.1	125.2	89.9	20.9	10.7
2000	2644.9	2278.5	160.4	170.0	24.8	11.2
2001	3101.9	2489.0	187.3	383.6	28.3	13.7
2002	4048.7	3171.5	213.4	607.8	32.0	21.8
2003	4882.9	3680.0	249.5	890.0	37.6	25.8
2004	5780.3	4258.4	290.8	1140.5	58.3	32.1
2005	6975.2	5093.3	340.3	1405.3	92.5	43.8
2006	8643.2	6309.8	402.4	1747.1	121.8	62.1
2007	10812.3	7834.2	471.7	2257.2	165.6	83.6
2008	13696.1	9740.2	585.1	3040.4	216.7	113.7
2009	16115.6	11490.8	580.4	3671.9	240.1	132.4
2010	19276.1	13872.9	649.8	4308.9	284.9	159.6
2011	25153.3	18004.8	923.1	5539.2	466.4	219.8
2012	30738.8	21830.2	1138.9	6938.7	526.7	304.2
2013	35252.9	24732.6	1288.9	8248.3	614.8	368.4
基金支出						
1990	151.9	149.3	2.5			
1995	877.1	847.6	18.9	7.3	1.8	1.6
1996	1082.4	1031.9	27.3	16.2	3.7	3.3
1997	1339.2	1251.3	36.3	40.5	6.1	4.9
1998	1636.9	1511.6	51.9	53.3	9.0	6.8
1999	2108.1	1924.9	91.6	69.1	15.4	7.1
2000	2385.6	2115.5	123.4	124.5	13.8	8.3
2001	2748.0	2321.3	156.6	244.1	16.5	9.6
2002	3471.5	2842.9	182.6	409.4	19.9	12.8
2003	4016.4	3122.1	199.8	653.9	27.1	13.5
2004	4627.4	3502.1	211.3	862.2	33.3	18.8
2005	5400.8	4040.3	206.9	1078.7	47.5	27.4
2006	6477.4	4896.7	198.0	1276.7	68.5	37.5
2007	7887.8	5964.9	217.7	1561.8	87.9	55.6
2008	9925.1	7389.6	253.5	2083.6	126.9	71.5
2009	12302.6	8894.4	366.8	2797.4	155.7	88.3
2010	15018.9	10755.3	423.3	3538.1	192.4	109.9
2011	18652.9	13363.2	432.8	4431.4	286.4	139.2
2012	23331.3	16711.5	450.6	5543.6	406.3	219.3
2013	27916.3	19818.7	531.6	6801.0	482.1	282.8
累计结余						
1990	117.3	97.9	19.5			
1995	516.8	429.8	68.4	3.1	12.7	2.7
1996	696.1	578.6	86.4	6.4	19.7	5.0
1997	831.6	682.8	97.0	16.6	27.7	7.5
1998	791.1	587.8	133.4	20.0	39.5	10.3
1999	1009.8	733.5	159.9	57.6	44.9	13.9
2000	1327.5	947.1	195.9	109.8	57.9	16.8
2001	1622.8	1054.1	226.2	253.0	68.9	20.6
2002	2423.4	1608.0	253.8	450.7	81.1	29.7
2003	3313.8	2206.5	303.5	670.6	91.2	42.0
2004	4493.4	2975.0	385.8	957.9	118.6	55.9
2005	6073.7	4041.0	519.0	1278.1	163.5	72.1
2006	8255.9	5488.9	724.8	1752.4	192.9	96.9
2007	11236.6	7391.4	979.1	2476.9	262.6	126.6
2008	15225.6	9931.0	1310.1	3431.7	384.6	168.2
2009	19006.5	12526.1	1523.6	4275.9	468.8	212.1
2010	23407.5	15787.8	1749.8	5047.1	561.4	261.4
2011	30233.1	20727.8	2240.2	6180.0	742.6	342.5
2012	38106.6	26243.5	2929.0	7644.5	861.9	427.6
2013	45588.1	31274.8	3685.9	9116.5	996.2	514.7

注：1.2007年及以后城镇基本医疗保险基金中包括城镇职工基本医疗保险和城镇居民基本医疗保险。
2.2010年及以后基本养老保险基金中包括城镇职工基本养老保险和城乡居民基本养老保险。
3.工伤保险累计结余中含储备金。

6-14-28 社会保险基本情况

年份	失业保险			城镇基本医疗保险			工伤保险		年末参加生育保险人数（万人）
	年末参保人数（万人）	全年发放失业保险金人数（万人）	全年发放失业保险金（亿元）	年末参保人数（万人）	年末参保城镇职工	年末参保城镇居民	年末参保人数（万人）	年末享受工伤待遇的人数（万人）	
1994	7967.8	196.5	5.1	400.3	400.3		1822.1	5.8	915.9
1995	8237.7	261.3	8.2	745.9	745.9		2614.8	7.1	1500.2
1996	8333.1	330.8	13.9	855.7	855.7		3102.6	10.1	2015.6
1997	7961.4	319.0	18.7	1762.0	1762.0		3507.8	12.5	2485.9
1998	7927.9	158.1	20.4	1877.6	1877.6		3781.3	15.3	2776.7
1999	9852.0	271.4	31.9	2065.3	2065.3		3912.3	15.1	2929.8
2000	10408.4	329.7	56.2	3786.9	3786.9		4350.3	18.8	3001.6
2001	10354.6	468.5	83.3	7285.9	7285.9		4345.3	18.7	3455.1
2002	10181.6	657.0	116.8	9401.2	9401.2		4405.6	26.5	3488.2
2003	10372.9	741.6	133.4	10901.7	10901.7		4574.8	32.9	3655.4
2004	10583.9	753.5	137.5	12403.6	12403.6		6845.2	51.9	4383.8
2005	10647.7	677.8	132.4	13782.9	13782.9		8478.0	65.1	5408.5
2006	11186.6	598.1	125.8	15731.8	15731.8		10268.5	77.8	6458.9
2007	11644.6	538.5	129.4	22311.1	18020.0	4291.1	12173.3	96.0	7775.3
2008	12399.8	516.7	139.5	31821.6	19995.6	11826.0	13787.2	117.8	9254.1
2009	12715.5	483.9	145.8	40147.0	21937.4	18209.6	14895.5	129.6	10875.7
2010	13375.6	431.6	140.4	43262.9	23734.7	19528.3	16160.7	147.5	12335.9
2011	14317.1	394.4	159.9	47343.2	25227.1	22116.1	17695.9	163.0	13892.0
2012	15224.7	390.1	181.3	53641.3	26485.6	27155.7	19010.1	190.5	15428.7
2013	16416.8	416.7	203.2	57072.6	27443.1	29629.4	19917.2	195.2	16392.0

6-14-29 参加基本养老保险人数

单位：万人

年份	年末参加基本养老保险人数	城镇职工基本养老保险					城乡居民基本养老保险
		合计	职工	#企业(含其他)	离退休人员	#企业(含其他)	
1989	5710.3	5710.3	4816.9	4816.9	893.4	893.4	
1990	6166.0	6166.0	5200.7	5200.7	965.3	965.3	
1991	6740.3	6740.3	5653.7	5653.7	1086.6	1086.6	
1992	9456.2	9456.2	7774.7	7774.7	1681.5	1681.5	
1993	9847.6	9847.6	8008.2	8008.2	1839.4	1839.4	
1994	10573.5	10573.5	8494.1	8494.1	2079.4	2079.4	
1995	10979.0	10979.0	8737.8	8737.8	2241.2	2241.2	
1996	11116.7	11116.7	8758.4	8758.4	2358.3	2358.3	
1997	11203.9	11203.9	8670.9	8670.9	2533.0	2533.0	
1998	11203.1	11203.1	8475.8	8475.8	2727.3	2727.3	
1999	12485.4	12485.4	9501.8	8859.2	2983.6	2863.8	
2000	13617.4	13617.4	10447.5	9469.9	3169.9	3016.5	
2001	14182.5	14182.5	10801.9	9733.0	3380.6	3171.3	
2002	14736.6	14736.6	11128.8	9929.4	3607.8	3349.2	
2003	15506.7	15506.7	11646.5	10324.5	3860.2	3556.9	
2004	16352.9	16352.9	12250.3	10903.9	4102.6	3775.0	
2005	17487.9	17487.9	13120.4	11710.6	4367.5	4005.2	
2006	18766.3	18766.3	14130.9	12618.0	4635.4	4238.6	
2007	20136.9	20136.9	15183.2	13690.6	4953.7	4544.0	
2008	21891.1	21891.1	16587.5	15083.4	5303.6	4868.0	
2009	23549.9	23549.9	17743.0	16219.0	5806.9	5348.0	
2010	35984.1	25707.3	19402.3	17822.7	6305.0	5811.6	10276.8
2011	61573.3	28391.3	21565.0	19970.0	6826.2	6314.0	33182.0
2012	78796.3	30426.8	22981.1	21360.9	7445.7	6910.9	48369.5
2013	81968.4	32218.4	24177.3	22564.7	8041.0	7484.8	49750.1

6-14-30 各地区城镇职工基本养老保险情况

地　区	年末参加城镇职工基本养老保险人数(万人)	职　工	离退休人　员	基金收支情况(亿元) 基金收入	基金支出	累计结余
全　国	**32218.4**	**24177.3**	**8041.0**	**22680.4**	**18470.4**	**28269.2**
北　京	1311.3	1091.3	220.0	1181.3	734.8	1671.3
天　津	520.7	352.3	168.4	466.0	426.3	318.9
河　北	1194.7	859.6	335.1	891.1	833.1	813.1
山　西	672.4	491.9	180.5	639.0	477.8	1124.8
内蒙古	496.5	323.8	172.7	461.4	411.3	456.0
辽　宁	1729.5	1171.7	557.8	1422.2	1251.1	1226.6
吉　林	655.2	406.8	248.4	462.8	448.2	421.6
黑龙江	1062.1	639.9	422.2	845.6	886.0	429.5
上　海	1429.9	992.4	437.5	1563.5	1308.0	1077.0
江　苏	2582.1	1987.8	594.3	1742.7	1372.4	2516.1
浙　江	2375.4	1976.5	398.9	1278.0	944.9	2297.0
安　徽	811.3	592.2	219.1	605.2	449.1	745.4
福　建	812.8	679.6	133.2	412.3	338.7	415.9
江　西	754.2	547.1	207.0	405.0	352.2	385.0
山　东	2259.6	1800.4	459.2	1489.0	1270.5	1857.9
河　南	1350.0	1024.4	325.6	833.8	711.5	840.0
湖　北	1219.4	823.5	395.9	860.5	798.0	817.1
湖　南	1091.7	762.2	329.5	733.7	622.1	797.5
广　东	4183.0	3761.7	421.3	1842.5	1050.0	4673.1
广　西	538.4	365.8	172.6	367.8	364.2	446.6
海　南	231.5	174.4	57.1	127.3	120.0	101.4
重　庆	773.1	497.8	275.4	607.2	508.0	557.3
四　川	1720.3	1124.1	596.2	1392.9	1107.6	1749.7
贵　州	337.3	254.7	82.6	240.2	178.5	355.2
云　南	384.3	268.6	115.7	333.8	253.8	503.1
西　藏	14.0	10.5	3.5	21.0	13.5	32.0
陕　西	685.0	493.0	191.9	536.2	465.0	414.9
甘　肃	288.4	188.5	99.9	258.0	224.7	321.6
青　海	90.3	62.8	27.6	80.7	77.4	82.0
宁　夏	143.8	101.8	41.9	107.6	99.8	166.3
新　疆	476.3	332.5	143.8	464.8	367.0	644.8
不分地区	24.0	17.6	6.4	7.5	5.1	10.7

注：不分地区合计中，包括中国人民银行、中国农业发展银行数。

6-14-31 各地区城乡居民基本养老保险情况

地区	参保人数(万人)	#达到领取待遇年龄参保人数	基金收支情况(亿元)		
			基金收入	基金支出	累计结余
全国	**49750.1**	**14122.3**	**2052.3**	**1348.3**	**3005.7**
北京	180.1	31.6	29.9	17.1	101.4
天津	95.5	71.0	50.0	16.7	106.4
河北	3354.2	840.2	99.9	60.6	133.2
山西	1533.7	345.6	53.9	29.8	76.9
内蒙古	780.3	192.8	44.1	27.3	58.1
辽宁	1046.9	360.4	42.8	31.1	42.0
吉林	643.1	218.8	24.4	15.0	30.1
黑龙江	815.8	244.6	30.4	17.9	44.1
上海	80.0	46.7	34.1	34.4	72.0
江苏	2384.0	942.1	190.4	148.5	340.3
浙江	1355.8	577.1	121.1	105.3	129.5
安徽	3308.7	842.8	109.9	63.7	132.8
福建	1467.2	375.4	48.9	29.6	63.9
江西	1772.5	416.6	17.9	28.2	39.7
山东	4512.8	1315.2	209.3	138.6	357.8
河南	4797.0	1229.5	146.2	95.7	189.8
湖北	2236.3	610.1	78.3	48.3	107.7
湖南	3316.0	888.1	99.1	58.9	110.7
广东	2346.8	791.3	141.7	90.9	219.5
广西	1664.0	514.1	7.3	5.8	5.1
海南	272.1	68.1	12.0	7.6	15.2
重庆	1122.9	377.1	64.8	38.4	66.9
四川	3001.6	1090.2	145.2	93.9	215.5
贵州	1487.2	425.5	45.2	30.2	44.0
云南	2152.7	431.5	63.9	33.5	94.4
西藏	140.4	22.7	4.4	2.8	6.7
陕西	1704.9	398.8	65.9	39.8	90.7
甘肃	1238.5	278.3	37.4	21.1	53.0
青海	216.1	40.3	7.7	4.6	12.0
宁夏	179.5	36.3	8.0	4.2	12.5
新疆	543.6	99.5	18.0	9.0	33.9

注：2012年8月起，新型农村社会养老保险和城镇居民社会养老保险制度全覆盖工作全面启动，合并为城乡居民社会养老保险。

6-14-32 各地区失业保险情况

地 区	年末参加失业保险人数(万人)	年末领取失业保险金人数(万人)	基金收支情况(亿元)		
			基金收入	基金支出	累计结余
全 国	**16416.8**	**197.0**	**1288.9**	**531.6**	**3685.9**
北 京	1025.1	2.4	56.5	32.1	137.0
天 津	278.7	2.0	34.1	13.3	98.4
河 北	505.0	7.1	46.6	19.4	123.2
山 西	400.7	3.1	34.1	5.2	109.0
内蒙古	233.4	2.3	24.3	6.3	71.1
辽 宁	663.2	7.6	64.6	15.9	192.2
吉 林	258.8	6.0	24.2	10.4	71.0
黑龙江	477.4	7.1	30.7	8.0	118.9
上 海	625.7	9.9	99.5	77.9	150.9
江 苏	1389.3	29.9	134.2	62.8	338.7
浙 江	1144.3	7.8	93.3	43.5	283.8
安 徽	409.0	6.1	32.8	19.0	71.5
福 建	496.7	4.2	30.0	9.7	103.2
江 西	271.1	1.5	11.1	3.2	44.3
山 东	1089.6	17.8	57.3	46.3	241.7
河 南	741.3	10.5	41.2	16.2	101.1
湖 北	511.3	5.2	38.8	9.3	120.3
湖 南	461.7	6.1	26.2	8.8	78.8
广 东	2702.2	8.8	127.7	24.3	407.8
广 西	253.4	5.6	24.7	7.7	87.5
海 南	150.8	2.1	5.4	3.4	28.1
重 庆	389.7	3.4	22.9	4.1	71.4
四 川	613.5	24.1	81.6	29.4	214.0
贵 州	185.2	1.3	18.0	13.1	54.8
云 南	232.5	4.5	24.9	4.5	87.6
西 藏	11.0	0.002	2.0	0.2	9.0
陕 西	339.7	3.2	41.5	16.4	105.1
甘 肃	163.1	1.0	14.8	2.6	46.8
青 海	38.5	0.5	5.0	0.9	19.6
宁 夏	71.3	1.1	7.0	1.5	22.7
新 疆	283.9	4.8	33.9	16.2	76.4

6-14-33 各地区城镇基本医疗保险参保人数

单位：万人

地 区	年末参保人数合计	城镇职工	在岗职工	退休人员	城镇居民
全 国	**57072.6**	**27443.1**	**20501.3**	**6941.8**	**29629.4**
北 京	1514.9	1354.8	1105.0	249.8	160.1
天 津	1001.5	493.1	315.8	177.3	508.4
河 北	1674.5	926.3	650.7	275.6	748.2
山 西	1086.3	646.5	479.6	166.9	439.7
内蒙古	986.2	464.5	330.0	134.5	521.7
辽 宁	2333.3	1624.8	1077.9	546.9	708.5
吉 林	1378.6	574.9	377.4	197.5	803.7
黑龙江	1580.4	868.1	556.5	311.6	712.3
上 海	1650.5	1394.1	955.7	438.4	256.4
江 苏	3427.6	2274.7	1731.1	543.6	1152.9
浙 江	4121.1	1791.1	1491.6	299.5	2330.0
安 徽	1660.8	716.0	512.7	203.3	944.9
福 建	1283.8	703.0	566.6	136.4	580.8
江 西	1476.6	569.9	380.2	189.8	906.7
山 东	3647.9	1809.7	1418.1	391.7	1838.2
河 南	2297.2	1140.2	826.8	313.4	1157.0
湖 北	1960.6	922.8	642.1	280.7	1037.8
湖 南	2316.2	799.3	541.7	257.5	1516.9
广 东	9179.8	3473.0	3089.2	383.8	5706.8
广 西	1031.0	466.6	328.8	137.8	564.4
海 南	406.5	220.0	169.3	50.6	186.6
重 庆	3234.8	539.5	380.6	158.9	2695.3
四 川	2486.0	1282.0	887.6	394.5	1204.0
贵 州	672.1	344.7	246.6	98.1	327.4
云 南	1118.8	458.0	324.6	133.3	660.8
西 藏	54.8	30.6	23.4	7.2	24.3
陕 西	1244.3	571.7	390.0	181.7	672.5
甘 肃	622.8	297.1	206.9	90.2	325.7
青 海	181.3	89.7	62.1	27.6	91.6
宁 夏	565.5	108.6	79.1	29.5	456.9
新 疆	877.1	488.0	353.7	134.3	389.1

6-14-34 各地区城镇基本医疗保险基金收支情况

单位：亿元

地 区	基金收入			基金支出			累计结余		
	合 计	职 工	居 民	合 计	职 工	居 民	合 计	职 工	居 民
全 国	**8248.3**	**7061.6**	**1186.6**	**6801.0**	**5829.9**	**971.1**	**9116.5**	**8129.3**	**987.1**
北 京	614.5	601.7	12.8	611.3	598.4	13.0	201.6	192.7	8.8
天 津	185.7	159.1	26.6	177.1	156.9	20.1	86.3	75.7	10.6
河 北	268.1	242.6	25.5	213.2	196.5	16.8	349.8	315.5	34.3
山 西	174.9	160.9	14.0	138.3	128.2	10.1	217.4	198.1	19.3
内蒙古	150.4	132.8	17.6	128.7	114.4	14.3	143.9	126.9	17.0
辽 宁	348.3	326.8	21.5	312.2	296.4	15.8	347.0	322.8	24.2
吉 林	127.3	102.7	24.6	105.6	89.7	15.9	178.0	141.8	36.2
黑龙江	212.0	187.4	24.6	190.6	170.0	20.6	273.7	239.2	34.5
上 海	624.8	600.6	24.3	414.9	394.1	20.8	685.7	679.4	6.3
江 苏	675.0	610.3	64.7	550.4	495.4	55.0	795.8	751.4	44.4
浙 江	628.8	491.6	137.3	508.4	373.1	135.2	758.8	716.5	42.3
安 徽	191.7	156.7	35.0	152.3	125.6	26.7	215.5	175.3	40.3
福 建	206.2	190.0	16.1	147.6	133.0	14.7	304.7	294.4	10.3
江 西	125.4	94.5	30.9	95.4	76.4	19.0	155.5	111.1	44.3
山 东	500.3	443.3	57.0	412.8	366.3	46.5	506.3	456.1	50.2
河 南	247.0	211.7	35.3	193.6	167.7	25.9	310.8	265.8	45.0
湖 北	232.3	195.1	37.2	209.8	183.8	26.0	242.6	189.2	53.4
湖 南	216.3	169.5	46.8	189.5	149.6	39.8	222.4	180.8	41.6
广 东	908.4	679.0	229.4	685.2	510.5	174.7	1329.9	1142.3	187.6
广 西	125.7	108.8	16.9	107.3	97.5	9.9	187.8	158.8	29.0
海 南	46.6	39.6	7.0	38.6	33.5	5.1	54.6	45.8	8.8
重 庆	238.3	143.6	94.7	208.0	131.0	77.0	203.9	152.9	51.0
四 川	404.2	323.1	81.1	344.0	271.4	72.6	487.1	430.6	56.5
贵 州	84.3	76.3	8.0	80.1	74.1	6.0	82.8	71.5	11.4
云 南	166.2	142.0	24.2	145.7	122.5	23.2	175.3	160.8	14.5
西 藏	14.9	14.0	0.9	11.9	10.5	1.4	25.9	25.9	0.0
陕 西	161.9	137.8	24.1	123.2	103.0	20.2	201.3	175.7	25.6
甘 肃	90.1	80.2	9.9	85.3	76.2	9.1	85.5	75.2	10.3
青 海	40.3	35.9	4.4	37.5	32.0	5.4	49.0	47.5	1.5
宁 夏	53.6	33.2	20.4	43.5	24.9	18.7	53.0	38.3	14.7
新 疆	184.6	170.7	13.9	139.0	127.2	11.8	184.4	171.2	13.2

6-14-35　各地区工伤保险情况

地　区	年末参加工伤保险人数（万人）	全年享受工伤保险待遇人数（万人）	基金收支情况(亿元)		
			基金收入	基金支出	累计结余
全　国	**19917.2**	**195.2**	**614.8**	**482.1**	**996.2**
北　京	920.3	4.8	25.6	18.3	29.3
天　津	335.1	3.3	9.5	8.2	13.8
河　北	737.0	10.5	28.2	30.3	19.7
山　西	550.0	9.7	28.3	22.1	44.9
内蒙古	277.4	2.2	12.6	7.8	25.1
辽　宁	856.7	13.2	25.4	25.3	41.3
吉　林	392.1	5.3	11.6	8.6	14.9
黑龙江	493.1	7.2	21.1	18.8	30.1
上　海	904.1	6.6	26.9	26.1	48.0
江　苏	1487.3	13.6	57.0	48.1	57.3
浙　江	1826.1	22.6	41.9	34.6	57.2
安　徽	473.2	8.1	19.1	12.6	27.0
福　建	607.5	3.5	15.8	8.3	40.1
江　西	431.5	4.5	13.4	8.4	19.3
山　东	1371.9	11.2	40.0	31.3	50.6
河　南	773.1	4.6	21.1	14.2	42.0
湖　北	556.9	5.7	13.0	8.8	24.3
湖　南	731.2	8.3	27.2	20.4	35.7
广　东	3057.3	16.7	58.8	36.5	194.4
广　西	325.6	1.9	6.9	4.0	20.9
海　南	123.4	0.3	2.4	1.1	7.7
重　庆	406.8	8.0	17.5	16.7	7.4
四　川	690.1	8.3	27.5	20.2	41.3
贵　州	260.4	2.3	13.1	11.5	14.6
云　南	334.3	4.4	13.6	11.4	20.7
西　藏	14.8	0.0	0.7	0.3	1.6
陕　西	378.1	3.0	12.6	7.9	26.6
甘　肃	167.7	1.8	7.0	5.9	11.2
青　海	52.3	0.6	2.5	2.2	4.4
宁　夏	72.7	0.5	3.1	3.2	8.6
新　疆	309.5	2.5	11.3	8.8	16.0

注：工伤保险累计结余中含储备金。

6-14-36 各地区生育保险情况

地区	年末参加生育保险人数(万人)	享受待遇人次(万人次)	基金收支情况(亿元)		
			基金收入	基金支出	累计结余
全国	**16392.0**	**522.0**	**368.4**	**282.8**	**514.7**
北京	883.2	41.1	37.5	34.5	36.5
天津	249.1	24.8	9.7	7.5	17.8
河北	667.6	15.7	11.2	7.5	16.6
山西	445.6	5.2	7.8	3.5	13.7
内蒙古	285.0	6.5	6.3	4.3	9.5
辽宁	752.3	25.9	12.4	13.2	13.3
吉林	365.9	11.2	4.8	3.1	9.4
黑龙江	355.1	6.9	5.7	4.0	11.3
上海	713.9	22.0	33.5	32.6	1.1
江苏	1355.6	78.7	36.3	26.9	69.1
浙江	1173.2	39.9	25.2	21.3	26.6
安徽	458.5	10.6	8.0	5.8	11.0
福建	539.6	12.1	12.6	8.2	18.5
江西	217.8	2.5	2.4	1.0	5.8
山东	974.4	47.1	28.1	22.3	36.8
河南	569.6	13.6	11.5	6.3	21.8
湖北	465.3	18.5	8.1	5.0	16.7
湖南	536.0	14.8	8.6	5.6	16.8
广东	2711.6	45.0	38.5	27.6	59.9
广西	270.2	7.7	5.8	3.9	11.1
海南	120.2	4.0	2.1	1.5	3.8
重庆	280.4	10.2	6.5	4.9	8.1
四川	689.1	18.0	13.8	9.9	21.8
贵州	238.7	4.4	3.5	2.1	6.4
云南	270.9	11.2	7.4	7.1	12.3
西藏	20.7	0.5	0.6	0.4	1.0
陕西	240.3	4.3	5.3	2.6	10.9
甘肃	135.1	3.2	3.5	2.4	5.3
青海	42.8	1.7	1.6	0.7	2.2
宁夏	68.4	3.7	1.9	1.4	2.1
新疆	296.1	11.1	8.1	5.5	17.4

【主要统计指标解释】

人民检察院直接立案侦查案件 指按照管辖的规定，由人民检察院直接立案侦查的贪污贿赂犯罪、渎职犯罪、国家机关工作人员利用职权实施的侵犯公民人身权利和民主权利的犯罪以及经省级人民检察院决定立案侦查的国家机关工作人员利用职权实施的其他重大犯罪案件。

要案 指县、处级以上的干部犯罪案件。该指标主要反映职务犯罪案件中县、处级以上干部被人民检察院依法立案侦查的情况。

批准逮捕 指人民检察院对公安机关、国家安全机关、监狱管理机关提请逮捕的犯罪嫌疑人进行审查，根据事实，依法作出逮捕决定。

决定逮捕 指人民检察院对直接立案侦查的案件，认为需要逮捕犯罪嫌疑人时，依据法律作出的逮捕决定。

青少年罪犯 指人民法院在报告期内判决发生法律效力的有罪判决中14周岁以上不满25周岁的罪犯。其中14周岁以上不满18周岁的罪犯为未成年罪犯。

行政案件 指公民、法人和其他组织不服行政机关作出的具体行政行为，向人民法院提起行政诉讼，人民法院依法审理的案件。

单独赔偿 指单独提起行政赔偿的案件。当事人对行政行为的合法性没有争议，就行政侵权造成的损害赔偿单独提起赔偿诉讼。

受理劳动争议案件数 指劳动争议仲裁委员会根据国家有关规定，对劳动争议当事人的申请予以审查，符合受理条件而正式立案、准备处理的劳动争议案件数。

城镇职工基本养老保险

1.（参保）职工人数 指报告期末按照国家法律、法规和有关政策规定参加城镇职工基本养老保险并在社保经办机构已建立缴费记录档案的职工人数，包括中断缴费但未终止养老保险关系的职工人数，不包括只登记未建立缴费记录档案的人数。

2.（参保）离退休人员人数 指报告期末参加城镇职工基本养老保险的离休、退休和退职人员的人数。

3.基金收入 指根据国家有关规定，由纳入基本养老保险范围的缴费单位和个人按国家规定的缴费基数和缴费比例缴纳的养老保险基金，以及通过其他方式取得的形成基金来源的收入。包括单位和职工个人缴纳的基本养老保险费、基本养老保险基金利息收入、上级补助收入、下级上解收入、转移收入、财政补贴和其他收入。

4.基金支出 指按照国家政策规定的开支范围和开支标准从养老保险基金中支付给参加基本养老保险的个人的养老金、丧葬抚恤补助，以及由于保险关系转移、上下级之间调剂资金等原因而发生的支出。包括离休金、退休金、退职金、各种补贴、医疗费、死亡丧葬补助费、抚恤救济费、社会保险经办机构管理费、补助下级支出、上解上级支出、转移支出、其他支出等。

5.基金累计结余 指截止报告期末基本养老保险基金收支相抵后的累计余额。

城乡居民基本养老保险

1. 参保人数 指报告期末，参加城乡居民养老保险（在经办机构参保登记并已建立缴费记录以及制度实施当年已经年满60周岁并在经办机构参保登记）的总人数（不包括已经办理注销登记手续的人数）。

2. 达到领取待遇年龄参保人数 指报告期末，实际参保人员中已经通过城乡居民养老保险待遇核定的已经年满60周岁的人数。

3. 基金收入 指根据国家有关规定，由参加城乡居民基本养老保险的个人按规定缴费的城乡居民基本养老保险基金，以及通过集体补助、财政补助等其他方式取得的形成基金来源的收入。包括个人缴费收入、集体补助收入、政府补贴收入、利息收入、转移收入、上级补助收入、下级上解收入和其他收入。

4. 基金支出 指按照国家政策规定的开支范围和开支标准从城乡居民基本养老保险基金中支付给参加城乡居民基本养老保险的个人养老金待遇支出，以及由于参保人员跨统筹地区流动而发生的支出等。包括养老金待遇支出、转移支出、补助下级支出、上解上级支出、其他支出。

5. 基金累计结余 指截止报告期末城乡居民基本养老保险基金收支相抵后的累计余额。

基本医疗保险

1. 参保人数 指报告期末按国家有关规定参加相应基本医疗保险的人数。

2. 基金收入 指由用人单位和个人按照国家规定的缴费基数、缴费比例或缴费标准缴纳的基本医疗保险基金，财政补助资金以及通过其他方式取得的形成基金来源的款项，包括：单位缴纳收入、个人缴纳收入、财政补助收入（含医疗救助补助个人收入）、财政补贴收入、利息收入和其他收入。

3. 基金支出 指按照国家政策规定的开支范围和开支标准，从基本医疗保险基金中支付给参保人员的医疗保险待遇支出，以及其他支出。包括住院医疗费用支出、门急诊医疗费用支出、个人账户基金支出、其他支出。

4. 基金累计结余 指截止报告期末基本医疗保险基金累计结余金额。

失业保险

1. 参保人数 指报告期末按照国家法律、法规和有关政策规定参加了失业保险的城镇企业、事业单位的职工及地方政府规定参加失业保险的其他人员的人数。

2. 基金收入 指报告期内筹集的失业保险基金的总额，包括失业保险费收入、利息收入、财政补贴收入、其他收入、转移收入、上级补助收入、下级上解收入。

3. 基金支出 指报告期内为保障失业人员基本生活、促进其再就业等支出的基金总额，包括失业保险金支出、医疗补助金支出、丧葬补助金和抚恤金支出、职业培训和职业介绍补贴支出、农民合同制工人一次性生活补助支出、其他支出、转移支出、上级补助支出、下级上解支出。

4. 基金累计结余 指截止报告期末失业保险基金收支相抵后的累计余额。

工伤保险

1. 参加保险人数 指报告期末依据国家有关规定参加工伤保险的职工人数和有雇工的个体工商户的雇工数。

2. 享受保险待遇人数 指年初至报告期末因工伤或职业病而享受工伤保险待遇的人数。为享受工伤医疗待遇中未评定等级的人数、享受伤残待遇人数以及享受因工死亡待遇人数之和。

3. 基金收入 指根据国家有关规定，由参加工伤保险的单位按国家规定的缴费基数和缴费比例缴纳的工伤保险基金，以及通过其他形式取得的形成基金来源的款项。包括：单位缴纳的社会统筹基金收入、财政补贴收入、利息收入、其他收入。

4. 基金支出 指按照国家政策规定的开支范围和开支标准从工伤保险基金中支付给参加工伤保险的人员及供养直系亲属工伤保险待遇支出及其他支出。包括工伤医疗费、伤残补助金、工亡补助金、护理费、丧葬补助费、工伤预防费用、职业康复费用和其他支出。

5. 基金累计结余 指截止报告期末工伤保险基金累计结余金额。

生育保险

1. 参保人数 指报告期末依据有关规定参加生育保险的人数。

2. 基金收入 指根据国家有关规定，由参加生育保险的单位按照国家规定的缴费基数和缴费比例缴纳的生育保险基金，以及通过其他方式取得的形成基金来源的款项，包括：单位缴纳的基金收入、利息收入和其他收入。

3. 基金支出 指按照国家政策规定的开支范围和开支标准，从生育保险基金中支付给参加生育保险的职工，因妊娠、分娩和计划生育手术而享受的待遇及其他支出。包括：生育津贴、医疗费用支出及其他支出。

4. 基金累计结余 指截止报告期末生育保险基金累计结余金额。

参加新农合人数 指根据本地新农合实施方案到年内新农合筹资截止时已缴纳新农合资金的人口数。

7 第三产业复合性行业情况

7–1 旅游业

简要说明

一、主要内容

入境游客（外国人、港澳同胞和台湾同胞）、国内游客，以及国际、国内旅游收入等。

二、统计范围

国际旅游和国内旅游。

三、统计调查方法

国内游客、国际旅游（外汇）收入和国内旅游收入等指标采取抽样调查方法，其余指标均为全面调查统计取得。

四、资料来源

本篇资料由国家统计局贸易外经统计司根据公安部和国家旅游局的资料编制。

入境游客人数和国内居民出境人数来自公安部；各地区接待入境过夜游客人数、国内游客人数和国内旅游收入资料来自国家旅游局；国际旅游（外汇）收入，1994 年以前由国家统计局贸易外经统计司根据国际旅游者在华花费外汇券统计资料整理提供，1994 年及以后由国家旅游局整理提供。

7-1-1 历年入境游客

单位：万人次

年 份	合 计	#入境过夜游客	外国人	港澳台同胞	#台湾同胞
1978	180.92	71.60	22.96	156.15	
1979	420.39	152.90	36.24	382.06	
1980	570.25	350.00	52.91	513.90	
1981	776.71	376.70	67.52	705.31	
1982	792.43	392.40	76.45	711.70	
1983	947.70	379.10	87.25	856.41	
1984	1285.22	514.10	113.43	1167.04	
1985	1783.31	713.30	137.05	1637.78	
1986	2281.95	900.10	148.23	2126.90	
1987	2690.23	1076.00	172.78	2508.74	
1988	3169.48	1236.10	184.22	2977.33	43.77
1989	2450.14	936.10	146.10	2297.19	54.10
1990	2746.18	1048.40	174.73	2562.34	94.80
1991	3334.98	1246.40	271.01	3050.62	94.66
1992	3811.49	1651.20	400.64	3394.34	131.78
1993	4152.69	1898.20	465.59	3670.49	152.70
1994	4368.45	2107.00	518.21	3838.72	139.02
1995	4638.65	2003.40	588.67	4038.40	153.23
1996	5112.75	2276.50	674.43	4422.86	173.39
1997	5758.79	2377.00	742.80	5006.09	211.76
1998	6347.84	2507.29	710.77	5625.00	217.46
1999	7279.56	2704.66	843.23	6425.52	258.46
2000	8344.39	3122.88	1016.04	7320.80	310.86
2001	8901.29	3316.67	1122.64	7778.65	344.20
2002	9790.83	3680.26	1343.95	8446.88	366.06
2003	9166.21	3297.05	1140.29	8025.92	273.19
2004	10903.82	4176.14	1693.25	9210.57	368.53
2005	12029.23	4680.90	2025.51	10003.71	410.92
2006	12494.21	4991.34	2221.03	10273.19	441.35
2007	13187.33	5471.98	2610.97	10576.36	462.79
2008	13002.74	5304.92	2432.53	10570.21	438.56
2009	12647.59	5087.52	2193.75	10453.84	448.40
2010	13376.22	5566.45	2612.69	10763.53	514.06
2011	13542.35	5758.07	2711.20	10831.15	526.30
2012	13240.53	5772.49	2719.16	10521.37	534.02
2013	12907.78	5568.59	2629.03	10278.75	516.25

7-1-2 历年入境游客增长速度

单位：%

年 份	合 计	#入境过夜游客	外国人	港澳台同胞	#台湾同胞
1979	132.4	113.5	57.8	144.7	
1980	35.6	128.9	46.0	34.5	
1981	36.2	7.6	27.6	37.2	
1982	2.0	4.2	13.2	0.9	
1983	19.6	-3.4	14.1	20.3	
1984	35.6	35.6	30.0	36.3	
1985	38.8	38.7	20.8	40.3	
1986	28.0	26.2	8.2	29.9	
1987	17.9	19.5	16.6	18.0	
1988	17.8	14.9	6.6	18.7	
1989	-22.7	-24.3	-20.7	-22.8	23.6
1990	12.1	12.0	19.6	11.5	75.2
1991	21.4	18.9	55.1	19.1	-0.1
1992	14.3	32.5	47.8	11.3	39.2
1993	9.0	15.0	16.2	8.1	15.9
1994	5.2	11.0	11.3	4.6	-9.0
1995	6.2	-4.9	13.6	5.2	10.2
1996	10.2	13.6	14.6	9.5	13.2
1997	12.6	4.4	10.1	13.2	22.1
1998	10.2	5.5	-4.3	12.4	2.7
1999	14.7	7.9	18.6	14.2	18.9
2000	14.6	15.5	20.5	13.9	20.3
2001	6.7	6.2	10.5	6.3	10.7
2002	10.0	11.0	19.7	8.6	6.4
2003	-6.4	-10.4	-15.2	-5.0	-25.4
2004	19.0	26.7	48.5	14.8	34.9
2005	10.3	12.1	19.6	8.6	11.5
2006	3.9	6.6	9.7	2.7	7.4
2007	5.5	9.6	17.6	3.0	4.9
2008	-1.4	-3.1	-6.8	-0.1	-5.2
2009	-2.7	-4.1	-9.8	-1.1	2.2
2010	5.8	9.4	19.1	3.0	14.6
2011	1.2	3.4	3.8	0.6	2.4
2012	-2.3	0.3	0.3	-2.9	1.5
2013	-2.5	-3.5	-3.3	-2.3	-3.3

7-1-3 按国籍分入境外国游客

单位：万人次

地　区	2006	2007	2008	2009	2010	2011	2012	2013
总计	**2221.03**	**2610.97**	**2432.53**	**2193.75**	**2612.69**	**2711.20**	**2719.15**	**2629.03**
亚洲	**1358.82**	**1606.12**	**1455.10**	**1377.93**	**1619.72**	**1662.32**	**1662.22**	**1606.01**
#朝鲜	11.01	11.37	10.18	10.56	11.64	15.23	18.06	20.66
印度	40.51	46.25	43.66	44.89	54.93	60.65	61.02	67.67
印度尼西亚	43.30	47.71	42.63	46.90	57.34	60.87	62.20	60.53
日本	374.59	397.75	344.61	331.75	373.12	365.82	351.82	287.75
马来西亚	91.06	106.20	104.05	105.90	124.52	124.51	123.55	120.65
蒙古	63.12	68.20	70.53	57.67	79.44	99.42	101.05	105.00
菲律宾	70.42	83.30	79.53	74.89	82.83	89.43	96.20	99.67
新加坡	82.79	92.20	87.58	88.95	100.37	106.30	102.77	96.66
韩国	392.40	477.68	396.04	319.75	407.64	418.54	406.99	396.90
泰国	59.20	61.16	55.43	54.18	63.55	60.80	64.76	65.17
非洲	**29.38**	**37.91**	**37.84**	**40.12**	**46.36**	**48.88**	**52.49**	**55.27**
欧洲	**527.96**	**621.68**	**612.33**	**459.11**	**567.93**	**593.78**	**594.82**	**568.81**
#英国	55.26	60.51	55.15	52.88	57.50	59.57	61.84	62.50
德国	50.06	55.67	52.89	51.85	60.86	63.70	65.96	64.93
法国	40.22	46.34	43.00	42.48	51.27	49.31	52.48	53.35
意大利	19.53	21.52	19.44	19.14	22.92	23.50	25.20	25.12
荷兰	16.78	19.41	18.09	16.69	18.91	19.75	19.55	18.86
葡萄牙	4.45	4.83	4.39	4.36	4.77	4.70	4.86	4.94
瑞典	12.96	14.51	13.77	12.58	15.45	17.01	17.16	15.90
瑞士	5.79	6.46	6.34	6.26	7.43	7.53	8.28	8.06
俄罗斯	240.51	300.39	312.34	174.30	237.03	253.63	242.61	218.63
拉丁美洲	**19.58**	**15.95**	**26.03**	**23.10**	**30.05**	**33.69**	**35.31**	**35.43**
北美洲	**221.00**	**256.15**	**232.12**	**226.01**	**269.49**	**286.42**	**282.64**	**276.95**
#加拿大	49.91	57.72	53.47	55.03	68.53	74.80	70.83	68.42
美国	171.03	190.12	178.64	170.98	200.96	211.61	211.81	208.53
大洋洲及太平洋岛屿	**63.86**	**72.85**	**68.88**	**67.24**	**78.93**	**85.93**	**91.49**	**86.34**
#澳大利亚	53.81	60.74	57.15	56.15	66.13	72.62	77.43	72.31
新西兰	8.86	10.87	10.52	10.04	11.61	12.09	12.83	12.86
其他	**0.43**	**0.31**	**0.23**	**0.22**	**0.21**	**0.19**	**0.19**	**0.22**

7-1-4 历年国际旅游(外汇)收入及增长速度

单位：亿美元

年 份	收入合计	商品收入	劳务收入	增长速度(%)	商品收入	劳务收入
1978	2.63	1.22	1.41			
1979	4.49	2.03	2.46	70.7	66.4	74.5
1980	6.17	3.15	3.02	37.4	55.2	22.8
1981	7.85	4.06	3.79	27.2	28.9	25.5
1982	8.43	4.31	4.12	7.4	6.2	8.7
1983	9.41	4.66	4.75	11.6	8.1	15.3
1984	11.31	5.65	5.66	20.2	21.2	19.2
1985	12.50	5.30	7.20	10.5	-6.2	27.2
1986	15.31	6.66	8.65	22.5	25.7	20.1
1987	18.62	7.78	10.84	21.6	16.8	25.3
1988	22.47	8.95	13.52	20.7	15.0	24.7
1989	18.60	6.30	12.30	-17.2	-29.6	-9.0
1990	22.18	7.75	14.43	19.2	23.0	17.3
1991	28.45	9.89	18.56	28.3	27.6	28.6
1992	39.47	12.90	26.57	38.7	30.4	43.2
1993	46.83	13.09	33.74	18.6	1.5	27.0
1994	73.23	26.45	46.78	56.4	102.1	38.6
1995	87.33	32.99	54.34	19.3	24.7	16.2
1996	102.00	34.50	67.50	16.8	4.6	24.2
1997	120.74	40.24	80.50	18.4	16.6	19.3
1998	126.02	41.39	84.63	4.4	2.9	5.1
1999	140.99	42.99	98.00	11.9	3.9	15.8
2000	162.24	47.54	114.70	15.1	10.6	17.0
2001	177.92	52.93	124.99	9.7	11.3	9.0
2002	203.85	58.71	145.14	14.6	10.9	16.1
2003	174.06	50.51	123.55	-14.6	-14.0	-14.9
2004	257.39	77.40	179.99	47.9	53.2	45.7
2005	292.96	91.26	201.70	13.8	17.9	12.1
2006	339.49	147.19	192.30	15.9	61.3	-4.7
2007	419.19	142.42	276.77	23.5	-3.2	43.9
2008	408.43	124.07	284.35	-2.6	-12.9	2.7
2009	396.75	127.63	269.12	-2.9	2.9	-5.4
2010	458.14	157.05	301.09	15.5	23.1	11.9
2011	484.64	154.54	330.09	5.8	-1.6	9.6
2012	500.28	149.01	351.26	3.2	-3.6	6.4
2013	516.64	153.10	363.54	3.3	2.7	3.5

7-1-5 入境外国游客分组构成

单位：万人次

指标	2012		2013	
	人数	比重(%)	人数	比重(%)
总计	**2719.16**	**100.0**	**2629.03**	**100.0**
按性别分				
男	1737.76	63.9	1702.07	64.7
女	981.40	36.1	926.96	35.3
按年龄分				
14岁及以下	111.79	4.1	107.89	4.1
15-24岁	215.87	7.9	206.65	7.9
25-44岁	1229.72	45.2	1209.16	46.0
45-64岁	988.70	36.4	950.54	36.2
65岁以上	173.07	6.4	154.78	5.9
按事由分				
会议/商务	628.01	23.1	619.40	23.6
观光/休闲	1162.90	42.8	1012.30	38.5
探亲/访友	10.77	0.4	19.91	0.8
服务员工	286.47	10.5	319.53	12.2
其他	630.99	23.2	657.89	25.0
按入境方式分				
船舶	268.86	9.9	261.39	9.9
飞机	1637.37	60.2	1575.21	59.9
火车	56.46	2.1	54.69	2.1
汽车	358.22	13.2	353.29	13.4
徒步	398.25	14.6	384.46	14.6

7-1-6 国际旅游(外汇)收入

单位：亿美元

指标	2006	2007	2008	2009	2010	2011	2012	2013
总计	**339.49**	**419.19**	**408.43**	**396.75**	**458.14**	**484.64**	**500.28**	**516.64**
商品收入	**147.19**	**142.42**	**124.07**	**127.63**	**157.05**	**154.54**	**149.01**	**153.10**
商品销售	112.07	104.94	85.34	91.49	115.90	118.56	111.54	111.82
餐饮	35.12	37.48	38.73	36.14	41.15	35.98	37.47	41.28
劳务收入	**192.30**	**276.77**	**284.36**	**269.12**	**301.09**	**330.09**	**351.26**	**363.54**
长途交通	73.76	111.43	124.87	117.41	130.91	151.17	172.78	174.57
民航	66.63	87.91	90.47	85.84	98.08	114.70	131.64	134.10
铁路	2.79	7.71	13.46	12.77	12.47	14.06	16.46	16.00
汽车	3.10	6.94	10.47	9.58	10.81	14.06	15.54	13.65
轮船	1.24	8.87	10.47	9.22	9.56	8.35	9.14	10.82
游览	9.86	18.00	22.02	20.80	21.07	25.32	25.55	30.92
住宿	48.97	59.38	48.60	44.34	51.95	50.98	52.11	59.76
娱乐	12.53	21.10	29.70	28.82	31.72	34.66	36.13	35.91
邮电通讯	5.11	7.61	10.02	9.55	14.60	10.36	7.91	7.92
市内交通	12.01	12.42	13.55	13.29	10.68	16.19	16.10	14.44
其他服务	30.06	46.83	35.60	34.91	40.15	41.41	40.68	40.01

7-1-7 各地区接待入境过夜游客情况

地区	2012				2013			
	人数（万人次）	#外国人	人天数（万人天）	#外国人	人数（万人次）	#外国人	人天数（万人天）	#外国人
北京	500.86	434.40	2116.84	1881.68	450.13	387.62	1901.78	1678.44
天津	73.75	63.71	1043.51	860.16	75.86	66.04	1183.26	974.42
河北	129.32	106.71	333.42	281.06	84.27	69.99	282.72	241.04
山西	189.18	120.42	368.49	238.67	53.84	38.88	113.06	81.65
内蒙古	159.17	151.46	411.36	393.02	161.61	155.31	490.86	466.17
辽宁	473.13	388.59	1596.01	1363.11	256.04	173.61	741.01	520.84
吉林	118.27	100.90	273.99	230.05	124.30	107.58	302.24	259.83
黑龙江	207.62	194.73	441.23	414.27	152.86	145.02	302.12	287.77
上海	651.23	539.64	2172.56	1787.22	614.09	511.07	2016.53	1657.40
江苏	791.54	575.21	3391.25	2428.74	288.03	193.44	1042.49	645.79
浙江	865.93	570.51	2357.22	1657.30	337.57	252.07	834.59	632.44
安徽	331.47	190.41	877.49	496.43	271.95	167.11	727.95	446.71
福建	493.67	167.01	2155.46	919.72	294.02	114.51	1421.35	628.04
江西	156.18	50.39	299.21	102.68	123.89	40.25	272.55	90.56
山东	469.91	342.23	1432.60	1046.64	285.98	206.08	979.25	715.44
河南	190.77	118.74	403.42	261.88	127.38	73.02	302.62	185.23
湖北	264.72	192.96	593.44	442.42	267.96	204.73	600.91	458.12
湖南	224.55	90.64	499.37	228.63	230.66	87.71	435.21	170.05
广东	3489.43	773.05	8020.65	1996.00	3397.90	760.51	7141.53	1889.68
广西	350.27	192.70	651.13	365.52	281.74	150.89	551.64	299.37
海南	81.58	51.97	200.92	153.70	75.64	50.05	190.51	150.38
重庆	224.28	152.63	719.51	503.68	115.17	76.98	351.26	243.39
四川	227.34	151.29	429.16	296.65	209.56	147.32	398.33	284.58
贵州	70.50	30.42	101.08	43.75	62.40	27.15	94.29	40.91
云南	457.84	329.77	888.13	624.15	287.88	212.51	568.95	412.27
西藏	19.49	17.46	57.67	52.15	22.32	18.72	68.75	58.07
陕西	335.24	233.66	853.24	627.39	253.47	178.92	722.46	542.77
甘肃	10.20	6.69	13.47	9.33	9.78	6.25	12.60	8.14
青海	4.73	3.84	15.63	13.27	4.65	4.13	12.23	10.90
宁夏	1.90	1.43	3.49	2.77	2.54	1.50	7.61	4.51
新疆	62.49	49.02	287.03	221.65	68.88	60.10	305.45	268.25

7-1-8 各地区入境过夜游客人均天花费额

单位：美元/人天

地区	人均天花费		外国人		香港同胞		澳门同胞		台湾同胞	
	2012	2013	2012	2013	2012	2013	2012	2013	2012	2013
北京	243.01	252.41	241.37	254.47	255.81	243.03	247.63	222.74	252.31	230.18
天津	203.84	209.92	198.51	207.27	230.72	202.09	232.70	281.48	215.12	220.84
河北	165.44	164.59	165.62	159.13	157.27	183.16	170.88	185.42	178.05	188.36
山西	175.01	173.58	187.69	162.70	157.57	217.80	141.39	195.10	145.41	187.42
内蒙古	185.81	194.20	187.13	192.90	181.69	185.58	146.10	182.59	173.05	228.09
辽宁	206.37	212.45	207.34	221.91	201.86	180.25	198.53	174.00	198.72	185.54
吉林	180.44	183.29	185.11	183.03	159.60	189.72	167.40	211.12	152.50	165.93
黑龙江	189.35	199.41	186.15	200.50	244.22	209.95	185.04	202.26	183.46	184.07
上海	252.79	259.31	251.19	259.87	269.87	251.45	252.82	251.25	255.23	263.40
江苏	214.35	224.05	214.93	223.27	215.20	224.10	223.05	231.21	210.11	225.67
浙江	213.48	218.26	210.11	216.12	219.51	228.98	255.86	247.89	226.31	213.47
安徽	182.52	192.49	182.62	192.31	182.00	190.83	172.74	203.26	185.05	194.19
福建	195.70	205.21	196.19	212.34	193.39	187.88	196.28	200.83	195.58	191.36
江西	161.50	163.99	160.50	169.65	162.92	156.37	162.16	140.82	163.07	168.73
山东	206.29	207.29	204.93	210.57	206.99	217.37	207.19	169.49	213.38	188.51
河南	155.33	162.83	164.41	162.69	148.56	172.42	125.73	139.47	122.81	165.98
湖北	193.04	194.44	198.29	198.51	187.20	180.46	196.29	214.61	183.24	191.31
湖南	191.12	197.02	193.29	198.04	169.08	190.97	143.85	194.14	197.46	191.91
广东	167.19	172.43	177.64	185.76	159.21	143.76	139.47	126.02	159.64	180.22
广西	187.98	185.30	194.61	196.97	166.12	181.75	186.22	143.72	190.01	164.96
海南	176.86	172.80	181.16	175.30	160.09	157.43	202.51	174.56	152.40	164.63
重庆	179.87	183.67	183.72	184.16	180.94	202.44	156.69	180.29	156.18	146.05
四川	176.63	185.15	179.48	182.83	172.13	191.07	168.05	215.77	168.76	186.08
贵州	170.95	181.05	176.21	192.31	167.16	176.40	151.51	181.27	157.96	176.46
云南	187.69	196.75	187.08	195.67	216.11	206.17	218.07	204.42	164.90	192.15
西藏	184.36	191.67	182.03	192.19	210.19	189.62	156.15	179.88	199.13	192.42
陕西	187.52	186.09	187.53	186.87	196.47	184.30	175.92	212.09	181.89	167.25
甘肃	159.67	160.29	146.13	180.70	207.37	124.14	93.65	103.57	227.69	132.04
青海	155.51	157.98	153.98	159.97	175.60	172.42	126.23	71.85	160.33	146.80
宁夏	156.16	158.84	156.90	159.26	167.62	174.21	147.27	146.23	143.50	153.65
新疆	170.35	165.87	180.68	177.18	165.06	134.56	90.60	137.20	79.32	136.92

7-1-9 主要城市接待入境过夜游客情况

单位：万人次

城市	2009		2010		2011		2012		2013	
	合计	#外国人	合计	#外国人	合计	#外国人	合计	#外国人	合计	#外国人
北京	412.51	342.92	490.07	421.63	520.40	447.41	500.86	434.40	450.13	387.62
天津	141.02	130.58	166.07	153.05	73.06	63.58	73.75	63.71	75.86	66.04
沈阳	49.53	41.52	55.03	46.09	60.49	49.89	75.00	58.70	40.33	24.45
大连	105.00	94.77	116.60	104.73	117.00	103.81	128.42	112.52	73.46	56.73
长春	21.71	18.33	24.98	21.98	30.16	24.80	35.66	28.70	37.83	30.56
哈尔滨	24.03	18.83	26.36	21.18	27.72	23.59	24.11	18.38	21.06	16.73
上海	533.39	439.05	733.72	593.12	668.61	554.99	651.23	539.64	614.09	511.07
南京	113.45	74.40	130.88	86.80	150.66	99.92	162.71	107.73	51.86	38.16
无锡	62.95	40.47	79.16	55.66	90.83	66.26	98.19	71.08	39.12	29.41
苏州	169.51	116.03	207.53	147.23	232.63	167.03	249.22	179.54	144.21	82.89
杭州	230.40	157.28	275.71	187.85	306.31	210.82	331.12	229.88	106.04	76.28
宁波	80.05	46.46	95.17	53.89	107.39	60.87	116.21	63.10	42.63	32.09
黄山	87.71	51.10	105.03	59.86	131.36	76.31	160.27	92.82	130.48	77.87
厦门	94.49	43.08	155.19	51.11	179.92	61.81	212.42	76.11	107.23	51.26
济南	18.70	11.61	23.10	15.33	28.99	19.37	31.59	20.56	20.81	12.72
青岛	100.07	80.14	108.05	82.66	115.64	80.74	127.01	87.78	78.26	53.93
武汉	66.90	52.63	92.79	70.17	115.91	88.70	150.89	114.17	161.37	128.82
广州	689.40	231.18	814.79	294.44	778.69	276.27	786.60	289.20	768.2	278.99
深圳	896.37	146.38	1020.60	167.58	1104.55	171.20	1206.45	169.10	1214.89	166.82
珠海	297.84	47.86	325.14	56.73	320.84	58.17	297.58	53.83	263.23	48.36
中山	47.58	10.96	48.06	13.48	60.81	11.45	55.86	11.58	53.77	10.38
桂林	129.03	75.11	148.62	89.75	164.39	103.72	182.41	109.30	134.33	82.04
海口	10.32	6.18	13.29	7.45	14.68	7.67	17.97	8.26	15.66	6.76
三亚	31.78	23.29	41.59	32.45	52.89	42.12	48.14	36.78	48.19	36.99
重庆	104.81	84.80	137.02	103.96	186.40	132.61	224.28	152.63	115.17	76.98
成都	58.87	44.00	73.20	54.22	121.64	89.54	158.19	117.06	176.43	129.52
昆明	77.83	56.16	86.06	66.64	100.40	77.20	113.74	87.34	76.06	60.07
西安	70.06	61.61	84.18	73.21	100.23	88.63	115.35	101.40	121.12	106.90

7-1-10 国内旅游情况

年份	国内游客（百万人次）	城镇居民	农村居民	旅游总花费（亿元）	城镇居民	农村居民
1994	524	205	319	1023.51	848.21	175.30
1995	629	246	383	1375.70	1140.10	235.60
1996	640	256	383	1638.38	1368.36	270.02
1997	644	259	385	2112.70	1551.83	560.87
1998	695	250	445	2391.18	1551.13	876.05
1999	719	284	435	2831.92	1748.23	1083.69
2000	744	329	415	3175.54	2235.26	940.28
2001	784	375	409	3522.37	2651.68	870.69
2002	878	385	493	3878.36	2848.09	1030.27
2003	870	351	519	3442.27	2404.08	1038.19
2004	1102	459	643	4710.71	3359.04	1351.67
2005	1212	496	716	5285.86	3656.13	1629.73
2006	1394	576	818	6229.70	4414.70	1815.00
2007	1610	612	998	7770.60	5550.40	2220.20
2008	1712	703	1009	8749.30	5971.75	2777.55
2009	1902	903	999	10183.69	7233.79	2949.90
2010	2103	1065	1038	12579.77	9403.81	3175.96
2011	2641	1687	954	19305.39	14808.61	4496.78
2012	2957	1933	1024	22706.22	17678.03	5028.19
2013	3262	2186	1076	26276.12	20692.59	5583.53

【主要统计指标解释】

旅游人数

1. **入境游客**：指报告期内来我国观光、度假、探亲访友、就医疗养、购物、参加会议或从事经济、文化、体育、宗教活动的外国人、港澳台同胞等入境游客。统计时，外国人、港澳台同胞每入境一次统计 1 人次。

2. **国内游客**：指报告期内在中国（大陆）观光游览、度假、探亲访友、就医疗养、购物、参加会议或从事经济、文化、体育、宗教活动的中国（大陆）居民人数，其出游的目的不是通过所从事的活动谋取报酬。统计时，国内游客按每出游一次统计 1 人次。

国际旅游(外汇)收入　指入境游客在中国（大陆）境内旅行、游览过程中用于交通、参观游览、住宿、餐饮、购物、娱乐等全部花费。

国内旅游总花费　指国内游客在国内旅行、游览过程中用于交通、参观游览、住宿、餐馆、购物、娱乐等全部花费。

7 第三产业复合性行业情况

7-2 文化服务业

简要说明

一、主要内容

本篇资料反映2013年全国及分地区文化服务业的发展状况，主要内容包括文化服务业企业、事业和其他单位的资产、收入、税金、利润等指标。

二、统计范围

包括新闻出版发行、广播电影电视、文化艺术、文化信息传输、文化创意和设计、文化休闲娱乐以及文化产品生产的辅助生产等文化服务业。其中：

新闻出版发行服务业包括新闻服务、出版服务和发行服务；

广播电影电视服务业包括广播电视服务、电影和影视录音服务；

文化艺术服务业包括文艺创作与表演服务、图书馆与档案馆服务、文化遗产保护服务、群众文化服务、文化研究和社团服务、文化艺术培训服务和其他文化艺术服务；

文化信息传输服务业包括互联网信息服务、增值电信服务（文化部分）和广播电视传输服务；

文化创意和设计服务业包括广告服务、文化软件服务、建筑设计服务和专业设计服务；

文化休闲娱乐服务业包括景区游览服务、娱乐休闲服务和摄影扩印服务；

文化产品生产的辅助生产包括版权服务、文化经纪代理服务、文化贸易代理与拍卖服务、文化出租服务、会展服务和其他文化辅助生产等。

三、资料来源

本篇资料由国家统计局社会科技和文化产业统计司根据三经普有关资料整理提供。

7-2-1 规模以上文化服务业企业基本情况

单位：万元

指　标	企业单位数（个）	年末从业人员（人）	资产总计	营业收入	营业利润	营业税金及附加	应交增值税
总　计	**15658**	**2053781**	**255366267**	**134817457**	**18260977**	**2386916**	**2758287**
按行业分							
新闻出版发行服务业	1127	209379	31071941	12049177	1118894	181692	381259
广播电影电视服务业	1107	104051	27872274	8825886	1604855	154057	175408
文化艺术服务业	582	55511	9475929	2815011	228978	134950	17764
文化信息传输服务业	1236	351515	48104586	25255453	6625630	466400	669456
文化创意和设计服务业	7829	941573	78649192	72053331	6935586	1001810	1366177
文化休闲娱乐服务业	2409	309282	44930272	7351450	881127	339817	31454
文化产品生产的辅助生产	1368	82470	15262074	6467150	865907	108190	116769
按地区分							
北　京	3319	320451	40380110	29281315	2581599	410838	661011
天　津	359	48587	12299375	4225976	449891	54919	89903
河　北	217	30865	2164754	900600	32403	22279	5567
山　西	120	15394	1483784	271341	-12505	8678	4947
内蒙古	78	14048	1494959	547620	44020	8662	24306
辽　宁	486	91362	5471442	2945742	181852	59089	33221
吉　林	79	15107	1288031	423229	61698	10562	7244
黑龙江	39	8520	640013	277983	14526	9411	2981
上　海	1254	210413	36488132	23087127	2670513	268252	497949
江　苏	2358	285784	31366322	13548811	1797179	241660	212043
浙　江	1018	126232	22919223	12307547	3956639	150246	384652
安　徽	292	40954	5570609	2017150	261579	33618	30923
福　建	466	49973	4846304	2174823	281775	50893	34400
江　西	161	24248	1762406	926344	152828	30686	10128
山　东	861	87556	7901731	2954749	474715	104333	49510
河　南	370	73654	6085037	2569850	401730	56355	35581
湖　北	578	81433	9464628	4533926	494499	130770	73396
湖　南	476	56550	8061936	2752520	464299	74349	43730
广　东	1919	270523	29503729	20015917	3028511	354280	474036
广　西	159	25827	1795031	818310	110643	25888	12713
海　南	76	12808	1559312	630419	105980	23285	6457
重　庆	197	41766	6002109	2092408	122957	53049	19998
四　川	268	34334	4192353	1387247	160420	48559	19410
贵　州	86	13085	1306724	406966	40153	15966	-2702
云　南	151	26205	3281166	916302	91638	25157	6534
西　藏	3	280	7081	3963	1262	139	76
陕　西	154	28590	6832644	2196832	225733	99035	13340
甘　肃	44	6208	488227	212847	27765	4384	3060
青　海	8	1681	95905	40029	2323	1187	121
宁　夏	21	3205	285105	113569	26533	3156	943
新　疆	41	8138	328085	235999	7822	7232	2810

7-2-2 规模以下文化服务业企业基本情况

单位：万元

指　　标	企业单位数（个）	年末从业人员（人）	资产总计	实收资本	营业收入	营业税金及附加
总　计	**467594**	**3912673**	**251173317**	**91068125**	**82802229**	**2709432**
按行业分						
新闻出版发行服务业	3602	76377	9179058	2346545	2060073	53753
广播电影电视服务业	11471	159932	14395242	5138109	3616305	134454
文化艺术服务业	38620	303943	18509640	7341327	4009070	128488
文化信息传输服务业	17412	238446	20669528	6164593	5436505	159469
文化创意和设计服务业	233179	1901013	115620110	41672021	48112008	1473691
文化休闲娱乐服务业	105527	861414	45025701	15791124	11767831	537896
文化产品生产的辅助生产	57783	371548	27774039	12614406	7800436	221680
按地区分						
北　京	73000	322838	29513602	16641212	8927835	114304
天　津	10767	106439	14019282	8109211	2770697	69480
河　北	13332	116494	7151936	2744004	1841385	60893
山　西	6681	63435	2407336	1105113	688783	40393
内蒙古	4581	40643	2361957	702020	742675	29080
辽　宁	15300	93726	4316489	1560442	1370966	49235
吉　林	3852	36212	1993912	472349	622678	19096
黑龙江	4540	37789	2227366	574383	580329	25387
上　海	23057	215579	15719197	4886125	7206276	290999
江　苏	45064	358074	26246297	10764321	10625860	319833
浙　江	33919	250721	13373421	5195893	5177114	128433
安　徽	21453	156865	5645554	3000931	3002986	79288
福　建	14662	149692	5287608	2880155	2995628	86268
江　西	6327	76989	3762332	1578790	1675690	70494
山　东	25906	248019	40595778	3633603	6338525	232687
河　南	13644	154531	7070967	2689480	2399023	93956
湖　北	17725	148381	13938814	2644976	2660149	97719
湖　南	17813	195292	6128861	2580708	3330137	141175
广　东	49721	508802	17613874	8469927	9108198	306013
广　西	8690	62356	1906483	736652	615752	29320
海　南	2090	19894	3440513	670320	349859	16052
重　庆	11542	111681	4278291	1232477	2423601	99788
四　川	12698	135216	6485360	2016574	2331638	98958
贵　州	4601	45746	3959679	767149	679663	33406
云　南	6698	66960	3273487	1184029	984100	43333
西　藏	278	3665	193278	107943	126937	5040
陕　西	10005	104392	4585981	2596272	1992857	69053
甘　肃	4111	39221	1536848	732439	485241	23570
青　海	835	8455	289354	131281	89478	3914
宁　夏	1321	10850	726139	216758	154171	12271
新　疆	3381	23716	1123321	442592	503997	19994

7-2-3 文化服务业事业单位基本情况

单位：万元

指　　标	法人单位数(个)	年末从业人员(人)	年末资产	非企业单位支出(费用)
总　计	**50514**	**1243088**	**73270221**	**27825307**
按行业分				
新闻出版发行服务业	2990	105833	5756315	2105289
广播电影电视服务业	5630	305859	24743400	9597084
文化艺术服务业	32752	539312	24811607	9665785
文化信息传输服务业	3483	79753	4928026	1387226
文化创意和设计服务业	1266	35888	1642836	932615
文化休闲娱乐服务业	3749	163956	10344640	3539091
文化产品生产的辅助生产	644	12487	1043398	598217
按地区分				
北　京	1397	96006	18312143	6684510
天　津	560	19750	1134029	602522
河　北	1830	56640	1459379	785016
山　西	1991	47388	895802	575258
内蒙古	1259	34925	996283	565174
辽　宁	1763	44691	1360436	809449
吉　林	1167	31213	916533	400561
黑龙江	1269	34916	738142	475471
上　海	581	19694	2285866	634696
江　苏	3278	68180	8093256	1728753
浙　江	2151	61207	4245022	1648273
安　徽	1523	33725	1517011	756108
福　建	2052	32826	1294287	614387
江　西	1668	32605	1037927	609849
山　东	2470	75889	4321373	1672711
河　南	3006	72339	3041467	1015675
湖　北	2691	50349	1801983	716372
湖　南	2406	55641	1489210	773076
广　东	2365	73211	5545979	1840660
广　西	2405	35542	1000351	499571
海　南	213	7026	231779	144903
重　庆	1152	18849	550492	354062
四　川	3910	61374	3076281	1260978
贵　州	879	15622	564576	285241
云　南	1880	30637	1206641	560223
西　藏	219	6617	444665	105739
陕　西	1749	45272	1718341	623168
甘　肃	1074	34754	922494	305798
青　海	306	7345	163101	98567
宁　夏	239	10285	336064	143249
新　疆	1061	28570	2569309	535288

7-2-4 文化服务业其他单位基本情况

单位：万元

指 标	法人单位数(个)	年末从业人员(人)	年末资产	非企业单位支出(费用)
总 计	**82353**	**874152**	**6580244**	**3522651**
按行业分				
新闻出版发行服务业	393	4759	53198	38858
广播电影电视服务业	704	10882	181938	75211
文化艺术服务业	51108	659352	5141657	2956678
文化信息传输服务业	1463	11099	79815	39951
文化创意和设计服务业	6142	47358	57839	63986
文化休闲娱乐服务业	20284	124643	880381	235610
文化产品生产的辅助生产	2259	16059	185416	112357
按地区分				
北 京	1418	14911	608053	313518
天 津	928	15189	52944	27566
河 北	2923	25360	193727	78581
山 西	2517	28821	103987	40572
内蒙古	1515	22800	85093	21897
辽 宁	2113	13838	117029	58704
吉 林	1045	12522	101196	36643
黑龙江	1844	15048	46430	49601
上 海	1604	13350	352017	89087
江 苏	5564	44757	633412	405668
浙 江	4983	37315	359741	159186
安 徽	2474	25981	207135	81625
福 建	3752	36537	207874	103296
江 西	2647	27772	72286	42170
山 东	3820	42711	529192	382493
河 南	8078	99599	634118	516857
湖 北	4360	28743	391703	164050
湖 南	5681	74791	251369	204363
广 东	4865	68649	656654	298469
广 西	2199	16398	56321	15709
海 南	497	5489	7997	7547
重 庆	3206	29335	199060	74045
四 川	5117	54925	330145	140253
贵 州	1344	16265	24647	16053
云 南	2655	30356	87138	37809
西 藏	112	1410	9200	8341
陕 西	1425	23211	140949	83748
甘 肃	1361	18060	52281	31639
青 海	509	7663	24078	4223
宁 夏	518	4852	10814	11029
新 疆	1279	17494	33656	17909

【主要统计指标解释】

资产总计 指企业过去的交易或者事项形成的、由企业拥有或者控制的、预期会给企业带来经济利益的资源。资产一般按流动性（资产的变现或耗用时间长短）分为流动资产和非流动资产。其中流动资产可分为货币资金、交易性金融资产、应收票据、应收账款、预付款项、其他应收款、存货等；非流动资产可分为长期股权投资、固定资产、无形资产及其他非流动资产等。

实收资本 指企业各投资者实际投入的资本（或股本）总额，包括货币、实物、无形资产等各种形式的投入。实收资本按投资主体可分为国家资本、集体资本、法人资本、个人资本、港澳台资本和外商资本。

营业收入 指企业经营主要业务和其他业务所确认的收入总额，包括主营业务收入和其他业务收入。

营业利润 指企业从事生产经营活动所取得的利润。

营业税金及附加 指企业因从事生产经营活动按税法规定缴纳的应从经营收入中抵扣的税金和附加，包括营业税、消费税、城市维护建设税、教育费附加等。

应交增值税 指企业按税法规定，从事货物销售或提供加工、修理修配劳务等增加货物价值的活动本期应交纳的税金，不含期初未抵扣税额。

非企业单位支出（费用） 指行政事业单位在业务活动中发生的各项资产耗费和损失等费用或社团、民办非企业单位、基金会及其他单位为完成各种目标所发生的费用，包括业务活动成本、管理费用、筹资费用和其他费用。

年末资产 指非企业单位占有或者使用的，能以货币计量的经济资源。包括流动资产、固定资产、债权和其他权利。

7 第三产业复合性行业情况

7-3　企业信息化和电子商务

简要说明

一、主要内容

企业生产经营中应用信息技术的基本情况和电子商务活动情况。

二、统计范围

规模以上工业、有资质的建筑业、限额以上批发和零售业、限额以上住宿和餐饮业、房地产开发经营业和规模以上服务业的法人单位。

三、调查方法

以联网直报的方式对统计范围内的法人单位进行全面调查。

四、资料来源

本部分资料是国家统计局服务业司根据《企业一套表统计调查制度》调查的资料进行加工整理而得。

7-3-1 各地区企业信息化基本情况

单位：个

地 区	企业数	使用计算机的企业	比重(%)	使用互联网的企业	比重(%)	有网站的企业	比重(%)
全 国	**853705**	**848699**	**99.4**	**837952**	**98.2**	**390012**	**45.7**
北 京	34519	34175	99.0	33798	97.9	17027	49.3
天 津	17163	16933	98.7	16493	96.1	7645	44.5
河 北	25366	25220	99.4	24913	98.2	10982	43.3
山 西	13224	13106	99.1	12853	97.2	4714	35.6
内蒙古	10439	10358	99.2	10114	96.9	3899	37.4
辽 宁	38190	37763	98.9	37143	97.3	13631	35.7
吉 林	11326	11236	99.2	11034	97.4	4227	37.3
黑龙江	11528	11368	98.6	11026	95.6	3752	32.5
上 海	34336	34067	99.2	33464	97.5	20009	58.3
江 苏	104560	104013	99.5	102787	98.3	51480	49.2
浙 江	75466	75256	99.7	74460	98.7	41823	55.4
安 徽	31709	31542	99.5	31301	98.7	15908	50.2
福 建	33637	33453	99.5	33093	98.4	15613	46.4
江 西	15259	15184	99.5	15037	98.5	6918	45.3
山 东	80685	80420	99.7	79871	99.0	33725	41.8
河 南	42405	42282	99.7	42018	99.1	16563	39.1
湖 北	36376	36180	99.5	35783	98.4	15438	42.4
湖 南	28679	28419	99.1	27829	97.0	11986	41.8
广 东	88121	87574	99.4	86174	97.8	45247	51.3
广 西	13054	12977	99.4	12789	98.0	5134	39.3
海 南	2735	2723	99.6	2686	98.2	1557	56.9
重 庆	18389	18332	99.7	18116	98.5	7239	39.4
四 川	31129	30998	99.6	30726	98.7	13980	44.9
贵 州	9683	9586	99.0	9466	97.8	3337	34.5
云 南	13314	13252	99.5	13115	98.5	5049	37.9
西 藏	487	474	97.3	454	93.2	160	32.9
陕 西	13102	13033	99.5	12892	98.4	5842	44.6
甘 肃	6840	6817	99.7	6723	98.3	2675	39.1
青 海	1755	1750	99.7	1706	97.2	692	39.4
宁 夏	2935	2931	99.9	2886	98.3	1345	45.8
新 疆	7294	7277	99.8	7202	98.7	2415	33.1

7-3-2 各地区企业信息化应用情况

单位：个

地区	企业数	采用信息化管理的企业	比重(%)	通过互联网开展有关生产经营活动的企业	比重(%)	通过互联网进行宣传和推广的企业	比重(%)
全国	**853705**	**805907**	**94.4**	**837952**	**98.2**	**589547**	**69.1**
北京	34519	32665	94.6	33798	97.9	23517	68.1
天津	17163	15532	90.5	16493	96.1	10956	63.8
河北	25366	23085	91.0	24913	98.2	16359	64.5
山西	13224	12325	93.2	12853	97.2	7234	54.7
内蒙古	10439	9718	93.1	10114	96.9	5974	57.2
辽宁	38190	35723	93.5	37143	97.3	23521	61.6
吉林	11326	10708	94.5	11034	97.4	6866	60.6
黑龙江	11528	10844	94.1	11026	95.6	6418	55.7
上海	34336	32389	94.3	33464	97.5	24606	71.7
江苏	104560	98958	94.6	102787	98.3	77966	74.6
浙江	75466	73673	97.6	74460	98.7	55923	74.1
安徽	31709	29705	93.7	31301	98.7	23082	72.8
福建	33637	31632	94.0	33093	98.4	22611	67.2
江西	15259	14445	94.7	15037	98.5	10562	69.2
山东	80685	77251	95.7	79871	99.0	60761	75.3
河南	42405	40253	94.9	42018	99.1	29063	68.5
湖北	36376	34608	95.1	35783	98.4	25827	71.0
湖南	28679	27005	94.2	27829	97.0	19806	69.1
广东	88121	80776	91.7	86174	97.8	60603	68.8
广西	13054	12302	94.2	12789	98.0	8318	63.7
海南	2735	2642	96.6	2686	98.2	1985	72.6
重庆	18389	17441	94.8	18116	98.5	12010	65.3
四川	31129	29680	95.3	30726	98.7	21247	68.3
贵州	9683	9193	94.9	9466	97.8	5728	59.2
云南	13314	12766	95.9	13115	98.5	8263	62.1
西藏	487	455	93.4	454	93.2	269	55.2
陕西	13102	12137	92.6	12892	98.4	8600	65.6
甘肃	6840	6470	94.6	6723	98.3	4341	63.5
青海	1755	1678	95.6	1706	97.2	1026	58.5
宁夏	2935	2843	96.9	2886	98.3	1966	67.0
新疆	7294	7005	96.0	7202	98.7	4139	56.7

7-3-3 各地区电子商务应用情况

地区	企业数（个）	有电子商务交易的企业（个）	比重（%）	有电子商务销售的企业（个）	比重（%）	有电子商务采购的企业（个）	比重（%）
全　国	**853705**	**44289**	**5.2**	**36521**	**4.3**	**25190**	**3.0**
北　京	34519	2576	7.5	1634	4.7	1435	4.2
天　津	17163	924	5.4	724	4.2	577	3.4
河　北	25366	682	2.7	569	2.2	386	1.5
山　西	13224	233	1.8	179	1.4	115	0.9
内蒙古	10439	205	2.0	158	1.5	112	1.1
辽　宁	38190	766	2.0	574	1.5	503	1.3
吉　林	11326	195	1.7	153	1.4	119	1.1
黑龙江	11528	173	1.5	135	1.2	97	0.8
上　海	34336	1959	5.7	1364	4.0	1076	3.1
江　苏	104560	5848	5.6	4798	4.6	3631	3.5
浙　江	75466	8713	11.5	7894	10.5	5091	6.7
安　徽	31709	1506	4.7	1220	3.8	903	2.8
福　建	33637	1937	5.8	1691	5.0	876	2.6
江　西	15259	494	3.2	417	2.7	268	1.8
山　东	80685	3685	4.6	3174	3.9	2060	2.6
河　南	42405	1193	2.8	940	2.2	772	1.8
湖　北	36376	1228	3.4	988	2.7	712	2.0
湖　南	28679	1151	4.0	970	3.4	720	2.5
广　东	88121	6787	7.7	5776	6.6	3652	4.1
广　西	13054	489	3.7	412	3.2	224	1.7
海　南	2735	131	4.8	100	3.7	65	2.4
重　庆	18389	640	3.5	496	2.7	310	1.7
四　川	31129	1171	3.8	935	3.0	646	2.1
贵　州	9683	295	3.0	221	2.3	176	1.8
云　南	13314	407	3.1	306	2.3	202	1.5
西　藏	487	18	3.7	17	3.5	7	1.4
陕　西	13102	354	2.7	288	2.2	178	1.4
甘　肃	6840	203	3.0	149	2.2	122	1.8
青　海	1755	41	2.3	38	2.2	18	1.0
宁　夏	2935	109	3.7	81	2.8	50	1.7
新　疆	7294	176	2.4	120	1.6	87	1.2

7-3-3 续表

地 区	全年电子商务交易额(亿元)	电子商务销售额(亿元)	B2B销售额(亿元)	B2C销售额(亿元)	电子商务采购额(亿元)
全 国	**45673.23**	**56683.57**	**50643.75**	**6039.82**	**34662.88**
北 京	6172.68	7467.64	6424.91	1042.73	4877.72
天 津	992.23	1053.68	967.93	85.74	930.79
河 北	987.67	1166.04	1078.43	87.62	809.30
山 西	305.60	315.30	286.47	28.84	295.89
内蒙古	149.48	212.73	178.06	34.67	86.24
辽 宁	1088.06	1327.58	1163.13	164.45	848.54
吉 林	129.99	159.57	122.82	36.75	100.41
黑龙江	488.52	364.44	318.95	45.48	612.60
上 海	3381.20	4422.57	3658.27	764.31	2339.83
江 苏	5315.97	7173.14	6760.19	412.95	3458.80
浙 江	2962.59	4305.21	3945.74	359.47	1619.97
安 徽	1203.03	1355.07	1196.25	158.82	1050.99
福 建	1210.13	1710.48	1575.99	134.49	709.79
江 西	588.66	739.46	662.60	76.86	437.87
山 东	3819.55	4111.41	3871.24	240.17	3527.68
河 南	1346.72	1831.85	1805.54	26.31	861.60
湖 北	1394.55	1843.12	1662.07	181.05	945.98
湖 南	1028.78	1364.91	1287.38	77.53	692.66
广 东	8984.92	10279.05	9004.77	1274.28	7690.79
广 西	397.48	544.54	512.87	31.67	250.42
海 南	123.70	177.25	92.97	84.28	70.15
重 庆	606.72	999.76	937.78	61.98	213.69
四 川	823.41	925.87	578.90	346.96	720.95
贵 州	494.95	667.51	509.93	157.57	322.39
云 南	842.83	1182.25	1146.81	35.44	503.40
西 藏	26.82	33.76	32.06	1.69	19.88
陕 西	422.88	552.09	502.93	49.16	293.66
甘 肃	176.30	225.10	210.30	14.80	127.51
青 海	29.53	35.26	35.11	0.15	23.80
宁 夏	59.18	86.29	66.48	19.82	32.06
新 疆	119.10	50.64	46.89	3.75	187.56

7-3-4 按行业分企业信息化基本情况

单位：个

行 业	企业数	使用计算机的企业	比重(%)	使用互联网的企业	比重(%)	有网站的企业	比重(%)
总 计	**853705**	**848699**	**99.4**	**837952**	**98.2**	**390012**	**45.7**
采矿业	16606	16399	98.8	16021	96.5	4679	28.2
制造业	335108	333635	99.6	330134	98.5	186299	55.6
电力、热力、燃气及水的生产和供应业	8427	8411	99.8	8241	97.8	3935	46.7
建筑业	88655	88199	99.5	87025	98.2	30653	34.6
批发和零售业	169402	168522	99.5	166200	98.1	62488	36.9
交通运输、仓储和邮政业	30804	30647	99.5	30256	98.2	11526	37.4
住宿和餐饮业	43809	43420	99.1	42569	97.2	18017	41.1
信息传输、软件和信息技术服务业	11087	11037	99.5	10965	98.9	8711	78.6
房地产业	90825	89739	98.8	88484	97.4	31627	34.8
租赁和商务服务业	25659	25506	99.4	25248	98.4	13684	53.3
科学研究和技术服务业	15649	15590	99.6	15446	98.7	8786	56.1
水利、环境和公共设施管理业	3595	3574	99.4	3533	98.3	1802	50.1
居民服务、修理和其他服务业	4132	4098	99.2	3998	96.8	1671	40.4
教育	2739	2735	99.9	2712	99.0	1523	55.6
卫生和社会工作	2946	2943	99.9	2917	99.0	1876	63.7
文化、体育和娱乐业	4262	4244	99.6	4203	98.6	2735	64.2

7-3-5 按行业分企业信息化应用情况

单位：个

行业	企业数	采用信息化管理的企业	比重(%)	通过互联网开展有关生产经营活动的企业	比重(%)	通过互联网进行宣传和推广的企业	比重(%)
总　计	**853705**	**805907**	**94.4**	**837952**	**98.2**	**589547**	**69.1**
采矿业	16606	15216	91.6	16021	96.5	8498	51.2
制造业	335108	316543	94.5	330134	98.5	254071	75.8
电力、热力、燃气及水的生产和供应业	8427	8218	97.5	8241	97.8	4925	58.4
建筑业	88655	85551	96.5	87025	98.2	55237	62.3
批发和零售业	169402	156266	92.2	166200	98.1	106118	62.6
交通运输、仓储和邮政业	30804	29659	96.3	30256	98.2	19182	62.3
住宿和餐饮业	43809	39800	90.8	42569	97.2	29354	67.0
信息传输、软件和信息技术服务业	11087	10871	98.1	10965	98.9	9759	88.0
房地产业	90825	87364	96.2	88484	97.4	58932	64.9
租赁和商务服务业	25659	24447	95.3	25248	98.4	18464	72.0
科学研究和技术服务业	15649	14995	95.8	15446	98.7	11992	76.6
水利、环境和公共设施管理业	3595	3414	95.0	3533	98.3	2531	70.4
居民服务、修理和其他服务业	4132	3925	95.0	3998	96.8	2575	62.3
教育	2739	2633	96.1	2712	99.0	2094	76.5
卫生和社会工作	2946	2892	98.2	2917	99.0	2273	77.2
文化、体育和娱乐业	4262	4113	96.5	4203	98.6	3542	83.1

7-3-6 按行业分企业电子商务应用情况

行业	企业数（个）	有电子商务交易的企业（个）	比重（%）	有电子商务销售的企业（个）	比重（%）	有电子商务采购的企业（个）	比重（%）
总计	**853705**	**44289**	**5.2**	**36521**	**4.3**	**25190**	**3.0**
采矿业	16606	185	1.1	106	0.6	148	0.9
制造业	335108	24217	7.2	21446	6.4	14720	4.4
电力、热力、燃气及水的生产和供应业	8427	189	2.2	54	0.6	155	1.8
建筑业	88655	2390	2.7	1049	1.2	2090	2.4
批发和零售业	169402	6792	4.0	5773	3.4	3128	1.8
交通运输、仓储和邮政业	30804	1000	3.2	729	2.4	600	1.9
住宿和餐饮业	43809	3912	8.9	3698	8.4	929	2.1
信息传输、软件和信息技术服务业	11087	1555	14.0	1164	10.5	865	7.8
房地产业	90825	1153	1.3	441	0.5	963	1.1
租赁和商务服务业	25659	1243	4.8	852	3.3	739	2.9
科学研究和技术服务业	15649	561	3.6	326	2.1	400	2.6
水利、环境和公共设施管理业	3595	251	7.0	222	6.2	93	2.6
居民服务、修理和其他服务业	4132	131	3.2	81	2.0	77	1.9
教育	2739	71	2.6	43	1.6	48	1.8
卫生和社会工作	2946	97	3.3	58	2.0	63	2.1
文化、体育和娱乐业	4262	542	12.7	479	11.2	172	4.0

7-3-6 续表

行业	全年电子商务交易额(亿元)	电子商务销售额(亿元)			电子商务采购额(亿元)
			B2B销售额(亿元)	B2C销售额(亿元)	
总计	**45673.23**	**56683.57**	**50643.75**	**6039.82**	**34662.88**
采矿业	540.20	151.91	151.28	0.64	928.49
制造业	25939.94	31358.17	30246.75	1111.42	20521.71
电力、热力、燃气及水的生产和供应业	2813.36	2986.46	2983.84	2.62	2640.26
建筑业	400.85	66.64	63.93	2.72	735.05
批发和零售业	13166.94	17365.25	14061.42	3303.83	8968.62
交通运输、仓储和邮政业	1029.72	1963.47	1501.40	462.06	95.98
住宿和餐饮业	47.15	85.69	51.41	34.27	8.62
信息传输、软件和信息技术服务业	1171.66	1883.79	1031.43	852.36	459.53
房地产业	14.45	22.95	12.63	10.32	5.96
租赁和商务服务业	418.56	665.46	443.86	221.60	171.65
科学研究和技术服务业	85.74	63.11	47.79	15.32	108.37
水利、环境和公共设施管理业	4.90	9.46	3.03	6.42	0.34
居民服务、修理和其他服务业	3.84	1.82	1.31	0.50	5.86
教育	4.80	9.42	1.94	7.47	0.19
卫生和社会工作	2.65	1.16	0.73	0.43	4.14
文化、体育和娱乐业	28.46	48.81	40.98	7.84	8.11

【主要统计指标解释】

计算机（数） 指企业（单位）在生产经营中使用的计算机，包括台式机、笔记本电脑和平板电脑。

互联网 指在世界范围内的公共计算机网络。它提供一系列通信服务（包括万维网）的接入，并传送电子邮件、新闻、娱乐和数据文件等。

网站 指在公共互联网上，面向公众使用的，基于 TCP/IP 协议的计算机系统，以域名本身或者“WWW.+域名”为网址的 web 站点，由地址、软件、硬件和内容组成。

电子商务交易额 电子商务销售额和电子商务采购额的平均值。

全年电子商务销售金额 指报告期内企业（单位）借助网络订单而销售的商品和服务总额。借助网络订单指通过网络接受订单。付款和配送可以不借助于网络。

全年电子商务采购金额 指报告期内企业（单位）借助网络订单而采购的商品和服务总额。借助网络订单指通过网络发送订单。付款和配送可以不借助于网络。

8 港澳台第三产业情况

8-1　香港第三产业情况

简要说明

一、本章资料反映香港特别行政区主要社会、经济发展情况。内容包括：土地、人口、就业、国民收入、国际收支平衡表、工业、能源、建筑、交通、对外贸易、财政金融、教育、房屋、卫生、社会保障等方面。

二、本章由香港特别行政区政府统计处向有关政府决策局／部门及公营机构搜集数据，国家统计局国际统计信息中心负责整理、编辑。

三、在统计工作方面，按《中华人民共和国香港特别行政区基本法》的有关原则，香港特别行政区保留其单独运作的统计系统，并负责编制和发布反映香港特别行政区情况的统计数据。由于香港和内地在使用统计名词及概念方面会有所不同，读者在比较两地数据时，请参考本章末的"主要统计指标解释"。

四、香港特别行政区是单独的关税地区，香港与内地之间的贸易，亦需办理进出口报关。在贸易统计方面，香港特别行政区对外贸易统计数据亦包括香港特别行政区与内地的贸易。

五、在外汇统计及与之有关的各方面，港币是香港特别行政区的法定货币，因此，除港币以外的货币（包括人民币）均视作外币。

六、更详细的统计资料及有关的技术细节，可参阅香港特别行政区政府统计处出版的《香港统计月刊》、《香港统计年刊》及各专题统计出版物。

七、本章节表中的符号使用说明：

本章节表中使用的部分符号与《中国统计年鉴》略有差异。"-"表示不适用；"空格"表示没有数字；"#"表示临时数字；"§"表示数字少于单位的一半。

8-1-1 主要统计指标概况

项目	2009	2010	2011	2012	2013
香港陆地面积①（平方公里）	**1104**	**1104**	**1104**	**1104**	**1104**
香港岛	80	81	81	81	81
九龙	47	47	47	47	47
新界	976	976	976	976	976
人口					
年中人口（万人）	697.3	702.4	707.2	715.5	718.8
粗出生率（‰）	11.8	12.6	13.5	12.8	7.9
粗死亡率（‰）	5.9	6.0	6.0	6.1	5.9
婴儿死亡率（‰）（按每千名登记活产婴儿计算）	1.7	1.7	1.3	1.5	1.6
劳工					
劳动人口（万人）	366.0	363.1	370.3	378.5	385.9
劳动人口参与率（%）	60.8	59.6	60.1	60.5	61.2
失业率（%）	5.3	4.3	3.4	3.3	3.4
就业人数（万人）	346.8	347.4	357.6	366.1	372.8
选定行业的就业人数（万人）					
制造	15.0	13.3	13.3	13.4	12.6
建筑	26.2	26.5	27.7	29.1	30.9
进出口贸易及批发	56.2	54.7	53.9	56.4	51.5
零售、住宿及餐饮服务②	54.5	55.8	57.8	59.1	61.2
运输、仓库、邮政及速递服务、资讯及通讯	42.3	42.2	43.4	43.4	44.5
金融、保险、地产、专业及商用服务	63.7	64.1	67.6	68.7	72.0
公共行政、社会及个人服务	86.7	88.5	91.5	93.5	97.8
实际工资指数③(1992年9月=100)	113.5	113.5	117.9	118.9	118.7
对外贸易（亿港元）					
商品贸易					
进口	26924	33648	37646	39122	40607
港产品出口	577	695	657	588	544
转口	24113	29615	32716	33755	35053
服务贸易					
服务出口④	5013	6257	7107	7640	8179
服务进口④	4737	5469	5780	5943	5966
国民收入及国际收支平衡					
本地生产总值					
按2012年环比物量计算⑤					
年增长率（%）	-2.5	6.8	4.8	1.5	2.9
本地生产总值（亿港元）	17930	19144	20060	20371	20968
人均本地生产总值（港元）	257146	272540	283670	284721	291728
按当年价格计算					
年增长率（%）	-2.8	7.1	8.9	5.3	4.3
本地生产总值（亿港元）	16592	17763	19344	20371	21254
人均本地生产总值（港元）	237960	252887	273550	284721	295701
本地居民总收入					
按当年价格计算					
本地居民总收入（亿港元）	17090	18139	19873	20665	21675
人均本地居民总收入（港元）	245096	258240	281020	288838	301568
对外初次收入流量净值（亿港元）	498	376	528	295	422
国际收支平衡（亿港元）					
经常帐户	1640	1244	1075	322	395
资本及金融帐户	-1445	-888	-1132	-677	-405
净误差及遗漏	-195	-355	57	355	9
整体的国际收支	6125（盈余）	591（盈余）	868（盈余）	1889（盈余）	579（盈余）
国际投资头寸⑥（亿港元）					
国际投资头寸净值⑦	57022	51711	55229	55918	59512
对外金融资产	206797	232300	240620	268580	290868
对外金融负债	149775	180589	185391	212662	231356

8-1-1 续表 1

项 目	2009	2010	2011	2012	2013
消费价格指数					
(2009年10月至2010年9月=100)					
综合消费价格指数	98.4	100.7	106.0	110.3	115.1
甲类消费价格指数	98.3	100.8	106.4	110.3	115.9
乙类消费价格指数	98.4	100.6	105.8	110.4	114.9
丙类消费价格指数	98.5	100.6	105.8	110.1	114.3
工业生产					
工业生产指数 (2008年=100)	91.7	95.0	95.7	94.9	95.0
工业电力消费量 (万亿焦耳)	11143	11080	11104	11282	11190
工业煤气消费量 (万亿焦耳)	902	917	1086	1331	1612
房屋及物业					
永久性居住屋宇单位⑧ (万个)					
公营租住房屋⑨	74.12	74.46	74.71	76.81	77.21
资助出售单位⑩	39.58	39.29	39.12	39.09	39.16
私人房屋⑩	140.94	142.34	145.49	147.06	148.40
总计	254.64	256.10	259.32	262.96	264.77
新落成私人楼宇					
楼宇数目 (栋)	669	278	397	601	678
实用楼面面积 (万平方米)					
住宅⑪	44.3	61.2	47.2	55.8	34.8
非住宅	37.2	52.8	51.9	83.7	48.3
获批准可动工兴建私人楼宇(栋)					
初次呈交	403	512	228	266	448
重大修改	182	259	186	114	522
政府收支、金融、保险 (亿港元)					
政府储备结余⑫⑬	5203	5954	6691	7339	7557
政府收入总额⑬⑭	3184	3765	4377	4422	4553
政府开支总额⑬⑭	2925	3014	3640	3773	4335
货币供应量M3					
港元⑮	36048	38782	40554	45456	48060
外币⑯	30220	32781	40257	44248	52792
总计	66268	71563	80811	89704	100852
港汇指数(贸易总值(进口及整体出口)加权) (2010年1月=100)⑰	101.9	99.5	94.6	94.9	94.9
运输、通讯、旅游					
进出香港货物 (万吨)					
总卸下	15567	17282	17519	17214	17942
总装上	11745	12882	13291	12738	12632
集装箱吞吐量 (万标准集装箱)	2104	2370	2438	2312	2235
电话服务 (万条操作线路)	419	426	425	425	432
访港旅客⑱ (万人次)	2959	3603	4192	4862	5430
教育 (人)					
小学学生人数	344748	331112	322881	317442	320918
中学学生人数⑲	481188	458131	472532	422134	398372
大专院校学生人数⑳	158043	166018	168692	197117	193415
卫生					
医生 (人)	12424	12620	12818	13006	13203
注册中医 (人)	6048	6241	6414	6565	6743
病床 (张)	35062	35522	36121	36579	36720
社会保障					
综合社会保障援助⑫					
个案数目 (个)	287822	282732	275383	267623	259422
发放款项 (亿港元)	190	185	195	198	195
公共福利金⑫					
个案数目 (个)	627816	642979	663237	693389	748797
发放款项 (亿港元)	89	91	97	106	189
交通意外伤亡援助⑫					
获批个案数目 (个)	7350	7203	7139	7430	7675

8-1-1　续表 2

注：①面积为当年6月底的数据,包括不在区议会分区内的落马洲河套。
②住宿服务包括酒店、宾馆、旅舍及其他提供短期住宿服务的机构单位。
③实际工资指数是以名义工资指数扣除以2009/10年为基期的甲类消费价格指数而计算出来。
④数字已采纳《2010年国际服务贸易统计手册》内最新的国际建议，包括服务分类及编制方法，以及采用所有权转移原则来记录货品加工及转手商贸活动。
⑤以环比物量计算的本地生产总值及其组成部分的参照年，已由2011年重订为2012年。重订参照年会影响以环比物量计算的数值，但不会改变其变动率。
⑥期末头寸。
⑦国际投资头寸净值是对外金融资产总值与对外金融负债总值之间的差额。
⑧数字包括所有住宅屋宇单位及非住宅楼宇内已知作居所用途的屋宇单位，但不包括非住宅用途、酒店及院舍内供住院或在囚人士居住的屋宇单位。
⑨不包括房屋委员会售出的公营租住房屋单位。
⑩包括房屋委员会及香港房屋协会售出而不可在公开市场买卖的屋宇单位。可在公开市场买卖的资助出售单位则归类为私人永久性房屋。
⑪包括住宅楼宇内用作非住宅用途的实用楼面面积，例如：会所/娱乐设施、管理员办事处/宿舍、电机房等。
⑫数字是以相应的财政年度为根据。例如2013年的数字代表2013至2014财政年度数字。
⑬2013/14年的数字有待审计署署长核实。
⑭数额不包括“政府一般收入帐目与各基金之间的转拨”。
⑮所列数字已包括外币掉期存款。
⑯所列数字已扣除外币掉期存款。《中华人民共和国香港特别行政区基本法》说明，港元是香港特别行政区的法定货币。外币指港元以外的其他货币，因而人民币亦视作外币。
⑰由2012年1月3日起公布的新系列。
⑱访港旅客数字包括经澳门访港的非澳门居民。
⑲数字涵盖日、夜校。
⑳是指香港城市大学、香港浸会大学、岭南大学、香港中文大学、香港教育学院、香港理工大学、香港科技大学和香港大学就读学生。数字包括大学教育资助委员会(教资会)资助课程及教资会资助院校本部和辖下持续进修部门开办的本地经评审自资课程的学生人数。

8-1-2 按当年价格计算的生产法本地生产总值

单位：亿港元

经济活动	2008	2009	2010	2011	2012
本地生产总值	**17074.87**	**16592.45**	**17763.32**	**19344.33**	**20370.64**
农业及渔业	**8.28**	**10.49**	**8.79**	**8.61**	**10.34**
工业	**1196.56**	**1140.51**	**1214.97**	**1300.23**	**1395.06**
采矿及采石	0.97	0.41	0.69	0.83	0.80
制造	315.06	287.14	304.10	305.78	306.00
电力、燃气和自来水供应及废弃物管理	396.51	350.32	344.86	338.77	353.82
建筑	484.03	502.64	565.31	654.84	734.45
服务	**14995.29**	**14667.24**	**16149.22**	**17701.66**	**18724.98**
进出口贸易、批发及零售	3992.00	3702.26	4133.08	4929.00	5115.37
住宿及膳食服务①	536.00	487.89	564.18	664.21	720.44
运输、仓库、邮政及速递服务	983.90	992.08	1379.41	1200.34	1206.09
资讯及通讯	491.27	478.93	550.24	629.52	708.66
金融及保险	2771.12	2559.00	2837.52	3052.82	3193.12
地产、专业及商用服务	1660.86	1739.03	1884.76	2139.87	2324.16
公共行政、社会及个人服务	2781.00	2881.09	2952.57	3135.85	3376.78
楼宇业权	1779.15	1826.96	1847.45	1950.05	2080.36
产品税	**582.33**	**546.89**	**687.07**	**694.01**	**635.75**
统计差额②	**1.7%**	**1.4%**	**-1.7%**	**-1.9%**	**-1.9%**

注：以上的统计数字是按“香港标准行业分类2.0版”编制。
①住宿服务包括酒店、宾馆、旅舍及其他提供短期住宿服务的机构单位。
②统计差额是以当年价格计算，以支出法编制的本地生产总值与以生产法编制的本地生产总值之间的差额。这差额是由于在编制过程中数据来源及估算方法有所不同而引致的。统计差额是以占本地生产总值的百分比形式作表达。

8-1-3 按行业划分的就业人数

单位：万人

行业	2009	2010	2011	2012	2013
制造	15.0	13.3	13.3	13.4	12.6
建筑	26.2	26.5	27.7	29.1	30.9
进出口贸易及批发	56.2	54.7	53.9	56.4	51.5
零售、住宿及膳食服务①	54.5	55.8	57.8	59.1	61.2
运输、仓库、邮政及速递服务、资讯及通讯	42.3	42.2	43.4	43.4	44.5
金融、保险、地产、专业及商用服务	63.7	64.1	67.6	68.7	72.0
公共行政、社会及个人服务	86.7	88.5	91.5	93.5	97.8
其它	2.1	2.3	2.4	2.4	2.3
总计	**346.8**	**347.4**	**357.6**	**366.1**	**372.8**

注：数字是根据每年1月至12月进行的“综合住户统计调查”结果，以及由政府统计处与跨部门人口分布推算小组共同编制按区议会分区划分年中人口估计数字而编制。
①住宿服务包括酒店、宾馆、旅舍及其他提供短期住宿服务的机构单位。

8-1-4 按行业划分的名义和实际工资指数

(1992年9月=100)

行业主类	2009	2010	2011	2012	2013
名义工资指数					
制造	155.3	153.7	170.0	172.8	180.9
进出口贸易、批发及零售	166.2	173.5	188.1	195.1	198.8
运输	151.6	153.9	161.8	166.4	173.2
住宿及餐饮服务活动①	131.4	135.8	150.6	163.2	169.4
金融及保险活动	174.0	177.9	190.3	201.8	207.5
地产租赁及保养管理	164.0	167.1	186.6	199.8	219.2
专业及商业服务	156.4	162.0	185.8	192.7	208.3
个人服务	187.9	196.3	222.0	240.7	253.8
所有选定行业②	157.9	163.1	178.3	187.5	195.2
实际工资指数③					
制造	111.6	107.0	112.4	109.6	110.0
进出口贸易、批发及零售	119.5	120.7	124.3	123.7	120.9
运输	109.0	107.1	106.9	105.5	105.3
住宿及餐饮服务活动①	94.4	94.5	99.6	103.5	103.0
金融及保险活动	125.1	123.8	125.8	128.0	126.2
地产租赁及保养管理	117.9	116.3	123.3	126.7	133.2
专业及商业服务	112.5	112.8	122.8	122.2	126.6
个人服务	135.1	136.6	146.7	152.6	154.3
所有选定行业②	113.5	113.5	117.9	118.9	118.7

注：指有关年度12月份的数字。

①住宿服务包括酒店、宾馆、旅舍及其他提供短期住宿服务的机构单位。

②指“劳工收入统计调查”内工资统计调查所涵盖的所有行业，包括并没有列出其统计数字的电力及燃气供应业、污水处理及废弃物管理业与出版活动业。

③实际工资指数是以名义工资指数扣除以2009/10年为基期的甲类消费价格指数而计算出来。

8-1-5 商品进出口贸易总额

单位：亿港元

贸易种类	2009	2010	2011	2012	2013
进口	26924	33648	37646	39122	40607
港产品出口	577	695	657	588	544
转口	24113	29615	32716	33755	35053
整体出口	24691	30310	33373	34343	35597
贸易总额	51614	63959	71018	73465	76204
商品贸易差额	-2233	-3338	-4273	-4778	-5010

8-1-6 商品进口及港产品出口的主要供应地和目的地

单位：亿港元

贸易种类／主要国家／地区	2009	2010	2011	2012	2013
进口(供应地)	**26924**	**33648**	**37646**	**39122**	**40607**
中国内地	12494	15298	16968	18409	19421
日本	2364	3082	3186	3116	2863
中国台湾	1756	2248	2409	2449	2619
新加坡	1747	2374	2546	2463	2464
美国	1421	1792	2114	2045	2197
港产品出口(目的地)	**577**	**695**	**657**	**588**	**544**
中国内地	267	312	307	260	248
美国	73	84	72	68	54
新加坡	22	29	26	27	25
中国台湾	19	28	30	27	24
越南	8	10	11	14	18

8-1-7 商品转口的主要来源地和目的地

单位：亿港元

贸易种类／主要国家／地区	2009	2010	2011	2012	2013
转口(目的地)	**24113**	**29615**	**32716**	**33755**	**35053**
中国内地	12366	15670	17167	18317	19245
美国	2779	3237	3236	3317	3259
日本	1072	1256	1336	1428	1340
印度	515	735	929	763	830
中国台湾	528	658	823	781	749
转口(来源地)	**24113**	**29615**	**32716**	**33755**	**35053**
中国内地	15033	18210	20150	21044	21599
中国台湾	1563	2026	2118	2186	2592
日本	1777	2169	2204	2281	2083
韩国	821	1110	1191	1258	1399
美国	838	968	1113	1095	1199

8-1-8 按标准国际贸易分类划分商品进口和出口

单位：亿港元

标准国际贸易分类	2009	2010	2011	2012	2013
进口	**26924**	**33648**	**37646**	**39122**	**40607**
0 粮食及活动物	1004	1177	1389	1441	1615
1 饮料及烟叶	161	203	248	250	254
2 除燃料外的非食用未加工材料	214	284	321	302	335
3 矿物燃料、润滑油及有关物质	901	1193	1462	1422	1375
4 动物及植物油、脂肪及蜡	14	17	17	19	17
5 未列明的化学及有关产品	1409	1803	1902	1820	1727
6 主要按材料分类的制成品	3132	3813	4331	4169	4340
7 机械和运输设备	14894	19235	21128	22651	23919
8 杂项制成品	5179	5908	6832	7031	7008
9 未列入其他分类的货物及交易	14	15	15	16	17
港产品出口	**577**	**695**	**657**	**588**	**544**
0 粮食及活动物	16	20	24	25	27
1 饮料及烟叶	23	26	30	34	36
2 除燃料外的非食用未加工材料	35	61	74	63	57
3 矿物燃料、润滑油及有关物质	25	23	27	19	17
4 动物及植物油、脂肪及蜡	1	1	1	2	2
5 未列明的化学及有关产品	98	126	127	117	113
6 主要按材料分类的制成品	47	54	66	61	45
7 机械和运输设备	162	213	136	101	81
8 杂项制成品	164	164	166	159	161
9 未列入其他分类的货物及交易	5	7	6	7	5
转口	**24113**	**29615**	**32716**	**33755**	**35053**
0 粮食及活动物	291	332	384	388	421
1 饮料及烟叶	78	93	109	109	117
2 除燃料外的非食用未加工材料	134	178	192	190	209
3 矿物燃料、润滑油及有关物质	33	31	46	67	58
4 动物及植物油、脂肪及蜡	3	4	3	3	3
5 未列明的化学及有关产品	1062	1306	1428	1397	1344
6 主要按材料分类的制成品	2486	3154	3740	3446	3568
7 机械和运输设备	14097	18019	19782	21100	22487
8 杂项制成品	5904	6472	7004	7020	6812
9 未列入其他分类的货物及交易	25	27	26	34	35

8-1-9 按服务组成部分划分的服务出口及进口

单位：亿港元

服务组成部分	2009	2010	2011	2012	2013
服务出口①②③					
制造服务	§	§	§	§	
保养及维修服务	23	26	24	25	
运输	1836	2320	2501	2485	
旅游③	1272	1725	2215	2565	
建造筑	11	11	11	26	
保险及退休金服务	48	67	66	72	
金融服务②	875	1016	1119	1207	
知识产权使用费	30	31	36	40	
电子通讯、电脑及资讯服务	99	142	171	186	
其他商业服务	783	881	923	991	
个人、文化及康乐服务	30	33	37	37	
政府货品及服务	5	5	6	6	
总计	**5013**	**6257**	**7107**	**7640**	**8179**
服务进口①③					
制造服务	1343	1489	1395	1389	
保养及维修服务	5	5	6	6	
运输	1010	1220	1394	1426	
旅游③	1205	1348	1481	1557	
建造筑	9	4	6	25	
保险及退休金服务	62	93	93	95	
金融服务	244	275	302	305	
知识产权使用费	132	154	156	157	
电子通讯、电脑及资讯服务	68	87	98	113	
其他商业服务	641	777	831	849	
个人、文化及康乐服务	7	6	7	9	
政府货品及服务	10	12	11	12	
总计	**4737**	**5469**	**5780**	**5943**	**5966**
服务出口净额	**276**	**788**	**1327**	**1698**	**2214**

注：①数字已采纳《2010年国际服务贸易统计手册》内最新的国际建议，包括服务分类及编制方法，以及采用所有权转移原则来记录货品加工及转手商贸活动。因此服务出口及服务进口的数字与表 26-13 内相应的数字并不相同。

②2010及2011年服务出口的数字已经修订。这是由于在估算中采用了外汇成交的最新基准数据。该基准数据是香港金融管理局透过一项每三年进行一次的统计调查搜集的。

③此外，由于在2013年年中进行了一项技术性修订工作，2009年至2011年服务出口及服务进口的数字亦已作出有关修订。

8-1-10 按主要目的地和来源地划分的服务出口及进口

单位：亿港元

目的地／来源地	2009	2010	2011	2012	2013
服务出口①②③					
中国内地	1394	1856	2341	2694	
美国	944	1140	1146	1147	
英国	403	490	491	482	
日本	327	379	372	394	
中国台湾	258	315	352	331	
其他	1565	1976	2234	2302	
所有目的地	**4891**	**6156**	**6936**	**7351**	**7879**
服务进口①③					
中国内地	2234	2525	2501	2529	
美国	514	593	643	628	
日本	265	321	324	387	
英国	248	268	330	325	
新加坡	198	237	263	268	
其他	1251	1502	1695	1771	
所有来源地	**4709**	**5446**	**5755**	**5909**	**5931**

注：①由于非直接计算金融中介服务没有按地区细分数字，本统计表内的数字不包括非直接计算的金融中介服务数字。因此于本统计表内所有目的地／来源地的数字与表26-30内所有服务的相应数字并不相同。然而，本统计表内的数字亦采纳《2010年国际服务贸易贸易统计手册》内最新的国际建议，包括服务分类及编制方法，以及采用所有权转移原则来记录货品加工及转手商贸活动。

②2010及2011年服务出口的数字已经修订。这是由于在估算中采用了外汇成交的最新基准数据。该基准数据是香港金融管理局透过一一项每三年进行一次的统计调查搜集的。

③此外，由于在2013年年中进行了一项技术性修订工作，2009年至2011年服务出口及服务进口的数字亦已作出有关修订。

8-1-11 按当年价格计算货物及服务进出口占本地生产总值比重

单位：%

指　　标	2000	2005	2010	2011	2012	2013
本地生产总值（亿港元）	**13375**	**14121**	**17763**	**19344**	**20371**	**21254**
对外商品贸易						
进口	122.86	163.66	191.13	198.93	202.08	206.79
出口						
港产品出口	13.59	9.65	4.63	4.63	4.94	4.35
转口	104.49	149.80	168.11	172.17	171.38	175.22
对外服务贸易						
服务出口	23.68	35.19	46.67	48.65	49.24	50.03
服务进口	14.50	18.77	22.41	22.67	22.35	21.96

8-1-12 按居住国家和地区划分的访港旅客人数

单位：万人次

居住国家和地区	2009	2010	2011	2012	2013
中国内地	1795.7	2268.4	2810.0	3491.1	4074.5
南亚及东南亚	288.5	350.1	375.1	365.2	371.8
中国台湾	201.0	216.5	214.9	208.9	210.0
北亚	182.3	220.8	230.5	233.3	214.1
欧洲、非洲及中东	196.9	217.4	219.4	222.8	225.4
美洲	156.8	175.0	182.1	177.8	166.6
澳大利亚、新西兰及南太平洋	70.8	76.9	75.8	74.1	71.7
中国澳门①	67.1	78.0	84.3	88.3	95.8
总计	**2959.1**	**3603.0**	**4192.1**	**4861.5**	**5429.9**
与上年比较的变动百分比(%)	**0.3**	**21.8**	**16.4**	**16.0**	**11.7**

注：①访港旅客数字包括经澳门访港的非澳门居民。

8-1-13 按居住国家和地区划分的访港旅客人均消费和逗留时间

国家和地区	2000	2005	2009	2010	2011	2012	2013
过夜旅客人均消费 (港元)	**4612**	**4663**	**5770**	**6728**	**7470**	**7818**	**8123**
中国内地	4868	4554	6620	7453	8220	8565	8937
南亚及东南亚	4268	4377	4460	5251	6121	6501	6678
中国台湾	4839	4916	5117	5197	5860	5759	5730
北亚	4571	4300	3893	4976	5113	5234	4821
欧洲、非洲及中东	4591	5331	5127	6674	7147	7414	7400
美洲	5076	5477	4914	6476	7004	7266	7300
澳大利亚、新西兰及南太平洋	3983	5068	5330	7050	7849	7943	7959
中国澳门	1622	2765	3069	3824	4363	4304	3918
入境不过夜旅客人均消费(港元)	**640**	**810**	**1798**	**1846**	**2012**	**2121**	**2378**
中国内地	1143	1247	2352	2356	2439	2489	2721
南亚及东南亚	437	244	706	543	716	604	676
中国台湾	500	195	568	610	627	521	565
北亚	340	204	444	377	506	503	518
欧洲、非洲及中东	347	301	567	560	593	411	465
美洲	369	320	476	329	465	451	379
澳大利亚、新西兰及南太平洋	377	547	560	573	714	623	532
中国澳门	721	1284	2347	2299	2287	1783	2065
过夜旅客逗留时间 (晚数)	**3.0**	**3.7**	**3.2**	**3.6**	**3.6**	**3.5**	**3.4**
中国内地	3.3	4.2	3.4	3.9	3.9	3.7	3.4
南亚及东南亚	3.1	3.2	3.1	3.2	3.2	3.2	3.3
中国台湾	2.3	2.5	2.5	2.5	2.5	2.6	2.6
北亚	2.4	2.2	2.1	2.2	2.3	2.3	2.3
欧洲、非洲及中东	3.6	3.3	3.4	3.9	4.0	4.0	4.1
美洲	3.4	3.4	3.4	3.9	3.9	4.0	4.0
澳大利亚、新西兰及南太平洋	3.5	3.4	3.4	3.8	3.8	3.9	3.9
中国澳门	2.7	2.3	2.1	2.2	2.2	2.2	2.2

8-1-14　按主要货物装卸地点划分的集装箱吞吐量

单位：万标准集装箱单位

项　　目	2009	2010	2011	2012	2013
集装箱吞吐量	**2104.0**	**2369.9**	**2438.4**	**2311.7**	**2235.2**
集装箱码头					
抵港					
载货集装箱	658.4	722.0	738.0	745.2	749.5
空集装箱	94.9	120.9	135.5	136.2	121.0
离港					
载货集装箱	696.8	794.4	790.8	791.5	776.7
空集装箱	65.8	72.6	77.3	74.6	64.7
集装箱码头以外					
抵港					
载货集装箱	211.6	270.4	291.3	237.2	225.9
空集装箱	86.1	81.9	64.6	52.1	51.1
离港					
载货集装箱	205.8	213.5	249.5	191.3	173.3
空集装箱	84.6	94.4	91.4	83.6	73.2

注：一个标准集装箱单位等同一个20英尺集装箱的容量。

8-1-15　按运输方式划分的进出香港货物

单位：万吨

项　　目	2009	2010	2011	2012	2013
卸下	**15566.9**	**17282.1**	**17519**	**17214**	**17941.9**
空运	126.3	147.9	144.2	146.4	148.8
水运	13929.3	15426.3	15784.1	15469.9	16227.5
海运	10561.2	11444.7	12018.5	11744.8	11607.1
河运	3368.1	3981.6	3765.6	3725.1	4620.5
道路运输	1504.4	1705.0	1590.6	1597.8	1565.5
铁路运输①	6.8	2.9	-	-	-
装上	**11744.6**	**12881.8**	**13291**	**12738.3**	**12632.1**
空运	208.4	264.9	249.6	256.2	263.9
水运	10367.3	11355.2	11960.3	11458.3	11378.0
海运	5597.9	6755.7	7474.2	7141.2	6816.8
河运	4769.4	4599.5	4486.2	4317.2	4561.2
道路运输	1167.2	1261.0	1081.1	1023.7	990.2
铁路运输①	1.6	0.7	-	-	-

注：①数字不包括家畜。香港铁路有限公司已于2010年6月16日起，停办铁路货运业务。

8-1-16 通讯及互联网服务

项目	2009	2010	2011	2012	2013
邮递服务					
信件邮件 (亿件物品)	13.1	12.8	13.0	13.6	12.6
包裹 (万件)	125.4	132.9	139.2	146.8	136.1
电话服务①②（万条操作线路）					
住宅	236.0	240.7	241.2	240.4	247.8
商用	182.9	185.4	184.0	184.4	183.9
总计	418.8	426.0	425.2	424.7	431.7
图文传真②（万条操作线路）	**28.6**	**26.0**	**23.3**	**21.4**	**20.2**
对外电话通讯量 （万分钟）					
拨出③	775859	772715	764610	788811	804303
拨入④	227078	258159	289563	263687	231873
对外专用电报通讯量（万分钟）					
发出	3.9	5.2	3.7	1.1	0.5
收到	14.1	10.4	7.5	5.4	2.7
本地电报机电讯 （万分钟）	**24.4**	**20.5**	**18.8**	**9.0**	**6.3**
公共无线电传呼接收器②（个）	**117444**	**104851**	**84495**	**62884**	**49789**
移动电话用户系统②⑤⑥（个）	**6377392**	**6816033**	**7166085**	**7633930**	**7847299**
	(12206910)	**(13416011)**	**(14930948)**	**(16392841)**	**(17194291)**
互联网服务					
互联网服务商数目②⑦（个）	**189**	**184**	**185**	**186**	**197**
互联网服务商客户数目②⑧（个）					
拨号上网登记用户户口（不包括互联网储值卡）⑨	644078 300	741511	788835	793811	462376
拨号上网储值卡					
以私人租用线路接驳的已登记客户户口⑨	1571	1580	1546	1565	1641
宽带互联网用户户口⑨	2033352	2126962	2244514	2264545	2232031
互联网使用量⑧					
客户通过公共电话网络接驳⑩ （万分钟）	25922	17868	16816	18506	22201
客户通过宽带网络接驳 （太字节）⑪	1435691	1652942	1924886	2232256	2581113

注：①数字包括直通内线式电话线、图文传真线及电文线路的直拨服务。由2007年12月起,也包括网际规约(IP)电话或网络电话(VoIP)服务的客户数目。②年底数字。③数字也包括图文传真及数据。④估计数字。
⑤数字不包括储值智能卡。包括储值智能卡的数字于括号内展示。 ⑥数字包括3G服务。而由2011年开始,数字包括4G服务。
⑦营办商数目包括所有持牌获准提供互联网接驳服务的营办商。
⑧数字为根据互联网服务供应商申报的估计数字，并不包括不属于持牌互联网服务供应商客户的使用者。
⑨已登记客户户口指互联网服务供应商的客户户口(包括免费的客户户口)。拥有超过一个客户登入识别码的登记客户户口只算作一个已登记的客户户口。数字不包括只获提供电邮地址的客户户口。
⑩不包括通过私人租用线路接驳及使用宽带服务的客户。
⑪1个太字节 ＝ 8万亿比特

8-1-17 15岁及以上人口受教育程度

教育程度/性别	2009		2010		2011		2012		2013	
	人数(万人)	百分比	人数(万人)	百分比	人数(万人)	百分比	人数(万人)	百分比	人数(万人)	百分比
总计										
男	280.03	46.49	281.90	46.26	283.98	46.07	286.87	45.87	288.16	45.71
女	322.26	53.51	327.49	53.74	332.46	53.93	338.47	54.13	342.30	54.29
未受教育/学前教育①										
男	7.20	1.20	7.94	1.30	7.56	1.23	6.41	1.02	6.22	0.99
女	24.20	4.02	24.53	4.03	23.59	3.83	21.61	3.46	21.42	3.40
小学										
男	46.37	7.70	44.55	7.31	42.58	6.91	42.66	6.82	41.86	6.64
女	59.41	9.86	57.90	9.50	56.98	9.24	57.95	9.27	57.61	9.14
初中										
男	49.02	8.14	48.56	7.97	47.54	7.71	47.32	7.57	47.48	7.53
女	46.75	7.76	46.62	7.65	46.65	7.57	46.90	7.50	46.96	7.45
高中										
男	99.03	16.44	100.97	16.57	102.42	16.61	102.75	16.43	100.55	15.95
女	117.16	19.45	120.80	19.82	124.03	20.12	126.68	20.26	125.83	19.96
高等教育										
非学位课程②										
男	23.67	3.93	22.48	3.69	22.83	3.70	24.18	3.87	24.89	3.95
女	24.01	3.99	22.51	3.69	22.68	3.68	23.26	3.72	24.39	3.87
学位课程③										
男	54.74	9.09	57.39	9.42	61.05	9.90	63.55	10.16	67.17	10.65
女	50.73	8.42	55.13	9.05	58.53	9.49	62.06	9.92	66.10	10.48

注：数字是根据每年1月至12月进行的“综合住户统计调查”结果，以及由政府统计处与跨部门人口分布推算小组共同编制按区议会分区划分年中人口估计数字而编制。“综合住户统计调查”涵盖全港陆上非住院人口，因而并不包括公共机构/社团院舍的住院人士及水上居民。

① 包括所有幼儿园及幼儿中心班级。

② 包括所有在香港或以外地区学院的证书、文凭、高级证书、高级文凭、专业文凭及其它同等程度的高等教育课程。

③ 包括所有在香港或以外地区学院的学士学位、研究生修课及专题研究课程。

8-1-18 研究及发展经费支出及人员情况

年份	研究及发展经费支出(百万港元)			研究及发展人员数目①（人）			
	总计	资本支出	经常支出	总计	研究人员	技术人员	其他辅助人员
2000	6218	496	5722	9802	7728	1374	699
2005	10922	2228	8694	22054	18024	2346	1683
2008	12293	914	11379	22005	18450	2286	1269
2009	12833	813	12020	23281	19283	2463	1535
2010	13313	899	12414	24060	20582	2159	1319
2011	13945	1009	12935	24460	20381	2462	1617
2012	14816	1152	13664	25264	21236	2779	1249

注：① 研发人员的数目是以“相当于全日制的人数”计算。

8-1-19 香港国际收支平衡表

单位：亿港元

标准组成部分①	2009	2010	2011	2012	2013
经常账户②	**1640**	**1244**	**1075**	**322**	**395**
货物	1030	256	-582	-1467	-2033
服务	276	788	1327	1698	2214
初次收入	498	376	528	295	422
二次收入	-164	-176	-198	-203	-207
资本及金融账户②	**-1445**	**-888**	**-1132**	**-677**	**-405**
资本账户	-30	-44	-20	-14	-16
直接投资	-284	-1220	19	-1026	-1155
证券投资	-3101	-4425	-110	-316	-3336
金融衍生工具	246	187	209	152	81
其他投资	7849	5206	-362	2417	4601
储备资产③	-6125	-591	-868	-1889	-579
净误差及遗漏④	**-195**	**-355**	**57**	**355**	**9**
整体的国际收支	**6125**	**591**	**868**	**1889**	**579**
	(盈余)	**(盈余)**	**(盈余)**	**(盈余)**	**(盈余)**

注：由于在2013年年中进行了一项技术性修订工作，货物出口、服务输入及输出数字已作出修订。
①根据国际收支平衡表的会计常规，某标准组成部分的净贷方数字以正数显示，而净借方则以负数显示。
②经常账户差额的正数值显示盈余而负数值则显示赤字。在资本及金融账户方面，正数值显示资金净流入而负数值则显示资金净流出。由于对外资产的增加是属于借方记账而减少则属贷方记账，因此负数值的储备资产显示储备资产的增加，而正数值则显示减少。
③在国际收支平衡架构下储备及非储备资产的估计数字是指交易数字。因估值方式改变(包括价格变动及汇率变动)及重新分类所导致的影响并没计算在内。
④原则上，贷方和借方各项记账的净总和等于零。实际上，由于有关数据是从多个来源搜集得来，贷方和借方记账之间可能由于各种原因而出现差异。为令贷方记账的总和与借方记账的总和相等，须加进一个反映净误差及遗漏的平衡项目。

8-1-20 香港国际投资头寸（期末头寸）

单位：亿港元

概括组成部分	2009	2010	2011	2012	2013
资产	**206797**	**232300**	**240620**	**268580**	**290868**
直接投资	72044	80780	87677	98726	104855
证券投资	62934	72260	64125	76515	86817
金融衍生工具	3792	4569	5392	6615	6113
其他投资	48989	54717	62420	63420	68956
储备资产	19037	19973	21005	23305	24128
负债	**149775**	**180589**	**185391**	**212662**	**231356**
直接投资	77091	90388	91983	105090	111956
证券投资	26432	32185	27928	37435	40305
金融衍生工具	3105	3898	4774	6387	5646
其他投资	43147	54118	60706	63750	73448
国际投资头寸净值①	**57022**	**51711**	**55229**	**55918**	**59512**

注：①国际投资头寸净值是对外金融资产总值与对外金融负债总值之间的差额。

8-1-21 外币兑换率及港汇指数

单位：每单位外币兑换港元

项　目	2009	2010	2011	2012	2013
年内平均数字①					
澳元	6.16	7.15	8.04	8.03	7.50
加拿大元	6.83	7.54	7.87	7.76	7.53
人民币	1.1343	1.1503	1.2069	1.2304	1.2635
欧元	10.82	10.31	10.84	9.97	10.30
印度卢比	0.161	0.170	0.168	0.146	0.134
日元	0.0830	0.0888	0.0978	0.0973	0.0796
马来西亚林吉特	2.20	2.42	2.55	2.51	2.46
新台币	0.243	0.255	0.274	0.268	0.269
菲律宾比索	0.167	0.175	0.177	0.186	0.185
英镑	12.16	12.01	12.48	12.29	12.13
韩圆	0.0061	0.0067	0.0070	0.0069	0.0071
新加坡元	5.34	5.71	6.20	6.21	6.20
瑞士法郎	7.16	7.47	8.82	8.27	8.37
泰铢	0.226	0.245	0.256	0.250	0.253
美元	7.752	7.769	7.784	7.756	7.756
特别提款权	11.95	11.85	12.29	11.88	11.79
港汇指数(2010年1月=100)②					
贸易总值(进口及整体出口)加权	101.9	99.5	94.6	94.9	94.9
进口货值加权	102.2	99.2	93.9	94.2	94.7
整体出口货值加权③	101.6	99.8	95.4	95.6	95.1
年底数字④					
澳元	6.98	7.92	7.94	8.05	6.92
加拿大元	7.38	7.78	7.60	7.80	7.29
人民币	1.1385	1.1816	1.2325	1.2460	1.2800
欧元	11.20	10.39	10.06	10.22	10.70
印度卢比	0.167	0.173	0.147	0.142	0.126
日元	0.0841	0.0956	0.1009	0.0901	0.0739
马来西亚林吉特	2.26	2.52	2.45	2.53	2.36
新台币	0.249	0.275	0.264	0.272	0.267
菲律宾比索	0.173	0.178	0.180	0.191	0.178
英镑	12.50	12.04	12.06	12.51	12.78
韩圆	0.0067	0.0069	0.0067	0.0073	0.0073
新加坡元	5.54	6.06	5.99	6.34	6.13
瑞士法郎	7.53	8.31	8.28	8.47	8.73
泰铢	0.233	0.259	0.247	0.254	0.236
美元	7.756	7.775	7.766	7.751	7.754
特别提款权	12.15900	11.98913	11.92751	11.91420	11.94116
港汇指数(2010年1月=100)②					
贸易总值(进口及整体出口)加权	100.3	96.3	94.9	94.2	94.8
进口货值加权	100.4	95.6	94.3	93.7	94.9
整体出口货值加权③	100.2	97.2	95.5	94.9	94.7

注：《中华人民共和国香港特别行政区基本法》说明，港元是香港特别行政区的法定货币。外币指港元以外的其他货币，因而人民币亦视作外币。
①数字是指年内每日电汇或现钞收市中间兑换价的平均值。
②由2012年1月3日起公布的新系列。
③包括转口和港产品出口。
④数字是该年最后一个交易日的电汇或现钞收市中间兑换价。

8-1-22 货币供应量(年底数字)

单位：亿港元

项　　目	2009	2010	2011	2012	2013
法定纸币及硬币的流通量					
由商业银行发行	2001.85	2267.05	2598.15	2916.75	3293.25
由政府发行	87.30	91.82	101.83	102.50	108.91
总计	2089.15	2358.87	2699.98	3019.25	3402.16
由认可机构持有的法定纸币及硬币	145.96	170.81	216.96	200.60	263.37
由公众持有的法定纸币及硬币	1943.19	2188.06	2483.02	2818.65	3138.79
货币供应量：就外币掉期存款作出调整					
货币供应量 M_1					
港元	6712.41	7300.93	7947.26	9209.20	10003.44
外币	2305.78	2871.34	3325.93	4564.39	5105.52
总计	9018.19	10172.27	11273.20	13773.59	15108.95
货币供应量 M_2					
港元①	35877.17	38667.88	40462.16	45373.84	47951.30
外币②	30145.93	32694.83	40113.14	44126.21	52613.07
总计	66023.10	71362.71	80575.30	89500.05	100564.37
货币供应量 M_3					
港元①	36048.43	38781.93	40554.04	45455.90	48060.12
外币②	30220.01	32780.67	40256.75	44248.07	52792.31
总计	66268.43	71562.60	80810.79	89703.96	100852.43
货币供应量：未就外币掉期存款作出调整					
货币供应量 M_2					
港元	35873.30	38665.67	40458.82	45371.30	47949.40
外币	30149.80	32697.04	40116.47	44128.75	52614.97
总计	66023.10	71362.71	80575.30	89500.05	100564.37
货币供应量 M_3					
港元	36044.56	38779.72	40550.71	45453.36	48058.22
外币	30223.87	32782.88	40260.09	44250.61	52794.21
总计	66268.43	71562.60	80810.79	89703.96	100852.43

注：《中华人民共和国香港特别行政区基本法》说明，港元是香港特别行政区的法定货币。外币指港元以外的其他货币，因民币亦视作外币。
①所列数字已包括外币掉期存款。
②所列数字已扣除外币掉期存款。

8-1-23 股票价格指数、证券交易成交额及市场总值

项　　目	2009	2010	2011	2012	2013
香港上市①					
主板					
股票价格指数					
恒生指数②（1964年7月31日=100）					
最高	23099.6	24988.6	24468.6	22718.8	24111.6
最低	11344.6	18971.5	16170.4	18056.4	19426.4
收市	21872.5	23035.5	18434.4	22656.9	23306.4
分类指数					
(1984年1月13日=975.47)					
金融					
最高	37385.1	37707.7	35843.9	31400.5	33930.2
最低	15457.9	28778.5	21253.7	24529.0	27524.7
收市	34170.8	33789.2	24903.0	31231.6	32225.4
公用事业					
最高	38609.9	43624.1	49317.8	52920.1	58399.8
最低	33049.6	35796.8	40531.1	43428.5	47185.8
收市	37585.2	41748.9	45400.9	51797.8	48375.9
地产					
最高	30271.8	33816.1	32369.5	31905.9	34485.1
最低	14226.0	23817.2	19362.7	22215.3	26407.3
收市	28147.4	29980.3	22812.2	31383.1	28504.9
工商业					
最高	11866.0	13611.3	13985.9	13163.7	14340.0
最低	6585.4	10167.5	9923.2	10816.5	10761.6
收市	11452.9	12974.4	11126.7	13136.2	14026.7
恒生综合指数					
(2000年1月3日=2 000)					
最高	3186.1	3519.3	3435.5	3116.6	3359.8
最低	1634.8	2621.3	2182.4	2491.0	2659.9
收市	3052.0	3248.2	2546.6	3113.1	3260.7
恒生中国企业指数③					
(2000年1月3日=2 000)					
最高	13863.0	14219.5	13770.7	11916.1	12354.2
最低	6404.0	10726.5	8058.6	8987.8	8640.9
收市	12794.1	12692.4	9936.5	11436.2	10816.1
恒生香港中资企业指数					
(2000年1月3日=2 000)					
最高	4457.4	4486.6	4460.4	4553.0	4773.7
最低	2749.9	3498.5	3079.3	3545.4	3661.7
收市	4059.9	4170.2	3682.2	4531.1	4553.6
主板					
成交金额（亿港元）	154394.9	170764.1	170911.2	132675.1	151857.9
市场总值④(亿港元)	177692.7	209422.8	174526.7	218717.3	239088.0
创业板					
成交金额（亿港元）	757.6	1336.7	629.6	335.4	788.4
市场总值④(亿港元)	1050.4	1346.7	845.9	784.0	1340.0

注：对于最高和最低指数，恒生指数有限公司是根据期内每日即市指数编制。
①恒生指数系列已于2010年3月8日重整，并按指数成份股的上市地域分类为香港上市、跨市场及内地上市。
②恒生指数的计算方法由总市值加权法改为以流通市值加权法计算，并为每只成份股的比重上限设定为15%。
③H股指数采用流通市值加权法计算，并为每只成份股的比重上限设定为10%。
④年底数字。

8-1-24 按种类划分的日均产生的固体废物量

单位：吨（每日计）

种 类	2009	2010	2011	2012
于堆填区弃置的固体废物				
都市固体废物①				
家居废物②	6 015	6 135	5 973	6 286
商业废物③	2 319	2 352	2 360	2 260
工业废物④	629	627	663	732
小计	8 963	9 114	8 996	9 278
整体建筑废物①⑤	3 121	3 584	3 331	3 440
特殊废物⑥	1 243	1 119	1 131	1 127
总计	**13 326**	**13 817**	**13 458**	**13 844**
已回收都市固体废物⑦	8 716	9 872	8 272	5 909

注：①都市固体废物包括运往弃置设施的家居废物、商业废物及工业废物，但不包括建筑废物及已回收都市固体废物。
②家居废物包括使用后的住宅固体废物，以及由公共洁净服务收集的废物。
③商业废物包括所有类型的商业活动产生的固体废物。
④工业废物包括由工业活动产生的固体废物，但不包括化学废物及建筑废料。自2007年开始，运往堆填区处置并包括在工业废物类别的废弃混凝土已被重新归类于整体建筑废物，有关的数量已从工业废物类别中扣除。
⑤建筑废物包括由建筑及拆卸活动所产生的废物，但不包括可运往公众填土区作填海用途的物料。在堆填区弃置的整体建筑废物包括来自建筑地盘的建筑废物，以及在建筑地盘以外设立的混凝土配料厂和水泥/砂浆生产厂所产生的废弃混凝土。
⑥特殊废物包括弃置于堆填区的动物尸体、屠房废物、报废货物、滤水厂及污水处理后的污泥、污水处理厂的隔滤物、禽畜废物、医疗废物及化学废物。
⑦都市固体废物回收后会在本地或香港以外地方循环再造。

【主要统计指标解释】

年中人口　是以“居住人口”方法编制，利用“居住人口”方法所编制的人口估计称为“居港人口”。“居港人口”包括“常住居民”和“流动居民”。“常住居民”指两类人士：(a) 在统计时点之前的6个月内，在港逗留最少3个月，又或在统计时点之后的6个月内，在港逗留最少 3 个月的香港永久性居民，不论在统计时点他们是否身在香港；及 (b) 在统计时点身在香港的香港非永久性居民。至于“流动居民”，是指在统计时点之前的6个月内，在港逗留最少一个月但少于3个月，又或在统计时点之后的6个月内，在港逗留最少1个月但少于3个月的香港永久性居民，不论在统计时点他们是否身在香港。根据新的编制方法，旅客并不包括在香港人口内。

粗出生率　指某一年内的活产婴儿数目相对该年年中每千名人口的比率。

粗死亡率　指某一年内的死亡人数相对该年年中每千名人口的比率。

婴儿死亡率　指某一年内一岁以下婴儿死亡人数相对该年每千名活产婴儿的比率。

劳动人口　指15岁及以上陆上非住院人口，并符合就业人口或失业人口定义的人士。

劳动人口参与率　指劳动人口占所有15岁及以上陆上非住院人口的比例。

就业人口　包括在统计前7天内有做工赚取薪酬或利润或有一份正式工作的15岁及以上人士。无酬家庭从业人员及在统计前7天内正休假的就业人士亦包括在内。

失业人口　包括所有15岁及以上人士在 (a) 统计前7天内并无职位，且并无为赚取薪酬或利润而工作；(b) 统计前7天内随时可工作；及 (c) 在统计前30天内有找寻工作。一名15岁或以上的人士，如果他/她符合上述 (a) 和 (b) 的条件，但由于相信没有工作可做而在统计前30天内没有找寻工作，仍会被界定为失业，即所谓“因灰心而不求职的人士”。失业人口亦包括那些并无职位，有找寻工作，但由于暂时生病而不能工作的人士；及并无职位，且随时可工作，但由于已为于稍后时间担当的新工作或开展的业务作出安排；或正期待返回原来的工作岗位而没有找寻工作的人士。

失业率　指失业人士在劳动人口中所占的比例。

每月就业收入　指上月从事所有工作所获得的收入。就雇员来说，收入包括工资和薪金、花红、佣金、小费、房屋津贴、逾时工作津贴、勤工津贴及其它现金津贴，但不包括补薪。就雇主和自营作业人士而言，收入是指从自己拥有的企业提取作个人及家居用途的款额。如果提取作个人及家居用途的款额资料未能提供，则将会搜集有关从业务所得的净收入数据。

本地生产总值　指一个国家或地区的所有常住生产单位，在一个指定的期间内，未扣除固定资本消耗的生产总值。

人均本地生产总值　指把该国家或地区在某统计年的本地生产总值除以该国家或地区在该年的人口总数而得的数字。

本地居民总收入　指一个国家或地区的居民，由从事各项经济活动而赚取的总收益，不论该等经济活动是否在该国家或地区的经济领域内进行。换言之，编制本地居民生产总值应包括本地居民在经济领域内或领域外从事各类经济活动的收益，而扣除非本地居民在经济领域内从事经济活动的收益。计算本地居民总收入，可用以下方程式：

本地居民总收入=本地生产总值+本地居民从经济领域外所赚取的要素收益-非本地居民从经济领域内所赚取的要素收益，而当中的要素收益组成部分主要分为投资收益及雇员报酬，而投资收益包括了直接投资收益、有价证券投资收益及其它投资收益。

人均本地居民总收入 指把该国家或地区在某统计年的本地居民总收入除以该国家或地区在该年的人口总数而得的数字。

国际收支平衡表 有系统地载录，在指定期间内，某经济体系与世界其它各地的各类经济交易的统计表。完整的国际收支平衡表包括以下两个主要核算帐：（甲）经常帐；及（乙）资本及金融帐。

经常帐户 是主要量度实质资源的流动，包括货物的进出口、服务的输入及输出，从外地应收及应付予外地的收益，以及往来外地的经常转移。

货物 包括所有可移动的货物，其拥有权由本地居民转至非本地居民（出口）或由非本地居民转至本地居民（进口）。货物包括一般商品、用作加工的物资、各种运输工具在港口购买的货物、货物修理，以及非货币黄金。

服务 包括由本地居民向非本地居民（输出）或由非本地居民向本地居民（输入）所提供的服务。服务交易是按服务类别分类，分别为运输服务、旅游服务、保险服务、金融服务及其它服务。

收益 是提供生产要素而赚取的所得，包括本地居民从非本地居民（应收收益）或非本地居民从本地居民（应付收益）所赚取的所得。

经常转移 指一个经济体系的本地居民，在无同等经济价值报偿的情况下，对非本地居民提供/从非本地居民接受实质或金融资源，而该等资源在转移后会被立刻或短时间内消耗。

资本帐户 量度资本转移及非生产、非金融资产的对外交易。

金融帐户 记录本地居民与非本地居民之间的金融资产及负债交易。它显示某经济体系如何融资以进行其对外交易。金融帐内的交易可归类为直接投资、有价证券投资、金融衍生工具、其它投资及储备资产。

资本转移 指在无经济价值报偿下，固定资产的转移或债务的减免。

直接投资 指一个经济体系的投资者对另一经济体系的企业所作的对外投资，并对该企业拥有持久利益及在管理经营决定上具有相当程度的影响力或控制权。

有价证券投资 指对非本地的股本证券及债务证券（例如中长期债券、货币市场工具）所作的投资，而投资者对投资于该等企业并无持久的利益或在管理方面的影响力。

金融衍生工具 是一种与某种特定的金融工具、指标或商品有连系的金融工具，使特定的金融风险本身能透过这种工具而进行交易（包括在交易所内及场外）。

其它投资 指直接投资、有价证券投资、金融衍生工具及储备资产以外对非本地居民的其它金融申索及负债。其它投资包括非作销售的贷款、货币和存款、贸易信贷及金融租赁等。

储备资产 指一个经济体系的金融当局（在香港是指香港金融管理局）可直接用来支付对外收支赤字，及可用于干预外汇市场以影响汇率从而间接调节该等赤字的外币资产。

国际投资头寸 是在一特定时点上一个经济体系的对外金融资产及负债存量的资产负债表。国际投资头寸中的对外金融资产意指本地居民透过拥有有商业和交易价值的指定投资工具方式而产生对非本地居民的申索，以及不牵涉债务人的其他金融资产（如黄金）。而对外金融负债则指本地居民对非本地居民所要承担的金融申索。国际投资头寸的分类与国际收支平衡表内的金融帐完全一致，资产及负债分为直接投资、有价证券投资、金融衍生工具及其它投资。国际投资头寸的资产项目亦包括储备资产在内。有关投资组成部分的详细解释，请参阅国际收支平衡表内金融帐组成部分的解释。

国际投资头寸净值 是对外金融资产总值与对外金融负债总值之差。

工业生产指数 量度本地制造业生产量的实际变动，即扣除价格调整因素后的本地生产量变动。

实用楼面面积 指各层楼面面积总和，但不包括楼梯、公共信道空间、升降机等候处、盥洗室、厕所、厨房、及为楼宇提供升降机、空调系统、或类似设施而安装的机械所占用的空间。

获批准可动工兴建楼宇 指获屋宇署签发《同意书》动工兴建的楼宇。这种《同意书》是发给私人发展计划（包括香港房屋协会的计划）及香港房屋委员会的私人机构参建居屋计划。

初次呈交 就一项建筑工程初次呈交建筑事务监督批准的图则。

重大修改 指经过大规模修改的建筑图则，而这些图则必须从根本上接受重新评估。

自置居所住户 指住户拥有其居住的屋宇单位业权。

进口货物 指在香港以外出产或制成的货物，输入香港供本地使用或转口，以及再进口的香港产品。其货值是以到岸价值计算。

港产品出口货物 指香港的天然产品或在香港经过制造工序，以致其基本原料的形状、性质、式样或用途受到永久改变的产品。如果产品在香港只进行简单的稀释、包装、入樽、烘干、简单装配、分类、装饰等过程，则该产品并不能以香港作为来源地。其货值是以离岸价值计算。

转口货物 指输出曾经自外地输入香港的货物，而这些货物并没有在香港经过任何制造工序，以致永久改变其形状、性质、式样或用途。其货值是以离岸价值计算。

直接投资 指一个经济体系的投资者对另一经济体系的企业所作的对外投资，并对该企业拥有持久利益及在管理经营决定上具有相当程度的影响力或控制权。在统计上，若投资者持有某一企业10%或以上的股权，便被视为能长期有效地影响有关企业的管理经营决定。直接投资包括股本资本、再投资收益及其它资本。股本资本包括所持有分行的股本，附属及联营公司的股票。再投资收益是指投资者从其附属或联营公司应得但未以股息形式分发的利润。其它资本主要涉及公司之间长期或短期的债务交易，包括母公司与其附属公司、联营公司及分行之间的借贷。

外来直接投资 指境外居民在香港的企业所作的直接投资。跨国企业在香港经营的分行或附属公司，是外来直接投资的典型例子。

直接投资头寸 指某一特定日子香港居民在境外投资的价值或接受外来投资的价值。

直接投资流动 指某一时段内香港居民于境外投资或接受外来投资的投入或撤走。

向外直接投资 指香港居民投资者在境外的企业所作的直接投资。

贷款基金 提供资金予如房屋贷款和教育贷款等贷款计划。基金收入主要来自政府一般收入帐目转拨的款项、偿还的贷款及贷款利息。

港汇指数 是量度港元兑主要贸易伙伴的货币的汇率加权平均值变动情况的指数，作为反映港元相对各种选定货币强弱的整体指标。在2002年1月1日，欧元的纸币及硬币取代各参与国家的货币成为法定货币。因此，港汇指数的货币篮子亦已更新。由2002年1月2日起，新系列港汇指数（包括14种货币及以2000年1月=100）已取代旧港汇指数系列。

外币兑换率 指外币兑港元的电汇或现钞收市中间兑换价。

认可机构 包括持牌银行、有限制牌照银行及接受存款公司。持牌银行可接受任何金额及期限的存款。随着撤销利率限制的最后阶段在2001年7月3日生效，各类存款利率再无任何限制。至于有限制牌照银行，它们可接受金额不少于港币50万元的任何期限的定期存款。接受存款公司则可接受金额不少于港币10万元而期限不少于3个月的定期存款。有限制牌照银行及接受存款公司均无任何存款利率限制。

外币掉期存款 指顾客在现货市场购买外币，然后存入认可机构，但同时订下远期合约，将该笔外币（本金加利息）在存款到期时售予认可机构。从分析角度来看，这类掉期存款应当作港元定期存款。

货币供应量（M_1） 指市民持有的法定纸币和硬币加上持牌银行的客户活期存款。

货币供应量（M_2） 指货币供应量 M_1 所包括的项目，加上持牌银行的客户储蓄及定期存款，再加上持牌银行发行而由非认可机构持有的可转让存款证。

货币供应量（M_3） 指货币供应量 M_2 所包括的各项，加上有限制牌照银行及接受存款公司客户的存款，再加上以上两类认可机构发行而由非认可机构持有的可转让存款证。

恒生指数 是以加权资本市值法计算（即发行股数乘以股价），该指数内的三十三只成份股划分为四个行业类别指数，包括工商、金融、地产及公用事业，其总市值占香港联合交易所有限公司所有上市股份总市值大约百分之六十。

消费物价指数 量度住户一般所购买的消费商品和服务的价格水平随时间而变动的情况。消费物价指数的按年变动率被广泛地用作反映消费者所面对的通货膨胀的指标。不同的消费物价指数数列反映消费物价转变对不同开支组别的住户的影响。甲类、乙类及丙类消费物价指数分别根据较低、中等及较高开支范围的住户的开支模式编制而成。综合消费物价指数是根据以上所有住户的整体开支模式而编制，反映消费物价转变对整体住户的影响。每个项目的开支权数，是其在住户总开支中所占的比重。开支权数是根据住户开支统计调查的结果而制订的。并会每隔五年更新一次，以确保相应的消费物价指数能准确地反映不同开支范围住户的最新开支模式。

教育程度 指某人在学校或其它教育机构修读达到的最高教育水平，不论他／她有否完成该课程。计算教育程度时，只包括正式课程，即须最少为期一个学年，入学须具指定学历资格（大部分由香港公开大学提供的副学位及学位课程除外），以及设有考试或指定评核成绩的程序。

社会保障计划 旨在帮助社会上需要经济或物质援助的人士，应付基本及特别需要。这个无须供款的社会保障制度，包括综合社会保障援助计划、公共福利金计划、暴力及执法伤亡赔偿计划、交通意外伤亡援助计划和紧急救济。

综合社会保障援助计划 是以入息补助方法，为那些在经济上无法自给的人士提供安全网，使他们的入息达到一定水平，以应付生活上的基本需要。申请人必须符合居港规定及通过入息及资产审查。

公共福利金计划 是为严重残疾或年龄在 65 岁或以上的香港居民，每月提供现金津贴，以应付因严重残疾或年老而引致的特别需要。这项计划包括普通伤残津贴、高额伤残津贴、普通高龄津贴及高额高龄津贴。除普通高龄津贴外，在本计划下发放的津贴均无须申请人接受经济状况调查。

交通意外伤亡援助计划 是向道路交通意外受害士，或这些人士的受养人（如受害人因伤死亡）迅速提供经济援助，而无须考虑计划受惠人的经济状况，或有关交通意外是因谁人的过失而造成。援助金按意外受害人的伤亡情况支付；至于财物损失，则不在援助范围内。

8 港澳台第三产业情况

8-2 澳门第三产业情况

简要说明

一、本章资料反映澳门特别行政区主要社会、经济发展情况。内容包括：土地、人口、就业、国民经济核算、工业、能源、建筑、交通通讯、对外贸易、财政金融、物价、教育、卫生、房屋、社会保障等方面。

二、本章由澳门特别行政区政府统计暨普查局提供所有数据，国家统计局国际统计信息中心负责整理、编辑。

三、在统计工作方面，按《中华人民共和国澳门特别行政区基本法》的有关原则，澳门特别行政区保留其单独运作的统计系统，并负责编制和发布反映澳门特别行政区情况的统计数据。由于澳门和内地在使用统计名词及概念方面会有所不同，读者在比较两地数据时，请参考本章末的“主要统计指标解释”。

四、澳门特别行政区是单独的关税地区，澳门与内地之间的贸易，亦需办理进出口报关。在贸易统计方面，澳门特别行政区对外商品贸易统计数据亦包括澳门特别行政区与内地的贸易。

五、在外汇统计及与之有关的各方面，澳门元是澳门特别行政区的法定货币，因此，除澳门元以外的货币（包括人民币）均视作外币。

六、更详细的统计资料及有关的技术细节，可参阅澳门特别行政区政府统计暨普查局出版的《统计月刊》、《统计年鉴》及各专题统计出版物。

七、本章节表中的符号使用说明：“o”表示数据小于本表最小单位半数；“＊”或“①”等表示本表下有注解；“#”表示保密资料；“…”表示不适用。

8-2-1 主要统计指标概况

项　　目		2009	2010	2011	2012	2013
人口及生命统计						
年中人口	(万人)	53.5	53.7	55.0	56.8	59.2
出生率	(‰)	8.9	9.5	10.6	12.9	11.1
死亡率	(‰)	3.1	3.3	3.4	3.2	3.2
婴儿死亡率	(‰)	2.1	2.9	2.9	2.5	2.0
(按每千名出生登记活产婴儿计算)						
劳动、就业						
劳动人口	(万人)	32.3	32.4	33.6	35.0	36.8
劳动力参与率	(%)	72.3	72.0	72.5	72.4	72.7
失业率	(%)	3.5	2.8	2.6	2.0	1.8
就业不足率	(%)	1.8	1.7	1.1	0.8	0.6
就业人口	(万人)	31.2	31.5	32.8	34.3	36.1
建筑业		3.2	2.7	2.8	3.2	3.5
批发及零售业		4.1	4.1	4.3	4.2	4.5
酒店及饮食业		4.3	4.3	4.6	5.3	5.4
文娱博彩及其他服务业		7.4	7.5	8.2	9.0	9.3
对外商品贸易	**(亿澳门元)**					
出口		77	70	70	82	91
本地产品出口		30	24	24	23	20
再出口		47	46	46	59	71
进口		369	441	623	709	810
贸易价格比率	(2011=100)	100.2	99.3	100.0	97.7	97.6
工业生产						
工业电力消耗量	(亿千瓦小时)	1.6	1.6	1.7	1.8	1.8
私人建筑						
新建楼宇						
单位数目	(个)	3251	4527	1387	2558	1316
总建筑面积	(万平方米)	141	127	116	157	56
新动工楼宇						
单位数目	(个)	1547	870	2159	1592	2241
总建筑面积	(万平方米)	23	18	37	30	240
楼宇单位买卖数目	(个)	17310	29617	27624	25419	19237
不动产买卖契约数目	(宗)	9111	12707	10935	12339	10527
不动产按揭贷款数目	(宗)	8965	15127	14447	16427	17093
运输、通讯、旅游	**(万次)**					
进出澳门重型货运车		40.3	35.8	33.4	32.5	31.1
进出澳门的客船班		13.2	14.7	14.6	14.0	13.8
澳门国际机场的商业航班		3.7	3.5	3.5	3.9	4.5
登记车辆	(万辆)	18.9	19.7	20.6	21.7	22.8
电话线	(万条)	120.9	129.1	152.0	177.6	188.1
入境旅客	(万人次)	2175	2497	2800	2808	2932
酒店入住率	(%)	71	80	84	84	83
财政收支、货币、金融	**(亿澳门元)**					
财政总收入		699	885	1230	1450	1759
财政总支出		355	384	456	540	514
货币供应(广义货币供应量M2)						
总计		2122	2431	2980	3749	4414
澳门元		597	680	773	909	1064
港元		1138	1328	1623	2094	2354
其他货币		387	422	583	746	995
本地/私人部门贷款及垫款		973	1268	1616	1897	2517

8-2-1 续表

项目		2009	2010	2011	2012	2013
消费物价指数						
（2008年4月至2009年3月=100）						
综合消费价格指数		101.4	104.2	110.3	117.0	123.5
甲类消费价格指数		101.5	103.8	109.5	116.5	123.6
乙类消费价格指数		101.4	104.4	110.6	117.6	123.9
房屋（期末）						
公共房屋	(套)	7165	8174	8376	8267	12221
教育	**(人)**					
幼儿教育学生		9776	10804	11787	12669	13395
小学生		25326	23785	22646	22231	22862
中学生		38222	37224	35726	33921	32054
高等教育学生		23562	25539	26217	27776	29521
医疗						
医生	(人)	1292	1330	1438	1482	1514
护士	(人)	1491	1536	1606	1751	1854
病床	(张)	1109	1173	1222	1354	1366
社会保障						
受益人数目	(人)	259280	276348	337115	343634	348478
供款单位数目	(人)	34260	34294	19373	19885	20842
总发放援助次数	(万次)	45.4	52.3	60.7	88.2	125.2
总发放金额	(万澳门元)	66815	74840	110225	130563	219689
治安						
罪案数目	(宗)	12406	11649	12512	12685	13685
囚犯数目	(期末)	930	929	1030	1112	1154
本地生产总值						
按以环比物量(2012年)计算						
实际增长率	(%)	1.7	27.5	21.3	9.1	11.9①
本地生产总值	(亿澳门元)	2034.7	2594.2	3146.6	3434.2	3842.4①
人均本地生产总值	(万澳门元)	38	48.3	57.3	60.3	64.8①
当年价格						
名义增长率	(%)	2.3	33.4	29.4	16.9	20.4①
本地生产总值	(亿澳门元)	1701.7	2269.4	2937.4	3434.2	4134.7①
人均本地生产总值	(万澳门元)	31.8	42.3	53.5	60.3	69.8①

注：①数字在日后得到更多资料时会作出修订。

8-2-2 本地生产总值(当年价格)

年 份	本地生产总值		实际增长率(%)	人均本地生产总值	
	(亿澳门元)	(亿美元)		(澳门元)	(美元)
1992	386.2	48.4	13.3	104122	13060
1993	443.4	55.6	5.2	115464	14491
1994	494.2	62.1	4.3	124558	15648
1995	554.2	69.5	3.3	135392	16992
1996	563.1	70.7	-0.4	135657	17029
1997	565.6	70.9	-0.3	135547	16997
1998	525.6	65.9	-4.6	124462	15599
1999	502.7	62.9	-2.4	117620	14718
2000	516.3	64.3	5.7	119911	14940
2001	523.3	65.1	2.9	120555	15007
2002	563.0	70.1	8.9	128433	15987
2003	635.8	79.3	12.6	142854	17809
2004	822.9	102.6	26.9	180108	22450
2005	944.7	117.9	8.6	198406	24767
2006	1165.7	145.7	14.4	234123	29263
2007	1450.8	180.5	14.3	278539	34661
2008	1662.7	207.3	3.4	307917	38391
2009	1701.7	213.1	1.7	317575	39775
2010	2269.4	283.6	27.5	422657	52818
2011	2937.4	366.3	21.3	534734	66687
2012	3434.2	429.8	9.1	603495	75532
2013①	4134.7	517.5	11.9	697502	87306

注：①数字在得到更多资料时会作出修订。

8-2-3 支出法本地生产总值

单位：亿澳门元

本地生产总值组成部分	2009	2010	2011	2012	2013①
按当年价格计算					
私人消费支出	455.7	511.0	604.3	689.9	773.0
政府最终消费支出	166.9	183.8	209.5	238.0	269.9
固定资本形成总额	319.0	283.6	365.6	467.0	528.1
存货增加	2.2	17.4	42.8	39.0	44.2
货物出口	86.7	83.2	90.2	118.4	131.2
减:货物进口	433.3	520.3	715.2	825.1	944.6
服务出口	1515.2	2321.2	3194.8	3624.1	4282.3
减:服务进口	410.7	610.5	854.7	917.0	949.4
本地生产总值	**1701.7**	**2269.4**	**2937.4**	**3434.2**	**4134.7**
人均本地生产总值　（澳门元）	**317575**	**422657**	**534734**	**603495**	**697502**
以环比物量(2012年)计算					
私人消费支出	532.9	571.4	634.4	689.9	733.4
政府最终消费支出	201.9	211.8	224.1	238.0	252.9
固定资本形成总额	400.5	333.2	389.6	467.0	488.7
存货增加	2.5	19.1	43.6	39.0	44.6
货物出口	98.6	91.5	91.0	118.4	131.9
减:货物进口	499.5	576.5	734.0	825.1	950.0
服务出口	1783.0	2627.2	3402.3	3624.1	4058.0
减:服务进口	476.8	684.1	904.2	917.0	917.2
本地生产总值	**2034.7**	**2594.2**	**3146.6**	**3434.2**	**3842.4**
人均本地生产总值　（澳门元）	**379720**	**483153**	**572805**	**603495**	**648195**

注：①数字在得到更多资料时会作出修订。

8-2-4 生产法本地生产总值

单位：亿澳门元

经济活动	2005	2008	2009	2010	2011	2012①
第二产业	**106.0**	**198.1**	**125.6**	**108.2**	**121.1**	**137.2**
采矿业	0.1	o	o	o	0.1	0.2
制造业	30.0	23.8	16.9	12.4	12.9	15.5
电力、煤气及水供应	13.3	13.7	14.6	15.5	15.9	17.4
建筑业	62.6	160.6	94.0	80.2	92.1	104.1
第三产业	**592.9**	**952.0**	**1028.2**	**1371.2**	**1757.0**	**2059.3**
批发零售、维修、酒店、餐厅及酒楼业	75.6	141.4	162.1	218.8	285.4	341.8
运输、仓储及通信业	33.4	39.3	41.3	53.6	61.4	65.9
金融保险、不动产、租赁及商业服务	157.9	262.5	273.6	283.8	328.5	385.4
公共行政、社会服务及个人服务（包括博彩业）	325.9	508.9	551.1	814.9	1081.7	1266.2
生产法本地生产总值（基本价格）	**698.9**	**1150.2**	**1153.8**	**1479.3**	**1878.1**	**2196.5**
加产品税	**193.2**	**450.5**	**471.2**	**730.7**	**1060.5**	**1217.7**
生产法本地生产总值（市场价格）	**892.1**	**1600.7**	**1625.0**	**2210.1**	**2938.6**	**3414.2**
支出法本地生产总值（市场价格）	**944.7**	**1662.7**	**1701.7**	**2269.4**	**2937.4**	**3434.2**
统计差异(%)	**-5.6**	**-3.7**	**-4.5**	**-2.6**	**o**	**-0.6**

注：①数字在得到更多资料时会作出修订。

8-2-5 生产法本地生产总值结构

单位：%

经济活动	2005	2008	2009	2010	2011	2012①
第二产业	**15.2**	**17.2**	**10.9**	**7.3**	**6.4**	**6.2**
采矿业	o	o	o	o	o	o
制造业	4.3	2.1	1.5	0.8	0.7	0.7
电力、煤气及水供应业	1.9	1.2	1.3	1.0	0.8	0.8
建筑业	9.0	14.0	8.1	5.4	4.9	4.7
第三产业	**84.8**	**82.8**	**89.1**	**92.7**	**93.6**	**93.8**
批发零售、维修、酒店、餐厅及酒楼业	10.8	12.3	14.0	14.8	15.2	15.6
运输、仓库及通信业	4.8	3.4	3.6	3.6	3.3	3.0
金融、保险、不动产、租赁及商业服务	22.6	22.8	23.7	19.2	17.5	17.5
公共行政、社会服务及个人服务（包括博彩业）	46.6	44.2	47.8	55.1	57.6	57.6
以基本价格计算的本地生产总值	**100.0**	**100.0**	**100.0**	**100.0**	**100.0**	**100.0**

注：①数字在得到更多资料时会作出修订。

8-2-6 按行业划分的就业人口

单位：万人

行业	2009	2010	2011	2012	2013
总数	**31.19**	**31.48**	**32.76**	**34.32**	**36.10**
制造业	1.64	1.52	1.28	1.03	0.90
水电及气体生产供应业	0.09	0.09	0.13	0.15	0.15
建筑业	3.18	2.71	2.82	3.23	3.53
批发及零售业	4.08	4.14	4.34	4.23	4.47
酒店及饮食业	4.32	4.28	4.61	5.30	5.43
运输、仓储及通信业	1.62	1.82	1.60	1.60	1.59
金融业	0.73	0.73	0.81	0.82	0.93
不动产及工商服务业	2.53	2.75	2.80	2.43	2.76
公共行政及社保事务	1.97	2.14	2.30	2.51	2.57
教育	1.18	1.15	1.23	1.31	1.43
医疗卫生及社会福利	0.75	0.81	0.85	0.86	0.91
文娱博彩及其他服务业	7.37	7.54	8.20	8.95	9.34
家务工作	1.60	1.74	1.68	1.80	2.03
其他及不详	0.12	0.07	0.10	0.09	0.06

8-2-7 按行业划分的月工作收入中位数

单位：澳门元

行业	2009	2010	2011	2012	2013
总数	**8500**	**9000**	**10000**	**11300**	**12000**
制造业	5000	5700	6500	7500	8500
水电及气体生产供应业	15000	16000	17500	16000	18000
建筑业	9000	9500	10100	11700	12000
批发及零售业	7000	7500	8000	9000	10000
酒店及饮食业	6500	7000	7500	8300	8800
运输、仓储及通信业	8500	8500	10000	11000	12300
金融业	12000	13000	12000	14000	16000
不动产及工商服务业	6000	6500	7000	8000	9000
公共行政及社保事务	19500	19500	20700	25000	27200
教育	13000	14000	15000	16000	19000
医疗卫生及社会福利	10300	10000	12000	15000	18200
文娱博彩及其他服务业	12000	12000	13000	14500	15300
家务工作	2800	2900	3000	3100	3400

8-2-8　主要商品进出口总额及占本地生产总值比重

单位：亿澳门元

贸易种类		2009	2010	2011	2012	2013①
商品进出口总额		**445.7**	**510.8**	**692.6**	**790.9**	**901.1**
出口		76.7	69.6	69.7	81.6	90.9
本地产品出口		29.7	23.9	23.9	22.8	20.1
再出口		47.0	45.7	45.8	58.7	70.8
进口		369.0	441.2	622.9	709.3	810.1
进出口差额		-292.3	-371.6	-553.2	-627.7	-719.2
出口/进口比率	(%)	20.8	15.8	11.2	11.5	11.2
占本地生产总值比重	**(%)**					
出口		4.5	3.1	2.4	2.4r	2.2
本地产品出口		1.7	1.1	0.8	0.7	0.5
再出口		2.8	2.0	1.6	1.7	1.7
进口		21.7	19.4	21.2	20.7	19.6

注：①数字在日后得到更多资料时会作出修订。

8-2-9　按主要原产地和目的地划分的商品进出口

单位：亿澳门元

主要国家/地区	2009	2010	2011	2012	2013
进口(原产地)					
中国内地	115.7	137.2	191.2	232.0	264.1
中国香港	40.4	46.3	75.9	82.1	105.0
欧盟	78.1	99.6	155.1	166.5	187.9
日本	30.4	38.1	39.1	42.4	48.0
中国台湾	11.2	10.8	13.3	14.0	13.2
美国	22.2	26.2	37.3	36.8	40.8
出口(目的地)					
美国	13.1	7.8	5.6	5.1	3.6
欧盟	6.3	4.1	3.8	3.2	2.8
中国内地	11.2	11.0	11.0	13.7	16.1
中国香港	30.1	30.0	31.1	41.0	48.6

8-2-10 按标准国际贸易分类划分的商品进口和出口

单位：百万澳门元

标准国际贸易分类	2005			2010			2013		
	进口	出口	出进口比率(%)	进口	出口	出进口比率(%)	进口	出口	出进口比率(%)
总数	**31340**	**19823**	**63.3**	**44118**	**6960**	**15.8**	**81014**	**9094**	**11.2**
0 粮食及活动物	2012	67	3.3	4142	108	2.6	7010	168	2.4
1 饮料及烟叶	1863	256	13.7	3409	473	13.9	4160	734	17.6
2 除燃料外的非食用未加工材料	196	54	27.6	196	73	37.2	390	128	32.8
3 矿物燃料、润滑油及有关物质	3041	808	26.6	5285	#	#	7990	#	#
4 动物及植物油、脂肪及蜡	57	o	…	124	1	0.8	158	1	0.6
5 未列明的化学及有关产品	1514	183	12.1	3026	269	8.9	5847	500	8.6
6 主要按材料分类的制成品	8129	2716	33.4	3107	1011	32.5	4908	817	16.6
7 机械和运输设备	7839	1616	20.6	10473	1025	9.8	17974	2617	14.6
8 杂项制成品	6672	14124	211.7	14281	3182	22.3	32320	2775	8.6
9 未列入其他分类的货物及交易	17	o	…	75	#	#	258	#	#

8-2-11 按居住国家和地区划分的入境旅客人数

单位：万人次

居住国家和地区	2009	2010	2011	2012	2013
总数	**2175.3**	**2496.5**	**2800.2**	**2808.2**	**2932.5**
亚洲	2108.5	2427.3	2728.7	2735.7	2860.9
中国内地	1099.0	1322.9	1616.3	1690.2	1863.2
中国香港	672.8	746.6	758.3	708.1	676.6
中国台湾	129.3	129.3	121.5	107.2	100.1
日本	37.9	41.4	39.6	39.6r	29.1
马来西亚	33.3	33.8	32.5	30.2r	29.1
菲律宾	24.7	24.8	26.9	28.4r	27.4
韩国	20.5	33.2	39.9	44.5r	47.4
新加坡	25.7	25.7	28.1	20.6r	19.0
其他	65.5	69.7	65.8	66.9	68.9
美洲	27.9	29.7	31.1	30.7	28.9
欧洲	23.6	24.4	25.2	26.3	27.3
大洋洲	13.5	12.8	12.8	12.9	12.5
非洲及其他	1.8	2.3	2.5	2.7	2.9

8-2-12 按居住国家和地区划分的旅客人均消费

单位：澳门元

国家和地区	2000	2005	2010	2011	2012	2013
人均消费①	**1367**	**1523**	**1518**	**1619**	**1864**	**2030**
中国内地	2401	3078	2039	2048	2385	2563
中国香港	934	898	811	916	906	911
中国台湾	942	1336	677	1052	1356	1517
日本	1187	952	1394	1360	1497	1637
东南亚	1876	1458	1319	1288	1405	1525
欧洲	1117	824	1148	1045	1109	1120
美洲	1078	1317	1064	1094	1086	1098
大洋洲	1165	1042	1254	1348	1268	1233
其他	1425	996	1581	1546	1501	1355
非购物消费①	**754**	**851**	**745**	**817**	**950**	**1033**
中国内地	839	1221	749	809	1008	1113
中国香港	730	689	656	750	739	749
中国台湾	605	895	495	752	960	1102
日本	481	670	1240	1213	1338	1496
东南亚	1450	948	951	917	1025	1145
欧洲	864	691	1011	945	1010	994
美洲	838	1038	878	920	927	926
大洋洲	919	800	1022	1142	1087	1063
其他	1129	754	1311	1338	1304	1179
购物消费	**612**	**672**	**773**	**801**	**914**	**998**
中国内地	1561	1856	1290	1239	1377	1450
中国香港	204	209	155	166	167	162
中国台湾	336	441	182	301	396	415
日本	706	282	154	147	159	140
东南亚	426	509	369	371	380	380
欧洲	252	132	136	100	99	126
美洲	240	279	185	174	159	172
大洋洲	246	242	232	206	181	170
其他	296	242	270	207	197	176

注：①不包括博彩消费。自2010年开始，旅客消费是经统计推算的结果，而前期的为样本值。

8-2-13 零售业销售额

单位：亿澳门元

项　目	2009	2010	2011	2012	2013
销售总额	**223.54**	**306.42**	**431.58**	**535.17**	**661.26**
百货公司	33.36	44.23	62.94	82.77	103.93
超级市场	19.07	21.22	26.16	33.46	37.78
汽车	15.28	22.11	29.69	35.67	41.43
钟表金饰	48.09	78.34	123.09	157.78	204.52
成人服装	20.93	28.01	39.24	51.68	61.01
车用燃料	6.81	7.80	10.04	11.90	12.05
家用燃料	4.93	6.10	6.63	7.09	7.32
家庭电器	5.30	6.43	6.85	8.41	9.04
药房	5.88	7.91	11.63	14.01	17.36
其他	63.89	84.27	115.31	132.40	166.82

8-2-14 按出入境方式统计的对外商品贸易

单位：万吨

项　目	2009	2010	2011	2012	2013
入境①					
海路	169.1	169.2	238.4	362.8	466.8
空路	1.3	1.4	1.0	0.6	0.6
陆路	133.6	100.4	89.4	112.1	123.5
其他②	7777.6	7630.7	7947.0	8566.4	8661.7
总数	**8081.6**	**7901.6**	**8275.8**	**9041.9**	**9252.6**
出境①					
海路	15.9	20.8	26.7	21.9	21.1
空路	2.5	2.8	2.0	1.1	0.9
陆路	8.1	10.2	19.6	19.5	5.6
其他②	14.8	13.3	12.9	14.1	15.8
总数	**41.4**	**47.0**	**61.2**	**56.5**	**43.6**

注：①包括转运货物。
②包括邮递及以管道运输方式进出澳门的货物。

8-2-15　海路集装箱总吞吐量

单位：标准集装箱

项　　目	2009	2010	2011	2012	2013
入境	53071	55390	64490	73056	78990
出境	34574	35090	37199	46705	45724
转口	903	838	300	165	259

8-2-16　通信服务

项　　目	2009	2010	2011	2012	2013
邮递服务　（万件）					
信件邮件	3069	3136	3331	3224	3311
包裹	0.8	0.8	0.8	0.8	0.8
电话服务　（万户）					
固网电话用户	17.1	16.8	16.6	16.3	15.8
移动电话用户	42.0	45.9	52.5	56.5	59.7
储值卡	61.7	66.3	82.8	104.9	112.5
对外电话通讯量　（万分钟）					
拨出	25795	31026	34880	38817	39703
拨入	19635	23134	24976	26459	28154
互联网					
登记用户　（万户）	14.3	17.0	20.9	23.2	26.3
总使用时数　（万小时）	34042	42277	52761	67840	81403

8-2-17 按受教育程度统计14岁及以上人口

项 目	2001人口普查		2006中期人口统计		2011人口普查	
	人数（万人）	构成(%)	人数（万人）	构成(%)	人数（万人）	构成(%)
总计	**34.97**	**100.0**	**43.36**	**100.0**	**49.20**	**100.0**
男	16.45	47.0	20.97	48.4	23.35	47.5
女	18.52	53.0	22.39	51.6	25.85	52.5
从未入学/学前教育	2.10	6.0	2.06	4.7	1.63	3.3
男	0.48	1.4	0.50	1.1	0.37	0.7
女	1.62	4.6	1.56	3.6	1.26	2.6
小学	13.64	39.0	13.28	30.6	12.14	24.7
男	6.63	19.0	6.59	15.2	5.78	11.8
女	7.01	20.0	6.69	15.4	6.35	12.9
初中	9.45	27.0	12.07	27.8	12.30	25.0
男	4.43	12.7	6.00	13.8	6.10	12.4
女	5.02	14.3	6.07	14.0	6.19	12.6
高中	6.63	18.9	10.43	24.0	14.09	28.6
男	3.32	9.5	5.16	11.9	6.73	13.7
女	3.31	9.5	5.27	12.1	7.36	15.0
高等教育						
高等专科	0.75	2.1	0.64	1.5	0.99	2.0
男	0.29	0.8	0.26	0.6	0.46	0.9
女	0.46	1.3	0.38	0.9	0.53	1.1
大学	2.39	6.8	4.86	11.2	8.02	16.3
男	1.29	3.7	2.44	5.6	3.88	7.9
女	1.10	3.2	2.42	5.6	4.13	8.4
特殊教育	0.02	0.1	0.03	0.1	0.04	0.1
男	0.01	o	0.02	o	0.03	o
女	0.01	o	0.01	o	0.02	o

8-2-18 外币兑换率

单位：一单位外币兑换的澳门元

项 目	2009	2010	2011	2012	2013
年内平均数字					
澳元	6.3269	7.3560	8.2814	8.2701	7.7322
欧元	11.1309	10.6088	11.1685	10.2612	10.6081
韩圆	0.0063	0.0069	0.0072	0.0071	0.0073
美元	7.9842	8.0022	8.0186	7.9899	7.9892
新台币	0.2418	0.2540	0.2731	0.2701	0.2691
英镑	12.5159	12.3650	12.8609	12.6559	12.4911
港元	1.0300	1.0300	1.0300	1.0300	1.0300
日元	0.0854	0.0913	0.1006	0.1002	0.0820
马来西亚林吉特	2.2669	2.4884	2.6241	2.5868	2.5389
新西兰元	5.0721	5.7722	6.3496	6.4663	6.5499
人民币	1.1688	1.1818	1.2387	1.2662	1.3008
新加坡元	5.4955	5.8747	6.3855	6.3931	6.3864
瑞士法郎	7.3721	7.6883	9.0878	8.5141	8.6178
年底数字					
澳元	7.1671	8.1437	8.1308	8.3038	7.1194
欧元	11.4645	10.6642	10.3673	10.5628	11.0314
韩圆	0.0069	0.0071	0.0069	0.0075	0.0076
美元	7.9878	8.0158	8.0047	7.9840	7.9868
新台币	0.2483	0.2749	0.2644	0.2749	0.2668
英镑	12.8428	12.3732	12.3308	12.9053	13.1758
港元	1.0300	1.0300	1.0300	1.0300	1.0300
日元	0.0864	0.0984	0.1030	0.0930	0.0761
马来西亚林吉特	2.3342	2.5996	2.5257	2.6070	2.4294
新西兰元	5.7920	6.1826	6.1888	6.5772	6.5600
人民币	1.1698	1.2103	1.2619	1.2828	1.3174
新加坡元	5.6938	6.2205	6.1591	6.5314	6.3062
瑞士法郎	7.7128	8.5753	8.5111	8.7496	9.0068

8-2-19 货币供应

单位：亿澳门元(年底数字)

项 目	2009	2010	2011	2012	2013
狭义货币供应量M_1	**306.1**	**347.3**	**362.4**	**476.2**	**589.4**
分类一：澳门元	149.7	158.8	178.7	207.3	260.9
港元	145.4	173.4	175.4	260.9	318.6
其他货币	10.9	15.1	8.3	8.0	9.9
分类二：流通货币(澳门元)	49.1	54.1	60.8	74.6	89.8
活期存款	257.0	293.2	301.6	401.6	499.6
广义货币供应量$M_2$①	**2122.3**	**2430.5**	**2979.6**	**3749.3**	**4414.1**
分类一：澳门元	597.5	680.4	772.9	909.2	1064.3
港元	1137.8	1328.1	1623.3	2094.2	2354.5
其他货币	387.0	422.1	583.4	745.9	995.4
分类二：狭义货币供应量$M_1$②	306.1	347.3	362.4	476.2	589.4
准货币负债③	1816.3	2083.2	2617.2	3273.1	3824.7
储蓄存款	825.0	899.4	844.3	1063.8	1167.4
通知存款	8.4	6.5	4.1	4.1	4.1
定期存款	982.3	1176.7	1765.4	2202.6	2652.7

注：① $M_2=M_1$+准货币负债。

② 货币供应量M1只包括流通货币及活期存款。储蓄存款则变为准货币负债的组成部分。

③ 准货币负债：包括储蓄存款、通知存款、定期存款、其他存款及存款证明书。

【主要统计指标解释】

本地生产总值 反映每年在澳门特区生产的货物和提供各种服务的总量。本年鉴中的本地生产总值用支出法及生产法估算，支出法等于私人消费支出、政府最终消费支出、固定资本形成总额、库存变化和货物及服务出口净值（出口减进口）的总和。而生产法等于各经济行业的增加值总额的总和，这种方法可以评估澳门特区的产业结构。

婴儿死亡率 参考期内年龄在1岁或以下的死亡人数与出生活婴数目的千分比。

自然增长率 参考期内出生人数和死亡人数差额与平均人口之千分比。

出生率 参考期内出生活婴数目与平均人口之千分比。

死亡率 参考期内死亡人数与平均人口之千分比。

幼儿教育 为期3年，对象是年龄3-5岁的儿童。在报名当年的12月31日年满3岁的幼儿可报读幼儿教育第一年。

小学教育 为期6年，完成幼儿教育或在报名当年的12月31日年满6岁的儿童可报读小学教育第一年。就读小学的最高年龄为15岁。

中学教育 由两个阶段组成：初中教育及高中教育。大学预科亦被视为中学教育。

（1）初中教育 为期3年，合格完成小学教育者可以入读。就读初中最大年龄为18岁，但在特别情况下，经教育机构决定，可以逾越此年限。

（2）高中教育 为期3年，合格完成初中教育者可以入读。就读高中最大年龄为21岁，但在特别情况下，经教育机构决定，可以逾越此年限。

职业技术教育 以培训初级及中级程度的技术及专业人员为目的之课程。

高等教育 包括大学教育及高等专科教育。

特殊教育 指专为有精神、感官、身体、沟通等方面有特殊需要人士所开办的课程。

成人教育 指小学、中学、高等教育系统以外为15岁或以上人士所开办的各种有组织、有系统的学习活动。

劳动人口 在参考期间，可参与生产商品或提供服务之14岁或以上人士的总合。包括就业人口及失业人口。

就业人口 在参考期间，为了报酬、利润或家庭收入而工作至少1小时的16岁或以上人士的总合。这包括了那些被雇用而没有上班，但与雇主保持正式的工作联系的人士，又或属公司东主，但因特别原因而暂时没有上班的人士。

失业人口 在参考期间，年龄在16岁或以上，没有工作或与雇主没有联系，但随时可接受有酬工作或自己做生意，并在过去30日有寻找工作的人士。

就业不足人口 在参考期间，不论其职业身份，非自愿地工作少于35小时，并可随时接受更多的工作或正在寻找更多工作之就业人口。

劳动力参与率 指劳动人口在16 岁或以上的澳门人口中所占的比例。

失业率 指失业人口在劳动人口中所占的比例。

就业不足率 指就业不足人口在劳动人口中所占的比例。

访澳旅客 指任何非以澳门特区为常居地的人士，其连续在澳门的逗留时间少于12个月，旅客之旅游目的并非在澳门特区参与任何有偿活动。

酒店入住率 入住客房数量与可供应客房数量之百分比。

进口 将产自外地的货物输入澳门特区，但再进口和转运制度下输入者除外。

出口 将货物输出澳门特区，但暂时出口和转运制度下输出者除外。

本地产品出口 将原产地为澳门特区的任何货物输出澳门特区。

再出口 指原进口的货物未经加工输出澳门特区；或虽加工，但不能取得澳门特区产地资格。

转运 货物经过澳门特区而运到下一目的地。

原产地 农业产品种植之国家/地区、矿产开采之国家/地区、工业产品生产之国家/地区，被视为原产地国家/地区。若工业产品的制造工序于两个或以上的国家/地区进行，应以进行最后转变成型工序的国家/地区为原产地，再包装、分类及混合等工序不能构成最后转变成型工序；当产品入口国对相关货物产地来源有特定规定时，应遵从有关规定。

目的地 指货物实际最后到达的国家或地区（不论在运输途中有或没有中断）。如有中间国家或地区，只要不在中间国家或地区内进行商业交易，最后到达的国家或地区都可被视为目的地。

贸易价格比率指数 即货物出口单位价格指数与货物进口单位价格指数之比率。

单位 指永久性楼宇之一个或多个间格及其附属建筑物。每一个单位具有独立入口与楼宇内之公用地方相通，具有合法条件进行分层物业登记和作独立转让。

楼宇建筑面积 等于所有楼层之面积总和。楼面面积的计算方法是从外墙起量度，同时亦包括大堂面积、楼梯、升降机所占面积以及所有公用地方面积。

居民消费价格指数 反映澳门特区住户于购买一篮子之指定商品或服务时，在不同时间该等商品或服务之价格变动。

狭义货币供应量M_1 为流通货币及活期存款之和。

广义货币供应量M_2 指狭义货币供应量M_1加上准货币负债。准货币负债指储蓄存款、通知存款、定期存款、其他存款和存款证明书。

8 港澳台第三产业情况

8-3 台湾第三产业情况

简要说明

一、本章资料反映台湾省主要社会、经济发展情况，重点反映第三产业情况。内容包括：人口、就业、国民经济核算、工业、交通通讯、对外贸易、财政金融、物价、教育、社会保障等方面。

二、本章资料来自台湾省行政院主计处统计资料，国家统计局国际统计信息中心负责整理、编辑，表内另有说明除外。

三、由于台湾省和内地在使用统计名词及概念方面会有所不同，读者在比较两地数据时，请参考本章末的“主要统计指标解释”。

四、更详细的统计资料及有关的技术细节，可参阅台湾省行政院主计处出版的《统计月报》、《统计年鉴》及各专题统计出版物。

五、本章节表中的符号使用说明：“①”等表示本表下有注解。

8-3-1 主要统计指标概况

指标		2009	2010	2011	2012	2013
人口						
户籍登记人口数①	(万人)	2312	2316	2323	2332	2337
人口自然增长率	(‰)	2.07	0.91	1.88	3.23	1.85
人口密度①	(人/平方公里)	639	640	642	644	646
性别比①	(女=100)	101	101	101	100	100
劳动、就业						
劳动力人口	(万人)	1092	1107	1120	1134	1145
劳动力参与率	(%)	57.9	58.1	58.2	58.4	58.4
男		66.4	66.5	66.7	66.8	66.7
女		49.6	49.9	50.0	50.2	50.5
工业就业人口比率	(%)	35.9	35.9	36.3	36.2	36.2
服务业就业人口比率	(%)	58.9	58.8	58.6	58.8	58.9
失业率	(%)	5.9	5.2	4.4	4.2	4.2
工业及服务业月人均薪资	(新台币元)	42182	44359	45508	45589	45664
工业		40005	42754	43746	44011	44076
服务业		43923	45656	46933	46850	46921
生活环境						
月人均用电量	(千瓦小时)	146	147	150	145	146
月人均用水量	(立方米)	10.7	11.0	11.0	11.0	11.1
公共安全						
刑案发生率	(件/10万人)	1673	1607	1499	1364	1281
犯罪人口率	(人/10万人)	1135	1164	1123	1126	1094
刑案破获率	(%)	80.7	79.7	79.5	84.0	86.6
少年疑犯人数(12-17岁)	(人)	10762	11102	13103	15078	12038
火灾发生次数	(次)	2621	2186	1772	1574	1451
死伤人数	(人)	415	391	385	428	281
机动车肇事率	(件/万辆)	87	102	107	112	127
道路交通事故伤亡人数						
死亡	(人)	2092	2047	2117	2040	1928
受伤	(人)	246994	293764	315201	334082	373568
保险						
全民健保参保人数	(万人)	2303	2307	2320	2328	2346
社保参保人数	(万人)					
公务员和教师		60	60	59	59	59
劳工		903	940	973	971	975
农民		154	151	148	145	141

8-3-1 续表 1

指　　标	2009	2010	2011	2012	2013
工业					
受雇者劳动生产力指数(2011年＝100)	85.1	97.1	100.0	99.3	99.4
工业生产指数　(2011年＝100)	77.1	95.8	100.0	99.8	100.4
制造业	75.5	95.5	100.0	99.7	100.2
建筑业	102.3	93.0	100.0	107.1	111.1
工业生产价值　(新台币亿元)	116016	149384	155638	150615	149453
商业及对外贸易					
营利事业家数①　(万家)	118.6	121.4	124.4	126.9	129.8
营利事业销售额　(新台币亿元)	301443	363712	380032	377480	385387
货物进出口额　(亿美元)	3780	5258	5897	5717	5753
出口	2037	2746	3083	3012	3054
进口	1744	2512	2814	2705	2699
出（入)超	293	234	268	307	355
对日出（入)超	-217	-339	-340	-286	-239
对美出（入)超	54	61	106	94	74
对内地及港出（入)超	581	772	788	751	770
外销订单　(亿美元)	3224	4067	4361	4410	4429
运输通信					
交通运输客运人数　(亿人)					
铁路	7.2	7.8	8.6	9.3	9.7
公路	10.4	11.1	11.6	11.9	12.2
航空　(万人)					
省内	923	973	1048	1068	1055
省外	2310	2774	2909	3287	3618
高速公路收费站通行车辆数（万辆次)	53957	55506	57123	57351	58978
每百人机动车辆数①　(辆)	92.4	93.8	95.7	95.8	92.3
港埠货物装卸量　(万计费吨)	60575	65540	67900	69080	70575
旅游　(万人次)					
出省旅游人数	814	942	958	1024	1105
来台湾旅客人数	440	557	609	731	802
财政、金融					
赋税实征净额②　(新台币亿元)	15303	16222	17646	17967	18341
直接税　(%)	62.4	62.1	62.1	60.3	59.5
间接税　(%)	37.6	37.9	37.9	39.7	40.5
外汇存底①　(亿美元)	3482.0	3820.1	3855.5	4031.7	4168.1
汇率③					
1美元　(新台币)	32.08	30.42	30.32	29.08	29.82
1日元　(新台币)	0.3491	0.3753	0.3925	0.3383	0.2855
货币总计数M2①　(新台币亿元)	293556	309544	324519	335744	355189
年增率　(%)	5.8	5.5	4.8	3.5	5.8
存款①　(新台币亿元)	294486	310063	323022	333004	350624
放款与投资①　(新台币亿元)	214823	228037	241729	255488	267206

8-3-1 续表 2

指 标	2009	2010	2011	2012	2013
再贴现率① (年息百分比率)	1.250	1.625	1.875	1.875	1.875
股价指数 (1966年＝100)	6460	7950	8156	7481	8093
国际收支余额 (亿美元)	541.3	401.7	62.4	154.8	113.2
经常帐户	429.2	398.7	416.9	506.7	577.5
资本帐户	-1.0	-1.2	-1.2	-0.8	0.1
金融帐户	134.7	-3.6	-320.5	-316.7	-437.8
价格指数年增长率（2006年=100）(%)					
批发	-8.7	5.5	4.3	-1.2	-2.4
消费者	-0.9	1.0	1.4	1.9	0.8
进口	-9.6	7.0	7.7	-1.3	-4.5
出口	-6.6	2.0	0.1	-1.6	-2.1
国民经济核算 (新台币亿元)					
本地居民生产总值	128951	139817	140974	145313	149807
本地生产总值	124811	135521	137091	140771	145606
居民消费	75736	79245	82354	84650	86883
固定资本形成总额	23536	28882	28660	27724	28148
商品及服务出口	77992	100101	104133	103256	106184
减：商品及服务进口	67201	90509	94953	92541	92558
GDP增长率 (%)	-1.8	10.8	4.2	1.5	2.1
农业	-3.0	1.8	6.4	-1.6	-0.2
工业	-4.2	23.1	6.1	1.7	1.9
服务业	-0.5	5.5	3.1	1.0	1.8
产业结构 (%)					
农业	1.7	1.6	1.8	1.8	1.7
工业	28.9	31.0	29.8	29.0	30.0
服务业	69.4	67.4	68.3	69.1	68.3
人均本地居民生产总值(新台币元)	558751	604199	607818	624455	641711
人均本地居民生产总值 (美元)	16901	19090	20625	21082	21558
居民储蓄总值 (新台币亿元)	35620	44298	42252	41893	43521
储蓄率 (%)	27.62	31.68	29.97	28.83	29.05

注：①为年底数。②为年度资料。③卖出汇率，且为年底数。

8-3-2 本地生产总值部门构成

单位：%

年 份	本地生产总值(新台币亿元)	农业	工业				服务业				
				制造业	水、电、燃气业及污染治理业	建筑业		批发、零售业	金融及保险业	不动产业	咨讯及通讯传播业
2006	122435	1.61	31.33	26.46	1.84	2.72	67.06	17.88	7.28	8.54	3.39
2007	129105	1.49	31.38	26.52	1.62	2.78	67.12	18.22	7.26	8.53	3.44
2008	126202	1.60	29.05	24.83	1.18	2.88	69.35	18.95	7.26	8.78	3.61
2009	124811	1.73	28.92	23.77	2.04	2.69	69.35	18.70	6.42	9.18	3.73
2010	135521	1.64	31.00	25.90	1.80	2.81	67.36	18.33	6.31	8.60	3.55
2011	137091	1.79	29.89	25.19	1.57	2.91	68.32	18.83	6.49	8.55	3.55
2012	140771	1.78	29.08	24.37	1.54	2.85	69.14	18.90	6.54	8.69	3.53
2013	145606	1.68	30.00	24.85	1.84	2.89	68.32	18.48	6.51	8.77	3.40

8-3-3 本地居民生产总值

年 份	本地居民生产总值			人均本地居民生产总值	
	新台币亿元	实际年增长率 %	亿 美 元①	新 台 币 元	美 元①
2004	117374	6.4	3511	518280	15503
2005	120311	3.8	3739	529313	16449
2006	125552	5.5	3860	550099	16911
2007	132433	6.0	4033	577869	17596
2008	129348	0.5	4101	562439	17833
2009	128951	-1.1	3901	558751	16901
2010	139817	10.5	4418	604199	19090
2011	140974	3.8	4784	607818	20625
2012	145313	1.8	4906	624455	21082
2013	149807	1.8	5033	641711	21558

注：①按当年汇率折算。

8-3-4　劳动力和就业状况

项　　目	2009	2010	2011	2012	2013
劳动力总计　　　（万人）	1091.7	1107.0	1120.0	1134.1	1144.5
男	618.0	624.2	630.4	636.9	640.2
女	473.7	482.8	489.6	497.2	504.3
就业人数　　　（万人）	1027.9	1049.3	1070.9	1086.0	1096.7
男	577.6	588.0	600.6	608.3	611.6
女	450.2	461.3	470.2	477.7	485.1
就业者行业构成　　(%)	100.0	100.0	100.0	100.0	100.0
农、林、渔、牧业	5.3	5.2	5.1	5.0	5.0
工业	35.8	35.9	36.3	36.2	36.2
矿业及土石采取业	0.05	0.04	0.04	0.04	0.04
制造业	27.1	27.3	27.5	27.4	27.2
电力及燃气供应业	0.3	0.3	0.3	0.3	0.3
用水供应及污染整治业	0.7	0.7	0.7	0.8	0.8
建筑业	7.7	7.6	7.8	7.8	7.9
服务业	58.9	58.8	58.6	58.8	58.9
批发及零售业	16.9	16.6	16.5	16.6	16.6
运输及仓储业	3.9	3.9	3.8	3.8	3.9
金融及保险业	4.0	4.1	4.0	3.9	3.8
咨讯及通讯传播	2.0	2.0	2.0	2.1	2.1
住宿及餐饮业	6.7	6.9	6.8	6.9	7.1
教育服务业	6.0	5.9	5.9	5.8	5.8
公共行政	3.7	3.7	3.6	3.5	3.5
失业人数　　　（万人）	63.9	57.7	49.1	48.1	47.8
失业率　　　　(%)	5.9	5.2	4.4	4.2	4.2

8-3-5　服务业就业人员月平均工资

单位：新台币元

年　份	服务业月平均工资	批发、零售业	运输、仓储业	金融、保险业	不动产业	专业、科学及技术服务
2006	44350	39380	48338	69054	38313	51740
2007	45329	39463	49080	75828	37858	53264
2008	45326	39956	49540	71528	40324	54542
2009	43923	40081	47835	67724	38680	49983
2010	45656	41766	48902	74242	41018	52995
2011	46933	42562	50186	76951	41958	55322
2012	46850	41822	50196	77989	39588	56479
2013	46921	42274	49808	77871	40298	55507

8-3-6 货物进出口额

年 份	按新台币计算（亿元）			按美元计算（亿美元）		
	进出口总额	出口	进口	进出口总额	出口	进口
2006	138837	72793	66043	4267	2240	2027
2007	152997	80879	72118	4659	2467	2193
2008	155615	80104	75511	4961	2556	2404
2009	124661	67089	57572	3780	2037	1744
2010	166003	86568	79435	5258	2746	2512
2011	173220	90416	82804	5897	3083	2814
2012	169215	89000	80215	5717	3012	2705
2013	170584	90428	80156	5753	3054	2699

8-3-7 出口与进口货物分类

单位：亿美元

年 份	出 口				进 口			
	出口额	农产品	农产加工品	工业产品	进口额	资本设备	原材料	消费品
2006	2240.2	3.5	18.5	2218.2	2027.0	315.0	1541.9	156.2
2007	2466.8	4.1	18.7	2444.0	2192.5	323.3	1691.8	163.2
2008	2556.3	5.4	21.7	2529.2	2404.5	294.2	1922.4	172.7
2009	2036.7	5.0	18.5	2013.3	1743.7	228.5	1337.4	161.4
2010	2746.0	7.5	21.6	2716.9	2512.4	385.8	1902.0	203.6
2011	3082.6	9.0	26.6	3047.0	2814.4	364.2	2184.3	242.1
2012	3011.8	8.9	30.6	2972.3	2704.7	340.0	2090.8	252.8
2013	3054.4	8.7	30.6	3015.1	2699.0	357.6	2041.4	268.3

8-3-8 货物出口去向和进口来源

单位：亿美元

项　目	2009	2010	2011	2012	2013
出口去向					
中国香港	294.5	378.1	400.8	379.3	394.3
日　本	145.0	180.1	182.3	189.9	192.2
韩　国	73.0	106.8	123.8	118.4	120.8
新加坡	86.1	121.0	168.8	200.9	195.2
马来西亚	40.6	59.5	68.9	65.6	81.8
泰　国	38.3	52.9	61.4	65.7	63.4
法　国	13.7	17.0	17.4	15.6	14.9
德　国	47.0	65.1	68.7	56.5	56.3
意大利	17.9	24.5	24.6	18.3	17.2
英　国	29.8	36.2	46.2	50.7	43.2
加拿大	14.6	19.5	25.7	25.1	24.1
美　国	235.5	314.7	363.6	329.8	325.6
澳大利亚	23.5	31.3	36.5	36.5	37.7
印度尼西亚	32.3	45.1	48.4	51.9	51.5
菲律宾	44.3	59.8	69.6	88.8	97.7
越　南	59.9	75.3	90.3	84.3	89.3
沙特阿拉伯	6.7	10.0	16.9	18.5	18.2
荷　兰	42.3	52.6	45.8	44.1	44.5
进口来源					
中国香港	11.2	16.3	16.8	26.6	16.6
日　本	362.2	519.2	522.0	475.7	431.6
韩　国	105.1	160.6	178.6	150.7	157.7
新加坡	48.1	76.4	79.5	81.1	85.4
马来西亚	45.5	77.0	86.0	78.4	81.2
泰　国	26.8	38.3	43.9	37.0	37.5
法　国	17.8	22.5	27.3	29.6	26.6
德　国	56.7	82.6	94.3	77.5	82.5
意大利	18.3	19.5	23.0	20.3	21.1
英　国	12.3	16.7	19.3	18.4	17.7
加拿大	11.5	15.3	20.2	16.2	14.8
美　国	181.5	253.8	257.6	236.0	252.0
澳大利亚	59.7	89.2	109.1	92.9	79.0
印度尼西亚	51.8	60.2	74.3	73.3	71.5
菲律宾	16.1	23.2	24.1	21.0	22.0
越　南	9.2	12.8	18.5	22.9	26.3
沙特阿拉伯	86.6	118.6	138.5	147.9	156.0
荷　兰	18.6	32.0	29.4	36.2	46.6

8-3-9 旅游人数及外汇收入

指　　标	2009	2010	2011	2012	2013
离境旅游人数　（万人次）	**814.3**	**941.5**	**958.4**	**1024.0**	**1105.3**
来台旅游人数　（万人次）	**439.5**	**556.7**	**608.7**	**731.2**	**801.6**
华　侨	162.5	233.2	249.9	248.0	392.1
外国人	277.0	323.6	358.9	383.2	409.6
旅游收入总额　（亿美元）	**123.9**	**162.6**	**215.9**	**212.7**	**214.3**
来台旅客					
旅游外汇收入　（亿美元）	68.16	87.19	110.65	117.69	123.00
平均每人停留时间　（夜）	7.2	7.1	7.1	6.9	6.9
旅客人均每日消费　（美元）	216	222	258	234	

8-3-10 铁路和公路客货运量

年　份	铁　　路				公　　路			
	客运量（亿人）	客运周转量（亿人公里）	货运量（亿吨）	货物周转量（亿吨公里）	客运量（亿人）	客运周转量（亿人公里）	货运量（亿吨）	货物周转量（亿吨公里）
2006	5.54	123.52	0.19	9.97	10.14	163.86	5.94	312.18
2007	6.03	157.69	0.17	8.90	10.21	159.79	6.18	305.47
2008	6.90	190.66	0.17	9.33	10.54	157.83	6.04	301.60
2009	7.19	192.77	0.14	7.76	10.39	158.82	5.97	290.71
2010	7.79	209.31	0.15	8.73	11.10	163.07	6.28	296.32
2011	8.64	228.26	0.15	8.53	11.64	170.40	6.38	295.51
2012	9.25	242.08	0.14	8.33	11.92	175.85	6.53	298.51
2013	9.72	253.23	0.11	7.29	12.19	179.10	5.51	384.74

8-3-11 港口客运量及货运量

年份	客运量(万人)			货运量(万吨)		
	总计	进港	出港	总计	进港	出港
2006	31.47	14.85	16.62	27423	19720	7702
2007	42.58	20.61	21.98	29234	21404	7830
2008	50.66	24.21	26.45	28126	20838	7288
2009	57.58	27.77	29.80	24871	18354	6517
2010	66.96	32.53	34.44	24649	18212	6437
2011	66.48	32.43	34.04	24442	18139	6303
2012	69.91	34.59	35.32	23892	17876	6016

8-3-12 港口集装箱及货物装卸量

年份	折合20英尺标准集装箱(万TEU)			装卸量(万收费吨)		
	总计	进港	出港	总计	装货量	卸货量
2006	1311	652	659	70651	27972	42679
2007	1373	689	684	71026	28818	42208
2008	1298	649	649	66828	27153	39675
2009	1171	588	583	60575	24435	36140
2010	1274	635	639	65540	26584	38956
2011	1342	674	669	67900	27547	40353
2012	1388	694	694	69080	28455	40625

8-3-13 民航客运量及货运量

年份	客运量（万人次）	国际线	省内线	过境	货运量（万吨）	国际线	省内线
2004	4412	2076	2100	237	182.3	125.5	4.1
2005	4427	2249	1929	249	181.9	121.6	3.7
2006	4373	2377	1736	259	181.0	120.8	4.0
2007	3977	2443	1271	263	170.9	119.1	4.0
2008	3524	2320	985	218	158.7	103.5	3.7
2009	3438	2309	923	205	144.5	93.3	3.7
2010	3946	2774	973	199	186.8	116.4	3.7
2011	4139	2909	1048	181	173.8	110.9	3.6
2012	4542	3287	1068	188	168.4	110.2	3.6

资料来源：台湾“交通部民航局”。

8-3-14 邮政及电信营运量

项目	2009	2010	2011	2012	2013
邮政					
函件（亿件）					
收寄	26.3	27.3	27.8	27.1	27.0
投递	29.4	30.1	31.7	31.7	31.5
包裹（万件）					
收寄	2535.1	2635.2	2721.4	2794.6	2560.0
投递	2698.0	2932.6	3019.2	3060.1	2815.9
电信					
市内电话用户数（万户）	1282.1	1269.6	1267.9	1241.1	1222.9
公共电话话机数（万部）	9.1	8.8	8.2	7.8	7.5
移动电话用户数（万户）	2695.9	2784.0	2886.2	2944.9	2970.1
无线寻呼机用户数（万户）	112.1	109.5	91.2	57.5	
数字式低功率无线电话用户数（万户）	137.4	91.7	81.7	77.4	72.4
综合业务数字网用户数(万户)	8.9	10.6	12.3	11.8	10.9
国际互联网用户数（万户）	566.8	588.8	609.2	698.8	753.6
国际电话去话分钟数（万分钟）	419273	465085	466671	494147	380053

8-3-15 入学率和教育经费

单位：%

年份	粗入学率(6-21岁)			每千人口高等教育学生数②	15岁以上人口识字率③	教育经费占GNP比重	政府教育经费占政府支出比重
	初等教育(6-11岁)	中等教育(12-17岁)	高等教育①(18-21岁)				
2004	100.8	98.3	78.1	58.8	97.2	5.6	19.7
2005	100.3	97.9	82.0	58.7	97.3	5.7	20.0
2006	99.5	99.1	83.6	59.1	97.5	5.6	21.2
2007	100.8	98.7	85.3	59.2	97.6	5.4	20.8
2008	100.7	99.2	83.2	59.4	97.8	5.7	20.5
2009	101.4	99.0	82.2	58.7	97.9	6.1	19.9
2010	99.7	100.3	83.8	58.6	98.0	5.6	20.1
2011	100.4	100.0	83.4	58.5	98.2	5.8	20.6
2012	101.4	99.0	84.4	58.2	98.3	5.9	20.2
2013	99.5	100.3	83.9	57.4	98.4		

注：① 不含五专前三年、研究所及进修教育。②不含五专前三年。③年底资料。

8-3-16 科技人员数和科研开发经费

年份	科技人员数(人)				科研开发经费			每万人口研究人员数(人)	研究人员平均一年使用经费(新台币万元)
	总计	研究人员	技术人员	支援人员	金额(新台币亿元)	占GDP比重	政府投入经费所占比重		
2006	212483	126168	67715	18600	3070.37	2.51	31.4	55.2	243
2007	228551	135918	72709	19924	3313.86	2.57	29.9	59.2	244
2008	240876	143862	77117	19897	3514.05	2.78	28.2	62.4	244
2009	256019	154818	80163	21038	3671.74	2.94	28.9	67.0	237
2010	272563	164874	86667	21022	3949.60	2.91	27.5	71.2	240
2011	287565	173654	91579	22332	4132.93	3.01	26.2	74.8	238
2012	295179	178632	94663	21884	4312.96	3.06	24.8	76.6	241

8-3-17 金融概况

年份	货币供应量（新台币亿元）	流动性负债（新台币亿元）	储备货币（新台币亿元）	主要金融机构存款（新台币亿元）	主要金融机构放款与投资（新台币亿元）	再贴现率（年息%）	汇率(卖出价)（新台币/美元）
2006	82226	350416	18832	258115	201539	2.75	32.65
2007	82200	368449	19475	260525	206269	3.38	32.49
2008	81537	388270	21254	278702	213315	2.00	32.91
2009	105116	416730	23040	294486	214823	1.25	32.08
2010	114571	445203	25018	310063	228037	1.63	30.42
2011	118302	469541	27209	323022	241729	1.88	30.32
2012	124184	496032	29021	333004	255488	1.88	29.08
2013	134708	530162	31208	350624	267206	1.88	29.82

8-3-18 国际收支

单位：亿美元

年份	A.经常帐户					B.资本帐户			合计	C.金融帐户	
	合计	商品贸易净额	服务净额	收入净额	经常转移净额	合计	收入	支出	(A+B)	合计	对外直接投资
2006	263.3	242.3	-35.4	95.8	-39.4	-1.2		-1.2	262.0	-196.2	-74.0
2007	351.5	304.5	-16.4	101.3	-37.8	-1.0		-1.0	350.6	-389.5	-111.1
2008	275.1	184.8	18.5	99.8	-28.0	-3.3		-3.4	271.7	-16.6	-102.9
2009	429.2	305.5	19.9	125.2	-21.5	-1.0		-1.0	428.3	134.7	-58.8
2010	378.7	265.1	24.9	135.8	-27.1	-1.2	0.1	-1.2	397.6	-3.6	-115.7
2011	415.9	283.1	38.9	131.8	-36.9	-1.2		-1.2	415.7	-320.5	-127.7
2012	506.7	316.1	63.5	153.4	-26.2	-0.8		-0.9	505.9	-316.7	-131.4
2013	577.5	371.9	92.8	142.8	-30.0	6.0	1.0	-1.0	577.5	-437.8	-143.4

8-3-18 续表

单位：亿美元

年份	C.金融帐户							合计	D.误差与遗漏	国际收支余额	E.准备与相关项目
	外商直接投资	证券投资		衍生性金融产品		其他投资					
		资产	负债	资产	负债	资产	负债	(A至C)		(A至D)	
2006	74.2	-407.8	218.1	19.3	-29.0	-12.7	15.5	65.9	-5.0	60.9	-60.9
2007	77.7	-449.7	49.0	36.9	-39.8	-68.5	115.9	-38.9	-1.3	-40.2	40.2
2008	54.3	35.3	-157.8	79.4	-63.5	106.2	32.4	255.1	7.6	262.7	-262.7
2009	28.1	-317.0	213.7	53.4	-44.9	256.6	3.5	563.0	-21.7	541.3	-541.3
2010	24.9	-334.9	128.2	45.0	-39.2	123.2	164.9	394.0	7.8	401.7	-401.7
2011	-19.6	-195.0	-161.9	57.8	-47.4	-79.9	253.2	95.2	32.8	62.4	-62.4
2012	32.1	-453.0	32.1	45.3	-42.0	47.5	152.7	189.2	-34.3	154.8	-154.8
2013	36.9	-370.0	79.8	58.5	-50.8	-504.3	455.6	139.7	-26.5	113.2	-113.2

【主要统计指标解释】

就业人口 于资料标准周内，年满 15 岁从事有酬工作者或工作在 15 小时以上的无酬家属工作者。

失业人口 于资料标准周内，年满 15 岁同时具有无工作、随时可以工作及正在寻找工作者。此外尚包括等待恢复工作者及已找到职业而未开始工作也无报酬者。

就业人员工资 包括经常性工资、加班费及其他非经常性工资。

劳动生产力指数 劳动生产力是指在单位时间内，每一劳工所能生产的产量。此项指数可衡量劳动生产力的变动趋势。

初等教育 小学教育。

中等教育 初中、高中、高职及五专前三年。

高等教育 大专院校（扣除五专前三年）及研究所硕士、博士班教育。

各级教育粗入学率 为（各该级教育学生人数/各该级教育学龄人口数）×100；其中高等教育学龄学生人数仅含大专院校扣除五专前三年及研究所（含硕士、博士班）的学生人数。

本地居民生产总值(GNP) 为某一期间本地常住居民提供生产要素从事生产所创造的附加值或报酬（不论在地区内或国外），即等于地区内生产总值加国外要素所得收入净额。

本地生产总值(GDP) 为某一期间本地及非本国常住居民提供生产要素在地区内从事生产所创造的附加值。

经济增长率 指某一期间的实际本地生产总值的增长率。

储蓄率 据居民储蓄总值与本地居民生产总值之比。

商业与对外贸易 包括进口与出口。出口货物以通关放行装船（机） 离岸日为统计时间，以离岸价格（F.O.B.）计价；进口货物经办妥通关手续，或存入保税关栈的货物，以其提出关栈报运进口放行日为统计时间，以到岸价格（C.I.F.）计价。出口国别是以出口货物的出口商所申报的运销地分列，其运销地有数处得随时变更者，以最终的运销地为准；进口国别是按原产国别分列。

客运周转量 指于某特定时间内，铁路、公路客运运输所运送旅客运程的总和，或每架次飞机所载运的旅客人数与其航行里程乘积之和。可用以推算该时间内的客运收入。

货运周转量 指于某特定时间内，铁路、公路、航空货运运输所运送货物的重量与其运程乘积之和。可用以推算该时间内的货运收入。

批发价格 指企业间相互交易的地区内生产物品出厂价格及进出口物品的价格，以反映生产厂商出售原材料、半成品及制成品等价格变动情况。

消费价格 以台湾地区（包括城市和农村）为范围所编制的零售价格指数，以此衡量台湾地区一般家庭为消费需要所购买的商品与服务价格水平的变动情况。

进口及出口价格 以台湾地区进出口商品为调查价格范围，以此衡量进出口商品价格水平的变动情况。

道路交通事故 指造成人员死亡或受伤的案件，死亡人数包括立即死亡及事故发生后 24 小时内死亡。

社会保险 社会保险是包括全民健康保险(1995 年 3 月开办)、劳工保险、就业保险(2003

年 1 月开办)、公务人员保险、退休人员保险、私立学校教职员保险、农民健康保险及军人保险。

储备货币 包括存款货币机构与中华邮政公司储汇处的准备金及社会大众持有的通货二项。

流动性负债 指金融机构及债券型基金的流动性负债，包括金融机构以外部门持有通货，金融机构收受企业及个人的各种存款、货币市场共同基金与信托资金，保险业提列的人寿保险准备，以及企业及个人持有金融债券、央行发行的国库券与储蓄券；自 1994 年 1 月资料起，尚加计企业及个人持有上列机构的附买回交易余额与外国人持有的新台币存款；自 1999 年 1 月资料起，尚包括企业及个人持有债券型基金。

存款货币 指企业及个人在货币机构的支票存款、活期存款及活期储蓄存款。

货币总计数 M_{1a} 指通货净额加企业及个人(含非营利团体)在货币机构的支票存款及活期存款；M_{1b} 是通货净额加存款货币，或 M_{1a} 加个人（含非营利团体）在货币机构的活期储蓄存款（目前仅个人及非营利团体可以开设储蓄存款帐户）。M_2 指 M_{1b} 加准货币。

附录一 世界及主要国家第三产业主要统计资料

简要说明

一、本章选取了四十余个国家和地区主要宏观经济指标和第三产业方面统计指标，力求反映国家或地区经济概貌同时重点介绍第三产业情况。如需了解这些国家和地区其他指标，请参阅国家统计局国际统计信息中心编辑的《国际统计年鉴》。

二、中国数据未包括中国香港特别行政区、中国澳门特别行政区和中国台湾省的相关数据。

三、所有国家和地区的数据均来自于有关国际组织，每张表均附有资料来源。

四、经过有关国际组织调整，数据口径基本一致。

五、一些数据的合计数或相对数，因受进位的影响，不一定等于分项的累加。

六、本章中使用的符号含义如下：“空格”表示无该项数据或该项统计数据不详；“…”表示数据不够本表最小单位数的一半；“|”表示因统计口径的调整，与之前数据不严格可比。

附录1-1 国内生产总值

单位：亿美元

国家和地区	2000	2005	2007	2008	2009	2010	2011	2012	2013
世 界	**329811**	**464677**	**566948**	**621694**	**588845**	**645483**	**714488**	**729053**	**748999**
中 国	11985	22569	34941	45218	49902	59305	73219	82295	92403
中国香港	1717	1816	2116	2193	2140	2286	2485	2626	2740
中国澳门	61	118	181	207	213	284	366	430	518
孟加拉国	471	603	684	796	894	1004	1119	1160	1299
文 莱	60	95	122	144	107	124	167	170	161
柬埔寨	37	63	86	104	104	112	128	141	152
印 度	4766	8342	12387	12241	13654	17085	18801	18587	18768
印度尼西亚	1650	2859	4322	5102	5396	7092	8459	8767	8683
伊 朗	1013	1920	2861	3560	3627	4226	5284	5027	3689
以色列	1249	1340	1750	2131	2058	2317	2582	2576	2914
日 本	47312	45719	43563	48492	50351	54954	59056	59378	49015
哈萨克斯坦	183	571	1048	1334	1153	1480	1880	2035	2244
韩 国	5616	8981	11227	10022	9019	10945	12025	12228	13046
老 挝	17	27	42	54	58	72	83	94	111
马来西亚	938	1435	1936	2310	2023	2475	2893	3050	3124
蒙 古	11	25	42	56	46	62	88	103	115
巴基斯坦	740	1095	1524	1701	1679	1772	2137	2249	2366
菲律宾	810	1031	1494	1736	1683	1996	2241	2502	2720
新加坡	958	1274	1800	1922	1924	2364	2741	2869	2979
斯里兰卡	163	244	324	407	421	496	592	594	672
泰 国	1227	1764	2470	2726	2637	3189	3457	3660	3873
越 南	336	576	774	991	1060	1159	1355	1558	1714
埃 及	998	897	1305	1628	1890	2189	2360	2628	2720
尼日利亚	464	1122	1665	2081	1695	3664	4135	4596	5226
南 非	1329	2471	2862	2731	2842	3652	4039	3823	3506
加拿大	7395	11642	14579	15426	13708	16141	17786	18214	18251
墨西哥	6836	8663	10434	10991	8953	10516	11701	11865	12609
美 国	102897	130954	144803	147203	144179	149583	155338	162446	168000
阿根廷	3443	2229	3298	4060	3785	4627	5577	6032	6118
巴 西	6447	8822	13668	16535	16202	21431	24767	22488	22457
委内瑞拉	1171	1455	2304	3156	3294	3938	3165	3813	4383
捷 克	588	1301	1805	2254	1972	1985	2161	1964	1984
法 国	13263	21366	25824	28318	26197	25650	27822	26112	27349
德 国	18864	27663	33238	36237	32982	33044	36281	34260	36348
意大利	11040	17863	21272	23073	21111	20554	21963	20133	20713
荷 兰	3851	6385	7826	8708	7963	7772	8328	7701	8002
波 兰	1713	3039	4253	5294	4309	4698	5158	4902	5175
俄罗斯联邦	2597	7640	12997	16608	12226	15249	19048	20175	20968
西班牙	5803	11308	14414	15934	14543	13848	14545	13225	13583
土耳其	2666	4830	6472	7303	6146	7312	7748	7889	8202
乌克兰	313	861	1427	1800	1172	1364	1634	1766	1774
英 国	14936	23214	28571	26878	22080	22955	24625	24618	25223
澳大利亚	4152	6937	8539	10555	9267	11418	13869	15324	15606
新西兰	520	1138	1353	1305	1190	1435	1640	1715	1826

资料来源：世界银行WDI数据库。

附录1-2 国内生产总值增长率

单位：%

国家和地区	2000	2005	2007	2008	2009	2010	2011	2012	2013
中　　国	7.62	11.31	14.16	9.64	9.21	10.45	9.30	7.65	7.67
中国香港	7.66	7.39	6.47	2.13	-2.46	6.77	4.79	1.55	2.93
中国澳门	5.70	8.56	14.33	3.39	1.71	27.50	21.29	9.14	11.89
孟加拉国	5.95	5.96	6.43	6.19	5.74	6.07	6.71	6.23	6.03
文　　莱	2.85	0.39	0.16	-1.94	-1.76	2.60	3.43	0.95	-1.75
柬 埔 寨	8.77	13.25	10.21	6.69	0.09	5.96	7.07	7.31	7.46
印　　度	3.84	9.29	9.80	3.89	8.48	10.26	6.64	4.74	5.02
印度尼西亚	4.92	5.69	6.35	6.01	4.63	6.22	6.49	6.26	5.78
伊　　朗	5.14	4.62	7.83	0.58	3.94	5.89	3.00	3.00	-5.80
以 色 列	9.26	4.94	6.92	4.45	1.25	5.66	4.57	3.35	3.31
日　　本	2.26	1.30	2.19	-1.04	-5.53	4.65	-0.45	1.45	1.54
哈萨克斯坦	9.80	9.70	8.90	3.30	1.20	7.30	7.50	5.00	6.00
韩　　国	8.83	3.92	5.46	2.83	0.71	6.50	3.68	2.29	2.97
老　　挝	5.80	7.11	7.60	7.83	7.50	8.53	8.04	8.20	8.15
马来西亚	8.86	5.33	6.30	4.83	-1.51	7.43	5.13	5.64	4.69
蒙　　古	1.15	7.25	10.25	8.90	-1.27	6.37	17.51	12.40	11.74
巴基斯坦	4.26	7.67	4.83	1.70	2.83	1.61	2.79	4.02	6.07
菲 律 宾	4.41	4.78	6.62	4.15	1.15	7.63	3.64	6.82	7.16
新 加 坡	8.90	7.49	9.11	1.79	-0.60	15.24	6.06	2.50	3.85
斯里兰卡	6.00	6.24	6.80	5.95	3.54	8.02	8.25	6.34	7.25
泰　　国	4.75	4.61	5.04	2.48	-2.33	7.81	0.08	7.67	1.77
越　　南	6.79	7.55	7.13	5.66	5.40	6.42	6.24	5.25	5.42
埃　　及	5.37	4.47	7.09	7.16	4.69	5.15	1.76	2.21	2.10
尼日利亚	5.32	3.45	6.83	6.27	6.93	7.84	4.65	6.75	7.31
南　　非	4.16	5.28	5.55	3.62	-1.53	3.14	3.60	2.47	1.89
加 拿 大	5.12	3.16	2.01	1.18	-2.71	3.37	2.53	1.71	2.01
墨 西 哥	5.30	3.03	3.15	1.40	-4.70	5.11	4.05	3.98	1.07
美　　国	4.09	3.35	1.79	-0.29	-2.80	2.51	1.85	2.78	1.88
阿 根 廷	-0.79	9.20	8.00	3.10	0.05	9.14	8.56	0.95	2.95
巴　　西	4.31	3.16	6.10	5.17	-0.33	7.53	2.73	1.03	2.49
委内瑞拉	3.69	10.32	8.75	5.28	-3.20	-1.49	4.18	5.63	1.34
捷　　克	4.19	6.75	5.74	3.10	-4.51	2.47	1.82	-1.02	-0.93
法　　国	3.68	1.83	2.29	-0.08	-3.15	1.73	2.03	0.01	0.21
德　　国	3.06	0.69	3.27	1.08	-5.14	4.01	3.33	0.69	0.43
意 大 利	3.65	0.93	1.68	-1.16	-5.49	1.72	0.45	-2.37	-1.85
荷　　兰	3.94	2.05	3.92	1.80	-3.67	1.53	0.95	-1.25	-0.82
波　　兰	4.26	3.62	6.79	5.13	1.79	3.88	4.45	1.91	1.57
俄罗斯联邦	10.00	6.38	8.54	5.25	-7.82	4.50	4.26	3.44	1.32
西 班 牙	5.05	3.58	3.48	0.89	-3.83	-0.20	0.05	-1.64	-1.22
土 耳 其	6.77	8.40	4.67	0.66	-4.83	9.16	8.77	2.13	4.05
乌 克 兰	5.90	2.70	7.90	2.30	-14.80	4.20	5.20	0.20	1.88
英　　国	4.36	3.24	3.43	-0.77	-5.17	1.66	1.12	0.28	1.66
澳大利亚	3.88	3.22	3.77	3.70	1.74	1.96	2.24	3.62	2.66
新 西 兰	2.72	3.51	2.88	-1.92	-0.11	1.82	2.40	2.31	2.51

资料来源：世界银行WDI数据库。

附录1-3 国内生产总值产业构成

单位：%

国家和地区	第一产业			第二产业			第三产业		
	2000	2012	2013	2000	2012	2013	2000	2012	2013
中　　国	15.06	10.08	10.01	45.92	45.27	43.89	39.02	44.65	46.09
中国香港	0.09	0.06		12.37	7.06		87.54	92.88	
中国澳门	…	…	…	14.69	6.25		85.31	93.76	
孟加拉国	25.51	17.68	17.22	25.29	28.47	28.87	49.20	53.86	53.91
文　　莱	1.02	0.72	0.73	63.67	71.08	68.24	35.31	28.21	31.03
柬 埔 寨	37.84	35.56		23.03	24.25		39.13	40.19	
印　　度	23.02	17.52	18.20	26.00	26.21	24.77	50.98	56.27	57.03
印度尼西亚	15.60	14.50	14.43	45.93	46.78	45.69	38.47	38.72	39.88
伊　　朗	13.73			36.74			49.53		
日　　本	1.59	1.22		31.00	25.64		67.42	73.15	
哈萨克斯坦	8.69	4.67	4.94	40.46	39.50	37.84	50.85	55.84	57.23
韩　　国	4.39	2.46	2.34	38.09	38.07	38.55	57.52	59.47	59.11
老　　挝	45.17	27.98		16.61	36.21		38.23	35.81	
马来西亚	8.60	10.05	9.33	48.32	40.85	40.60	43.08	49.10	50.07
蒙　　古	30.88	16.28	16.47	24.99	31.90	33.27	44.13	51.81	50.26
缅　　甸	57.24			9.69			33.07		
巴基斯坦	25.93	24.43	25.33	23.33	22.02	21.59	50.75	53.56	53.09
菲 律 宾	13.97	11.84		34.46	31.09		51.58	57.07	
新 加 坡	0.10	0.04	0.03	34.83	26.67	25.11	65.07	73.29	74.86
斯里兰卡	19.90	11.00	10.76	27.28	31.51	32.46	52.82	57.49	56.78
泰　　国	9.02	12.27	11.98	41.99	43.56	42.55	48.99	44.17	45.47
越　　南	22.74	19.67	18.38	34.20	38.63	38.31	43.07	41.70	43.31
埃　　及	16.74	14.47	14.51	33.13	39.22	39.17	50.13	46.31	46.32
尼日利亚	26.03	22.36	21.97	52.21	26.73	25.64	21.76	50.91	52.39
南　　非	3.28	2.52	2.39	31.78	28.41	27.58	64.94	69.07	70.03
加 拿 大	2.28			33.21			64.52		
墨 西 哥	3.54	3.52	3.48	34.86	36.38	34.81	61.61	60.10	61.71
美　　国	1.19			23.44			75.37		
阿 根 廷	4.31	6.91	6.68	23.74	29.61	28.62	71.95	63.48	64.70
巴　　西	5.60	5.32	5.71	27.73	26.02	24.98	66.67	68.66	69.32
委内瑞拉	4.21			49.67			46.12		
捷　　克	3.60	2.36	2.39	37.51	37.27	37.77	58.90	60.37	59.85
法　　国	2.47	1.97	1.80	22.82	18.80	18.84	74.71	79.23	79.36
德　　国	1.11	0.84	0.78	30.51	30.51	30.21	68.38	68.65	69.02
意 大 利	2.81	2.03	2.15	27.74	24.27	23.90	69.45	73.70	73.95
荷　　兰	2.51	1.69	1.65	24.79	24.31	24.37	72.71	74.00	73.98
波　　兰	4.96			31.71			63.34		
俄罗斯联邦	6.44	3.93	3.94	37.95	36.71	36.16	55.62	59.37	59.90
西 班 牙	4.23	2.46	2.58	31.07	25.92	25.31	64.71	71.63	72.11
土 耳 其	11.31	9.00	8.53	31.33	27.14	27.06	57.36	63.86	64.41
乌 克 兰	17.08	9.29	10.43	36.32	29.25	26.94	46.60	61.47	62.64
英　　国	0.90	0.66	0.64	26.80	20.67	20.34	72.30	78.67	79.02
澳大利亚	3.39	2.42	2.40	26.76	28.13	27.09	69.85	69.44	70.51
新 西 兰	8.43			25.45			66.12		

资料来源：世界银行WDI数据库。

附录1-4　按生产法计算的第三产业行业增加值

单位：亿本币

国家和地区	2000	2005	2007	2008	2009	2010	2011
中　国							
按当年价格计算							
国内生产总值	**99215**	**184937**	**265810**	**314045**	**340903**	**401513**	**473104**
增加值总额(按基本价格计算)	**99215**	**184937**	**265810**	**314045**	**340903**	**401513**	**473104**
第三产业							
批发、零售贸易；机动车及个人、家庭用品修理业	8159	13966	20938	26182	28985	35746	43445
旅馆和饭店业	2146	4196	5548	6616	7118	8069	9173
运输、仓储和通讯	6161	10666	14601	16363	16727	19132	22433
金融中介	4087	6087	12338	14863	17768	20981	24958
房地产、租赁及商务活动		11646	18505	20347	24846	30567	36191
公共管理和国防；社会基本保障							
教育；卫生和社会工作；其他团体、社会和个人服务活动	13744						
按2005年价格计算①							
国内生产总值		**184937**	**237893**	**260813**	**284845**	**314603**	
增加值总额		**184937**	**237893**	**260813**	**284845**	**314603**	
第三产业							
批发和零售业		13966	20058	23237	26049	29772	
旅馆和饭店业		4196	5177	5674	5985	6584	
交通运输、仓储和邮政业		10666	13114	14074	14662	16098	
金融业		6087	9777	11081	13100	14415	
房地产业		11646	16123	16339	17749	19186	
其他服务业		31488	38824	43084			
印　度							
按当年价格计算							
国内生产总值	**210231**	**369337**	**498709**	**563006**	**645735**	**767415**	
增加值总额(按基本价格计算)	**195428**	**344809**	**465993**	**538756**	**618695**	**727794**	
第三产业							
批发、零售贸易；机动车及个人、家庭用品修理业	25670	51579	70909	81789	92568	110906	
旅馆和饭店业	2513	5432	7916	8289	8908	10577	
运输、仓储和通讯	15030	28288	37183	42092	48312	55679	
金融中介	10625	18465	25187	29959	33238	41264	
房地产、租赁及商务活动	15386	32063	45571	56274	64868	78144	
公共管理和国防；社会基本保障	13260	19784	24545	31735	41797	46779	
教育；卫生和社会工作；其他团体、社会和个人服务活动	15952	27119	34249	40104	48405	57440	
按2004年价格计算							
国内生产总值		**354324**	**425095**	**441635**	**478018**	**523682**	
增加值总额(按基本价格计算)		**330824**	**396435**	**422496**	**457875**	**496779**	
第三产业							
批发、零售贸易；机动车及个人、家庭用品修理业		48696	59277	63209	68455	74722	
旅馆和饭店业		5148	6658	6438	6625	7148	
运输、仓储和通讯		28308	35888	39722	45564	52268	
金融中介		19866	27937	31835	35442	40574	
房地产、租赁及商务活动		30534	36276	39867	42953	46025	
公共管理和国防；社会基本保障		18989	20886	24779	29208	29714	
教育；卫生和社会工作；其他团体、社会和个人服务活动		26000	28737	30814	33046	35519	

附录1-4 续表 1

单位：亿本币

国家和地区	2000	2005	2007	2008	2009	2010	2011
印度尼西亚②							
按当年价格计算							
国内生产总值	**1390**	**2774**	**3951**	**4949**	**5606**	**6447**	**7423**
增加值总额(按基本价格计算)	**1390**	**2774**	**3951**	**4949**	**5604**	**6423**	
第三产业							
批发、零售贸易;机动车及个人、家庭用品修理业;旅馆和饭店业	224	432	592	691	744	881	
运输、仓储和通讯	65	181	264	312	352	417	
金融中介;房地产、租赁及商务活动	115	231	305	368	404	463	
公共管理和国防;社会基本保障	69	135	205	258	319	354	
教育;卫生和社会工作;其他团体、社会和个人服务活动	60	141	193	224	256	301	
按2000年价格计算							
国内生产总值	**1390**	**1751**	**1964**	**2082**	**2179**	**2314**	**2465**
增加值总额(按基本价格计算)	**1390**	**1751**	**1964**	**2082**	**2178**	**2311**	
第三产业							
批发、零售贸易;机动车及个人、家庭用品修理业;旅馆和饭店业	224	294	340	364	369	401	
运输、仓储和通讯	65	109	142	166	192	217	
金融中介;房地产、租赁及商务活动	115	161	184	199	209	221	
公共管理和国防;社会基本保障	69	74	81	84	89	93	
教育;卫生和社会工作;其他团体、社会和个人服务活动	60	87	101	109	117	125	
日　　本②							
按当年价格计算							
国内生产总值	**503**	**504**	**513**	**501**	**471**	**482**	**471**
增加值总额(按基本价格计算)	**523**	**501**	**510**	**497**	**467**	**479**	**468**
第三产业							
批发、零售贸易;机动车及个人、家庭用品修理业;旅馆和饭店业	71	75	70	70	64	66	67
运输、仓储和通讯	35	51	54	53	49	49	48
金融中介	30	31	31	25	24	24	23
房地产、租赁及商务活动	58	54	56	56	57	57	57
公共管理和国防;社会基本保障	27	30	30	31	30	30	30
教育;卫生和社会工作;其他团体、社会和个人服务活动	130	113	119	120	116	116	116
按2005年价格计算							
国内生产总值		**504**	**524**	**518**	**490**	**512**	**509**
增加值总额(按基本价格计算)		**501**	**521**	**515**	**483**	**504**	**502**
第三产业							
批发、零售贸易;机动车及个人、家庭用品修理业;旅馆和饭店业		75	68	66	63	65	66
运输、仓储和通讯		51	55	54	50	51	51
金融中介		31	33	28	27	28	27
房地产、租赁及商务活动		54	56	57	58	58	59
公共管理和国防;社会基本保障		30	30	30	31	31	31
教育;卫生和社会工作;其他团体、社会和个人服务活动		113	121	122	117	117	118

附录1-4 续表 2

单位：亿本币

国家和地区	2000	2005	2007	2008	2009	2010	2011
韩 国②							
按当年价格计算							
国内生产总值	**603**	**865**	**975**	**1026**	**1065**	**1173**	**1235**
增加值总额(按基本价格计算)	**539**	**776**	**875**	**920**	**959**	**1054**	**1113**
第三产业							
批发、零售贸易;机动车及个人、家庭用品修理业	54	67	75	81			
旅馆和饭店业	15	18	21	23			
运输、仓储和通讯	37	54	59	61			
金融中介	31	53	61	65			
房地产、租赁及商务活动	74	104	119	126			
公共管理和国防;社会基本保障	30	48	56	59			
教育	28	47	56	61			
卫生和社会工作	15	29	35	38			
其他团体、社会和个人服务活动	17	27	31	33			
雇人的私人住户	0.2	0.2	0.2	0.2			
按2005年价格计算							
国内生产总值	**695**	**865**	**957**	**978**	**982**	**1044**	**1082**
增加值总额(按基本价格计算)	**621**	**776**	**860**	**881**	**886**	**941**	**974**
第三产业							
批发、零售贸易;机动车及个人、家庭用品修理业	62	67	73	74	74		
旅馆和饭店业	16	18	20	20	20		
运输、仓储和通讯	38	54	59	62	61		
金融中介	38	53	62	65	67		
房地产、租赁及商务活动	95	112	120	122	122		
公共管理和国防;社会基本保障	43	48	52	53	55		
教育	38	47	50	52	52		
卫生和社会工作	23	29	33	34	37		
其他团体、社会和个人服务活动	21	27	30	31	31		
雇人的私人住户	0.3	0.2	0.2	0.2	0.2		
马来西亚							
按当年价格计算							
国内生产总值	**3564**	**5436**	**6653**	**7699**	**7129**	**7973**	**8845**
增加值总额(按基本价格计算)	**3679**	**5372**	**6594**	**7624**	**7059**	**7897**	**8757**
第三产业							
批发、零售贸易;机动车及个人、家庭用品修理业	400	629	800	966	960	1066	1202
旅馆和饭店业	80	117	153	176	192	214	234
运输、仓储和通讯	249	364	430	465	469	511	551
金融中介	326	407	498	553	575	617	642
房地产、租赁及商务活动	157	253	311	347	368	400	429
公共管理和国防;社会基本保障	226	357	462	547	566	600	678
教育	16	29	39	46	52	57	62
卫生和社会工作	15	36	44	49	54	59	64
其他团体、社会和个人服务活动	175	200	215	224	234	244	255
雇人的私人住户	7	9	10	11	12	12	12
按2005年价格计算							
国内生产总值		**5436**	**6101**	**6396**	**6299**	**6749**	**7093**
增加值总额(按基本价格计算)		**5372**	**6041**	**6320**	**6229**	**6673**	**7006**
第三产业							
批发、零售贸易;机动车及个人、家庭用品修理业		629	777	866	880	953	1020
旅馆和饭店业		117	138	148	154	165	175
运输、仓储和通讯		364	420	449	455	491	523
金融中介		407	495	543	567	614	654
房地产、租赁及商务活动		253	301	328	340	364	384
公共管理和国防;社会基本保障		357	415	446	461	488	548
教育		29	38	45	49	52	56
卫生和社会工作		36	42	45	47	50	52
其他团体、社会和个人服务活动		200	210	218	224	232	241
雇人的私人住户		9	10	10	10	10	11

附录1-4 续表 3

单位：亿本币

国家和地区	2000	2005	2007	2008	2009	2010	2011
菲 律 宾							
按当年价格计算							
国内生产总值	**35807**	**56777**	**68927**	**77209**	**80261**	**90035**	**97063**
增加值总额(按基本价格计算)	**35807**	**56777**	**68927**	**77209**	**80261**	**90035**	**97063**
第三产业							
批发、零售贸易;机动车及个人、家庭用品修理业	4730	9311	11788	13161	13595	15638	16959
旅馆和饭店业	630	959	1192	1300	1295	1452	1613
运输、仓储和通讯	2192	4435	5145	5489	5611	5862	6273
金融中介	1871	3340	4497	4999	5445	6224	6841
房地产、租赁及商务活动	3337	5601	7008	8165	8841	9791	11051
公共管理和国防;社会基本保障	1845	2338	2693	2859	3236	3723	4043
教育	778	1434	1702	1782	3421	3552	3856
卫生和社会工作	458	888	1074	1166	1149	1255	1397
其他团体、社会和个人服务活动	1407	2287	2823	3099	1718	2127	2259
按2000年价格计算							
国内生产总值	**35807**	**44813**	**50283**	**52371**	**52972**	**57015**	**59090**
增加值总额(按基本价格计算)	**35807**	**44813**	**50283**	**52371**	**52972**	**57015**	**59090**
第三产业							
批发、零售贸易;机动车及个人、家庭用品修理业		7403	8519	8637	8756	9487	9805
旅馆和饭店业					906	989	1072
运输、仓储和通讯	2192	3609	4081	4240	4234	4278	4460
金融中介	1871	2573	3171	3227	3403	3747	3944
房地产、租赁及商务活动	3337	4195	4825	5261	5479	5889	6382
公共管理和国防;社会基本保障	1845	2121	2227	2272	2410	2551	2600
教育					2565	2618	2727
卫生和社会工作					710	756	818
其他团体、社会和个人服务活动					1206	1479	1551
新 加 坡							
按当年价格计算							
国内生产总值	**1626**	**2088**	**2673**	**2680**	**2667**	**3037**	
增加值总额(按基本价格计算)	**1513**	**1993**	**2517**	**2537**	**2528**	**2859**	
第三产业							
批发、零售贸易;机动车及个人、家庭用品修理业④	204	344	474	444	415	472	
旅馆和饭店业	35	41	54	60	55	63	
运输、仓储和通讯	212	288	342	352	312	348	
金融中介	157	214	304	306	311	342	
房地产、租赁及商务活动	167	208	299	344	351	400	
公共管理和国防;社会基本保障							
教育;卫生和社会工作;其他团体、社会和个人服务活动⑤	156	205	232	247	254	307	
雇人的私人住户	58	61	83	106	112	118	
按2005年价格计算							
国内生产总值	**1652**	**2088**	**2468**	**2505**	**2486**	**2846**	
增加值总额(按基本价格计算)	**1571**	**1993**	**2347**	**2402**	**2381**	**2730**	
第三产业							
批发、零售贸易;机动车及个人、家庭用品修理业④	224	344	407	420	394	454	
旅馆和饭店业	40	41	47	48	47	51	
运输、仓储和通讯	220	288	328	342	321	337	
金融中介	150	214	278	290	302	339	
房地产、租赁及商务活动	172	208	261	280	293	310	
公共管理和国防;社会基本保障							
教育;卫生和社会工作;其他团体、社会和个人服务活动⑤	163	205	218	225	237	271	
雇人的私人住户	53	61	62	62	62	61	

附录1-4 续表 4

单位：亿本币

国家和地区	2000	2005	2007	2008	2009	2010	2011
泰　国							
按当年价格计算							
国内生产总值	**50600**	**75863**	**90378**	**96596**	**95907**	**107098**	**111205**
增加值总额(按基本价格计算)	**50600**	**75863**	**90378**	**96596**	**95907**	**107098**	**111205**
第三产业							
批发、零售贸易;机动车及个人、家庭用品修理业	8683	11352	13111	13883	14307	15689	16302
旅馆和饭店业	1990	2313	2778	2989	2855	3113	3386
运输、仓储和通讯	4179	5668	6907	7018	7012	7349	7438
金融中介	1932	4172	4930	5236	5438	5614	6410
房地产、租赁及商务活动	3759	5635	6427	6671	6427	7036	7420
公共管理和国防;社会基本保障	3000	4380	5300	5774	6149	6525	7034
教育	2034	2892	3496	3721	3917	4105	4358
卫生和社会工作	782	1253	1438	1498	1522	1570	1661
其他团体、社会和个人服务活动	1183	1710	1581	1644	1583	1706	1862
雇人的私人住户	70	85	92	97	101	101	107
按2002年价格计算							
国内生产总值							
增加值总额(按基本价格计算)	**52459**	**68369**	**75652**	**76915**	**76217**	**81807**	**82087**
第三产业	**52459**	**68369**	**75652**	**76915**	**76217**	**81807**	**82087**
批发、零售贸易;机动车及个人、家庭用品修理业	8881	10441	11757	11759	11459	12485	12437
旅馆和饭店业	2036	2351	2674	2786	2740	2990	3252
运输、仓储和通讯	4132	5770	6804	6903	6814	7279	7452
金融中介	2273	3464	3553	3527	3859	4023	4311
房地产、租赁及商务活动	3653	5621	6261	6331	6050	6470	6719
公共管理和国防;社会基本保障	3142	3686	4084	4223	4444	4653	4960
教育	2114	2448	2640	2657	2725	2839	2885
卫生和社会工作	810	1115	1217	1235	1246	1273	1347
其他团体、社会和个人服务活动	1199	1599	1407	1404	1353	1428	1522
雇人的私人住户	73	80	80	81	83	82	83
越　南②							
按当年价格计算							
国内生产总值	**442**	**839**	**1144**	**14850**	**16584**	**1981**	**2535**
增加值总额(按基本价格计算)	**442**	**839**	**1144**	**14850**	**16584**	**1981**	**2535**
第三产业							
批发、零售贸易;机动车及个人、家庭用品修理业	63	114	156	212	245	289	370
旅馆和饭店业	14	29	45	57	67	81	105
运输、仓储和通讯	17	37	51	66	72	85	101
金融中介	8	15	21	27	32	37	48
房地产、租赁及商务活动	19	34	44	54	60	71	86
公共管理和国防;社会基本保障	12	23	31	41	47	55	70
教育	15	27	35	38	43	50	67
卫生和社会工作	6	12	16	19	22	24	27
其他团体、社会和个人服务活动	15	27	36	46	53	63	78
雇人的私人住户	1	1	2	3	3	3	4
按1994年价格计算							
国内生产总值	**274**	**393**	**461**	**490**	**517**	**552**	**584**
增加值总额(按基本价格计算)	**274**	**393**	**461**	**490**	**517**	**552**	**584**
第三产业							
批发、零售贸易;机动车及个人、家庭用品修理业	45	64	76	81	87	94	
旅馆和饭店业	9	13	17	19	19	21	22
运输、仓储和通讯	11	15	19	21	23	25	27
金融中介	6	8	10	11	12	13	13
房地产、租赁及商务活动	12	15	16	16	17	17	17
公共管理和国防;社会基本保障	8	10	12	13	14	15	16
教育	9	13	15	17	18	19	20
卫生和社会工作	4	6	7	7	8	8	9
其他团体、社会和个人服务活动	9	13	15	16	17	18	19
雇人的私人住户	1	1	1	1	1	1	1

附录1-4 续表 5

单位：亿本币

国家和地区	2000	2005	2007	2008	2009	2010	2011
埃 及							
按当年价格计算							
国内生产总值	**3458**	**5682**	**7448**	**8955**	**10423**	**12055**	
增加值总额(按基本价格计算)	**3546**	**5843**	**7105**	**8554**	**9942**	**11506**	
第三产业							
批发、零售贸易;机动车及个人、家庭用品修理业	539	631					
旅馆和饭店业	66	177					
运输、仓储和通讯	257	574	767	924	1011	1104	
金融中介	401	461					
房地产、租赁及商务活动	110	173					
公共管理与国防;社会基本保障	326	527	667	797	986	1149	
教育		149					
卫生和社会工作⑥	11	74					
其他团体、社会和个人服务活动	285	229					
按1996年价格计算							
国内生产总值	**3202**						
增加值总额(按基本价格计算)⑦	**2968**						
第三产业							
批发、零售贸易;机动车及个人、家庭用品修理业							
旅馆和饭店业	50						
运输、仓储和通讯	276						
金融中介;房地产、租赁及商务活动	239						
公共管理和国防；社会基本保障	483						
南 非							
按当年价格计算							
国内生产总值	**9221**	**15711**	**20162**	**22565**	**24064**	**26594**	**29175**
增加值总额(按基本价格计算)	**8382**	**14011**	**17921**	**20278**	**21783**	**24073**	**26214**
第三产业							
批发、零售贸易;机动车及个人、家庭用品修理业;旅馆和饭店业	1227	1950	2389	2715	2985	3608	4035
运输、仓储和通讯	809	1395	1645	1898	1993	2228	2434
金融中介	686	1310	1984	2151	2045	2256	2535
房地产、租赁及商务活动	876	1645	2071	2235	2603	2843	3044
公共管理和国防;社会基本保障	1332	2086	2598	2933	3427	3919	4313
教育;卫生和社会工作;其他团体、社会和个人服务活动	282	545	692	740	850	852	942
雇人的私人住户	232	340	402	448	492	562	608
按2005年价格计算							
国内生产总值	**13018**	**15711**	**17512**	**18146**	**17869**	**18421**	**19057**
增加值总额(按基本价格计算)	**11582**	**14011**	**15611**	**16198**	**15981**	**16467**	**17008**
第三产业							
批发、零售贸易;机动车及个人、家庭用品修理业;旅馆和饭店业	1616	1950	2176	2197	2171	2253	2354
运输、仓储和通讯	1028	1395	1563	1625	1640	1673	1725
金融中介;房地产、租赁及商务活动	2167	2955	3495	3752	3790	3872	4025
公共管理和国防;社会基本保障	1913	2086	2233	2334	2425	2495	2593
教育;卫生和社会工作;其他团体、社会和个人服务活动	484	545	608	631	626	626	647
雇人的私人住户	275	340	375	390	387	390	396

附录1-4 续表 6

单位：亿本币

国家和地区	2000	2005	2007	2008	2009	2010	2011
巴　西							
按当年价格计算							
国内生产总值	**11795**	**21472**	**26613**	**30322**	**32394**	**37701**	**41430**
增加值总额(按基本价格计算)	**10216**	**18423**	**22879**	**25804**	**27944**	**32272**	**35309**
第三产业							
批发、零售贸易;机动车及个人、家庭用品修理业	1692	3084	4094	4770	5171		
旅馆和饭店业	182	300	417	458	544		
运输、仓储和邮电业	866	1647	1975	2270	2340	2659	2886
金融中介	609	1299	1756	1754	2022	2424	2625
房地产、租赁及商务活动	1154	1659	1945	2103	2338	2528	2784
公共管理与国防;社会基本保障	964	1838	2259	2558	2858		
教育	536	822	1097	1274	1446		
卫生和社会工作	399	657	895	1004	1136		
其他团体、社会和个人服务活动	411	672	805	888	1020		
按上年价格计算							
国内生产总值	**11109**	**20028**	**25138**	**27990**	**30222**		
增加值总额(按基本价格计算)	**9636**	**17156**	**21528**	**23970**	**25716**		
第三产业							
批发、零售贸易;机动车及个人、家庭用品修理业;旅馆和饭店业	1623	3153	4191	4788	5251		
旅馆和饭店业		283	380	442	474		
运输、仓储和邮电业	587	1478	1863	2129	2233		
金融中介	693	1020	1685	1978	1891		
房地产、租赁及商务活动	1177	1583	1848	1979	2158		
公共管理和国防;社会基本保障	1438	1620	2115	2283	2661		
教育		771	923	1077	1271		
卫生和社会工作		643	807	937	1035		
其他社区、社会和私人服务活动		610	768	823	940		
加 拿 大							
按当年价格计算							
国内生产总值	**10766**	**13738**	**15296**	**16034**	**15290**	**16246**	
增加值总额(按基本价格计算)	**9999**	**12805**	**14308**	**15092**			
第三产业							
批发、零售贸易;机动车及个人、家庭用品修理业	1096	1495					
旅馆和饭店业	234	283					
运输、仓储和通讯	702	918					
金融中介	595	768					
房地产、租赁及商务活动	1904	2482					
公共管理和国防;社会基本保障	565	716					
教育	468	596					
卫生和社会工作	602	803					
其他团体、社会和个人服务活动	285	365					
按2002年价格计算							
国内生产总值	**11005**	**12478**	**13113**	**13203**	**12837**	**13250**	
增加值总额(按基本价格计算)	**10256**	**11620**	**12211**	**12307**	**11920**	**12349**	
第三产业							
批发、零售贸易;机动车及个人、家庭用品修理业	1106	1388	1543	1573	1509		
旅馆和饭店业	246	260	266	272	267		
运输、仓储和通讯	724	851	901	910	884		
金融中介	613	704	797	817	818		
房地产、租赁及商务活动	1963	2352	2535	2589	2619		
公共管理和国防;社会基本保障	581	650	686	705	721		
教育	505	554	587	604	614		
卫生和社会工作	660	727	770	792	812		
其他团体、社会和个人服务活动	303	345	366	370	373		

附录1-4　续表 7

单位：亿本币

国家和地区	2000	2005	2007	2008	2009	2010	2011
墨 西 哥							
按当年价格计算							
国内生产总值	**60206**	**92206**	**112908**	**121534**	**118932**	**130291**	**143515**
增加值总额(按基本价格计算)	**58129**	**89718**	**110581**	**120569**	**116011**	**127301**	**141452**
第三产业							
批发、零售贸易;机动车及个人、家庭用品修理业	9803	14854	18003	19610	18510	21253	24148
旅馆和饭店业	1827	2379	2647	2740	2635	2834	3043
运输、仓储和通讯	5657	8227	10148	10607	10733	11915	12602
金融中介	1207	3323	4366	4792	5000	5342	5706
房地产、租赁及商务活动	10211	15312	17810	19140	19120	19763	20985
公共管理与国防;社会基本保障	2200	3534	4165	4598	5048	5475	5912
教育	2549	4368	5145	5591	5927	6297	6778
卫生和社会工作	1542	2599	3123	3379	3577	3813	4123
其他团体、社会和个人服务活动	672	1046	1229	1321	1377	1498	1575
雇人的私人住户		435	505	527	557	600	654
按2003年价格计算							
国内生产总值	**73975**	**81208**	**88186**	**89260**	**83907**	**88374**	**91836**
增加值总额(按基本价格计算)	**70913**	**78604**	**85895**	**87249**	**82263**	**86740**	**90452**
第三产业							
批发、零售贸易;机动车及个人、家庭用品修理业	11460	13118	14624	14769	12788	14176	15424
旅馆和饭店业	2334	2215	2308	2327	2149	2217	2273
运输、仓储和通讯	5912	7453	8508	8722	8404	8875	9230
金融中介	1819	2979	3904	4388	4486	5069	5544
房地产、租赁及商务活动	11684	13619	14568	14964	14458	14603	15088
公共管理和国防;社会基本保障	3383	3195	3253	3289	3414	3520	3445
教育	3769	3871	3947	3980	4000	4004	4077
卫生和社会工作	2261	2304	2544	2506	2526	2547	2594
其他团体、社会和个人服务活动	900	954	1011	1031	1028	1067	1082
雇人的私人住户		406	436	438	444	458	483
美　　国							
按当年价格计算							
国内生产总值	**98988**	**125643**	**139618**	**142193**	**138983**	**144194**	**149913**
增加值总额(按基本价格计算)	**92361**	**116950**	**129892**	**132336**	**129348**	**134214**	**139551**
第三产业							
批发、零售贸易;机动车及个人、家庭用品修理业⑧	13039	15641	17046	16727	16130	16750	17508
旅馆和饭店业	2830	3643	4117	4049	3948	4186	4431
运输、仓储和通讯	6215	7442	8166	8354	7971	8174	8629
金融中介；房地产、租赁及商务活动	31121	41046	45878	47345	46681	48215	49721
金融中介	7620	10285	10800	10415	10936	11573	11593
房地产、租赁及商务活动	23501	30761	35078	36930	35745	36642	38128
公共管理和国防;社会基本保障	7020	9463	10471	11090	11556	11924	12164
教育	4833	6379	7176	7576	7893	8032	8162
卫生和社会工作	5921	8333	9390	10063	10624	11027	11369
其他团体、社会和个人服务活动	4256	5140	5635	5563	5567	5853	6097
雇人的私人住户	138	153	181	191	175	154	165
按2005年价格计算							
国内生产总值	**111581**	**125643**	**131444**	**130972**	**126900**	**129920**	**132259**
增加值总额(按基本价格计算)	**105095**	**116950**	**122164**	**121520**	**117510**	**120284**	**122324**
第三产业							
批发零售、机动车及日用品修理、家庭用品修理业⑧	13571	15641	16464	15887	14687	15460	15693
旅馆和饭店业	3278	3643	3836	3651	3390	3612	3804
运输、仓储和通讯	6129	7442	8009	8215	7539	7769	8159
金融中介	8411	10285	10461	9776	10385	10158	10094
房地产、租赁及商务活动	26793	30761	32735	33855	32373	33041	33989
公共管理和国防;社会基本保障	8809	9463	9565	9805	10013	10135	10099
教育	6044	6379	6505	6589	6637	6596	6556
卫生和社会工作	7089	8333	8785	9222	9393	9557	9727
其他团体、社会和个人服务活动	5179	5140	5258	5024	4844	4998	5108
雇人的私人住户	160	153	168	172	155	136	144

附录1-4 续表 8

单位：亿本币

国家和地区	2000	2005	2007	2008	2009	2010	2011
法　国							
按当年价格计算							
国内生产总值	**14396**	**17180**	**18868**	**19332**	**18858**	**19367**	**20014**
增加值总额(按基本价格计算)	**12891**	**15399**	**16898**	**17351**	**17012**	**17410**	**17938**
第三产业							
批发、零售贸易;机动车及个人、家庭用品修理业	1357	1615	1695	1775	1723		
旅馆和饭店业	302	367	405	408	416		
运输、仓储和通讯	776	998	1082	1117	1131		
金融中介	664	753	793	809	873		
房地产、租赁及商务活动	3296	4226	4855	5035	4934		
公共管理和国防;社会基本保障	1009	1182	1261	1300	1348		
教育	722	842	889	912	938		
卫生和社会工作	972	1304	1445	1514	1576		
其他团体、社会和个人服务活动	422	546	605	626	633		
雇人的私人住户	66	88	96	102	103		
按2000年价格计算							
国内生产总值	**14400**	**15700**	**16400**	**16400**	**16000**		
增加值总额(按基本价格计算)	**12900**	**14000**	**14600**	**14700**	**14300**		
第三产业							
批发、零售贸易;机动车及个人、家庭用品修理业	1360	1420	1490	1500	1450		
旅馆和饭店业	302	302	315	313	298		
运输、仓储和通讯	776	933	1020	1020	990		
金融中介	664	736	797	803	820		
房地产、租赁及商务活动	3300	3680	3930	3970	3890		
公共管理和国防;社会基本保障	1010	1030	1060	1070	1090		
教育	722	714	709	707	698		
卫生和社会工作	972	1080	1120	1140	1170		
其他团体、社会和个人服务活动	422	492	514	520	515		
雇人的私人住户	66	71	74	77	75		
德　国							
按当年价格计算							
国内生产总值	**20625**	**22244**	**24285**	**24738**	**23745**	**24962**	**25926**
增加值总额(按基本价格计算)	**18562**	**20064**	**21770**	**22170**	**21174**	**22366**	**23174**
第三产业							
批发、零售贸易;机动车及个人、家庭用品修理业	2053	2082	2193	2314			
旅馆和饭店业	301	331	370	380			
运输、仓储和通讯	1018	1162	1233	1280			
金融中介	778	958	860	842			
房地产、租赁及商务活动	4332	4980	5534	5750			
公共管理和国防;社会基本保障	1180	1217	1236	1269			
教育	834	928	957	981			
卫生和社会工作	1241	1468	1529	1585			
其他团体、社会和个人服务活动	912	973	1010	1037			
雇人的私人住户	62	68	71	73			
按2000年价格计算							
国内生产总值	**20625**	**21246**	**22545**	**22768**	**21693**	**22481**	
增加值总额(按基本价格计算)	**18562**	**19332**	**20624**	**20845**	**19741**	**20524**	
第三产业							
批发、零售贸易;机动车及个人、家庭用品修理业	2053	2161	2191	2219			
旅馆和饭店业	301	293	324	324			
运输、仓储和通讯	1018	1149	1273	1305			
金融中介	778	644	759	761			
房地产、租赁及商务活动	4332	4809	5161	5253			
公共管理和国防;社会基本保障	1180	1157	1172	1181			
教育	834	825	841	837			
卫生和社会工作	1241	1425	1528	1605			
其他团体、社会和个人服务活动	912	896	908	917			
雇人的私人住户	62	62	64	66			

附录1-4 续表 9

单位：亿本币

国家和地区	2000	2005	2007	2008	2009	2010	2011
意大利							
按当年价格计算							
国内生产总值	**11911**	**14364**	**15542**	**15751**	**15197**	**15519**	**15785**
增加值总额(按基本价格计算)	**10640**	**12917**	**13920**	**14175**	**13686**	**13904**	**14128**
第三产业							
批发、零售贸易;机动车及个人、家庭用品修理业	1354	1513	1559	1551			
旅馆和饭店业	416	483	530	541			
运输、仓储和通讯	777	978	1023	1031			
金融中介	498	619	725	764			
房地产、租赁及商务活动	2134	2834	3045	3179			
公共管理和国防;社会基本保障	631	837	880	913			
教育	523	624	670	679			
卫生和社会工作	572	738	770	829			
其他团体、社会和个人服务活动	322	366	393	395			
雇人的私人住户	92	120	135	147			
按2000年价格计算							
国内生产总值	**11911**	**12448**	**12890**	**12719**	**12055**	**12212**	
增加值总额(按基本价格计算)	**10640**	**11133**	**11541**	**11405**	**10761**	**10920**	
第三产业							
批发、零售贸易;机动车及个人、家庭用品修理业	1354	1359	1398	1356			
旅馆和饭店业	416	395	418	416			
运输、仓储和通讯	777	921	954	949			
金融中介	498	531	625	642			
房地产、租赁及商务活动	2134	2325	2386	2394			
公共管理和国防;社会基本保障	631	683	689	689			
教育	523	539	543	543			
卫生和社会工作	572	641	655	658			
其他团体、社会和个人服务活动	322	299	311	306			
雇人的私人住户	92	106	114	118			
荷兰							
按当年价格计算							
国内生产总值	**4180**	**5134**	**5718**	**5945**	**5732**	**5887**	**6020**
增加值总额(按基本价格计算)	**3734**	**4562**	**5077**	**5282**	**5109**	**5262**	**5394**
第三产业							
批发、零售贸易;机动车及个人、家庭用品修理业	520	592	661	668			
旅馆和饭店业	76	85	93	90			
运输、仓储和通讯	266	332	351	350			
金融中介	227	351	294	327			
房地产、租赁及商务活动	791	906	1117	1170			
公共管理和国防;社会基本保障	261	325	346	362			
教育	162	213	230	240			
卫生和社会工作	272	400	440	466			
其他团体、社会和个人服务活动	114	140	151	154			
雇人的私人住户	15	20	21	22			
按2000年价格计算							
国内生产总值	**4180**	**4463**	**4795**	**4885**	**4694**	**4777**	
增加值总额(按基本价格计算)	**3734**	**4000**	**4298**	**4386**	**4235**	**4323**	
第三产业							
批发、零售贸易;机动车及个人、家庭用品修理业	520	579	657	669			
旅馆和饭店业	76	67	70	67			
运输、仓储和通讯	266	321	345	350			
金融中介	227	270	304	320			
房地产、租赁及商务活动	791	807	881	904			
公共管理和国防;社会基本保障	261	278	282	285			
教育	162	165	165	165			
卫生和社会工作	272	321	338	349			
其他团体、社会和个人服务活动	114	120	127	127			
雇人的私人住户	15	16	16	16			

附录1-4 续表 10 单位：亿本币

国家和地区	2000	2005	2007	2008	2009	2010	2011
俄罗斯联邦							
按当年价格计算							
国内生产总值	**73056**	**216098**	**332475**	**412768**	**388072**	**463085**	**557996**
增加值总额(按基本价格计算)	**65304**	**185177**	**284845**	**351827**	**338313**	**400401**	**475055**
第三产业							
批发、零售贸易;机动车及个人、家庭用品修理业		36105	57450	71377	60605	80210	93297
旅馆和饭店业		1678	2863	3580	3437	4033	4620
运输、仓储和通讯	5929	18970	27509	32583	32496	36625	39715
金融中介	912	7012	12538	15378	17072	17735	19560
房地产、租赁及商务活动	6157	18288	31028	39594	42206	49015	56458
公共管理和国防;社会基本保障	3058	9591	14664	18844	22032	24235	26726
教育	1794	4932	7699	9707	11342	12260	13863
卫生和社会工作	1460	5647	9505	11978	13603	14873	17730
其他团体、社会和个人服务活动	100	3247	5221	6215	5860	7006	7769
按2003年价格计算							
国内生产总值		**150967**	**175659**	**185524**			
增加值总额(按基本价格计算)		**134405**	**155963**	**164799**			
第三产业							
批发、零售贸易;机动车及个人、家庭用品修理业		30933	39680	43016			
旅馆和饭店业		1105	1377	1519			
运输、仓储和通讯		14847	16828	18071			
金融中介		4889	6065	6467			
房地产、租赁及商务活动		14562	19178	21249			
公共管理和国防；社会基本保障		6601	7031	7283			
教育		3209	3264	3286			
卫生和社会工作		3872	4034	4060			
其他团体、社会和个人服务活动		2533	2957	3079			
西 班 牙							
按当年价格计算							
国内生产总值	**6299**	**9093**	**10532**	**10878**	**10481**	**10489**	**10634**
增加值总额(按基本价格计算)	**5696**	**8125**	**9460**	**9970**	**9734**	**9578**	**9763**
第三产业							
批发、零售贸易;机动车及个人、家庭用品修理业	640	871	994	1061			
旅馆和饭店业	434	610	681	722			
运输、仓储和通讯	418	563	641	663			
金融中介	263	377	500	534			
房地产、租赁及商务活动	848	1341	1628	1754			
公共管理和国防;社会基本保障	355	485	573	616			
教育	279	389	446	482			
卫生和社会工作	290	449	534	589			
其他团体、社会和个人服务活动	204	305	351	376			
雇人的私人住户	58	71	77	79			
按2000年价格计算							
国内生产总值	**6299**	**7396**	**7965**	**8036**	**7735**	**7710**	**7742**
增加值总额(按基本价格计算)	**5696**	**6631**	**7168**	**7242**	**6982**	**6957**	**7025**
第三产业							
批发、零售贸易;机动车及个人、家庭用品修理业	640	734	803	818			
旅馆和饭店业	434	476	494	497			
运输、仓储和通讯	418	475	516	519			
金融中介	263	394	502	506			
房地产、租赁及商务活动	848	1018	1121	1143			
公共管理和国防;社会基本保障	355	412	449	467			
教育	279	323	345	359			
卫生和社会工作	290	359	394	416			
其他团体、社会和个人服务活动	204	251	270	279			
雇人的私人住户	58	67	70	69			

附录1-4 续表 11

单位：亿本币

国家和地区	2000	2005	2007	2008	2009	2010	2011
英 国							
按当年价格计算							
国内生产总值	**9753**	**12627**	**14121**	**14409**	**14019**	**14666**	**15158**
增加值总额(按基本价格计算)	**8630**	**11253**	**12589**	**12909**	**12650**	**13090**	**13389**
第三产业							
批发、零售贸易;机动车及个人、家庭用品修理业	1039	1321					
旅馆和饭店业	260	327					
运输、仓储和通讯	693	811					
金融中介	461	939					
房地产、租赁及商务活动	1945	2665					
公共管理和国防;社会基本保障	427	549					
教育	481	623					
卫生和社会工作	554	815					
其他团体、社会和个人服务活动	382	535					
雇人的私人住户	40	53					
按2006年价格计算							
国内生产总值	**11424**	**12923**	**13640**	**13631**	**12967**	**13142**	
增加值总额(按基本价格计算)	**10190**	**11476**	**12169**	**12148**	**11568**	**11748**	
澳大利亚							
按当年价格计算							
国内生产总值	**7069**	**9950**	**11753**	**12543**	**12923**	**14039**	**14732**
增加值总额(按基本价格计算)	**6458**	**9156**	**10855**	**11710**	**12020**	**13104**	**13770**
第三产业							
批发、零售贸易;机动车及个人、家庭用品修理业	635	885	1064	1113			
旅馆和饭店业	183	238	269	285			
运输、仓储和通讯	590	804	949	1061			
金融中介	574	919	1200	1246			
房地产、租赁及商务活动	1313	1761	2167	2284			
公共管理和国防;社会基本保障	359	519	574	613			
教育	310	429	478	502			
卫生和社会工作	381	556	653	703			
其他社区、社会和私人服务活动⑨	206	277	310	329			
按2006年价格计算							
国内生产总值	**8581**	**10123**	**10842**				
增加值总额(按基本价格计算)	**7906**	**9310**	**10004**				
第三产业							
批发、零售贸易;机动车及个人、家庭用品修理业	833	1010	1079				
旅馆和饭店业	173	201	205				
运输、仓储和通讯	538	682	777				
金融中介	579	704	803				
房地产、租赁及商务活动	1688	2007	2153				
公共管理和国防;社会基本保障	350	387	407				
教育	396	424	437				
卫生和社会工作	482	602	648				
其他社区、社会和私人服务活动⑨	284	330	360				

注：①数据来源于《中国统计年鉴》。
②万亿本币。
③按市场价格计算。
④指批发零售贸易。
⑤包括金融管理和国防、社会基本保障。
⑥指私人非营利机构提供居民的服务。
⑦按要素价格计算。
⑧修理业包括在其他团体、社会和个人服务中。
⑨包括雇人的私人住户。
资料来源：联合国数据库。

附录1-5　按行业分类的第三产业就业人员

单位：万人

国家和地区	2000	2005	2008	2009	2010	2011	2012
中　　国①							
按第三版ISIC分类							
就业人员	**11259.0**	**10850.3**	**11515.4**				
第三产业							
批发、零售贸易;机动车及个人、家庭用品修理业	977	674.8	665.2				
旅馆和饭店业		181.2					
运输、仓储和通讯	659.0	579.2	582.6				
金融中介	294	295.0	326.4				
房地产、租赁及商务活动	93	544.2	644.3				
公共管理和国防;社会基本保障	1091	1213.5	1291.9				
教育	1500	1444.7	1490.8				
卫生和社会工作	476	491.4	536.2				
其他团体、社会和个人服务活动		117.0	119.1				
行业不明确	1807	334.3	373.6				
印度尼西亚							
按第三版ISIC分类							
就业人员	**8983.8**	**9395.8**	**10255.3**	**10487.1**	**10820.8**		
第三产业							
批发、零售贸易;机动车及个人、家庭用品修理业	1522.5	1674.8	1715.3	1773.2	1839.0		
旅馆和饭店业	326.4	116.1	406.9	421.6	410.2		
运输、仓储和通讯	455.4	565.3	618.0	611.8	561.9		
金融中介	46.9	55.6	69.1	74.4	99.0		
房地产、租赁及商务活动	41.3	58.6	76.9	74.2	75.0		
公共管理和国防;社会基本保障	284.1	258.7	252.1	291.3	341.2		
教育	241.3	287.2	328.6	388.9	473.3		
卫生和社会工作	43.8	65.1	74.4	88.1	108.9		
其他团体、社会和个人服务活动	181.7	145.0	421.3	398.5	426.7		
雇人的私人住户	206.5	270.3	222.9	225.9	240.6		
域外组织和机构		0.4	0.8	0.6	0.1		
行业不明确		6.1	9.8	7.0	4.9		
日　　本							
按第三版ISIC分类							
就业人员	**6446.0**	**6356.0**	**6385.0**	**6282.0**	**6257.0**	**6289.0**	**6270.0**
第三产业							
批发、零售贸易;机动车及个人、家庭用品修理业		1186.0	1169.0				
旅馆和饭店业		343.0	334.0				
运输、仓储和通讯	414.0	385.0	391.0				
金融中介		157.0	164.0				
房地产、租赁及商务活动		729.0	771.0				
公共管理和国防;社会基本保障		229.0	223.0				
教育		286.0	288.0	287.0	288.0	294.0	295.0
卫生和社会工作		553.0	598.0				
其他团体、社会和个人服务活动		355.0	357.0				
行业不明确者		74.0	74.0	61.0	61.0		
韩　　国②							
按第三版ISIC分类							
就业人员	**2115.6**	**2285.6**	**2357.7**	**2350.6**	**2382.9**	**2424.4**	**2468.1**
第三产业							
批发、零售贸易;机动车及个人、家庭用品修理业	383.3	374.8	363.1				
旅馆和饭店业	191.9	205.8	204.4				
运输、仓储和通讯	126.0	142.9	187.5				
金融中介	75.2	74.6	82.1				
房地产、租赁及商务活动	136.1	203.7	221.9				
公共管理和国防;社会基本保障	75.8	79.1	84.0				
教育	119.1	156.8	178.4	183.1	179.9	168.6	174.4
卫生和社会工作	42.8	64.6	84.2				
其他团体、社会和个人服务活动	125.1	172.7	178.2				
雇人的私人住户	18.6	13.0	15.0				
域外组织和机构	1.9	2.4	1.6				

附录1-5 续表 1

单位：万人

国家和地区	2000	2005	2008	2009	2010	2011	2012
马来西亚②							
按第三版ISIC分类							
就业人员	**932.2**	**1004.5**	**1066.0**	**1089.7**	**1177.7**	**1228.4**	**1272.3**
第三产业							
批发、零售贸易;机动车及个人、家庭用品修理业		162.0	172.9	183.2			
旅馆和饭店业		67.2	78.4	80.1			
运输、仓储和通讯	42.3	54.5	58.3	59.2			
金融中介		24.7	27.6	27.2			
房地产、租赁及商务活动		45.9	55.3	60.2			
公共管理和国防;社会基本保障		72.9	75.1	81.4			
教育		60.7	65.7	73.1	77.3	78.5	78.6
卫生和社会工作		21.3	25.3	27.2			
其他团体、社会和个人服务活动		23.5	27.4	30.3			
雇人的私人住户		26.1	25.3	26.3			
域外组织和机构		0.2	0.1	0.2			
菲 律 宾②							
按第三版ISIC分类							
就业人员	**2745.2**	**3231.3**	**3408.9**	**3506.2**	**3603.5**	**3719.2**	**3760.0**
第三产业							
批发、零售贸易;机动车及个人、家庭用品修理业		614.7	644.6	673.5	703.4		
旅馆和饭店业		86.1	95.3	101.0	106.2		
运输、仓储和通讯	198.6	245.1	259.0	268.0	272.3	277.5	
金融中介		34.1	36.8	36.9	40.0	43.4	
房地产、租赁及商务活动		73.4	95.3	106.4	114.6	125.7	
公共管理和国防;社会基本保障		148.1	167.6	174.9	184.7		
教育		97.8	107.1	113.8	117.6	119.9	120.0
卫生和社会工作		37.5	39.1	42.1	45.1		
其他团体、社会和个人服务活动		77.5	83.3	87.7	91.3	93.4	
雇人的私人住户		151.7	172.9	188.0	192.6		
域外组织和机构			0.2	0.2	0.2		
新 加 坡							
按第三版ISIC分类							
就业人员	**209.5**	**164.7**	**185.2**	**186.9**		**199.9**	**204.1**
第三产业							
批发、零售贸易;机动车及个人、家庭用品修理业	28.7	30.4	27.0				
旅馆和饭店业	11.4	10.3	12.0				
运输、仓储和通讯	23.3	22.8	26.9				
金融中介	9.6	10.2	12.4				
房地产、租赁及商务活动	19.6	20.7	23.8				
公共管理和国防;社会基本保障;教育							
卫生和社会工作							
其他团体、社会和个人服务活动;雇人的私人住户;域外组织和机构							
泰　　国②							
按第三版ISIC分类							
就业人员	**3300.1**	**3630.2**	**3783.7**	**3770.6**	**3803.7**	**3931.7**	**3957.8**
第三产业							
批发、零售贸易;机动车及个人、家庭用品修理业		529.7	563.5				
旅馆及饭店业		230.0	235.3				
运输、仓储和通讯	95.1	107.6	109.1				
金融中介		34.0	39.6				
房地产、租赁及商务活动		65.2	71.7				
公共管理和国防;社会基本保障		109.6	130.3				
教育		112.2	109.8			128.4	117.7
卫生和社会工作		61.1	72.0				
其他团体、社会和个人服务活动		71.9	81.9				
雇人的私人住户		24.2	19.6				
域外组织和机构		0.2	0.1				
行业不明确者		4.8	3.9				

附录1-5 续表 2

单位：万人

国家和地区	2000	2005	2008	2009	2010	2011	2012
越　　南							
按第三版ISIC分类							
就业人员	**3836.8**	**4252.7**	**4491.6**				
第三产业							
批发、零售贸易;机动车及个人、家庭用品修理业	411.6						
旅馆及饭店业	50.6						
运输、仓储和通讯	112.6						
金融中介	10.5						
房地产、租赁及商务活动	10.6						
公共管理和国防;社会基本保障	59.5						
教育	91.8						
卫生和社会工作	26.9						
其他团体、社会和个人服务活动	72.4						
雇人的私人住户	9.2						
域外组织和机构	0.3						
埃　　及②							
按第三版ISIC分类							
就业人员	**1720.3**	**1934.2**	**2250.7**	**2297.5**	**2382.9**	**2334.6**	**2359.6**
第三产业							
批发、零售贸易;机动车及个人、家庭用品修理业	200.7	214.1	238.7				
旅馆和饭店业	26.9	36.6	46.2				
运输、仓储和通讯	112.6	132.3	157.5				
金融中介	18.6	16.9	16.6				
房地产、租赁及商务活动	31.3	40.1	44.8				
公共管理和国防;社会基本保障	182.5	185.0	189.0				
教育	179.0	190.8	204.2	208.3	208.0	212.3	223.7
卫生和社会工作	53.2	50.3	58.3				
其他团体、社会和个人服务活动	34.3	46.5	57.4				
雇人的私人住户	4.9	5.3	6.6				
域外组织和机构		0.3	0.3				
行业不明确者	0.2	3.4	2.6	2.4	48.8		
南　　非							
按第三版ISIC分类							
就业人员	**1223.8**	**1230.1**	**1371.3**	**1345.5**	**1306.1**	**1326.5**	**1352.3**
第三产业							
批发、零售贸易;机动车及个人、家庭用品修理业;旅馆和饭店业	247.6	302.4	314.1				
运输、仓储和通讯	58.2	61.6	76.7				
金融中介;房地产、租赁及商务活动	97.6	129.6	164.6				
公共管理和国防;社会基本保障;教育;卫生和社会工作;其他团体、社会和个人服务活动							
雇人的私人住户	114.6	106.7	123.2				
行业不明确者	10.3	2.9	0.3				
巴　　西							
按第三版ISIC分类							
就业人员	**6563.0**	**8718.9**	**9239.5**	**9268.9**		**9349.3**	**9471.3**
第三产业							
批发、零售贸易;机动车及个人、家庭用品修理业	1089.9	1550.3		1648.4			
旅馆和饭店业	307.2	318.7		362.3			
运输、仓储和通讯	331.9	396.7		443.6		510.8	526.6
金融中介	82.4	100.7		113.2		121.8	123.5
房地产、租赁及商务活动	376.4	493.7		601.4		689.9	707.3
公共管理和国防;社会基本保障	352.3	426.7		475.4			
教育	382.2	468.4		523.9		507.4	524.5
卫生和社会工作	215.2	297.7		344.2			
其他团体、社会和个人服务活动	239.2	330.1		392.8		353.8	376.1
雇人的私人住户	501.6	666.6		722.3			
域外组织和机构	0.3	0.7		0.4			
行业不明确者	83.6	19.8		20.2			

附录1-5　续表 3

单位：万人

国家和地区	2000	2005	2008	2009	2010	2011	2012
加　拿　大②							
按第三版ISIC分类							
就业人员	**1476.4**	**1617.0**	**1712.6**	**1681.3**	**1704.1**	**1730.6**	**1750.8**
第三产业							
批发、零售贸易;机动车及个人、家庭用品修理业	254.9	284.0	295.1	292.7	293.7		
旅馆和饭店业	93.8	100.5	107.4	105.7	105.8		
运输、仓储和通讯	112.3	115.4	114.8	106.1	102.9	108.4	109.9
金融中介	60.8	70.7	78.6	77.2	78.6	76.1	78.5
房地产、租赁及商务活动	173.1	199.2	217.6	214.7	223.5	229.1	227.4
公共管理和国防;社会基本保障	77.0	83.1	92.4	92.7	95.4		
教育	97.4	110.6	119.3	118.9	121.8	121.9	128.8
卫生和社会工作	151.4	173.5	190.3	194.9	203.1		
其他团体、社会和个人服务活动	66.0	74.2	86.7	91.0	90.2	90.4	93.1
雇人的私人住户	7.9	6.2	7.3	7.7	7.4		
域外组织和机构	0.3	0.3	0.2	0.4	0.3		
墨　西　哥							
按第三版ISIC分类							
就业人员	**3804.5**	**4079.2**	**4386.7**	**4290.7**	**4386.7**	**4689.2**	**4900.3**
第三产业							
批发、零售贸易;机动车及个人、家庭用品修理业	834.2	933.3	997.4				
旅馆和饭店业	180.1	243.8	283.7				
运输、仓储和通讯	158.4	184.7	203.4				
金融中介	28.4	30.7	40.6				
房地产、租赁及商务活动	128.8	182.9	218.9				
公共管理和国防;社会基本保障	174.3	191.7	217.2				
教育	185.5	218.1	232.6			254.4	261.2
卫生和社会工作	106.5	113.6	125.3				
其他团体、社会和个人服务活动	82.5	132.8	6.9				
雇人的私人住户	170.0	169.4	185.2				
域外组织和机构	0.2	0.4	0.4				
行业不明确者	15.1	24.8	33.3				
美　　国②							
按第三版ISIC分类							
就业人员	**13520.8**	**14173.0**	**14536.2**	**13987.7**	**13906.4**		
第三产业							
批发、零售贸易;机动车及个人、家庭用品修理业	2240.7	2140.4	2058.5				
旅馆和饭店业	1007.4	930.6	979.5				
运输、仓储和通讯	829.4	618.4	650.1				
金融中介	567.6	703.5	727.9				
房地产、租赁及商务活动	1883.8	1746.1	1848.9				
公共管理和国防;社会基本保障	1058.6	653.0	676.3				
教育	1171.5	1226.4	1316.9				
卫生和社会工作	1271.8	1691.0	1823.3				
其他团体、社会和个人服务活动;雇人的私人住户;域外组织和机构和行业不明确者		1318.7	1345.8				
法　　国							
按第三版ISIC分类							
就业人员	**2312.3**	**2497.8**	**2588.5**	**2564.0**	**2569.4**	**2577.8**	**2579.8**
第三产业							
批发、零售贸易;机动车及个人、家庭用品修理业		333.5	342.1				
旅馆和饭店业		85.1	87.1				
运输、仓储和通讯	153.2	158.9	164.1				
金融中介	71.4	75.3	79.3				
房地产、租赁及商务活动	216.2	254.0	278.5				
公共管理和国防;社会基本保障		234.8	265.3				
教育	174.3	179.7	179.7	174.4	175.1	173.3	184.4
卫生和社会工作		297.0	321.5				
其他团体、社会和个人服务活动	99.9	111.3	116.2				
雇人的私人住户		60.5	60.8				
域外组织和机构		1.6	1.9				
行业不明确者		29.1	69.7	11.0	11.9	10.7	

附录1-5　续表 4　　单位：万人

国家和地区	2000	2005	2008	2009	2010	2011	2012
德　国							
按第三版ISIC分类							
就业人员	**3632.4**	**3636.2**	**3854.1**	**3847.1**	**3873.8**	**3973.7**	**4006.2**
第三产业							
批发、零售贸易;机动车及个人、家庭用品修理业	519.0	525.7	529.0				
旅馆和饭店业	121.9	129.5	145.9				
运输、仓储和通讯	198.1	194.9	214.7				
金融中介	133	130.5	130.1				
房地产、租赁及商务活动	290.0	352.0	417.2				
公共管理和国防;社会基本保障	310.3	287.9	283.6				
教育	191.2	209.2	234.2	237.0	237.1	246.6	252.0
卫生和社会工作	369.6	415.0	451.5				
其他团体、社会和个人服务活动	192.1	214.1	211.2				
雇人的私人住户	13.7	17.9	21.6				
域外组织和机构	3.3	3.4	3.3				
意 大 利							
按第三版ISIC分类							
就业人员	**2093.0**	**2256.3**	**2340.5**	**2302.5**	**2287.2**	**2296.7**	**2289.9**
第三产业							
批发、零售贸易;机动车及个人、家庭用品修理业	337.7	341.6	354.0				
旅馆和饭店业	81.4	106.0	117.9				
运输、仓储和通讯	117.2	123.9	129.4				
金融中介	66.9	64.0	65.3				
房地产、租赁及商务活动	148.0	237.6	261.8				
公共管理和国防;社会基本保障	194.2	144.0	143.6				
教育	151.1	154.1	160.4	157.7	153.9	154.0	149.3
卫生和社会工作	128.8	154.9	165.9				
其他团体、社会和个人服务活动	89.5	109.3	113.6				
雇人的私人住户	19.6	30.3	41.9				
域外组织和机构	2.0	1.7	3.6				
荷　兰							
按第三版ISIC分类							
就业人员	**786.0**	**811.1**	**859.3**	**859.6**	**837.0**	**836.9**	**842.4**
第三产业							
批发、零售贸易;机动车及个人、家庭用品修理业	125.2	115.3	118.6				
旅馆和饭店业	27.4	31.9	33.7				
运输、仓储和通讯	45.0	49.4	51.2				
金融中介	27.2	27.0	24.5				
房地产、租赁及商务活动	92.9	97.2	109.9				
公共管理和国防;社会基本保障	48.9	52.9	54.1				
教育	47.2	54.7	59.1	59.2	57.1	56.3	56.3
卫生和社会工作	105.2	120.4	135.3				
其他团体、社会和个人服务活动	32.7	31.6	38.9				
雇人的私人住户	0.3	0.4	0.6				
域外组织和机构	0.2						
行业不明确者	35.9	39.0	47.9	13.3	13.7	89.7	
俄罗斯联邦							
按第三版ISIC分类							
就业人员	**6507.0**	**6816.9**	**7096.5**	**6928.5**	**6980.4**	**7085.7**	**7154.5**
第三产业							
批发、零售贸易;机动车及个人、家庭用品修理业	788.7	1038.3	1077.4	1055.7	1087.5		
饭店和旅馆业	92.4	129.7	146.7	142.8	136.7		
运输、仓储和通讯	548.4	624.9	656.0	652.6	650.0	669.0	671.1
金融中介	84.3	96.2	131.6	123.7	130.9	142.7	146.3
房地产、租赁及商务活动	202.8	403.9	444.8	447.2	445.0	475.5	472.6
公共管理和国防;社会基本保障	482.4	481.5	540.9	555.7	572.2		
教育	591.1	620.4	644.2	650.6	656.5	650.8	661.7
卫生和社会工作	439.2	470.1	524.3	548.0	548.5		
其他团体、社会和个人服务活动	483.6	224.7	258.0	262.7	265.2	276.9	273.8
雇人的私人住户	2.1	2.6	4.3	3.0	2.3		
域外组织和机构	0.4	0.4	0.5	0.2	0.1		

附录1-5　续表 5　　　　单位：万人

国家和地区	2000	2005	2008	2009	2010	2011	2012
西　班　牙②							
按第三版ISIC分类							
就业人员	**1544.0**	**1897.3**	**2025.8**	**1888.8**	**1845.6**	**1810.5**	**1728.2**
第三产业							
批发、零售贸易;机动车及个人、家庭用品修理业	251.2	288.7	323.9				
饭店和旅馆业	100.4	129.1	145.3				
运输、仓储和通讯	93.1	111.7	118.2				
金融中介	41.4	45.7	50.7				
房地产、租赁及商务活动	111.7	167.8	207.4				
公共管理和国防;社会基本保障	97.5	119.7	127.7				
教育	85.0	109.0	114.9	116.0	118.2	117.7	117.3
卫生和社会工作	83.0	113.5	127.7				
其他团体、社会和个人服务活动	60.0	79.4	85.3				
雇人的私人住户	42.7	68.3	75.3				
域外组织和机构	0.2	0.6	0.2				
英　　国							
按第三版ISIC分类							
就业人员	**2726.4**	**2866.6**	**2936.4**	**2892.3**	**2894.2**	**2907.8**	**2942.8**
第三产业							
批发、零售贸易;机动车及个人、家庭用品修理业	421.6	435.5	431.6				
旅馆和饭店业	115.8	124.9	128.3				
运输、仓储和通讯	185.7	196.4	196.3				
金融中介	118.4	123.4	127.9				
房地产、租赁及商务活动	302.4	327.4	360.2				
公共管理和国防;社会基本保障	169.1	199.5	209.2				
教育	219.2	256.4	266.1	293.8	307.7	303.1	305.0
卫生和社会工作	299.3	348.3	364.1				
其他团体、社会和个人服务活动	152.3	0.1	167.5				
雇人的私人住户	13.5	12.1	13.8				
域外组织和机构	2.3	0.8	1.3				
行业不明确者	7.4	6.5	10.2	22.4	20.0	20.2	
澳大利亚②							
按第三版ISIC分类							
就业人员	**895.1**	**996.9**	**1074.0**	**1092.1**	**1121.5**	**1135.7**	**1148.2**
第三产业							
批发、零售贸易;机动车及个人、家庭用品修理业	175.9	176.5	184.7	184.2	186.7		
旅馆和饭店业	45.5	69.2	70.8	73.8	75.6		
运输、仓储和通讯	58.8	63.4	69.6	71.8	70.9		
金融中介	33.3	37.5	40.1	39.8	39.9		
房地产、租赁及商务活动	106.2	121.3	132.6	131.4	141.2		
公共管理和国防;社会基本保障	45.7	61.2	64.5	67.5	69.8		
教育	61.3	72.0	80.7	81.7	85.4		
卫生和社会工作	85.0	101.6	113.0	121.8	127.4		
其他团体、社会和个人服务活动	43.6	46.0	50.3	52.6	52.1		
雇人的私人住户	0.7	…	0.2	0.5	0.4		
域外组织和机构	0.1	0.1					
行业不明确	0.2	2.4					

注：①城镇单位就业人数。②不包括军人。
资料来源：国际劳工组织数据库。

附录1-6 按行业分类的第三产业雇员每月平均工资

单位：本币

国家和地区	2000	2005	2008	2009	2010	2011	2012
中　　国①	**780.9**	**1530.3**	**2435.8**				
按第三版ISIC分类							
第三产业							
批发、零售贸易;机动车及个人、家庭用品修理业;旅馆和饭店业	599.2	1270.1	2128.2				
运输、仓储和通讯	1026.6	1779.3	2733.0				
金融中介	1123.2	2685.7	5153.4				
房地产、租赁及商务活动	1051.3	1715.1	2527.3				
公共管理和国防;社会基本保障②	836.9	1708.8	2746.3				
教育③	790.2	1539.2	2515.4				
卫生和社会工作④	910.8						
中国香港				**10500.0**	**11000.0**	**11000.0**	**12000.0**
按第四版ISIC分类							
第三产业							
批发和零售贸易；机动车辆和摩托车的修理				11000.0	11000.0	12000.0	12000.0
运输和储存				11000.0	11000.0	11500.0	12000.0
住宿和餐饮业				8000.0	8000.0	8500.0	9000.0
信息和通讯业				16000.0	17000.0	18000.0	18000.0
金融和保险业				20000.0	20000.0	20000.0	21000.0
房地产业				9000.0	9000.0	9800.0	10500.0
专业和科技活动				10000.0	10500.0	10800.0	11500.0
公共行政和国防；强制性社会保障				22000.0	22500.0	23000.0	25000.0
教育				20000.0	20000.0	20000.0	21000.0
卫生和社会福利业				13000.0	13000.0	14000.0	15000.0
中国澳门	**4822.0**	**5773.0**		**8500.0**	**8900.0**	**10000.0**	**11000.0**
按第三版ISIC分类							
第三产业							
批发、零售贸易;机动车及个人、家庭用品服务业	4533.0	4888.0	7000.0	6800.0	7000.0		
旅馆和饭店业	5064.0	5597.0	10114.0	6500.0	7000.0	7400.0	8000.0
运输、仓储和通讯	9289.0	16830.0	20111.0	9000.0	8500.0	10000.0	10300.0
金融中介	11936.0	13378.0	17687.0	12000.0	12500.0	12000.0	13800.0
房地产、租赁及商务活动	3957.0	4198.0	8498.0	6000.0	6000.0	6800.0	7600.0
公共管理和国防;社会基本保障	13742.0	14521.0	18000.0	19600.0	19500.0	20700.0	25000.0
教育	9095.0	9503.0	12000.0	13000.0	13600.0	15000.0	16000.0
卫生和社会工作	9137.0	9705.0	10000.0	10300.0	10000.0	12000.0	14000.0
其他社团、社会和个人服务	6156.0	7837.0	12000.0	12000.0	12000.0		
雇人的私人住户	2816.0	2609.0	2700.0	2800.0	3000.0		
以色列	**6791.0**	**7219.0**	**8075.0**	**7947.0**	**8100.0**	**8325.0**	
按第三版ISIC分类							
第三产业							
批发、零售贸易;机动车及个人、家庭用品服务业	6297.0	6468.0	7023.0				
旅馆和饭店业	4668.0	4240.0	4687.0				
运输、仓储和通讯	8116.0	7915.0	8151.0				
金融中介	11471.0	12565.0	11837.0				
房地产、租赁及商务活动	10317.0	9877.0	10440.0				
公共管理和国防;社会基本保障	10525.0	11149.0	10884.0				
教育	6411.0	6708.0	7042.0				
卫生和社会工作	6909.0	7094.0	7128.0				
其他社团、社会和个人服务	4868.0	5123.0	5343.0				

附录1-6 续表 1

单位：本币

国家和地区	2000	2005	2008	2009	2010	2011	2012
哈萨克斯坦	**14374.0**	**33807.0**	**60805.0**				
按第三版ISIC分类							
第三产业							
批发、零售贸易;机动车及个人、家庭用品服务业	12961.0	33500.0	59330.0				
旅馆和饭店业	15979.0	47400.0	64382.0				
运输、仓储和通讯	18788.0	49000.0	83012.0				
金融中介	36140.0	79500.0	138544.0				
房地产、租赁及商务活动	16672.0	50700.0	93557.0				
公共管理和国防;社会基本保障	11758.0	31200.0	47276.0				
教育	8512.0	20300.0	34454.0				
卫生和社会工作	7267.0	18000.0	35775.0				
其他社团、社会和个人服务	12857.0	39100.0	61369.0				
域外组织和机构		137500.0	173860.0				
印度尼西亚⑤	**473.1**	**395.0**	**976.9**	**1322.4**	**1411.0**	**1529.2**	**1580.9**
按第三版ISIC分类							
第三产业							
批发、零售贸易;机动车及个人、家庭用品修理业			963.7	1102.9	1154.3		
旅馆和饭店业			903.7	1105.5	1171.2		
运输、仓储和通讯	781.2	660.2	1231.9	1514.3	1599.8		
金融中介			1847.1	2235.6	2158.3		
房地产、租赁及商务活动			1554.8	1869.1	1883.7		
公共管理和国防;社会基本保障			1835.3	2102.9	2186.7		
教育			1435.1	1583.5	1637.3		
卫生和社会工作			1577.4	1787.8	1772.9		
其他团体、社会和个人服务活动			833.4	1011.0	1159.9		
雇人的私人住户			548.9	566.7	597.3		
域外组织和机构			2590.9	4989.4	4991.9		
行业不明确者			858.9	1087.8	1318.9		
日　　本⑤				**294.5**	**296.2**	**296.8**	**297.7**
按第四版ISIC分类							
第三产业							
批发和零售贸易；机动车辆和摩托车的修理		306.1	305.3	297.0	297.7	289.0	296.4
运输和储存				255.1	261.5	257.8	262.4
住宿和餐饮业		239.4	244.6	237.5	236.8	236.8	235.2
信息和通讯业		358.1	355.0	358.6	363.3	378.4	392.8
金融和保险业	355.0	373.3	368.6	368.6	364.0	390.6	366.8
房地产业	335.6	334.0	327.0	313.1	314.6	321.6	310.8
专业和科技活动				364.2	380.5	372.5	368.5
教育		393.1	376.8	391.4	386.2	389.2	386.5
卫生和社会福利业		276.5	273.9	272.1	272.1	273.1	274.4
韩　　国⑤				**2270.3**	**2360.5**	**2454.3**	**2566.6**
按第四版ISIC分类							
第三产业							
批发和零售贸易；机动车辆和摩托车的修理				2216.0	2338.5	2389.0	2480.7
运输和储存				1958.5	2039.7	2195.4	2355.9
住宿和餐饮业				1564.1	1582.1	1653.2	1705.0
信息和通讯业				2942.2	3058.4	3171.3	3196.5
金融和保险业				3011.4	3135.8	3344.2	3515.0

附录1-6 续表 2

单位：本币

国家和地区	2000	2005	2008	2009	2010	2011	2012
房地产业				1728.5	1733.4	1832.0	1871.2
专业和科技活动				2943.9	2974.3	3119.3	3305.8
企业管理和商务服务业				2025.6	2055.4	2094.7	2086.3
教育	1932.4	2724.3	3182.7	2707.3	2775.8	2980.7	2991.0
卫生和社会福利业				2008.6	2100.8	2125.3	2266.7
蒙　古⑤	**62.3**	**101.2**	**274.2**	**300.5**	**341.5**		
按第三版ISIC分类							
第三产业							
批发、零售贸易;机动车及个人、家庭用品修理业	51.1	73.0	193.8				
旅馆和饭店业	62.9	116.1		239.7	267.1		
运输、仓储和通讯	78.4	112.4	255.6	294.7	369.0		
金融中介	47.3	163.9	471.4	600.3	696.7		
房地产、租赁及商务活动	50.5	68.3		264.9	277.3		
公共管理和国防;社会基本保障	56.7	106.2	327.3	332.0	351.1		
教育	59.2	92.8	289.2	297.3	311.6		
卫生和社会工作	43.7	84.6	295.8	298.4	319.1		
菲律宾		**13919.0**	**17490.0**	**290.7**	**306.5**	**317.4**	**333.8**
按第三版ISIC分类							
第三产业							
旅馆和饭店业	6200.0	8021.0	10172.0	264.5	280.8	280.1	
运输、仓储和通讯	7800.0	22237.0	28315.0	371.9	385.8	396.9	
金融中介	11300.0	37413.0	34233.0	515.6	530.0	528.6	
房地产、租赁及商务活动	7100.0	12434.0	18421.0	426.2	456.7	475.4	
公共管理和国防;社会基本保障				433.4	449.7	498.1	
教育	9000.0	13769.0	16298.0	522.4	567.0	618.5	677.6
卫生和社会工作	7600.0	10922.0	12310.0	434.3	464.6	470.5	
新加坡				**3872.0**	**4089.0**	**3249.0**	**3480.0**
按第四版ISIC分类							
第三产业							
批发和零售贸易；机动车辆和摩托车的修理				3418.0	3546.0	2830.0	3000.0
运输和储存				3914.0	3953.0	2416.0	2500.0
住宿和餐饮业				1463.0	1506.0	1764.0	1740.0
信息和通讯业				5253.0	5338.0	4987.0	4838.0
金融和保险业				6890.0	7656.0	5588.0	5751.0
房地产业				3273.0	3051.0	3500.0	3915.0
专业和科技活动				4957.0	5003.0	4423.0	4640.0
企业管理和商务服务业				2344.0	2529.0	1733.0	1810.0
公共行政和国防；强制性社会保障						4328.0	4500.0
卫生和社会福利业						3119.0	3141.0
泰　国						**10340.0**	**11184.0**
按第四版ISIC分类							
第三产业							
批发和零售贸易；机动车辆和摩托车的修理						9113.0	10143.0
运输和储存						14168.0	15276.0
住宿和餐饮业						7355.0	8429.0
信息和通讯业						26149.0	23967.0
金融和保险业						22774.0	22295.0
房地产业						13117.0	14587.0

附录1-6 续表 3

单位：本币

国家和地区	2000	2005	2008	2009	2010	2011	2012
专业和科技活动						18917.0	18017.0
企业管理和商务服务业						8739.0	11128.0
公共行政和国防；强制性社会保障						13194.0	13966.0
教育						19502.0	19747.0
卫生和社会福利业						13746.0	14179.0
埃　及⑥						**2136.0**	**2564.0**
按第四版ISIC分类							
第三产业							
批发和零售贸易；机动车辆和摩托车的修理						1516.0	1636.0
运输和储存						2824.0	3680.0
住宿和餐饮业						1580.0	1344.0
信息和通讯业						1672.0	2216.0
金融和保险业						6240.0	8100.0
房地产业						1492.0	1112.0
专业和科技活动						1936.0	2364.0
企业管理和商务服务业						1612.0	2168.0
教育						640.0	848.0
卫生和社会福利业						1816.0	1676.0
南　非							
按第二版ISIC分类							
第三产业							
批发、零售业、旅馆和饭店业	3722.0	4818.5	6411.0				
运输、仓储和通讯	5636.0	10422.0	12047.0				
金融保险、房地产和商务服务	8828.0	7443.5	10418.0				
社会和个人服务活动	6073.0	8383.8	10927.0				
加 拿 大⑥	**655.6**	**737.3**	**810.5**	**803.9**	**820.7**	**840.1**	**866.6**
按第三版ISIC分类							
第三产业							
批发、零售贸易;机动车及个人、家庭用品修理业	538.5	573.3	621.5	598.9	608.6		
旅馆和饭店业	273.3	288.5	331.1	382.7	386.2	396.7	417.7
运输、仓储和通讯	747.6	859.5	909.6	885.0	924.4	929.4	937.7
金融中介	844.3	933.9	1014.7	959.4	949.2	987.2	1041.3
房地产、租赁及商务活动	697.6	777.2	878.3	858.9	871.7	904.4	941.8
公共管理和国防;社会基本保障	781.2	925.5	1040.5	1092.6	1118.7	1140.0	1170.3
教育	673.9	779.6	862.6	922.1	960.8	982.9	1013.6
卫生和社会工作	562.4	667.4	743.9	782.9	790.1	816.6	829.3
其他团体、社会和个人服务	459.3	551.1	605.7	628.6	626.9		
墨 西 哥	**2938.5**	**4173.8**	**4800.9**				
按第三版ISIC分类							
第三产业							
批发、零售贸易;机动车及个人、家庭用品修理业	2538.4	3726.7	4236.4				
旅馆和饭店业	2166.9	3330.9	3893.2				
运输、仓储和通讯	3694.6	4795.9	5854.9				
金融中介	6597.4	7773.7	8976.4				
房地产、租赁及商务活动	3874.9	4658.1	5181.2				
公共管理与国防;社会基本保障	4236.7	5812.4	6565.3				
教育	4418.7	5938.1	6640.9				
卫生和社会工作	4086.1	5929.8	6741.2				
其他团体、社会和个人服务	2883.7	4031.9	4556.4				
雇人的私人住户	1225.8	1980.9	2401.1				

附录1-6 续表 4

单位：本币

国家和地区	2000	2005	2008	2009	2010	2011	2012
美　　国⑦	**14.0**	**16.1**	**18.1**				
按第三版ISIC分类							
第三产业							
运输、仓储和通讯		16.7	18.4				
金融中介		22.1	24.8				
房地产、租赁及商务活动							
公共管理和国防;社会基本保障							
教育				18.9			
卫生和社会工作	14.0	17.1	19.3				
法　　国	**1396.3**	**2516.0**					
按第三版ISIC分类							
第三产业							
批发、零售贸易;机动车及个人、家庭用品修理业	1257.4	2319.0					
旅馆和饭店业	959.9						
运输、仓储和通讯	1530.2	2372.0					
金融中介	1998.1	3720.0					
房地产、租赁及商务活动	1559.2	2653.0					
公共管理和国防;社会基本保障	1502.3						
教育	1508.5	2117.0				2804.0	
卫生和社会工作	1258.2						
其他团体、社会和个人服务活动	1258.3	2350.0					
雇人的私人住户	492.4						
德　　国				**3456.0**	**3543.0**	**3661.0**	**3749.0**
按第四版ISIC分类							
第三产业							
批发和零售贸易；机动车辆和摩托车的修理				3247.0	3326.0	3413.0	3578.0
运输和储存				2923.0	2960.0	3033.0	3113.0
住宿和餐饮业				1970.0	1997.0	2045.0	2105.0
信息和通讯业				4749.0	4865.0	4993.0	5039.0
金融和保险业				4873.0	5078.0	5235.0	5381.0
房地产业				3778.0	3850.0	3928.0	4024.0
专业和科技活动				4555.0	4638.0	4787.0	4608.0
企业管理和商务服务业				2217.0	2207.0	2275.0	2290.0
公共行政和国防；强制性社会保障				3228.0	3258.0	3332.0	3427.0
教育				3976.0	4010.0	4035.0	4072.0
卫生和社会福利业				3320.0	3370.0	3468.0	3550.0
荷　　兰	**5220.0**	**2836.0**				**2266.0**	
按第三版ISIC分类							
第三产业							
批发、零售贸易;机动车及个人、家庭用品修理业	4684.0	2523.0					
旅馆和饭店业	3792.0	2018.0					
运输、仓储和通讯	4937.0	2575.0					
金融中介	6257.0	3613.0					
房地产、租赁及商务活动	5905.0	3164.0					
公共管理和国防;社会基本保障	5776.0	3058.0					
教育	6029.0	3221.0					
卫生和社会工作	5285.0	2972.0					
其他团体、社会和个人服务活动	5018.0	2773.0					

附录1-6 续表 5

单位：本币

国家和地区	2000	2005	2008	2009	2010	2011	2012
波 兰	**1893.7**	**2360.6**	**2942.2**		**3543.5**	**3403.5**	
按第四版ISIC分类							
第三产业							
批发和零售贸易；机动车辆和摩托车的修理					3102.6	2774.3	
运输和储存					3274.4	3063.6	
住宿和餐饮业					2582.0	2104.3	
信息和通讯业					6447.8	5852.8	
金融和保险业					5832.8	5818.9	
房地产业					3580.6	3523.9	
专业和科技活动					4989.5	4209.1	
企业管理和商务服务业					2277.1	2311.3	
公共行政和国防；强制性社会保障					4336.5	4320.1	
教育	1835.0	2471.0	2962.2		3488.2	3576.7	
卫生和社会福利业					3315.6	3226.1	
俄罗斯联邦		**8555.0**	**17290.0**	**18638.0**	**20952.0**	**22717.0**	
按第三版ISIC分类							
第三产业							
批发、零售贸易;机动车及个人、家庭用品修理业		6552.0	14927.0	15959.0			
旅馆和饭店业		6033.0	11536.0	12470.0	13466.0	21394.0	
运输、仓储和邮电业		11351.0	20761.0	22401.0	25590.0	28261.0	
金融中介		22728.0	41872.0	42373.0	50120.0		
房地产、租赁及商务活动		10237.0	21275.0	22610.0	25623.0	30227.0	
公共管理与国防;社会基本保障		10999.0	21344.0	23960.0	25121.0		
教育		5430.0	11317.0	13294.0	14075.0	15430.0	
卫生和社会工作		5906.0	13049.0	14820.0	15724.0	16754.0	
其他团体、社会和个人服务		6291.0	13539.0	15070.0	16371.0		
域外组织和机构		18922.0	36083.0	40749.0	43769.0		
西 班 牙⑦							
按第三版ISIC分类							
第三产业							
批发、零售贸易;机动车及个人、家庭用品修理业	8.0	9.6	10.7				
旅馆和饭店业	6.4	7.6	8.6				
运输、仓储和邮电业	10.9	12.7	14.2				
金融中介	18.5	22.8	25.4				
房地产、租赁及商务活动	8.5	10.8	12.5				
公共管理与国防;社会基本保障							
教育	12.4	15.4	16.9				
卫生和社会工作	11.8	14.4	17.2				
其他团体、社会和个人服务	8.8	10.2	11.6				

附录1-6　续表 6　　　　单位：本币

国家和地区	2000	2005	2008	2009	2010	2011	2012
英　国				**2090.0**	**2119.0**	**2117.0**	**2130.0**
按第四版ISIC分类							
第三产业							
批发和零售贸易；机动车辆和摩托车的修理				1575.0	1602.0	1597.0	1618.0
运输和储存				2273.0	2306.0	2299.0	2385.0
住宿和餐饮业				1044.0	1045.0	1034.0	1044.0
信息和通讯业				3071.0	3116.0	3122.0	3190.0
金融和保险业				3248.0	3423.0	3621.0	3484.0
房地产业				2139.0	2195.0	2107.0	2145.0
专业和科技活动				2912.0	2921.0	2959.0	2940.0
企业管理和商务服务业				1643.0	1629.0	1617.0	1610.0
公共行政和国防；强制性社会保障				2362.0	2504.0	2411.0	2461.0
教育				1888.0	1930.0	1944.0	1952.0
卫生和社会福利业				1927.0	2001.0	1977.0	1999.0
澳大利亚⑦							
按第三版ISIC分类							
第三产业							
批发、零售贸易;机动车及个人、家庭用品修理业	16.5						
旅馆和饭店业	14.7						
运输、仓储和通讯	20.4						
金融中介	21.1						
房地产、租赁及商务活动	19.6						
公共管理和国防;社会基本保障	22.7						
教育	21.7						
卫生和社会工作	19.5						
其他社区、社会和私人服务活动	18.0						
新 西 兰							
按第四版ISIC分类				**3830.0**	**3940.0**		
第三产业							
批发和零售贸易；机动车辆和摩托车的修理				3230.0	3320.0		
运输和储存				4230.0	4360.0		
住宿和餐饮业				1880.0	1930.0		
信息和通讯业				5740.0	5920.0		
金融和保险业				6190.0	6500.0		
房地产业				3830.0	3890.0		
专业和科技活动				5010.0	5120.0		
企业管理和商务服务业				3000.0	3040.0		
公共行政和国防；强制性社会保障				5270.0	5470.0		
教育				3820.0	3960.0		
卫生和社会福利业				3670.0	3770.0		

注：①指城镇国有、集体和其他单位雇员工资。②指国家机关、社会组织。③包括文化艺术、广播电视。④包括体育活动。⑤千本币。⑥每周工资。⑦每小时工资。
资料来源：国际劳工组织数据库。

附录1-7 货物进口总额

单位：亿美元

国家和地区	2000	2005	2007	2008	2009	2010	2011	2012	2013
世 界	**67250**	**108700**	**143300**	**165720**	**127810**	**155100**	**185040**	**186110**	**188900**
中 国	2251	6600	9561	11326	10059	13962	17435	18184	19500
中国香港	2140	3002	3701	3930	3522	4414	5109	5535	6223
中国澳门	26	45	60	59	48	56	79	90	103
孟加拉国	89	139	186	239	218	278	362	342	364
文 莱	11	15	21	26	24	25	36	36	36
柬埔寨	19	39	54	65	58	68	93	110	130
印 度	515	1429	2294	3210	2572	3502	4645	4886	4660
印度尼西亚	436	757	931	1275	938	1353	1762	1904	1873
伊 朗	139	400	449	574	508	654	618	571	490
以色列	377	471	590	677	493	612	758	754	749
日 本	3795	5159	6222	7625	5520	6941	8554	8858	8332
哈萨克斯坦	50	174	328	379	284	311	369	464	489
韩 国	1605	2612	3568	4353	3231	4252	5244	5196	5156
老 挝	5	9	11	14	15	21	24	31	30
马来西亚	820	1143	1462	1563	1238	1646	1875	1964	2060
蒙 古	6	12	21	36	21	33	66	67	64
缅 甸	24	19	32	43	43	48	90	92	120
巴基斯坦	109	254	326	423	317	378	440	442	447
菲律宾	370	495	580	604	459	585	637	653	651
新加坡	1345	2000	2632	3198	2458	3108	3658	3797	3730
斯里兰卡	72	88	113	140	100	135	203	192	180
泰 国	619	1182	1400	1792	1337	1829	2288	2500	2507
越 南	156	368	627	807	699	848	1067	1138	1320
埃 及	146	224	371	484	449	529	589	692	583
尼日利亚	87	208	348	500	339	442	560	510	560
南 非	297	623	884	1016	741	968	1244	1272	1264
加拿大	2448	3224	3902	4190	3299	4027	4636	4749	4743
墨西哥	1795	2282	2902	3183	2415	3102	3611	3805	3910
美 国	12593	17327	20204	21695	16053	19692	22659	23355	23291
阿根廷	252	287	447	575	388	568	743	680	737
巴 西	586	776	1266	1824	1337	1915	2369	2334	2504
捷 克	320	765	1182	1420	1050	1267	1521	1414	1435
法 国	3389	5041	6309	7168	5609	6111	7200	6744	6810
德 国	4972	7771	10550	11851	9263	10548	12549	11632	11889
意大利	2388	3848	5117	5619	4151	4870	5588	4886	4774
荷 兰	2183	3638	4926	5809	4432	5164	5990	5904	5898
波 兰	490	1016	1657	2088	1495	1780	2106	1991	2051
俄罗斯联邦	449	1254	2235	2919	1918	2486	3238	3354	3430
西班牙	1561	2888	3893	4208	2932	3270	3766	3373	3389
土耳其	545	1168	1701	2020	1409	1855	2408	2365	2516
乌克兰	140	361	606	855	455	609	826	846	770
英 国	3481	5193	6383	6578	5191	5911	6771	6906	6553
澳大利亚	715	1253	1653	2003	1655	2016	2437	2609	2421
新西兰	139	262	309	344	256	306	371	383	396

资料来源：世界贸易组织数据库。

附录1-8 货物出口总额

单位：亿美元

国家和地区	2000	2005	2007	2008	2009	2010	2011	2012	2013
世　界	**64570**	**105080**	**140220**	**161590**	**125540**	**153000**	**183280**	**184040**	**188160**
中　国	2492	7620	12205	14307	12016	15778	18984	20487	22090
中国香港	2027	2921	3494	3702	3294	4007	4556	4929	5356
中国澳门	25	25	25	20	10	9	9	10	11
孟加拉国	64	93	125	154	151	192	244	251	291
文　莱	39	63	77	103	72	89	125	130	115
柬埔寨	14	31	41	47	42	51	67	78	93
印　度	424	996	1502	1948	1649	2264	3029	2968	3132
印度尼西亚	654	870	1180	1396	1197	1581	2008	1885	1833
伊　朗	287	563	887	1137	788	1013	1320	1040	820
以色列	314	428	541	613	479	584	678	631	668
日　本	4793	5949	7143	7814	5807	7698	8232	7986	7151
哈萨克斯坦	88	279	478	712	432	600	843	865	825
韩　国	1723	2844	3715	4220	3635	4664	5552	5479	5596
老　挝	3	6	9	11	11	18	22	23	23
马来西亚	982	1416	1760	1994	1572	1986	2281	2275	2283
蒙　古	5	11	19	25	19	29	48	44	43
缅　甸	16	38	63	69	67	87	92	89	112
巴基斯坦	90	161	178	203	175	214	254	246	252
菲律宾	381	413	505	491	384	515	483	521	567
新加坡	1378	2297	2993	3382	2698	3519	4095	4084	4103
斯里兰卡	54	64	77	85	74	86	102	94	100
泰　国	691	1109	1539	1778	1524	1933	2226	2292	2285
越　南	145	324	486	627	571	722	969	1145	1320
埃　及	53	129	192	262	231	264	305	294	285
尼日利亚	210	505	666	863	567	840	1140	1150	1030
南　非	300	516	698	808	617	914	1088	1000	959
加拿大	2766	3605	4207	4565	3161	3875	4513	4553	4584
墨西哥	1664	2142	2718	2913	2297	2983	3496	3706	3802
美　国	7819	9011	11482	12874	10560	12785	14825	15457	15796
阿根廷	263	404	558	700	557	682	841	803	817
巴　西	551	1185	1607	1979	1530	2019	2560	2426	2422
捷　克	291	781	1225	1468	1130	1330	1629	1570	1615
法　国	3276	4634	5596	6162	4848	5238	5965	5687	5797
德　国	5518	9709	13212	14462	11200	12589	14740	14051	14527
意大利	2405	3731	4999	5428	4069	4473	5233	5013	5177
荷　兰	2331	4064	5508	6379	4979	5743	6671	6539	6719
波　兰	318	894	1402	1705	1365	1597	1887	1854	2021
俄罗斯联邦	1050	2438	3544	4716	3034	4006	5220	5293	5233
西班牙	1153	1926	2533	2815	2273	2544	3066	2953	3165
土耳其	278	735	1073	1320	1021	1139	1349	1525	1518
乌克兰	146	342	493	670	398	515	685	685	633
英　国	2854	3909	4418	4722	3549	4160	5066	4728	5416
澳大利亚	639	1061	1414	1873	1543	2126	2704	2564	2527
新西兰	133	217	269	306	249	314	377	373	394

资料来源：世界贸易组织数据库。

附录1-9 服务贸易进口总额

单位：亿美元

国家和地区	2000	2005	2007	2008	2009	2010	2011	2012	2013
世 界	**14638**	**23838**	**31738**	**36336**	**32978**	**36157**	**40537**	**41612**	**43414**
中 国	359	833	1293	1580	1580	1922	2370	2802	3291
中国香港	246	338	424	469	436	510	561	585	593
中国澳门	8	23	44	56	47	72	101	108	114
孟加拉国	15	20	27	35	32	41	50	52	61
文 莱	8	9	11	12	12	14	15		
柬埔寨	3	6	9	9	8	10	13	15	17
印 度	189	468	704	878	794	1138	1239	1281	1268
印度尼西亚	154	218	241	280	226	256	308	333	338
伊 朗	22	104	148	171	169	182	163	124	
以色列	118	135	168	190	173	185	202	208	200
日 本	1139	1326	1485	1673	1469	1556	1657	1749	1609
哈萨克斯坦	18	74	115	109	99	112	108	126	121
韩 国	332	590	840	954	795	950	1000	1049	1059
老 挝				1	1	3	3	3	
马来西亚	166	218	285	301	273	321	377	420	439
蒙 古	2	5	5	6	5	8	18	20	22
缅 甸	3	5	6	6	6	8	11		
巴基斯坦	21	72	84	93	59	65	72	73	68
菲律宾	52	58	74	83	87	111	121	141	158
新加坡	300	551	744	872	824	975	1145	1177	1223
斯里兰卡	16	21	26	30	25	31	40	44	
泰 国	153	266	378	457	363	448	520	529	549
越 南	33	44	71	79	80	98	117	124	130
埃 及	72	95	131	163	128	130	131	156	153
尼日利亚	31	64	156	226	165	199	225	225	215
南 非	57	118	161	165	144	180	192	172	163
加拿大	436	649	817	876	809	952	1044	1052	1049
墨西哥	162	203	225	240	227	223	259	265	276
美 国	2050	2738	3393	3752	3533	3749	4006	4168	4273
阿根廷	90	74	106	131	119	145	175	182	188
巴 西	156	224	347	444	441	595	730	778	835
捷 克	53	102	143	173	153	169	197	194	195
法 国	597	1060	1283	1402	1643	1672	1909	1740	1881
德 国	1367	2109	2596	2917	2598	2676	2968	2948	3147
意大利	544	884	1186	1257	1040	1080	1134	1041	1069
荷 兰	518	836	974	1113	1075	1055	1209	1195	1212
波 兰	89	154	236	296	235	295	318	318	336
俄罗斯联邦	162	378	568	736	598	714	873	1040	1234
西班牙	329	668	957	1049	881	872	947	899	911
土耳其	85	103	145	167	155	182	194	193	223
乌克兰	26	70	111	158	111	121	127	139	154
英 国	965	1584	1951	1953	1632	1645	1747	1752	1728
澳大利亚	186	299	392	476	421	505	605	632	622
新西兰	44	82	91	97	78	92	108	120	121

资料来源：世界贸易组织数据库。

附录1-10 服务贸易出口总额

单位：亿美元

国家和地区	2000	2005	2007	2008	2009	2010	2011	2012	2013
世　界	**14910**	**25137**	**34182**	**38431**	**34807**	**38234**	**42882**	**43822**	**46237**
中　国	301	739	1217	1464	1285	1612	1757	1904	2070
中国香港	404	636	847	922	844	1040	1188	1261	1350
中国澳门	33	86	142	178	188	287	398	453	528
孟加拉国	3	5	7	9	9	12	14	13	19
文　莱	2	6	8	9	9	11	12		
柬埔寨	4	11	15	16	15	16	21	25	25
印　度	160	522	866	1067	921	1165	1382	1456	1526
印度尼西亚	51	126	121	147	126	162	201	225	219
伊　朗	14	49	68	76	79	87	84	65	
以色列	156	174	205	241	225	248	274	309	331
日　本	683	1080	1270	1464	1258	1387	1426	1425	1439
哈萨克斯坦	9	20	33	40	38	39	41	46	46
韩　国	308	483	714	894	725	863	941	1103	1118
老　挝	1	2	3	4	4	5	5	6	
马来西亚	138	195	294	303	287	317	358	375	392
蒙　古	1	4	6	5	4	5	6	10	9
缅　甸	5	2	3	3	3	3	6		
巴基斯坦	13	20	22	25	25	29	34	32	32
菲律宾	34	45	98	97	110	141	177	185	223
新加坡	284	555	848	990	751	941	1084	1119	1166
斯里兰卡	9	15	18	20	19	25	31	38	
泰　国	138	197	298	327	299	341	413	493	586
越　南	27	42	64	70	57	74	86	95	104
埃　及	97	144	197	247	213	236	190	213	193
尼日利亚	18	14	11	18	18	26	23	21	19
南　非	49	110	135	124	117	136	144	147	136
加拿大	393	544	638	667	636	720	782	775	778
墨西哥	133	156	171	176	148	152	156	161	196
美　国	2824	3643	4723	5190	4934	5406	5979	6303	6621
阿根廷	48	65	102	120	108	135	155	149	137
巴　西	90	149	226	288	262	301	364	381	375
捷　克	67	118	172	217	193	209	231	220	227
法　国	800	1215	1482	1642	1895	1953	2344	2155	2333
德　国	796	1574	2157	2508	2342	2426	2686	2656	2868
意大利	559	883	1104	1136	929	968	1063	1039	1098
荷　兰	514	901	1091	1230	1114	1156	1356	1311	1420
波　兰	104	162	286	351	286	327	375	379	404
俄罗斯联邦	96	247	390	506	420	446	545	582	656
西班牙	522	940	1267	1421	1225	1238	1423	1370	1445
土耳其	202	265	286	348	337	345	385	406	437
乌克兰	38	89	137	173	130	159	182	187	194
英　国	1184	2041	2849	2814	2546	2638	2928	2884	2900
澳大利亚	194	304	398	445	398	458	508	522	522
新西兰	43	86	93	92	80	89	100	113	112

资料来源：世界贸易组织数据库。

附录1-11　外汇储备和黄金储备

国家和地区	外汇储备（亿美元）				黄金储备（万盎司）			
	2000	2010	2012	2013	2000	2010	2012	2013
中　　国	1655.7	28473.4	33115.9	38213.2	1270.0	3389.0	3389.0	3389.0
中国香港	1075.4	2686.5	3171.9	3110.6	6.7	6.7	6.7	6.7
中国澳门	33.2	237.3	166.0	161.5				
孟加拉国	14.9	99.0	113.9	165.8	10.9	43.4	43.5	43.4
文　　莱	3.6	12.1	29.3	30.4			9.8	14.7
柬 埔 寨	5.0	31.5	41.6	44.1	40.0	40.0	40.0	40.0
印　　度	372.6	2678.1	2616.6	2677.0	1150.2	1793.2	1793.2	1793.2
印度尼西亚	282.8	899.7	1059.1	934.3	310.1	235.0	238.0	251.0
以 色 列	231.6	692.7	740.4	795.9				
日　　本	3472.1	10362.6	11935.8	12029.2	2454.7	2460.2	2460.2	2460.2
哈萨克斯坦	15.9	246.9	216.0	185.9	184.0	216.4	370.7	462.0
韩　　国	958.6	2869.3	3169.0	3356.5	43.9	46.4	271.5	335.8
老　　挝	1.4	6.2	7.2		1.7	28.5	28.5	
马来西亚	274.3	1023.2	1349.4	1304.9	117.0	117.0	117.0	117.0
蒙　　古	1.8	21.2	38.6	20.3	8.5	6.5	11.8	12.6
缅　　甸	2.2	57.1	69.6		23.1	23.4	23.4	
巴基斯坦	15.0	131.2	93.2	43.1	209.1	207.0	207.2	207.2
菲 律 宾	129.7	539.9	716.6	737.9	722.8	495.4	619.6	622.1
新 加 坡	795.1	2236.8	2568.4	2704.8	409.6	409.6	409.6	409.6
斯里兰卡	9.8	66.3	63.0	65.2	33.6	34.6	43.8	73.8
泰　　国	319.3	1656.6	1711.1	1590.2	236.7	320.0	490.0	490.0
越　　南	34.2	120.5	251.6	254.8				
埃　　及	129.1	323.5	103.7	123.4	243.2	243.1	243.1	243.1
尼日利亚	99.1	323.4	438.3		68.7	68.7	68.7	
南　　非	57.9	354.2	411.8	419.4	590.0	401.6	402.2	402.2
加 拿 大	290.2	448.9	552.4	584.3	118.4	10.9	10.9	9.6
墨 西 哥	351.4	1148.8	1534.7	1686.1	24.9	22.7	400.4	395.8
美　　国	312.4	520.8	499.2	476.0	26161.1	26149.9	26149.9	26149.9
阿 根 廷	244.1	466.2	367.6	249.8	1.9	176.0	198.5	198.5
巴　　西	324.3	2805.7	3621.0	3490.3	211.8	108.0	216.0	216.0
委内瑞拉	126.3	91.9	59.6	20.6	1024.0	1176.0	1176.0	1182.0
捷　　克	130.2	403.4	424.1	538.9	44.6	40.8	37.2	34.9
法　　国	321.1	362.1	303.5	274.1	9724.5	7830.1	7830.0	7830.0
德　　国	496.7	373.6	379.6	387.3	11151.9	10934.4	10903.5	10890.0
意 大 利	224.2	356.8	348.2	355.2	7882.9	7882.9	7882.9	7882.9
荷　　兰	70.0	89.0	108.0	116.9	2931.5	1969.1	1969.1	1969.1
波　　兰	263.2	863.2	1003.2	993.4	330.6	330.9	330.9	330.9
俄罗斯联邦	242.6	4329.5	4731.1	4564.5	1235.9	2535.5	3079.3	3328.3
西 班 牙	295.2	133.1	282.1	281.7	1682.9	905.4	905.4	905.4
土 耳 其	223.1	790.5	982.8	1092.5	373.9	373.3	1156.3	1671.0
乌 克 兰	11.0	333.2	226.5	187.6	45.4	88.5	114.0	136.0
英　　国	341.6	493.3	649.5	695.5	1567.3	997.5	997.5	997.5
澳大利亚	167.8	327.9	378.5	425.3	256.3	256.7	256.7	256.7
新 西 兰	36.2	151.3	157.8	144.1				

资料来源：国际货币基金组织IFS数据库。

附录1-12 外商直接投资

单位：亿美元

国家和地区	外商直接投资				对外直接投资			
	2000	2010	2012	2013	2000	2010	2012	2013
世　界	**14150.0**	**14222.5**	**13302.7**	**14519.6**	**12412.2**	**14675.8**	**13466.7**	**14108.1**
中　国	407.1	1147.3	1210.8	1239.1	9.2	688.1	878.0	1010.0
中国香港	705.1	827.1	748.9	766.3	700.0	984.1	881.2	915.3
中国澳门	…	28.3	34.4	23.3	…	-4.4	4.6	0.5
孟加拉国	5.8	9.1	12.9	16.0	…	0.2	0.5	0.3
文　莱	5.5	6.3	8.6	9.0	0.3	0.1	-4.2	-1.3
柬埔寨	1.5	7.8	14.5	14.0	0.1	0.2	0.4	0.4
印　度	35.9	274.3	242.0	282.0	5.1	159.3	84.9	16.8
印度尼西亚		137.7	191.4	184.4		26.6	54.2	36.8
伊　朗	1.9	36.5	46.6	30.5	0.2	3.5	4.3	3.8
以色列	69.6	55.1	94.8	118.0	33.4	86.6	23.5	49.3
日　本	83.2	-12.5	17.3	23.0	315.6	562.6	1225.5	1357.5
哈萨克斯坦	12.8	74.6	137.8	97.4	…	37.9	19.6	19.5
韩　国	115.1	95.0	95.0	122.2	48.4	282.8	306.3	291.7
老　挝	0.3	2.8	2.9	3.0	…	…	-0.2	-0.1
马来西亚	37.9	90.6	100.7	123.1	20.3	134.0	171.1	136.0
蒙　古	0.5	16.9	44.5	20.5	…	0.6	0.4	0.5
缅　甸	2.1	12.8	22.4	26.2	…	…		
巴基斯坦	3.1	20.2	8.6	13.1	0.1	0.5	0.8	2.4
菲律宾	22.4	10.7	32.2	38.6	1.3	27.1	41.7	36.4
新加坡	155.2	550.8	611.6	637.7	66.5	333.8	134.6	269.7
斯里兰卡	1.7	4.8	9.4	9.2	…	0.4	0.6	0.7
泰　国	34.1	91.5	107.1	129.5	-0.2	44.7	128.7	66.2
越　南	12.9	80.0	83.7	89.0	…	9.0	12.0	19.6
埃　及	12.4	63.9	68.8	55.5	0.5	11.8	2.1	3.0
尼日利亚	13.1	61.0	71.3	56.1	1.7	9.2	15.4	12.4
南　非	8.9	36.4	45.6	81.9	2.7	-0.8	29.9	56.2
加拿大	668.0	284.0	430.2	623.2	446.8	347.2	554.5	426.4
墨西哥	183.0	233.5	176.3	382.9	3.6	150.5	224.7	129.4
美　国	3140.1	1980.5	1605.7	1875.3	1426.3	2777.8	3669.4	3383.0
阿根廷	104.2	113.3	121.2	90.8	9.0	9.6	10.5	12.3
巴　西	327.8	485.1	652.7	640.5	22.8	115.9	-28.2	-35.0
委内瑞拉	47.0	18.5	32.2	70.4	5.2	17.8	24.6	21.5
捷　克	49.9	61.4	79.8	49.9	0.4	11.7	17.9	32.9
法　国	432.5	336.3	250.9	48.8	1774.5	645.7	372.0	-25.5
德　国	1982.8	656.2	132.0	267.2	565.6	1263.1	796.1	575.5
意大利	133.7	91.8	0.9	165.1	66.9	326.6	79.8	316.6
荷　兰	638.5	-73.2	97.1	243.9	756.3	683.4	2.7	374.3
波　兰	94.5	138.8	60.6	-60.4	0.2	72.3	7.3	-48.5
俄罗斯联邦	27.1	431.7	505.9	792.6	31.8	526.2	488.2	949.1
西班牙	395.8	398.7	257.0	391.7	582.1	378.4	-39.8	260.4
土耳其	9.8	90.6	132.2	128.7	8.7	14.6	40.7	31.1
乌克兰	6.0	65.0	78.3	37.7	…	7.4	12.1	4.2
英　国	1219.0	496.2	458.0	371.0	2354.0	394.2	349.5	194.4
澳大利亚	153.6	358.0	555.2	498.3	40.3	196.1	62.1	63.6
新西兰	13.5	4.3	22.0	9.9	6.1	4.5	-5.1	6.9

资料来源：联合国贸发会议FDI数据库。

附录1-13 货币汇率(年平均价)

单位：1美元合本币数

国家和地区	2000	2005	2008	2009	2010	2011	2012	2013
中　　国	8.28	8.19	6.95	6.83	6.77	6.46	6.31	6.20
中国香港	7.79	7.78	7.79	7.75	7.77	7.78	7.76	7.76
中国澳门	8.03	8.01	8.02	7.98	8.00	8.02	7.99	7.99
孟加拉国	52.14	64.33	68.60	69.04	69.65	74.15	81.86	78.10
文　　莱	1.72	1.66	1.42	1.46	1.36	1.26	1.25	1.25
柬 埔 寨	3840.75	4092.50	4054.17	4139.33	4184.92	4058.50	4033.00	4027.25
印　　度	44.94	44.10	43.51	48.41	45.73	46.67	53.44	58.60
印度尼西亚	8421.78	9704.74	9698.96	10389.94	9090.43	8770.43	9386.63	10461.24
伊　　朗	1764.78	8963.96	9428.53	9864.30	10254.18	10616.31	12175.55	18414.45
以 色 列	4.08	4.49	3.59	3.93	3.74	3.58	3.86	3.61
日　　本	107.77	110.22	103.36	93.57	87.78	79.81	79.79	97.60
哈萨克斯坦	142.13	132.88	120.30	147.50	147.35	146.62	149.11	152.13
韩　　国	1130.96	1024.12	1102.05	1276.93	1156.06	1108.29	1126.47	1094.85
老　　挝	7887.64	10655.17	8744.22	8516.05	8258.77	8030.06	8007.76	
马来西亚	3.80	3.79	3.34	3.53	3.22	3.06	3.09	3.15
蒙　　古	1076.67	1205.25	1165.80	1437.80	1357.06	1265.52	1357.58	1523.93
缅　　甸	6.52	5.82	5.44	5.58	5.63	5.44	640.65	933.57
巴基斯坦	53.65	59.51	70.41	81.71	85.19	86.34	93.40	101.63
菲 律 宾	44.19	55.09	44.32	47.68	45.11	43.31	42.23	42.45
新 加 坡	1.72	1.66	1.42	1.46	1.36	1.26	1.25	1.25
斯里兰卡	77.01	100.50	108.33	114.95	113.06	110.57	127.60	129.07
泰　　国	40.11	40.22	33.31	34.29	31.69	30.49	31.08	30.73
越　　南	14167.75	15858.92	16302.25	17065.08	18612.92	20509.75	20828.00	20933.42
埃　　及	3.47	5.78	5.43	5.55	5.62	5.93	6.06	6.87
尼日利亚	101.70	131.27	118.55	148.90	150.30	154.74	156.81	
南　　非	6.94	6.36	8.26	8.47	7.32	7.26	8.21	9.65
加 拿 大	1.49	1.21	1.07	1.14	1.03	0.99	1.00	1.03
墨 西 哥	9.46	10.90	11.13	13.51	12.64	12.42	13.17	12.77
美　　国	1.00	1.00	1.00	1.00	1.00	1.00	1.00	1.00
阿 根 廷	1.00	2.90	3.14	3.71	3.90	4.11	4.54	5.46
巴　　西	1.83	2.43	1.83	2.00	1.76	1.67	1.95	2.16
委内瑞拉	0.68	2.09	2.15	2.15	2.58	4.29	4.29	6.05
捷　　克	38.60	23.96	17.07	19.06	19.10	17.70	19.58	19.57
法　　国	1.09	0.80	0.68	0.72	0.76	0.72	0.78	0.75
德　　国	1.09	0.80	0.68	0.72	0.76	0.72	0.78	0.75
意 大 利	1.09	0.80	0.68	0.72	0.76	0.72	0.78	0.75
荷　　兰	1.09	0.80	0.68	0.72	0.76	0.72	0.78	0.75
波　　兰	4.35	3.24	2.41	3.12	3.02	2.96	3.26	3.16
俄罗斯联邦	28.13	28.28	24.85	31.74	30.37	29.38	30.84	31.84
西 班 牙	1.09	0.80	0.68	0.72	0.76	0.72	0.78	0.75
土 耳 其	0.63	1.34	1.30	1.55	1.50	1.68	1.80	1.90
乌 克 兰	5.44	5.13	5.27	7.79	7.94	7.97	7.99	7.99
英　　国	0.66	0.55	0.54	0.64	0.65	0.62	0.63	0.64
澳大利亚	1.73	1.31	1.19	1.28	1.09	0.97	0.97	1.04
新 西 兰	2.20	1.42	1.42	1.60	1.39	1.27	1.23	1.22

资料来源：世界银行WDI数据库。

附录1-14 铁路货运和客运周转量

国家和地区	铁路货运周转量(亿吨公里)			铁路客运周转量(亿人公里)		
	2000	2011	2012	2000	2011	2012
世　　界	37.54	57.08		13.89		
高收入国家	106.58	96.96	92.75	56.94	66.35	69.07
中等收入国家	28.33	32.91	29.03	12.00	15.34	18.34
中　　国	13336.06	25626.35	25183.10	4414.68	8156.99	7956.39
孟加拉国	7.77	7.10	7.10	39.41	73.05	73.05
柬 埔 寨	0.92			0.45		
印　　度	3052.01	6257.23	6257.23	4306.66	9785.08	9785.08
印度尼西亚		71.66	71.66		202.83	202.83
伊　　朗	141.79	210.08	226.04	71.19	178.77	171.72
以 色 列	11.73	10.99	10.99	7.81	19.27	19.27
日　　本	223.13	202.55	202.55	2407.93	2445.91	2445.91
哈萨克斯坦	1249.83	2235.84	2358.46	102.15	165.95	184.98
韩　　国	108.03	99.96	99.96	280.97	216.03	216.03
马来西亚	9.07	15.35	30.71	13.12	9.65	32.93
蒙　　古	42.93	114.18	114.18	10.70	13.99	13.99
巴基斯坦	37.54	17.57	17.57	184.95	206.19	206.19
泰　　国	33.84	24.55	24.55	99.35	75.04	75.04
越　　南	19.02	41.01	39.59	32.00	45.71	45.58
埃　　及	39.80	15.92	15.92	349.60	408.37	408.37
尼日利亚	1.05			3.63		
南　　非	1066.05	1133.42	1133.42	118.90		
加 拿 大		2540.69	3525.35		28.86	27.81
墨 西 哥		691.85	691.85	0.82	4.49	4.49
美　　国	21421.45	25245.85	25245.85		95.18	95.18
阿 根 廷		121.11	121.11		85.88	85.88
巴　　西	1538.63	2677.00	2677.00			
捷　　克	172.20	138.72	114.23	72.66	66.35	69.07
法　　国	554.48	232.42	316.16	698.60	880.64	856.34
德　　国	806.34	1119.80	1058.94	743.88	792.28	802.10
意 大 利	228.34	115.45	112.49	448.49	405.54	386.76
荷　　兰	38.19			147.60	168.08	170.98
波　　兰	555.62	371.89	329.04	242.26	157.24	147.20
俄罗斯联邦	13732.00	21272.12	22223.88	1671.00	1398.42	1446.12
西 班 牙	120.42	80.19	75.07	197.84	226.81	223.87
土 耳 其	97.61	107.35	106.91	58.32	58.82	45.98
乌 克 兰	1728.40	2438.66	2377.22	517.67	505.69	492.03
英　　国	180.90	192.30		382.00	627.29	643.24
澳大利亚	340.50	596.49	596.49	12.65	18.29	

资料来源：世界银行WDI数据库。

附录1-15 空运货物周转量和客运量

国家和地区	空运货物周转量（万吨公里）			航空客运量（万人）		
	2000	2011	2012	2000	2011	2012
世界	**11825721**	**18302881**	**17504290**	**167406**	**278692**	**289404**
高收入国家	**10202281**	**14824576**	**14099906**	**137652**	**184575**	**188260**
中等收入国家	**1556316**	**3365604**	**3266183**	**28976**	**91930**	**98882**
低收入国家	**67125**	**112701**	**138201**	**778**	**2187**	**2261**
中　国	390008	1676487	1556875	6189	29216	31848
中国香港	511151	1005390	946842	1438	3029	3225
中国澳门	2190	2509	1907	153	133	156
孟加拉国	19387	15969	15232	133	202	220
文　莱	14023	14958	12823	86	131	104
柬埔寨		10	7		50	51
印　度	54765	170270	157923	1730	7400	7215
印度尼西亚	40854	75430	88034	992	7091	7941
伊　朗	7372	8588	6623	872	1911	1769
以色列	88570	88342	81091	444	515	538
日　本	867205	654595	704578	10912	8979	9891
哈萨克斯坦	1175	5098	5398	46	379	406
韩　国	765134	1238163	1229068	3433	3991	3997
老　挝	167	39	97	21	53	88
马来西亚	186384	219326	194396	1656	3822	3917
蒙　古	844	715	949	25	50	63
缅　甸	77	353	383	44	154	166
巴基斯坦	34031	29768	28608	529	794	797
菲律宾	28995	47000	53328	576	2633	2854
新加坡	600489	730080	689937	1670	2651	2914
斯里兰卡	25571	36450	40542	176	367	462
泰　国	171288	287079	275844	1739	3194	3639
越　南	11733	47539	50355	288	1654	1698
埃　及	27806	33331	35627	452	771	908
尼日利亚	882			51	479	472
南　非	68757	107292	117467	800	1641	1757
加拿大	189611	198000	196000	4177	6608	7047
墨西哥	30986	77460	76389	2089	2954	3291
美　国	3017198	3962191	3911134	66533	73080	73670
阿根廷	29665	19220	18012	892	859	938
巴　西	172790	129450	136345	3129	8786	9475
委内瑞拉	3310	756	567	430	773	774
捷　克	3222	1672	1110	223	490	359
法　国	522434	506876	462615	5258	6419	6468
德　国	712771	771676	723698	5796	10704	10598
意大利	174841	76027	79512	3042	3392	3107
荷　兰	436734	634725	601459	2090	2996	3167
波　兰	7783	3942	9183	234	445	491
俄罗斯联邦	104141	390012	413214	1769	5056	5873
西班牙	87950	131329	113185	3971	5274	4809
土耳其	38504	154427	193368	1219	5350	6335
乌克兰	1220	8092	7578	95	548	583
英　国	516087	628025	624354	7044	11160	11542
澳大利亚	173074	284660	273170	3258	6336	6636
新西兰	81714	89285	97502	1078	1375	1394

资料来源：世界银行WDI数据库。

附录1-16 电话主线和移动电话普及率

国家和地区	电话主线(条/千人)			移动电话(部/千人)		
	2000	2011	2012	2000	2011	2012
世　界	**159.5**	**171.8**	**166.7**	**120.8**	**842.3**	**885.6**
高收入国家	**509.0**	**446.1**	**433.3**	**436.6**	**1157.0**	**1182.8**
中等收入国家	**83.4**	**125.9**	**122.8**	**48.8**	**831.2**	**876.8**
低收入国家	**5.5**	**9.9**	**9.6**	**2.6**	**406.3**	**471.2**
中　国	113.1	208.4	202.0	66.6	720.7	807.6
中国香港	574.4	611.9	612.9	796.9	2155.0	2292.5
中国澳门	409.4	304.4	291.9	326.6	2477.1	2897.8
孟加拉国	3.7	6.4	6.2	2.1	551.9	628.2
文　莱	242.6	196.4	172.1	286.3	1090.2	1139.5
柬埔寨	2.5	36.3	39.3	10.7	941.9	1285.3
印　度	31.1	26.8	24.9	3.4	732.0	699.2
印度尼西亚	31.9	158.4	153.9	17.6	1024.6	1142.2
伊　朗	143.9	368.1	376.3	14.6	743.0	761.0
以色列	494.5	464.1	470.2	731.7	1219.8	1206.8
日　本	492.8	509.3	505.1	531.2	1020.0	1087.3
哈萨克斯坦	125.8	265.0	268.0	13.5	1567.9	1858.2
韩　国	562.5	604.7	614.2	583.3	1077.5	1094.3
老　挝	7.6	16.5	67.7	2.3	840.5	647.0
马来西亚	197.6	157.3	156.9	218.7	1274.8	1413.3
蒙　古	49.0	68.1	63.2	64.5	1068.3	1206.9
缅　甸	5.6	10.0	9.9	0.3	23.8	70.6
巴基斯坦	21.2	32.5	32.7	2.1	618.1	670.6
菲律宾	39.4	37.4	36.1	83.1	990.9	1054.5
新加坡	496.7	388.7	374.8	701.2	1501.2	1521.3
斯里兰卡	40.7	172.4	163.5	22.8	875.5	916.3
泰　国	89.7	100.1	95.5	49.0	1163.3	1272.9
越　南	31.4	113.2	112.2	9.8	1416.0	1476.6
埃　及	82.9	109.8	106.0	20.6	1050.8	1199.2
尼日利亚	4.5	4.4	2.5	0.2	579.6	668.0
南　非	110.6	93.4	92.5	186.0	1232.0	1305.6
加拿大	678.9	527.8	506.5	284.3	794.1	800.5
墨西哥	118.7	165.3	170.4	135.5	792.4	833.5
美　国	676.4	455.1	434.9	384.7	944.0	960.2
阿根廷	213.9	238.7	230.1	175.8	1490.9	1565.7
巴　西	177.2	218.5	223.0	132.9	1190.0	1250.0
委内瑞拉	103.9	248.6	255.3	223.2	975.6	1020.5
捷　克	377.7	207.7	198.6	424.0	1240.9	1268.5
法　国	574.0	634.9	620.5	490.6	940.8	973.8
德　国	601.4	620.1	605.1	577.2	1096.6	1115.9
意大利	476.5	364.0	355.7	741.3	1581.5	1596.9
荷　兰	623.5	428.0	429.7	678.1	1189.8	1179.7
波　兰	285.4	179.4	155.7	175.9	1312.9	1415.5
俄罗斯联邦	218.5	307.8	294.5	22.2	1420.5	1453.3
西班牙	424.6	427.6	418.7	602.4	1130.6	1083.6
土耳其	291.2	208.2	187.3	255.4	894.1	914.6
乌克兰	212.3	276.9	267.6	16.7	1213.4	1303.4
英　国	597.6	532.7	528.8	737.1	1236.0	1247.6
澳大利亚	521.8	464.9	454.3	444.6	1046.1	1055.9
新西兰	474.6	425.9	421.5	399.7	1092.0	1103.6

资料来源：世界银行WDI数据库。

附录1-17 互联网服务商

单位：个/百万人

国家和地区	2005	2007	2008	2009	2010	2011	2012	2013
世　界	**64.88**	**95.58**	**111.11**	**113.19**	**155.20**	**184.22**	**181.93**	**160.50**
高收入国家	**313.58**	**480.12**	**558.81**	**601.80**	**792.46**	**939.23**	**933.01**	**826.83**
中等收入国家	**2.40**	**3.93**	**4.96**	**5.72**	**8.33**	**11.11**	**11.86**	**11.28**
低收入国家	**0.12**	**0.20**	**0.29**	**0.35**	**0.57**	**0.80**	**1.03**	**1.05**
中　国	0.33	0.68	0.94	1.19	1.92	2.42	3.14	3.87
中国香港	162.33	241.31	288.60	353.95	456.28	570.45	636.65	623.58
中国澳门	55.54	93.27	98.52	138.03	213.23	243.47		310.75
孟加拉国	0.02	0.04	0.10	0.19	0.31	0.63	0.73	0.77
文　莱	13.59	28.84	30.93	43.10	64.91	113.16	111.59	117.29
柬 埔 寨	0.08	0.51	0.86	1.56	1.67	2.47	2.96	2.05
印　度	0.58	0.97	1.25	1.51	2.16	2.90	3.57	3.91
印度尼西亚	0.46	0.73	1.00	1.35	1.99	3.36	3.95	4.12
伊　朗	0.28	0.31	0.28	0.33	0.74	1.01	1.35	1.26
以 色 列	162.77	227.99	272.69	289.22	396.66	470.14	396.31	270.37
日　本	257.70	399.25	471.68	519.60	649.85	743.93	750.05	736.67
哈萨克斯坦	0.86	1.03	1.98	3.23	5.21	6.34	7.39	9.39
韩　国	20.03	497.49	690.85	918.47	1128.08	2496.11	2751.54	1994.90
老　挝	0.35	0.67	0.16	0.48	0.78	1.23	0.90	1.03
马来西亚	14.59	21.85	27.03	33.21	41.66	54.63	65.66	66.83
蒙　古	3.17	7.32	8.74	8.23	10.69	13.80	19.31	22.19
缅　甸	0.02	0.02		0.02	0.06	0.08	0.10	0.13
巴基斯坦	0.29	0.41	0.53	0.62	0.98	1.12	1.27	1.28
菲 律 宾	2.45	3.94	4.57	5.27	6.66	7.53	8.62	8.06
新 加 坡	275.45	359.59	390.34	420.84	529.67	607.29	635.31	609.35
斯里兰卡	1.78	2.55	3.17	3.52	4.46	6.04	7.67	8.98
泰　国	4.76	7.16	9.28	10.03	13.73	17.29	19.57	18.10
越　南	0.15	0.61	1.13	1.88	3.13	4.68	6.70	8.16
埃　及	0.54	0.86	1.07	1.55	2.38	3.12	3.70	3.47
尼日利亚	0.17	0.49	0.79	0.80	1.20	1.68	1.74	1.68
南　非	20.19	30.20	36.16	39.70	61.48	72.45	82.01	86.35
加 拿 大	569.11	814.55	908.39	987.17	1242.69	1374.20	1237.92	1035.26
墨 西 哥	7.79	12.37	14.50	15.92	19.82	25.80	28.07	26.45
美　国	785.16	1061.76	1174.79	1235.08	1445.05	1563.21	1474.27	1305.97
阿 根 廷	10.82	15.64	18.35	19.84	26.11	33.64	41.79	42.88
巴　西	14.17	20.30	23.94	25.98	40.68	54.12	54.29	57.45
委内瑞拉	4.60	6.18	6.72	7.38	7.37	8.00	10.68	11.08
捷　克	41.62	104.96	151.09	186.33	319.73	389.00	518.80	563.52
法　国	76.07	135.54	165.49	203.05	296.43	354.60	409.08	486.12
德　国	274.16	459.52	549.79	640.93	872.03	1022.51	1110.78	1070.93
意 大 利	44.70	74.10	94.38	111.36	157.56	195.34	212.88	203.22
荷　兰	327.15	780.51	1105.04	1414.12	2276.68	2750.30	2805.86	2382.14
波　兰	21.96	55.19	84.69	123.01	210.80	267.45	299.67	309.00
俄罗斯联邦	2.43	4.46	7.33	10.54	20.26	26.93	39.04	51.14
西 班 牙	81.19	141.62	168.71	191.32	230.93	281.63	290.99	269.04
土 耳 其	18.14	40.55	60.12	69.44	99.84	143.64	116.76	50.43
乌 克 兰	1.32	2.84	4.28	5.99	13.23	17.72	23.49	26.49
英　国	464.68	750.31	898.99		1384.15	1576.98	1467.42	1193.46
澳大利亚	498.07	814.83	999.05	1222.45	1784.56	2027.80	1721.40	1252.26
新 西 兰	489.85	828.47	980.11	1059.13	1489.54	1597.43	1466.05	1100.92

资料来源：世界银行WDI数据库。

附录1-18 国际互联网用户

单位：个/千人

国家和地区	2000	2005	2007	2008	2009	2010	2011	2012
世　界	**67.5**	**157.8**	**205.8**	**232.7**	**258.4**	**295.8**	**326.2**	**355.7**
高收入国家	**272.7**	**537.8**	**620.5**	**641.4**	**655.1**	**696.9**	**727.1**	**753.3**
中等收入国家	**16.3**	**76.5**	**122.5**	**154.9**	**188.0**	**228.2**	**263.1**	**297.7**
低收入国家	**1.2**	**11.0**	**21.9**	**28.1**	**33.7**	**45.1**	**59.3**	**69.4**
中　国	17.8	85.2	160.0	226.0	289.0	343.0	383.0	423.0
中国香港	278.3	569.0	648.0	667.0	694.0	720.0	722.0	728.0
中国澳门	136.1	348.6	473.3	492.4	540.0	552.0	602.0	642.7
孟加拉国	0.7	2.4	18.0	25.0	31.0	37.0	50.0	63.0
文　莱	90.0	364.7	446.8	460.0	490.0	530.0	560.0	602.7
柬埔寨	0.5	3.2	4.9	5.1	5.3	12.6	31.0	49.4
印　度	5.3	23.9	39.5	43.8	51.2	75.0	100.7	125.8
印度尼西亚	9.3	36.0	57.9	79.2	69.2	109.2	122.8	153.6
伊　朗	9.3	81.0	94.7	102.4	110.7	147.0	210.0	260.0
以色列	208.7	251.9	481.3	593.9	631.2	675.0	689.0	733.7
日　本	299.9	669.2	743.0	754.0	780.0	782.1	790.6	790.5
哈萨克斯坦	6.7	29.6	40.2	110.0	182.0	316.0	506.0	533.2
韩　国	447.0	735.0	788.0	810.0	816.0	837.0	838.0	841.0
老　挝	1.1	8.5	16.4	35.5	60.0	70.0	90.0	107.5
马来西亚	213.9	486.3	557.0	558.0	559.0	563.0	610.0	658.0
蒙　古	12.6	105.3	121.9	98.0	100.0	102.0	125.0	164.0
缅　甸		0.7	2.2	2.2	2.2	2.5	9.8	10.7
巴基斯坦		63.3	68.0	70.0	75.0	80.0	90.0	99.6
菲律宾	19.8	54.0	59.7	62.2	90.0	250.0	290.0	362.4
新加坡	360.0	610.0	699.0	690.0	690.0	710.0	710.0	741.8
斯里兰卡	6.5	17.9	38.8	58.0	87.8	120.0	150.0	182.9
泰　国	36.9	150.3	200.3	182.0	201.0	224.0	237.0	265.0
越　南	2.5	127.4	207.6	239.2	265.5	306.5	350.7	394.9
埃　及	6.4	127.5	160.3	180.1	256.9	314.2	398.3	440.7
尼日利亚	0.6	35.5	67.7	158.6	200.0	240.0	284.3	328.8
南　非	53.5	74.9	80.7	84.3	100.0	240.0	339.7	410.0
加拿大	513.0	716.6	732.0	767.0	803.0	803.0	830.0	867.7
墨西哥	50.8	172.1	208.1	217.1	263.4	310.5	349.6	384.2
美　国	430.8	679.7	750.0	740.0	710.0	740.0	778.6	810.3
阿根廷	70.4	177.2	259.5	281.1	340.0	450.0	510.0	558.0
巴　西	28.7	210.2	308.8	338.3	392.2	406.5	450.0	498.5
委内瑞拉	33.6	125.5	208.3	258.8	327.0	373.7	402.2	440.5
捷　克	97.8	352.7	519.3	629.7	644.3	688.2	729.7	750.0
法　国	143.1	428.7	660.9	706.8	715.8	801.0	795.8	830.0
德　国	302.2	687.1	751.6	780.0	790.0	820.0	830.0	840.0
意大利	231.1	350.0	407.9	445.3	488.3	536.8	568.0	580.0
荷　兰	439.8	810.0	858.2	874.2	896.3	907.2	923.0	930.0
波　兰	72.9	388.1	486.0	531.3	589.7	623.2	648.8	650.0
俄罗斯联邦	19.8	152.3	246.6	268.3	290.0	430.0	490.0	532.8
西班牙	136.3	478.8	551.1	596.0	624.0	658.0	676.0	720.0
土耳其	37.6	154.6	286.3	343.7	364.0	398.2	430.7	451.3
乌克兰	7.2	37.5	65.5	110.0	179.0	233.0	287.1	337.0
英　国	268.2	700.0	750.9	783.9	835.6	850.0	868.4	870.2
澳大利亚	467.6	630.0	694.5	716.7	742.5	760.0	795.0	823.5
新西兰	473.8	627.2	697.6	720.3	797.0	830.0	860.0	895.1

资料来源：世界银行WDI数据库。

附录1-19　国际旅游收支

单位：亿美元

国家和地区	国际旅游支出			国际旅游收入		
	2000	2011	2012	2000	2011	2012
世　界	**5384.84**	**11319.39**	**11871.39**	**5691.56**	**12548.76**	**12972.44**
高收入国家	**4623.47**	**8557.04**	**8706.29**	**4558.82**	**9198.23**	**9385.20**
中等收入国家	**729.28**	**2692.48**	**3111.77**	**1099.14**	**3218.30**	**3448.52**
低收入国家	**26.86**	**70.32**	**71.14**	**34.16**	**144.26**	**155.93**
中　国	141.69	790.10	1098.98	173.18	533.13	549.37
中国香港	125.02	191.72	202.46	81.98	331.69	380.21
孟加拉国	4.71	8.19	8.29	0.50	0.97	1.10
柬埔寨	0.52	3.33	3.82	3.45	17.90	20.00
印　度	36.86	136.99	141.07	35.98	177.08	183.40
印度尼西亚	31.97	86.53	94.98	49.75	90.38	94.63
伊　朗	6.71	108.81		6.77	25.74	
以色列	37.33	49.37	48.51	46.11	60.29	62.25
日　本	426.43	397.60	409.67	59.70	125.34	161.97
哈萨克斯坦	4.83	18.31	21.19	4.03	15.24	15.72
韩　国	79.45	222.09	223.86	85.27	174.67	196.53
老　挝	0.08	2.48	2.41	1.14	4.13	4.61
马来西亚	25.43	101.80	115.45	58.73	196.49	202.51
蒙　古	0.54	4.04	4.20	0.43	2.58	4.80
缅　甸	0.30	1.32		1.95	2.93	
巴基斯坦	5.74	18.51	18.01	5.51	11.23	10.14
菲律宾	18.41	58.07	68.39	23.34	40.26	49.00
新加坡	45.35	214.37	224.12	51.42	180.82	192.61
斯里兰卡	3.83	9.26	12.19	3.88	14.21	17.56
泰　国	32.18	73.20	78.64	99.35	309.26	377.40
越　南		17.10	18.56		57.10	68.30
埃　及	12.06	25.75	30.37	46.57	93.33	108.23
尼日利亚	6.10	95.34	92.80	1.86	6.88	6.41
南　非	26.84	83.97	71.44	33.38	107.07	112.01
加拿大	151.25	412.34	430.10	130.35	199.89	206.96
墨西哥	63.65	97.04	107.35	91.33	124.58	133.20
美　国	914.73	1173.27	1265.73	1209.12	1845.36	2000.92
阿根廷	54.60	74.77	82.13	31.95	60.60	56.55
巴　西	45.48	250.70	262.02	19.69	68.30	68.90
委内瑞拉	16.47	29.22	32.02	4.69	8.05	9.04
捷　克	12.76	46.60	43.79	29.73	85.03	77.58
法　国	267.03	539.14	471.59	385.34	659.59	635.30
德　国	576.01	1001.65	963.61	249.43	533.99	515.81
意大利	181.69	357.24	327.98	287.06	453.68	430.36
荷　兰	136.49	208.84	203.46	112.85	209.70	205.27
波　兰	34.17	88.82	90.38	61.28	115.98	118.35
俄罗斯联邦	88.48	373.43	480.96	34.29	169.61	178.76
西班牙	77.10	235.83	217.49	326.56	676.98	631.98
土耳其	17.13	53.72	46.04	76.36	300.93	322.49
乌克兰	5.61	48.29	55.36	5.63	54.06	59.88
英　国	470.09	646.27	661.82	299.78	459.40	459.66
澳大利亚	87.80	333.28	347.04	130.16	342.07	341.30
新西兰	12.35	34.62	37.18	22.72	55.46	54.67

资料来源：世界银行WDI数据库。

附录1-20 国际旅游人数

单位：万人

国家和地区	国外游客到达人数			出国旅游人数		
	2000	2011	2012	2000	2011	2012
世　　界	**70598.3**	**103028.1**	**107662.2**	**85095.4**	**114406.0**	**120306.9**
高收入国家	**50134.6**	**63573.5**	**65835.9**	**56654.8**	**68252.3**	**70330.8**
中等收入国家	**18152.7**	**36200.4**	**38389.3**	**16233.8**	**30038.4**	**32874.3**
低收入国家	**771.1**	**1837.1**	**1979.4**			
中　　国	3122.9	5758.1	5772.5	1047.3	7025.0	8318.3
中国香港	881.4	2231.6	2377.0	461.1	8481.6	8527.6
中国澳门	519.7	1292.5	1357.8	14.4	90.8	129.1
孟加拉国	19.9			112.8		
文　　莱	98.4	24.2	20.9			
柬 埔 寨	46.6	288.2	358.4	4.1	71.0	79.2
印　　度	264.9	630.9	657.8	441.6	1399.4	1492.0
印度尼西亚	506.4	765.0	804.4	220.5	675.0	745.4
伊　　朗	134.2	335.4	383.4	228.6		
以 色 列	241.7	282.0	288.6	353.0	438.7	434.9
日　　本	475.7	621.9	835.8	1781.9	1699.4	1849.1
哈萨克斯坦	147.1	443.4	480.7	124.7	802.0	906.6
韩　　国	532.2	979.5	1114.0	550.8	1269.4	1373.7
老　　挝	19.1	178.6	214.0			
马来西亚	1022.2	2471.4	2503.3	3053.2		
蒙　　古	13.7	46.0	47.6			
缅　　甸	20.8	39.1	59.3			
巴基斯坦	55.7	116.1	96.6			
菲 律 宾	199.2	391.7	427.3	167.0		
新 加 坡	606.2	1039.0	1109.8	444.4	775.3	804.8
斯里兰卡	40.0	85.6	100.6	52.4	123.9	126.9
泰　　国	957.9	1923.0	2235.4	190.9	539.7	572.1
越　　南	214.0	601.4	684.8			
埃　　及	511.6	949.7	1119.6	296.4	486.3	414.1
尼日利亚	149.2	376.5	467.3			
南　　非	587.2	833.9	918.8	383.4	545.5	503.1
加 拿 大	1962.7	1601.4	1634.4	1918.2	3045.0	3227.6
墨 西 哥	2064.1	2340.3	2340.3	1107.9	1479.9	1558.1
美　　国	5123.8	6271.1	6696.9	6132.7	5849.7	6072.3
阿 根 廷	290.9	570.5	558.5	495.3	668.6	724.7
巴　　西	531.3	543.3	567.7	322.8	772.8	811.9
委内瑞拉	46.9	59.5	71.0	95.4	171.9	201.8
捷　　克	477.3	901.9	890.8		591.2	597.8
法　　国	7719.0	8155.0	8301.3	1988.6	2615.5	2545.0
德　　国	1898.3	2837.4	3041.1	7440.0		
意 大 利	4118.1	4611.9	4636.0	2199.3	2929.5	2881.0
荷　　兰	1000.3	1130.0	1168.0	1389.6	1856.0	1862.8
波　　兰	1740.0	1335.0	1484.0	5667.7	4327.0	
俄罗斯联邦	2116.9	2493.2	2817.7	1837.1		
西 班 牙	4640.3	5617.7	5770.1	410.0	1334.7	1218.5
土 耳 其	958.6	3465.4	3569.8	528.4	628.2	580.3
乌 克 兰	643.1	2141.5	2301.3	1342.2	1977.3	2143.3
英　　国	2321.2	2930.6	2928.2	5683.7	5683.6	5653.8
澳大利亚	493.1	587.5	614.6	349.8	779.5	
新 西 兰	178.0	251.1	247.3	128.3	209.3	216.9

资料来源：世界银行WDI数据库。

【主要统计指标解释】

国内生产总值 指生产活动总成果，等于所有常住单位创造的增加值的总和（包括产出价值中未包括的产品税，不包括各项产品补贴），等于按购买者价格计算的货物和服务最终使用价值（不包括中间消费）减去进口的货物和服务价值，或等于常住生产单位初次收入分配的总和。

按当年价格计算的国内生产总值 是按报告期价格计算的国内生产总值，即名义国内生产总值。

不变价格国内生产总值 指国内生产总值的物量绝对量。不变价格国内生产总值等于按基期价格衡量的价值。理论上，价值量中的价格和数量应该是对应的，但是不变价格国内生产总值采用基期价格替代当期价格。实践中两种主要方法都在计算。

三次产业 根据《国际标准产业分类》（ISIC）第三版划分。

第一产业，即农业，指《国际标准产业分类》第三版中第1类至第5类，包括林业、狩猎业、渔业、种植业和畜牧业。

第二产业，指《国际标准产业分类》第三版中第10类至第45类，包括采掘业，制造业，电力、煤气和水的供应业以及建筑业。

第三产业，即服务业，指《国际标准产业分类》第三版中第50类至第99类。包括批发零售贸易业（包括旅馆和饭店业）、交通运输业、政府、金融、专业服务和个人服务，例如教育、卫生、房地产服务，还包括虚拟的银行服务费、进口税和加工或调整数据时的统计误差。

增加值总额 等于总产出减去中间消耗。用于衡量单个生产者、行业或部门生产活动对国内生产总值的贡献。增加值总额是国民核算账户（SNA）中初次收入形成的来源，因此被（从生产账户）结转到初次收入分配账户中进行反映。

按基本价格计算的增加值总额 等于按基本价格计算的总产出减去按购买者价格计算的中间消耗。基本价格等于生产者出售一个单位的货物和服务得到的收入，减去由此应付的税金，加上收到的补贴。基本价格作为生产或销售的价格单位，不包括生产者的运输费用。

按要素成本计算的增加值总额 等于按市场价格计算的增加值总额减间接税与产品补贴。

按生产者价格计算的增加值总额 等于按生产者价格计算的总产出减去按购买者价格计算的中间消耗。

就业人员 为一定年龄以上，在特定短期（一周或一天）内，属于下列类型的所有人：

（1）有酬从业人员，包括两类：①正在工作的人，指在参考期内做某些工作以得到现金或实物形式工资或薪金的人员；②有工作岗位但目前不工作的人，指现在有工作，却在短期内暂时不上班，但同时与工作单位有正式联系的人。这种正式联系，可以按照如下的一项或多项标准，根据各国的不同情况予以判断：1）持续领到工资或薪金；2）保证在暂时的不上班状态终止后返回该岗位，或对返回的时间有协议；3）在不工作的这段时间里，该从业者能得到补偿而无须接受其他工作。军人应被包括在有酬从业人员中。

（2）自营就业者，包括两类：①正在工作，指在短期时间内以利润或家庭收入为目的，从事某些工作得到现金或实物的人；②拥有企业而不工作的人，指自己拥有企业（如商业企业，农场，服务性企业），在一定时期内因特殊原因暂不工作的人。

工资 定期以现金或以实物形式支付给雇员的报酬，包括对雇员工作时间、完成的工作量和未工作的有酬时间（如年休假，法定假日）支付的劳动报酬。工资不包括雇主为其雇员支付的社会保险和养老金缴款、雇员因此而得到的收益、解雇和辞职时加发的工资。

贸易体系 是指贸易国家进行对外货物贸易统计所采用的统计制度。它有总贸易体系（又称一般贸易体系）和专门贸易体系（又称特殊贸易体系）两种类型。总贸易体系数值大于相应的专门贸易体系数值。

总贸易体系以货物通过国境作为统计进出口的标准。专门贸易体系则以货物通过关境或结关作为统计进出口的标准。

总贸易体系和专门贸易体系说明的是不同的问题。前者说明一国在国际商品流通中所处的地位和所起的作用；后者说明一国作为生产者和消费者在国际贸易中的地位。

出口 即货物离开一国的统计疆界。在总贸易体系中，一国的统计疆界与它的经济领土是一致的。在专门贸易体系中，一国的统计疆界只包括一部分经济领土，一般这部分与货物自由贸易区是一致的。自由贸易地区是一国经济疆界的一部分，在此间货物可以无进口税限制地流通。一般采用离岸价。

进口 指货物进入一国统计疆界。在总贸易体系中，进口包括直接为国内使用的进口，流入入境加工仓库的进口，注入海关仓库和自由区的进口；在专门贸易体系中，进口包括直接进入国内市场为国内使用的商品的进口，由海关仓库和自由区进入国内市场的进口，以及流向入境加工仓库的进口。一般采用到岸价。

服务贸易 服务（原为非要素服务）指无形商品的经济产出。它可以在同一时间产生、转让和消费。商品服务的出口（贷方和收入）和进口（借方和支付）来自于国际收支统计中的国际服务交易统计，其概念、定义和分类与国际货币基金组织 1993 年《国际收支手册》第五版一致。

外汇储备 一国当局可以使用和控制的外汇资产，它可直接用来弥补国际收支不平衡或间接用来平衡国际收支。

黄金储备（货币黄金） 一国当局拥有的、作为储备资产的黄金。

国际旅游支出 是指出境游客在他国的旅游消费，包括在国际旅行时，搭乘他国运输工具所支付的交通费（有些国家不包括这项交通费）。除非特别声明外，国际旅游支出包括境外一日游客（不过夜游客）在访问地的消费。

国际旅游收入 是指入境游客（过夜旅客）在本国的旅游消费，包括国际旅行时，入境游客搭乘本国运输工具所付给本国的交通费（有些国家不包括这项交通费）。国际旅游收入包括目的地国接受的所有商品和服务的支付。除特别声明外，国际旅游收入可以包括入境一日游游客（不过夜游客）在本国的消费。

附录二

中国服务业采购经理指数及国外情况

简要说明

一、调查内容

服务业企业主管企业运营的负责人对企业经营活动、采购及相关业务活动情况的判断，主要包括对业务总量、新订单（客户需求）、存货、投入价格、收费价格、企业员工、供应商配送、业务活动预期等情况的判断。

二、调查范围

涉及《国民经济行业分类》（GB/T4754-2011）中第三产业的23个行业大类。

三、调查方法

服务业采购经理调查采用PPS抽样调查方法。

四、季节调整说明

该调查是一项月度调查，受季节因素影响，数据波动较大。现发布的服务业采购经理调查各分类指数均为经季节调整后的数据。

五、资料来源

中国服务业采购经理指数资料是国家统计局服务业统计司根据《采购经理调查制度》收集的调查资料加工整理而得；世界主要经济体服务业采购经理指数资料主要来自于美国供应管理协会、摩根大通、Markit经济研究机构等官方网站和各有关国际组织。

附录2-1　中国服务业采购经理指数(经季节调整)

单位：%

月　份	商务活动指数	新订单指数	投入价格指数	收费价格指数	业务活动预期指数
2013.1	54.9	53.0	57.9	50.8	60.9
2	53.6	51.2	56.2	51.3	61.8
3	53.9	51.4	56.1	49.9	60.9
4	52.5	49.8	51.4	46.7	60.6
5	52.3	49.2	54.7	50.5	60.9
6	52.6	49.9	56.5	50.7	60.4
7	53.0	50.0	58.3	52.7	62.5
8	52.5	49.9	57.4	51.5	61.0
9	53.9	52.8	57.5	50.6	58.0
10	54.8	51.1	55.4	51.2	58.6
11	54.1	50.3	54.5	48.8	60.6
12	52.5	49.7	57.6	52.3	59.7

附录2-2　世界主要经济体服务业采购经理指数

单位：%

月　份	中国	美国	欧元区	日本	德国	英国	法国	俄罗斯	巴西
2013.1	54.9	55.2	48.6	51.5	55.7	51.5	43.6	55.7	54.5
2	53.6	56.0	47.9	51.1	54.7	51.8	43.7	56.1	52.1
3	53.9	54.4	46.4	54.0	50.9	52.4	41.3	54.6	50.3
4	52.5	53.1	47.0	51.7	49.6	52.9	44.3	53.0	51.3
5	52.3	53.7	47.2	54.8	49.7	54.9	44.3	51.4	51.0
6	52.6	52.2	48.3	52.1	50.4	56.9	47.2	48.8	51.0
7	53.0	56.0	49.8	50.6	51.3	60.2	48.6	48.7	50.3
8	52.5	58.6	50.7	51.2	52.8	60.5	48.9	51.8	49.7
9	53.9	54.4	52.2	53.0	53.7	60.3	51.0	51.5	50.7
10	54.8	55.4	51.6	55.3	52.9	62.5	50.9	52.5	52.1
11	54.1	53.9	51.2	51.8	55.7	60.0	48.0	52.9	52.3
12	52.5	53.0	51.0	52.1	53.5	58.8	47.8	53.6	51.7

注：美国为非制造业采购经理指数(经年终修订后的数据)，其他国家均为服务业商务活动指数。

【主要统计指标解释】

商务活动指数　指根据企业报告期内完成的业务活动总量的变化情况汇总而成的扩散指数。国际上通常用商务活动指数来反映服务业经济发展的总体情况，一般来说该指数高于50%，反映服务业经济总体上升或扩张；低于50%，反映服务业经济下降或收缩。

新订单指数　指根据企业报告期内签定的订单量、合同量或其它需求总量的变化情况汇总而成的扩散指数。

投入价格指数　指根据企业报告期内主要投入价格水平的变化情况汇总而成的扩散指数。

收费价格指数　指根据企业报告期内销售（或收费）价格水平的变化情况汇总而成的扩散指数。

业务活动预期指数　指根据企业对未来业务活动整体水平预测的变化情况汇总而成的扩散指数。